本书为国家社会科学基金项目
"国民政府时期西藏驻京机构研究"
（批准号：12CZS063）的结项成果。

国民政府时期的
西藏驻京机构研究

张子新 著

中国社会科学出版社

图书在版编目（CIP）数据

国民政府时期的西藏驻京机构研究／张子新著．—北京：中国社会科学出版社，2021.4
ISBN 978 – 7 – 5203 – 7788 – 1

Ⅰ.①国… Ⅱ.①张… Ⅲ.①地方政府—办事处—研究—西藏—民国 Ⅳ.①D693.62

中国版本图书馆 CIP 数据核字（2021）第 041210 号

出 版 人	赵剑英
责任编辑	刘　芳
责任校对	沈丁晨
责任印制	李寡寡

出　　版	中国社会科学出版社
社　　址	北京鼓楼西大街甲 158 号
邮　　编	100720
网　　址	http://www.csspw.cn
发 行 部	010 – 84083685
门 市 部	010 – 84029450
经　　销	新华书店及其他书店
印刷装订	三河弘翰印务有限公司
版　　次	2021 年 4 月第 1 版
印　　次	2021 年 4 月第 1 次印刷
开　　本	710×1000　1/16
印　　张	27.5
字　　数	435 千字
定　　价	148.00 元

凡购买中国社会科学出版社图书，如有质量问题请与本社营销中心联系调换
电话：010 – 84083683
版权所有　侵权必究

序

2004年，中央民族大学藏学院来自甘肃天祝的土族学生张子新成为我的硕士研究生，师生之缘由此发端。2010年，他又成为我的博士研究生。这是一个话语不多，潜心修学的青年。时光荏苒，我们的交往至今已有14个年头了。

这些年来，我目睹了他在学术道路上前行的身影，为他在这条道路上留下的每一个脚印而高兴。我知道，他喜欢这条道路，对这条道路上的风景之美如痴如醉。但我也知道，这条道路对他而言实在太过艰难。因为，作为学校的行政管理人员，他只有在业余时间才能挑灯前行。令我欣慰的是，他至今没有放弃这条道路，仍然在砥砺前行，而其奋斗之成果亦让人瞩目：获得博士学位，连续两次获得国家社科基金项目，先后在《民族研究》《中国边疆史地研究》等名刊发表论文，实属不易。他应该是我们这个学术团队中（有学者初步统计，在民国西藏历史研究中，我和我的学生坚持从事民国藏族史研究者最多）很有成绩者之一。

这本书是张子新获得的首项国家社科基金项目终期成果，从开始选题到最终完成，我们都有过学术讨论。项目选题是我建议的，后来又作为他申报时的两位推荐专家之一（当时他还没有获得博士学位）。他历经多年的努力，终于完成了这本书稿，应该向他表示祝贺！

作为第一位读者，我通读全书并提出了一些修改意见。现在这项成果即将出版，他希望我为其作序，我自然乐意为之。这本书的内容，读者从目录即可窥得大概，实不必在此赘述。关于是书出版的意义，项目结项时审稿专家已经给出了很高的评价，但是作为研究民国藏族历史30多年的学者，在此我还是想结合各位专家的评价再多说几句，以方便读者全面、清晰地了解此书之价值。

民国时期中央政府和西藏地方之间关系的研究，在西藏地方史乃至中国近代史研究中都具有特别重要的意义，而目前我国学术界对此的研究还有待进一步加强。只要对藏族近代史有所了解的人都知道，西藏驻京办事处的设立是国民政府时期，乃至整个民国时期西藏地方和中央政府间关系改善和发展的一个重要节点；同样，西藏班禅驻京办事处的设立，则是国民政府和九世班禅系统间建立并强化联系的一个重要标志。但细究相关问题时，学界多语焉不详，特别是一些关键细节无人知晓。而本书从研究的角度来说，更多地以西藏地方的角度从西藏驻京机构入手，来审视这一时段的中央和西藏地方间的关系，与以往研究成果相比颇为新颖；从史料的角度来讲，作者"上穷碧落下黄泉，动手动脚找东西"，较充分地利用了汉、藏、英等多种文字的档案文献、口述资料等。我至今还清楚地记得当看到我从西藏带回的一部珍稀资料时，他的惊喜程度。正是如此的潜心钩沉，加之对各种史料进行了校勘和比对，使其项目研究从"宏观着眼、微观入手"，既能看到宏观大局，又揭示了诸多细节，将大量鲜活的、鲜为人知的史料通过缜密的分析归纳呈现在读者面前，是迄今为止最为详尽地论述国民政府时期这两个西藏驻京机构活动的专门著作，无疑具有非常重要的学术价值。

"一切历史都是当代史。"我们的历史研究绝不是简单的史料堆积。历史研究不仅与现实紧密相连，而且有其承担的特殊使命，所谓"究天人之际，通古今之变"。从其现实意义来讲，这项研究成果用事实回击了西方反华势力和国外"藏独"势力所谓"民国时期西藏事实上的独立说"的谬论，有力地支撑了西藏自古以来就是中国不可分割的一部分的历史事实。对于今天我们的民族宗教工作，外宣工作都具有较为重要的作用。

是书立足于传统的民国政治史研究路径，在充分采纳学界已有研究成果的基础上，广泛征引大量第一手的国内外汉、藏、英文等多种史料，从历史、地理、文化背景入手，学习历史学、社会学等多学科的理论，注意分类研究、比较研究、个案研究、口述史学、计量史学等多种研究方法，系统地对国民政府时期的"西藏驻京机构"进行了专题研究，在许多方面弥补了以往学界研究的不足，尤重学术规范。完全可以说，此书丰富了我国学者对于民国时期尤其是国民政府时期中央政府与地方政府关系的多样性、复杂性、多面向性的认识，丰富了民国政治史的个案研究，丰富了对于特殊时代背景下中央与西藏地方交流特殊性的认识，丰富了对于国民政府时期涉藏重要机构和人物的历史行为、所发挥历史作用的认识。因此，其重要的创新价值自不待说。

民国史研究有待挖掘整理的史料浩如烟海，如现今尚未完全开放的大量噶厦档案等藏文资料，如"锁在深闺人未识"的有关西藏事务的外文档案材料等。这些对于每一个民国史研究的学者而言既是幸事，也是挑战。因为随着史料的进一步开放、发现、整理，我们会有无限的研究空间。同时，对于已有的研究成果而言，新史料的出现可能进一步充实补充原有的研究，甚至可能颠覆过去的观点。作为研究民国时期藏族历史的成果，这部书稿当然也无法回避这一矛盾。但这又有何妨呢？因为这是任何学术研究都必然要经历的过程。我想，只要能起到抛砖引玉的作用，就可以说这个项目没有白做，书没有白出。当然，限于他本人的理论水平，加之藏文档案的开放度等种种因素，本书难免存在缺憾和疏漏，甚至是挂一漏万。特请学者同人能够批评指正，以便学界共同推动这一选题乃至整个民国藏族史研究进一步深入。

喜饶尼玛

2018 年 1 月 18 日于北京

目　　录

绪　论 ………………………………………………………………（1）

第一章　设置西藏驻京机构的动因探究 ………………………（15）
　　第一节　南京国民政府建立前的西藏驻京人员 ………………（15）
　　第二节　南京国民政府大局初定后强化对藏治理 ……………（29）
　　第三节　西藏地方政府内向的必然性 …………………………（40）
　　第四节　本章小结 ………………………………………………（60）

第二章　西藏驻京机构的创设、完善与组织构成 ……………（62）
　　第一节　西藏驻京办事处的创设、完善与组织构成 …………（62）
　　第二节　西藏班禅驻京办事处的创设、完善与组织构成 ……（79）
　　第三节　西藏驻京机构的级别、经费和日常工作情况 ………（93）
　　第四节　本章小结 ………………………………………………（108）

第三章　西藏驻京机构的历任处长及主要职员 ………………（111）
　　第一节　西藏驻京办事处的历任处长及主要职员 ……………（111）
　　第二节　西藏班禅驻京办事处的历任处长及主要职员 ………（157）
　　第三节　国民政府时期的西藏驻京代表"堪准洛松" …………（168）
　　第四节　本章小结 ………………………………………………（182）

第四章　相同的事务，不同的角色 ……………………………（184）
　　第一节　西藏驻京办事处和西藏班禅驻京办事处的关系 ……（184）
　　第二节　对康藏纠纷的调处 ……………………………………（196）

第三节　对九世班禅返藏事宜的协助与交涉 ……………（221）
　　第四节　本章小结 ……………………………………………（238）

第五章　相同的事务，共同的目标 ………………………………（242）
　　第一节　参政议政：在国家政治活动中的作用 ……………（242）
　　第二节　参与孙中山奉安大典与中山陵谒陵 ………………（259）
　　第三节　参与抗日救亡活动 …………………………………（269）
　　第四节　本章小结 ……………………………………………（279）

第六章　西藏驻京办事处独立参与的一些事务 …………………（281）
　　第一节　参与十三世达赖喇嘛圆寂致祭及转世灵童
　　　　　　寻访 …………………………………………………（281）
　　第二节　积极促成中央大员入藏 ……………………………（293）
　　第三节　在热振事件中的作用 ………………………………（307）
　　第四节　参与调解青藏纠纷 …………………………………（314）
　　第五节　"中印运输线"交涉及"外交局事件"中的作用 ……（322）
　　第六节　西藏驻京办事处的一些其他作用 …………………（336）
　　第七节　本章小结 ……………………………………………（346）

第七章　西藏班禅驻京办事处独立参与的一些藏事 ……………（349）
　　第一节　协助九世班禅晋京 …………………………………（349）
　　第二节　九世班禅圆寂致祭与善后事宜 ……………………（356）
　　第三节　九世班禅转世灵童寻访、认定与坐床 ……………（365）
　　第四节　西藏班禅驻京办事处的一些其他作用 ……………（371）
　　第五节　本章小结 ……………………………………………（379）

第八章　对西藏驻京办事处的认识 ………………………………（381）
　　第一节　西藏驻京办事处与国民政府的关系及其历史
　　　　　　作用 …………………………………………………（381）
　　第二节　西藏驻京办事处与蒙藏委员会的关系 ……………（387）
　　第三节　西藏驻京办事处与西藏地方政府的关系 …………（394）

附　录 …………………………………………………（398）

参考文献 ………………………………………………（416）

后　记 …………………………………………………（429）

绪　　论

本书要探讨的国民政府时期的西藏驻京机构，包括这一时期的西藏驻京办事处和西藏班禅驻京办事处。虽然这两个办事处分属于西藏地方不同政教系统，但都对国民政府治藏发挥了一定的积极作用。

一　选题意义

（一）历史意义

清朝末年，由于清朝中央政府推行了一系列错误的治藏政策，再加上辛亥革命后清王朝统治在全国的土崩瓦解，新旧政权交替之际中央政府对西藏地方统治的弱化，以及英、俄等帝国主义的从中挑唆、离间，使得中央政府和西藏地方噶厦政府[①]的关系日益恶化，并最终演变成清末民初西藏地方政府驱逐驻藏清军及驻藏官员的事件。然而，一方面中央政府和西藏地方之间明确的主权关系具有悠久的历史，具有历史发展的惯性和必然性，一些小的波折不可能从根本上改变二者之间的这种既定关系模式；并且中央政府与西藏地方间这种关系已经被国际社会所公认，即使如英国、俄国这两个当时对中国西藏地方怀有觊觎之心的帝国

[①] 在1923年九世班禅逃亡内地前，西藏地方主要有前藏的以十三世达赖喇嘛为首的噶厦政府，和后藏的在形式上隶属于前藏噶厦政府，但事实上具有高度自治权的以九世班禅为首的札什伦布拉章政权。九世班禅逃亡内地后，噶厦政府向扎什伦布拉章派遣了扎萨喇嘛负责管理札什伦布拉章，由此噶厦政权正式接管了原札什伦布拉章的属地和人民，因此此时的西藏地方事实上只有噶厦政府。但是身在内地的九世班禅系统声称仍然代表札什伦布拉章，而当时的中央政府也默许了这种主张，因此本书在大多数情况下对噶厦政府和札什伦布拉章进行了区分，个别情况下提及的西藏地方政府系指噶厦政府。从总体上来看，后藏的札什伦布拉章和历届中央政府都保持着相对正常的关系。但民元以来，前藏的噶厦政府和中央政府间的关系却处于一种"不正常"的状态。

主义国家，也不得不承认这一事实；同时，1924年年初，在西藏具有重要影响的九世班禅到达内地，并得到这一时期中央政府的尊崇，其在内地的影响也进一步扩大，这也在客观上促进了中央政府和西藏地方政府间关系的改善。另一方面，清末至1949年，中国政局动荡，中央政府更迭频繁，国内战争此起彼伏，包括西藏地方在内的整个中国边疆地区多次遭受列强侵略。南京国民政府建立后，虽然完成了对全国形式上的统一，但对全国的统治力依然薄弱。同时，其间两次世界大战先后发生，尤其是第二次世界大战中，中国更成了世界反法西斯战争的主战场之一。复杂的国内及国际局势，使历届中央政府都难以将太多的精力集中于西藏地方的治理上，而英国却乘机得以在西藏地方培植势力，从而为西藏地方政府中一小股离心势力的形成创造了条件。

正因为这种中央和西藏地方间关系历史惯性的存在，使得民国时期的中央政府和西藏地方政府都不约而同地回归到寻求双方关系正常化的轨道。就中央政府来说，清末到南京国民政府期间的历届中央政府，都力图恢复同西藏地方政府的正常关系；就西藏地方政府来说，西藏地方政府中的绝大多数人经过和英印政府的接触，逐步认清英印政府对藏政策的侵略本质，对其态度发生了转变；同时包括九世班禅系统在内的西藏地方的爱国势力一方面积极寻求恢复同中央政府的正常关系，另一方面同藏内亲英势力展开了长期的、多种形式的斗争，在一定程度上遏制了西藏地方亲英势力的发展。

国民政府时期的西藏驻京机构就是在这种背景下产生的。西藏驻京办事处和西藏班禅驻京办事处，它们代表了这一时期西藏地方最重要的两个政教系统。从纵向来看，西藏驻京机构是历史上西藏地方政教集团和人物的驻京人员或机构的延续；从横向来看，这两个西藏驻京机构和这一时期国民政府核准成立的青海七呼图克图驻京办事处、西康诺那呼图克图驻京办事处、西康民众驻京办事处等，一起构成各藏区政教系统或大活佛的驻京机构体系，是当时条件下藏区不同政教系统加强同中央政府关系的一种重要方式。但由于这一时期的西藏地方政府和中央政府间的关系"不正常"，从而赋予了西藏驻京机构新的特征和使命，以及新的历史意义。从所属关系来看，西藏驻京机构一方面受以十三世达赖喇嘛（或摄政）为首的西藏地方政府或九世班禅（九世班禅圆寂后为班禅堪布会议厅等班禅系统最高权力机构)的领导,另一方面又受国民政府蒙藏委员会的监督指导,并由国民政府发给所有经费,具有既是西藏地方驻京机构,又是国民政府下属的"准"中央机构的双重属性。从人事安排来看,这两个西藏驻京机构的主要负责人由西藏地方政府或九世班禅系统分别选派,但同时又必须经过国民政府的核准备案,并接受蒙藏委员会的管理。从主要负责人的任职来看,一方面他们是西藏驻京机构的主要负责人,另一方面又任职于国民政府的一些中央政府部门,具有西藏地方代表和中央政府职员的双重身份。

西藏驻京办事处和西藏班禅驻京办事处设立于中央与西藏地方间关系"不正常"的特殊历史时期,并且因为他们所代表的西藏地方政教系统对当时的中央政府的态度各有不同,这就导致了它们与国民政府间的关系也不尽相同,对此应以辩证唯物主义的发展眼光加以历史地认识,要分别深入认识导致这种状况的历史背景和原因。

(二) 现实意义

从目前在印度的所谓"西藏流亡政府"和国外一些"藏学家"的言论来看,他们多把民国时期西藏地方和中央政府间的这种"不正常"的关系看成"西藏独立"的重要"证据",进而在国际上大肆宣传,把人民解放军进军西藏说成是对"独立西藏"的"侵略"。事实上,清末直至民国年间,历届中央政府都始终坚持对藏主权管理,但同时这一时期的历届中央政府或者忙于应付内战来巩固自身的统治,或者致力于抗击外敌入侵来维护国家主权,自然不可能有太多的时间和精力去考虑对西藏地方的更好治理,其间虽然在主观上都有改变中央和西藏地方之间"不正常"关系,加强对藏治理的良好愿望,但很少能够真正付诸实施。

西藏驻京办事处和西藏班禅驻京办事处作为西藏地方政府和九世班禅系统的驻京机构,在很多问题上的态度代表着西藏地方政府和九世班禅系统的态度,其对中央政府的态度是认识这一时期西藏地方两大政教系统对中央政府态度的一个重要方面。因此,我们要以历史的眼光去研究历史,充分利用第一手档案材料,用史料说话,从这一时期西藏不同政教系统自身是如何认识南京国民政府对西藏的主权管理的角度出发,来研究这一时期中央政府和西藏地方间的关系,以事实证明民国时期西藏地方的地位，以及所谓的"西藏独立"论的荒诞和错误，这将对驳斥"西藏独立"论，维护国家统一具有十分重要的意义。

就目前对民国时期西藏和中央政府间关系研究的现状来看，绝大多数的研究成果集中于以国民政府为研究基点，较少从西藏地方政教系统的角度进行深入论述，而这正是民国时期中央和西藏地方间关系中的另一个重要方面，只有从两个角度同时看问题，考虑问题，我们才能更准确地进行认识，所得结论也会更有说服力。因为当时西藏地方和中央政府间的关系处于"不正常"状态，西藏噶厦政府的一些利益诉求超出了地方政府的应有范围，并且这一倾向在中央和西藏地方间产生矛盾时表现得更为明显。但是，通过对西藏地方政府这些利益诉求的考察就会发现，其实西藏地方政府的这种利益诉求，在本质上和民国时期缺乏中央政府有效控制的西康、青海等地方政府，在特殊时候"要挟"中央政府一样，仍然是地方政府的一种"非理性"利益诉求。并且，民国时期西藏地方政府的南面有着虎视眈眈、喜欢对西藏地方政府指手画脚的英印政府，而中央政府势力又不足以很好地保护西藏地方利益，更何况清末英印政府武力侵略西藏的"余威"尚存，因此出于维护自身利益的需要，对英印政府略施"应付"也是情理中的事。同时，这一时期的西藏地方政府和九世班禅系统间存在着利益上的冲突，而九世班禅系统出于维护全藏僧俗和本系统利益的需要，主动与国民政府建立和强化联系，积极参与国民政府的各种政治活动和治藏行动，这在客观上促进西藏地方政府和国民政府间关系改善的同时，也势必引起西藏地方政府的妒忌和反感。从这个角度讲，对西藏驻京办事处和西藏班禅驻京办事处的研究，不仅有助于人们正确认识国民政府时期西藏地方和国民政府间"不正常"关系的本质，对推进西藏近代史研究，尤其推进民国时期西藏地方和中央政府间的关系史研究也具有十分重要的意义。

二 研究相关动态

虽然民国时期西藏地方和中央政府间的关系研究是目前我国边疆史和藏族史研究的一个重点，但至目前为止，笔者尚未看到对西藏驻京机构进行专题研究的论文和著作。因为西藏班禅驻京办事处是国民政府时期设立的第一个边疆政教上层人士的驻京机构，对此后类似驻京机构的设置具有示范作用，是九世班禅系统和国民政府间关系发展的一个重要标志，又因为九世班禅对这一时期藏事具有重要影响，因此在相关研究中都不可避免地有所涉及。而西藏驻京办事处的设立被认为是国民政府时期中央和西藏地方间关系发展的一个重要"里程碑"，因此相关研究也给予了一定的关注，部分研究成果还对此进行了初步研究。总体来看，目前关于西藏驻京机构的研究主要集中于以下几个方面。

（一）对机构的论述

目前，专门记述西藏驻京办事处相关情况的资料，只有《关于第一、第二期西藏驻汉地办事人员情况的回忆》[①] 一文，该文作者是图丹桑结，他是第二批奉派驻京的西藏代表之一。梅·戈尔斯坦在其著作《喇嘛王国的覆灭》中引用过该书内容，并记述了该书的版权情况。由《喇嘛王国的覆灭》的相关引用可以看出，这是一本 1982 年出版于印度达兰萨拉的著作。该书的主要内容是回忆第二批西藏驻京代表，即阿旺桑丹（ངག་དབང་བསམ་ལྡན་）、格敦恪典（དགེ་འདུན་མཁོ་ནོར་）和图丹桑结（ཐུབ་བསྟན་སངས་རྒྱས་）等奉派驻京及驻京时期的相关情况。虽然该书因为出版地、作者本身政治立场的原因，其中的一些记述和评论与历史事实不符（这是我们在引用和研究中必须注意的方面），但是经过和相关历史档案的相互比较、相互印证，可以看出其大多数内容还是可信的。通读这本书的另一个强烈感受就是，尽管作者对西藏驻京办事处进行评述时，尽量适应自己所处环境的需要，但是即便如此，书中仍然无法否认当时西藏地方政府对国民政府中央政府地位的认可；其中涉及的西藏驻京代表和国民政府一般官员、铁路部门，甚至普通民众接触的一些细节，充分显示了当时上至中央政府部门，下至一般民众对西藏驻京代表的重视；同时也表明西藏驻京代表对国民政府治藏政策有着较为充分的认识，因此他们在和政府官员、普通民众的接触中，时常强调他们西藏地方代表的身

[①] ཐུབ་བསྟན་སངས་རྒྱས་ཀྱི་སྐུ་ཚབ་གྱི་བོད་གཞུང་དང་གཞོན་ཆུན་ཚོགས་པར་བོད་ཀྱི་སྐུ་ཚབ་ཁག་བྱུང་བར་ལས་ཞིབ་བྱ་དགོས། （图丹桑结：《关于第一、第二期西藏驻汉地办事人员情况的回忆》，何宗英译）。该书已由西藏社科院的何宗英先生全文译为汉文，但尚未正式出版，笔者所看到的就是该汉文译本。

份。此外，此书也为我们研究该办事处经费使用以及日常工作开展等情况提供了第一手材料。以此为基础，并充分利用相关档案材料与之相互印证，将有助于我们更全面、细致地认识西藏驻京办事处。尤其是该书中许多关于办事处的细节描写，是只有亲历者才可能了解和熟悉的，因此对深入研究该办事处具有十分重要的作用，是非常珍贵的历史资料。

关于西藏驻京办事处研究的另一个重要研究成果就是邱熠华博士的博士学位论文《西藏近代史上的拉萨三大寺：以政治活动与影响为中心（1911—1951）》[①]，该论文第四章第一节第二部分"历届西藏驻京办事处代表"中，较为详细地介绍了西藏驻京办事处创设的基本情况和第一至第四届西藏驻京办事处主要代表，以及他们任内涉及的主要藏事等。

此外，在西藏自治区政协文史资料研究委员会编的《西藏文史资料选辑》[②]中也有相关的文章，如《第十三世达赖喇嘛年谱》《西藏地方政府"派代表团慰问同盟国和出席南京国民代表大会"内幕》《国民党中央政府代表黄慕松来藏致祭十三世达赖喇嘛片段》《忆吴忠信来藏主持十四世达赖喇嘛坐床典礼片段》等，也提供了研究西藏驻京办事处的一些重要材料，值得我们甄别使用。

虽然九世班禅身在内地，且其驻京办事处对国民政府治藏政策给予了更为积极的响应，也在客观上为改善国民政府和西藏地方间关系发挥了积极作用，并且学者们一般将西藏班禅驻京办事处（设立之初称为"西藏班禅驻京办公处"）的设立看成九世班禅和国民政府间建立并加强联系的一个具有标志性意义的事件，[③] 但是到目前为止，除了极少量的当事人记述（如孙格巴顿的《解放前期班禅办事处的爱国抉择》[④]

[①] 邱熠华：《西藏近代史上的拉萨三大寺：以政治活动与影响为中心（1911—1951）》，博士学位论文，中央民族大学，2012年。

[②] 西藏自治区政协文史资料研究委员会编：《西藏文史资料选辑》（第1、2、3辑），民族出版社2007年版。

[③] 这一方面的研究成果主要的如孙宏年的《从平等到失衡：达赖、班禅关系与国民政府治藏政策研究（1927—1933）》[《云南师范大学学报》（哲学社会科学版）2012年第5期]，马守平、喜饶尼玛的《试析国民政府支持九世班禅在内地活动的历史内涵》[《西北民族大学学报》（哲学社会科学版）2007年第2期]，江平、李佐民等的《第九世班禅额尔德尼·曲吉尼玛评传》（《中国藏学》1997年第3期）等。

[④] 孙格巴顿：《解放前期班禅办事处的爱国抉择》，《中国藏学》1989年第1期。

等）以及一些相关的著作和论文中有所提及外，① 笔者还没有看到对该办事处进行专门研究的论文或著作，从某种角度来说，人们对其的了解甚至还不如西藏驻京办事处多，这无论是对这一时期中央和西藏地方间关系研究，还是对九世班禅研究都不能不说是一个缺憾。

（二）对代表人物的研究

关于西藏驻京机构代表人物的研究成果，最具代表性的当属喜饶尼玛教授的《民国时期西藏驻京总代表贡觉仲尼评述》② 和陈庆英研究员的《解读民国时期西藏驻京堪布贡觉仲尼到京任职的几份档案》③。前文详细介绍了作为南京国民政府时期西藏驻京办事处第一任处长，也是这一时期西藏驻京办事处最具代表性的人物贡觉仲尼的生平及其主要贡献，是最早研究民国时期西藏驻京代表的成果之一，成为以后相关研究时常借鉴、引用的参考文献；后文则依据档案史料，详细考证了贡觉仲尼学经和任职中央等的过程，其中的文献考证方法是最值得我们学习的一个方面。喜饶尼玛教授还在《民国时期出席全国性政治会议的西藏地方代表》④ 一文中，论述了以西藏驻京办事处和西藏班禅驻京办事处主要职员为代表的西藏代表参与历次全国性政治会议的情况，是研究民国时期西藏地方代表参政议政的重要参考资料。

此外，如《民国藏事通鉴》⑤《民国职官年表》⑥《近代藏事研究》⑦

---

① 相关著作有牙含章的《班禅额尔德尼传》（华文出版社1999年版，第253页），伍昆明主编的《西藏近三百年政治史》（鹭江出版社2006年版，第390页），王贵、喜饶尼玛等的《西藏历史地位辨》（民族出版社2003年版）等；主要的论文如江平、李佐民等的《第九世班禅额尔德尼·曲吉尼玛评传》（《中国藏学》1997年第3期），皮明勇的《九世班禅返藏受阻与国民政府的治藏策略》（《近代史研究》2000年第4期），党云倩的《九世班禅返藏与英国的干涉》（硕士学位论文，西北大学，2004年）等。

② 喜饶尼玛：《近代藏事研究》，上海书店出版社、西藏人民出版社2000年版，第180—192页。

③ 陈庆英：《解读西藏驻京堪布贡觉仲尼到京任职的几份档案》，《西藏大学学报》2007年第3期。

④ 喜饶尼玛：《民国时期出席全国性政治会议的西藏地方代表》，《中国藏学》1989年第2期。

⑤ 郭卿友主编：《民国藏事通鉴》，中国藏学出版社2008年版。

⑥ 刘寿林、万仁元、王玉文等编：《民国职官年表》，中华书局1995年版。

⑦ 喜饶尼玛：《近代藏事研究》，上海书店出版社、西藏人民出版社2000年版。

《元以来西藏地方与中央政府关系研究》①等研究成果中,都或多或少地涉及上述两个西藏驻京机构其他代表人物的简单介绍等,都具有一定的参考价值。

驻雍和宫西藏教经堪布是清后期及北洋政府时期西藏地方政府在京人员中最主要的代表,同时,西藏驻京办事处初期的主要职员来自雍和宫,并且雍和宫"堪准洛松"的人员配置方式对国民政府时期西藏驻京代表的人事构成有着直接影响。因此关于驻雍和宫西藏僧人的研究成果也是本书写作的主要参考资料。目前,这一方面的研究成果有《民国政治舞台上的雍和宫堪布》②《民国(北洋军阀)时期沟通中央政府与西藏地方关系的桥梁——雍和宫》③等。

(三)对相关事件的研究

作为西藏地方政府或政教首领驻国民政府首都的机构,中央政府与西藏地方政府、九世班禅系统间产生的或矛盾或友好的交往,势必都会牵涉这两个西藏驻京机构,因此凡是研究民国时期中央和西藏地方或九世班禅间关系的研究成果,尤其是政治交往的研究成果,诸如关于十三世达赖喇嘛圆寂致祭、十三世达赖喇嘛转世灵童寻访、第三次康藏纠纷、青藏纠纷、热振事件、九世班禅返藏、九世班禅圆寂致祭、九世班禅转世灵童寻访、西藏代表参加全国性重要政治会议等,都或多或少涉及这两个西藏驻京机构。例如喜饶尼玛教授的《论民国时期十三世达赖喇嘛的心理嬗变》④一文,就将十三世达赖喇嘛派人筹建西藏驻京办事处看成十三世达赖喇嘛晚年心理嬗变的一个重要标志;筱洲的《九世班禅转世灵童寻访和认定纪略》⑤一文中谈到了九世班禅转世灵童寻访过程中西藏班禅驻京办事处所发挥的作用,也提到了与西藏驻京办事处的合作与矛盾;郎维伟的《国民政府在第三次康藏纠

---

① 多杰才旦主编,邓锐龄等著:《元以来西藏地方与中央政府关系研究》,中国藏学出版社2005年版。
② 喜饶尼玛:《近代藏事研究》,第125页。
③ 祝启源:《祝启源藏学研究文集》,中国藏学出版社2002年版。
④ 喜饶尼玛:《论民国时期十三世达赖喇嘛的心理嬗变》,《中国藏学》1998年第3期。
⑤ 筱洲:《九世班禅转世灵童寻访和认定纪略》,《中国藏学》1995年第3期。

纷中的治藏之策》①，在论述第三次康藏纠纷的过程中也提及了西藏驻京办事处在康藏纠纷调解中的作用……纵观这些研究成果，其中涉及西藏驻京办事处和西藏班禅驻京办事处时都只是简单提及，并且基本上都只限于贡觉仲尼、罗桑坚赞等少数几个人物，不仅缺乏对其他驻京代表的关注，对办事处本身及办事处在相关历史事件中发挥作用的情况也鲜有深入研究。

（四）档案材料的整理和出版

与相对较少的研究成果，尤其是深入的专题研究成果相比，涉及西藏驻京机构的档案材料的整理、出版则比较丰富，当然档案材料的整理、出版本身也可以看成一种初步研究。这类材料主要有如下一些：

1. 《西藏地方是中国不可分割的一部分（史料选辑）》。② 这是较早正式出版的关于西藏史料的选辑，其中关于西藏驻京办事处和西藏班禅驻京办事处的资料虽然不是很多，但算是一个很好的开始，为以后史料的整理、出版奠定了基础。

2. 《元以来西藏地方与中央政府关系档案史料汇编》。③ 在该丛书第七册的"蒙藏委员会及班禅西藏办事处的先后设立"部分，收录了许多关于罗桑坚赞和贡觉仲尼等创设西藏班禅驻京办公处（后改名为西藏班禅驻京办事处）和西藏驻京办事处的重要档案材料。此外，第六册及第七册的其他主题的档案材料中，也零散地收录了一些关于这两个驻京办事处的材料。目前，该书是最为重要的关于西藏驻京办事处档案材料的选集，也是本书最为重要的档案文献的来源地。

3. 《中国第二历史档案馆所存西藏和藏事档案汇编》。④ 虽然该档案汇编的一些内容和《元以来西藏地方与中央政府关系档案史料汇编》第六册、第七册的部分内容重复，但其中的一些新资料，也是本书进一

---

① 郎维伟：《国民政府在第三次康藏纠纷中的治藏之策》，《民族研究》2005年第4期。
② 西藏社会科学院、中国社会科学院民族研究所、中央民族学院等编：《西藏地方是中国不可分割的一部分（史料选辑）》，西藏人民出版社1986年版。
③ 中国藏学研究中心、中国第一历史档案馆等合编：《元以来西藏地方与中央政府关系档案史料汇编》，中国藏学出版社1994年版。
④ 中国第二历史档案馆、中国藏学研究中心合编：《中国第二历史档案馆所存西藏和藏事档案汇编》（1—30），中国藏学出版社（1—10）2009年版、（11—30）2012年版、（31—50）2016年版。

步完善不可或缺的重要材料。此外，因为该套书是影印材料，因此也向我们展示了一些以往整理本资料集无法展示的内容，例如九世班禅之郎鸠汪垫（ཎམ་དབང་དཔལ་ལྡན་）章印图①等，为本书的进一步深入研究提供了便利。

4.《西藏文史资料选辑》。该选辑中有一些记述西藏驻京机构相关材料的文章，是我们研究西藏驻京机构必须要参考的材料，其中最具代表性的当属孙格巴顿的《忆詹东·计晋美》②，该文较为详细地记述了西藏班禅驻京办事处最后一任处长詹东·计晋美担任处长期间的一些事迹，对研究后期西藏班禅驻京办事处，尤其是九世班禅圆寂后该办事处的相关情况具有较重要的史料价值。此外如强俄巴·多吉欧珠的《西藏地方政府派"代表团慰问同盟国和出席南京国民代表大会"内幕》③一文，记述了第三、第四批西藏驻京代表换班及共同出席"国民大会"的情况。旦增加措的《班禅行辕与刘文辉廿四军之战》④，樊叔翔、杨雯成的《甘孜事变回忆》⑤等，也记述了当时或后来西藏班禅驻京办事处主要负责人的一些情况，也是我们进行研究必须参考的材料。

5. 关于这两个西藏驻京机构的档案还散见于《十三世达赖圆寂致祭和十四世达赖转世坐床档案选编》⑥《九世班禅内地活动及返藏受阻档案选编》⑦《九世班禅圆寂致祭和十世班禅转世坐床档案选编》⑧《黄

---

① 见"附录九"。

② 孙格巴顿：《忆詹东·计晋美》，西藏自治区政协文史资料研究委员会主编《西藏文史资料选辑》第1辑，民族出版社1999年版，第687—690页。

③ 强俄巴·多吉欧珠：《西藏地方政府"派代表团慰问同盟国和出席南京国民代表大会"内幕》，西藏自治区政协文史资料研究委员会主编《西藏文史资料选辑》第1辑，第139—145页。

④ 旦增加措：《班禅行辕与刘文辉二十四军之战》，西藏自治区政协文史资料研究委员会主编《西藏文史资料选辑》第1辑，第328—332页。

⑤ 樊叔翔、杨雯成：《甘孜事变回忆》，西藏自治区政协文史资料研究委员会主编《西藏文史资料选辑》（24），第43—77页。

⑥ 中国藏学研究中心、中国第二历史档案馆合编：《十三世达赖圆寂致祭和十四世达赖转世坐床档案选编》，中国藏学出版社1991年版。

⑦ 中国第二历史档案馆、中国藏学研究中心合编：《九世班禅内地活动及返藏受阻档案选编》，中国藏学出版社1992年版。

⑧ 中国藏学研究中心、中国第二历史档案馆合编：《九世班禅圆寂致祭和十世班禅转世坐床档案选编》，中国藏学出版社1991年版。

慕松、吴忠信、赵守钰、戴传贤奉使办理藏事报告书》①《康藏纠纷档案选编》②《蒙藏委员会驻藏办事处档案选编》③《民国时期西藏及藏区经济开发建设档案选编》④和《蒙藏委员会档案中的西藏事务》⑤等档案选辑中，需要我们认真研读、使用。

另外，民国去我们不远，这期间出版的相关报纸杂志现在还大量存世，如《西藏班禅驻京办公处月刊》《西陲宣化使公署月刊》《蒙藏旬刊》《蒙藏月报》《蒙藏周报》《蒙藏委员会公报》《审计部公报》《国民政府公报》《法制周报》等杂志，以及《申报》等当时的重要报纸，它们为我们提供了大量的以往未被关注或关注不够的材料，也是本书研究必须要注意的文献来源。

因为国民政府对西藏驻京机构的管理，在很多方面都参照了国民政府对其中央机构的管理办法，如在经费预算、使用等方面完全遵照了国民政府的财务制度；要求西藏驻京办事处和西藏班禅驻京办事处制定"西藏驻京办事处组织大纲""西藏班禅驻京办事处组织大纲"等，则是国民政府对组建其他中央机构下属部门的一般要求。同时，西藏驻京代表是西藏地方参与全国性政治活动的主要代表；又，国民政府时期包括《中华民国训政时期约法》（1931年）和《中华民国宪法》（1946年）中的涉藏条款在内的各种涉藏法律条款是西藏驻京机构得以存在的法律依据……只有充分了解与西藏驻京机构息息相关的这些历史背景和相关知识，才能更好地理解它的历史作用和历史意义以及它的局限性，因此国民政府时期这些方面的档案材料和相关研究成果，也是本书必须参考的资料。

此外，如查尔斯·贝尔的《十三世达赖喇嘛传》，伍昆明先生的

---

① 中国第二历史档案馆、中国藏学研究中心合编：《黄慕松、吴忠信、赵守钰、戴传贤奉使办理藏事报告书》，中国藏学出版社1993年版。
② 中国第二历史档案馆、中国藏学研究中心合编：《康藏纠纷档案选编》，中国藏学出版社2000年版。
③ 郭玉琴主编：《蒙藏委员会驻藏办事处档案选编》，健琪印刷有限公司2005年版。
④ 中国藏学研究中心、中国第二历史档案馆合编：《民国时期西藏及藏区经济开发建设档案选编》，中国藏学出版社2005年版。
⑤ 喜饶尼玛、苏发祥编著：《蒙藏委员会档案中的西藏事务》，中央民族大学出版社2006年版。

《西藏近三百年政治史》，恰白·次旦平措先生等的《藏族简明通史·松石宝串》，牙含章先生的《达赖喇嘛传》《班禅额尔德尼传》，喜饶尼玛教授的《近代藏事研究》等研究成果，对我们了解和掌握相关人物，以及相关事件发生的历史大背景提供了便利，也需要仔细研读。

三　主要内容

就整体逻辑而言，本书可分为五个部分。

绪论是本书的第一部分，其中重点论述了本书研究的目的、意义，以及相关研究动态，从而说明本书研究的必要性。这是本书的引论部分。

第一章是本书的第二部分，本部分重点对西藏驻京机构设立的历史背景进行了论述，主要目的是探究西藏驻京机构，尤其是西藏驻京办事处设立的历史动因，从而使我们认识到西藏驻京办事处的设立是中央和西藏地方间关系发展的一种必然趋势，也是国民政府时期中央和西藏地方寻求关系正常化的一种必然选择。因为九世班禅奔赴内地，其目的之一就是维持中央和西藏地方间的正常关系，因此西藏班禅驻京办事处的设立，不仅大大加强了九世班禅系统和国民政府的联系，体现了国民政府对九世班禅系统的优崇，也在客观上为改善国民政府和西藏地方政府间的关系发挥了积极作用，因此从根本上来说，西藏班禅驻京办事处的设立也是中央和西藏地方间寻求关系正常化的一种表现。

第二章和第三章是本书的第三部分。其中第二章论述了西藏驻京机构的创设、完善与组织构成，以及西藏驻京机构的级别、经费和日常工作情况等。第三章论述了西藏驻京办事处和西藏班禅驻京办事处的历任处长及一些主要职员，以及"堪准洛松"这个独具特色，又具有悠久历史的西藏驻京代表人事结构。这部分属于对西藏驻京机构的本体研究，有助于我们更全面、深入地认识西藏驻京机构本身。

第四章至第七章是本书的第四部分，本部分结合这一时期一系列重要藏事，深入讨论了西藏驻京机构的历史作用。显然，因为和国民政府关系状态的不同，西藏驻京办事处和西藏班禅驻京办事处在一些共同参与的藏事上，有着不尽相同的立场和认识。作为与国民政府关系"不正常"状态下的西藏地方政府驻京机构，西藏驻京办事处在中央和西藏地方间产生矛盾时,难以与中央政府保持完全一致的声音,甚至在如热振事件等藏事上还起到了一些消极作用。这也是可以理解的,因为中央和西藏地方间的这种矛盾在一定程度上是中央集权体制下中央政府和地方政府间利益竞争和权力分配矛盾的必有内容,更何况这一时期中央和西藏地方间的关系并不正常。与西藏驻京办事处不同,作为与国民政府保持着正常关系状态的九世班禅系统的驻京机构,西藏班禅驻京办事处从一开始就和国民政府保持着良好的关系,不仅成为国民政府和九世班禅间进行沟通的有效渠道,并且在一定程度上扮演了国民政府制衡西藏地方政府的"马前卒"的角色,而这也是西藏驻京办事处和西藏班禅驻京办事处间矛盾不断的一个重要原因(这两个办事处矛盾的根本原因源于西藏地方政府和九世班禅系统间在藏利益诉求方面的冲突)。因为它们代表着西藏地方不同的政教系统,因此除了在一些共同事务上发挥各自作用外,它们也有着各自独特的作用,这也是本部分的重要内容之一。

第八章是本书的第五部分。我们说国民政府时期中央和西藏地方间的关系处于一种"不正常"状态,而这种"不正常"关系状态主要指国民政府和西藏地方政府间的关系,由此有必要对此进行更为深入的认识。本部分论述了西藏驻京办事处和国民政府、蒙藏委员会、西藏地方政府间的关系,探讨了西藏驻京办事处所具有的特殊地位和历史作用。同时,本部分还对上述的研究结果进行了归纳总结。因为虽然在之前的各个章节中对所涉及的内容已经设专节进行了总结,但都是针对某一个方面的。最后安排这样一个整体性总结,目的就是既保证分章论述时紧扣主题,又可以对研究主题形成整体性认识,对它的历史作用给予整体性评价。

四 主要研究方法

马克思主义历史唯物主义认为,历史事物的独特性是由产生该事物的特殊的历史条件、历史联系所决定的,它可以从对客观历史条件、历史联系的分析中做出科学的解释和说明。鉴于此,对于西藏驻京办事处、西藏班禅驻京办事处,我们也必须将其放置在当时内地、西藏地方历史的大环境,甚至国际环境中进行研究,这样才能形成比较全面、准确的认识。

本书最主要的研究方法是文献考证法。为了尽可能客观地还原这两个西藏驻京机构设立的历史条件，客观分析它们的历史作用，就要求我们要不遗余力地做好档案材料的搜集、整理和分析、研究工作。相对于更久远的历史，民国离我们并不遥远，因此大量的档案材料得以保留，并且部分材料已经得以整理和出版，为我们深入研究提供了便利。但是，与此相对应，还有一部分材料因被遗漏或未被整理而深藏在故纸堆中，需要我们自己动手搜集整理，并作出合理分析。

此外，人物专访也是本书采取的研究方法之一。因为强俄巴先生不仅亲身参与了"制宪国大"等历史事件，而且和本书涉及的一些历史人物有过直接接触，因此本书也对强俄巴先生进行了专访，以期获得第一手的材料。

第一章　设置西藏驻京机构的动因探究

第一节　南京国民政府建立前的西藏驻京人员

一　民国前的西藏驻京代表

西藏僧人到中原王朝的中央政府任职，最早可以追溯到西夏时期。[①] 并且，西夏王朝的统治者对藏传佛教僧人赏赐封号时表现得毫不吝啬，将西夏王朝对佛教高僧大德最至高无上的封号[②]——"帝师"——都赐予了藏传佛教僧人，充分表现了对藏传佛教僧人的尊崇。西夏时期分封为帝师的有大乘玄密帝师、贤觉帝师波罗显胜、帝师日巴等，分封为上师的有格西藏波瓦、藏巴敦库瓦等。[③]

西夏时期的这些藏传佛教的高僧大德，虽然不是以西藏地方政权政治代表的身份存在于西夏都城兴庆府（今宁夏银川）的，他们却开创了西藏僧人在内地政府任职的先河。同时，由于这些高僧大德大力弘扬藏传佛教，为元代乃至以后藏传佛教的东传创造了条件，[④] 也为藏传佛教上层僧侣广受内地中央政府的尊崇奠定了基础，因此可以说他们有开创历史先例的重要意义。

元代中央政府继承了西夏尊崇藏传佛教，封赐西藏高僧大德以崇高

[①] 陈庆英：《解读西藏驻京堪布贡觉仲尼到京任职的几份档案》，《西藏大学学报》（社会科学版）2007 年第 3 期。

[②] 西夏王朝对佛教高僧大德的主要封号有帝师、上师、国师、德师、仁师、忠师、大师、定师、法师、大法师、禅师等，其中帝师、上师、国师、德师为皇帝之师，仁师为皇太子之师，忠师为诸王之师（孙昌盛：《试论在西夏的藏传佛教僧人及其地位作用》，《西藏研究》2006 年第 1 期）。

[③] 孙昌盛：《试论在西夏的藏传佛教僧人及其地位作用》，《西藏研究》2006 年第 1 期。

[④] 史金波：《西夏的藏传佛教》，《中国藏学》2002 年第 1 期。

封号的政策。① 1260 年，忽必烈任命八思巴为国师，授予玉印，授权统领天下释教，兼管西藏地方事务。1270 年，忽必烈又任命八思巴为帝师，从此开始了授予藏传佛教萨迦派高僧以帝师封号和中央政府重要政治权位的做法。此后，在元王朝的支持下，西藏形成了一个以萨迦地方首领萨迦本钦②为西藏地方萨迦政权最高官员，以西藏地方的万户制度为基础的行政体制。而这一体制的实际领导人就是驻在元大都，受皇帝命令节制总制院③的帝师。驻在西藏本土的历任本钦只是帝师在政治上的代理人，代表帝师行使对西藏地方的治理。元代担任过帝师的萨迦派宗教领袖有八思巴、仁钦坚赞、达玛巴拉、意希仁钦、扎巴俄色、仁钦坚赞、桑结贝、贡嘎洛追坚赞贝桑布、旺出儿监藏、贡嘎勒贝迥乃坚赞贝桑布、仁钦扎西、贡嘎坚赞贝桑布、喇钦索南洛追和喃迦巴藏卜 14 位。④ 当然，除了帝师外，在元大都还有大量的位居要职的西藏僧人，

---

① 陈广恩、陈伟庆：《试论西夏藏传佛教对元代藏传佛教之影响》，《宁夏社会科学》2008 年第 9 期。

② 本钦，即藏文的དཔོན་ཆེན་意为大官，《汉藏史集》认为本钦是"是吐蕃人对上师（当指帝师）近侍所起的专门名称"（达仓宗巴·班觉桑布：《汉藏史集》，陈庆英译，西藏人民出版社 1986 年版，第 166 页）。一些学者认为本钦是西藏地方对乌斯藏纳里速古鲁孙等三路宣慰使司都元帅府的最高首领宣慰使的俗称〔陈得芝：《元代乌斯藏宣慰司的建立年代》，《元史及北方民族史研究集刊》（第 8 辑）；张云：《元朝中央政府治藏制度研究》，黑龙江教育出版社 2003 年版，第 44 页〕。

③ 总制院设立于 1264 年，全名为释教总制院，负责管理忽必烈统治地区的佛教事务和吐蕃军民事务。1288 年，桑哥以总制院"所统西蕃诸宣慰司，军民财谷，事体甚重，宜有以崇异之"（《元史》卷二百五，列传第九十二，第 4574 页）为由，奏请改为宣政院。"宣政院，秩从一品"（《元史》，志第三十七，百官三），由帝师统领，内设秩从一品的院使二人（藏族简史编写组编著：《藏族简史》，西藏人民出版社 1985 年版，第 143 页注③），掌管全国佛教僧徒及西藏事务。由此看出宣政院地位之高，作用之重要。清代的理藩院作为管理蒙、回、藏事务的中央机关，同样居于十分显重的地位，其官制体统与吏、户、礼、兵、刑、工六部平行，主官尚书也是秩从一品。

④ 八思巴，འཕགས་པ་བློ་གྲོས་རྒྱལ་མཚན་《元史》作八合思巴。仁钦坚赞，རིན་ཆེན་རྒྱལ་མཚན་《元史·释老传》作亦邻真。达玛巴拉，དྷརྨ་པཱ་ལ་《元史·释老传》作答儿麻八剌乞列，《元史·本纪》作答耳麻八剌合吉塔。意希仁钦，ཡེ་ཤེས་རིན་ཆེན་《元史·释老传》作亦摄思连真，《元史·本纪》作亦摄思怜。扎巴俄色，གྲགས་པ་འོད་ཟེར་《元史》作吃剌思八斡节儿。仁钦坚赞，《红史》作绛漾仁钦坚赞，རིན་དབང་རྒྱལ་མཚན་《元史》作辇真监藏。桑结贝，སངས་རྒྱས་དཔལ་《元史》作相家班。贡嘎洛追坚赞贝桑布，ཀུན་དགའ་བློ་གྲོས་རྒྱལ་མཚན་དཔལ་བཟང་པོ་《元史·释老传》作公哥罗古罗思坚藏班藏卜。旺出儿监藏，དབང་ཕྱུག་རྒྱལ་མཚན་贡嘎勒贝迥乃坚赞贝桑布，ཀུན་དགའ་ལེགས་པའི་འབྱུང་གནས་རྒྱལ་མཚན་དཔལ་བཟང་པོ་《元史》作公哥列思冲纳思坚藏班藏卜。仁钦扎西，རིན་ཆེན་བཀྲ་ཤིས་《元史》作辇真吃剌识思。贡嘎坚赞贝桑布，ཀུན་དགའ་རྒྱལ་མཚན་དཔལ་བཟང་པོ་喇钦索南洛追བླ་ཆེན་བསོད་ནམས་བློ་གྲོས་（陈庆英、仁庆扎西：《元朝帝师制度述略》，《西藏民族学院学报》（哲学社会科学版）1984 年第 1 期。〕

他们或是协助帝师开展对西藏治理工作的人员，或是帝师的主要随从人员，这些人和帝师共同构成了统治西藏地方的最高权力体系。

显然，由于这种帝师驻京遥控西藏政治行政制度的建立，使驻京帝师及其部分下设机构实际上成了西藏政治的遥控中心，担任了元王朝统治西藏政策的实际执行者的角色。尽管这一制度导致了一些不良后果，[①]但因为其在总体上适应了西藏地方的实际情形，因此元朝中央政府借此实现了对西藏地方的有效统治，并大大地促进了藏族文化和社会经济的发展，促进了藏传佛教在内地的广泛传播。

明朝时期，驻京的藏传佛教僧人的地位已经无法和元朝时相比，但是从明朝统治者的角度来看，他们却是其了解西藏政治、经济和宗教情形，沟通与西藏地方政教统治者之间感情，实现对西藏统治的可资利用的宝贵资源之一，因此给予这些驻京僧人应有的尊崇便是顺理成章的事。[②]而这些驻京僧人中的绝大多数也不负明朝统治者期望，或者受派出使乌斯藏等藏区，执行明朝统治者对藏区政教领袖的封赐宣抚事宜；或者在内地传播藏传佛教文化，充当汉藏文化交流的使者。[③]

代明而起的清王朝进一步继承和完善了藏传佛教僧人驻京制度。清代的藏传佛教僧人驻京制度萌芽于清太祖皇太极时期。虽然皇太极对佛教采取了一定的抑制措施，但是这位富有政治远见的清朝统治者却很注意藏传佛教在"怀柔蒙古"方面具有的不可替代的作用。[④]清朝统治者入关定都北京后，更加重视对藏传佛教的扶持和利用。为了表示对藏传佛教的尊崇，清太祖遣使邀请广受蒙古各部尊崇的藏传佛教

[①] 这一制度导致的不良后果主要表现在以下两个方面：第一，过度尊崇佛教，导致在佛教方面的开支巨大，在一定程度上影响了元朝的经济发展；第二，对僧侣的过度尊崇甚至纵容，导致了一些不法僧侣的违法乱纪行为（张云：《元代中央政府治藏制度研究》，第92—94页；王启龙：《藏传佛教对元代经济的影响》，《中国藏学》2002年第1期）。

[②] 明代驻京藏传佛教僧人主要的封号有大慈法王、西天佛子、大国师、国师、禅师、都纲、剌麻等（《大明英宗睿皇帝实录》，卷十七）。

[③] 陈楠：《论明代留京藏僧的社会功能》，《中央民族大学学报》（哲学社会科学版）2008年第5期。

[④] 王佩环：《皇太极与长宁寺——兼谈"怀柔蒙古"的政策》，《北方文物》1986年第2期；刘庆宇：《皇太极佛教政策探研》，《社会科学辑刊》2008年第1期；张羽新：《皇太极时期后金（清）政权的喇嘛教政策》，《西藏民族学院学报》（哲学社会科学版）1982年第3期。

格鲁派宗教领袖达赖喇嘛进京，同时在京师北京兴建和修复寺院，① 剃度僧人出家。在这种宗教政策的感召下，驻京的藏传佛教僧人逐渐多了起来。

　　康、雍、乾三朝是清代僧人驻京制度的成熟和完善时期，② 其标志之一就是乾隆九年（1744）将雍正潜邸雍和宫改为格鲁派寺庙，从而使雍和宫逐渐成为内地兼有内地藏传佛教管理和藏传佛教经典仪轨学习中心功能的最重要寺院之一；③ 其第二个标志就是以八大呼图克图④为代表的驻京呼图克图制度的形成、成熟和完善。⑤ 八大呼图克图中的济隆呼图克图来自西藏地方，亦是"清廷四大呼图克图"⑥ 之一，同时又是西藏著名的"四大林"⑦ 之一的功德林活佛，是藏传佛教最主要的活佛转世系统之一，也是西藏地方最主要的驻京僧人代表之一。八世和十一世济隆呼图克图曾先后两次出任西藏地方政府的摄政，其在西藏地方的政治地位和宗教地位由此可见一斑。此外，按照乾隆皇帝旨意出任雍和宫各扎仓上师、教师的格西，⑧ 也是西藏地方拣派的驻京僧人。从功能定位和角色扮演而言，呼图克图除了布传藏传佛教教义外也扮演着皇帝治藏顾问的角色，而雍和宫的教习堪布则主要承担传授藏传佛教经典

---

① 顺治年间在京新修、改建和修复的藏传佛教寺庙有净住寺（由明朝寺庙改建）、后黑寺、西黄寺、东黄寺、永安寺、普胜寺等（陈晓敏：《清代北京藏传佛教寺院》，《才智》2008年第22期）。

② 本书关于清代驻京僧人的论述主要参考了陈晓敏女士的《清代驻京喇嘛制度的形成与沿革》一文（陈晓敏：《清代驻京喇嘛制度的形成与沿革》，《满族研究》2007年第4期）。

③ 李德成：《藏传佛教与北京》，华文出版社2009年版，第312—316页。

④ 关于清代的八大呼图克图到底是哪几位，史学界有不同的观点，根据李德成先生的研究，所谓的清代八大呼图克图应该是章嘉呼图克图、噶勒丹呼图克图、敏珠尔呼图克图、济隆呼图克图、那木喀呼图克图、阿嘉呼图克图、拉果呼图克图和察罕达尔汗呼图克图（李德成：《清代驻京八呼图克图述略》，《中国藏学》2011年第S2期）。

⑤ 李德成：《清代驻京八呼图克图述略》，《中国藏学》2011年第S2期。

⑥ 清廷四大呼图克图是指章嘉呼图克图、噶勒丹锡呼图呼图克图、敏珠尔呼图克图和济隆呼图克图，是清廷封授的驻京呼图克图中最重要的四位。

⑦ 关于"四大林"究竟指哪四个，藏学界有不同的看法，主要的有两种，一种认为是大概建于同一时期的四座寺院，即丹吉林（也译为丹杰林）（༦ང་རྒྱས་གླིང་）、功德林（ཀུན་བདེ་གླིང་）、策墨林（也译为策门林）（ཚེ་སྨོན་གླིང་）和策觉林（也译为次角林）（ཚེས་མཆོག་གླིང་）；另一种说法认为是曾出任过旧西藏地方政府摄政的四大呼图克图的拉章，即丹吉林、功德林、策墨林和锡德林（བཞི་སྡེ་གླིང་）。

⑧ 李德成：《藏传佛教与北京》，第314页。

教义的职责。①

综合分析民国以前的西藏驻京僧人，我们可以看出，西夏和明朝时期的西藏驻京僧人或者是因为个人在宗教上的深厚造诣，或者代表某个教派或政教合一的某一地方小政权而得以常驻京师，他们在政治上的作用是有限的。元代驻京的帝师，其具有无可争辩的政教实权和地位；清代的驻京呼图克图虽然无法和元代的帝师相比，然而作为皇帝治藏的顾问，他们也有着很高的政治地位。另外一个现象就是，驻京僧人的政治地位和权力是与中央王朝对藏的统治力息息相关的，偏居一隅的西夏和对藏统治力相对较弱的明朝时期的驻京僧人，自然不能对西藏地方的政治产生太大影响，然而正因为中央王朝对藏相对薄弱的统治力却往往使他们成为统治者借重的治藏人才资源；对于元代和清代这样对藏具有很强统治力的朝代而言，它们或者赋予驻京僧人以很高的政治权位，或者派遣中央王朝的官员和军队驻藏，将驻京僧人作为其治藏的顾问，而这些驻京僧人对西藏地方政治的影响也是显而易见的。

二 北洋政府时期的西藏驻京代表

辛亥革命后，随着清朝统治在全国的土崩瓦解，清朝统治者历经数百年苦心建构的治藏体制也随之失效，就连驻藏大臣也因被清朝驻藏陆军变乱②祸及而最终被迫离藏。此后钟颖曾一度被北洋政府任命为"西藏办事长官"③，但最终也被驱逐出藏。从此直到1934年入藏致祭十三世达赖喇

---

① 这里所谓的雍和宫教习堪布，不包括一般由驻京呼图克图担任的"管理雍和宫总堪布喇嘛"（简称"雍和宫总堪布"）。
② 关于清末民初拉萨驻藏陆军内乱的性质，张召庸认为是驻军以"勤王"和"革命"为口号，实质上则是进行大肆抢劫的乱军行为（张召庸：《清末民初拉萨动乱新析》，硕士学位论文，中央民族大学，2010年）。笔者认同这种观点，所以将其称为变乱。
③ 1912年北洋政府成立到1928年灭亡，在这16年中，中央政府派驻西藏的官员先后有三位，分别是钟颖（1912年5月9日任"西藏办事长官"，1913年4月2日被撤职，1913年4月14日出藏）、陆兴祺（1913年4月2日任"护理驻藏办事长官"，1916年3月2日起由李嘉畾代理，1920年9月陆兴祺再任"驻藏办事长官"，仍由李嘉畾代理）、李嘉畾（1916年3月2日代理护理驻藏办事长官）。[关于李嘉畾和陆兴祺的关系见：房建昌《英国秘密档案中记载的民国初年护理西藏办事长官陆兴祺》，《西北民族学院学报》（哲学社会科学版）2002年第4期；邱熠华《民国政府任命的西藏办事长官——以陆兴祺研究为中心》，《中国藏学》2011年第3期]这三人中，只有钟颖任职时在西藏，但是由于种种原因，他并没有正常地履行职权，其他两位都未能入藏。

嘛专使黄慕松离藏时留驻拉萨的"专使行署留藏人员"为止，西藏地方暂无中央政府驻藏机构和驻藏军队。虽然孙中山早在1912年1月1日的《中华民国大总统孙文宣言书》中就已经明确表示：包括蒙古、西藏在内的各行省独立运动只是脱离清朝统治的一种方式。① 但是，自民元开始，西藏地方和中央政府的关系步入"不正常"阶段却是不容忽视的事实。

虽然清政府建立的治藏体制失效了，但是因为中央和西藏地方间建立起来的密切关系已经有近700年历史，这就如一条从中央被强行分成两半的江流，趋合是双方必然的走向，例如民国初年尹昌衡率兵西征、甘肃代表团入藏和西藏驻京僧人的斡旋调节，虽然方式不同，但目标一致。西藏驻京僧人的宗教人士身份，使他们在很大程度上可以免受朝代更迭中的政治落难，并且他们和西藏地方政教领袖的关系，又往往使他们成为特殊时期双方正常沟通渠道受阻后维系双方关系的最佳人选。

民国伊始，西藏派驻北京雍和宫以及五台山等处的堪布，成功地担任了"保持西藏地方和中央的关系的首选联系途径"② 的角色。整个北洋政府时期，参与政治活动并有迹可查的西藏驻京僧人主要有罗桑班觉（བློ་བཟང་དཔལ་འབྱོར་）、阿旺根敦（ངག་དབང་དགེ་འདུན）、江赞桑布（རྒྱལ་མཚན་བཟང་པོ་）、罗桑巴桑（བློ་བཟང་དཔལ་བཟང་）、顿柱汪结（དོན་གྲུབ་དབང་རྒྱལ་）、降巴曲汪（བྱམས་པ་ཆོས་དབང་）、楚称丹增（ཚུལ་ཁྲིམས་བསྟན་འཛིན་）、贡觉仲尼（དགོན་མཆོག་འབྱུང་གནས་）③ 和夏仲阿旺益喜（ཞབས་དྲུང་ངག་དབང་ཡེ་ཤེས）等。

---

① 中国藏学研究中心、中国第一历史档案馆等合编：《元以来西藏地方与中央政府关系档案史料汇编》（第6册），中国藏学出版社1994年版，第2345页。

② 陈庆英：《解读西藏驻京堪布贡觉仲尼到京任职的几份档案》，《西藏大学学报》（社会科学版）2007年第3期。

③ 原译为棍却仲尼。1931贡觉仲尼呈文蒙藏委员会，提出要改换名字的汉文字，呈文称："窃查棍却仲尼名字原从藏文译音，彼时本人初来汉地，不识汉字，因即请人代译，未能详加清审。现以汉藏字音对勘，殊觉棍却二字不甚符合，且字面亦欠庄雅，拟将棍却仲尼改为贡觉仲尼，庶于字音、字面两无遗憾。嗣后关于一切职任上公文、函电署名之处概用贡觉仲尼字样。理合呈请，钧鉴；分别呈转备案。"（转引自多杰才旦主编，邓锐龄等著《元以来西藏地方与中央政府关系研究》，第1043页）蒙藏委员会称将此报告送呈时兼任行政院长的蒋介石，行政院又于1931年11月5日转报国民政府备案。7日，国民政府下发指令，同意将棍却仲尼改译作贡觉仲尼（多杰才旦主编，邓锐龄等著：《元以来西藏地方与中央政府关系研究》，第1043页）。

由此可见，在1931年11月7日前采用棍却仲尼，11月7日后则用贡觉仲尼的写法应该更为准确。但是为了行文方便，本书一律采用"贡觉仲尼"。

第一章　设置西藏驻京机构的动因探究　21

关于这些驻京堪布的生平事迹等，研究者已经进行了比较详细的研究，① 本书在此只作简单介绍，以方便读者阅读的连续和文章结构的完整。

罗桑班觉（也写作罗桑班爵），江孜人，约出生于1881年，系光绪二十四年（1898）奉派驻京的卓尼尔（མགྲོན་གཉེར་）。1912年至1913年曾奉派至西藏，② 之后曾先后担任过永慕寺③和西黄寺④的达喇嘛。1913年5月进行的参众两院议员选举中被推选为众议院议员；1916年6月，黎元洪下令恢复被袁世凯解散的国会，罗桑班觉再次名列众议院议员名册；1917年11月段祺瑞组织"临时参议院"，罗桑班觉再次被选为参议员。⑤ 1917年，罗桑班觉还受大总统令担任蒙藏院荐任翻译官，⑥ 成为蒙藏院的职员之一。

阿旺根敦，西藏工布人，⑦ 曾在西藏担任仔准（རྩིས་དཔོན་）多年，后升补为汉文翻译官。⑧ 1907年（光绪三十三年）由藏奉派来京，奉旨驻

---

①　这一方面的研究成果主要有：喜饶尼玛《民国时期出席全国性政治会议的西藏地方代表》，《中国藏学》1989年第2期；朱丽双《在真实与想象之间：民国政府的西藏特使们（1912—1949）》，博士学位论文，香港中文大学，2006年；邱熠华《论西藏近代史上的拉萨三大寺：以政治活动与影响为中心（1911—1951）》。
②　中国藏学研究中心、中国第一历史档案馆等合编：《元以来西藏地方与中央政府关系档案史料汇编》（第7册），中国藏学出版社1994年版，第3068页。
③　中国第二历史档案馆、中国藏学研究中心合编：《中国第二历史档案馆所存西藏和藏事档案汇编》（第3册），中国藏学出版社2009年版，第146—163页。
④　1914年7月的《蒙藏院为转罗桑班爵报告事致大总统密呈》［中国第二历史档案馆、中国藏学研究中心合编：《中国第二历史档案馆所存西藏和藏事档案汇编》（第3册），第146—163页］中罗桑班觉的身份是"永慕寺达喇嘛"，但1917年11月的"喇嘛印务处为罗桑班觉可否免补扎萨克喇嘛事致蒙藏院呈"［中国藏学研究中心、中国第一历史档案馆等合编：《元以来西藏地方与中央政府关系档案史料汇编》（第7册），第3068页］中罗桑班觉的身份又变成了"达赖喇嘛庙达喇嘛"，这可能是原达赖喇嘛庙达喇嘛阿旺根敦于1917年8月18日因病身故后，由罗桑班觉接任其达赖喇嘛庙达喇嘛一职的原因。
⑤　喜饶尼玛：《民国时期出席全国性政治会议的西藏地方代表》，《中国藏学》1989年第2期。
⑥　中国藏学研究中心、中国第一历史档案馆等合编：《元以来西藏地方与中央政府关系档案史料汇编》（第7册），第3069页。
⑦　中国第二历史档案馆、中国藏学研究中心合编：《中国第二历史档案馆所存西藏和藏事档案汇编》（第2册），中国藏学出版社2009年版，第523页。西藏工布，即现在的西藏林芝工布江达县。
⑧　由此可以推知，阿旺根敦具有一定的汉语、汉文说写能力。

京，后被授予诺们罕名号，任达赖喇嘛庙达喇嘛，[①] 作为该寺主要负责人负责办理达赖喇嘛在京诸务，是民国建立后首赞共和的驻京僧人之一，并于1913年5月被推选为众议院议员，1914年再次成为"约法会议"西藏代表之一。[②] 1917年8月18日，供职10余年的阿旺根敦因病身故。经西藏旅京同乡会呈请蒙藏院，[③] 再由蒙藏院呈请时任大总统的冯国璋同意，准予"从优给恤银二百元"。[④]

江赞桑布，拉萨人，约生于1874年。[⑤] 于1908年随十三世达赖喇嘛进京觐见时奉命留京，并先后出任雍和宫和五台山扎萨克喇嘛。[⑥] 民国建立后，"联合在京同胞，'首赞共和'，影响极大"[⑦]。1913年春，江赞桑布受封"默尔根绰尔济"名号。[⑧] 曾任雍和宫扎萨克喇嘛教习堪布。1913年，江赞桑布作为主要发起人，成立了"西藏旅京同乡会"，成立的原因是"至今春国会成立，独无西藏人民之代表，不独国会组织及两院之选举法不符，亦为五族共和之缺点"[⑨]。他主持了第一届国会西藏议员选举事宜，并当选为参议员。作为两名西藏代表之一，他还参加了1913年12月袁世凯组织的"政治会议"。[⑩] 此外，他还是1916年

[①] 按照《乾隆朝内府抄本〈理藩院则例〉》的相关记载，驻京僧人由高到低依次是：掌印扎萨克达喇嘛（1人）、副掌印扎萨克达喇嘛（1人）、扎萨克喇嘛（4人）、达喇嘛（18人）、副达喇嘛（7人）、闲散喇嘛（10人）、德木齐（29人）、格斯贵（49人）[［清］会典编纂、赵云田点校：《乾隆朝内府抄本〈理藩院则例〉》，中国藏学出版社2006年版，第125页]。

[②] 喜饶尼玛：《近代藏事研究》，第136页。

[③] 蒙藏院是北洋政府于1914年5月设立的专管蒙藏事务的机构，直接隶属于大总统，其前身是1912年7月设立的蒙藏事务局。在蒙藏院长达十四年的时间里，共有三人担任过蒙藏院总裁一职。蒙藏院成立之初，仍以贡王贡桑诺尔布为总裁，并改简任为特任，其地位与各部总长相同。1914年5月至1928年初，除了1922年4月至1923年2月被免去蒙藏院总裁之职转任畅威将军外，贡桑诺尔布一直担任蒙藏院总裁职。在贡桑诺尔布担任畅威将军期间，蒙藏院总裁一职曾先后由熙彦和第九代扎萨克和硕亲王塔旺布里甲拉担任。

[④] 中国藏学研究中心、中国第一历史档案馆等合编：《元以来西藏地方与中央政府关系档案史料汇编》（第7册），第3066—3068页。

[⑤] 中国第二历史档案馆、中国藏学研究中心合编：《中国第二历史档案馆所存西藏和藏事档案汇编》（第2册），中国藏学出版社2009年版，第521页。

[⑥] 张羽新、张双志编纂：《民国藏事史料汇编》（第1册），学苑出版社2005年版，第102—103页。

[⑦] 喜饶尼玛：《近代藏事研究》，第124页。

[⑧] 中国第二历史档案馆、中国藏学研究中心合编：《中国第二历史档案馆所存西藏和藏事档案汇编》（第2册），第440—452页。

[⑨] 《政府公报》，"公文"，1913年六月十七日第400号，第7页。

[⑩] 喜饶尼玛：《近代藏事研究》，第136页。

选举的参议院议员。① 和其他西藏驻京堪布不同的是,江赞桑布还可能参加了国民党。② 在当时情况下参加国民党,说明江赞桑布具有比较开阔的政治视野和新锐的政治见识。

罗桑巴桑,哲蚌寺堪布。③ 原籍黑龙江杜尔伯特旗,自五岁在大库伦噶拉丹寺出家,九岁受班弟戒,二十岁受格隆戒。至二十四岁由该寺远赴西藏,入哲蚌寺学经。④ 1919 年奉派驻京,同年 2 月 11 日罗桑巴桑、罗桑策殿（ཨོ་བཟང་ཚེ་བརྟན་）和罗桑仁增（ཨོ་བཟང་རིག་འཛིན་）一行到京,经西藏旅京同乡会呈报蒙藏院,蒙藏院指令喇嘛印务处查验合格后,罗桑巴桑被派为雍和宫擦呢特学⑤堪布,并按例支给钱粮。1921 年前后,罗桑巴桑奉派任五台山扎萨克喇嘛,并于 1921 年 2 月 10 日经时任大总统的徐世昌指令加封诺们罕名号,赏银一千元。⑥ 1928 年冬,罗桑巴桑受十三世达赖喇嘛非正式派遣前往南京谒见蒋介石,成为最早和南京国民政府建立联系的十三世达赖喇嘛代表。

1933 年十三世达赖喇嘛圆寂后,蒙藏委员会通令五台山扎萨克喇嘛罗桑巴桑唪经,以志纪念。⑦ 同年 12 月 30 日,罗桑巴桑再次以五台山扎萨克喇嘛的身份呈文蒙藏委员会,称:"五台山各寺庙一体为达赖佛唪经三日。"⑧ 由此可见,国民政府时期,五台山扎萨克喇嘛仍然发挥着他原有的宗教功能。1936 年 4 月,蒙藏委员批准罗桑巴桑"请

---

① 此次江赞桑布被推选为参议员,但因为他当时是五台山扎萨克喇嘛,声称宗教事务繁忙,无法到京履职,请求辞职。经蒙藏院同意后由克希克图递补［中国第二历史档案馆、中国藏学研究中心合编:《中国第二历史档案馆所存西藏和藏事档案汇编》（第 7 册）,中国藏学出版社 2009 年版,第 2955 页］。

② 喜饶尼玛:《近代藏事研究》,第 125 页。

③ 《第十三世达赖喇嘛年谱》中明确记载罗桑巴桑是"哲蚌寺果芒扎仓的格西"［西藏自治区政协文史资料研究委员会编:《西藏文史资料选辑》（第 2 辑）,民族出版社 2007 年版,第 194 页］,奇怪的是罗桑巴桑在 1929 年 3 月给国民政府的《为所呈从速解决西藏意见书》中却自称是"色拉寺一等堪布"［《蒙藏委员会公报》（1929 年）第 1、2 合期,"附录"第 18 页］。

④ 中国第二历史档案馆、中国藏学研究中心合编:《中国第二历史档案馆所存西藏和藏事档案汇编》（第 4 册）,中国藏学出版社 2009 年版,第 59—67 页。

⑤ 即雍和宫四大扎仓之一的显宗扎仓。

⑥ 中国藏学研究中心、中国第一历史档案馆等合编:《元以来西藏地方与中央政府关系档案史料汇编》（第 7 册）,第 3070—3078 页。

⑦ 中国第二历史档案馆、中国藏学研究中心合编:《中国第二历史档案馆所存西藏和藏事档案汇编》（第 20 册）,中国藏学出版社 2012 年版,第 271 页。

⑧ 同上书,第 391 页。

长假"①。至此，罗桑巴桑完成了其长达 15 年的五台山扎萨克喇嘛的使命。

虽然 1921 年藏历 6 月达赖喇嘛就接受了堪琼顿柱汪结（མཁན་ཆུང་དོན་གྲུབ་དབང་རྒྱལ་）、仔准降巴曲汪（རྩེ་མགྲོན་བྱམས་པ་ཆོས་དབང་）和洛杂哇楚称丹增（ལོ་ཙཱ་བ་ཚུལ་ཁྲིམས་བསྟན་འཛིན་）三人的辞行礼，②但是 1923 年藏历四月顿柱汪结仍在西藏，并奉派赴那曲下部募化（"པེ་ཅིང་ཡིག་སློབ་དགེ་རྒན་ཆེ་མཁན་ཆུང་ཡུལ་ཕྱག་དོན་གྲུབ་དབང་རྒྱལ་དང་སྟོད་འཇིགས་ཁམས་རོང་པོ་རབ་བསྟན་དགོན་གྱི་མཁན་པོ་དགའ་ལྡན་ཤར་རྩེ་དགོན་བཞིའི་ཟབ་མཁན་ཡབ་གཤེར་ཞུག་དབང་དྲུག་ལྔའི་ཟུག་ཡོད་འདུལ་སྐུ་བསམ་སྲུ་བོད་ཕྱག་གནང་།"）。③并且 1925 年 8 月 29 日给蒙藏院的呈中也有"顿柱汪结等于上年承奉西藏我达赖佛爷谕派为驻京代表……"④的说法，据此推测，顿柱汪结等很可能是 1923 年年底 1924 年年初抵达北京的。⑤

---

① 中国第二历史档案馆、中国藏学研究中心合编：《中国第二历史档案馆所存西藏和藏事档案汇编》（第 35 册），中国藏学出版社 2014 年版，第 92 页。

② 西藏自治区政协文史资料研究委员会编：《西藏文史资料选辑》（第 2 辑），第 199 页；དཔལ་ལྡན་མཁས་གྲུབ་ཆེན་པོ་ཕུར་བུ་ལྕོག་བྱམས་པ་རྒྱ་མཚོའི་དཔལ་ཆོས་ཀྱི། བོད་གྲོས་བོད་རང་སྐྱོང་ལྗོངས་ཆབ་སྲིད་ལོ་རྒྱུས་དེབ་གནད་གཤམ་གཤིས་ཀྱི་ཆ་ཚོགས་གྲུབ་ཡིག་ཚོགས་སྒྲིག་ཁང་། བོད་ཀྱི་ཆོས་རིག་གནས་དང་དཔེ་རྒྱུ་བསྡམས་སྒྲིག་(4)། བོད་དཔེ་སྐྲུན་ཚོགས་པ། ཤིན་ཧ་རིག་དཔེ་སྐྲུན་ཁང་། ཤིན་ཧྭ་2009 ལོའི་གྲངས་ 529 ཙ་གཤམ།

③ ཡང་ཚོགས་གྲུབ་བསྟན་བྱམས་ཁྲིམས་འཛིན། རྒྱལ་དབང་སྐུ་ཕྲེང་བཅུ་གསུམ་པའི་རྣམ་ཐར་གཤམ་གསུམ་པ། མི་རིགས་དཔེ་སྐྲུན་ཁང་། བོད་ཅིག་གི་དཔེ་སྐྲུན་རིག་ཁང་དཔེ་པུས་ 2010 ལོའི་གྲངས་ 362 ཤུ་གསུམ། [普觉・图旦强巴慈成丹增：《第十三世达赖喇嘛传》（下册），中国藏学出版社 2010 年版，第 362 页。引文大意为：接受北京教字老师堪琼玉拉瓦顿柱汪结、上密院属寺隆务热丹寺堪布噶丹寺夏孜扎仓多康参格西罗桑塔业和色拉寺阿巴扎仓图旺活佛前往那曲下部募化的辞行礼]。

④ 中国第二历史档案馆、中国藏学研究中心合编：《中国第二历史档案馆所存西藏和藏事档案汇编》（第 5 册），中国藏学出版社 2009 年版，第 365 页。

⑤ 关于顿柱汪结等抵达北京的时间，档案材料中也有不同的记载，例如"达赖喇嘛为派代表出席蒙藏会议事致陆兴祺函"中有如下记载："前次帮达布牙批递来徐大总统及周国务总理、黎大总统玉片〔照〕信品，系民国十一年时政府特派巫明远及小堪布顿柱汪结带领入藏，行至上海返回，信品暂交尊处代存者。兹值台从抵印，除所有信品清单一并照交，并承惠赠多珍，殊深感谢，经已悉数拜领。"[中国藏学研究中心、中国第一历史档案馆等合编：《元以来西藏地方与中央政府关系档案史料汇编》（第 6 册），第 2502 页]据此推测，他们是 1921 年年末 1922 年年初抵达北京的。

相比而言，上述正文中引用的档案材料似乎更为可信，因为关于达赖喇嘛的日常活动孜森穹嘎（རྩེས་གཞིས་ཆུང་འགག）一般都会有记录，因此普觉・图旦强巴慈成丹增的《第十三世达赖喇嘛传》中的记载应该是比较可靠的，并且按照顿柱汪结的说法，他们到达北京的时间也应该是 1923 年年底 1924 年年初。至于上述和巫明远一起奉派入藏的顿珠汪结很可能是另有其人。关于这一问题，还有待进一步深入研究。

从他们三人在身份上对清代雍和宫"堪准洛松"（མཁན་མཆོད་ལོ་གསུམ）①的继承性来看，十三世达赖喇嘛选派他们的初衷应该主要在于在京传教，进一步充实北京的藏传佛教教职人员队伍。然而因为这一时期中央和西藏地方间的正常交往渠道受阻，因此顿柱汪结等三人驻京期间，和其他驻京僧人一起参与了这一时期一系列政治活动，如在贡觉仲尼的带领下呈文北洋政府，询问"优待蒙藏条件"是否取消。顿柱汪结还参加了段祺瑞临时执政府召开的"善后会议"。②

另外，1925年8月，顿柱汪结、降巴曲汪和楚称丹增三人以西藏驻京代表名义，就成立"西藏达赖驻京代表办公处"联名呈文蒙藏院：

> 窃顿柱汪结等于上年承奉西藏我达赖佛爷谕派为驻京代表，自到京后，本拟仿照各省区在案在京设立西藏驻京代表办公处，因接洽事少，延宕至今。近来顿柱汪结等已加入参政，应办之事日见繁多，拟援案办理假雍和官北大门内为西藏达赖驻京代表办公处，以便接洽。③

由这一呈文可以看出，顿柱汪结、降巴曲汪和楚称丹增三人是以西藏达赖驻京代表的名义"参政"的，并且将西藏地方视同其他各省区，所以称设立"西藏达赖驻京代表办公处"是"仿照"其他省区设立驻京办公处。同时，这也体现了顿柱汪结等西藏驻京僧人在清朝传统的封建体制崩溃情况下，对在新的国家政治体制下西藏地方参与国家政治活动方式方法的积极探索，表现出了其适应新的国家政治体制的主动性。虽然目前笔者还没有看到"西藏达赖驻京代表办公处"是否获准设立的直接记载，但是西藏驻京僧人积极参与这一时期一系列全国性政治活动并请求设立办公处的举动，反映了他们对这一时期中央和西藏地方间关系实质的认识。

---

① 关于"堪准洛松"的具体情况请见本书第三章第三节。
② 刘寿林、万仁元、王玉文等编：《民国职官年表》，第176页。
③ 中国第二历史档案馆、中国藏学研究中心合编：《中国第二历史档案馆所存西藏和藏事档案汇编》（第5册），第365页。

1928年3月，顿柱汪结离开北京返藏。在返藏前夕他担任的是西藏驻京教习堪布慈度寺①达喇嘛，返藏的原因是"奉达赖佛爷来谕，召令回藏"，因此他向喇嘛印务处请假两年。②经喇嘛印务处转报蒙藏院，蒙藏院同意顿柱汪结请假回藏。与顿柱汪结同来的降巴曲汪和楚称丹增则一直待到了国民政府时期，并和贡觉仲尼一起参与了国民政府时期改善中央和西藏地方间关系的一系列活动。

贡觉仲尼是北洋政府后期和南京国民政府时期西藏驻京僧人中最为活跃的一员，作为西藏驻雍和宫的总堪布，他参加了一系列有关改善西藏地方政府与中央政府间关系的政治活动。对贡觉仲尼的相关情况我们将在第三章第一节中详细论述。

厦仲阿旺益喜。和以上的诸位西藏驻京僧人相比，厦仲阿旺益喜身份特殊，是1907年（光绪三十三年）奉九世班禅之命"驻京办理后藏一切事宜"的后藏代表；③1912年，④"复由班禅佛爷委派"赴库伦办事。⑤1913年，北洋政府进行第一届国会议员选举，厦仲阿旺益喜因后藏代表"电召"，于同年4月由库伦返回北京，负责组织后藏国会议员选举，并为此与代表噶厦政府的"西藏同乡会"发生了尖锐的矛盾。⑥因为1912年发生"民元藏乱"，1913年厦仲阿旺益喜就前来参与北洋政府的政治活动，这显然是为了向当时的中央政府表明九世班禅系统亲中央的政治态度。同年5月21日，民国大总统袁世凯授予阿旺益喜诺们罕名号。⑦作为后藏代表，厦仲阿旺益喜不仅名列1913年5月公布的参议院议员名录，同时还是1913年12月袁世凯政治会议代表、1916年黎元洪恢复国会后的参议员、1917年段祺瑞"临时参议院"议员。从厦仲阿旺益喜的这些政治履历可以看出，北洋政府对以厦仲阿旺益喜

---

① 慈度寺，俗名前黑寺，位于今北京市海淀区马甸路海淀民族小学一带。今已无存。
② 中国第二历史档案馆、中国藏学研究中心合编：《中国第二历史档案馆所存西藏和藏事档案汇编》（第8册），中国藏学出版社2009年版，第176页。
③ 中国第二历史档案馆、中国藏学研究中心合编：《中国第二历史档案馆所存西藏和藏事档案汇编》（第2册），第356页。
④ 同上书，第376页。
⑤ 同上书，第356页。
⑥ 同上书，第355—390页。
⑦ 张羽新、张双志编纂：《民国藏事史料汇编》（第1册），第104页。

为代表的班禅系统给予了足够的重视。由此也可以看出,从这一时期开始,十三世达赖喇嘛和九世班禅大师间的矛盾已经延伸到了内地。厦仲阿旺益喜能够多次出席全国性的重要政治会议,也表明从这一时期开始中央政府就已经十分注意平衡十三世达赖喇嘛和九世班禅的关系。厦仲阿旺益喜是1924年九世班禅来内地前我们所见的为数不多的班禅驻京代表之一。

1923年11月,由于和以十三世达赖喇嘛为首的噶厦政府的矛盾激化,九世班禅被迫离开扎什伦布寺前往内地。1924年8月15日,九世班禅的代表内务堪布罗桑囊加、确本堪布旺堆诺布、堪布夏诺云、随员朱福南、翻译张玉樑及喇嘛、跟役等共32人到达北京,与北洋政府直接接触,先期试探北洋政府对九世班禅来京的态度。① 1925年2月25日,九世班禅一行抵达北京,受到了段祺瑞执政府的热烈欢迎,被安排驻于中南海瀛台。② 同年4月,应浙江巡阅使孙传芳的邀请,九世班禅一行前往南京、上海、杭州一带朝佛传法。5月15日,返回上海,由上海再乘火车返回北京,又由北京乘火车前往五台山避暑,并在五台山佛寺内"闭关静坐"21天,7月末才由五台山再次返回北京,并仍住在中南海瀛台。③

在九世班禅一行前往南京、上海、杭州以及五台山等地期间,其在中南海瀛台的行辕仍予保留,并且九世班禅也在该行辕"酌留堪布及办事人员,以资接洽"④。瀛台行辕班禅"驻京办事堪布"成为1924年九世班禅到达内地后其最早的驻京代表。与此同时,当九世班禅前往五台山避暑时,还在福佑寺设立了班禅驻京办公处,以大堪布罗桑楚臣为处长。⑤ 这是九世班禅系统最早设立的驻京办公处。

1927年6月18日,张作霖在北京就任北洋军政府陆海军大元帅,

---

① 中国第二历史档案馆、中国藏学研究中心合编:《中国第二历史档案馆所存西藏和藏事档案汇编》(第5册),第15—19页。
② 牙含章:《班禅额尔德尼传》,第251页。
③ 同上书,第251—252页。
④ 中国第二历史档案馆、中国藏学研究中心合编:《中国第二历史档案馆所存西藏和藏事档案汇编》(第5册),第487页。
⑤ 刘家驹:《班禅大师全集》,班禅堪布会议厅,1943年,第39页。

代表中华民国行使统治权。同年8月4日，大元帅府庶务司致函蒙藏院，称："奉大元帅谕，现住瀛台之班禅留京人员应一律迁往福佑寺居住，腾出瀛台楼房作为宴会厅，所有迁移及修缮等费，著蒙藏院会同庶务司核实估定。"①1928年1月14日，蒙藏院致函班禅办公处，在告知其"福佑寺行将竣事"的同时，要求"定期速移"②。第二天，班禅办公处致函蒙藏院，称"班佛行李共有七百余驮，拟定本年二月一日迁往福佑寺"③。由此可知，从1925年2月九世班禅到达北京起到1928年1月，瀛台一直是九世班禅行辕所在地，也是九世班禅不在北京时其"驻京办事堪布"驻地。因为福佑寺是班禅驻京办公处所在地，因此瀛台班禅留京人员迁往福佑寺后，福佑寺就成了九世班禅系统驻京人员的驻地。

　　南京国民政府时期，北平不再是首都，并且1929年2月西藏班禅驻京办公处在南京成立，在这种情形下，北平福佑寺的原班禅驻京办公处随之改组为班禅驻平办公处。约1929年2月，班禅驻平办公处致函蒙藏委员会驻北平临时办事处处长于兰泽，请其"转达蒙藏委员会，呈明国民政府将福佑寺永远拨给班禅办公处管理"④。此后，经蒙藏委员会呈请行政院，行政院再呈请国民政府，1929年3月，国民政府准予"备案"。⑤从此，福佑寺成为西藏班禅驻平办公处（后改为办事处）的固定驻地。

　　总体上来看，这些驻京僧人或者参与全国性的政治会议，或者代表中央政府赴藏沟通，或者担任中央政府部门的职员……除了贡觉仲尼等少数人外，虽然他们无论是在西藏内部宗教上还是在政治上都没有特别显赫的地位，⑥然而在清末民初这样一个政局动荡，社会秩序

---

　　① 中国第二历史档案馆、中国藏学研究中心合编：《中国第二历史档案馆所存西藏和藏事档案汇编》（第6册），中国藏学出版社2009年版，第14—15页。
　　② 同上书，第40页。
　　③ 同上。
　　④ 中国藏学研究中心、中国第一历史档案馆等合编：《元以来西藏地方与中央政府关系档案史料汇编》（第7册），第3090页。
　　⑤ 同上书，第3090—3092页。
　　⑥ 中国第二历史档案馆、中国藏学研究中心合编：《中国第二历史档案馆所存西藏和藏事档案汇编》（第7册），第3073—3074页。

混乱的历史时期,却被历史地赋予了沟通中央和西藏地方间关系的重任,并较好地扮演了参与中央政府政治活动的西藏地方代表的重要角色,被赋予了重要的历史象征意义,机缘巧合地一跃成为这一时期重要的历史人物,成为改善中央和西藏地方间关系的重要历史见证者和践行者。

这些本来名不见经传的普通驻京僧人何以能被赋予这样的历史角色呢?概括来看应该主要有以下一些原因:

第一,正是他们普通宗教人士的身份,使他们在政权更迭之际免于遭受政治落难,并能够继续得以驻京;第二,驻京僧人出世的身份和与政治若即若离的立场,使他们较容易与中央和西藏地方的政教上层发生联系,使他们能够成为中央和西藏地方双方都可以接受的人选,并在原有治藏体制失效,新的治藏体制有效运行之前充当联系人角色;第三,驻京僧人本身具有的中央和西藏地方的双重身份,① 使他们具有进行政治活动的空间和可资利用的人脉资源。换个角度来看,这些本来平常的僧人之所以在这种关键时刻发挥出也许连他们自己都料想不到的作用,当然不仅仅是因为他们的能力,更重要的是中央和西藏地方间长期关系的必然趋势使然,他们只不过是顺势而为。因此,与其说他们扮演了重要的历史角色,还不如说历史大势成就了他们重要的历史角色。

西藏僧人驻京始于西夏,历经元、明、清和民国,长期存在,经久不废,充分说明了驻京僧人有着不可替代的重要作用。虽然不同时期驻京僧人的作用不尽相同,但他们都无一例外地在以下两个方面发挥了重要作用:一是充当了沟通中央政府和西藏地方间关系的桥梁,保证了中央和西藏地方间政治关系的赓续不断;二是积极参与藏传佛教的弘扬和藏族文化的传播,对汉藏文化交流起到了不可替代的作用。

第二节 南京国民政府大局初定后强化对藏治理

国民政府成立初期,无论是对身在内地的九世班禅系统的优崇,还

---

① 陈庆英:《解读西藏驻京堪布贡觉仲尼到京任职的几份档案》,《西藏大学学报》(社会科学版) 2007 年第 3 期。

是积极致力于改善与西藏地方政府的关系，其最终的落脚点都是加强对藏治理，理顺中央和西藏地方间的关系。

一　国民政府强化对藏治理的自身因素

（一）南京国民政府中央权威的加强

清朝政府被推翻后，我国历代封建王朝推行的封建中央集权的国家体制也随之结束，虽然继之而起的北洋政府在形式上依然是代表整个国家来统治全国的中央政府，但其统治力已经大为削弱，对边疆民族地区的统治更显得力不从心。1928年，随着"二次北伐"[①]的结束和"东北易帜"的实现，南京国民政府完成了对中国内地形式上的统一，至此威胁其生存的国内因素已经基本消除，南京国民政府对全国的统治进一步巩固。之后，通过"中原大战"等国民政府时期新军阀间的争权斗争，一些敢于同蒋介石抗衡的地方势力被逐个消灭，蒋介石在国民党和南京国民政府中的领导地位得以进一步巩固，南京国民政府的中央政府权威也随之提升——这是国民政府得以关注和考虑西藏等边疆问题，采取加强对藏治理措施的一个重要前提条件。另外，对于一个相对稳定和强大的中央集权的政府而言，强化对包括边疆地区各地方的治理，将中央政府的权威推向全国，是其维护统治的内在要求，是作为稳定和强大中央政府的必行之事。

（二）南京国民政府完成了加强治藏的自身建制工作

南京国民政府成立后，其自身建制工作也随之紧锣密鼓地进行。1928年6月9日，国民政府即令"派白云梯筹备蒙藏委员会，并接受蒙藏院一切事宜"[②]。1928年8月，国民党二届五中全会在南京召开，会议宣称全国进入训政时期；同年10月，国民党第172次中央常务委员会会议召开，通过并公布《训政纲领》；同月，中央政治会议第157

[①]　"二次北伐"，是指1928年2月至6月以蒋介石为首的国民党新军阀，和以张作霖为首的旧军阀间为争夺全国统治权而进行的战争，因为国民党自称这次战争是"北伐战争"的继续，因此被称为"二次北伐"。

[②]　中国第二历史档案馆、中国藏学研究中心合编：《中国第二历史档案馆所存西藏和藏事档案汇编》（第6册），第73页。

次会议通过了《国民政府组织法》①，明确规定组织五院制②的中央政府；10月22日，国民政府公布《行政院组织法》，规定行政院设内政、外交、军政、财政、农矿、工商、教育等十个部，另设建设、蒙藏、侨务、劳工、禁烟五个委员会。其中设立蒙藏委员会是南京国民政府强化对蒙藏地区治理的一个重要举措。

1928年3月，国民党"中央政治会议于第133次会议，议定《蒙藏委员会组织法》，采用主席制。至141次会议又决议改用常务委员制，并于第142次会议，将该组织法修正通过，交由国民政府于十七年六月十八日公布"③。该组织法共有15条，规定蒙藏委员会掌理审议蒙藏行政事项及各种兴革事项；设委员7人至9人，其中常务委员3人，都由国民政府任命。6月18日国民政府任命了第一批委员和常务委员，其中委员7人，分别是张继、白云梯、刘朴忱、罗桑囊加、格桑泽仁、陈继淹和李凤岗；常务委员3人，分别是张继、白云梯和刘朴忱。这是蒙藏委员会的最早雏形。

1928年10月，南京国民政府行政院成立，蒙藏委员会隶属行政院，12月国民政府又将蒙藏委员会改为委员长制，阎锡山为第一任蒙藏委员会委员长（1928年12月27日任），赵戴文为副委员长并代理会务（1928年12月31日任）。按修正草案，新增九世班禅、诺那呼图克图、恩克巴图、李培天四人为蒙藏委员会委员。1929年1月5日，阎锡山到任宣誓就职。2月1日，蒙藏委员会正式启用印信，对外办公，并宣布原北京蒙藏院的一切职能自此消亡。至此，蒙藏委员会正式建

---

① 民国时期，先后多次公布过《国民政府组织法》（每次的名称略有不同），主要有以下一些：1925年（民国十四年）7月1日公布的《国民政府组织法》；1928年（民国十七年）10月8日公布的《国民政府组织法》；1931年（民国二十年）12月公布的《国民政府组织法》。以上三种国民政府组织法都各有多个修订版本（熊伯履：《国民政府组织法之变迁》，《河南大学学报》1934年第3期）。

② 国民政府的五院是指行政院、立法院、司法院、监察院和考试院。国民政府的五院制是根据孙中山制定的五权宪法原则组建的，是对孙中山五权宪法思想的具体实践，二者基本思想一致，但有着本质区别（刘秋阳：《南京国民政府"五院制度"述评——兼论"五院制度"与孙中山"五权宪法"思想之关系》，《武汉化工学院学报》2006年第5期）。

③ 谢振民编著，张知本校订：《中华民国立法史》，中国政法大学出版社1999年版，第385页。

立起来。1929年2月7日，新修正的《蒙藏委员会组织法》① 公布，该组织法明确规定蒙藏委员会有如下职能：一是掌管关于蒙古、西藏之行政事项；二是掌管关于蒙古、西藏之各种兴革事项。按照《蒙藏委员会组织法》的规定，蒙藏委员会设委员长1人，副委员长2人，委员27—35人。其中委员长特任，副委员长和委员简任。除赵戴文外，9月23日又简任马福祥为副委员长。蒙藏委员会下设总务、蒙事和藏事三处，分别设简任处长1人，具体负责各处事务。其中总务处负责委员会文书及庶务等事项，蒙事处负责蒙古事务，藏事处负责西藏事务。在三处处长之下再设科长9—12人，荐任；科员50—70人、助理员20—40人，均委任，承长官之命办理事务。总务处下再设会计室、人事室、招待所等机构，其中会计室设会计主任1人，荐任；科员5—7人、助理员3—5人，均委任；设统计员1人、佐理员2—3人，均委任，负责依法律之规定办理委员会岁计、会计与统计事务。人事室设主任1人，荐任，依人事管理条例之规定负责人事管理事务；人事室需用人员名额，由蒙藏委员会就该组织法所定委任人员及雇员名额与铨叙部② 会同决定之。此外，总务处还设有秘书2—6人，简任，负责掌管机要文稿、会议记录及长官交办事宜；设参事2—4人，简任，负责撰拟、审核"本会"之法案命令；设调查主任1人，荐任；调查员10—20人，其中4人荐任，其余委任，负责掌管调查事项；编译主任1人，荐任；编译员10—15人，其中6人荐任，其余委任，负责掌管编译事项。除这些自身的常设机构外，蒙藏委员会组织法第十九条第二项还规定蒙藏委员会可以根据实际需要，在适当的地方设置办事处，每处置处长1人，荐任；副处长1人，荐派。这是蒙藏委员会以后设置蒙藏委员会驻藏办事处的法律依据。之外，蒙藏委员会还对西藏驻京办事处、西藏班禅驻京办事处、章嘉呼图克图驻京办事处、

---

① 《蒙藏委员会组织法》于1932年7月、1942年4月、1944年12月和1947年7月先后进行过多次修正，虽然具体内容略有增删，但其性质和基本职能没有变（孙镇平、王立艳：《民国时期西藏法制研究》，知识产权出版社2009年版，第72页）。

② 按1928年国民政府公布的《考试院组织法》规定，考试院以考选委员会及铨叙部组成，其中铨叙部负责公务员的登记、考取人员分类登记、成绩考核登记、公务员任免的审查、公务员升降转调的审查、公务员资格审查和俸给及奖励的审查等事项。

西康诺那呼图克图驻京办事处、青海七呼图克图驻京办事处和西康民众代表驻京办事处等负有监督、指导之责。

《蒙藏委员会组织法》规定了蒙藏委员会的施政范围和内容，概括性地表述了蒙藏委员会的机构职能。《蒙藏委员会组织法》制定的法律依据虽是南京国民政府的《行政院组织法》，但其设立的实践基础则源于我国历朝历代处理少数民族事务所积累的宝贵经验。纵观我国历朝历代，几乎无一例外都设置了专管少数民族事务的机构——如元代的总制院、清代的理藩院[①]——虽然这些机构的具体名称、职权、地位不尽相同，但都是国家行政机构体系中不可或缺的重要组成部分。

蒙藏委员会的设立和主要职员的任命，标志着南京国民政府已经在行政建制和人事配置方面完成了加强对藏治理的准备工作。

（三）蒋介石出于增加自身政治资本的考量

1927年4月18日蒋介石在南京另立中央政府后，遭到了时处正统地位的武汉国民政府的强烈反对，蒋介石甚至被视为"总理之叛徒，本党之败类，民众之蟊贼"[②]。虽然经过"宁汉合流"后蒋介石的南京国民政府得以合法化，成为国民党内部公认的唯一合法政府，[③] 但是蒋介石仍然面临着如汪精卫、胡汉民等众多国民党元老，以及冯玉祥、阎锡山、李宗仁、白崇禧等地方实力派的有力挑战，蒋介石1931年9月在桂系等实力派军阀的逼迫下第二次下野，就说明他的政治地位还不是很稳固。[④] 在同竞争者的博弈中，蒋介石除了充分发挥其纵横捭阖，连横

[①] 理藩部最早叫蒙古衙门，始建于1636年。1638年改称理藩院，官设承政一员，左右参政各一员；1644年改承政为尚书，参政为侍郎；1659年闰3月，改称尚书为"礼部尚书掌理藩院事"，左、右侍郎为"礼部左右侍郎协理理藩院事"；1661年3月，清朝中央政府发布诏令恢复旧称；1911年9月，清政府预备立宪，组织内阁，改理藩院为理藩部，正、副负责人也相应地改为大臣、副大臣；清帝退位后，又改称为正、副首领［李养第：《清代中央政府对藏政策述略》，《青海民族研究》2001年第2期；赵云田：《清代理藩院初探》，《中央民族学院学报》1982年第1期］。

[②] 《汉口民国日报》，1927年4月22日，转引自顾书卫《蒋介石个人权力的发展演变（1927.4.18—1949.12）》，硕士学位论文，河北师范大学，2005年，第6页。

[③] 顾书卫：《蒋介石个人权力的发展演变（1927.4.18—1949.12）》，第3页。

[④] 李光正：《蒋介石三次下野与新桂系势力的消长》，《河池师专学报》（文科版）1996年第2期；贾熟村：《冯玉祥与蒋介石的恩怨》，《浙江学刊》2012年第5期。

合纵的权术逐个削弱或消灭对手外，要想在有着强大竞争力的这些竞争对手中占有优势，也需要在诸如西藏事务等一些棘手问题上取得突破，显示其与众不同的能力，以得到全国和国民党内更多支持，积累更多政治资本，提高自己的政治威望。因此，当他收到贡觉仲尼转来的十三世达赖喇嘛表示"倾向中央""拥护"他的复信时，"感慰无似"[①]。由此也可以看出，蒋介石对在藏事上取得突破的急切心情。

（四）九世班禅系统的推动

国民政府成立后，九世班禅即派遣代表与国民政府建立联系，并于1928年9月2日致函时任国民政府主席的谭延闿，称：

> 今幸革命成功，统一底定实现，三民主义照遍亚洲。而我各省民族同胞早跻极乐世界，独我西藏民族，内受暴政之压迫，外逼强邻之侵略，正处于如水益深、如火益热，奄奄一息，仰求我公鼎力扶持，俾我藏民早登衽席之安，同立于青天白日旗帜之下，幸莫大焉！[②]

1929年1月24日，西藏班禅驻京办公处为组织成立并检呈宣言而致阎锡山的函文中也称："班禅因鉴于国防之颠危，藏民之疾苦，特联合革命立场上之同志，以求西藏民族之解放。"[③]

以上引文都反映了国民政府成立之初，九世班禅系统对国民政府加强对藏治理的迫切愿望，而这种迫切愿望源于九世班禅系统对国民政府通过加强对藏治理，进而维护其在藏利益的预期。国民政府尊崇九世班禅，并有着加强对藏治理的愿望，因此对九世班禅系统的这些请求自然不会无动于衷。

---

① 当然其中不免有客套之意。由张春燕和张丽二人的论文可知，蒋介石给十三世达赖喇嘛之此信原件存于西藏档案馆，二位在他们的论文中收录了此信的全文，并对该信的新作时间进行了考证，具体参见张春燕、张丽《国民政府成立初期中央政府与西藏地方政府关系刍议——"蒋介石致十三世达赖喇嘛书"撰写时间探析》，《中国藏学》2011年第1期。
② 中国第二历史档案馆、中国藏学研究中心合编：《九世班禅内地活动及返藏受阻档案选编》，第5—6页。
③ 同上书，第7页。

二 国民政府强化对藏治理的西藏因素

民国时期西藏地方的形势也是南京国民政府强化对藏治理的一个主要原因,这种形势总体的表现就是清末至南京国民政府建立前一直徘徊不前的中央和西藏地方间的关系问题,① 而理顺中央和地方间的关系,树立中央政府的威信,对二者进行准确定位是一个有实力、有责任的中央政府必然要做的工作。

南京国民政府建立初期,影响中央和西藏地方间正常关系的各种不利因素依然存在,作为新建立政权的中央政府,这一时期国民政府的当权者们"踌躇满志",自然不会对此视而不见。这一时期影响中央和西藏地方间正常关系,亦即迫使南京国民政府必须加强对藏治理的西藏因素主要包括以下三点:

第一,西藏地方超越常规的非理性地方利益诉求亟待解决。从中央政府的角度而言,中央政府的稳定和强大是其有效控制地方非理性利益诉求的前提条件,然而袁世凯死后北洋政府飘摇不定,在短短的12年间"7人出任过总统或国家首脑,其中一人两次上台,有24次内阁改组,此外有4个摄政内阁在短暂的过渡期间管理过政府,有5届议会或国会,至少4部宪法或基本法"②。在如此不稳定的中央政府统治下,形成地方政府尾大难掉,提出非理性的利益诉求也是必然之事。

第二,关于利益分配,地方政府和中央政府间永远存在着矛盾统一的关系,而这种对地方利益的诉求往往成为地方政府非理性行为的诱因。③ 就西藏地方政府而言,在中央政府有效控制力缺位情况下,一些

---

① 清末至南京国民政府建立前的民国北洋政府时期,是清以来中央和西藏地方间关系最为恶化阶段,主要表现为:1. 发生了"民元藏乱";2. 以十三世达赖喇嘛为首的西藏地方政府对中央政府始终保持一种若即若离的态度,西藏地方政府对中央政府的各种恢复正常关系的努力反应冷淡;3. 中央政府始终未能设立驻藏机构,因而不能很有效地行使对藏治理。

② 曹学恩:《民国时期中央与地方关系探析》,《西安外国语学院学报》2000年第6期。

③ 地方利益是针对全国性的、全社会性的公共利益而言的。关于地方利益对地方政府非理性行为的诱发作用,可以参考朱丽霞的《利益视角下的地方政府非理性行为分析》一文(《行政论坛》2009年第2期)。该文中作者从地方利益促成地方政府恶性扩张、地方利益催生地方保护主义、地方利益干扰地方政府制度创新等方面对地方利益导致的地方政府非理性行为进行了分析。虽然该文是以现阶段我国的地方利益为研究对象的,但是因为民国时期地方利益同样是现实存在的,并且由地方利益诱发地方政府非理性行为也是不可避免的,因此笔者认为其研究结论大部分同样适用于对民国时期地方政府非理性行为的分析。

势力集团为了追求自身利益的最大化,必然要求超越地方应有权限的政治、经济利益,并形成不容他人涉足的地方利益,如噶伦、代本等主要官员,寺院堪布等宗教首领的任免等,① 进而形成既得利益集团,他们不愿因为中央政府的"过分"介入而打破其既得利益格局。况且这一既得利益集团是在"民元藏乱"后逐渐形成的,② 其形成过程中发生过拆毁"亲汉"之丹吉林③、驱逐北洋政府任命的西藏办事长官钟颖④等一系列让当时的中央政府痛心疾首的事件。因此,为了保护其既得利益,他们对中央政府采取抵制或者阳奉阴违的态度便不难理解。民国时期中央和西藏地方间"不正常"的关系,在一定程度上就是中央和地方间利益分配严重失常的一种表现。

南京国民政府建立后,随着中央政府的巩固和稳定,必然要求加强对包括西藏在内的地方的统治,改变各地存在的这种超越常规的利益格局。

第三,帝国主义势力在西藏的存在,是影响中央和西藏地方间关系正常化的一个重要因素。英国和俄国是历史上觊觎西藏的两个主要帝国主义国家,后来俄国由于国内原因逐渐减弱了对西藏的兴趣,这样就给英国侵略西藏提供了极大便利。英国侵略西藏的活动早在17世纪就开始了,到了清末,英帝国主义在完成了对西藏周边国家和地区的侵吞蚕

---

① 按照《钦定藏内善后章程二十九条》第十一条的规定:"噶伦发生缺额需要补任时,从代本、孜本、强佐中考察各人的技能及工作成绩,由驻藏大臣和达赖喇嘛共同提出两个名单,呈报大皇帝选择任命。"第十八条规定:"堪布为各寺院之主脑……现规定今后各大寺堪布活佛人选,得由达赖喇嘛、驻藏大臣及济隆呼图克图等协商决定,并发给加盖以上三人印章的执照。"[张羽新编著:《清朝治藏典章研究》(上),中国藏学出版社2002年版,第134、137页] 但是,民国以降,由于中央驻藏官员缺位等原因,噶伦补放基本上都是达赖喇嘛或摄政说了算。

② 朱丽双:《在真实与想象之间:民国政府的西藏特使们(1912—1949)》,第59页。

③ 霍康·索朗边巴:《第穆活佛受害经过》,西藏自治区政协文史资料研究委员会编《西藏文史资料选辑》(第1辑),第638—639页(ཧོར་ཁང་བསོད་ནམས་དཔལ་འབར་དེ་མུའི་སྤྲུལ་སྐུ་གཙུག་ལག་རིན་པོ་ཆེར་གནོད་འཚེ་བྱུང་བའི་སྐོར། ། བོད་རང་སྐྱོང་ལྗོངས་སྲིད་གྲོས་རིག་གནས་ལོ་རྒྱུས་དཔྱད་གཞིའི་རྒྱུ་ཆ་ཞིབ་འཇུག་ཨུ་ཡོན་ལྷན་ཁང་གིས་བསྒྲིགས་རིག་གནས་དཔྱད་གཞིའི་རྒྱུ་ཆ་བདམས་བསྒྲིགས། (3) མི་དམངས་དཔེ་སྐྲུན་ཁང་། པ། བོད་མི་རིགས་དཔེ་སྐྲུན་ཁང་། ། 2009ཤོག་གྲངས་439—443དུ་གསལ།);夏扎·甘丹班觉:《丹吉林事件始末》,西藏自治区政协文史资料研究委员会编《西藏文史资料选辑》(第1辑),第640—643页(ཞྭ་སྒབ་དགའ་ལྡན་དཔལ་འབྱོར་གྱིས་བརྩམས་བྲིས་མཛད་པའི་བརྒྱུད་རིམ་ཁ་སྐོང་། ། ། བོད་རང་སྐྱོང་ལྗོངས་སྲིད་གྲོས་རིག་གནས་ལོ་རྒྱུས་དཔྱད་གཞིའི་རྒྱུ་ཆ་ཞིབ་འཇུག་ཨུ་ཡོན་ལྷན་ཁང་གིས་བསྒྲིགས། (3) མི་དམངས་དཔེ་སྐྲུན་ཁང་། པ། 2009 ཤོག་གྲངས་447—460དུ་གསལ།);然巴·朗杰旺秋:《我所知道的丹吉林事件》,西藏自治区政协文史资料研究委员会编《西藏文史资料选辑》(第1辑),第644页(རབ་པ་རྣམ་རྒྱལ་དབང་ཕྱུག་གིས་ངོས་ཤེས་པའི་བསྟན་རྒྱས་གླིང་དོན་རྐྱེན་ཞེས་པའི་རྩོམ་ཡིག་བོད་རང་སྐྱོང་ལྗོངས་སྲིད་གྲོས་རིག་གནས་ལོ་རྒྱུས་དཔྱད་གཞིའི་རྒྱུ་ཆ་བདམས་བསྒྲིགས། (3) ཤོག་གྲངས་444—446 དུ་གསལ།)。

④ 钟颖1912年6月23日(农历五月初九)被任命为驻藏办事长官,1913年4月2日被撤职,1913年4月14日被迫出藏。

食后，悍然发动了1888年和1904年前后两次旨在使西藏屈服的侵藏战争，强迫签订了《拉萨条约》，最终如愿以偿地将其势力参透到西藏。就北洋政府时期而言，英国势力对西藏事务的干涉，不仅表现在"民元藏乱"、西姆拉会议、川藏纠纷等一系列近代藏事上的直接参与，更深远的影响是经过其长期经营，逐渐培植了以擦绒（ཚ་རོང་ཟླ་བཟང་དགྲ་འདུལ་）①、泽墨（བྱེ་སྨད་）、降巴丹达（བྱམས་པ་བསྟན་དར་）②等为代表的"亲英"人物。从1912年至1928年，甚至直到1949年的中央和西藏地方间关系发展的历史来看，这股"亲英"势力始终是中央和西藏地方间关系正常化的最大阻力，而英国侵略势力也动辄将这些人的态度和看法作为西藏"民意"，进而干涉中央对藏施政。

南京国民政府成立后，蒋介石在处理藏事时首先注意到了帝国主义的威胁，因此他在通过罗桑巴桑给十三世达赖喇嘛的信中说道："……藏卫接壤强邻，帝国主义者所压迫久矣。"③并且，就整个南京国民政府时期对涉藏事务的处理来看，如何避免英国帝国主义势力染指藏事，始终是南京国民政府考虑的一个重要方面。

应该说，南京国民政府接手的西藏，是一个清末错误治藏政策导致的后遗症尚未完全消除、一个畸形的既得利益集团业已形成，并且各种利益斗争交织在一起的矛盾综合体，而这种既得利益集团的排他性使民国中央政府的各种命令通行不畅，各种治藏政策不能很好地付诸实施。西藏的这一现实情况迫使南京国民政府必然强化对西藏的治理，力图将西藏纳入其正常统治秩序内。

三 南京国民政府建立初期强化对藏治理的尝试

南京国民政府建立并得到巩固后，所有关心藏事的朝野人士都似乎

---

① 国民政府时期，亲莅西藏的黄慕松和吴忠信通过亲自观察和广泛走访，认为擦绒等为亲英代表，因此此说应该值得信赖。但是也应该看到当擦绒在政治上失势后，其态度也有很大变化（中国第二历史档案馆、中国藏学研究中心合编：《黄慕松、吴忠信、赵守钰、戴传贤奉使办理藏事报告书》，第69、175页）。

② 此二人是民元驱逐驻藏川军的主要策划者。（周伟洲主编：《英国、俄国与中国西藏》，中国藏学出版社1997年版，第344页）

③ 中国第二历史档案馆、中国藏学研究中心合编：《中国第二历史档案馆所存西藏和藏事档案汇编》（第8册），第75—76页。

看到了解决藏事的希望。在得知南京国民政府成立后，当时正在内蒙古一带传法的九世班禅第一时间派遣内务堪布罗桑囊加和朱福南等前往南京，建立了与国民政府的联系。① 与此同时，远在西藏的十三世达赖喇嘛也主动示好，非正式派遣时任五台山扎萨克喇嘛的罗桑巴桑赴南京觐见蒋介石，"以试探新政府对西藏的态度以及对西藏各派政治力量、特别是对已在内地多年的班禅大师的看法"②。在接见罗桑巴桑后，南京国民政府也采取了积极措施：由蒋介石亲自致信十三世达赖喇嘛，说明民国虽然成立已有18年之久，"徒因军阀专横，中原多故，共和真谛未克实施而边远情形遂多隔阂"，并说明对西藏"政府正督饬蒙藏委员会调查实际，用资建设"③。作为南京国民政府管理西藏事务的专门机构，蒙藏委员会当仁不让地承担起了设法理顺和西藏地方政府关系的重任，例如专门委员谢国梁奉命和西藏驻北京雍和宫的堪布贡觉仲尼等接触，④ 为此后贡觉仲尼代表十三世达赖喇嘛赴南京和国民政府建立联系创造了条件。

为了确实探知十三世达赖喇嘛的态度，国民政府以文官处的名义首先派出文官处职员，"有边行之志"⑤ 的刘曼卿⑥前往拉萨，同时安排谢

---

① 刘家驹：《班禅大师全集》，第40页。牙含章先生的《班禅额尔德尼传》（第253页）中说九世班禅此次派往南京的是罗桑坚赞和朱福南。鉴于南京国民政府1928年6月即任命罗桑囊加为蒙藏委员会委员，且国民政府时期设立西藏班禅驻京办公处的呈文最早也是罗桑囊加等提交的，所以笔者认为此次派遣的应该是罗桑囊加和朱福南等。

② 伍昆明主编：《西藏近三百年政治史》，第388页。

③ 中国第二历史档案馆、中国藏学研究中心合编：《中国第二历史档案馆所存西藏和藏事档案汇编》（第8册），第75—76页。

④ 中国藏学研究中心、中国第一历史档案馆等合编：《元以来西藏地方与中央政府关系档案史料汇编》（第6册），第2481页。

⑤ 刘曼卿：《国民政府女密使赴藏纪实：康藏轺征》，民族出版社1998年版，第1页。

⑥ 刘曼卿，藏名雍金（དབྱངས་ཅན），1906年生于拉萨。她的父亲刘华轩是汉族人，先后担任清朝驻藏大臣秘书和九世班禅秘书。刘曼卿的童年是在拉萨和印度度过的。她的母亲是四川康定的藏族。1928年随罗桑巴桑觐见蒋介石后，她受到蒋介石器重，于是在觐见结束后因蒋的挽留，改任职于国民政府行政院文官处，做了一等书记官。1929年7月，在刘曼卿的一再请求下，文官处派遣她前往拉萨，与西藏地方政府进行沟通。1930年2月1日，刘曼卿一行历尽艰难抵达拉萨，她先后两次得到达赖喇嘛的接见，在一定程度上消除了达赖喇嘛对国民党政府的某些疑虑。1930年8月7日顺利完成使命回到南京。1931年国民政府特发给她褒奖状。此外，刘曼卿还曾为记述此次西藏之行而编写了《康藏轺征》一书。此后，刘曼卿还曾多次参与全国性重要会议，并和康藏各界人士一起，多次参与康藏人民发起的抗日救亡活动等。

国梁等与十三世达赖喇嘛或西藏驻京僧人有良好私人关系的人员主动与西藏驻京僧人联系。实际负责蒙藏委员会事务的副委员长赵戴文负责拟定了提供给蒋介石的解决西藏问题的具体建议，该建议成为此后一段时间南京国民政府处理西藏问题的主要思路。①

与此同时，积极筹备派遣贡觉仲尼入藏事宜。② 不久，即正式派出贡觉仲尼作为国民政府"赴藏慰问专员"，携带蒋介石照片、国民政府密码本，并带着国民政府特派状及蒙藏委员会草拟的拟征询十三世达赖喇嘛如何解决西藏问题的八项意见等前往拉萨。③ 贡觉仲尼的西藏之行打开了民国时期西藏地方和中央政府之间关系发展的新的一页。再次受十三世达赖喇嘛之命返回内地的贡觉仲尼不久就开始着手西藏驻京办事处等西藏地方政府驻内地机构的筹建。④ 西藏地方和中央政府关系的改善终于显现出了一丝曙光。在贡觉仲尼之后，南京国民政府还派出了和十三世达赖喇嘛有着很好私人关系的谢国梁前往拉萨，不幸的是他未到拉萨就客死异乡了。

由此可见，南京国民政府成立后，作为中央政府的国民政府和作为地方政府的西藏噶厦政府，都有着改善双方关系的强烈愿望，双方代表络绎于途，这就如我们在上文中提到的，像一条从中间被隔成左右两半的河流，流动中趋合是他们必然的选择，而双方的代表就是寻觅那个会合点的先锋。

---

① 赵戴文的这一建议分"预办事项"和"具体办法"两部分，其中"具体办法"共有十条：一、西藏与中央之关系恢复如前；二、达赖、班禅应加入中国国民党，并负责筹划西藏党务之进行；三、达赖、班禅加入本党后得为政府委员；四、外交、军事、政治均归中央办理；五、中央予西藏以充分自治权；六、班禅回藏由达赖派员欢迎，中央护送；七、达赖、班禅在西藏之政教权限一切如前；八、中央以达赖、班禅为西藏政教之首领；九、班禅归藏时，拟派国防军随同入藏，以资保护；十、达赖在京设立办公处，经费由政府发给［中国藏学研究中心、中国第一历史档案馆等合编：《元以来西藏地方与中央政府关系档案史料汇编》（第6册），第2477—2478页］。这十条建议形成了南京国民政府初期对藏政策的基本思路，虽然以后在具体实施的内容及措施上有所不同，但基本思路没有变。同时这也是蒋介石以后所提八项意见的最初蓝本。

② 中国藏学研究中心、中国第一历史档案馆等合编：《元以来西藏地方与中央政府关系档案史料汇编》（第6册），第2482页。

③ 同上书，第2486—2487、2484—2485页。

④ 关于贡觉仲尼筹建西藏驻京办事处的相关情况，请见本书第二章第一节。

第三节 西藏地方政府内向的必然性

从1912年至1928年，整整16年过去了，虽然这期间中央和西藏地方都曾有过试图改善双方"不正常"关系的尝试，但都未能取得明显效果。这16年里西藏内部矛盾的积累，使西藏地方统治集团越来越感受到了改善同中央政府关系的迫切性。

一 西藏地方政府改善同中央政府关系的原因

总体来看，迫使西藏地方同中央政府改善关系的因素主要包括以下一些。

（一）西藏地方日益加重的财政支出压力

据研究者不完全统计，清代时期"西藏地方政府每年的财政收入约银十九万三千九百余两，而支出约银二十一万三千八百余两，收支达不到基本平衡"①。虽然这一数据不太准确，并且在不同时期应该也是不同的，但是因为西藏地方税源少，而宗教等方面的开支却不小，所以存在着一定的财政赤字应该是肯定的。这一时期，西藏地方解决财政赤字主要靠清朝中央政府的财政补贴，这些补贴一般从四川税收中支出，主

---

① 这一数据源于陈崇凯先生所著的《西藏地方经济史》。在该书中陈先生对清代时期西藏地方的收入情况给出了大致的明细表，但是对于支出却没有给出这种大致明细表。陈先生的研究存在着以下一些缺憾：1. 按照陈先生的说法，"清文献又常以'商上'名称泛指西藏地方行政机构噶厦"，据此该书中所列的"商上收入"应该就是噶厦政府的收入，但是其在后面又列举了"噶厦政府的财税收入"，却没有交代二者有什么区别。2. 按照陈先生的研究，商上支出一是宗教支出，每年约为142000余两；二是军饷支出，除了实物支出外藏官"每人每年给予月饷银共需二千六百零八两"，合计应为每年31296两；三是政府支出，该项支出没有具体数据。前两项支出合计为173896两。同书又说，西藏地方的财政收入前藏约为"十二万七千有零"，后藏为"六万六千九百余两"，二者合计为"十九万三千九百两"，这一数字和该书给出的收入合计数据相同。该书给出的支出合计数为"二十一万三千八百余两"。比前面所列两项支出的合计数173896两多出39904两。同书第456页说班禅商上"每年总计收入合银66900余两，而开支合计达74600余两"，由此可以推测，上文中的39904可能就是每年的"政府支出"。按照此书的数据，西藏每年的收入为银193900余两，支出约为银288400余两（213800 + 74600），因此西藏每年的财政赤字额为银94500余两。当然，由以上的合计过程可以看出，这一研究结论还缺乏严谨性，有待于进一步深入研究。我们知道，解放前西藏地方经济主要分为寺院经济、贵族经济和政府经济三个部分，并且西藏地方的税收很多是以实物形式征收的，由于资料缺乏，所以即便是对其进行大致的统计也是非常困难的（陈崇凯：《西藏地方经济史》，甘肃人民出版社2008年版，第448—452、456页）。

要用于包括达赖喇嘛日常开支、寺院经费缺额、藏军军官养赡等。当西藏地方遭遇重大灾害时，清朝政府还会专拨赈济用款，① 甚至西藏地方政府的战争赔款、商业赔款也是由清朝中央政府代为赔付的。② 因此，有清一代，由于清朝中央政府对西藏地方在经济上的大力支持，西藏地方政府的财政收支能够大致保持平衡，并不需要为财政赤字太伤脑筋。

民元以来，中央驻藏官员和驻藏军队被驱逐出藏，这和财政补助也随之基本停止。1912 年，从印度返回拉萨的十三世达赖喇嘛进行了一系列旨在改变西藏落后面貌的新政，先后设立了一些政府部门，如农务局（སོ་ནམ་ལས་ཁུངས）、盐茶局（ཇ་ཚྭ་ལས་ཁུངས）、发电厂（གློག་འདོན་ལས་ཁུངས）、邮政电报局（སྦྲག་དར་ལས་ཁུངས）、金币铸造厂（གསེར་ཏམ་ལས་ཁུངས）等，并对藏军进行了大力扩充。新部门的设立、藏军的扩充都需要财政收入的支持。1915 年，熟悉当时西藏情况的贝尔记述称："西藏政府黔驴技穷，不知从何处去寻求支付军费和管理国家所需的财源，他们的国库已经空虚。"③ 为了解决财政收入问题，十三世达赖喇嘛一方面鼓励人民开垦荒地，发展农业生产；另一方面进行了整顿、改革西藏税制的尝试，从 1914 年起开始加征如盐税、皮革税、茶叶税以及人头税（喇嘛除外）、牲畜税（寺院牲畜除外）、出口羊毛从价税等，并于 1921 年设立财赋督察局，开始向贵族庄园征税。④

这些措施在增加西藏地方政府财政收入的同时，也激化了西藏地方的各种矛盾，其中最明显的当属以十三世达赖喇嘛为首的西藏地方政府和九世班禅系统之间的矛盾。虽然导致二者矛盾的原因还有其他一些，但其中最直接的原因就是噶厦政府不断以各种名目向扎什伦布辖区增加赋税，⑤ 尤其"要扎寺拉章承担四分之一的军费，并要求拉章百姓与政府

---

① 陈崇凯：《西藏地方经济史》，第 455 页。
② 牙含章：《达赖喇嘛传》，人民出版社 1984 年版，第 180、186—188 页。
③ ［美］梅·戈尔斯坦：《喇嘛王国的覆灭》，杜永彬译，时事出版社 1994 年版，第 79 页；Melvyn C. Goldstein, *A history of modern Tibet*, *1913 – 1951*: *the demise of the Lamaist state*, Munshiram Manoharial Publishers Pvt Ltd, 1989, p. 78.
④ 罗布：《试析十三世达赖喇嘛新政改革的措施及其成效》，《西藏大学学报》（汉文版）2006 年第 6 期。
⑤ 金雷：《九世班禅与十三世达赖失和原因探析》，《西藏民族学院学报》（哲学社会科学版）2006 年第 3 期。

（指西藏地方政府，笔者注）百姓一样支应马差"（"དམག་ཕོགས་བཞིན་རྒྱུན་རྒྱུ་དང་བླ་བྲང་གི་མི་སེར་ཚོས་གཞུང་རྒྱུགས་མི་སེར་དང་འདྲ་བར་ད་ཁལ་ལས་ཕོགས་འབུལ་སྒྲུབ་བས་ལེན་བྱེད"）。① 为了减免赋税，九世班禅多次向十三世达赖喇嘛进行申诉，但是都被一一拒绝，最终九世班禅被迫逃亡内地，开始了其长达 14 年的漂泊生活。为了增加税收，十三世达赖喇嘛不惜影响与九世班禅这样一位和自己一样有着崇高宗教地位的重要宗教领袖的关系，足见噶厦政府增加税收的迫切性。

在十三世达赖喇嘛的这些新政措施中，最为消耗财政的当属扩充藏军。从乾隆年间开始，藏军的常设兵额为 3000 人，十三世达赖喇嘛扩充藏军后藏军总额增加到了 7300 多人。② 民国初年，十三世达赖喇嘛在扩充藏军的同时，也逐渐改变藏军原来饷械自备的状况，开始按月发饷银、实物。③ 虽然按照十三世达赖喇嘛的命令，从 1921 年起"新增藏

---

① མི་བྱུར་འཛིགས་མེད་དབང་ཕྱུག་ དེ་སྔའི་བོད་གནས་སྲིད་འཛིན་དང་གཞུང་འབྲེལ་གྱི་ཉིན་ཐོ་དབུས་སྤྱོད་ཕོགས་དགའ་ལྡང་སྤོངས་འོག་ གནས་དོན་ཕོགས་ ཤེད་ཕོར་བོད་རང་སྐྱོང་ལྗོངས་ཀྱི་ལོ་རྒྱུས་དང་རིག་གནས་རིག་དངོས་རྒྱུ་ཆའི་ཞིབ་འཇུག་ཨུ་ཡོན་ཚོགས་ཀྱིས། བོད་ཀྱི་ལོ་རྒྱུས་རིག་གནས་དཔྱད་གཞིའི་རྒྱུ་བདམས་བསྒྲིགས(3) མི་བོད་དཔེ་སྐྲུན་ཚོགས་པ། མི་རིགས་མི་རིགས་དཔེ་སྐྲུན་གྱིས་ 2009 ལོའི་ཤོག་གྲངས 31 དུ་གསལ] ［与该文藏文原文相比，汉文译文《噶厦政府与扎什伦布寺拉章之间矛盾的由来》在内容上有一些删减，参见李苏·晋美旺秋《噶厦政府与扎什伦布寺拉章之间矛盾的由来》，西藏自治区政协文史资料研究委员会《西藏文史资料选辑》（第 1 辑），第 483—487 页］。九世班禅前往内地前后和达赖喇嘛的往来信件也一再说明，他们矛盾的焦点就是噶厦政府是否应该向扎寺伦布寺征税（［美］梅·戈尔斯坦：《喇嘛王国的覆灭》，杜永彬译，第 115—121 页；Melvyn C. Goldstein, *A history of modern Tibet, 1913–1951: the demise of the Lamaist state*, pp. 113–120）。

② 关于藏军的数量，定甲·次仁多杰在《近代藏军和马基康及有关情况略述》中称，十三世达赖喇嘛时期第一、第二和第三代本营各 1000 人，共 3000 人；第四、第五和第六代本营各 500 人，共 1500 人；第七至第十代本营和两个以米本为首的警察部队共 2300 人；土登贡培组建的第十四代本营共 500 人。［定甲·次仁多杰：《近代藏军和马基康及有关情况略述》，西藏自治区政协文史资料研究委员会编《西藏文史资料选辑》（第 3 辑），第 44—45 页；སྡེ་ཁྲིམས་རྡོ་རྗེ། ཉེ་རབས་ཀྱི་བོད་དམག་དང་དམག་དཔོན་དམག་སྒྱེ། ཞང་གི་སྐོར་ཤོགས་འདི་བོད་ཕྱོགས་ཞིབ་བྱེད་གློག་རོགས་རང་སྐྱོང་ལྗོངས་ཆབ་གཞུང་རིག་གནས་ཕྱག་གཞིའི་ཚ་ཚོགས་ཀྱིས་ཤེས་བསྒྱུར་བྱས། བོད་ཀྱི་ལོ་རྒྱུས་རིག་གནས་དཔྱད་གཞིའི་རྒྱུ་བདམས་བསྒྲིགས(6) མི་བོད་དཔེ་སྐྲུན་ཚོགས་པ། མི་རིགས་དཔེ་སྐྲུན་གྱིས་ 2009 ལོའི་ཤོག་གྲངས 398—401 དུ་གསལ］；也有说西藏解放前夕藏军总数达到 17500 多人［陈炳：《藏军史略》，西藏自治区政协文史资料研究委员会编《西藏文史资料选辑》（第 1 辑），第 364 页］。但无论哪种说法正确，因为扩充藏军受到了僧人集团的强烈反对，所以扩充藏军是逐渐完成的（［美］梅·戈尔斯坦：《喇嘛王国的覆灭》，杜永彬译，第 95—96 页；Melvyn C. Goldstein, *A history of modern Tibet, 1913–1951: the demise of the Lamaist state*, pp. 94–95）。

③ 1912 年起，藏军官兵薪饷情况如下："代本年俸 36 秤（每秤藏银五十两），马基 60 秤，如本以下按月发饷银、实物。以藏银四两五钱、青稞三克、酥油及茶各三斤、盐一斤、碱一合作为一份薪饷。分发时，士兵得一份，定本得两份，甲本得三份，如本得五份。1949 年时，藏军的薪俸又有变化。"［陈炳：《藏军史略》，西藏自治区政协文史资料研究委员会编《西藏文史资料选辑》（第 1 辑），第 368 页］

军的薪饷由策墨林庄园、丹杰林拉章庄园支付"①,（དམག་མི་འབར་འཇགས་ཀྱི་ཕོགས་དངོས་མཐུན་ཆེན་དུ་ཚེ་སྨོན་གླིང་གཞིས་དང་། བསྟན་རྒྱས་གླིང་ཚོང་གི་གཞིས་ཁོངས་ནས་གཏོང་རྒྱུ་དང་།②）但依然因为财政困难,"有的部队不能按照规定领取,甚至曾有士兵一个月才领得藏银一两的现象出现"③。为了改善藏军装备,噶厦政府平均每年需要从英国进口 16 万卢比的军火,这一数额约占噶厦政府外汇支出的40%左右,④ 其中 1921 年至 1931 年的有记载的军火进口就有 4 次。⑤这更使本已捉襟见肘的西藏地方财政雪上加霜。⑥

藏军扩军的财政压力不仅让噶厦政府觉得不堪重负,同时欠佳的藏军军纪以及对驻地民众劳动力的无偿征用也激化了藏军和驻地民众的矛盾,尤其是作为藏军主要驻地的四川藏区,这种矛盾尤为明显。⑦ 拉萨派驻康区的官员不仅鄙视康巴人,认为康巴人粗野无知,并通过无偿地摊派乌拉差役来剥削康巴人。同时,"藏边驻兵,不能购用中粮,边民困苦,时生怨言"⑧。所以,当黄慕松经过昌都（ཆབ་མདོ་）、洛隆宗（ལྷོ་རོང་རྫོང་）、边坝宗（དཔལ་འབར་རྫོང་）各地时,"其人民诉苦及盼中央派人治理

---

① 《第十三世达赖喇嘛年谱》,西藏自治区政协文史资料研究委员会编《西藏文史资料选辑》（第2辑）, 第199页。
② དུ་འདིའི་ཟླ་མ་སྨུ་སྦྱིང་བཞི་བསྡུས་པ་ཁུབ་བསྔགས་རྒྱ་མཚོའི་དགུང་ཚིགས། སྲིད་གྲོས་བོད་རང་སྐྱོང་ལྗོངས་ཨུ་ཡོན་ལྷན་ཁང་རིག་གནས་ལོ་རྒྱུས་དཔྱད་གཞིའི་རྒྱུ་ཆའི་སྦྱོགས་སྒྲིག་ཚོགས་ཆུང་གིས་བསྒྲིགས(4) བོད་ཀྱི་རིག་གནས་ལོ་རྒྱུས་དཔྱད་གཞིའི་རྒྱུ་ཆ་བདམས་བསྒྲིགས་དཔེ་ཚོགས། མི་རིགས་དཔེ་སྐྲུན་ཁང་། ཀྲུང་གོ་ 2009ལོ་ ཤོག་གྲངས་ 531 དུ་གསལ།
③ 陈炳:《藏军史略》,西藏自治区政协文史资料研究委员会编《西藏文史资料选辑》（第1辑）, 第368页。
④ 周伟洲主编:《英国、俄国与中国西藏》, 第453页。
⑤ 其中第四次军火进口时间是1931年年底（[美]梅·戈尔斯坦:《喇嘛王国的覆灭》, 杜永彬译, 第122页注释②; Melvyn C. Goldstein. *A history of modern Tibet, 1913 - 1951: the demise of the Lamaist state*, p. 120 notes "62"）。关于英国对西藏的武器供应情况可以参看徐百永先生的《试论民国时期英国对中国西藏的武器供应》一文（徐百永:《试论民国时期英国对中国西藏的武器供应》,《中国边疆史地研究》2007年第3期）。
⑥ 黄慕松的调查报告中也指出:西藏财政"支出较多之数,为扩张军备及寺院修缮等用是也"（中国第二历史档案馆、中国藏学研究中心合编:《黄慕松、吴忠信、赵守钰、戴传贤奉使办理藏事报告书》, 第85页）。
⑦ 黄慕松1934年入藏路过康区时,"耳闻目见"了"康民凡属于藏军之地域者,其所受痛苦,实百倍于川军"。这一说法可能有偏听偏信的夸大嫌疑,但也在一定程度上反映了藏军所在的康区的民生状况,而这必然导致藏军和康区民众的矛盾。（中国第二历史档案馆、中国藏学研究中心合编:《黄慕松、吴忠信、赵守钰、戴传贤奉使办理藏事报告书》, 第10页）
⑧ 中国藏学研究中心、中国第一历史档案馆等合编:《元以来西藏地方与中央政府关系档案史料汇编》（第6册）, 第2481页。

藏地之请求，无日无之，无地无之"①。正因为有着这样的历史背景，所以当后来邦达多杰（བོ་མད་སྒྲོགས་རྒྱལ་）发动对噶厦政府的"叛乱"时才能得到许多康巴人的"共鸣"。②

（二）英国对西藏地方的侵略

从整体上来看英国对西藏的侵略，其过程大致是循着以下思路来进行的：第一，通过不平等条约获得贸易方面的特权；第二，培植亲英势力，并通过这些亲英势力集团，削弱中国对藏的统治；第三，将西藏经营成一个英国势力影响下的英俄之间的缓冲带，在条件允许的情况下进一步加强对西藏的控制。这一思路也是英帝国主义一贯奉行的侵略政策。

为了获得在西藏的贸易特权，英帝国主义先后强迫清政府签订了以下涉及西藏的不平等条约：1890 年 3 月签订的《中英会议藏印条约》、1893 年 12 月签订的《中英藏印续约》、1904 年 9 月签订的《拉萨条约》和 1906 年 4 月签订的《中英续订藏印条约》③ 等。通过这些不平等条约英国取得了开放亚东（གྲོ་མོ་）、江孜（རྒྱལ་རྩེ་）等地为商埠，英商在这些商埠自由贸易、免纳关税等的贸易特权。1909 年 4 月，英帝国主义又通过《中英修订藏印通商章程》，以"商务委员卫队"的名义，取得了在亚东驻兵 25 名的"驻兵权"。尤其是英国通过强迫西藏地方政府执行 1914 年签订的未得到中国政府承认的《西姆拉条约》和《英藏通商章程》，为英国对西藏进行经济侵略创造了更便利的条件。

民元藏乱后，随着驻藏清军和官员被驱逐出境，英国充分利用自己挑起的西藏地方政府中一些人对中央政府的不信任及对抗情绪，进一步加紧了对西藏的经济侵略。1912 年至 1928 年的 16 年中，英国对西藏

---

① 中国第二历史档案馆、中国藏学研究中心合编：《黄慕松、吴忠信、赵守钰、戴传贤奉使办理藏事报告书》，第 16 页。

② ［美］梅·戈尔斯坦：《喇嘛王国的覆灭》，杜永彬译，第 181—182 页；Melvyn C. Goldstein, A history of modern Tibet, 1913 – 1951: the demise of the Lamaist state, pp. 178 – 180.

③ 《拉萨条约》是英国直接和西藏地方当局签订的，并未得到清朝中央政府的认可。为了得到清中央政府对《拉萨条约》的承认，英国强迫清政府签订了《中英续订藏印条约》，并将《拉萨条约》作为附约迫使清政府给予承认。

第一章　设置西藏驻京机构的动因探究　45

的经济侵略主要是通过以下方式实现的。

第一，垄断西藏对外贸易。

民元藏乱后，随着西藏传统的康藏贸易通道几近关闭，印藏贸易线几乎成了西藏出口的唯一贸易通道。据相关研究表明，1910 年至 1925 年的 15 年中，"亚东商路"的藏印实际商品交易额增长了 200%。① 在藏印贸易中，西藏地方最主要的出口商品是羊毛。为了压低羊毛的收购价格，英印公司和商人设法阻止美国等其他国家的商人插手西藏羊毛生意。1931 年，十三世达赖喇嘛给美国羊毛贸易商的信文中提到了这种情况，信中称："美国购毛代表前来购毛之时，上述印度客商竟又向其支付酒资，以行阻止，并将其遣返，沆瀣一气，竭力对羊毛贸易作梗，不准将羊毛售给欲购之人。"② （ཧཱུ་ལོའི་བལ་འབབ་རྣམས་རྒྱ་གར་ཀྱི་ཁག་གསུམ་ལ་བཙོངས་ཟིན་ཤོག་འདི་ལོའི་བལ་འབབ་རྣམས་ཀྱང་ཚོང་བསྒྱུར་རྒྱུ་ཡིན་རུང་གོང་གསལ་ཡན་རྣམས་ནས་དན་མཐུན་ཐོག་གོང་དམའ་བཙོང་དང་དེ་ག་མི་རི་ཀ་ནས་ཉོ་བའི་ཚོང་པོ་ངགས་གོང་ལས་ཀྱང་རྣམས་ནས་ཆང་རིན་སྤྲད་དེ་བལ་ཚོ་བགྱ་བགག་ཡིས་ཕྱིར་སློག་ཐོག་བཙོང་ལ་གནོད་རྐྱེན་བྱེད་པ་དང་པ་འཆི་ན་སྐྱག་བྱས་ཏེ་བལ་ཚོ་འདོད་ཚོང་ཆེད་མ་བཙུགས།）③ 此外，英印公司和商人还通过或者在西藏江孜、亚东等地建立贸易公司的公司分号，或者雇用大批西藏商贩作为代理人的方式，深入西藏各地低价收购羊毛。为了获取更大利润，英印政府更强迫西藏地方政府取消西藏土特产品的专卖专营权，之后英印的"大贸易公司倚仗其雄厚的资本，几乎完全垄断了西藏的羊毛等土特产品的出口业务"④。

第二，向西藏出口军火。

关于英国向西藏出口军火的情形，我们上面已经提及，英国向西藏出售军火的收入大约为平均每年 16 万卢比（1923—1942 年以及

---

① 周伟洲主编：《英国、俄国与中国西藏》，第 448 页。

② 1931 年十一月三日（藏历），达赖喇嘛在给美国羊毛贸易商三方及卡登时说："……去年已将羊毛售给印度三部分客商，现正拟出售今年之羊毛。叵耐该客商等暗中勾结，欲图压价购买。美国购毛代表前来购毛时，上述印度客商竟又向其支付酒资，以行阻止，并将其遣返……"[《十三世达赖喇嘛年谱》，西藏自治区政协文史资料研究委员会编《西藏文史资料选辑》（第 2 辑），第 210 页]

③ དཔལ་ལྡན་བླ་མ་སྐུ་ཕྲེང་བཅུ་གསུམ་པ་ཆེན་པོའི་གསུང་འབུམ་ཕྱོགས་བསྒྲིགས་རྒྱ་མཚོའི་གྲུང་ཆོགས། དཔལ་གོང་བོད་རང་སྐྱོང་ལྗོངས་ཀྱི་ལོའ་རྒྱུས་བོད་ཀྱི་གནས་དཔྱད། གཞིའི་རྒྱུ་ཆ་ཚོགས་ཆུང་ཡིས་རྩོམ་སྒྲིག་བྱས། བོད་ཀྱི་རྒྱལ་རིག་གནས་དཔྱད་ཀྱི་རྒྱུ་བསྡུས་དེབ་བསྒྲིགས།(4) མི་རིགས་དཔེ་སྐྲུན་ཆོགས་པ་བཟོ་མི་རིག་དཔེ་སྐྲུན་ཁང་། གླིང་ལོ་ 2009 ལོར་གྲགས་ 555 དུ་གསལ།

④ 周伟洲主编：《英国、俄国与中国西藏》，第 452 页。

1947—1950 年）。英国向西藏出口武器，一方面，意在扶持西藏地方的亲英势力，通过他们达到削弱中国统治，力图保持西藏的缓冲地带作用的目的。另一方面，其目的还在于平衡对藏贸易赤字。因为西藏经济发展相对落后，自给自足的自然经济相对发达，从而大大限制了英国工业产品在西藏的倾销。但是英国工业对西藏的羊毛等原材料的需求量却很大，从而形成了对藏的贸易逆差，因此通过这种军火交易，可以在一定程度上平衡贸易逆差。当然，应该看到英国对藏的贸易逆差并没有使西藏经济受益，相反英国通过低价收购原材料从而实现对西藏的经济剥削。①

第三，操纵汇价，掠夺西藏金银。

1929 年，贡觉仲尼在向蒋介石转达十三世达赖喇嘛"输诚内因"时，列举了英国通过不公平的汇价对西藏经济进行掠夺的情况，贡觉仲尼说，藏币重三钱余，英币重七钱余，惟藏币十四五元方能兑得英币一元，出口必用英币，经济损失太大。② 由此可以看出，英印和西藏间存在着极不平等的货币汇价，但因为在和英印商人的贸易中必须使用卢比结算，所以西藏政府和商人就不得不接受这种不平等的汇价，而这种汇价，最直接的结果就是英印政府在贸易过程中通过货币兑换，直接掠夺西藏的金银等贵金属。换句话说，英印政府通过不平等的货币交易，实现了对西藏经济的二次剥削。

第四，减免关税。

英国侵藏以前，西藏地方政府对进出口货物征收相当于商品价格 10% 的关税，但是英国通过对藏战争后签订的不平等条约，强迫西藏地方政府停止对英印进口商品、羊毛等西藏出口英印的商品征税。据相关研究表明，英印通过这种关税减免使西藏遭受约 100 万卢比的损失。③

另外，由于民元以来康藏多事，商旅不通，所以西藏社会上下都需要的内地茶叶无法从川康道大量运入西藏。英印贸易公司则利

---

① 周伟洲主编：《英国、俄国与中国西藏》，第 453 页。
② 中国藏学研究中心、中国第一历史档案馆等合编：《元以来西藏地方与中央政府关系档案史料汇编》（第 6 册），第 2481 页。
③ 周伟洲主编：《英国、俄国与中国西藏》，第 460 页。

用一系列不平等商贸条约,一方面,大量输入印茶,并从 1925 年起实现了占领西藏大部分茶叶消费市场的目的;① 另一方面,通过先在中国沿海收购茶叶,然后再通过海路运到印度,再由印度输入西藏,并在西藏大大抬高茶叶价格,从而使"茶价贵至十倍"②。这不仅影响了西藏民众的正常生活,也使西藏地方政府财政蒙受了巨大损失。

(三) 以九世班禅为首的爱国人士的推动

自从 1923 年九世班禅大师被迫从西藏逃亡内地后,尽管十三世达赖喇嘛在不同场合一再强调班禅辖区和西藏地方的其他辖区一样,都属于以他为首的西藏地方政府管理。但是,九世班禅大师在藏传佛教界的宗教地位,以及历史上班禅大师对后藏地区所拥有的实际权力,都是噶厦政府无法回避的事实。再加上九世班禅大师身在内地,得到了中央政府的认可和支持。因此,九世班禅大师的举动仍然时刻被十三世达赖喇嘛所关注。另外还有研究表明,九世班禅大师属下官员还曾试图通过英国向十三世达赖喇嘛施压,以达到回藏的目的。③ 1928 年 5 月,时任锡金政治专员的拜勒(F. W. Bailey)也确实向十三世达赖喇嘛提出了建议,建议西藏地方政府最好同意九世班禅回藏。虽然拜勒说自己的信"是私人信件,并不代表官方",但其用意还是不言自明;同时,虽然"达赖喇嘛泰然自若地说,对此他一直很明白"④,但相信他的内心并不平静。

1928 年 12 月 18 日,国民政府任命九世班禅为蒙藏委员会委员。⑤ 1929 年 1 月 20 日,九世班禅在南京设立"西藏班禅驻京办公处"。⑥

---

① 董志勇:《关于"印茶入藏"问题》,《中国藏学》1993 年第 3 期。
② 中国藏学研究中心、中国第一历史档案馆等合编:《元以来西藏地方与中央政府关系档案史料汇编》(第 6 册),第 2481 页。
③ [美] 梅·戈尔斯坦:《喇嘛王国的覆灭》,杜永彬译,第 260—268 页;Melvyn C. Goldstein, A history of modern Tibet, 1913-1951: the demise of the Lamaist state, pp. 252-264.
④ 关于班禅属下官员和英国代表接触的记述请见《喇嘛王国的覆灭》第 256—257 页。
⑤ 《蒙藏委员会公报》1929 年第 1、2 合期,"命令",第 3 页。
⑥ 1932 年 6 月 18 日改名为"西藏班禅驻京办事处"[中国藏学研究中心、中国第一历史档案馆等合编:《元以来西藏地方与中央政府关系档案史料汇编》(第 7 册),第 3088、3099 页]。

1929年2月28日，南京国民政府给蒙藏委员会下发了批准班禅驻京办事处成立备案的"指令"，列衔者有国民政府主席蒋中正、行政院院长谭延闿、立法院院长胡汉民、司法院院长王宠惠、考试院院长戴传贤和监察院院长蔡元培。① 由此可以看出国民政府对于九世班禅设立驻京办公处的重视程度。对十三世达赖喇嘛而言，南边有侵略本质日益暴露的英印政府，东边有新成立的踌躇满志并为"藏中预言"所欢迎②且与九世班禅关系密切的中央政府，所以十三世达赖喇嘛欲要展示他不"亲英"、不"仇华"的态度，③ 就必须有和九世班禅一样拥护新成立中央政府的实际行动。1929年9月，奉十三世达赖喇嘛之命赴南京的贡觉仲尼等三人，在同蒙藏委员会官员谈话时将欢迎九世班禅返藏问题和十三世达赖喇嘛不"亲英"、不"仇华"并列提出，间接说明在内地的九世班禅对十三世达赖喇嘛内向的影响。所以，九世班禅等爱国人士的举动，对十三世达赖喇嘛的内向客观上起到了推动作用。

另外，就西藏内部各利益集团而言，和中央政府关系"不正常"期间受损最大的当数寺院集团，因为双方关系正常期间中央政府对寺院的各种布施和补助是寺院不容忽视的一笔大收入，这也是以三大寺为代表的寺院集团普遍"亲中央"的原因之一。④ 例如，乾隆三年（1738），清朝中央政府为解决达赖喇嘛所领寺庙费用不足的问题，决定每年补给达赖喇嘛银5000两，乾隆五十八年（1793）起，决定每年再加赏银1000两。⑤ 三大寺普遍"亲中央"的另一个原因，是三大寺中有很大一部分僧人来自与内地接壤的甘青和川滇藏区，他们对内地有着更多的认识。⑥ 正是鉴于这一原因，北洋政府时期的护理西藏办事长官陆兴祺，

---

① 中国藏学研究中心、中国第一历史档案馆等合编：《元以来西藏地方与中央政府关系档案史料汇编》（第7册），第3088、3099页。
② 中国藏学研究中心、中国第一历史档案馆等合编：《元以来西藏地方与中央政府关系档案史料汇编》（第6册），第2481页。
③ 同上书，第2473—2474页。
④ 中国第二历史档案馆、中国藏学研究中心合编：《黄慕松、吴忠信、赵守钰、戴传贤奉使办理藏事报告书》，第69—70页。
⑤ 陈崇凯：《西藏地方经济史》，第454—455页。
⑥ ［美］梅·戈尔斯坦：《喇嘛王国的覆灭》，杜永彬译，第110页。

曾建议北洋政府派这些僧人的家属入藏宣抚。① 因为三大寺在西藏有着举足轻重的地位，因此它们的政治倾向也成为推动中央和西藏地方间关系正常化的一股强大力量。

（四）藏军势力的压力

十三世达赖喇嘛在新政中对藏军的扩充使藏军势力大增，导致军队扩大自身利益诉求，进而和以寺院集团为代表的传统利益集团的利益形成竞争，并最终演化成了1921年藏军冲击"民众大会"的事件。② 这次事件给本来就对军队颇有怨言的人们以限制藏军的口实，也让十三世达赖喇嘛更深刻地认识到代表武力的军队势力和主张和平的寺院集团间矛盾的不可调和性。从藏军的实际部署来看，康区是藏军部署的主要区域，所以只要西藏地方和中央政府之间的关系没有正常化，西藏地方必然要保持这样一支军队。而这对西藏这样一个主张和平和无暴力的佛教地区而言，无论在理论主张上还是在实际生活中都是个自相矛盾和困难重重的事情。从十三世达赖喇嘛的角度来看，要限制藏军势力的过分膨胀，减弱内部的矛盾对立，免遭寺院集团整日在耳边"聒噪"，最明智、最有效的做法就是和中央政府改善关系。

二 十三世达赖喇嘛主动向中央政府示好

当南京国民政府建立的消息传到西藏的时候，凭借自己的政治敏锐性，十三世达赖喇嘛立刻意识到应该向中央政府明确表明自己不"亲英"、不"仇华"的政治态度，以便在与中央政府的沟通中取得一定的主动，并且对于如何去完成这一使命，他也应该是经过一番考虑的。1928年冬，十三世达赖喇嘛首先非正式地派遣蒙古籍的五台山扎萨克喇嘛堪布罗桑巴桑前往南京，"以试探新政府对西藏的态度以及对西藏各派政治力量、特别是对已在内地多年的九甘班禅大师的

---

① 吴丰培辑：《民元藏事电稿藏乱始末见闻记四种》，西藏人民出版社1983年版，第113页。

② 关于藏军冲击民众大会的事件，请见《喇嘛王国的覆灭》第90—111页；Melvyn C. Goldstein. *A history of modern Tibet*, *1913 – 1951*：*the demise of the Lamaist state*, pp. 89 – 110.

看法"①。1929年2月26日，罗桑巴桑一行到达南京。正是出于这一目的，罗桑巴桑特别强调说："此次见政府统一，全国寰宇重光，特来首都观光，并拟向政府请示今后对藏之主张，同时以个人管见及向政府条呈数事。但有声明者，巴桑此次并非正式受达赖喇嘛命令来京接洽。"②

罗桑巴桑因为语言障碍，对能否清楚、全面地转达十三世达赖喇嘛的意思甚是担心。于是他邀请了精通藏、汉语的刘曼卿为其担任翻译。③对刘曼卿来说，此行为她开辟了一条新的人生道路，为她以后实现她"康藏轺征"的理想创造了条件。

罗桑巴桑带回了蒋介石给十三世达赖喇嘛的信，④使十三世达赖喇嘛内心有了一点把握。随后，十三世达赖喇嘛指示雍和宫堪布贡觉仲尼向谢国梁表示，贡觉仲尼本人愿意代表十三世达赖喇嘛南下参加孙中山先生的奉安大典。⑤十三世达赖喇嘛还指令贡觉仲尼向时任蒙藏委员会

---

① 伍昆明主编：《西藏近三百年政治史》，第388页。
② 《蒙藏委员会公报》1929年第1、2期，"附录"第18页。
③ 刘曼卿：《国民政府女密使赴藏纪实：康藏轺征》，第1页。
④ 该信内容如下：

达赖大师法座：

民国成立，十有八年，徒因军阀专横，中原多故，共和真谛，未克实施，而边远情形，遂多隔阂。今寰区统一，军事告终，内外相维，励精图治。绥远、热河、察哈尔、青海、宁夏、西藏各区，均已改建新省。西藏人为我中华民族之一，政府正督饬蒙藏委员会调查实际，用资建设。执事适派代表罗桑巴桑到京备述一切，藉悉法座高瞻远瞩，倾诚党国之决心。遥望西陲，至为佩慰。昔，我总理创行三民主义，即所以求中华民族自由平等之路也。卫藏接壤强邻，帝国主义者所压迫久矣。幸赖法座深明大义，内向情殷，此后愈当并力一心，修内政而御外侮，不难相与造成民有、民治、民享之中国，以屹立于世界，进而扶助弱小民族，跻于大同，普度众生，实我佛之宏愿也。兹托大堪布罗桑巴桑君，略布一二，通希亮照。顺颂

慧安

蒋

中国第二历史档案馆、中国藏学研究中心合编：《中国第二历史档案馆所存西藏和藏事档案汇编》（第8册），第75—76页。标点参考了张春燕、张丽《国民政府成立初期中央政府与西藏地方政府关系刍议——"蒋介石致十三世达赖喇嘛书"撰写时间探析》（《中国藏学》2011年第1期）和伍昆明《西藏近三百年政治史》（第388页）中相关引文中的标点。这属于一般致意性书信，没有提出解决藏事的具体办法。但是，此信表达了蒋介石对十三世达赖喇嘛的认可，所以才能引出十三世达赖喇嘛以后的一系列旨在改善西藏地方和中央政府关系的举动。

⑤ 中国藏学研究中心、中国第一历史档案馆等合编：《元以来西藏地方与中央政府关系档案史料汇编》（第6册），第2471页。关于西藏代表参加奉安大典及谒陵的相关情况，请见本书第五章第二节。

委员长的阎锡山表达了不"亲英"、不"仇华"的政治态度。① 与此同时，受十三世达赖喇嘛委派，贡觉仲尼等积极筹划他们的南京之行，而蒙藏委员会也专门电令蒙藏委员会驻平办事处"密商达赖驻平雍和宫堪布棍却仲尼等来京承商藏事办法"②。

1929 年 9 月 2 日，贡觉仲尼、楚称丹增、巫怀清③三人到达南京，先后晋见了此时实际负责蒙藏委员会工作的副委员长赵戴文和国民政府主席蒋介石，并就中央政府最为关心的十三世达赖喇嘛对英、对中央政府态度以及对九世班禅离藏出走等问题转达了十三世达赖喇嘛的看法。④ 13 日晚，蒋介石宴请贡觉仲尼等，并请蒙藏委员会的赵戴文、刘朴忱、吴鹤龄、张豫和和张至心等人作陪。⑤ 对于贡觉仲尼和蒋介石来说，这事实上已经是他们 1928 年在北平雍和宫会面后的又一次相见了。1928 年 8 月，时任国民革命军总司令的蒋介石在北平游览雍和宫时，贡觉仲尼"与其晤面，陈述了自己对解决西藏问题的看法，使蒋介石感触颇深"⑥。与此同时，为了更便于"交换意见，联络情谊而利藏事之解决"，蒙藏委员会常会决议"由委员长责成刘处长等、张秘书、张参事、吴参事、谢委员按洽招待"⑦。显示了蒙藏委员会对贡觉仲尼一行的重视，以及对其在解决藏事上的作用的期望。

---

① 中国藏学研究中心、中国第一历史档案馆等合编：《元以来西藏地方与中央政府关系档案史料汇编》（第 6 册），第 2473 页。
② 《蒙藏委员会公报》1929 年第 5、6 期合刊，"纪录"第 3 页。
③ 此次巫怀清是作为贡觉仲尼的翻译南赴南京的。巫怀清早在北洋政府时期，就已经多次作为西藏代表参加了北洋政府举行的重要政治活动，例如他是北洋政府时期第一届国会第二期常会（1916.8—1917.6）、第一届国会第三期常会（1922.10—1924.11）的西藏参议员之一，也是 1917 年临时参议院和 1918 年安福国会众议院西藏议员之一。关于巫怀清的生平，目前我们只知道他"原系尼泊尔资送来京（前北京）学习汉文"者［中国藏学研究中心、中国第一历史档案馆等合编《元以来西藏地方与中央政府关系档案史料汇编》（第 6 册），第 2515 页]。根据上述他在北洋政府时期的政治活动情况，再结合此次他担任贡觉仲尼翻译的情形来看，显然西藏地方政府以及西藏驻京代表是认可他的代表身份的。
④ 中国藏学研究中心、中国第一历史档案馆等合编：《元以来西藏地方与中央政府关系档案史料汇编》（第 6 册），第 2474—2476 页。
⑤ 《申报》1929 年 9 月 14 日。
⑥ 喜饶尼玛：《近代藏事研究》，第 183 页。
⑦ 《蒙藏委员会公报》1929 年第 8 期，"纪录"第 25 页。刘处长、张秘书、张参事、吴参事、谢委员分别为刘朴忱、张至心、张豫和、吴鹤龄和谢国梁。

在基本态度上取得一致后,贡觉仲尼、楚称丹增、巫怀清和蒙藏委员会委员刘朴忱、张至心、张豫和等人开始着手具体办法的商洽,并最终形成了大家所熟知的"解决西藏问题之预办事项"和"解决西藏之具体办法",其中首次提到了派遣贡觉仲尼入藏和设立西藏驻京办事处的想法。①

1929年11月7日,②贡觉仲尼以"赴藏慰问专员"的身份,带着蒋介石、古应芬、阎锡山、赵戴文等给十三世达赖喇嘛的信以及其他礼物和2500元的差旅费,③从北平起身赴藏。启程前贡觉仲尼专门向北平喇嘛印务处请假,请假的理由是"近接达赖佛爷来文,内称因公令职回藏",因此"恳乞于本月十一月十日起,除去往返程途请假六个月应差"④。显然,贡觉仲尼在奉派为"赴藏慰问专员"后与十三世达赖喇嘛进行了沟通,而此时的十三世达赖喇嘛也急于想了解新成立的国民政府的对藏政策等,因此命令贡觉仲尼"回藏应差"。从这个角度讲,奉派入藏的贡觉仲尼,在入藏时就已经既是国民政府"赴藏慰问专员",又是"回藏应差"的驻京堪布,体现了他身份的双重性。同时,也说明此时其赴藏的真正目的对外还在保密中。

1929年12月21日,行抵印度噶伦堡的贡觉仲尼收到了十三世达赖喇嘛"尔奉国民政府委派,自应从速来藏"⑤的"电谕"。1930年2月16日贡觉仲尼身穿堪布服,头戴上师骑马帽,背上背着装有蒋介石照片的黄缎包袱到达拉萨。⑥"当日达赖佛命西藏文武官员率领马步军队

---

① 中国藏学研究中心、中国第一历史档案馆等合编:《元以来西藏地方与中央政府关系档案史料汇编》(第6册),第2477—2478页。
② 同上书,第2491页。
③ 同上书,第2485页。
④ 中国第二历史档案馆、中国藏学研究中心合编:《中国第二历史档案馆所存西藏和藏事档案汇编》(第8册),第176页。
⑤ 中国藏学研究中心、中国第一历史档案馆等合编:《元以来西藏地方与中央政府关系档案史料汇编》(第6册),第2494—2495页。
⑥ 图丹桑结:《关于第一、第二期西藏驻汉地办事人员情况的回忆》,何宗英译(གུང་འཕགས་བསྟན་རྒྱས། རྒྱ་ནག་ཏུ་བོད་ཆོས་ཚོགས་གོང་མ་གཉིས་ཚོགས་སྣང་སྟེར་གྱི་རྒྱུ་ཆ་ཁག་ཟུར་བཞག་བསྡུ་བ།)。

到坚赞鲁顶（ སྐྱིད་ཚལ་ཀླུ་སྡིངས་ ）① 迎接，列队进藏。"② 奉派迎接的官员有：布达拉宫和噶厦政府各自派出的两名四品官、两名在职的五品官、四名一般官员。③

贡觉仲尼于2月19日拜见了十三世达赖喇嘛。④ 十三世达赖喇嘛在罗布林卡坚赛宫（ བྱུན་བཟལ་ཕོ་བྲང་ ）⑤ 举行了一个欢迎仪式：十三世达赖喇嘛命令西藏地方政府五品以上的全体僧俗官员参加，当贡觉仲尼到达坚赛宫时，十三世达赖喇嘛卫队在罗布林卡内围墙的西面排队敬礼，在职五品官在坚赛宫林卡大门内至宫殿侍卫室廊檐外列队，达赖喇嘛私人办事处孜森穹嘎（ རྩེ་གཉིས་ཆུང་འགག་ ）的大、小堪布在廊下列队，司伦和噶伦们在日光殿内站立欢迎，达赖喇嘛在近侍总堪布和"膳、寝、供"三堪布［即达赖喇嘛的司膳堪布（ གསོལ་དཔོན་མཁན་པོ་ ）、司寝堪布（ གཟིམ་དཔོན་མཁན་

---

① 坚赞鲁顶（ སྐྱིད་ཚལ་ཀླུ་སྡིངས་ 又有鲁丁林卡的译法），在拉萨西郊，该处设有接官亭，是原西藏地方政府设帐举行重要迎送仪式的重要场所。清朝时的驻藏大臣等重要官员进藏，以及民国时期的参谋本部次长黄慕松和后来的蒙藏委员会委员长吴忠信进藏时，都在该地受到原西藏地方政府"设帐"郊迎。1919年九世班禅来拉萨，以及12月19日由拉萨返回后藏时，达赖喇嘛也派遣大堪卓（ མཁན་མགྲོན་ཆེ་བ་ ）等人到此"设灶"迎送。[《十三世达赖喇嘛年谱》，西藏自治区政协文史资料研究委员会编：《西藏文史资料选辑》（第2辑），第199页； ད་ལའི་བླ་མ་སྐུ་ཕྲེང་བཅུ་གསུམ་པ་བསྟན་རྒྱ་མཚོའི་དགུང་ཚིགས། སྐྱིད་གྲོང་བོད་རང་སྐྱོང་ལྗོངས་ཀྱི་ཕྱོགས་སྒྲིག་རྒྱུ་ཆའི་རྒྱུ་ཆ་བདམས་བསྒྲིགས་ཀྱི་དེབ་ཕྲེང་གཉིས་པ། སྐྱིད་གྲོང་བོད་ཀྱི་ལོ་རྒྱུས་གནས་བསྡུད་གཉིས་ཚན་དཔར་བསྐྲུན་ཁང་། (4) མི་དམངས་དཔེ་སྐྲུན་ཁང་། མི་དམངས་དཔེ་སྐྲུན་ཁང་གིས་སྤེལ། 2009 ལོའི་ཟླ 520 དུ་གསལ།]

② 中国藏学研究中心、中国第一历史档案馆等合编：《元以来西藏地方与中央政府关系档案史料汇编》（第6册），第2495页。

③ 图丹桑结：《关于第一、第二期西藏驻汉地办事人员情况的回忆》，何宗英译。

④ 中国藏学研究中心、中国第一历史档案馆等合编：《元以来西藏地方与中央政府关系档案史料汇编》（第6册），第2495页。《关于第一、第二期西藏驻汉地办事人员情况的回忆》中说十三世达赖喇嘛在贡觉仲尼到达当日即接见了他，因为图丹桑结的该著作的有些内容是后来依据回忆而撰写的，而正文中的时间是当时的档案材料所记载的，应该说准确性更高，所以在此采用了2月19日这一时间。

⑤ 该宫殿始建于1926年，建成于1928年，位于罗布林卡格桑颇章（ བསྐལ་བཟང་ཕོ་བྲང་ ）附近。坚色林卡（ བྱུན་བཟལ་གླིང་ག་ ），是由达赖喇嘛近侍土登贡培负责修建的［《第十三世达赖喇嘛年谱》，西藏自治区政协文史资料研究委员会编《西藏文史资料选辑》（第2辑），第201页；拉宗卓嘎：《关于坚赛·土丹贡培》，西藏自治区政协文史资料研究委员会编《西藏文史资料选辑》（第1辑），第254页；赤仲·洛桑土登：《罗布林卡建筑和坚赛颇章修建始末》，西藏自治区政协文史资料研究委员会编《西藏文史资料选辑》（第3辑），第475页； ད་ལའི་བླ་མ་སྐུ་ཕྲེང་བཅུ་གསུམ་པ་བསྟན་རྒྱ་མཚོའི་དགུང་ཚིགས། སྐྱིད་གྲོང་བོད་རང་སྐྱོང་ལྗོངས་ཀྱི་ཕྱོགས་སྒྲིག་རྒྱུ་ཆའི་རྒྱུ་ཆ་བདམས་བསྒྲིགས་ཀྱི་དེབ་ཕྲེང་གཉིས་པ། སྐྱིད་གྲོང་བོད་ཀྱི་ལོ་རྒྱུས་གནས་བསྡུད་གཉིས་ཚན་དཔར་བསྐྲུན་ཁང་། (4) མི་དམངས་དཔེ་སྐྲུན་ཁང་། མི་དམངས་དཔེ་སྐྲུན་ཁང་གིས་སྤེལ། 2009 ལོའི་ཟླ 536 དུ་གསལ།]

ོ)和司供堪布（མཆོད་དཔོན་མཁན་པོ་)］等的陪同下，亲至"欧擦白齐宫"
（བདེ་སྐྱིད་ཕོ་མཚར་དཔལ་འཁྱིལ་)的日光殿楼梯口迎接。① 按照当时西藏地方政府
的惯例，这是一种规格很高的欢迎仪式，充分说明了十三世达赖喇嘛对
贡觉仲尼"赴藏慰问专员"身份的认可和重视。因此，贡觉仲尼特别
强调说，他蒙受了"特别优待"②。

约1930年5、6月，贡觉仲尼又踏上了奔赴南京的旅途，此行他又
有了两种身份：国民政府的"赴藏慰问专员"和西藏地方政府的"达
赖全权代表"。1930年7月，当二者身份兼而有之的贡觉仲尼到达印度
后，便由"前驻藏办事长官"陆兴祺③派员护送入京。④ 与此同时，西
藏噶厦政府就派遣全权代表赴京事宜复函陆兴祺，称："京中原拟番五
月内召集西藏会议，即派代表列席，协商藏中苦况，并请求恢复旧制各
情，大有裨益，诚为金石之言，不胜铭感之至。当即转邀藏王暨达赖佛
爷，恳请速派代表，已蒙允准。……又蒋主席函催代表，兹派雍和宫扎
萨克棍堪布，畀以全权文凭赴京讫，续派商上卓尼阿旺坚参、纳孜营官

---

① 图丹桑结：《关于第一、第二期西藏驻汉地办事人员情况的回忆》，何宗英译。
② 中国藏学研究中心、中国第一历史档案馆等合编：《元以来西藏地方与中央政府关系
档案史料汇编》（第6册），第2495页。
③ 陆兴祺的"驻藏办事长官"一职是由北洋政府任命的。国民政府成立后，大约1929
年，蒙藏委员会专门委员邹德高、楚明善、谢国梁和吴蜀希呈文蒙藏委员会，称："驻藏办事
长官设行署于他国领土内，本属有碍国体，既不克履行职务亦属等于虚设。兹值国府从事革
新，在藏案未解决以前，驻藏办事有无存在之必要，敬请公决。"并认为："如藏案未解决以
前，仍应留存此项机关，则驻藏办事长官不能设行署于印度，宜迁驻西康或青海，与藏边接近
地方，受本会之指挥，随时与该处驻防长官就近协商规复西藏办法。"经蒙藏委员会第九次常
会决议认为："驻藏办事长官行署既设在他国领土之内，又不克履行职务，形同虚设，自应改
组。"但是"事关国家长官存废问题"，所以蒙藏委员会于1929年4月17日呈文国民政府，请
示解决办法（《蒙藏委员会公报》1929年第3、4期合刊，"呈"第2—3页）。虽然笔者目前
尚未看到国民政府关于此呈答复的档案材料，但是鉴于行政院于1930年7月19日给蒙藏委员
会的"训令"中称陆兴祺为"前驻藏办事长官"［中国藏学研究中心、中国第一历史档案馆等
合编：《元以来西藏地方与中央政府关系档案史料汇编》（第6册），第2497页］，由此可知，
国民政府应该是撤销了陆兴祺"驻藏办事长官"的职务。然而达赖喇嘛显然尚未得知这一消
息，所以仍称陆为"陆长官"，并且贡觉仲尼等路过印度时也借寓陆家。国民政府同意陆兴祺
"护送"西藏代表进京，可能是鉴于陆兴祺"久居印度，熟悉藏情，且关怀藏事素具热忱"
［中国藏学研究中心、中国第一历史档案馆等合编：《元以来西藏地方与中央政府关系档案史
料汇编》（第6册），第2650页］，并且和西藏地方保持着良好关系的原因。
④ 中国藏学研究中心、中国第一历史档案馆等合编：《元以来西藏地方与中央政府关系
档案史料汇编》（第6册），第2497页。

仔仲顷批吐丹二人，不日就道。"① 由此可见，西藏噶厦政府派遣代表除了驻京外，还在于参加"西藏会议"，以"协商藏中苦况"，并"恢复旧制"。在途中，这些代表还得到了国民政府财政部"电饬江海、金陵等关特予免验放行"的特殊照顾。②

1930年8月30日，贡觉仲尼带着十三世达赖喇嘛对于"蒋介石八款"③的答复再次回到南京，在南京下关火车站受到了蒙藏委员会的吴鹤龄、唐柯三等人的欢迎，行政院命令财政部特拨5000元作为招待费。④ 9月2日下午6时，蒙藏委员会在当时的中央饭店设宴欢迎贡觉仲尼一行，并邀国民政府各院部会秘书长，各处局长、参事作陪。⑤ 9月6日，蒙藏委员会委员长马福祥亲自陪同贡觉仲尼，前往谒见当时正在"中原大战"前线的蒋介石，蒙藏委员会对"接洽结果，甚为满意"。⑥

9月17日，为了表达对蒙藏委员会盛情招待的谢意，贡觉仲尼等在中央饭店宴请蒙藏委员会在京各员。⑦ 同日下午，国民政府为贡觉仲尼设宴洗尘，并邀请各院、部长官作陪，给予其极高待遇。⑧ 这样，在这种你来我往的宴请中融洽了彼此的关系，拉近了双方的情感距离，实现

---

① 西藏社会科学院、中国社会科学院民族研究所、中央民族学院等编：《西藏地方是中国不可分割的一部分（史料选辑）》，第493页。
② 《行政院公报》1930年第183期，第10页。
③ 即蒋介石给达赖喇嘛的就解决西藏问题提出的八款办法（为了行文方便，下文简称为"蒋介石款项"）。
④ 《行政院公报》1930年第180期，第20页；《申报》1930年8月31日。1933年，青海左翼盟副盟长索诺木达什及青海藏回汉各族代表准备来南京，"报告青海情形，有所建白"，国民政府依照青海敏珠尔呼图克图例，批准拨给招待费1500元（最终该代表团中仅有两人到南京，其他人中途折返。国民政府也因此取消了此次招待案）（《监察院公报》1933年第20期，第260—261页）。1936年10月30日绥远省境内蒙古各盟旗地方自治政务委员会副委员长阿拉坦鄂齐尔等19人到南京，至11月14日北返。其间蒙藏委员会负责招待，所支招待费共4208.78元。对于这项招待费，蒙藏委员会尚称："为特示优异起见，未能依照展觐人员招待规则办理，用款不免稍增。"（《监察院公报》1937年第123期，第11页）对比后可以看出，5000元的招待费，在当时已经是非常高的了，这充分体现了国民政府对这一时期来南京的十三世达赖喇嘛代表的重视。
⑤ 《申报》1930年9月2日。
⑥ 《申报》1930年8月8日、10月20日。
⑦ 《申报》1930年9月18日。
⑧ 同上。

另外，十三世达赖喇嘛在"出使未捷身先死"的谢国梁葬礼上的举动，也充分表达了他向中央政府示好的愿望：派擦绒专门料理丧事，用最高"汉礼"办理丧事，并亲临诵经（当然也不能忽视十三世达赖喇嘛此举有他和谢国梁良好私人情谊的因素）。① 与此相似，1939 年和1940 年，正处在全国抗战最艰难时期的国民政府，也先后褒奖并从优抚恤了在任病逝的西藏驻京办事处处长阿旺桑丹、格敦恪典。由此两件事可以看出，这不仅是对逝者的尊敬和对其功绩的认可，更主要的是表达了双方的一种态度。

1933 年 12 月十三世达赖喇嘛圆寂后，贡觉仲尼、阿旺坚赞、阿旺扎巴、曲批图丹联名写了《达赖事略》一文，文中称：

> 达赖怀念中央。民国创造，政体革新，达赖远处西陲，耳闻以五族共和为建国之基，藏人当亦不敢自外，方惊喜中，而中土则累年战争不息，边徼之西藏，中央当未遑兼顾。惟时达赖自思，政体既已革新，中枢政治当不似清季摄政王时代之暗昧，虽只致力于藏中政教之治理，实未尝一日忘情于中央。恒思乘机恢复旧有关系，以符五族共和建国之真谛也。……民国十七年，蒋总司令北伐完成，莅临故都，偶游雍和宫，感中央与西藏关系中断日久，绝非国家之福，而以戎马匆徨中，即遣代表持文入藏慰问，达赖固自喜出望外，私幸宿愿可偿，藏众尤惊喜若狂。故代表在藏倍受隆重待遇，达赖遂亦派遣代表入都，重图团结，虽其间川藏稍生隔阂，然无碍大体，从此中央与西藏逐渐日臻亲切矣。②

依据前文对西藏地方积极改善同中央政府关系因素的分析，并结合整个民国时期十三世达赖喇嘛的具体行为举止可以看出，虽然上述资料有一些美化的嫌疑，但是正因为十三世达赖喇嘛在内心深处有着这种对

---

① 中国藏学研究中心、中国第一历史档案馆等合编：《元以来西藏地方与中央政府关系档案史料汇编》（第 6 册），第 2528—2529 页。
② 转引自牙含章《班禅额尔德尼传》，第 269 页。

中央政府的认可和接受，因此才对新成立的民国，尤其是国民政府给予了厚望，这也是十三世达赖喇嘛同意筹建西藏驻京办事处的深层原因之一。

三 九世班禅系统和国民政府的互动

1928年国民政府成立时，九世班禅正在内蒙古地区讲经传法，不能亲身前往，于是他派遣了罗桑囊加和朱福南前往南京祝贺国民政府成立，从而同国民政府建立了联系。① 1928年春，九世班禅的另一位代表宫敦扎西到达南京，在担任九世班禅的驻京代表的同时，和罗桑囊加、丁汪多吉一起呈请蒙藏委员会设立班禅驻京办公处。② 然而由于种种原因，设立班禅办公处的工作进展缓慢。约1928年12月，九世班禅系统的另一位重要人物索本堪布罗桑坚赞到达南京，在他的主持下，西藏班禅驻京办公处得以顺利设立。在积极派员前往南京的同时，九世班禅也于1928年9月致函时任国民政府主席的谭延闿，表达了欲亲自晋京的愿望。③ 这一时期的九世班禅系统还积极参与了国民政府举行的一系列全国性活动，例如1929年6月1日国民政府举行孙中山奉安大典时，九世班禅系统不仅派员参加，还以九世班禅的名义撰写了给孙中山的祭文④……九世班禅系统的这一系列举动，大大加强了与国民政府的沟通和联系。

国民政府对九世班禅系统主动与其建立联系的行为给予了积极回应：1928年6月和7月11日，分别任命九世班禅系统的罗桑囊加和九世班禅为蒙藏委员会委员；⑤ 分别任命罗桑坚赞和朱福南为蒙藏委员会藏事处处长和科长，任命夏坚赞和萧必达为蒙藏委员会科员……在吸收九世班禅系统人员参加政府工作的同时，1929年2月28日，国民政府

---

① 刘家驹主编：《班禅大师全集》，第40页。
② 中国第二历史档案馆、中国藏学研究中心合编：《中国第二历史档案馆所存西藏和藏事档案汇编》（第6册），第211页。
③ 中国第二历史档案馆、中国藏学研究中心合编：《九世班禅内地活动及返藏受阻档案选编》，第6页。
④ 详情请见本书第五章第二节。
⑤ 《申报》1928年7月12日。

下发指令，准予为西藏班禅驻京办公处成立备案；① 1929 年 3 月，国民政府准予将福佑寺永久拨给九世班禅系统，成为西藏班禅驻平办公处的永久驻地。

相比于西藏地方政府与国民政府的互动，九世班禅系统和国民政府间的互动频繁且层次高，尤其是九世班禅系统在此过程中显示出来的热情远高于西藏地方政府。究其原因，最主要的是九世班禅系统前来内地，其主要目的就是希望依靠中央政府继续维护其在藏的固有权益，因此对国民政府存在着直接的利益诉求。正因为此，前往南京的九世班禅系统人员特别强调九世班禅系统在解决西藏问题方面的重要性，例如 1929 年 4 月 17 日，西藏班禅驻京办公处处长罗桑坚赞就九世班禅代表大堪布罗桑楚臣、堪布迪顷巴到达南京事宜呈文蒙藏委员会时，即称："查该代表等此次南来，关系藏事前途至关重要。"② 九世班禅也于 1930 年 11 月呈文国民政府主席蒋介石，希望其"持平办理"藏事。③ 在九世班禅系统的积极奔走下，他们的这一主张显然对国民政府产生了一定影响，国民政府虽然口头上主张达赖和班禅并重，但在实际操作中明显偏重于九世班禅系统，例如 1929 年 4 月 15 日，西藏班禅驻京办公处处长罗桑坚赞被任命为蒙藏委员会藏事处处长，因为藏事处是蒙藏委员会专门负责处理藏事的部门，因此此次任命显然对维护九世班禅系统利益更为有利；1931 年 6 月 24 日，国民政府封授班禅额尔德尼"护国宣化广慧大师"名号，并于 7 月 1 日举行了典礼；1932 年 4 月 14 日，国民政府不顾西藏地方政府的反对，发布明令特派九世班禅为西陲宣化使；1934 年 2 月，国民政府又任命前来南京参加十三世达赖喇嘛圆寂致祭典礼的九世班禅为国民政府委员。1931 年封授九世班禅"护国宣化广慧大师"名号时，蒙藏委员会曾请示同时封授十三世达赖喇嘛"护国弘化普慈大师"名号，时任考试院院长的戴传贤就此呈文国民政府时也

---

① 中国第二历史档案馆、中国藏学研究中心合编：《九世班禅内地活动及返藏受阻档案选编》，第 9 页。
② 《蒙藏委员会公报》1929 年第 3、4 期，"公牍"第 1 页。
③ 中国第二历史档案馆、中国藏学研究中心合编：《九世班禅内地活动及返藏受阻档案选编》，第 19 页。

认为"似宜如请照给"。① 然而，国民会议第二十四次会议决议先发表班禅名号，达赖喇嘛暂缓。② 直到1933年12月22日，也就是十三世达赖喇嘛圆寂后国民政府才发布明令，追赠其"护国弘化普慈圆觉大师"的封号，③ 并由代表国民政府前往拉萨致祭的黄慕松于1934年9月23日在布达拉宫完成册封仪式。④

从对藏事的长期影响来看，国民政府的这种政策造成了一定的"后遗症"，⑤ 但这也是国民政府根据当时藏事复杂局势，经过综合考量后的政策抉择，在很大程度上符合了当时西藏局势的实际情况，因此在客观上起到了促进藏局好转的作用。

从整个中央和西藏地方间关系发展的历史来看，每当一个新的中央政权诞生时，中央政权的统治者都十分注意与西藏地方的联系，而西藏地方政府也会积极响应中央政权，派员前往建立联系，例如元朝建立时西藏地方首领与蒙古势力的接触，⑥ 清朝入关后格鲁派派员与清朝中央政府的联系⑦等。这已经成为一个传统和规律。自清代起，在清中央政府的扶持下，格鲁派的达赖喇嘛和班禅额尔德尼成为西藏地方最主要的

---

① 中国第二历史档案馆、中国藏学研究中心合编：《九世班禅内地活动及返藏受阻档案选编》，第25页。

② 中国第二历史档案馆、中国藏学研究中心合编：《中国第二历史档案馆所存西藏和藏事档案汇编》（第12册），中国藏学出版社2012年版，第426页。

③ 中国藏学研究中心、中国第一历史档案馆等合编：《元以来西藏地方与中央政府关系档案史料汇编》（第6册），第2652页。

④ 中国第二历史档案馆、中国藏学研究中心合编：《黄慕松、吴忠信、赵守钰、戴传贤奉使办理藏事报告书》，第23—24页。

⑤ 马守平、喜饶尼玛：《国民政府"班禅问题"得失谈》，《西藏民族学院学报》（哲学社会科学版）2007年第2期。

⑥ 元朝建立前，在萨迦派和阔端建立联系的同时，"止贡派受到蒙哥的保护，蔡巴受到忽必烈的保护，帕竹、雅桑托庇于旭烈兀，达垅则托庇于阿里不哥，且分别接受封赐土地人户"。并且，萨迦派的八思巴和噶举派的噶玛拔希还为获取蒙古统治者的信任进行过激烈的斗争。最终八思巴得到了忽必烈的欣赏，并在以后成为元朝的国师。（藏族简史编写组编：《藏族简史》，第136—137页）

⑦ 清统治者入主中原前的1642年，固始汗、五世达赖喇嘛和四世班禅即派遣"伊拉库克三胡土克图"和"歹青绰尔济"等为使臣，前往当时清朝的首府盛京（今沈阳），受到了皇太极的隆重接待。1652年，五世达赖喇嘛应顺治帝进京"敕谕"，到达北京，十二月十五日在"南苑""谒上"，标志着西藏地方政府对清中央政府统治的认可。[中国藏学研究中心、中国第一历史档案馆等合编：《元以来西藏地方与中央政府关系档案史料汇编》（第2册），中国藏学出版社1994年版，第219、232页]

两大活佛转世系统，两大活佛系统分别和中央政府密切互动也成为一种惯例。南京国民政府建立后，身在内地的九世班禅系统与国民政府间立即展开了密切互动，远在西藏的十三世达赖喇嘛代表西藏地方政府也再次派代表主动和中央政府联系，这不仅是为了消除双方16年来可能存在的误解，也是上述历史规律的再现和历史传统的继续，是对与中央政府关系"不正常"状态给西藏地方政府造成的诸多困难深刻反思后的一种必然选择。

第四节 本章小结

在维系中央和地方间关系的过程中，中央王朝本身的实力对包括西藏在内的地方政府都有着直接影响：一个强大的中央王朝必然能在地方建立起象征和显示其统治力的有效行政体系，但是本身弱势的中央政府对地方的统治就往往显得"心有余而力不足"。元以来的历代中央王朝和政府对西藏地方的统治，也毫无例外地遵循了这一规律。就中国历史上自元代开始的中央王朝对地方的管控能力来看，体现了一个强弱互相交替的过程：元强明弱，清强民弱。但是，无论中央政府的实力如何，自古以来的中国版图的基本框架一直没有发生大的变动（近代帝国主义割占的除外）。

从维系中央和地方间关系的因素来看，强大的中央王朝当然可以按照自己的设想去探索治理地方的办法；但是，在一个势弱的中央政府统治时期，各种非正式的渠道却往往在维系中央和地方间关系方面发挥着重要作用。就西藏地方和中央政府的关系而言，在实力强大的元代和清代，中央王朝或者直接将西藏的统治中心移入京师，或者以向西藏地方派驻驻藏大臣等中央政府驻藏官员的方式来实现治藏的目的，驻京僧人等这些非正式渠道发挥的作用是有限的，它们或以辅助形式，或作为中央政府治藏行政系统的一个组成部分发挥作用；然而在实力有限的明代和民国时期，尤其是北洋政府时期，驻京僧人却往往成了中央政府改善和西藏地方间关系的借重对象，进而发挥了维系中央政府和西藏地方间关系的重要作用。

分析驻京僧人在维系中央和西藏地方间关系方面所发挥作用的原

因，可以看出，他们发挥作用的前提是中央政府和西藏地方政府都有着改善关系的愿望，有着趋合的要求。无论民国时期西藏地方和中央政府的关系如何"不正常"，也无论英帝国主义如何居间挑拨，国家认同始终是双方趋合的原动力。"国家认同的建构是民族国家进行文化融合与政治整合的过程，其要点在于民族统一与族裔多元的平衡以及文化与政治的良性互动。"[①] 元、清等强势中央政府为西藏和内地间完成了政治整合，而包括驻京僧人在内的汉藏文化交流的使者们促进了西藏文化在内地的传播和内地文化在西藏的传播。

中央政府的弱势和地方政府的强势是一个问题的两个方面，具有此长彼消的特征。应该看到，民国时期的北洋政府不仅对西藏地方缺乏有效控制，就是对管控内地一些省份的军阀也是鲜有良策。因此，这一阶段的西藏地方政府之所以能够做大，归根结底还是因为北洋政府的软弱无能。从中央和地方政府间利益分配的角度来看，中央政府和地方政府也是矛盾的两个方面，既然软弱的北洋政府无法在中央和西藏等地间的利益博弈中处于强有力的支配地位，导致西藏等地方政府追求非理性地方利益也是必然之事。

当南京国民政府通过北伐取代北洋政府，以胜利者的姿态出现在历史舞台上时，其在最初阶段所显示出来的强势特征已足以让西藏地方政府主动向它示好。可惜的是好景不长，南京国民政府挑起的国共之争以及后来的抗日战争分散和消耗了它大部分的实力，使其基本无力西顾。在这种情况下，国民政府原拟借重的九世班禅系统对藏事的作用也自然减弱。西藏地方政府很快就看出南京国民政府也不过是一头没有牙齿的狮子，外表威猛，但缺乏内在实力。既然不足以依凭，寻求自保便是自然的选择。其间出现"非理性"地方利益的诉求，乃至出现"亲英派"也是可以理解的现象。

[①] 黄岩：《国家认同：民族发展政治的目标建构》，民族出版社2011年版，第175页。

第二章 西藏驻京机构的创设、完善与组织构成

第一节 西藏驻京办事处的创设、完善与组织构成

民元以来,历届中央政府都将争取十三世达赖喇嘛对中央政府的积极回应作为解决西藏问题的一个前提条件,但是直到南京国民政府成立,这一努力都未能取得实质性进展。究其原因,西藏地方的各种因素当然不容忽视,北洋政府自身不稳,主要领导人更迭不止,政府软弱无力则是最主要原因。1927 年,南京国民政府通过军事斗争取代北洋政府后,建立了一个相对强势的中央政府,使西藏地方政府看到了希望,因此主动加强和南京国民政府的联系便成了自然而然的事情。

一 西藏驻京办事处的创设

1929 年 9 月,奉十三世达赖喇嘛之命赴南京的贡觉仲尼、楚称丹增、巫怀清三人不仅晋见了蒋介石等国民政府高层领导,以及蒙藏委员会副委员长赵戴文等,还和蒙藏委员会职员刘朴忱、张豫和、张至心等共同拟定了由蒙藏委员会上呈给蒋介石的解决西藏问题的各项具体办法,该办法共有十条,其中第十条即是"达赖在京设立办公处,经费由政府发给"①。这是南京国民政府时期,首次提出的设立西藏地方政府驻京机构的想法。在决定派遣贡觉仲尼以"赴藏慰问专员"身份赴藏

---

① 中国藏学研究中心、中国第一历史档案馆等合编:《元以来西藏地方与中央政府关系档案史料汇编》(第 6 册),第 2477—2478 页。

的同时，决定让楚称丹增驻京。① 显然，楚称丹增②驻京是个临时性安排，楚称丹增也没有得到十三世达赖喇嘛的授权，但他是南京国民政府时期中央政府专管蒙藏事务的中央机关——蒙藏委员会——任命的第一个西藏驻京人员。并且在决定让其驻京之前的1929年9月4日，蒙藏委员会已经发布会令，称："兹派楚称丹增为本会专门委员"。③ 这说明，从1929年9月4日起，楚称丹增已经不再是单纯的西藏地方政府代表，而是同时兼有蒙藏委员会委员的身份。从现有材料来看，临时驻京的楚称丹增的主要职责就是和奉派赴藏的贡觉仲尼保持联系，将贡觉仲尼赴藏的相关情况及时向蒙藏委员会进行汇报。

当贡觉仲尼奉派入藏时，他携带的是经过蒙藏委员会再三斟酌，并听取了贡觉仲尼等意见和建议的④"蒋介石八款"，其中的第七款为："达赖是否在京设立办公处，以便随时接洽。至于经费，可由中央发给"。⑤ 十三世达赖喇嘛和噶厦政府对此给予了积极的答复，十三世达赖喇嘛在给蒋介石的回复中称："先设办公处于南京、北平、西康三处，以后若有加添之处，再当陈请。"⑥ 可以看出，十三世达赖喇嘛和噶厦政府对设立"驻京办公处"没有异议。

---

① 中国藏学研究中心、中国第一历史档案馆等合编：《元以来西藏地方与中央政府关系档案史料汇编》（第6册），第2482页。
② 按照伍昆明先生的说法，楚称丹增是"西藏特派南京洛藏娃"，其实楚称丹增是西藏地方政府派往北洋政府的京师北京的洛杂唯。参见伍昆明主编《西藏近三百年政治史》，第391页；中国藏学研究中心、中国第一历史档案馆等合编《元以来西藏地方与中央政府关系档案史料汇编》（第7册），第3084页。
③ 《蒙藏委员会公报》1929年第8期，"命令"第16页。
④ 比较"蒋介石八款"与蒙藏委员会提出的十条、赵戴文提到的九条，可以看出，南京国民政府对该文件的主要内容、行文方式等都是经过深思熟虑的［相关材料见中国藏学研究中心、中国第一历史档案馆等合编《元以来西藏地方与中央政府关系档案史料汇编》（第6册），第2478、2480、2482页］。
⑤ 蒋介石给十三世达赖喇嘛的"八款"是："一、中央与西藏之关系应如何恢复。二、中央对西藏之统治权如何行使。三、西藏地方自治权如何规定，范围如何。四、达赖、班禅在西藏政教上之地位与权限一律照旧，抑或另有规定。六、班禅回藏，达赖如何欢迎，中央如何护送。七、达赖是否在京设立办公处，以便随时接洽。至于经费，可由中央发给。八、西藏对于中央有无其他希望。"［中国藏学研究中心、中国第一历史档案馆等合编：《元以来西藏地方与中央政府关系档案史料汇编》（第6册），第2482—2483页］蒋介石给十三世达赖喇嘛的这八条全用疑问句，意在试探达赖喇嘛在恢复中央和西藏地方间关系上的态度及决心。
⑥ 牙含章：《达赖喇嘛传》，人民出版社1984年版，第279页。

1930年8月，再次回到南京的贡觉仲尼便开始以十三世达赖喇嘛全权代表的身份，着手筹建西藏驻京办事处，同时呈请设立西藏驻平、驻康办事处。接到贡觉仲尼等的呈请后，国民政府明令蒙藏委员会和内政部会商解决。蒙藏委员会和内政部认为设立西藏驻京办事处是贡觉仲尼入藏时所携去的"蒋介石八款"之一，且贡觉仲尼返京复命晋谒蒋介石时"又蒙面谕，迅速组织成立"，所以"自应及早组织，以资办公"。至于设立西藏驻平、驻康办事处，蒙藏委员会和内政部认为："北平庙宇林立，向为喇嘛汇集之地，与西藏关系甚多；康定为川藏往来要道，将来该处事务势必日见纷繁，所请同时成立驻平、驻康二办事处一节，似应一并照准。"① 1930年1月20日，蒙藏委员会向贡觉仲尼下发指令，告知其行政院"国务会议决议设置三处原则通过，经费送中央政治会议核定"的会议决议。② 此后，西藏驻京办事处便进入了具体的设置阶段。

1931年1月29日，贡觉仲尼呈文蒙藏委员会，要求刊发西藏驻京、驻平、驻康三办事处关防，呈文称：

> 呈为呈请刊发关防事。
> 窃仲尼等奉令筹设西藏驻京办事处及驻平、驻康二办事处，遵经着手筹设，即将正式成立，应请钧会准予刊发以上三处关防各一颗，以资信守，实为公便。谨呈
> 蒙藏委员会
> 西藏代表棍却仲尼（印）
> 中华民国二十年一月二十九日③

这个呈文有两点值得关注：

第一，贡觉仲尼的署名。因为当时西藏驻京办事处尚未成立，所以在署名时，贡觉仲尼只能署名为"西藏代表棍却仲尼"。仅从字面上看，这和后期条呈中的"西藏代表×××"相似，但是就两个时间段

---

① 《蒙藏委员会公报》1931年第15期，"公牍"第8页。
② 《蒙藏委员会公报》1931年第15期，"命令"第90页。
③ 中国藏学研究中心、中国第一历史档案馆等合编：《元以来西藏地方与中央政府关系档案史料汇编》（第7册），第3096页。

具体藏事上西藏代表的心态而言，却略显不同：前期署名时西藏代表的身份没有可选性；而后期则既有西藏驻京办事处处长、副处长，又有西藏代表的身份可供选择，在这种情况下，他们优先选择"西藏代表"这一身份，则明显体现了他们对自身特殊性的强调。关于此，我们将在后面进行进一步讨论。

第二，呈文称，请求发给关防的目的是"以资信守，实为公便"。这一方面反映出当时的公文行文需要有关防为"信"，这也是西藏驻京办事处急于请求"刊发"关防的直接原因；另一方面也反映出西藏代表们对国民政府所颁发关防法律效力的认可。

1月31日，蒙藏委员会发布指令（总字第241号），准予发给西藏驻京、驻平、驻康三办事处木质关防①各一颗，并要求贡觉仲尼"将启用日期分别具报备查"②。2月9日，贡觉仲尼按要求向蒙藏委员会呈送了启用关防的报告：

> 案奉钧会第二四一号指令内开：呈悉，准予刊发西藏驻京、驻平、驻康办事处木质关防三颗，随令颁发，仰即查收启用，并将启用日期分别具报备查。此令。计发关防三颗。等因。奉此，遵于本月九日谨先启用，理合具文呈请钧会鉴核备案。谨呈
>
> 蒙藏委员会
> 西藏驻京办事处总代表棍却仲尼谨呈

---

① 按照民国时关防钤记的规定，"中央各机关所用印信，依现行办法，应备文由各该管长官转请各该管院转饬印铸局铸发。……领到新印章，于启用时，应将四角锉去，然后盖用。……同时，即将旧章截角，呈缴各该管长官，转呈各该管院部交印铸局销毁，以昭慎用。……至印信质料，国玺用玉质，国府用金质，五院用银质，其余机关用铜质。但军政部所属各军事机关之印信，则用木质，为例外也。小章则特用牙质，简任以下，一律用铜质。至关防钤记未经明文规定者，当用木质。"（徐望之：《公牍通论》，株式会社中文出版社1979年版，第274页）由此可见，西藏驻京办事处当属"关防钤记未经明文规定者"一类。但是根据西藏班禅驻京办事处先用木质关防，1932年6月18日换用铜质印信［中国藏学研究中心、中国第一历史档案馆等合编：《元以来西藏地方与中央政府关系档案史料汇编》（第7册），第3099页］，以及蒙藏委员会驻藏办事处也先用木质关防，1941年8月1日起改用铜质关防［郭玉琴主编：《蒙藏委员会驻藏办事处档案选编》（三），第136页］，西藏达赖驻重庆办事处公章也为铜质的情况来看，西藏驻京办事处后来也应该改用了铜质关防或印信。

② 中国藏学研究中心、中国第一历史档案馆等合编：《元以来西藏地方与中央政府关系档案史料汇编》（第7册），第3097页。

中华民国二十年二月九日①

　　这是目前所见的最早以西藏驻京办事处名义呈递的呈文，呈文署名时贡觉仲尼首次使用了"西藏驻京办事处总代表棍却仲尼"。
　　关防的启用，标志着西藏驻京办事处正式开始运作。2月10日，贡觉仲尼向蒙藏委员会呈报了十三世达赖喇嘛拟定的三个办事处的正副处长人选：西藏驻京办事处处长贡觉仲尼、副处长阿旺坚赞（དགའ་དབང་རྒྱལ་མཚན），西藏驻平办事处处长曲批图丹（ཆོས་འཕེལ་ཐུབ་བསྟན）、副处长巫明远，西藏驻康办事处处长降巴曲汪（བྱམས་པ་ཆོས་དབང）、副处长楚称丹增（ཚུལ་ཁྲིམས་བསྟན་འཛིན）。② 2月23日，行政院发布训令批准贡觉仲尼任西藏

---

　　① 中国藏学研究中心、中国第一历史档案馆等合编：《元以来西藏地方与中央政府关系档案史料汇编》（第7册），第3097页。
　　另外，《第十三世达赖喇嘛年谱》中记述"在南京成立西藏办事处"时间为藏历铁马年，对应公历为1930年。这是因为1931年2月9日是藏历铁马年的年末，因为藏历和公历历法的差异，而此时的公历纪年则已经是1931年了［《第十三世达赖喇嘛年谱》，西藏自治区政协文史资料研究委员会编《西藏文史资料选辑》（第2辑），第209页］。
　　藏文版《第十三世达赖喇嘛年谱》中对这段历史的记述如下：དགོས་མཆོག་འབྱུང་གནས་ཞེས་པར་བོད་ལྗོངས་ཀྱི་སྐུ་ཚབ་ཨུ་ཡོན་ནན་གྱིང་དུ་སྐུ་ཚབ་ཞིག་གནད་སྤྲོད་གནང་བ།其中称西藏驻京办事处为"བོད་ལྗོངས་ཀྱི་དོན་གཅོད་ཁང་"，可以看出这是直接从汉文翻译的，并非西藏驻京办事处的藏文原称。（ཏཱ་ལའི་བླ་མ་སྐུ་ཕྲེང་བཅུ་གསུམ་པ་ཐུབ་བསྟན་རྒྱ་མཚོའི་རྣམ་ཐར་ཞེས་བྱ་བ་འཇམ་མགོན་བསྟན་པའི་རྒྱལ་མཚན་ཞེས་གསུང་ཚུལ་བཞུགས། བོད་ལྗོངས་ཀྱི་ལོ་རྒྱུས་རིག་གནས་དཔྱད་གཞིའི་རྒྱུ་ཆ་བདམས་བསྒྲིགས（4）མི་རིགས་དཔེ་སྐྲུན་ཁང་། མི་རིགས་དཔེ་སྐྲུན་ཁང་གིས་བསྐྲུན། 2009 ཤོག་གྲངས་ 554 ད་གསལ།）
　　② 中国藏学研究中心、中国第一历史档案馆等合编：《元以来西藏地方与中央政府关系档案史料汇编》（第7册），第3096—3098页。西藏驻京办事处设立后不久，在改组原西藏堪布驻平办公处的基础上设立了西藏驻平办事处。关于西藏驻康办事处，虽然在任命西藏驻京、驻平办事处时就任命了驻康办事处正、副处长，并且在康藏纠纷时期，蒙藏委员会一再催促西藏驻京办事处设立西藏驻康办事处，还预先支付了费用。但是1946年前来南京出席"制宪国大"的图丹桑批给国民政府的"九条"中的第"六"条称："南京办事处和北平办事处已经建立，如果准予设立打箭炉办事处，将有利于促进双方的通讯联系，这应当尽快批准实施。"（［美］梅•戈尔斯坦：《喇嘛王国的覆灭》，第560页）由此可以看出，西藏驻康办事处最终也未能设立起来。另外，图丹桑结在叙述第二批驻京代表时，也说明他们三人经常在一起办公。而按照阿旺桑丹1936年4月给蒙藏委员会的呈文，他们三人分别任西藏驻京、驻平和驻康办事处处长。因为他们任职不久，北平就被日军占领，无法前往北平履职，但是没有理由不前往康定。这也从侧面说明西藏驻康办事处最终也未能设立起来（图丹桑结：《关于第一、第二期西藏驻汉地办事人员情况的回忆》，何宗英译）。不过，《审计部公报》第50期、第56期上载有国民政府关于西藏驻康办事处"经常费"审计结果的通知，再结合图丹桑结的关于三个办事处经费总额为每月五六千元的相关记述，可以看出尽管西藏驻康办事处并未实际设立，但西藏驻京办事处却一直领取西藏驻康办事处费用。很可能的情况是西藏驻康办事处任命了正副处长和一些职员，但未建立其机构，正副处长等也并未赴康就职（《审计部公报》1935年第50期，第127页；《审计部公报》1935年第56期，第82页）。另外，楚称丹增任职后不久就因病在北京去世了（图丹桑结：《关于第一、第二期西藏驻汉地办事人员情况的回忆》，何宗英译），1932年后西藏驻京代表的呈文中已经看不到楚称丹增的名字了。

驻京办事处处长，并对启用印信事宜进行备案。① 西藏驻京办事处的印章为四方形，印文是藏汉合璧，藏文印文为"ༀ་བོད་གཞུང་ནན་ཅིང་དོན་གཅོད་ལས་ཁུངས་ཀྱིས་ཐམ་ག"②，汉文为"西藏驻京办事处"，印文中没有提及达赖喇嘛，其用意显然是想借此突出西藏驻京办事处作为西藏地方政府代表的身份，以区别于"西藏班禅驻京办公处"。

但事实上，按照国民政府机构组织的一般程序，这一时期的西藏驻京办事处还没有组织大纲，不是一个完整、规范的现代机构，而且主要职员尚在由藏来南京的路上，因此只能说还处在很粗糙的草创阶段。

1932年3月，十三世达赖喇嘛对西藏驻平、康办事处的负责人进行了重新调整，任命降巴曲汪（བྱམས་པ་ཆོས་དབང་）为西藏驻平办事处处长，降巴扎希（བྱམས་པ་བཀྲ་ཤིས་）为副处长；阿旺扎巴（ངག་དབང་གྲགས་པ་）为西藏驻康办事处处长，曲批图丹为副处长。③

从以上西藏驻京办事处筹设的过程来看，起初国民政府建议、十三世达赖喇嘛同意设立的机构应该名为"西藏驻京办公处"，并且在《内政部蒙藏委员会为西藏设立驻京平康办公处及其经费预算事致行政院呈》[民国十九年（1930）十二月]等档案中，内政部和蒙藏委员会也明确称西藏地方政府拟设立的驻京机构为"西藏驻京办公处"④。因为"西藏班禅驻京办公处"已于1929年1月20日设立，⑤由此可见，"西藏驻京办公处"之称显然是借鉴"西藏班禅驻京办公处"名称的结果。

---

① 中国藏学研究中心、中国第一历史档案馆等合编：《元以来西藏地方与中央政府关系档案史料汇编》（第7册），第3098页。
② 关于西藏驻京办事处印章的印文可见《康藏纠纷档案选编》卷首照片部分翻拍的《民国二十三年三月十三日西藏驻京办事处为申请兵未先启衅大金寺喇嘛颇难听从等情致蒙藏委员会快邮代电》的影印件。据此可以看出，该印章为正方形，印章有留边，汉字在左，藏文在右，汉文纵向排列，采用民国政府时期印章常用字体篆体，藏文采用正楷体。关于该章印迹，请见本书"附录六"。
③ 中国第二历史档案馆、中国藏学研究中心合编：《中国第二历史档案馆所存西藏和藏事档案汇编》（第16册），中国藏学出版社2012年版，第59页。
④ 中国藏学研究中心、中国第一历史档案馆等合编：《元以来西藏地方与中央政府关系档案史料汇编》（第7册），第3095—3096页。
⑤ 同上书，第3092页。

事实上，关于西藏地方政府驻京机构的名称问题，从一开始西藏驻京代表和蒙藏委员会就发生了意见分歧；蒙藏委员会开始主张应该参照早已设立的班禅驻京办公处的叫法，命名为"达赖办公处"，但西藏驻京代表认为他们代表的是西藏地方政府，不是以个别领导人的名义派遣的，所以坚持要求称为"西藏驻京办公处"。① 从以后蒙藏委员会同意设立"西藏驻京办公处"的情况来看，蒙藏委员会最终采纳了这一意见。②

但是仅距上述内政部和蒙藏委员会致行政院"呈"后的一个月，即1931年1月29日的《西藏代表贡觉仲尼为请刊发关防事致蒙藏委员会呈》中，贡觉仲尼即称"窃仲尼等奉令筹设西藏驻京办事处及驻平、驻康二办事处……"③ 显然此时起蒙藏委员会同意设立的已经是"西藏驻京办事处"。

虽然西藏地方政府驻京机构被正式命名为"西藏驻京办事处"，但是相关档案中也有"西藏代表驻京办事处"④ "达赖驻南京办事处"⑤等的叫法，但这都是些非正式的叫法。这些称呼的产生和相关人员对该办事处的定性有关，就连该办事处处长也认为该办事处是"西藏达赖喇

---

① 图丹桑结说当时西藏代表要求的西藏驻京机构名称是"西藏办事处"，但这种说法显然是不准确的，因为当时留下来的办事处公章的印文清楚显示是"西藏驻京办事处"（图丹桑结：《关于第一、第二期西藏驻汉地办事人员情况的回忆》，何宗英译）。

② 中国藏学研究中心、中国第一历史档案馆等合编：《元以来西藏地方与中央政府关系档案史料汇编》（第7册），第3095页。

③ 同上书，第3096页。

④ 中国藏学研究中心、中国第一历史档案馆等合编：《元以来西藏地方与中央政府关系档案史料汇编》（第6册），第2710页。

⑤ 《西藏地方政府"派代表慰问同盟国和出席南京国民大会"内幕》，《西藏文史资料选辑》（第1辑），第140页。

需要注意的是，《西藏文史资料选辑》的藏文原文中并没有"达赖驻南京办事处"的叫法，而是将土丹参烈等原西藏驻京代表称为"南京旧办事员"（ནན་ཅིན་རྙིང་གཤོང་སྐྱེལ་པ），将土丹桑布等新任西藏驻京代表称为"南京新办事员"（ནན་ཅིན་གསར་གཤོངས་པ）（བང་ཆོས་པ་རྗེ་དངོས་གྲུབ་བོད་གཞུང་གིས་ཀུན་མིང་དུ་འཕྲིན་མི་བཏང་བ་མཚུན་ཕྱོགས་རྒྱལ་ཁབ་ཀྱི་སྤྱོད་ཡུལ་ནས་བོད་ལེགས་ལུ་དང་"གོ་མིན་ཏང་"ཚོགས་འདུ་ལུགས་པའི་གནད་དོན། གཞན་གྱོས་བོད་རང་སྐྱོང་ལྗོངས་ཡིག་ནག་པོའི་ལོ་རྒྱུས་རིག་གནས་དཔྱད་གཞིའི་རྒྱུ་ཆ་བདམས་བསྒྲིགས། (1) མི་དམངས་དཔེ་སྐྲུན་ཁང་བ། མི་དམངས་མི་རིགས་དཔེ་སྐྲུན་ཁང་། སྤྱི་2009 ལོར་གཏམ་292་ཤུ་གསལ）。

嘛驻京办事机关"①。但是其正式名称应该就是"西藏驻京办事处",并且这也是该办事处公章印文上的称呼。②

通过以上两机构命名的过程,可以得出以下两点:第一,国民政府力求平等对待九世班禅和十三世达赖喇嘛,以防二者矛盾的进一步激化;第二,两机构在命名上的分歧和相互"模仿",在实质上反映了九世班禅系统和十三世达赖喇嘛系统在西藏利益方面的竞争和矛盾斗争。

二 西藏驻京办事处的完善和发展

（一）1931 年 2 月至 1937 年 12 月

在贡觉仲尼等积极筹设西藏驻京办事处的同时,十三世达赖喇嘛和噶厦政府增派的阿旺坚赞、曲批图丹和阿旺扎巴一行二十多人,也正在赶赴南京的旅途中,其目的就是会同贡觉仲尼等筹建西藏驻京办事处,并出席蒙藏会议。1931 年 1 月,阿旺坚赞等途经印度时还使用了汉文名字,阿旺坚赞、曲批图丹和阿旺扎巴的汉文名字依次为崔智空、鲁静修和包悟孔。③ 西藏代表们为什么取用汉文名字,并且如此一致地取用?显然,这不仅仅是简单的个人行为。结合阿旺坚赞等三人在印度时曾以"亲善委员"身份活动,并且到达南京后再也未见其使用汉文名字的情况来看,他们三人使用汉文名字的主要目的应该是避免英印政府的诘难。

按照预先安排,阿旺坚赞一行先齐集北平,然后转程南下,前往南京。④ 大约是 3 月 23 日,阿旺坚赞一行和早先由南京赴北平的贡觉仲尼

---

① 中国藏学研究中心、中国第一历史档案馆等合编:《元以来西藏地方与中央政府关系档案史料汇编》(第 7 册),第 3110 页。

② 1932 年 6 月 18 日,西藏班禅驻京办公处呈文蒙藏委员会,要求更名为"西藏班禅驻京办事处",呈文称:"查本办公处现奉班禅大师令改称办事处……"由此来看此次更名似乎是九世班禅的"命令",但结合上面二机构在名称上的"明争暗斗",可以推测这次更名也多少受到了"西藏驻京办事处"命名的影响〔中国藏学研究中心、中国第一历史档案馆等合编:《元以来西藏地方与中央政府关系档案史料汇编》(第 7 册),第 3059 页〕。当然,就西藏地方政府驻京机构和九世班禅驻京机构的实际职能来看,"办事处"的叫法显然比"办公处"更为符合。

③ 中国藏学研究中心、中国第一历史档案馆等合编:《元以来西藏地方与中央政府关系档案史料汇编》(第 6 册),第 2502—2503 页。

④ 图丹桑结:《关于第一、第二期西藏驻汉地办事人员情况的回忆》,何宗英译。

等一起由北平启程前往南京。为了便于西藏代表南行，铁道部指令相关铁路局专门加挂了一节头等火车车厢。蒙藏委员会则为接待这行西藏代表，专门编制了多达 7000 元的招待预算（蒙藏委员会该年度的招待费预算总额为 1.08 万元）报送财政部批准。财政部审查后认为：

> 本预算列数虽觉稍短，惟查该代表等此次奉命来京解决藏事，所负使命极为重大，与该会招待寻常来京人员不同，所有招待设备自应特别优渥，此项特别开支，似应准其另列预算，拟即如数核定为七千元。①

从加挂头等火车车厢，到巨额招待费，充分说明了南京国民政府上下对此行西藏代表的重视和优待。

1931 年 3 月 28 日，贡觉仲尼等向蒙藏委员会呈送了西藏驻京、驻平和驻康三办事处组织大纲条文。② 1931 年 4 月 26 日，贡觉仲尼、阿旺坚赞、巫明远等西藏代表在中央饭店举行西藏驻京办事处成立典礼，蒙藏委员会委员长马福祥亲临会场，并致辞。③

有组织大纲为部门法规，分不同科室专司其职的西藏驻京办事处，符合现代机构科层制设置的一般特征。从人事安排来看，该机构一方面有正、副处长和秘书、科员、雇员等职员科层的区别；另一方面，因为由十三世达赖喇嘛直接指派主要职员，并且西藏驻京办事处是西藏地方政府驻内地的最主要机构，因此其主要负责人绝大部分由西藏传统驻京人员"堪准洛松"（ཁབ་མགྲོན་ལོ་གསུམ་）中的堪琼（མཁན་ཆུང་）担任，当堪琼不能担任时则由仔准（རྩེ་མགྲོན་，布达拉宫知宾）或洛杂哇（ལོ་ཙཱ་བ་，译员）来担任。④ 关于"堪准洛松"的详细情况请见本书第三章第三节。

---

① 中国藏学研究中心、中国第一历史档案馆等合编：《元以来西藏地方与中央政府关系档案史料汇编》（第 6 册），第 2509—2510 页。
② 关于"西藏驻京办事处组织大纲"，请见本书"附录三"。
③ 《申报》1931 年 4 月 27 日。
④ 贡觉仲尼等第一批西藏驻京代表并不是以"堪准洛松"的结构派遣的，所以第一任西藏驻京办事处处长并不是"堪琼"。

（二）1937年12月至1946年3月前后

笔者目前还没有看到"西藏驻京办事处"更名为"西藏达赖驻重庆办事处"的具体时间的相关材料。因为1937年12月，西藏驻京办事处就随国民政府迁至重庆，据此推测，大概也是在此后不久随之改称为"西藏达赖驻重庆办事处"的。与此同时，由国民政府颁给新的印章。该印章为直纽铜印，高12厘米、边长6.2厘米，印文为藏汉合璧，藏文印文为正楷体的"༄༅། །བོད་དུ་བའི་དྲུང་ཆེན་དོན་གཅོད་ལས་ཁུངས་ཀྱི་ཐམ་ག"①，汉文为"西藏达赖驻重庆办事处印"。

从1937年12月西藏驻京办事处迁至重庆，到1946年3月前后迁回南京，②前后历时八年半，先后经历第二批和第三批西藏驻京代表（这两批代表的具体情况，将在第三章第一节进行详细论述），同时也与全国人民一道经历了中国近代史上最为艰难困苦的全国抗战时期。西藏达赖驻重庆办事处的存在，表明了西藏地方对全国抗战的支持，具有重要的历史意义。

虽然在这段时间西藏驻京办事处已经更名，且已迁至重庆，但是国民政府和蒙藏委员会仍更多地称其为"西藏驻京办事处"，例如1939年6月27日的《行政院秘书处为假道印度入藏应注意英方制造西藏半独立企图事致吴忠信函》③、1939年7月23日的《吴忠信为取道印度入藏日期事致西藏驻京办事处代电》④，以及1944年6月27日的《蒙藏委员会就西藏代表押运枪械回藏办法事致西藏驻京办事处代电》⑤等材料中，都称西藏驻渝机构为"西藏驻京办事处"。而同时，

---

① 西藏驻京办事处印文的藏文"བོད་གཞུང་ནས་ཆེན་དོན་གཅོད་ལས་ཁུངས་ཀྱི་ཐམ་ག"中的"ཀྱི"属于藏语八格（རྣམ་འབྱེད་བརྒྱད）中的第三格主格（རྣམ་འབྱེད་གསུམ་པ་བྱེད），但根据文意来看，在此应该用第六格属格（རྣམ་འབྱེད་དྲུག་པ་འབྲེལ་སྒྲ）的"གྱི"更为准确。

② 关于西藏驻京办事处迁回南京的具体日期，笔者目前尚未看到有确切记载的材料，但因为1946年4月初第四批西藏驻京代表到达南京时，时任西藏驻京办事处处长的土丹参烈已在南京，并前往机场欢迎新到代表。据此推断，西藏驻京办事处大概是1946年3月前后迁回南京的。

③ 中国藏学研究中心、中国第一历史档案馆等合编：《元以来西藏地方与中央政府关系档案史料汇编》（第7册），第2765—2766页。

④ 同上书，第2766页。

⑤ 同上书，第2973—2974页。

西藏地方政府在如1943年11月25日的《噶厦为与国民政府洽商汉藏关系事致西藏驻京办事处电》①，和1945年4月7日的《噶厦为赠送武器事谢蒋介石电》等电文中，②又以"西藏驻重庆办事处"指称之。

由以上实例可以看出，尽管这一时期西藏驻京办事处已经改称为"西藏达赖驻重庆办事处"，且国民政府也为西藏驻渝机构专门颁发了"西藏达赖驻重庆办事处印"的印章，但显然这一叫法并没有被广泛采用。分析其原因，大致有以下三点。

第一，这一名称本身有失严谨。我们知道十四世达赖喇嘛是在1940年2月22日正式坐床的，因此此前的1937年12月至1940年2月22日达赖喇嘛并没有被认定，这段时间称为"西藏达赖驻重庆办事处"显然不太妥当。

第二，如上文论述到的那样，西藏驻京代表们认为西藏驻京办事处代表的是西藏地方政府，而非私人派驻机构，如果西藏代表们用"西藏达赖驻重庆办事处"，显然就自动放弃了他们的一贯主张，地位自然变成为与"西藏班禅驻重庆办事处"相同，这显然是西藏驻京代表所不愿意的。

第三，从国民政府和蒙藏委员会的角度来看，重庆是国民政府的陪都，虽然和真正的首都不同，但在其承担陪都角色期间，其实际地位和作用与首都基本一致，因此以"西藏驻京办事处"代指"西藏达赖驻重庆办事处"，也并不存在什么实质性的矛盾。

（三）约1946年3月前后至1949年春

大约1946年3月，西藏驻京办事处随同国民政府迁回南京，开始了其第三阶段的生命历程。此段时间，是第三批驻京代表完成使命，第四批驻京代表奉派驻京阶段（这两批代表的具体情况，将在第三章第一节进行详细论述），其最为主要的活动就是代表西藏地方政府先后出席

---

① 中国藏学研究中心、中国第一历史档案馆等合编：《元以来西藏地方与中央政府关系档案史料汇编》（第7册），第2852页。

② 同上书，第2975页。

了"制宪国大"① 和"行宪国大"②。

从 1929 年 9 月贡觉仲尼等和蒙藏委员会职员一起提出设立西藏驻京办公处，到 1931 年 2 月西藏驻京办事处初步成立，前后用时一年多，其中还包括贡觉仲尼来往于拉萨和南京间的旅途用时。相比于民国时期动辄数年不得解决的其他藏事，这一速度确实已经是非常之快了，这充分表明南京国民政府和西藏地方政府都有着建立通畅的联络渠道，理顺和改善双方关系的迫切愿望。同时，其间第三次康藏纠纷的调解正在积极进行中，中央和西藏地方都亟须建立一个有效的沟通渠道，这在客观上加速了西藏驻京办事处的设立。西藏驻京办事处从 1931 年成立，到 1949 年解散，前后共历时 19 年，其间西藏地方政府先后派遣了 4 批主要负责人员，他们中有些人病逝于西藏驻京办事处处长任上，有些虽然已经卸任，但仍积极投身于中央和西藏地方间关系的改善和发展工作中（其详细情况将在后面的章节进行论述）。这些西藏驻京办事处的西藏地方政府驻京人员和蒙藏委员会驻藏办事处的中央政府驻藏人员一起，成了民国时期维系西藏地方和中央政府间关系的最主要纽带。

三　西藏驻京办事处的组织构成

作为蒙藏委员会监督指导下的机构，西藏驻京办事处和南京国民政府的其他官方机构一样，是按照现代国家行政机构的要求建设的；同时，作为西藏地方政府的外派机构，其大部分主要职员又沿袭了西藏传统驻京人员"堪准洛松"（ མཁན་མགྲོན་ལོ་གསུམ ）的人员配置。在职能上，代为办理西藏地方政府在京诸事，表达西藏地方政府的利益诉求。同时，它也曾是南京国民政府向西藏传达政策、了解西藏政情的一个重要窗口，尤其是蒙藏委员会驻藏办事处设立前，蒙藏委员会对其尤为借重。

---

① 本次国民大会于 1946 年 11 月 15 日正式召开，因为会议最主要任务是制定"宪法"，所以被称为"制宪国大"。
② 本次国民大会于 1948 年 3 月 29 日开始，因为此次会议的主要目的是开始实行所谓民主宪政，并按照宪法规定选举总统，实行总统制，所以被称为"行宪国大"。

从现已刊布的相关史料可以看出，1931年到1935年间，经南京国民政府相关部门批准，西藏驻京办事处先后两次公布过其"组织大纲"。1931年3月28日，贡觉仲尼首次向蒙藏委员会提交了《西藏驻京办事处组织大纲》[以下简称《大纲》（1931年）]，要求"鉴核转呈备案"。① 同年4月14日，蒙藏委员会向行政院转呈该《大纲》（1931年）。② 按照《大纲》（1931年）规定，西藏驻京办事处"秉承达赖佛意旨，及国民政府命令，蒙藏委员会之指导，办理关于西藏一切接洽事宜"，办事处设正副处长各1人，"由达赖佛选任，呈由蒙藏委员会转呈备案"。《大纲》（1931年）一方面规定了西藏驻京办事处的职能范围、处长产生办法、处长职责等，另一方面规定了它和达赖喇嘛、蒙藏委员会的关系。《大纲》（1931年）对办事处科室设置作了规定：办事处下设秘书室和总务、会计、宣传及交际四科，并对每个科室的职责作了比较详细的分工。就人员设置而言，由《大纲》（1931年）规定的该办事处的职员包括：正副处长各1人、藏汉文秘书各2人（由处长指定1人为主任）、各科科长1人。此外还规定，秘书室设办事员若干人，各科设科员若干人，缮写及保管案卷的书记若干人，必要时得酌聘参议、咨议。

1935年8月19日，蒙藏委员会委员赵锡昌呈文蒙藏委员会，呈文称："窃查本会二十四年度行政计划内，有'续编有关国家蒙藏事务之各种法令'"，但是"西藏驻京平康各办事处组织大纲，曾于二十年间

---

① 中国藏学研究中心、中国第一历史档案馆等合编：《元以来西藏地方与中央政府关系档案史料汇编》（第7册），第3099页。

② 中国第二历史档案馆、中国藏学研究中心合编：《中国第二历史档案馆所存西藏和藏事档案汇编》（第11册），中国藏学出版社2012年版，第71—79页。《西藏驻京办事处组织大纲》（1931年）的全文，请见本书"附录三"。其实早在1931年5月18日，行政院就向蒙藏委员会下发指令，除了要求将《西藏驻京、平、康办事处组织大纲》中的职员人数修订为确数外，该指令还称："各大纲第二条'达赖佛'之'佛'字，及第二条'办理关于西藏一切接洽事宜'之'西藏一切'四字，意义未尽适当。"[中国第二历史档案馆、中国藏学研究中心合编：《中国第二历史档案馆所存西藏和藏事档案汇编》（第12册），第282—283页] 结合1935年《修正西藏驻京办事处组织大纲》的具体内容可以看出，1935年《修正西藏驻京办事处组织大纲》完全是按照行政院的这一修订要求进行修订的。这说明虽然行政院在1931年就提出了修订要求，但因为种种原因，一直到1935年西藏驻京办事处才对其《组织大纲》进行了修订。

由会奉转行政院指令修正再核实,而该办事处迄未具复,以是搁置"①。因此,请求蒙藏委员会委员长黄慕松指令西藏驻京办事处"迅予修正具复"②。1935年8月26日,蒙藏委员会向西藏驻京办事处下发训令,令该办事处将组织大纲"修正具报,以凭核办,无延为要"③。两个月后,也就是1935年10月19日,西藏驻京办事处将按要求修订完成的"组织大纲"呈交蒙藏委员会,呈文称:

案奉钧会总字第四六七号训令,以西藏驻京、平、康各办事处组织大纲,令仰遵照二十年五月间本会总字第九一四号训令,分别修正具报核办。等因。兹经遵照钧会二十年总字第九一四号训令内开行政院指饬各节,并根据西藏驻京、平、康各办事处最近预算案,分别酌拟修改。是否有当,理合缮具修正各组织大纲,备文呈请钧会鉴核。谨呈
蒙藏委员会
西藏驻京办事处处长贡觉仲尼④

12月4日,蒙藏委员会发布了行政院同意将《修正西藏驻京办事处组织大纲》备案的"指令":

指令(总字第四八九号 二十四年十二月四日)
令西藏驻京办事处:
二十四年十月十九日呈一件,为遵令修正西藏驻京平康三办事处组织大纲请鉴核由。呈件均悉,当经提交本会第二百三十次常会修正通过,并转呈行政院鉴核备案在案。兹奉行政院二十四年十一月二十七日第三五九零号指令开,西藏驻京平康各办事处组织大

---

① 中国第二历史档案馆、中国藏学研究中心合编:《中国第二历史档案馆所存西藏和藏事档案汇编》(第29册),第148—149页。
② 同上书,第149页。
③ 同上。
④ 中国藏学研究中心、中国第一历史档案馆等合编:《元以来西藏地方与中央政府关系档案史料汇编》(第7册),第3105页。

纲，应准备案，并已转呈国民政府鉴核备案，仰即知照。此令。等因奉此。合将修正大纲各抄一份，令仰遵照修正为要，此令。①

从《修正西藏驻京办事处组织大纲》[以下简称《大纲》（1935年）]的内容来看，除第二条、第三条和人员配置方面的规定外，办事处科室划分、科室职责等则完全相同。下面就两个《大纲》不同之处做一些分析。

修订处之一：

《大纲》（1931年）："第二条 本处秉承达赖佛意旨，及国民政府命令，蒙藏委员会之指导，办理关于西藏一切接洽事宜。"

《大纲》（1935年）："第二条 本处秉承达赖大师意旨，受蒙藏委员会之监督指导，办理关于西藏在京应行接洽事宜。"

比较上述材料可以看出，修正后的《大纲》（1935年）"第二条"删除了"国民政府命令"部分。因为按照呈递公文程序的规定，国民政府向西藏驻京办事处发布命令时，应先将命令下发给行政院，然后由行政院下发给蒙藏委员会，再由蒙藏委员会转令西藏驻京办事处；同样，西藏驻京办事处向国民政府上递呈文时，应该先呈给蒙藏委员会，然后由蒙藏委员会呈给行政院，再由行政院转呈国民政府。因此，在西藏驻京办事处的组织大纲中写上"秉承"国民政府命令，显然是不合适的。此外，《大纲》（1931年）将该办事处的职权定位为"办理关于西藏一切接洽事宜"，而《大纲》（1935年）修改为"办理关于西藏在京应行接洽事宜"。显然，上述修改不仅更进一步理顺了西藏驻京办事处与蒙藏委员会的关系，而且对西藏驻京办事处职权范围的规定也更为准确。

修订处之二：

《大纲》（1931年）："第三条 本处置处长、副处长各一人，由达赖佛选任，呈由蒙藏委员会转呈备案。"

《大纲》（1935年）："第三条 本处置处长、副处长各一人，由达赖

---

① 《蒙藏月报》1935年第4卷第3期。关于《修正西藏驻京办事处组织大纲》（1935年）请见本书"附录四"。

大师选任，呈由蒙藏委员会核转备案。"

按照《大纲》（1935年）的规定，蒙藏委员会对西藏驻京办事处处长人选增加了"核准"的权力，这和蒙藏委员会作为国民政府藏事主管机关的机构定位是相符合的。

修订处之三：

《大纲》（1931）除了对办事处处长、副处长、秘书及各科科长的人数作了明确规定外，对办事员、各科科员、书记等职员人数则用"若干"来进行表述，并没有确数；而修订后的《大纲》（1935）则明确规定，"置主任秘书一人、汉文秘书一人、藏文秘书二人"，"各科置科长一人"，共"置科员六人"，并规定办事处"因缮写文件、保管案卷等事。雇用书记六人"。显然这种明确规定职员人数的修订，不仅可以有效避免机构虚报人数，冒领经费等行为，有助于国民政府对西藏驻京办事处的经费管理，也是现代机构发展的一种必然趋势。

由1935年《修正西藏驻京办事处组织大纲》的具体内容可以看出，1935年《修正西藏驻京办事处组织大纲》完全是按照行政院1931年5月18日的修订要求进行修订的。

因为其间发生了康藏纠纷、西藏驻京办事处和西藏班禅驻京办事处为代表的班禅系统之间相互攻讦、贡觉仲尼等请求辞职、十三世达赖喇嘛圆寂致祭等藏事，据此推测，应该是这些棘手的藏事分散了西藏驻京办事处和蒙藏委员会的注意力，从而搁置了西藏驻京办事处组织大纲的修订。

《西藏办事处组织大纲》是西藏驻京办事处组织机构、开展活动和配置人员的法律依据。从大纲可以看出，西藏驻京办事处有着细致的科室划分，并且对各科室的职责也作了初步规定，符合现代国家机构建设所追求的明确分工和权责的特征。由各科室的职责规定来看，其职责都是非宗教性的行政事务。从规定的职员人数来看，不包括雇员在内的正式职员共有16人，具有一定规模。

关于西藏驻京办事处后期的情况，我们可以通过1943年西藏驻京办事处呈交给蒙藏委员会的"西藏驻京办事处组织概况"一览大概。为了便于与前期对比，兹录全文如下：

一、组织　该处为西藏达赖喇嘛驻京办事机关。呈奉核准，设正副处长各一人。下设秘书室，置汉文秘书一人，藏文秘书二人；总务、会计、宣传、交际四科，各置科长一人，共置科员六人，书记六人。

二、沿革　鼎革以还，西藏与中央关系之隔绝垂十余年。国民政府北伐成功，奠都南京后，逐渐好转。中央于民国十八年夏派雍和宫堪布贡觉仲尼赴藏慰问达赖。达赖感怀中央，复派贡觉仲尼、阿汪坚赞、曲批土丹等三人为驻京代表，于十九年秋到达南京，随即呈准设立西藏驻京办事处。其代表五年交换一次，现任代表为第四届。

三、现况　现由西藏代表土丹桑布任处长，下有职员十六人，工作照常推进。

四、经费　三十六年度核列经常费共五百六十三万元。

五、业务概况　该处组织简单，人员甚少，主要业务即系代表西藏驻京，承转公文及接洽有关事项。

六、现任主管人员及重要职员名册　处长土丹桑布，主任秘书罗桑，藏文秘书罗桑土丹，汉文秘书刘受饴，总务科长韩柏增，会计科长扎西彭错，宣传科长袁鹏飞，交际科长曲批。

七、现行重要单行法规　西藏驻京办事处组织大纲（附抄）。

八、机关所在地址　南京建康路二九三号。[①]

比较这两份材料，可以看出西藏驻京办事处的历史演变：1935年和1948年西藏驻京办事处都有着相同的6个科，据此推断，其间的整个时间段应该都设有这6个科，没有变化；职员总数1948年变成了17人，比1935年多出1人，但1948年比1935年少了1名藏文秘书，4名科长仍保持不变，但科员人数由原来的6人变成了8人。

从西藏地方政府每次派驻南京的驻京办事人员的组成来看，虽然大部分西藏驻京人员沿袭了之前的"堪准洛松"的配置模式，但是，西

[①] 中国藏学研究中心、中国第一历史档案馆等合编：《元以来西藏地方与中央政府关系档案史料汇编》（第7册），第3110页。

藏驻京办事处是一个以现代政府机构模式构建的机构，在功能定位上一改原来"堪准洛松"教授藏文、传布藏传佛教的功能，转而将政治作为其首要任务。

第二节　西藏班禅驻京办事处的创设、完善与组织构成

国民政府建立初期，在积极争取十三世达赖喇嘛的同时，自然不会放弃对已在内地的九世班禅系统的争取，为此，国民政府除了积极邀请九世班禅南来南京，并给予各种政治职衔及各种名号外，批准设立西藏班禅驻京办事处亦是其最为突出的表现之一。

一　西藏班禅驻京办公处的创设

南京国民政府建立后，九世班禅系统和国民政府间的政治互动日益频繁，从而使设立驻京办事处成为一个迫切而现实的需要。九世班禅大师认为"今政府在京，西藏方面以后应办之事日渐增多，且在京接洽各方之事较前更繁，而西藏之人往来到京公干者络绎不绝，若不早为设立办事机关，诚恐临时措手不及，思之再思，非在京设立办公处而无接洽应办各方要务之机关"[1]。因此他指令其驻京代表宫敦扎西和蒙藏委员会委员罗桑囊加、咨议丁汪多吉等着手"在京设立办公处"，请求国民政府借给办公用房（"或自租其房"），并每月拨给经费5000元。这是目前笔者所见的国民政府时期关于西藏班禅驻京办公处设立相关情况的最早记载。

接到九世班禅指令的宫敦扎西等三人因此致函蒙藏委员会。蒙藏委员会认为"班禅为后藏教主，素握政教各权，极为藏民所服，后又为蒙众所信仰，我国政进伊始统一为先，当此达赖徘徊歧途尚在观望，该代表请指定房屋拨付经费，设立驻京办公处，足见大义深明，输诚党国，若不准如所请，似不足以示优隆而资观感"[2]。因此召开常务会议，讨

---

[1] 中国第二历史档案馆、中国藏学研究中心合编：《中国第二历史档案馆所存西藏和藏事档案汇编》（第6册），第211页。

[2] 同上。

论通过了九世班禅系统设立驻京办公处的要求，并为此于 1928 年 9 月 22 日呈文国民政府，请求"鉴核照准，俾使饬遵"①。

国民政府对九世班禅系统设立驻京办公处并无异议，但对每月 5000 元的办公经费却大伤脑筋。在接到蒙藏委员会关于九世班禅系统设立驻京办事处的呈文后，国民政府即交"财政部妥为议复"②。然而直到 11 月 30 日，国民政府财政部部长宋子文才复函国民政府文官处，称"招待班禅及西藏同志事属蒙藏委员会职权所需，经费应即在蒙藏委员会经费内撙节开支"③。文官处又于 12 月 5 日将财政部的复函转发给了蒙藏委员会。④

在借不到办公用房，开办经费又久盼不至的情况下，急于设立驻京办公处的九世班禅系统只能自己寻求解决办法。1929 年 1 月 18 日，九世班禅代表罗桑坚赞呈文蒙藏委员会，称"特赁定本京奇望街十三号为西藏班禅驻京办公处"，并拟于"本月二十日"成立办公处。⑤ 在谈及设立办公处的必要性时，呈文称："窃班禅因鉴于国防之颠危，藏民之疾苦，特联合革命立场上之同志，以求西藏民族之解决［解放］。近以吾藏同志来京呼号者日益加多，非成立驻京办公处，实不足以资团结，共策进行。"⑥

由这一呈文可以看出，九世班禅系统最终也未能为驻京办公处借到办公房屋，所以不得不自己租赁。同时，对比此呈文和此前宫敦扎西等三人致蒙藏委员会函中九世班禅对于设立办公处必要性的陈述，可以看出后者显然比前者着眼更为远大。这说明随着时间的推移，九世班禅对国民政府本身以及国民政府治藏政策的认识也随之深入。

同年 1 月 24 日，西藏班禅驻京办公处致函蒙藏委员会委员长阎锡山，报告了该办公处成立的消息，同时发表了"班禅驻京办公处成立宣言"⑦。

---

① 中国第二历史档案馆、中国藏学研究中心合编：《中国第二历史档案馆所存西藏和藏事档案汇编》（第 6 册），第 212 页。
② 同上书，第 247 页。
③ 同上书，第 276 页。
④ 同上书，第 283 页。
⑤ 中国藏学研究中心、中国第一历史档案馆等合编：《元以来西藏地方与中央政府关系档案史料汇编》（第 7 册），第 3087 页。
⑥ 同上。
⑦ 同上书，第 3088—3090 页。

该宣言明确表达了九世班禅东来内地的宗旨，即"（一）西藏始终与中国合作，贯彻五族共和，共同抵制强邻之侵略；（二）希望中国以民族平等之观念，扶助及领导西藏人民，使之能自决自治；（三）继续保护维持西藏之宗教，再进而求光大佛学之真精神，以谋世界之和平。"[1] 并称成立西藏班禅驻京办公处的目的，就是实现"本班禅东下宗旨，向政府报告、接洽一切，更希全国同胞群起注意藏事"[2]。

1929年2月8日，罗桑坚赞再次呈文国民政府主席蒋介石，希望"再予借给一千元，俾资维持现状"[3]。呈文称："坚赞前因职处经费未奉钧府指令发给，除已蒙主席先行借给一千元具领在案。"[4] 显然直到西藏班禅驻京办事处设立，国民政府财政部也没有拨给其开办经费。这除了因为国民政府建立初期本身财政方面的拮据外，一个主要的原因就是西藏班禅驻京办事处是国民政府时期边疆地区重要政教人物设立的第一个驻京机构，国民政府相关部、会没有"向例"可循，缺乏相关经验。

3月1日，国民政府向蒙藏委员会下发指令，对九世班禅系统设立西藏班禅驻京办公处[5]准予备案。[6] 至此，九世班禅驻京办公处完成了其设立所需要的所有行政程序。

---

[1] 中国藏学研究中心、中国第一历史档案馆等合编：《元以来西藏地方与中央政府关系档案史料汇编》（第7册），第3089页。

[2] 同上书，第3090页。

[3] 中国第二历史档案馆、中国藏学研究中心合编：《中国第二历史档案馆所存西藏和藏事档案汇编》（第6册），第407页。

[4] 同上书，第406页。

[5] 国民政府于1929年3月1日发布了同意备案的命令，该命令所引述蒙藏委员会的原呈称："呈据西藏班禅驻京办事处呈称：赁定本京奇望街十三号为西藏班禅驻京办事处，于本月二十日成立……"（《蒙藏委员会公报》1929年第1、2合期，"命令"第4页）但根据蒙藏委员会于1929年2月15日给国民政府的原呈可以看出，无论是西藏班禅驻京办公处给蒙藏委员会的呈文，还是蒙藏委员会给国民政府的呈文，都称将要成立的是"西藏班禅驻京办公处"（《蒙藏委员会公报》1929年第1、2合期，"呈"第2页）。结合1932年6月西藏班禅驻京办公处请求将"西藏班禅驻京办公处"更名为"西藏班禅驻京办事处"的情况来看，此令中显然是将"办公处"误写为"办事处"，真正被批准成立的应该就是"西藏班禅驻京办公处"。

[6] 《蒙藏委员会公报》1929年第1、2合期，"命令"第4页。《元以来西藏地方与中央政府关系档案史料汇编》（第7册）上所记载的这一日期是1929年2月28日［中国藏学研究中心、中国第一历史档案馆等合编：《元以来西藏地方与中央政府关系档案史料汇编》（第7册），第3092页］。

二　西藏班禅驻京办事处的完善和发展

国民政府时期的九世班禅驻京机构，从 1929 年创设到 1949 年结束，前后经历了 20 年，这 20 年也是它由初设草创到逐步发展完善的时期。

（一）西藏班禅驻京办公处①时期（1929 年 1 月 20 日至 1932 年 6 月 18 日）

这一时段是西藏班禅驻京机构的草创阶段，也是九世班禅系统和南京国民政府间建立并加强联系的阶段，为九世班禅第一次南赴南京和国民政府高层直接接触奠定了基础。因为蒙藏委员会是 1929 年 2 月 1 日才"启用印信开始办公"②的，也就是说西藏班禅驻京办公处成立时蒙藏委员会尚未正式"启用印信开始办公"，国民政府管理蒙藏事务的各项工作尚未完全就绪，因此在这种背景下准予设立西藏班禅驻京办公处，一方面反映了国民政府对九世班禅系统的重视，另一方面也预示着西藏班禅驻京办公处的设立过程必将经历一些曲折。因为是草创阶段，所以在许多方面都表现得不够完善，这可以从其内部科室划分，以及其带有组织大纲特点的办事细则等方面看出（关于其内部科室划分以及其办事细则等，我们将在下文进行详细论述）。但是，因为西藏班禅驻京办公处是南京国民政府时期边疆重要政教人士设立的第一个驻京机构，在一定程度上反映了新成立的国民政府对边疆重要政教人士的政策，这

---

①　从现已刊布的档案材料来看，南京国民政府时期九世班禅在南京设立的办事机构名称，最初应该称为"西藏班禅驻京办公处"，而不是"西藏班禅驻京办事处"［中国藏学研究中心、中国第一历史档案馆等合编：《元以来西藏地方与中央政府关系档案史料汇编》（第 7 册），第 3087—3088 页］。但是《国民政府准西藏班禅驻京办事处成立备案致蒙藏委员会指令》［民国十八年（1929）二月二十八日］中称："呈据西藏班禅驻京办事处呈称，赁定本京奇望街十三号为西藏班禅驻京办公处，于本月二十日成立……"［中国藏学研究中心、中国第一历史档案馆等合编：《元以来西藏地方与中央政府关系档案史料汇编》（第 7 册），第 3092 页］，在同一份"指令"中，居然出现了名称前后不一的情形。因为《西藏班禅驻京办公处为组织成立备案事致蒙藏委员会呈》［民国十八年（1929）一月十八日］［中国藏学研究中心、中国第一历史档案馆等合编：《元以来西藏地方与中央政府关系档案史料汇编》（第 7 册），第 3088 页］中最后的署名为"西藏班禅驻京办公处"，由此可以肯定上述"指令"中的所谓的"西藏班禅驻京办事处"的名称不准确。

②　中国藏学研究中心、中国第一历史档案馆等合编：《元以来西藏地方与中央政府关系档案史料汇编》（第 7 册），第 3091 页。

无疑具有重要的示范作用。同时，对九世班禅驻京机构自身的发展来说，它也为后期班禅驻京机构的发展完善奠定了基础。

（二）西藏班禅驻京办事处（前）时期（1932年6月18日到1935年4月1日）

1932年6月18日，班禅驻京办公处呈文蒙藏委员会：

> 呈为呈报事。
> 查本办公处现奉班禅大师令改称办事处，并颁发铜质印信一颗，文曰西藏班禅驻京办事处印。业于六月十八日遵照实行，并启用新印。除分别呈报函咨外，理合检同组织条例暨办事细则各一份，备文呈报，仰祈鉴核备案指令只遵，实为公便。谨呈
> 蒙藏委员会委员长石
> 西藏班禅驻京办事处处长罗桑坚赞
> 中华民国二十一年六月十八日①

作为呈文附件，西藏班禅驻京办事处还向蒙藏委员会呈交了《西藏班禅驻京办事处组织条例》（共十四条）和《西藏班禅驻京办事处办事细则》各一份。其中"办事细则"共分五章五十六条，详细规定了办理文书、会计、编译、会议等的程序，以及职员日常考勤、在办公室的言行、"星期及例假"值日等。和办公处时期"组织大纲式"的"办事细则"相比，该"办事细则"名副其实，标志着九世班禅系统驻京机构逐渐走向成熟。

1932年7月5日，蒙藏委员会就西藏班禅驻京办公处改称西藏班禅驻京办事处下发指令，指令称：

> 令西藏班禅驻京办事处处长罗桑坚赞
> 呈一件。为本办公处改称办事处，检同组织条例及办事细则，呈请鉴核备案令遵由。呈及附件均悉，查该处组织称为条例，依法

---

① 中国藏学研究中心、中国第一历史档案馆等合编：《元以来西藏地方与中央政府关系档案史料汇编》（第7册），第3099页。

尚须呈送立法院审查通过，殊费周折，应即改为组织大纲，所有原条例及办事细则中条例字样均改为大纲字样。又，原条例第十四条及办事细则第五十六条所规定之自"自呈准班禅大师核准之日施行"，应均改为"自呈报核准之日施行，以免挂漏"，其余各条尚无不合。除呈报行政院备案外，仰即遵照，分别改正具报。此令。①

同日，蒙藏委员会向国民政府行政院呈报了"西藏班禅驻京办事处组织大纲"，请求行政院"鉴核备案"。② 7月19日，行政院指令蒙藏委员会转令西藏班禅驻京办事处对组织大纲相关条目进行修正：

> 行政院指令　字第一八七七号
> 令蒙藏委员会
> 呈报西藏班禅驻京办事处组织大纲及办事细则，祈鉴核由。呈件均悉，准予备案，惟该修正之组织大纲第十条内载有"股员、书记各若干人"字样，未据规定确实额数，核与通案不符。应由该会转饬该处将该项条文酌予修正，仰即遵照。此令
> 中华民国二十一年七月十九日
> 院长　汪兆铭③

蒙藏委员会和行政院对西藏班禅驻京办事组织大纲的修订意见，进一步明确了该办事处的组织构成，理顺了蒙藏委员会和西藏班禅驻京办事处的关系。

接令后的西藏班禅驻京办事处很快再次呈交了按要求修订的《西藏班禅驻京办事处组织大纲》和《西藏班禅驻京办事处办事细则》。10月18日，蒙藏委员会向西藏班禅驻京办事处下发指令，准予备案并转呈

---

① 中国第二历史档案馆、中国藏学研究中心合编：《中国第二历史档案馆所存西藏和藏事档案汇编》（第16册），中国藏学出版社2012年版，第439—440页。
② 同上书，第477页。
③ 同上书，第480—481页。

行政院。① 虽然笔者目前还没有看到行政院对此的批复意见，但1935年8月19日，蒙藏委员会委员赵锡昌在给蒙藏委员会的呈文中称："……唯查各办事处组织法，除西藏班禅驻京办事处组织大纲，青海七呼图克图联合驻京办事处组织大纲……曾由会呈奉行政院核准备案外……"② 由此可见，蒙藏委员会呈送行政院后行政院已"核准备案"。

组织大纲和办事细则的制定，使办事处的设立、日常工作都有了可资依据的规定，标志着办事处组织的进一步规范化，这无疑对办事处进一步发展有着积极的推动作用。

就办公处和办事处的区别而言，不仅办事处的规模要比办公处更大，其职责范围也更为广泛。从这个角度上讲，西藏班禅驻京办公处更名为西藏班禅驻京办事处，不仅其规模相应扩大，而且其职责范围也由九世班禅系统在京公务的办理扩大为九世班禅系统在京相关事务的办理，也更与其实际角色相符合。

这一时期西藏班禅驻京办事处参与完成的主要事务有：（1）协助九世班禅完成了三次晋京；（2）派员参加了期间举行的国民会议；（3）参与了康藏纠纷的调解等。

（三）西陲宣化使公署驻京办事处时期（1935年4月1日至约1937年12月③）

1935年2月8日西陲宣化使公署在阿拉善旗成立，并从即日起启用关防开始办公。④ 为了应付日益增多的与南京各机关的接洽事务，罗桑坚赞遵照九世班禅大师的意旨于同年4月1日在南京设立了西陲宣化使公署驻京办事处，同日启用关防。办事处的地点在南京建康路二九三

---

① 中国第二历史档案馆、中国藏学研究中心合编：《中国第二历史档案馆所存西藏和藏事档案汇编》（第17册），中国藏学出版社2012年版，第293页。
② 中国第二历史档案馆、中国藏学研究中心合编：《中国第二历史档案馆所存西藏和藏事档案汇编》（第29册），第148页。
③ 关于西陲宣化使驻京办事处迁往重庆的时间，笔者目前还没有看到有确切记载的材料，但是鉴于国民政府于1937年12月迁至重庆，西藏驻京办事处也于1937年12日迁至重庆，据此推断，该办事处大概也是这一时间迁至重庆的。
④ 中国第二历史档案馆、中国藏学研究中心合编：《九世班禅内地活动及返藏受阻档案选编》，第109页。

号，处长由罗桑坚赞担任。① 因为西陲宣化使就是九世班禅本人，西陲宣化使公署是这一时期班禅系统的最高组织机构，所以，就其功能而言，西陲宣化使公署驻京办事处实质上仍然相当于九世班禅系统的驻京办事处。1937年国民政府迁往重庆后，该办事处也随之迁往重庆，并被称为"西藏班禅驻重庆办事处"②。

如上所述，因为西陲宣化使公署驻京办事处事实上仍是九世班禅系统的驻京办事处，所以，当时的人们在称呼该办事处时有时候称为西陲宣化使驻京办事处，有时候仍称为西藏班禅驻京办事处。例如《申报》在1935年5月4日、12日的关于九世班禅行踪的报道中，称该办事处为"西陲宣化使办事处"，而5月19日的报道中又称其为"班禅办事处"。又如，1936年12月31日③蒙藏委员会给行政院的密呈中称罗桑坚赞为"班禅驻京办事处处长"，但事实上直到1937年4月1日，罗桑坚赞一直担任的是西陲宣化使公署驻京办事处处长的职务。

西陲宣化使驻京办事处阶段，该办事处主要完成的事务就是协助九世班禅入藏。

（四）西藏班禅驻重庆办事处/西藏班禅驻京办事处时期（约1937年12月至1946年3月④）

1937年12月，西陲宣化使驻京办事处随国民政府迁至重庆，随之更名为"西藏班禅驻重庆办事处"，并启用了汉藏双璧的新印，其中汉文印文为"西藏班禅驻重庆办事处印"，藏文印文为"༄༅། བོད་ཆེན་མེར་ཏི་ཏི་

---

① 中国第二历史档案馆、中国藏学研究中心合编：《九世班禅内地活动及返藏受阻档案选编》，第112—113页。

② 中国藏学研究中心、中国第二历史档案馆合编：《十三世达赖圆寂致祭和十四世达赖转世坐床档案选编》，第112—113页。南京的西藏班禅驻京办事处改组为西陲宣化使公署驻京办事处后，位于北平北长街95号福佑寺的西藏班禅驻平办事处也于4月10日奉西陲宣化使公署之命，改组为西陲宣化使公署驻平办事处，处长仍由罗桑楚臣担任，并于同日启用关防。（中国第二历史档案馆、中国藏学研究中心合编：《九世班禅内地活动及返藏受阻档案选编》，第116页）此后，原驻各地的西藏班禅驻各地办事处也相应改为西陲宣化使公署驻该地办事处。（丹珠昂奔主编：《历辈达赖喇嘛与班禅额尔德尼年谱》，中央民族大学出版社1998年版，第656页）

③ 中国第二历史档案馆、中国藏学研究中心合编：《九世班禅内地活动及返藏受阻档案选编》，第368页。

④ 这一时间参照了西藏驻京办事处迁回南京的日期。

ཆེན་པོའི་དྲུང་ཆེན་དོན་གཅོད་ལས་ཁུངས་ཀྱི་ཐམ་ག"。然而和全国抗战时期的"达赖驻重庆办事处"被惯称为"西藏驻京办事处"一样,"西藏班禅驻重庆办事处"也常被称为"西藏班禅驻京办事处"。

这一时期的西藏班禅驻重庆办事处可以分为三个时段,即 1937 年 12 月至 1938 年 5 月为第一时段,1938 年 5 月至 1941 年 5 月为第二时段,1941 年 5 月至 1946 年 3 月为第三时段。

1937 年 12 月 1 日九世班禅圆寂后,西陲宣化使公署已经失去了存在的依据。1938 年 5 月 19 日,行政院下发了"国防最高会议常务委员会第七十二次会议"审查通过的关于九世班禅善后事宜处理办法的指令,同意撤销西陲宣化使公署。[①] 西陲宣化使公署撤销后,按照行政院核准的班禅善后事宜处理办法,班禅行辕暂予保留,同时保留的还有班禅驻京办事处。[②] 因此,1937 年 12 月至 1938 年 5 月的西藏班禅驻重庆办事处仍然可以说是西陲宣化使公署的驻京办事处。

1938 年 5 月,西陲宣化使公署撤销后班禅行辕成为九世班禅系统在内地的最高权力机构。1939 年 12 月"甘孜事变"后,南京国民政府对班禅行辕的态度急转直下。1941 年 5 月 5 日,行政院公布班禅行辕善后办法:班禅行辕及其驻外各办事处一律撤销,唯驻京办事处暂予保留,该辕所有人员予以遣散或设法安置。[③] 6 月 23 日,国民政府发下训令,同意行政院关于班禅行辕的善后办法。[④] 这样,随着九世班禅的圆寂及班禅行辕的撤销,西藏班禅驻京办事处的实际地位进一步降低。由此可见,1938 年 5 月至 1941 年 5 月的西藏班禅驻重庆办事处,事实上就是获准保留的班禅行辕的驻京办事处。

班禅行辕撤销后,经行政院同意,班禅系统组设了班禅诵经堂,事实上成为国民政府安置居留青海的九世班禅随侍人员的唯一机构,[⑤] 但

[①] 中国藏学研究中心、中国第二历史档案馆合编:《九世班禅圆寂致祭和十世班禅转世坐床档案选编》,第 85—86 页。
[②] 同上书,第 85 页。
[③] 同上书,第 121—122 页。
[④] 同上书,第 124—125 页。
[⑤] 同上书,第 166 页。

班禅诵经堂并不是班禅系统的最高权力机构。① 因为九世班禅已经圆寂，十世班禅尚未寻访坐床，班禅行辕又被撤销，班禅系统民意机构性质的班禅堪布会议厅成了这一时期九世班禅系统的最高代表机构。② 因此，直至九世班禅转世灵童坐床前，班禅驻京办事处成了以班禅堪布会议厅为代表的九世班禅系统的驻京机构。

这一时期西藏班禅驻京办事处完成的主要事务有如下一些：（1）协助完成了九世班禅行辕的善后工作；（2）积极参与了九世班禅转世灵童的寻访工作；（3）参与组织抗日救亡活动。

（五）西藏班禅驻京办事处时期（后）（约1946年3月至1949年4月）

1946年，随着国民政府还都南京，西藏班禅驻京办事处随之迁回南京，办公地点依然在南京建康路二九三号。这一时期，西藏班禅驻京办事处的主要职责是保持国民政府和罗桑坚赞等青海、四川一带的九世班禅转世灵童寻访人员间的联系畅通，派员参加国民政府于这一时期举行的一系列全国性政治活动。1949年年初，国民政府迁都广州后，班禅驻京办事处全体人员也被令迁往广州，暂住凤凰酒店。③ 之后不久，西藏班禅驻京办事处又迁往重庆，并在重庆迎接了全国解放。

这一时期的西藏驻京办事处完成的主要事务有：（1）派员参加了"行宪国大"和"制宪国大"；（2）协助完成了九世班禅转世灵童坐床。

总体来看，西藏班禅驻京机构的发展大致经历了两个阶段，从1929年1月办公处成立到1937年12月九世班禅大师圆寂为止，这是班

---

① 1942年1月，经蒙藏委员会呈请行政院同意设立班禅诵经堂，并准予月拨经费1万元。但蒙藏委员会明确界定了班禅诵经堂的职责，即"脱离政治，专心礼祷"，诵经祈祷班禅转世，并且"一俟第十辈班禅坐床，此项诵经堂即行裁撤"。（中国藏学研究中心、中国第二历史档案馆合编：《九世班禅圆寂致祭和十世班禅转世坐床档案选编》，第128、130页）

② 当行政院准予班禅系统组设班禅诵经堂后，班禅系统人员以班禅堪布会议厅的名义对此表示了感谢，由此也可以看出，班禅堪布会议厅是这一时期班禅系统的最高代表机构。（中国藏学研究中心、中国第二历史档案馆合编：《九世班禅圆寂致祭和十世班禅转世坐床档案选编》，第135—136页）

③ 孙格巴顿：《忆詹东·计晋美》，西藏自治区政协文史资料研究委员会编《西藏文史资料选辑》（第1辑），第688页。

禅驻京机构发展的第一个阶段。其间九世班禅大师曾先后任蒙藏委员会委员（1928年12月）、西陲宣化使（1932年4月）、国民政府委员（1934年2月）等职。并且，在此阶段，国民政府考试院院长戴季陶、司法院院长居正等一大批军政要员相继成了九世班禅的佛门弟子。[1] 鉴于九世班禅在国民政府的影响及其对宣化蒙藏地区的巨大贡献，南京国民政府对该办事处给予了高度重视，如罗桑囊加被任命为第一批蒙藏委员会委员，西藏班禅驻京办事处处长罗桑坚赞不仅被任命为蒙藏委员会委员，而且兼任蒙藏委员会藏事处处长。虽然这一时期国民政府对西藏驻京办事处也很重视，但是在调解二办事处的矛盾时多少还是对西藏班禅驻京办事处有所倾斜。1937年12月九世班禅大师圆寂到1949年是班禅驻京机构发展的第二个阶段。由于九世班禅的圆寂，尤其是班禅行辕人员为一方的"甘孜事变"发生后，国民政府对九世班禅系统人员怨言颇多，蒙藏委员会委员长吴忠信更是认为"该辕怙恶已久，此举不啻自掘坟墓"[2]。并且，九世班禅既然已经圆寂，理论上该办事处已没有存在的意义，然而鉴于九世班禅及其系统人员为中央和西藏地方间关系改善所做出的贡献，贸然撤销必然使西藏爱国人士寒心，所以权衡再三后还是保留了这个办事处，但是其实际地位已经今非昔比。

三　西藏班禅驻京机构的组织构成

西藏班禅驻京机构作为蒙藏委员会监督指导下的机构，同样是按照现代国家行政机构的要求建设的。从组织结构上来看，西藏班禅驻京机构划分为不同的科室，各尽其责；从人事安排来看，西藏班禅驻京机构参照国民政府人事上的科层制，任命有处长、副处长、各科科长等，各司其职。

在内部机构设置上，西藏班禅驻京办公处参照国民政府的其他机构进行了科室划分，设有机要室、会计科、总务科和宣传科四个科室；其中机要室有藏文秘书和汉文秘书各一人，会计科又分出纳和庶务二股，

---

[1] 《申报》1933年1月1日。
[2] 中国第二历史档案馆、中国藏学研究中心合编：《黄慕松、吴忠信、赵守钰、戴传贤奉使办理藏事报告书》，第264页。

总务科分文书和交际二股,宣传科分编辑和翻译二股。① 办公处的宣传科还曾编辑出版了《西藏班禅驻京办公处月刊》（བོད་བྱང་རྒྱལ་མཚན་མཐོན་པོའི་②ནན་ཆེང་ལས་ཁུངས་ཀྱི་ཟླ་དེབ།），该刊是研究这一时期班禅驻京机构的主要材料之一。

西藏班禅驻京办公处还制定了《班禅驻京办公处办事细则》③，该办事细则规定了办公处的科室划分、职员人数、处长职权及各科室"职掌之事务"等。从其内容可以看出，该办事细则事实上更接近于"组织大纲"，发挥了办公处"组织大纲"的作用。

1932年6月，西藏班禅驻京办公处在改为西藏班禅驻京办事处的同时也制定了《西藏班禅驻京办事处组织条例》④ 和《西藏班禅驻京办事处办事细则》各一份。⑤ 根据该组织大纲规定：西藏班禅驻京办事处"直属于班禅大师，受蒙藏委员会之监督指导"，"由班禅大师直接委派，呈报蒙藏委员会备案"⑥。按照该"组织大纲"，这一时期的班禅驻京办事处设总务、政务和教务三科，总务科再分文书、会计和庶务三股，政务科分设计、调查、统计三股，教务科也分指导、编审和宣传三股；办事处设正副处长各一人，科长三人，主任九人。⑦ 显然，与西藏

---

① 西藏班禅驻京办公处宣传科：《西藏班禅驻京办公处月刊》民国十八年（1929）创刊号，第3页。

② བོད་བྱང་རྒྱལ་མཚན་མཐོན་པོ།（音译为"颇章坚参吞波"，意译为"高耸宝幢宫殿"），是四世班禅起在扎什伦布寺逐渐形成的政教合一地方政权的名称，也就是我们日常所谓的后藏班禅政权。"相传坚参吞波的名称，源于一世达赖喇嘛根顿珠巴于藏历第八饶迥火兔年（1447）创建的扎什伦布寺及新建的自己住所。一天晚上，尊者在梦中见到拉章宫顶建有11个宝幢。因此而命名。"［李苏·晋美旺秋、德苏·仁青旺堆：《原扎什伦布寺拉章坚参吞波组织机构》，西藏自治区政协文史资料研究委员会编《西藏文史资料选辑》（第2辑），第308页］

③ 西藏班禅驻京办公处宣传科：《西藏班禅驻京办公处月刊》民国十八年（1929）创刊号，第5页。

④ 如上文所述，西藏班禅驻京办事处先呈交的是"西藏班禅驻京办事处组织条例"，后按蒙藏委员会的要求，改为"西藏班禅驻京办事处组织大纲"。

⑤ 中国藏学研究中心、中国第一历史档案馆等合编：《元以来西藏地方与中央政府关系档案史料汇编》（第7册），第3099—3105页。

⑥ 同上书，第3100页。

⑦ 从1948年的"班禅驻京办事处组织概况"可知［中国藏学研究中心、中国第一历史档案馆等合编：《元以来西藏地方与中央政府关系档案史料汇编》（第7册），第3110—3111页］，该办事处的科室设置、人员配置前后基本没有变化。

班禅驻京办公处时期的一室三科六股的组织结构相比，新设立的西藏班禅驻京办事处三科九股的科室划分，在结构上更为清楚，分工也更为科学。

1938年5月，国民政府下令撤销西陲宣化使公署，但"班禅驻京办事处保留"①。由此推测，在人事和组织方面，这一时期的西藏班禅驻京办事处应该没有发生太大变化。

关于西藏班禅驻京办事处后期概况的一个重要资料，就是第二历史档案馆所存的1948年的"班禅驻京办事处组织概况"，为了便于比较，兹录全文如下：

一、组织 该处为西藏班禅驻京办事机关，直属班禅大师，受蒙藏委员会之指挥监督。内分总务、政务、教务三科。设正副处长各一人，汉藏文秘书各一人，科长三人，主任、股员各九人，书记五人，办理班禅在京有关事项。

二、沿革 班禅于民国十四年自藏前来内地，倾诚中枢，周历蒙疆，宏扬佛法。国府奠都南京后，即派代表来京，表示拥护。旋于十七年冬，呈准设立西藏班禅驻京办事处。

三、现状 现任处长计晋美，因公前赴青海。处务暂由秘书高扬华代理，重要事项商承前班禅行辕秘书长刘家驹办理。

四、经费 三十六年度经常费，共核到四百六十五万元。

五、业务概况 第九世班禅圆寂后，前班禅行辕现已改为班禅堪布会议厅，留驻青海，办理寻访转世灵童及征认事项。该处即秉承堪布会议厅之意旨，与中央各机关接洽有关事项。

六、现任主管人员及重要职员名册 处长计晋美，副处长诺布慈仁，主任秘书赵哲西，秘书高扬华。

七、现行重要单行法规 西藏班禅驻京办事处组织大纲（附抄）。

---

① 中国藏学研究中心、中国第一历史档案馆等合编：《元以来西藏地方与中央政府关系档案史料汇编》（第7册），第2967页。

八、机关所在地址南京建康路二九三号。①

由此可见，1948年西藏班禅驻京办事处的组织结构和1932年时完全一致，职员情况也和1932年时的大体相同。这说明，1932年制定"组织大纲"后，西藏班禅驻京办事处的组织和人事都处于稳定状态。

尤其值得一提的是，西藏班禅驻京机构自办公处时期开始即组织创办了"西藏班禅驻京办公处附设补习学校"，并制定了"组织大纲"。根据该组织大纲规定，该校设置的目的是"为便利西藏学生补习学科"，"学生以西藏学生为限，其年龄以十八岁以下者为合格"，并且"学生应用书籍、文具、膳宿、衣物，以及各项用品概由校发给，并得每月酌量津贴零星用费若干元"，"校长由西藏班禅驻京办公处处长聘任之，承处长之监督指导，统辖全校行政"②。此外，经西藏班禅驻京办公处的积极争取，1930年4月11日，国民政府卫生部同意该补习学校学生在中央医院就诊时，"予以免费收诊"③。开设之初，该校"每年经费，为二万三千八百零八元。除教育部拨发一万七千八百零八元外，其余六千元为西藏班禅驻京办公处补助"④。学校初设于"净觉寺之后进"，紧邻设于净觉寺"前进"之西康诺那呼图克图驻京办公处，此后不久，西康诺那呼图克图驻京办公处"将前进"也"让与"了该校。⑤

该校于1930年3月24日召开开学典礼，⑥标志着教学工作的正式开始。1938年4月初，西陲宣化使公署被撤销后，南京国民政府命令"班禅驻京办事处附设补习学校，由教育部及蒙藏委员会会同查明，拟具办法呈核"⑦。1939年1月10日，西藏班禅驻京办事处向蒙藏委员会

---

① 中国藏学研究中心、中国第一历史档案馆等合编：《元以来西藏地方与中央政府关系档案史料汇编》（第7册），第3110—3111页。
② 关于"西藏班禅驻京办公处附设补习学校组织大纲"请见西藏班禅驻京办公处宣传科《西藏班禅驻京办公处月刊》民国十九年（1930）第2卷第5、6期合刊，"纪事"第39页。
③ （民国）《卫生部公报》1930年第2卷第5期，"公函"第191页。
④ 西藏班禅驻京办公处宣传科：《西藏班禅驻京办公处月刊》民国十九年（1930）第2卷第5、6期合刊，"论著"第31页。
⑤ 同上。
⑥ 《申报》1930年3月25日。
⑦ 中国藏学研究中心、中国第一历史档案馆等合编：《元以来西藏地方与中央政府关系档案史料汇编》（第7册），第2967页。

转呈了班禅行辕电文,请蒙藏委员会"函商教育部转呈中央准将该校移至甘孜,由行辕直接办理"。经蒙藏委员会和教育部函商,教育部认为"移甘办理,尚属可行",并请蒙藏委员会"转饬速将复校计划等项呈核"[①]。至于之后该校是否得以在甘孜复校,笔者目前还没有看到相关材料。因为1939年12月"甘孜事变"爆发,不久班禅行辕迁至青海,并且1941年5月5日行政院公布的班禅行辕善后办法中并没有提及该校,据此推测,该校在甘孜复校的计划很可能最终未能实现。

从1930年3月至1938年4月的八年间,西藏班禅驻京办事处附设的补习学校为培养大批前来内地求学的西藏青年(尤其是九世班禅系统的青年)发挥了积极作用,也在一定程度上促进了汉藏文化的交流,因此在近代藏族教育史上也应该占有一席之地。

第三节 西藏驻京机构的级别、经费和日常工作情况

一 西藏驻京机构的级别

关于西藏驻京办事处和西藏班禅驻京办事处的级别,我们可以从西藏地方政府(或九世班禅系统)与国民政府两个角度来分别进行分析。

从西藏地方噶厦政府的角度来看,西藏驻京办事处的主要负责人是"堪准洛松"的成员之一。这一人事结构延续的是清代西藏驻京人员的结构,清代"堪准洛松"中的"堪琼"系四品官,"仔准"系五品官,"洛杂哇"也是五品官。[②] 辛亥革命后,虽然内地的文官任命已经用"特任""简任""荐任"和"委任"的官阶制取代了清代的官品制,但西藏地方政府仍然沿用着清代的官品制,并且由曾担任西藏驻京办事

[①] 中国藏学研究中心、中国第二历史档案馆合编:《九世班禅圆寂致祭和十世班禅转世坐床档案选编》,第87页。

[②] 图丹桑结:《关于第一、第二期西藏驻汉地办事人员情况的回忆》,何宗英译。关于国民政府时期西藏驻京代表"堪准洛松"的情况,请见本书第三章第三节"国民政府时期的西藏驻京代表'堪准洛松'"部分。另外,在重庆时,国民政府给图丹桑结的参加会议的邀请函上写的是"副办事代表、翻译、五品在职官员",说明他确系五品。

处"堪琼"的土丹桑布也是四品官①的情况可以推测，南京国民政府时期西藏驻京办事处的"堪准洛松"的官品应该和清代时期是一样的。从西藏地方政府各机构的人员配置来看，这种由四品僧官负责的人事结构，与孜译仓列空（ཅེ་ཡིག་ཚང་ལས་ཁུངས་）、彻德列空（又称孜恰列空，འཕལ་བདེའམ་ཅེ་ཕྱག་ལས་ཁུངས་）和孜森穹嘎（ཅེ་གསུམ་ཆུང་འགག་）、雪噶（ཤོད་འགག་）②等大致平级。需要注意的是，尽管国民政府时期的西藏驻京办事处继承了清代西藏驻京人员"堪准洛松"的人员配置结构，但二者的性质明显不同：前者是国民政府时期西藏地方政府驻京代表，同时是西藏驻京办事处主要负责人，其职责重点是西藏地方政府和中央政府间的政治事务，而后者则是清代时期西藏地方派往京城，给信仰藏传佛教的部分皇室成员及雍和宫年轻僧人教授藏语文和宗教知识的教职人员，其职责的重点在文化交流。

相比于西藏驻京办事处在西藏地方政府中的地位，西藏班禅驻京办事处在九世班禅系统中的地位则显得很是重要，这单从《西藏班禅驻京办事处组织大纲》中即可窥见一二。1932 年制定的《西藏班禅驻京办事处组织大纲》"第二条"规定："本处直属于班禅大师，受蒙藏委员会之监督指导"；"第三条"规定："本处设处长、副处长各一人，由班禅大师直接委派，呈报蒙藏委员会备案。"③ 关于西藏班禅驻京办事处在九世班禅系统中的重要性，还反映在曾长期担任该办事处处长的罗桑

---

① 中国藏学研究中心、中国第一历史档案馆等合编：《元以来西藏地方与中央政府关系档案史料汇编》（第 7 册），第 3001 页。

② 孜译仓列空，即译仓，该机构的职责是总管达赖喇嘛所属的寺庙和各级僧官、寺庙堪布、执事的任免事项；呈禀达赖喇嘛的旨意，草拟向各宗、豁百姓颁布的训令，各寺庙的戒规等。有时遇有重大事件，受噶厦政府委托，由该机构四位负责人会同孜康的四位负责人负责调查，呈报噶厦政府批准执行。彻德列空（又称孜恰列空），即孜康，其主要职责是管理达赖喇嘛日常所需用的金、银、铜、铁、绸缎、珠宝、象牙和牛黄、木香等珍贵药材以及颜料、茶叶、米面、海菜、糖果等食品。孜森穹嘎是达赖喇嘛的传达机构。雪噶是摄政的传达机构。[夏扎·甘丹班觉、恰宗·其米杰布、色新·洛桑顿珠：《原西藏地方政府组织机构》，西藏自治区政协文史资料研究委员会编《西藏文史资料选辑》（第 2 辑），第 284—285 页；བོད་ཀྱི་ རིག་གནས་དཔྱད་གཞིའི་རྒྱུ་ཆ་བདམས་བསྒྲིགས་ཤེས་བྱ་མེད་བོད་ཀྱི་སྲིད་གཞུང་སྔོན་མའི་སྒྲིག་གཞི་དང་གནས་སྟངས་བོད་རང་སྐྱོང་ལྗོངས་ཆབ་སྲིད་གྲོས་ཚོགས་ཀྱི་རིག་གནས་ལོ་རྒྱུས་དཔྱད་གཞིའི་རྒྱུ་ཆ་ཞིབ་འཇུག་ཨུ་ཡོན་ལྷན་ཁང་གིས་རྩོམ་སྒྲིག་བྱས། བོད་ཀྱི་རིག་གནས་ལོ་རྒྱུས་དཔྱད་གཞིའི་རྒྱུ་ཆ་བདམས་བསྒྲིགས། (5) མི་རིགས་དཔེ་སྐྲུན་ཁང་ནས་པར་སྐྲུན་བྱས། སྤྱིའི་ལོ་ 2009 ལོར་གངས་ 206—212 སུ་གསལ།]

③ 1932 年的《西藏班禅驻京办事处组织大纲》请见"附录五"。

坚赞等在九世班禅系统中的重要性上。罗桑坚赞曾是九世班禅的苏本堪布，而苏本堪布和森本堪布、曲本堪布并称为三大堪布，是九世班禅系统中最为重要的成员之一。并且，从任职期间的活动情况来看，罗桑坚赞显然是九世班禅世俗政治活动的最主要代理人，是九世班禅系统中最有权势的人物；后期担任处长的计晋美，同样在1942年后的班禅系统中具有举足轻重的地位。另外，1934年积极进行返藏准备的班禅系统拟对其驻各地办事处进行裁撤或缩减，但是对驻京办事处却依旧维持不变。[①] 由此也可以看出该办事处在九世班禅系统中的重要地位。

九世班禅系统高度重视其驻京办事处，是和九世班禅系统自身的处境密不可分的，九世班禅身在内地，不仅日常经费需要得到国民政府的支持，九世班禅能否顺利回藏，能否在与西藏地方政府的利益竞争中得以维持自身在藏利益，都和能否得到国民政府的大力支持密不可分，而九世班禅系统与国民政府间的沟通联系，主要就是由其驻京办事处完成的。

但是，从国民政府机构设置的角度来看，西藏驻京办事处和西藏班禅驻京办事处都是"受蒙藏委员会之监督指导"的机构，因此，虽然与直接隶属于蒙藏委员会的藏事处、蒙事处和总务处不同，但大致也和以上三处处于同一级别。此外，在对待两个办事处时，蒙藏委员会也尽量做到不分上下，平等对待。

二 西藏驻京机构的待遇

（一）职员俸给、福利

图丹桑结说西藏驻京办事处的俸给是按照"立法院薪饷局制定的标准"发放的，[②] 又根据西藏驻京办事处和西藏班禅驻京办事处的性质可以推定，这两个办事处职员的薪俸是按照或参照国民政府文官俸给发放的。

虽然笔者目前尚未看到关于西藏驻京办事处和西藏班禅驻京办事处职员薪俸发放情况的直接材料，但是因为其薪俸发放遵照国民政府文官俸给制度，因此可以参照国民政府时期的《文官暂行条例》等进行大

---

① 《申报》1934年7月27日。
② 图丹桑结：《关于第一、第二期西藏驻汉地办事人员情况的回忆》，何宗英译。

致推测。

国民政府的公务员待遇包括本俸和福利两个部分，下面结合国民政府时期整个公务员俸给福利情况，来讨论西藏驻京机构职员的俸给、福利情况。

1. 本俸

根据国民政府不同时期文官俸给制度的变化，西藏驻京办事处和西藏班禅驻京办事处职员的俸给也应该大致经历了以下变化。

（1）1931年2月至1933年10月

根据国民政府1930年公布的《文官俸给暂行条例》①的规定，并根据西藏驻京办事处和西藏班禅驻京办事处的具体情况，这两个办事处处长、副处长薪级属于简任三级到六级，俸额为520元到400元，每级相差40元；主任秘书和科长薪级属于荐任一级到六级，俸额为370元到220元，每级相差30元；秘书和科员、股员属于委任一级到九级，俸额为200元到70元，其中一级到六级每级相差20元，七级到九级每级相差10元。

（2）1933年11月至1949年

1933年国民政府公布了《暂行文官官等官俸表》，并确定1933年11月1日起执行，同时废止以前的官等官俸条例。②《暂行文官官等官俸表》规定：简任共八级，其中一级到五级的俸别为680元到520元，每级相差40元，六级到八级的俸别为490元到430元，每级相差30元；荐任共十二级，一级到十二级的俸别为400元到180元，每级相差20元；委任共十六级，其中一级到四级的俸别为200元到140元，每级相差20元，五级到九级的俸别为130元到90元，每级相差10元，

---

① 《文官俸给暂行条例》（中央政治会议第一八九会议议决）第一条：各机关官俸之支给，均依照本条例及附表之规定办理。第二条：特任官俸一级，八百元；简任官俸共分六级，每级相差四十元；荐任官俸共分六级，每级相差三十元；委任官俸共分十二级，前六级每级相差二十元，后六级每级相差十元。第三条：各机关职员，应由铨叙部按照其工作成绩，在任久暂，分别叙公。第四条：各机关职员初任职者，自初级叙起，后著有劳绩时，按级进叙，叙至最高级为止。简任之司长、局长、厅长、参事、秘书、计正，以简任第三级为最高级。荐任者得由六级至荐任第一级。第五条：凡在职满一年有劳绩者，得酌予进级。第六条：各机关职员已进至最高级后，经一年尚未升迁者，得存记，遇缺先补。（《建设委员会公报》1930年第4期，第112—113页）

② 《国府公布文官官等官俸暂行表》，《法制周报》1933年第40期。

十一级到十六级的俸别为 85 元到 55 元，每级相差 5 元。根据《国府公布文官官等官俸暂行表》规定："五院及各部会：局长、委员长特任，次长、副委员长、秘书长、署长、技监、审计、司长、厅长、秘书、参事、计正、督学、编审、编修简任，秘书、科长、协审、技正、编审、督学、视察、技士科员为荐任，一等科员、技士、一等技佐、一等书记官、一等办事员委任。"再根据西藏驻京办事处和西藏班禅驻京办事处的具体情况，两个办事处正副处长属于简任，科长属于荐任，主任、科员、股员属于委任，他们的薪俸即在相应任别的薪俸区间内。按照国民政府 1933 年公布的《公务员任用法实施条例》的规定，简任、荐任、委任公务员的叙俸，都应该从各自最低级起叙，① 并随着任职时间长短、年度考核结果等逐年晋级。

另外，按照国民政府薪俸发放的相关规定，身兼数职人员只能选择一种身份来领取薪俸，② 因为不同时期西藏驻京办事处和西藏班禅驻京办事处的正副处长大多数都存在着兼职现象，并且一般级别都比较高，所以其薪俸相应也应该比较高。例如贡觉仲尼曾兼任国民政府立法委员、蒙藏委员会委员，罗桑坚赞曾兼任蒙藏委员会委员，蒙藏委员会藏事处处长。

图丹桑结说他充任西藏驻京代表期间，西藏驻京办事处正副处长的薪水是每月"汉地大洋四百元至五百多元"，并说是"当时国家困难时期最低的薪水水平"③。据上文来看，图丹桑结所说的薪水应该就是本俸。因为他们任职时间并不长，国民政府规定薪级的晋级须从同任级最低级起叙，所以尽管他说的"最低"不免有夸大嫌疑，但也是基本属实的。

全国抗战时期国民政府公务员的俸给制度有所修正，战后的 1946 年 11 月 14 日国民政府颁布了《修正暂行文官官等官俸表》的"国民

---

① 《国民政府公报》1933 年 3 月 11 日。
② 这一规定同样适用于藏区各政教首领或团体驻京机构的职员，例如 1934 年 9 月，国民政府审计部在审计蒙藏委员会的报表后发现诺那呼图克图存在兼领薪俸的情况，于是要求时任蒙藏委员会委员同时自兼西康诺那呼图克图驻京办事处处长的诺那呼图克图必须选择其中一种身份来领取薪俸。（《监察院公报》1935 年第 60 期，第 21 页）
③ 图丹桑结：《关于第一、第二期西藏驻汉地办事人员情况的回忆》，何宗英译。

政府"部分，但是涉及的多是关于公务员任用的条例，以及新增了一些以往没有的新机构人员的俸给，各任别俸薪的俸额变化不大。1937年9月，国民政府制定了《国难时期各项支出紧缩办法》，要求公务员的薪俸按规定适当予以减发。虽然笔者目前没有看到关于这两个西藏驻京机构职员薪俸减发的直接材料，但是根据下面我们将要提到的西藏驻京办事处经费减发的情况来看，① 其职员薪俸的减发也应该是不可避免的。又如前文，图丹桑结也提到了"当时困难时期"的"薪水水平"，说明这一时期西藏驻京办事处和西藏班禅驻京办事处职员的薪俸也被予以一定比例的减发。并且，抗战时期货物紧缺导致物价上涨，公务员薪俸的实际购买力大大下降。② 因此包括这两个西藏驻京机构职员在内的绝大部分国民政府的公务员，其生活水平都是每况愈下。

1949年起国民政府开始实施《公务人员俸给法》，这次俸给法将公务人员俸给分为本俸、年功俸和优遇俸三类，和1933年的《暂行文官官等官俸表》相比变化较大。但因为此后不久国民政府即被推翻，西藏驻京办事处和西藏班禅驻京办事处也很快结束了自己的生命历程，并未来得及或者只是很短期地参与这次俸给改革，因此在此不再论述。

同时还应该看到，和国民政府时期的所有法律制度一样，国民政府并没有很好地去贯彻执行自己制定的俸给制度。③ 因此西藏驻京办事处与西藏班禅驻京办事处和国民政府的其他机构一样，实际上所得的俸给和上述规定也是有一定差距的。

2. 福利

按照国民政府的相关规定，国民政府的公务员在"吃""穿""住""行"和"生""老""病""死"等方面都有着相应的福利，并且在战前、战时和战后随着经济形势的变化有着相应的变动。全国抗战时期，尤其是1945年后法币的快速贬值，使公务员的本俸收入已经远远无法维持其日常生活，公务员日常生活对福利的依赖性越来越大。因为西藏

---

① 见本节下文"西藏驻京机构的日常经费"部分。
② 何家伟：《国民政府公务员俸给福利制度研究：1928—1949》，福建人民出版社2010年版，第42—48页。
③ 同上书，第62页。

驻京办事处和西藏班禅驻京办事处执行的是国民政府统一的薪给福利制度，因此其福利也应该随着全国公务员薪给福利制度的变化而变化。图丹桑结在《关于第一、第二期西藏驻汉地办事人员情况的回忆》中说：西藏驻京、驻平和驻康三个办事处全体正式代表和工作人员薪水、房租、水电、交通、招待、用具等的开支各月经费数不尽相同，这是因为冬季的三个月办公室和职员宿舍要增发烤火费，新年和藏、汉各大节日还要发节日补助等。①

由此也可以看出，除了薪水外，西藏驻京办事处和西藏班禅驻京办事处职员尚有房租、水电、交通、招待等方面的福利、补助。虽然笔者目前尚未看到记录这两个西藏驻京机构职员这些福利、补助的直接材料，但是因为它们和蒙藏委员会驻藏办事处大致平级，因此蒙藏委员会驻藏办事处职员福利、补助的发放情况，应该对这两个办事处职员的福利、补助情况具有一定的参考价值（至少在福利、补助的类别上）。根据《蒙藏委员会驻藏办事处档案选编》（十三）所提供的材料可以看出，蒙藏委员会驻藏办事处1941年5月的福利、补助情况。第一，处长、副处长"特别办公费""国币"400元和300元；第二，薪金200元以下的职员"生活补助费"每人每月"国币"20元；第三，各职员"膳食补助费"每人每月"国币"30元；第四，在外租住职员"房租补助费"每人每月"国币"10元。②

国民政府时期，一般都认为拉萨生活成本高于内地，因此蒙藏委员会驻藏办事处职员的此类补助也应该相对较高。由此推断，身在南京或重庆的西藏驻京机构职员的类似补助，最高也不会超过此额度。当然，这只是没有获得相关材料情况下的一种类推，具体情况肯定有所差别，并且不同时期其具体数额也应该是不一样的。

由图丹桑结的记述还可以看出，西藏驻京办事处除了享受国民政府公务员的一般福利外，③还可以在藏族传统节日时得到特殊的节日补助。西藏班禅驻京办事处同为西藏地方政教系统的驻京机构，应该也会

---

① 图丹桑结：《关于第一、第二期西藏驻汉地办事人员情况的回忆》，何宗英译。
② 郭玉琴主编：《蒙藏委员会驻藏办事处档案选编》（十三），第135—137页。
③ 关于国民政府一般公务员福利情况请见何家伟《国民政府公务员俸给福利制度研究：1928—1949》。

享受同样的待遇。这是国民政府对西藏驻京机构的一种特殊优待。

（二）西藏驻京机构的日常经费

西藏驻京机构的经费可以分为可以提前预算的"经常门"① 经费（即经常费）和临时动支的"临时门"经费。在此，本书只讨论"经常门"经费。

1. 西藏驻京办事处的"经常门"经费

受国民政府整体财政情况和抗日战争等特殊事件的影响，在国民政府的不同时期，西藏驻京办事处的"经常门"经费的额度也是不同的。

"九一八"事变之前，虽然国民政府成立不久，万事待办，财政拮据，但是鉴于西藏驻京办事处的重要性，国民政府在经费上还是对刚刚成立的西藏驻京办事处给予了特别优待。关于这一时期西藏驻京办事处的"经常门"经费情况，1931年4月2日蒙藏委员会给财政部的关于西藏驻京、驻平和驻康办事处经费的"咨"文中有所记述：

> 中央政治会议核定十九年度国家内务类预算案内，西藏驻京办事处经常费列为六万元，西藏驻平办事处经常费列为三万八千五百二十元，西藏驻康办事处经常费列为三万二千四百元，总共十三万九千九百二十元，平均每月应领经常费一万零九百十元。现在驻京办事处已经开始办公，驻平、驻康二处亦亟待成立。据该处长（指贡觉仲尼，笔者注）呈称："三处经费撙节开支，至少限度每月需九千元，相应咨请。"②

由此可以看出，该次"中央政治会议"核定的西藏驻京、驻平和驻康三个办事处的经常费每月分别为5000元、3210元和2700元，合计每月10910元。但是此后不久，西藏驻京办事处等就被要求"撙节开支"，所以贡觉仲尼等才要求拨给"至少限度每月需九千元"。

另外，1931年8月的《蒙藏委员会为贡觉仲尼等不可因班禅条陈

---

① 国民政府的预算分为"经常门"和"临时门"两大类。所谓"经常门"经费，包括各部、会公务运作所需的一般基本需求经费，包括人事、业务、差旅等经费；"临时门"经费则是指无法纳入正常预算的，需要临时动支的经费。

② 《蒙藏委员会公报》1931年第18期，"公牍"第22页。

第二章　西藏驻京机构的创设、完善与组织构成

有所疑难而遽然辞职请饬其安心供职事致达赖喇嘛函》中，也记述了这一时期西藏驻京办事处的经费情况，该函称：

> ……
> 复为办事便利起见，呈请行政院转呈国民政府核准设立西藏驻京、驻平、驻康办事处，并每月发给经常费国币七千元（自本年七月起加为九千元）。①

其中的"七千元"很可能就是西藏驻京办事处"撙节"后的"经常门"经费，也就是说1931年西藏驻京等三个办事处的"经常门"经费预算为10900多元，但因国民政府要求"撙节开支"，所以又被缩减为7000元，直到1931年7月才又增加到每月9000多元。笔者目前还没有看到当三个办事处总经费为7000元、9000元时西藏驻京办事处具体经费数额的材料，因为这期间的时间跨度不大，三个办事处也没有发生什么大的变化，所以应该可以从上述"中央政治会议"确定的西藏驻京、驻平和驻康三个办事处经费5∶3.2∶2.7的比例进行推算：三个办事处总经费为7000元、9000元时西藏驻京办事处的经费分别约为3211元和4128元。

"九一八"事变爆发后，国民政府要求所有政府部门减缩开支，因此西藏驻京等办事处的经费也相应减少。"九一八"事变初期，西藏驻京办事处的"经常门"预算被按照"五成折减"，即每月发给2500元，但事实上每月只发2000元。②

关于1931年"九一八"事变后到1937年抗日战争全面爆发前的西藏驻京办事处经费情况，1935年第50期《审计部公报》刊载的《西藏驻京办事处二十三年六月份支出经常费审核通知书》，和1936年7月1日公布的《中华民国二十五年度国家普通岁入岁出总预算表》中的西藏驻京办事处"预算"，可资我们研究参考。其中1935年第50期《审

---

① 中国藏学研究中心、中国第一历史档案馆等合编：《元以来西藏地方与中央政府关系档案史料汇编》（第6册），第2615页。
② 中国第二历史档案馆、中国藏学研究中心合编：《中国第二历史档案馆所存西藏和藏事档案汇编》（第21册），第87—88页。

计部公报》中的记述如下:

> 查贵处二十二年度核定预算数系二万四千元,嗣经中央政治会议第四零七次会议核准,自二十三年一月份起追加下半年度预算数七千二百元,合计三万一千二百元。①

也就是说西藏驻京办事处1933年的核定预算为每月平均2000元,1934年起增加为每月2600元。

由《中华民国二十五年度国家普通岁入岁出总预算表》中西藏驻京办事处部分可知,其1936年的"岁出经常门"预算数为36480元,②月均3040元。

由以上材料可以看出,"九一八"事变后的近两年时间里,西藏驻京办事处的"经常门"经费为月均约2000元,1934年起逐步增加到3000多元,而月均3000多元的经费额度又一直持续到了1936年。

关于抗战结束后西藏驻京办事处的经费,1948年西藏驻京办事处呈交给蒙藏委员会的《西藏驻京办事处组织概况》有所反映,其中称:"三十六年度核列经常费共五百六十三万元"③,月均约为46.9万元。

2. 西藏班禅驻京办事处的日常经费

目前,笔者所看到的材料中关于西藏班禅驻京办事处"经常门"经费的记载主要有以下内容。

(1)1929年3月7日蒙藏委员会给行政院的请求转呈国民政府如数增加经费的呈文中称,西藏班禅驻京办公处的每月经费为5000元。④

(2)1931年1月10日的《班禅驻京办公处为陈述蓉炉办公处不应撤销请国府复议收回成命事致蒙藏委员会呈》中,该办事处处长罗桑坚

---

① 《审计部公报》1935年第50期,第127页。
② 中国第二历史档案馆编:《中华民国史档案资料汇编》(第5辑·第1编·财政经济),凤凰出版社1994版,第488页。
③ 中国藏学研究中心、中国第一历史档案馆等合编:《元以来西藏地方与中央政府关系档案史料汇编》(第7册),第3110页。
④ 《蒙藏委员会公报》1929年第1、2合期,"呈"第9页。

第二章　西藏驻京机构的创设、完善与组织构成　103

赞称,国民政府给西藏班禅驻京、驻平二办事处的经费为每月6000元。①

（3）根据"中央政治会议核定二十三年度（1934）国家普通岁出总概算分表"记载,西藏班禅驻京和驻平两办事处1934年的"经常门"预算分别为30000元和36000元,② 月均2500元和3000元。

（4）《中华民国二十五年度国家普通岁入岁出总预算表》（1936年7月1日公布）中所载的西藏班禅驻京办事处、西藏班禅驻平办事处的"岁出经常门"预算数分别为28500元、34200元,③ 月均为2375元和2850元。由此可以看出,就"经常门"经费而言,西藏班禅驻京办事处的要略少于西藏班禅驻平办事处的。

（5）1938年5月国民政府国防最高会议修正通过的"班禅圆寂善后办法",决定保留西藏班禅驻京办事处,经费按照再度紧缩案发给,为6个月经费8978元。后又根据戴传贤的建议,改为按照初步紧缩案发给,办事处6个月经费为9750元,每月为1625元。④

（6）《班禅驻京办事处组织概况》［民国三十七年（1948）］中所载的该办事处的"三十六年度经常费,共核到四百六十五万元"⑤,月均38.75万元。

和西藏驻京办事处的"经常门"经费一样,西藏班禅驻京办事处该项经费的预算和发放,也可以大致分为四个时期,即"九一八"事变之前、"九一八"事变之后、全国抗战时期和抗战后。因为同样是西藏地方的驻京机构,并且国民政府力争平等对待九世班禅和十三世达赖喇嘛,所以执行于西藏驻京办事处的一些财政政策也同样执行于西藏班禅驻京办事处。据此,我们结合上述西藏班禅驻京办事处"经常门"经费的材料和国民政府执行于西藏驻京办事处的一些财政政策,来讨论西

---

① 中国第二历史档案馆、中国藏学研究中心合编：《康藏纠纷档案选编》,第36页。
② 《蒙藏月报》1934年第1卷第5期。
③ 中国第二历史档案馆编：《中华民国史档案资料汇编》（第5辑·第1编·财政经济）,第488页。
④ 中国藏学研究中心、中国第二历史档案馆合编：《九世班禅圆寂致祭和十世班禅转世坐床档案选编》,第86页。
⑤ 中国藏学研究中心、中国第一历史档案馆等合编：《元以来西藏地方与中央政府关系档案史料汇编》（第7册）,第3111页。

藏班禅驻京办事处四个时期的"经常门"经费情况。

西藏班禅驻京办公处成立到"九一八"事变之前，西藏班禅驻京办公处的预算同样是月均5000元。但不仅西藏班禅办驻京公处成立后很长一段时间没有领到这笔经费，而且根据第二份材料可知，其实际领到的金额也远远少于这个数字。笔者目前还没有看到具体记载此段时间西藏班禅驻京办事处"经常门"经费的材料，所以不得不采用上面计算西藏驻京办事处经费的办法作大致推算。因为1931年1月10日的《班禅驻京办公处为陈述蓉炉办公处不应撤销请国府复议收回成命事致蒙藏委员会呈》中说，西藏班禅驻京、驻平两个办事处的总经费为每月约6000元，又1936年时西藏班禅驻京、驻平两个办事处的经费分别为2375元和2850元。以此比例推算，1931年时西藏班禅驻京办事处的"经常门"经费月均为2700多元。由此推测，这也应该是西藏班禅驻京办事处按国民政府要求"撙节开支"后的经费额度。

关于"九一八"事变之后最初阶段的西藏班禅驻京办事处经费情况，因为缺乏资料，在此暂不做论述。由第三份和第四份材料可以看出，1934年西藏班禅驻京办事处的"经常门"经费预算为30000元，月均2500元。1936年时该办事处的"经常门"经费预算为28500元，月均为2375元。

第五份材料和第六份材料分别反映了西藏班禅驻京办事处在全国抗战期间和抗战后的"经常门"经费情况。由第五份材料可以看出，全国抗战时期西藏班禅驻京办事处的经费进一步减少。由材料可知，西藏班禅驻京办事处的这笔较少的经费还是按照国民政府初步紧缩案预算的，而此时国民政府的绝大部分机构的经费是按再度紧缩案执行的，由此也可以看出全国抗战时期国民政府财政的拮据情形。

1935年前，国民政府还没有实行法币改制，因此材料（1）和材料（2）中的国币应该指银圆。1935年起，南京国民政府开始废除银本位制，实行法币改革，一直到1948年8月。"法币发行的头两年，币值尚属稳定，1元法币能顶1元银圆使用。但从1937年下半年开始，抗日战争爆发，国民政府开始滥发法币，物价暴涨，引发恶性通货膨胀，法币迅速贬值。"① 据有关资料统计，1937 年全国物价总指数为 103，1945 年为 163160，也就是说 1937 年 100 元可以买到的货物，到 1945 年需要 16.3 万才能买到。② 1945 年后，法币进一步加速贬值。因此，从货币的实际购买力角度来看，南京国民政府初期和后期，西藏驻京办事处的"经常门"经费基本持平，甚至后期低于前期。

由以上西藏驻京办事处和西藏班禅驻京办事处"经常门"经费可以看出，虽然它们的级别基本一样，职员人数也相差不多，但显然国民政府对西藏驻京办事处的经费投入要更多些，这应该主要是由西藏驻京办事处的电信费等的预算高于西藏班禅驻京办事处导致的。

（三）经费管理及支领

因为都由国民政府拨给经费，受国民政府财政经济部门的管理，又同为西藏驻京机构，因此西藏驻京办事处和西藏班禅驻京办事处在经费管理和支领方面应该基本一致，下面就以西藏驻京办事处为例来论述这两个办事处有关经费管理及支领的相关情况。

根据图丹桑结在其《关于第一、第二期西藏驻汉地办事人员情况的回忆》中所说的西藏驻京办事处经费管理及支领步骤，并结合相关材料，我们可以大致描述出西藏驻京办事处经费支领的一般程序。

第一，制作预算书。

西藏驻京办事处首先要就全年的各种经费开支制作一个一式两份的经费预算书，并将预算书交给蒙藏委员会，然后由蒙藏委员会转报国民政府审计部进行审计，审计通过后由审计部将预算书呈交国民政府行政院，经行政院批准后，预算书中的一份由审计部存留，将另一份预算书返还给西藏驻京办事处，作为其按计划使用经费的凭证。

第二，经费支领。

预算书得到批准后就进入了经费领取程序。办事处首先需要根据预算书计算出每个月的经费数额，并计算出每半年的经费总数，经由蒙藏

---

① 成圣树、金祖钧：《从民国时期的三次币制改革看当时的通货膨胀》，《江西财经大学学报》2011 年第 4 期。
② 同上。

委员会转报国民政府财政部,财政部再据此给西藏驻京办事处发给银行存折,然后就可以到相应的银行提取现金。

第三,经费报销及审计。

西藏驻京办事处的经费报销也实行凭票、凭证明材料报销,每种经费支出都需要可资证明的单据作为报销凭证,并且每三个月要进行一次结算。之后,还要接受审计部门的审计。

1935年的第50期和1936年的第64期《审计部公报》刊登了国民政府审计部对西藏驻京办事处经费支出审计结果的通知,据此可以窥见西藏驻京办事处经费报销、审计的一些具体情形,兹录如下。

第一份审计通知:

> 审计部公函 第四八七号 二十四年四月二十七日
>
> 函蒙藏委员会 请转发西藏驻京办事处二十三年六月份支出经常费审核通知书由
>
> 案准 贵会总字第七六号函,送西藏驻京办事处二十三年六月份经常费支出计算书类,准此。当经依法审核,内有应行剔除事项,相应缮具审核通知书一件,函请查照转饬办理。此致
>
> 蒙藏委员会
>
> 附审核通知书一件
>
> 机关名称:西藏驻京办事处
>
> 审核书类:支出计算书一本、财产减损表一份、单据簿一本
>
> 书类年月:民国二十三年六月份
>
> 预算数额:经常门3200.00
>
> 计算数额:经常门3200.05
>
> 剔除事项:(一)查单据第五号支邮票洋二十元、第三〇号支邮票洋二十元、第四一号支邮票洋五元,数字均系涂改,痕迹显明,所支之款悉应如数剔除;(二)查贵处二十二年度核定预算数系二万四千元,嗣经中央政治会议第四〇七次会议核准,自二十三年一月份起追加下半年度预算数七千二百元,合计三万元一千二百元。查二十二年度支出计算书系三万二千七百五十四元三角二分,计超出预算洋一千五百五十四元三角二分,应如数剔除,以符

法案。

　　右列事项，相应通知。即请查照办理。此致
西藏驻京办事处①

第二份审计通知：

　　审计部公函 计字第三一一〇号 二十五年六月四日
　　函蒙藏委员会 请转知西藏驻平办事处，二十四年八月至二十五年三月份经常费支出尚符合，并转发西藏驻京、驻康办事处二十四年八月至二十五年三月份审核通知书由
　　案准 贵会总字第一六五六号及一八四六号函，送西藏驻京、驻平、驻康办事处二十四年八月至二十五年三月份，支出经常费计算书类，准此。当经依法审核，除西藏驻平办事处经费尚属符合，应俟年度结束后，在行汇发核准状外，其余尚有应行剔除、补送等事项，相应缮具审核通知书二件，函请 查照转发饬知。此致
　　蒙藏委员会
　　附审核通知书二件，甲种收支报告一份
　　机关名称：西藏驻京办事处
　　审核书类：支出计算书、收支对照表、平准表、甲种收支报告各七份，单据簿七本，财产增加表一份，又三月份支出计算书、对照表、平准表、甲种收支报告、单据各一份。
　　书类年月：民国二十四年八月至二十五年三月份
　　预算数额：经常门每月 3040.00 元
　　计算数额：经常门八月 3040.00 元、九月 3039.95 元、十月 3040.03 元、十一月 3040.00 元、十二月 3040.00 元、一月 3039.98 元、二月 3039.91 元、三月 3040.16 元。
　　剔除事项：查八月份单据第十三号支付蒙藏委员会传达处及送报人节赏共十二元六角五分、十二月份单据第八十一号至八十三号支付蒙藏委员会传达处及送报人年赏共三元八角、一月份单据第三

---

① 《审计部公报》1935 年第 50 期，第 126—127 页。

号至十一号支付送报人年赏九元六角。查此种陋习早应禁止，以上所支共计二十六元〇五分，悉应如数剔除。

右列事项，相应通知，即请 查照办理。此致

西藏驻京办事处①

由以上两份"审计通知书"可以看出，西藏驻京办事处的经费不仅需要严格按照预算使用，而且用途也需要严格遵照国民政府的各项财务规定。这也充分反映出国民政府对西藏驻京办事处的认识：因为经费完全由国民政府提供，因此国民政府至少在财务管理方面，将西藏驻京办事处和同级别的国民政府其他中央机关等同视之。

第四节 本章小结

西藏驻京办事处和西藏班禅驻京办事处的创设，一方面是国民政府和西藏地方政府、九世班禅系统关系发展的必有结果，另一方面也是历史上中央政府和西藏地方间关系惯性的必然结果。和任何机构一样，西藏驻京办事处和西藏班禅驻京办事处也经历了一个逐渐发展完善的过程，而这一过程又和国民政府自身的发展完善几乎是同步的。

虽然西藏驻京办事处和西藏班禅驻京办事处都是由国民政府核准成立，由蒙藏委员会负责监督、指导的西藏驻京机构，主要就是为了便于与西藏地方政府或九世班禅系统沟通，更好、更有效地处理藏事，但是它们的职能、规模及其享受的待遇还是略有不同的。办事处科室划分是办事处职能的最直接反映，西藏驻京办事处设秘书、总务、会计、宣传和交际五个科室，西藏班禅驻京办事处则设总务、政务和教务三科。显然西藏驻京办事处的科室划分细致，分工更为明确，对日常涉及的行政工作都做了科室分工，但都不涉及宗教事务，其工作内容主要定位在行政事务方面。国民政府时期，西藏驻京代表"堪准洛松"的宗教文化职能已经大大削弱，政治职能却明显加强，因此强化行政事务性的科室划分方法也符合其自身变化的需要。西藏班禅驻京办事处的科室划分则

---

① 《审计部公报》1935 年第 64 期，第 63—64 页。

既涉及宗教，又涉及政治，涉及面广。因为九世班禅身在内地，其在内地活动的一个主要内容就是在各地讲经传法，同时九世班禅在国民政府高层中拥有以戴季陶、居正为代表的一些信徒，并且九世班禅奔赴内地后，其在扎什伦布寺的主要教职人员都先后到达内地，从而形成了一个庞大的宗教系统，这就决定了西藏班禅驻京办事处设立"教务科"的必要性。从人员配置来看，西藏驻京办事处的额设人数为正、副处长各1人，汉文秘书1人，藏文秘书2人，其他四科各设科长1人，科员共6人，书记6人，共计21人；西藏班禅驻京办事处的额设人数为正、副处长各1人，科长3人，汉藏文秘书各1人，主任、股员各9人，书记员5人，共计30人。由此可以看出，在职员总人数上西藏班禅驻京办事处要多于西藏驻京办事处。

从机构设置的角度来看，西藏驻京办事处和西藏班禅驻京办事处有着详细的科室划分，并有着组织法规，是一个典型的现代型机构。从人事安排的角度来看，西藏驻京机构一方面有着处长、副处长及各科科长、科员的人事安排和分工，具有现代机构科层制的一般特点；另一方面，两个办事处也有着自己明显的特点，例如西藏驻京办事处正副处长绝大部分由"堪准洛松"的成员担任；而西藏班禅驻京办事处的正处长也多在班禅行辕中担任重要行政或宗教职务。从待遇的角度来看，出于"树立信用，收拾人心"的目的，国民政府在日常经费上尽可能地给予两个办事处优待；同时国民政府也将两个办事处的经费管理纳入国民政府统一的财务管理系统，将其同国民政府其他中央部门下设机构等同看待，其经费划拨同样需要有预算表，而最终报销也需要经过国民政府财政、审计部门的把关、审核。从行政级别的角度来看，虽然西藏驻京办事处和西藏班禅驻京办事处在西藏地方政府和九世班禅系统中的有着不同的地位，所受重视程度各不相同，但是，就国民政府的行政序列而言，它们同为蒙藏委员会监督指导下的西藏驻京机构，地位平等，级别相同。

此外，虽然国民政府将平等对待九世班禅系统和达赖喇嘛系统作为其对藏政策的一个基本原则，但在实际的操作中，因为受诸多因素的影响，国民政府也很难做到完全公平。就班禅驻京办事处和西藏驻京办事处而言，九世班禅在世时，鉴于他在蒙藏地区的影响和在西藏的崇高宗教地位，国民政府对西藏班禅驻京办事处格外优待。九世班禅圆寂后，班禅驻京办事处存在的意义已经大打折扣，办事处的待遇也随之变化，尤其是"甘孜事变"后，更恨不得一撤了之。而对西藏驻京办事处则相反，全国抗战爆发后，西藏成了战略大后方，为了有一个稳定的大后方，国民政府需要进一步改善与西藏地方政府的关系，所以这一阶段南京国民政府极力争取西藏地方政府，不但特别为西藏驻京办事处的职员发放补助，还破例资助西藏地方军火。

第三章　西藏驻京机构的历任处长及主要职员

第一节　西藏驻京办事处的历任处长及主要职员

自1931年2月西藏驻京办事处成立，第一批西藏驻京代表入职开始，到1949年随着国民政府的覆灭，最后一批西藏驻京代表经印度返回西藏，西藏驻京办事处自动消亡为止，西藏驻京办事处共存世19年。1931年至1949年的19年，也是中国历史上最为苦难深重的时期：开始是军阀混战，接着是艰苦卓绝的抗日战争，之后又是国共内战。西藏驻京办事处的职员和全国人民一道，亲历了中国近代史上这段风风雨雨，见证了这一时期中央和西藏地方间关系发展的坎坷与曲折。

一　西藏驻京办事处的首任处长

1931年2月，西藏驻京办事处成立后，贡觉仲尼（དགོན་མཆོག་འབྱུང་གནས་）、阿旺坚赞（དག་དབང་རྒྱལ་མཚན）、曲批图丹（ཆོས་འཕེལ་ཐུབ་བསྟན）、巫明远、降巴曲汪（བྱམས་པ་ཆོས་དབང་）和楚称丹增（ཚུལ་ཁྲིམས་བསྟན་འཛིན）成为第一批西藏驻内地机构负责人，其中贡觉仲尼和阿旺坚赞是西藏驻京办事处的正、副处长。

贡觉仲尼，① 1883 年出生，② 拉萨人，僧籍色拉寺麦扎仓（སེ་ར་སྨད་གྲྭ་ཚང་）。③ 1892 年在色拉寺出家，1896 年受沙弥戒（དགེ་ཚུལ་གྱི་སྡོམ་པ་），1904 年受比丘戒（དགེ་སློང་གི་སྡོམ་པ་），1910 年考取"资林巴"（རྩིས་རམས་པ་）名号，1914 年考取了"拉林巴"（ལྷ་རམས་པ་），1919 年当上了色拉寺的大"格斯贵"（དགེ་བསྐོས་④），之后不久又出任了色拉寺的堪布。⑤

阿旺坚赞，约生于 1896 年，⑥ 出生于山南（ལྷོ་ཁ་），僧籍色拉寺切扎仓（སེ་ར་བྱེས་གྲྭ་ཚང་）。到南京任职前为布达拉宫仔准（རྩེ་མགྲོན་）。⑦

1923 年 5 月（藏历），十三世达赖喇嘛"任命色拉寺麦巴扎仓的格

---

① 目前关于贡觉仲尼生平事迹的研究成果主要有：1.《民国时期西藏驻京总代表贡觉仲尼评述》（喜饶尼玛：《近代藏事研究》，第 180—194 页），该文成文时间早，成为研究贡觉仲尼和国民政府时期西藏驻京办事处必须参考的文献之一；2.《解读西藏驻京堪布贡觉仲尼到京任职的几份档案》（陈庆英：《西藏大学学报》2007 年第 3 期），该文通过解读贡觉仲尼到京任职的几份档案，对贡觉仲尼的生平事迹进行了细致的研究，并提出了驻京僧人"双重身份"的观点，对驻京僧人研究具有重要的启发作用；3.《论西藏近代史上的拉萨三大寺：以政治活动与影响为中心（1911—1951）》（邱熠华，中央民族大学博士学位论文），该文综合前人的研究成果，对贡觉仲尼的生平、主要活动等进行了细致、深入的研究，是研究贡觉仲尼及其相关藏事的主要参考资料之一。

② 《国民大会蒙藏代表选举事务所为转呈噶厦政府拟派国大西藏代表名单致选举总事务所公函》[民国二十五年（1936）十一月三十日]中附有西藏代表的简历。据这份简历，1936 年贡觉仲尼 53 岁，据此推算，他应该出生于 1883 年[中国藏学研究中心、中国第一历史档案馆等合编：《元以来西藏地方与中央政府关系档案史料汇编》（第 7 册），第 2982 页]。陈庆英先生认为，贡觉仲尼生于 1885 年（陈庆英：《解读西藏驻京堪布贡觉仲尼到京任职的几份档案》，《西藏大学学报》2007 年第 3 期）。这种差别主要是由藏历和公历历法的不同造成的。

③ 图丹桑结：《关于第一、第二期西藏驻汉地办事人员情况的回忆》，何宗英译。

④ དགེ་བསྐོས། དགེ་འདུན་གྱི་སྒྲིག་ཁྲིམས་དོ་དམ་ཞུ་ཞིབ་བྱེད་མཁན།（དུང་དཀར་ཚིག་མཛོད་ཆེན་མོ། ）2002 གློག་གསར། 603 ཤོག་གསལ།）格斯贵：僧纪管理和审查者（《东嘎藏学大辞典》，中国藏学出版社 2002 年版，第 603 页）。དགེ་སྐོས། ཆོས་གྲྭ་ཆེན་པོ་རྗེ་འདུན་གྱི་སྒྲིག་ཁྲིམས་སྲུང་མཁན། 纠察僧：掌堂僧，负责维持僧团清规戒律的寺庙执事。旧时大寺庙的纠察僧常随身携带铁杖到处巡视，故有呼之铁棒喇嘛者（《藏汉大辞典》，民族出版社 1985 年版，第 446 页）。

⑤ 陈庆英：《解读西藏驻京堪布贡觉仲尼到京任职的几份档案》，《西藏大学学报》（社会科学版）2007 年第 3 期。

⑥ 中国藏学研究中心、中国第一历史档案馆等合编：《元以来西藏地方与中央政府关系档案史料汇编》（第 7 册），第 2982 页。

⑦ 图丹桑结：《关于第一、第二期西藏驻汉地办事人员情况的回忆》，何宗英译。

第三章　西藏驻京机构的历任处长及主要职员　113

西贡觉穹乃为雍和宫扎萨"①　（མེར་སྐྱད་དགེ་བཤེས་དགོན་མཆོག་འབྱུང་གནས་ལ་པེ་ཅིང་དགོན་ཇ་སགས་བགོ་གནང་།）②，奉派的原因是"前派驻京堪布雍和宫主持扎萨克喇嘛罗桑策殿③既经免职"。贡觉仲尼于1924年1月13日到北京，1月26日向蒙藏院报到，并递交了履历表。④ 1924年3月7日，西藏驻京教习堪布顿珠旺结、仔准降巴曲汪、洛杂哇楚称丹增⑤向蒙藏院递交呈文，意在证明贡觉仲尼身份的真实性。⑥ 1924年3月16日，西藏旅京同乡会呈文蒙藏院，内容依然是证明贡觉仲尼身份的真实性。

按照清代《〈钦定理藩院则例〉喇嘛实例》的规定："京城额设扎萨克喇嘛四缺，雍和宫扎萨克喇嘛一缺，有坐床教习众喇嘛之责，作为唐古忒专缺，以呼图克图堪布等充补。"⑦ 同时又规定："由藏调来之堪

---

① 《第十三世达赖喇嘛年谱》，西藏自治区政协文史资料研究委员会编《西藏文史资料选辑》（第2辑），第201页。《西藏驻京堪布贡觉仲尼为报到并呈履历事致蒙藏院呈》中贡觉仲尼自述奉派时间是8月，这应该是公历纪年［中国藏学研究中心、中国第一历史档案馆合编：《元以来西藏地方与中央政府关系档案史料汇编》（第7册），第3079页］。

② ཕུར་ལྕོག་ཕུར་བསྟན་ཆུགས་ལས་ཚོགས་ཁྲིམས་འཛིན་འཚེལ་རྒྱལ་དབང་སྐུ་ཕྲེང་རིམ་བྱོན་གྱི་ཞལ་ངོ་རྣམ་མུ་ཕྲེང་པ་བཅུ་གསུམ་རྒྱ་མཚོའི་རྣམ་ཐར་པོ་ཅིན་གུང་གོའི་བོད་རིག་པའི་སྐྲུན་ཁང་གིས། སྨྲ2010 ལོར་གངས་36 དུ་གསལ།

③ 罗桑策殿，色拉寺切巴扎仓（བྱེས་པ་གྲྭ་ཚང་）的格西，1918年奉十三世达赖喇嘛之命，和罗桑巴桑、罗桑仁增一道"赴北京三寺院，讲经说法。督察寺规"（《第十三世达赖喇嘛年谱》，第194页）。三人于1918年9月随带徒弟，由藏来京，于1919年2月11日抵达北京，当日即向蒙藏院报到。1919年2月27日，经署印察罕达尔汗呼图克图当堂验证合格后，罗桑策殿被派为雍和宫扎年阿克学（即历算扎仓，笔者注）坐床。1921年2月，因"在京当差将近两载，尚未遗误"，"为激励藏僧起见"，北洋政府加封罗桑策殿等诺仁罕名号（但是直到1922年12月铨叙局才将罗桑策殿等三人的封册发给他们）［中国藏学研究中心、中国第一历史档案馆合编：《元以来西藏地方与中央政府关系档案史料汇编》（第7册），第3077—3079页］。1921年6月罗桑策殿"因案被议开缺"，被免去雍和宫扎萨克喇嘛之职，但保留作为雍和宫扎年阿克学教习堪布的职务［中国第二历史档案馆、中国藏学研究中心合编：《中国第二历史档案馆所存西藏和藏事档案汇编》（第4册），第456—461页］。

④ 中国藏学研究中心、中国第一历史档案馆等合编：《元以来西藏地方与中央政府关系档案史料汇编》（第7册），第3079页。

⑤ 此三人是1921年由西藏地方政府派遣"前往北京学习文字"的［《第十三世达赖喇嘛年谱》，西藏自治区政协文史资料研究委员会编《西藏文史资料选辑》（第2辑），第199页］。此处的翻译应该有误，也不符合三人的身份。藏文原文为：དེ་ཉིན་དགེ་ཕྱི་ཡིག་སློབ་དགེ་ཁག་ནས་མ་མགོན་ཆུང་ངུ་ཕྱི་ཁྲི་གྲུབ་དབང་རྒྱལ་མཚན། རྒྱལ་བ་མཆོག་བྱམས་ཆོས་དབང་། ལོ་ཙཱ་བ་ཆོས་ཁྲིམས་འཛིན་པ་བསྟན་བཅས་བཀྲ་ཤིས་སུ་（ཏུ་ཕེབ་མ་ཡིན་འབར་གསུམ་པ་བསྐུལ་རྒྱ་མཚོའི་དགའ་ཚོགས། དེ་དུས་བོད་རང་སྐྱོང་ལྗོངས་ཀྱི་ལོ་རྒྱུས་ཡིག་ཚང་ཁང་གིས་ཆོས་སྒྲིག་བྱས་ཀྱི་རྒྱལ་བ་སྐུ་ཕྲེང་བཅུ་གསུམ་པའི་རྣམ་ཐར། གངས་ཅན་རིག་གནས་གཏེར་མཛོད་ཀྱི་དཔར་སྐྲུན་འགན་འཁུར་ཚོགས་ཆུང་གིས་རྩོམ་སྒྲིག་བྱས། མི་རིགས་དཔེ་སྐྲུན་ཁང་གིས་2009 ལོར་གངས་529 དུ་གསལ།）译为"前往北京教授文字"似乎更为确切。

⑥ 中国藏学研究中心、中国第一历史档案馆等合编：《元以来西藏地方与中央政府关系档案史料汇编》（第7册），第3079—3080页。

⑦ 张羽新编著：《清朝治藏典章研究》（上），第667页。

布，俱以达喇嘛补用。"① 因此，十三世达赖喇嘛直接委任雍和宫扎萨克堪布，显然是不符合惯例的。那么十三世达赖喇嘛为什么提前委以贡觉仲尼扎萨克职衔呢？结合这一时期由西藏派往内地的其他人员情况来看，十三世达赖喇嘛此举应该源于以下两个方面的原因：

第一，民元"藏乱"后驻藏官员离藏，使十三世达赖喇嘛无法援例进行派遣。1918年奉派入京充任教职的罗桑巴桑等人的呈文清楚地反映了这一情形，呈文称："查前清时代，是奉命驻京堪布、卓尼尔、翻译各职员等之荐、委任文书凭证，一切皆由西藏政府达赉佛啦嘛直接照会驻藏办事大臣备案，另由该大臣再备详文驰驿护送。……兹逢中原改革，汉番多事阻隔，并且中央未派大员以继前办事大臣之任，无可相接。"② 由此可以看出，十三世达赖喇嘛的这一任命是特殊情形下的一种特殊举动。

第二，十三世达赖喇嘛此举，更主要的目的是有意提高贡觉仲尼在雍和宫中的地位，使贡觉仲尼能在改善西藏地方政府与中央政府关系的过程中发挥作用。我们知道，这一时期西藏驻内地的僧人还有顿珠旺结、降巴曲汪、楚称丹增、罗桑巴桑和罗桑仁增等，而任达喇嘛时间长短是选任雍和宫总堪布的一个重要条件。按照这一要求，贡觉仲尼显然不可能成为西藏驻内地诸堪布中的总代表。因此，为了防止堪布间发生争权斗争，使贡觉仲尼能顺利出任总堪布，十三世达赖喇嘛提前授予贡觉仲尼扎萨克衔。另外，从贡觉仲尼结束驻京回到拉萨后由热振活佛再次授予他扎萨克职衔的情况来看，十三世达赖喇嘛当时给予贡觉仲尼的扎萨克衔应该也只限于其驻京时。十三世达赖喇嘛此举虽然在动机上可能只是为了提高贡觉仲尼的地位，但是客观上却将当时中央政府主管机关置于尴尬地位，成为一种事实上的越权。

由上文可以看出，雍和宫扎萨克喇嘛应该是在雍和宫的扎萨克喇嘛开缺时，由喇嘛印务处在驻京达喇嘛中选派合格者，并呈请中央政府批准后才可补缺。但是，贡觉仲尼入京时已由十三世达赖喇

---

① 张羽新编著：《清朝治藏典章研究》（上），第668页。
② 中国藏学研究中心、中国第一历史档案馆等合编：《元以来西藏地方与中央政府关系档案史料汇编》（第7册），第3075—3076页。

嘛违例授予为扎萨克。为此，蒙藏院特别指令喇嘛印务处"量为变通，准予请补"，同时明确说明"此系一时权宜之计，以后不得援以为例"①。

贡觉仲尼任职雍和宫扎萨克喇嘛早期，其经历的最有影响的政治活动之一就是和顿珠旺结、降巴曲汪、楚称丹增、罗桑巴桑、罗桑仁增一道呈文蒙藏院，要求政府明示"西藏待遇条件是否取消"。事情的起因是1924年北洋政府宣布废除和优待满蒙回藏条件②同时宣布的大清皇帝优待条件。经蒙藏院于1924年11月27日报告段祺瑞执政府，执政府于1924年12月2日即下达指令，称："满蒙回藏各族待遇条件暨蒙古王公待遇条件，历经颁布，大信昭然，效力确定，允无疑义。"③贡觉仲尼等对满蒙回藏待遇条件是否废除的关心，说明他们认可规定这一条件的相关文件，而规定满蒙回藏优待条件之"清帝退位诏书"明确说明："仍合满、汉、蒙、回、藏五族完全领土，为一大中华民国。"因此，贡觉仲尼等对优待满蒙回藏优待条件的认可和重视，即是对中华民国对藏主权的承认。同时，中华民国对这一条件有效性的再次重申，也表明了北洋政府对维护蒙藏等民族地区主权的坚定决心。④

南京国民政府成立后，贡觉仲尼继续担任北平雍和宫扎萨克堪布一职，因此1929年他曾以雍和宫法定代理人的身份，和雍和宫的四名德木齐等一起参与了与那彦图争夺雍和宫香灯地征租权的诉讼，并最终胜诉。⑤1931年，国民政府向北平、热河一带各寺庙喇嘛发给"口粮"共

---

① 中国藏学研究中心、中国第一历史档案馆等合编：《元以来西藏地方与中央政府关系档案史料汇编》（第7册），第3082页。
② 清帝退位诏书中的满蒙回藏待遇条件如下："一、与汉人平等。二、保护其原有之私产。三、王公世爵，概仍其旧。四、王公中有生计过艰者，设法代筹生计。五、先筹八旗生计，于未筹定之前，八旗兵弁俸饷，仍旧支放。六、从前营业、居住等限制，一律蠲除，各州县听其自由入籍。七、满、蒙、回、藏原有之宗教，听其自由信仰。"（顾祖成等编：《清实录藏族史料》，西藏人民出版社1982年版，第4753页）
③ 中国藏学研究中心、中国第一历史档案馆等合编：《元以来西藏地方与中央政府关系档案史料汇编》（第7册），第3085页。
④ 关于贡觉仲尼此呈文的意义，姚兆麟先生已有分析，详细请见姚兆麟《西藏棍却仲尼1924年呈文析》，《藏族史论文集》，四川民族出版社1988年版，第79—91页。
⑤ 《蒙藏委员会公报》1929年第7期，"咨"第2—6页。

每月大洋 3000 元时，仍"责成"贡觉仲尼按照前额临时发放。① 同年 4 月，锡林郭勒盟盟长呈请掣签确定广法寺南吉特多尔济呼图克图之呼毕勒罕。蒙藏委员会指令其驻平办事处按惯例"会同喇嘛印务处掌印呼图克图办理"，但是当时"喇嘛事务处②尚在停办中"，因此蒙藏委员会指令其驻平办事处会同雍和宫扎萨克堪布贡觉仲尼共同办理。③ 1931 年 10 月 3 日，贡觉仲尼以"雍和宫扎萨克喇嘛、西藏驻京办事处处长"的名义呈文蒙藏委员会，认为雍和宫僧众应该潜修佛教教义，而不应该加入喇嘛职业学校。④ 因为国民政府沿用了清代雍和宫扎萨克堪布一职由西藏选派的惯例，并且直到 1936 年西藏地方政府才再次派出了丹巴达札等四位新堪布。四位堪布到达南京后，由贡觉仲尼陪同前往北平，向北平喇嘛寺庙整理委员会报到。⑤ 4 月 4 日，丹巴达札接任雍和宫札萨克喇嘛，并兼任擦尼特学堪布。⑥ 至此，贡觉仲尼圆满完成了他雍和宫扎萨克喇嘛一职的职责。

贡觉仲尼常被称为"云宫大喇嘛"和"云宫札萨"⑦，这不仅显示了贡觉仲尼和雍和宫的深远关系，也充分说明了他作为雍和宫扎萨克堪布给人们留下的深刻印象。"云宫"显然就是雍和宫，虽然雍和宫有正式的藏文名字：དགའ་ལྡན་བྱིན་ཆགས་གླིང་།但是西藏地方习惯称呼其གཡུང་དགོན།（即"云宫"）。据此也可以看出"雍和宫"到"云宫"的变音过程："雍和宫"被称为"གཡུང་དགོན།"，再将"གཡུང་དགོན།"音译为"云宫"。

---

① 《蒙藏委员会公报》1931 年第 15 期，"命令"第 118 页；1931 年第 18 期，"命令"第 27 页。
② 喇嘛印务处，全称"京城喇嘛印务处"，是北洋政府时期设立于北京的"专司领发平热等处各喇嘛寺庙之钱粮，并办理调转各寺庙之职任喇嘛等事项"的机构。1929 年蒙藏委员会成立后，鉴于"国都南迁，京城二字已不适用"，经蒙藏委员会第三次常会研究决定，改称"北平喇嘛事务处"（《蒙藏委员会公报》1931 年第 18 期，"命令"第 48 页）。
③ 《蒙藏委员会公报》1931 年第 18 期，"命令"第 49 页。
④ 中国第二历史档案馆、中国藏学研究中心合编：《中国第二历史档案馆所存西藏和藏事档案汇编》（第 14 册），中国藏学出版社 2012 年版，第 426—430 页。
⑤ 《蒙藏旬刊》第 114 期，1936 年 4 月 16 日，第 20 页。
⑥ 中国第二历史档案馆、中国藏学研究中心合编：《中国第二历史档案馆所存西藏和藏事档案汇编》（第 35 册），第 258 页。
⑦ ［美］梅·戈尔斯坦：《喇嘛王国的覆灭》，第 390 页；Melvyn C. Goldstein, *A history of modern Tibet, 1913–1951: the demise of the Lamaist state*, p. 381；喜饶尼玛：《近代藏事研究》，第 181 页。

1930年1月，戴传贤和马福祥"以蒙藏旅京人士，日益增多，有团结组织之必要"，因此召集蒙藏同乡大会，决议筹设蒙藏会馆，并设立筹备处。在会上，贡觉仲尼被选举为十三位筹委之一。①

西藏驻京办事处成立后，贡觉仲尼成为首任处长。从1931年2月9日西藏驻京办事处正式成立到1936年4月阿旺桑丹接任处长间，贡觉仲尼一直担任该办事处处长一职。

作为处长，贡觉仲尼无可争议地成为这一时期全国性会议中西藏地方的主要代表之一，参加了其间举行的每一次全国性重要会议，如1931年5月召开的"国民会议"、1932年4月召开的"国难会议"。他还参加了国民党第四次（1931年11月召开）和第五次（1935年11月召开）全国代表大会。② 显然，他在此之前已经是国民党党员了。

贡觉仲尼还曾于1931年2月至1933年4月任蒙藏委员会委员。③ 1933年3月21日，贡觉仲尼呈文蒙藏委员会，请批准辞去蒙藏委员会委员职务，原因是他被"国民政府简任状简任为立法院立法委员，遵于本月十日就职，所有蒙藏委员会委员一职，亟应辞去，以符法令"④。行政院于1933年4月8日向蒙藏委员会下发了批准贡觉仲尼辞去蒙藏委员会委员的命令，这就是说贡觉仲尼的蒙藏委员会委员一职的结束时间是1933年4月8日。⑤ 贡觉仲尼从1933年3月10日起至1938年12月24日担任国民政府第三、第四届立法委员。⑥ 1935年11月召开的国民党第五次全国代表大会推选贡觉仲尼为国民党中央执行委员，并且直到1939年他回到拉萨后，还保留着中央执行委员的名号。⑦ 1931年4月1日，贡觉仲尼以蒙藏委员会委员的身份，和巫明远一起向蒙藏委员

---

① 《申报》1931年1月31日。
② 喜饶尼玛：《近代藏事研究》，第187页。
③ 邱熠华：《论西藏近代史上的拉萨三大寺：以政治活动与影响为中心（1911—1951）》，第190页。
④ 中国第二历史档案馆、中国藏学研究中心合编：《中国第二历史档案馆所存西藏和藏事档案汇编》（第19册），中国藏学出版社2012年版，第15页。
⑤ 同上。
⑥ 邱熠华：《论西藏近代史上的拉萨三大寺：以政治活动与影响为中心（1911—1951）》，第190页。
⑦ 《蒙藏月报》1944年第16卷第4期。

会常会提交了关于筹设西藏无线电台的提案，提案称：

> 现在邮电均未直达，交通梗阻，殊为一切事务之障碍，反而外国邮电，早即通行。值兹藏事解决，京藏间信息往还与一切要政推行，均须利用外国邮电转达。就中尤以电报最感困难，不惟电费奇昂，利权外溢（现在外电每字需费二元九角五分，动辄数百元），且明有漏泄与延搁等弊。盖明电则外人显知内容，密电则外人往往依政治作用，竟予扣留搁置，吾人莫可如何，似此情形，实于政治、国防大计攸关，惟有迅由政府在西藏拉萨地方先行设立无线电台，限于最短期内完成，以资应用。①

从贡觉仲尼领衔的一系列条呈来看，他不仅有较强的政治活动能力，也有切实改善中央和西藏地方间关系的抱负，并且有着倔强的性格，② 不太愿意逆来顺受。所以，当藏事无法推进时，不愿夹在中间受气的他便一再地向西藏地方政府提出辞职。③

全国抗战爆发后贡觉仲尼也积极参与了抗日救亡活动。1938年4月7日，贡觉仲尼等七人为藏族代表，与巴文峻等蒙古族代表，尧乐博士等"新疆回族代表"，共同组成了"蒙回藏联合慰劳抗战将士代表团"，4月19日"代表团"在武汉向蒋介石及空军全体将士献旗致敬，"并亲赴郑、徐州各地，慰劳前线将士，并于出发前通电"，发表了《蒙藏回族慰劳抗战将士团告全国同胞书》。④

1938年秋，贡觉仲尼和阿旺坚赞一行从重庆经云南、越南的河内到达

---

① 中国藏学研究中心、中国第一历史档案馆等合编：《元以来西藏地方与中央政府关系档案史料汇编》（第6册），第2506页。

② 正如恩格斯所说，"一个人的性格不仅表现在他做什么，而且表现在他怎样做"（《马克思恩格斯选集》第4卷，第344页），贡觉仲尼率其他驻京代表状告上级机关蒙藏委员会的做法，除了显示出这一时期西藏地方和中央政府关系的"不正常"外，在一定程度上也体现出贡觉仲尼有着直爽、倔强的性格。

③ 1936年接替贡觉仲尼担任西藏驻京办事处处长的阿旺桑丹在给蒙藏委员会的呈文中说，西藏地方政府"迭据贡觉仲尼先后恳辞西藏驻京代表"职，由此可见贡觉仲尼应该是不止一次提出过辞职请求（《蒙藏月报》1936年第5卷第1期）。

④ 《蒙藏月报》1938年第8卷第2期；《申报》1938年4月7日、4月20日。关于"蒙回藏联合慰劳抗战将士代表团"的详细情况，本书第五章第三节将会进一步论述。

印度。至此，第一批西藏代表完成使命，全部离开内地。① 到达印度后，阿旺坚赞暂时留在印度，而贡觉仲尼则继续前进，② 并于1939年回到拉萨。③ 之后不久，他被任命为布达拉宫大喇嘛。④ 由于他"返藏后宣传中枢德意，言论正大，颇得僧俗一部分人之信仰"，热振授予其扎萨之职，"并指定凡遇会议事项，嘱其出席发言"⑤。吴忠信认为他是"藏人中最接近中央者"⑥，所以吴忠信在藏时，曾一度委托贡觉仲尼"全权与噶厦接洽"⑦。1941年1月20日，孔庆宗在给蒙藏委员会的电文中称："又据贡委员言：曾与藏政府代表检视班禅法体，手足、指甲、皮肤完好，确系真灵。"⑧ 这说明，此后在拉萨的贡觉仲尼没有中断和蒙藏委员会驻藏办事处的联系。国民政府鉴于其特殊"劳勋"，于1941年授予其五等采玉勋章。⑨

---

① 1936年3月，曲批图丹因"疾病时发"，经呈请西藏地方政府同意"先归休养"，经蒙藏委员会呈请，行政院于4月11日下发指令，同意发给曲批图丹回藏经费1000元。不久，曲批图丹即返回西藏［中国第二历史档案馆、中国藏学研究中心合编：《中国第二历史档案馆所存西藏和藏事档案汇编》（第35册），第73、233页］。
② 图丹桑结：《关于第一、第二期西藏驻汉地办事人员情况的回忆》，何宗英译。
③ 喜饶尼玛：《近代藏事研究》，第192页。
④ 中国第二历史档案馆、中国藏学研究中心合编：《黄慕松、吴忠信、赵守钰、戴传贤奉使办理藏事报告书》，第243页。
⑤ 郭玉琴主编：《蒙藏委员会驻藏办事处档案选编》（二），第281页。
⑥ 中国第二历史档案馆、中国藏学研究中心合编：《黄慕松、吴忠信、赵守钰、戴传贤奉使办理藏事报告书》，第243页。
⑦ 同上书，第265页。
⑧ 中国藏学研究中心、中国第二历史档案馆合编：《九世班禅圆寂致祭和十世班禅转世坐床档案选编》，第117页。
⑨ 《边疆通讯》1943年第8期。国民政府于1933年12月2日公布的《颁给勋章条例》第一条规定："凡中华民国人民有勋劳于国家或社会者，除现役军人应依陆海空勋章条例办理外，得由国民政府授予勋章。国民政府为敦睦国交关系，得特赠勋章于友邦元首或颁给友邦人民。"第四条规定："采玉勋章分为九等，凡公务人员选任及特任初授三等，简任初授五等，荐任初授七等，委任初授九等，均得累功递进至一等。"由此可以看出，贡觉仲尼的勋章是按照"简任初授"授予的。（《法令周刊》1933年第181期，第1页）
在1941年授予贡觉仲尼"采玉勋章"前，1935年11月国民政府就已经授予热振摄政和司伦朗顿（སྲིད་བློན་གླང་མདུན་）"二等采玉勋章"，四位噶伦［即噶伦郎琼白玛敦朱（སྣང་ཆུང་པད་མ་དོན་གྲུབ་）、彭休泽登寺吉（ཕུན་ཁང་ཚེ་བརྟན་རྫོང་གི་）、彭康扎西夺吉（ཕུན་ཁང་བཀྲ་ཤིས་རྡོ་རྗེ་）和锵清土登霞嘉（ཅང་ཆེན་ཐུབ་བསྟན་ཤ་ཀྱ་）］"三等采玉勋章"各一枚，拟由"护送班禅大师回藏专使"带往拉萨。但是因为班禅大师回藏未成，所以这些勋章暂由蒙藏委员会代管。后趁吴忠信入藏之际，于1940年2月15日上午十时为热振呼图克图授勋，同日下午为四位噶伦授勋。17日，热振摄政和各噶伦"分别电呈主席林暨委员长蒋申谢，并祝国泰民安，政躬康健"（中国第二历史档案馆、中国藏学研究中心合编：《黄慕松、吴忠信、赵守钰、戴传贤奉使办理藏事报告书》，第144页）。热振摄政大概和"选任及特任"相当，各噶伦大致相当于"简任"，因此热振摄政和各噶伦的"采玉勋章"等级显然高于国民政府正常的授勋等级，属于"国民政府特令颁给者"（《颁给勋章条例》第六条规定："颁给勋章应依前两条之规定，不得超越初授等级，但由国民政府特令颁给者不在此限。"）这体现了国民政府对西藏地方政府主要官员的特别优待。

虽然西藏地方政府非法成立"外交局"后，贡觉仲尼成了该局主要负责人之一，①但是应该看到，在摄政达札的主导下，在人才缺乏的西藏地方政府，贡觉仲尼担任此职是具有很大的被迫性的。从1942年7月6日噶厦政府擅设"外交局"到1944年3月8日贡觉仲尼病逝，前后不足两年，这期间他还有病在身，因此能否全面参与"外交局"工作也值得怀疑。

"历史人物的作用及其评价，有一个基本模式，那就是不以'好'与'坏'这样质的概念来衡量，而以量的概念来衡量。"②因此，对贡觉仲尼我们更应该看到他在内地的近14年间，在改善中央和西藏地方间关系方面所做出的贡献。

吴忠信在藏时，贡觉仲尼也为其提供了许多帮助和便利，成为其在拉萨和西藏地方政府官员沟通的最主要中介。1944年3月8日，贡觉仲尼在拉萨病逝，蒙藏委员会驻藏办事处处长孔庆宗受蒙藏委员会委托前往吊唁，并慰问其家属。③

相比于以后的历任西藏驻京办事处处长，贡觉仲尼是政治上最为活跃的一位，在改善中央和西藏地方间的关系方面做出了其应有的贡献。贡觉仲尼之所以能取得如此卓越的成绩主要原因有如下一些：

首先，贡觉仲尼任职期间正是国民政府中央和西藏地方政府间建立关系的开始阶段，双方都有修好关系的愿望，所以互动自然就比较多。

其次，十三世达赖喇嘛在世时，比较注重西藏驻京办事处的作用，正如后来查尔斯·贝尔和西藏驻京办事处的西藏代表交谈时，西藏驻京代表抱怨的那样："达赖喇嘛经常都把所有的'涉外'大事告诉我们。如果他给蒋介石或汪精卫打电报，或者收到他们打来的电报，他都抄送一份给我们。现在的西藏政府却使我们消息不大灵通。有时，他们直接和中国政府通信，忘记把信稿抄件寄送给我们。"④十三世达赖喇嘛的

---

① 中国藏学研究中心、中国第一历史档案馆等合编：《元以来西藏地方与中央政府关系档案史料汇编》（第7册），第2842页。
② 李振宏、刘克辉：《历史学的理论与方法》，河南大学出版社2008年版，第571页。
③ 《蒙藏月报》1944年第16卷第4期。
④ [英]查尔斯·贝尔：《十三世达赖喇嘛》，冯其友、何盛秋等译，西藏社会科学院西藏学汉文文献编辑室1985年版，第140页。

这种重视，为贡觉仲尼提供了施展才华的平台和机会。

再次，在贡觉仲尼任职的相当长时间里，国民政府未能在西藏设立中央驻藏机构，中央政府和西藏地方政府都比较重视对该办事处的利用。

最后，贡觉仲尼和擦绒等当时西藏的一些权贵有亲戚关系，在西藏具有较好的政治人脉；并且经过长期驻京后，其"能操北平语，于中国情形，世界大势，颇能洞悉"①，显然这是其能做出重要贡献的不可或缺的个人因素。此外，另一个不容忽视的原因还在于，贡觉仲尼具有较敏锐的政治嗅觉和较强的政治活动能力，也很愿意为藏事奔波，所以其任内由其领衔的条呈就相对多些。

和贡觉仲尼同时任职的西藏驻京办事处副处长是阿旺坚赞，后来作为西藏总代表再次奉派驻京（重庆）。关于他的这段副处长生涯我们留待以后一并论述。

二 西藏驻京办事处的第二任处长

1935年时任西藏地方政府摄政的热振呼图克图和司伦朗顿呈文南京国民政府，向国民政府解释更换西藏驻京办事处负责人的原因，并呈报新派各员情况："前派驻京敝藏代表雍和宫扎萨克贡觉仲尼、卓尼阿旺坚参、仔仲曲批吐丹等奉委年久，勤慎将事，邀请更换前来，自应准其回藏销差，以资奖励。兹拣选得副堪布阿旺桑丹，卓尼根登曲他，罗藏娃执事吐丹桑结，及三大寺堪布等委派赴京供职，面谕应办接洽各情"，希望南京国民政府对新到任的西藏驻京代表"体谅中藏一家，格外优待，俾有如归之乐"②。由这份资料可以看出，这批西藏驻京代表是由西藏地方政府按照传统的"堪准洛松"的人事结构派遣驻京的，担任此次"堪""准""洛"的依次是堪琼阿旺桑丹（དཀའ་ཆེན་ངག་དབང་བསམ་གཏན་）、仔准格敦恰典（དགེ་འདུན་ཆོས་ཐན་）、洛杂哇图丹桑结（ཕྱག་མཛོད་ཐུབ་བསྟན་སངས་རྒྱས་）。③ 与

---

① 《蒙藏周报》1930年第47期。
② 西藏社会科学院、中国社会科学院民族研究所、中央民族学院等编：《西藏地方是中国不可分割的一部分（史料选辑）》，第497—498页。
③ 图丹桑结就是《关于第一、第二期西藏驻汉地办事人员情况的回忆》的作者。

此同时，西藏噶厦政府的噶伦致函时任蒙藏委员会委员长的黄慕松，除了解释替换代表的原因，介绍新派代表情况外，并希望新派代表"到后，务恳我公体恤关怀，时加指导，并赐予扶助，俾得推行政教"①。

堪琼阿旺桑丹，拉萨人，僧籍甘丹寺的夏孜扎仓（ཤར་རྩེ་གྲྭ་ཚང），布达拉僧官学校（རྩེ་རིག་གནས་སློབ་གྲྭ）学员。在赤门·诺布旺杰（ཁྲི་སྨོན་ནོར་བུ་དབང་རྒྱལ）噶伦担任昌都总管（མདོ་སྤྱི）时，他曾任昌都办事员（དྲུང་ལས）和丹群廓寺②僧官，之后又曾任拉萨草料管理部门（རྩྭ་གཉེར་ལས་ཁུངས）官员。十三世达赖喇嘛圆寂后土登贡培（ཐུབ་བསྟན་ཀུན་འཕེལ）遭逮捕，奉派前往尼木（སྙེ་མོ）地方查封土登贡培私人庄园的僧官就是阿旺桑丹。③ [ངན་གཡིས་སྙེ་མོ་ཁུལ་སྒོ་མིའི་རྒྱུ་བཟའ་ཅེ་དྲུང་བཀའ་དབང་བསམ་གཏན་དང་བོད་དྲུང་གཅིག（མིང་མི་དྭན）སྐྱེར་བཏང་བ་དང་④] 1936 年到南京出任西藏驻京代表时，阿旺桑丹约 42 岁。⑤

仔准格敦恪典，后藏人，僧籍在向·嘎确（གངས་དཀར་ཕྱུག་ཆོས་འཁོར）⑥，曾任后藏平措林（དགའ་བཞིན་ཕུན་ཚོགས་གླིང）宗⑦宗本。1936 年到南京出任西藏驻京代表时约 38 岁。⑧

洛杂哇图丹桑结，山南贡嘎乃萨（རྒྱའི་གོང་དཀར་གྱི་གནས་གསར）村人，僧

---

① 西藏社会科学院、中国社会科学院民族研究所、中央民族学院等编：《西藏地方是中国不可分割的一部分（史料选辑）》，第 498 页。

② 丹群廓寺，位于四川邓柯境内，寺庙的僧官既管理寺庙，也管理周围的百姓，相当于宗本。

③ 拉乌达热·土丹旦达：《西藏地方政府要政见闻》，《西藏文史资料选辑》（第 2 辑），第 216 页。

④ 引文译文：派遣阿旺桑丹和一名雪准（姓名记不清）前往尼木地方查封私人庄园。རྒྱུ་ར་ཕུན་བསྟན་བསྨོན་དང་། བོད་གནས་སྲིད་གཞུང་གི་སྲིད་དོན་གལ་ཆེའི་ཞིབ་འཇུག་གི་གནས་ཚུལ་མཁོ་བཤེར་བྱུང་བའོ། བོད་ཀྱི་རྒྱལ་རིགས་གནས་སྡེབ་གཞུང་། རྒྱ་བོད་བསྐྱགས།(4) མི་རིགས་དཔེ་སྐྲུན་ཁང་། བོད་མི་རིགས་དཔེ་སྐྲུན་ཁང་། སྤྱི་ལོ 2009 ལོར་ཤོག་570 དུ་གསལ།

⑤ 中国藏学研究中心、中国第一历史档案馆等合编：《元以来西藏地方与中央政府关系档案史料汇编》（第 7 册），第 2982 页。

⑥ 位于后藏南木林县境内，建于 1645 年，是五世达赖喇嘛时期新建的"新寺十三林"（དགོན་པ་གསར་པ་བཅུ་གསུམ）之一（《东噶藏学大辞典》，第 1987 页）。

⑦ 《瞻部洲广说》（1820 年）中藏文记为གུང་བརྡའ་ཕུན་ཚོགས་གླིང་།《铁虎清册》（1830 年）中藏文记为དགའ་བརྡ་ཕུན་ཚོགས་གླིང་།治所在今拉孜县彭错林区彭错林乡（房建昌：《清代西藏的行政区划及历史地图》，《中国边疆史地研究》1993 年第 1 期）。

⑧ 中国藏学研究中心、中国第一历史档案馆等合编：《元以来西藏地方与中央政府关系档案史料汇编》（第 7 册），第 2982 页。

籍色拉寺切扎仓，曾任孜森穹嘎（ཙེ་གཉིས་ཆུང་འབག）书写员和塔布嘎热寺的在职僧官。1936 年到南京出任西藏驻京代表时约 28 岁。①

1936 年 1 月 6 日，②阿旺桑丹等从拉萨出发，经则里拉（རྩེ་ལེ་ལ）前往噶伦堡，再由噶伦堡前往加尔各答，然后乘英国商船，途经新加坡、中国香港等地，约于 1936 年 3 月 8 日③到达上海，前后历时 20 多天。在上海，由南京派出的蒙藏委员会和西藏驻京办事处代表负责迎接。之后，阿旺桑丹一行和南京迎接代表一起乘坐火车前往南京。

3 月 10 日下午五时，阿旺桑丹、格敦恰典、图丹桑结、新派任的四位堪布，以及佣人等十七八人④到达南京，蒙藏委员会、西藏驻京办事处、西藏班禅驻京办事处等机关派员欢迎。迎接仪式结束后，阿旺桑丹等即由汽车送往临时住地南京市太平宾馆。因为西藏驻京办事处没有多余的房子，而原西藏驻京代表的工作尚未交接完毕，因此阿旺桑丹等在宾馆住了一个多月。其间的食宿费用均由蒙藏委员会承担。⑤

11 日下午，阿旺桑丹等一行进见蒙藏委员会委员长黄慕松，下午六时应邀出席了黄慕松的接风宴请。15 日上午九时，阿旺桑丹等新代表和新派的四堪布丹巴达札等拜谒中山陵。23 日上午十时，阿旺桑丹、贡觉仲尼等在黄慕松的带领下晋谒国民政府主席林森。此外，这期间他们还先后晋见了"军事委员会"委员长蒋介石、行政院院长汪精卫、立法院院长于右任、考试院院长戴传贤等国民政府的党政要员。27 日下午四时，新到任的四位堪布阿旺益西（也译为阿旺意喜，དགའ་དབང་ཡེ་ཤེས）、

---

① 中国藏学研究中心、中国第一历史档案馆等合编：《元以来西藏地方与中央政府关系档案史料汇编》（第 7 册），第 2982 页。图丹桑结说 1938 年阿旺坚赞返回西藏后，他还差一两岁就到三十岁了。由此推断，1935 年时他大概二十四五岁。图丹桑结：《关于第一、第二期西藏驻汉地办事人员情况的回忆》，何宗英译。

② 中国第二历史档案馆、中国藏学研究中心合编：《中国第二历史档案馆所存西藏和藏事档案汇编》（第 33 册），中国藏学出版社 2014 年版，第 135 页。

③ 图丹桑结说他们在上海共停留了三天，第一天由南京前去迎接他们的蒙藏委员会和西藏驻京办事处的欢迎代表迎接并设宴洗尘，第二天收到行李，第三天和迎接代表一起乘火车前往南京。因为阿旺桑丹等到达南京的时间是 3 月 10 日，据此推断，到达上海的时间为 3 月 8 日（图丹桑结：《关于第一、第二期西藏驻汉地办事人员情况的回忆》，何宗英译；《申报》1936 年 3 月 12 日）。

④ 图丹桑结：《关于第一、第二期西藏驻汉地办事人员情况的回忆》，何宗英译。

⑤ 同上。

根敦批结（也译为贡萨格贡柏结，དགེ་འདུན་འཕེལ་རྒྱས་）、丹巴达札（也译为登巴达札，བསྟན་པ་དར་རྒྱས་）和直列加错（也译为扯勉甲错，འཕྲིན་ལས་རྒྱ་མཚོ་）在贡觉仲尼的陪同下，由南京启程赴北平。28日夜十一时许，他们一行到达北平。30日四堪布向北平喇嘛寺庙整理委员会报到，并开始准备堪布接任事宜。①

1936年4月，阿旺桑丹等向蒙藏委员会递交了任职呈文：

> 案奉西藏政府令，以迭据贡觉仲尼等先后恳辞西藏驻京代表及驻京平康三办事处处长副处长等职。均经照准，兹派阿汪桑丹，格敦恪典，图丹桑结前往接任西藏驻京代表之职，阿汪桑丹并兼任西藏驻京办事处处长，格敦恪典兼任驻平办事处处长，图丹桑结兼任驻康办事处处长，至各该处副处长未到任以前，暂由彭错顿丹代理驻京办事处副处长，伦柱扎巴代理驻平办事处副处长，图丹班垫代理驻康办事处副处长，等因；奉此，阿汪桑丹等遵于二十五年四月十五日分别接任视事，除呈报西藏政府外，理合会同具文呈报，伏乞鉴察转呈备案。②

由此材料看出，和贡觉仲尼等一样，阿旺桑丹等既是西藏驻京代表，又兼任西藏驻内地各办事处的处长。

4月12日，蒙藏委员会向行政院递交了阿旺桑丹等的呈文，4月24日行政院下达指令，准予备案。③这样，从1936年4月15日起，阿旺桑丹成了西藏驻京办事处的新处长。

显然，西藏地方政府还有选派各办事处副处长的计划，但是最终是否按计划派出，笔者目前尚未看到相关材料。

阿旺桑丹等三人到达南京任职后，按照1930年贡觉仲尼、楚称丹增和降巴曲汪，以及1931年阿旺坚赞和曲批图丹到京时，由国民政府

---

① 《申报》1936年3月12日、16日、21日、24日、28日和30日。
② 中国第二历史档案馆、中国藏学研究中心合编：《中国第二历史档案馆所存西藏和藏事档案汇编》（第35册），第280页。
③ 《蒙藏月报》1936年第5卷第1期。

"赠给"旅费各1000元的惯例，国民政府也于1936年7月17日下发训令，同意"每人给予川资一千元，共计三千元"，"以示体恤"①。

1936年"西安事变"后，蒋介石羞愤难当，要求辞掉本兼各职。虽然这只是蒋介石多次辞职中的一次罢了，但是闻讯后的阿旺桑丹等却"异常惶忧"，并请蒙藏委员会"请转呈恳切慰留"②。蒙藏委员会则称赞阿旺桑丹等"敬护领袖，深切关怀，至堪嘉慰"③。虽然在此"慰留"的是蒋介石，但这说明他们对当时南京国民政府的中央政府地位是认可的。

阿旺桑丹等刚任职一年多，日本开始全面侵华，全国抗战爆发。日本很早就对西藏有所图谋，④并且已经成功邀请"奉旨掌管北京喇嘛印务处及唐古特学事务"的雍和宫扎萨五世阿嘉呼图克图（ཨ་རྒྱ་ཧོ་ཐོག་ཐུ），于1901年7月至8月访日，并毫不隐讳地表示："阿嘉一行访日不单纯是一个宗教活动，而且含有将来对西藏、蒙古地区的政治意义。"⑤因此可以肯定地说，日本政府的特务很早就对包括西藏驻京办事处在内的西藏驻内地机构的西藏代表们进行了渗透和威逼利诱。西藏地方政府派驻雍和宫的扎萨克堪布丹巴达札和阿嘉呼图克图的驻京代表"杨喇嘛"（拉布吉）一行，于1942年6月至7月应日本的邀请秘密访日，⑥更印证了这一推测。

1937年"七七事变"发生时，阿旺桑丹等正按例在北平避暑，然而他们不顾日本侵略者的威逼利诱，毅然从北平乘火车到天津，再从天津乘船前往青岛，继而乘火车于9月到达南京，这期间经历了多次日军和国民党守军的盘查，个别佣人还一度被扣。后又于12月冒着日军空

---

① 《监察院公报》1936年第91期，"审计"第13页。
② 《蒙藏月报》1937年第6卷第6期。
③ 《蒙藏月报》1937年第6卷第4期。
④ 本书关于20世纪前半期日本秘密邀请雍和宫僧人访日的相关记述主要参照了李丽、秦永章的《20世纪前半期雍和宫藏族高僧秘访日本始末》（李丽、秦永章：《20世纪前半期雍和宫藏族高僧秘访日本始末》，《北方论丛》2004年第2期），下面不再一一标注。
⑤ 寺本婉雅：《蒙藏旅日记》，东京芙蓉书房1974年版，第269页，转引自李丽、秦永章《20世纪前半期雍和宫藏族高僧秘访日本始末》，《北方论丛》2004年第2期。
⑥ 秦永章：《抗日时期日本染指我国西藏秘史》，《中国藏学》2005年第1期。

袭的危险，随国民政府迁往重庆。① 西藏代表此举再次说明，尽管西藏地方政府和中央政府间可能有这样或那样的矛盾，但是当遭遇外敌入侵时，他们便会暂搁矛盾，通力对外。

全国抗战期间的西藏驻京办事处和国民政府其他中央机关一样，经历了重重困难，代表们甚至多次直接面临死亡的威胁：从1937年9月返抵南京到1937年12月迁往重庆的两个月里，日军飞机不时地对南京进行轰炸，为了躲避敌机轰炸，阿旺桑丹等搬到了南京以南七里远的一个村庄，然而因为喝不惯当地的井水，西藏代表和他们的佣人都得了很严重的疟疾，屡治无效后不得不冒着生命危险搬回南京；在由南京乘火车迁往汉口的路上，西藏代表和其他人一起被迫数次下火车躲避敌机轰炸；12月上半月初到重庆时，因为办事处的办公地址尚未确定，西藏代表在临时住地再次被疟疾侵扰，之后图丹桑结还因严重腹泻住院一周；办事处在重庆长江南岸租赁好房子不到一年，日本侵略者旨在摧毁中国人民抗战意志的"重庆大轰炸"②就开始了，这期间图丹桑结又因肺炎住院一周；"重庆大轰炸"开始后，国民政府为了减少人员伤亡和财产损失，将机关、学校等迁往重庆周边农村，西藏驻京办事处也在这一时期迁往重庆以西大约五十里的农村，租用一户农民的大房子居住、办公，其间偶尔到重庆办事的西藏代表，还多次遭遇日本飞机轰炸，经历了抗日战争时期可怕的"躲警报"，并亲身体验了气闷、潮湿的防空洞生活；甚至，西藏代表们有数次与死神擦肩而过的经历，例如一次日机轰炸在农村的西藏驻京办事处周边一带时，一枚炸弹落在了办事处住地附近，办事处人员甚至清楚地看到了炸弹降落的整个过程，听到炸弹下落过程中发出的"嗖嗖"声，但躲避轰炸的人们显然对炸弹爆炸的危险性意识不够，仅就近躲进约百步之外小土丘后的一处小树林中，所

---

① 中国藏学研究中心、中国第一历史档案馆等合编：《元以来西藏地方与中央政府关系档案史料汇编》（第7册），第2967页；图丹桑结：《关于第一、第二期西藏驻汉地办事人员情况的回忆》，何宗英译。

② 重庆大轰炸从1938年2月到1943年8月，前后历时5年半，其中最猛烈的阶段集中在1939年至1941年。1940年，日机不再考虑区别非军事参战的人员、地区、机关，径直将重庆划分为数个轰炸区，进行无区别轰炸（李金荣、杨筱：《烽火岁月：重庆大轰炸》，重庆出版社2005年版，第8页）。

幸炸弹没有爆炸；1939年6月的一天早晨，一架日本侦察机被中国空军发现并进行追击时，子弹打穿办事处的屋顶，打碎了当时睡觉的格敦恪典头旁的花瓶，而格敦恪典有幸毫发未伤；还有一次，西藏驻京代表一行六人到峨眉山朝佛，到达峨眉山下的嘉定后他们商量是否多休息几天，但是最后决定还是先去朝佛，所以第二天一大早，便雇了六乘轿子上路，可是当他们离开后不久，嘉定县城就遭到了日机轰炸，城市三分之二被炸毁……①西藏驻京办事处的这些经历，也是这一时期绝大多数在重庆的人们的生活情形，是这一时期抗战大后方人民忍辱负重，同仇敌忾情形的真实写照。

全国抗战时期的重庆人，不仅生活清苦，而且还不时面临着生命危险，因此这段时间仅仅坚持驻京本身就是一种对生命的考验。正是出于这种认识，蒙藏委员会于1939年5月以"西藏驻京代表阿旺桑丹、格敦恪典、图丹桑结三员，与翻译邓春秀②服务中央历有年，生活清苦，任职忠诚，亟应略事奖劝"为由，呈文行政院要求对其进行奖励。1939年6月22日国民政府同意了蒙藏委员会的呈请，给"阿旺桑丹等三代表，各一次补助一千元，翻译邓春秀一次补助三百元，计共三千三百元"③。

1937年12月九世班禅在玉树圆寂后，蒙藏委员会奉国民政府命令于1938年3月8日"假重庆商会"④举行九世班禅追荐会，西藏驻京办事处全体人员参加了追荐会。⑤

从1937年9月回到南京开始，西藏驻京代表就一直被疟疾等疾病困扰，其间阿旺桑丹、格敦恪典和图丹桑结都有因病住院的经历。这是全国抗战时期大量难民涌入重庆后公共卫生恶化的必然结果之一，也是战争造成的必然困难之一。

在图丹桑结随同吴忠信前往拉萨前，阿旺桑丹病情已经严重恶化，

---

① 图丹桑结：《关于第一、第二期西藏驻汉地办事人员情况的回忆》，何宗英译。
② 邓春秀即顿珠拉姆，关于顿珠拉姆的生平等请见本节"西藏驻京办事处其他主要职员"部分。
③ 《蒙藏月报》1940年第12卷第2、3合期。
④ 中国藏学研究中心、中国第二历史档案馆合编：《九世班禅圆寂致祭和十世班禅转世坐床档案选编》，第28页。
⑤ 图丹桑结：《关于第一、第二期西藏驻汉地办事人员情况的回忆》，何宗英译。

胃功能基本失效，吃进去的食物无法消化。1939年11月15日晚，阿旺桑丹因胃病①在成都协和医院病故，享年45岁。② 蒙藏委员会于11月21日即通知噶厦政府有关阿旺桑丹的死讯。③ 1939年12月29日，国民政府行政院发布了对阿旺桑丹的褒奖令：

> 西藏代表阿旺桑丹，宣赴内地，劳勚足称，迩闻溘逝，良殷悼惜，令予褒扬，并发给治丧费三千元，以示优恤，此令④

两次嘉奖前后仅仅五个月之隔，但受奖人已阴阳两隔，不禁令人痛惜！

1940年7月，国民政府下发了批准西藏驻京办事处编送的"阿故处长随员及行李回藏旅费预算概算"的命令，共计四千元，由蒙藏委员会从其"二十九年度蒙藏政教领袖展觐费项下动支"⑤。这样，按惯例随同前来的阿旺桑丹的随员得以顺利回藏，这也算是全国抗战时期对阿旺桑丹身后之事最妥善的解决办法了。

就藏事而言，1936年4月到1939年11月的四年多时间里，前一年依然是关于九世班禅返藏的无休止的争论，后三年则是关于十三世达赖

---

① 据图丹桑结的表述，在他离开重庆前往西藏前，阿旺桑丹就患上了非常严重的胃病，胃内严重溃疡，消化功能基本消失，身体极度虚弱（图丹桑结：《关于第一、第二期西藏驻汉地办事人员情况的回忆》，何宗英译）。

② 1936年11月30日提交的"国民大会蒙藏代表选举事务所为转呈噶厦政府拟派国大西藏代表名单致选举总事务所公函"中，阿旺桑丹是42岁［中国藏学研究中心、中国第一历史档案馆等合编：《元以来西藏地方与中央政府关系档案史料汇编》（第7册），第2982页］。

③ 郭玉琴主编：《蒙藏委员会驻藏办事处档案选编》（二），第281页。

④ 《申报》1939年12月30日。比较国民政府时期另外几例"褒奖"及发给"治丧费"的记录，可以看出国民政府对阿旺桑丹的优恤情形。1. 1935年12月27日，国民政府发布训令，令给遇刺身亡的"前外交部常务次长、现交通部次长唐有壬"治丧费三千元（《审查部公报》1936年第62期，第27页）；2. 1936年6月国民政府参军兼典礼局局长毛仲方因病去世，国民政府于1936年6月18日发布训令，令给毛仲方治丧费三千元（《审查部公报》1936年第64期，第34页）；3. 1936年7月6日，国民政府发布训令，令给病逝的锡林郭勒盟盟长、蒙古地方自治委员会委员长索诺木喇布坦治丧费五千元（《审查部公报》1936年第65期，第111页）；4. 1936年，段祺瑞病逝，国民政府训令给予丧葬费一万元，并予国葬（《审查部公报》1936年第69期，第43页）。由此可见，3000元治葬费是国民政府对简任或相当于简任的有功勋官员的一种优恤。

⑤ 《蒙藏月报》1940年第12卷第2、3合期。

喇嘛转世灵童寻访、入藏，以及吴忠信入藏、中央驻藏官员易人等相关事件的协调、转呈通报。其详细情况将在后面章节具体论述。

总体上看，虽然阿旺桑丹不似他的前任贡觉仲尼一样表现活跃，但遇事时还是能够尽职尽责，发挥了其应有的作用。尤其是抗日战争时期冒着生命危险坚持住在陪都重庆，为抗日战争时期中央和西藏地方之间关系得以延续发挥了积极作用。

三　西藏驻京办事处的两任代理处长

阿旺桑丹病逝后办事处处长之职暂由格敦恪典代理。1939年12月26日，蒙藏委员会就格敦恪典代理办事处处长事致电噶厦政府：

> 拉萨噶厦公鉴：
> 真电悉　密　驻京办事处职务现由格敢恪典①代理，随从人员自应照旧维持。特复。
> 　　　　　蒙藏委员会　铣　叩②

由此电文的口气来看，应该是蒙藏委员会通报噶厦阿旺桑丹的死讯后，噶厦对办事处处长及随从人员的情况进行了询问，而该电正是对噶厦这种询问的答复。

格敦恪典在任时，其经手的藏事主要有两件，第一件是经领了中央政府补助达赖喇嘛的坐床经费40万元。

虽然从国民政府和西藏地方政府间关于中央派员参加十三世达赖喇嘛转世灵童坐床典礼交涉的整个过程来看，青海军阀马步芳初期遵照国民政府密令，阻止青海转世灵童候选人入藏的做法，对促成西藏地方政府同意国民政府派员会同热振摄政主持转世灵童坐床发挥了积极作用。③ 但在灵童寻访过程中，尤其是国民政府同意放行灵童候选人

---

① 应该是"格敦恪典"。
② 郭玉琴主编：《蒙藏委员会驻藏办事处档案选编》（二），第302页。此处原书上的标题和电文影印件排版有误，标题在第298页，但电文影印件在第302页。
③ 扎洛：《第十三世达赖喇嘛灵童候选人拉木登珠1938—1339年间滞留西宁问题探析》，《西藏民族学院学报》（哲学社会科学版）2004年第2期。

后，马步芳无视大局的军阀本性充分暴露。他以护送灵童候选人入藏"应需路费及到藏交际各费"为名要求蒋介石拨款 10 万元。为了促成灵童候选人顺利入藏，蒋介石只能"饬由军需署先行如数垫发拨汇兰州朱主席①转交"②。同时，马步芳还以"在青寻觅候选灵儿所费"③为由，勒逼西藏地方政府缴纳巨款。据蒙藏委员会的调查，西藏地方政府"于青海寻觅灵儿时先后付款两次，第一次由西藏驻京代表自重庆农民银行兑交马主席者，计法币十万元，又送秘书陈耀堂法币一万元；第二次由该省护送灵儿副专员马辅臣到拉萨检收者，计现大洋三十二万九千元，折合卢比二十六万余元。以上两项，共为四十三万九千元"④。这正是国民政府在派出吴忠信主持十三世达赖喇嘛坐床事宜的前提下，又以补助达赖喇嘛坐床经费名义拨发西藏地方政府 40 万元的缘由。

南京国民政府为什么以补助达赖喇嘛坐床经费的名义，拨给西藏地方政府 40 万元？笔者分析主要缘于以下三个方面的考虑。

第一，虽然国民政府对马步芳的做法非常不满，但却不愿在西藏地方政府面前表现出其对青海马步芳相对薄弱的管控。吴忠信对此事的态度和主张很好地说明了这一点。1939 年 10 月 16 日，吴忠信"接见青海财政厅长谭克敏，伊报告青海寻觅达赖转世灵儿情形，以及〔西藏〕情况恶化，耗费四十万元之经过"。同时，蒙藏委员会驻藏代表张威白的报告也确认了马步芳勒索西藏地方政府四十多万元的事实。吴忠信认为"此事颇与国家体面有关"，所以"闻之深为痛心"⑤。10 月 20 日，吴忠信特意约请"国防最高会议秘书长张岳军、行政院秘书长魏道明、

---

① 即朱绍良。朱绍良（1891—1963），原名宝瑛，字一民，国民党高级将领，时任甘肃省政府主席。

② 中国藏学研究中心、中国第二历史档案馆合编：《十三世达赖圆寂致祭和十四世达赖转世坐床档案选编》，第 202 页。

③ 同上。

④ 中国藏学研究中心、中国第一历史档案馆等合编：《元以来西藏地方与中央政府关系档案史料汇编》（第 7 册），第 2787 页。

⑤ 中国第二历史档案馆、中国藏学研究中心合编：《黄慕松、吴忠信、赵守钰、戴传贤奉使办理藏事报告书》，第 220—221 页。

军委会侍从室主任陈布雷及文白①兄讨论此案,均以关系国家体面及对藏信用,应由中央将该项用费四十三万元补还藏方"②。因此,当西藏地方政府青海灵童寻访小组负责人格仓佛"谓藏方确付青海费用四十余万元"时,吴忠信则以"青海政府始终对中央表示负责护送灵儿入藏,不过藉口预备不及,延缓启行而已"③为词,进行辩解。鉴于此,并为了防止影响藏事前途,吴忠信等都主张由中央补助西藏地方这笔巨款。蒋介石也认为"如果属实,自应由中央以补助灵儿登座大典经费之名义偿付藏方"④。

第二,防止英国借此干预灵童遴选及坐床事宜。1939年10月18日,蒙藏委员会驻藏代表张威白密电吴忠信,称"西藏在青海寻访灵儿所用数十余万款,除去岁由西藏驻京代表经由农民银行汇青拾万外,余款现因藏方无力交付,汇主又逼勒非交现金大洋不可,经多番交涉,结果作合卢比二十六万余元。本日据英方驻藏商务委员热依八都谈及,藏当局恳其借垫,由印度交付"⑤。很明显,如果西藏地方政府因此而向英印政府借款,不仅会给英印政府干预达赖喇嘛征认、坐床事宜提供借口,而且必然助长藏内亲英势力的气焰,使藏内爱国人士感到寒心。因此,吴忠信据报后明确表示愿意"负责向中央请求筹拨,藏方毋庸另向英人借款偿付"⑥。

第三,出于"收拾人心,树立信用"的考虑。对于财政收入本就不多的西藏地方政府而言,四十多万元确实是个不小的数目。因此,虽然在被迫向马步芳支付全部费用后十三世达赖喇嘛的转世灵童候选人得以顺利入藏,但是西藏各界对马步芳此举的反感溢于言表:"近日藏方上自官吏下至人民公开谈论,达赖化身系该西藏用钞买来"⑦,对于认为

---

① 文白,即张治中将军。张治中(1890—1969),原名本尧,字文白。
② 中国第二历史档案馆、中国藏学研究中心合编:《黄慕松、吴忠信、赵守钰、戴传贤奉使办理藏事报告书》,第221页。
③ 同上书,第250页。
④ 同上书,第221页。
⑤ 郭玉琴主编:《蒙藏委员会驻藏办事处档案选编》(二),第272页。
⑥ 中国藏学研究中心、中国第一历史档案馆等合编:《元以来西藏地方与中央政府关系档案史料汇编》(第7册),第2787页。
⑦ 郭玉琴主编:《蒙藏委员会驻藏办事处档案选编》(二),第269页。

达赖喇嘛是神圣的西藏人来说，以达赖喇嘛转世灵童来做这样的论述，充分表达了其发自内心的愤恨。因此，由国民政府"赏发归垫"这笔巨款，不但可以"顾全出卖灵儿之颜面"，慰藉"藏人耿耿内倾之蚁衷"①，保证吴忠信顺利完成会同热振呼图克图主持十三世达赖喇嘛转世灵童征认、坐床事宜，而且可以防止西藏地方政府将马步芳的这一个人行为推定为中央政府的治藏政策，进而影响中央和西藏地方间关系的改善。

1940年2月5日，国民政府发布命令，"着由行政院转饬财政部拨发四十万元，以示优异"②。1940年7月27日，蒙藏委员会致函"中央银行新市区分行"，称：

> 径启者：本会七月二十六日所签发第三八八号存户第〇一五九七三号支票一纸，计国币四十万元整。此款系中央补助第十四辈达赖喇嘛坐床经费，确系交由西藏驻京办事处处长格敦恪典经领。特此证明。③

由此可见，格敦恪典代表西藏地方政府经领了国民政府拨发的达赖喇嘛坐床经费。至此这次经费事才得以较好解决。

对于西藏地方政府而言，虽然国民政府给其拨发的40万元"坐床大典经费"，实质上就是"由中央以补助灵儿登座大典名义偿付藏方"的被马步芳勒索的那笔款项，但是其毕竟有着"坐床大典经费"的名义，西藏地方政府接受国民政府这笔"补助"经费，说明其对其中蕴含的政治意义是接受的。同时，由作为西藏驻京办事处处长的格敦恪典出面经领，也体现西藏驻京办事处在该事件中的作用。

格敦恪典所经办的第二件藏事就是作为西藏地方代表参加了1940年2月22日举行的"重庆各界庆祝十四辈达赖喇嘛坐床大会"。1940年2月22日，在拉萨举行第十四世达赖喇嘛坐床典礼的同时，重庆全

---

① 郭玉琴主编：《蒙藏委员会驻藏办事处档案选编》（二），第269页。
② 中国藏学研究中心、中国第一历史档案馆等合编：《元以来西藏地方与中央政府关系档案史料汇编》（第7册），第2789页。
③ 同上书，第2792页。

市也悬旗结彩，以表示庆贺，国民政府并在重庆长安寺举行了庆祝大会。午后三时，大会典礼开始，参加者有"各机关团体代表，中央政治学校边疆学校全体师生，并民众者共约万余人，由蒙藏委员会副委员长赵丕廉任主席，率导与会者向第十四辈达赖喇嘛法像行庆贺礼，并献哈达，继由策觉林呼图克图，西藏驻渝代表格敦恪典举行宗教仪式"。蒋介石也于下午五时亲临会场祝贺，以表对达赖喇嘛转世事宜的重视。①

然而，格敦恪典自1940年"九月十四日起患腹疾，十五日夜间突转为霍乱症，十六日晨经西医打针后病势稍稳，入夜渐次转剧，十七日晨五时正瞑目逝世"②。享年42岁。③

9月22日蒙藏委员会向行政院院长蒋介石递交呈文，文曰：

> 查该处长格敦恪典代表西藏政府供职中枢，为时五载，黾勉从公，勋勤懋著，兹闻溘逝，无任悼惜，除电达噶厦外，理合备文转呈拟请钧院援照该处前故处长阿旺桑丹成例，明令褒扬，并拨给治丧费三千元，以示矜恤，是否有当，仰祈鉴核示遵。④

虽然没有看到行政院关于此呈的批文，但因为前面已有阿旺桑丹的成例，照批应该是没有问题的。

格敦恪典代理处长仅仅十个月就病故了。在不到一年的时间里，西藏驻京办事处的两位处长都病逝任上。格敦恪典病逝后，按照其遗嘱，并经蒙藏委员会同意，在新任代表未到任以前处务暂由总务科长仑珠代理。

仑珠（ལུན་གྲུབ་），原为阿旺桑丹的佣人，1935年阿旺桑丹等人来南京时，随同前来。仑珠具有很好的藏文水平，并略懂汉语，因此在图丹桑

---

① 《申报》1940年2月23日、24日。
② 《蒙藏月报》1940年第12卷第4、5期。
③ 1936年11月30日提交的"国民大会蒙藏代表选举事务所为转呈噶厦政府拟派国大西藏代表名单致选举总事务所公函"中，格敦恪典是38岁，但不知道是藏历还是公历的算法。参见中国藏学研究中心、中国第一历史档案馆等合编《元以来西藏地方与中央政府关系档案史料汇编》（第7册），第2982页。
④ 《蒙藏月报》1940年第12卷第4、5合期。

结离开重庆前，经三位驻京代表商议，任命其为西藏驻京办事处总务科科长。①

关于仑珠的全名，相关材料上有不同的说法。图丹桑结说仑珠的全称是仑珠次成（ཕུན་གྲུབ་ཚུལ་ཁྲིམས།）。另外，《噶厦为呈报出席国大代表事致孔庆宗函》[藏历铁龙年（1940）7月16日]中有如下记述：出席国民会议的代表名单，"现呈报如下：孜谆格顿曲登、堪布嘉绒拉丁、翻译顿珠拉姆（西康人）、伦珠尊追四人，现均在重庆"②。四人中的"孜谆格顿曲登"即时任西藏驻京办事处处长的格敦恪典，堪布嘉绒拉丁暂时还未看到更多详情，翻译"顿珠拉姆"即接替意希博真出任西藏驻京办事处翻译的曼·顿珠拉姆（关于她的情况将在本节后面论及）。因为格敦恪典担任处长时仑珠担任西藏驻京办事处的总务科科长，属于西藏驻京办事处中的重要职员，而他又是来自西藏地方政府的人员，因此在出生于西康的曼·顿珠拉姆都被噶厦政府指定为西藏地方国民大会代表的情况下，仑珠没有理由不被指定。据此推测，上文中的"伦珠尊追"即是担任西藏驻京办事处代理处长的"仑珠"。与这份档案材料相比，因为图丹桑结的《关于第一、第二期西藏驻汉地办事人员情况的回忆》成书于20世纪80年代，多少有些回忆的成分，因此"伦珠尊追"自然也比"仑珠次成"更可信。

有资料显示，此后仑珠一直代理处长，直至西藏地方政府派出的新代表到达陪都重庆接任。

现在刊布的史料中关于代理处长仑珠的记载比较少，主要有：

1. 迎接和陪同第三批新任西藏代表，即罗桑札喜、土丹参烈和图登生格一行。

2. 1941年2月2日九时，作为"蒙回藏三族联合慰劳抗战将士代表团"成员之一，向蒋介石献旗。该代表团中的藏族代表还有喜饶嘉措、格桑泽仁、罗桑坚赞、丁杰活佛（གཏིང་སྐྱེས་སྤྲུལ་སྐུ།）、刘曼卿等。③ 关于

---

① 图丹桑结：《关于第一、第二期西藏驻汉地办事人员情况的回忆》，何宗英译。
② 中国藏学研究中心、中国第一历史档案馆等合编：《元以来西藏地方与中央政府关系档案史料汇编》（第7册），第2984页。
③ 《蒙藏月报》1941年第13卷第2期。

蒙回藏三族联合慰劳抗战将士代表团的情况,将在本书第五章中进行论述。

3.1941年9月西藏地方政府正式决议拒修中印公路后,仓珠作为西藏驻京办事处代处长被国民政府召集开会,商讨对策。①

阿旺桑丹和格敦恪典相继病逝,1936年同来的图丹桑结又于1939年随同吴忠信入藏,这样格敦恪典病逝后西藏地方政府派遣驻京的第二批西藏代表已经全部不在内地了。

四 西藏驻京办事处的第五任处长

1940年,西藏地方政府派出了第三批驻内地代表,他们是罗桑札喜（ བློ་བཟང་བཀྲ་ཤིས་ ）②、土丹参烈（ ཐུབ་བསྟན་མཆན་ལེགས་ ）、图登生格（ ཐུབ་བསྟན་སེང་གེ་ ）③等三人。1940年5月8日,噶厦政府就新派代表事致电南京国民政府,函电曰:

> 前定西藏参加国民大会代表堪穹阿旺桑登、仔仲格登曲丹、罗查哇图登桑结、贡觉仲尼、阿旺坚赞、登巴达札、阿旺意喜、称勒甲错、格登拍结、意喜博真等十员中,贡觉仲尼为中委,阿旺桑丹则已故,阿旺意喜已留北平,应从速新派三人接充等情前来。兹经派定堪穹罗桑札喜、孜仲图丹称勒、罗查哇土丹生格,请予查照。

---

① 张永攀、杨珺:《抗战期间中英政府交涉中印公路运输线考释（上）》,《长安大学学报》（社会科学版）2003年第2期。

② 1950年昌都解放,藏历十一月十一日十四世达赖喇嘛仓促任命罗桑札喜和鲁康娃·泽旺绕登（ གྱུར་པ་ཚེ་དབང་རབ་བརྟན་ ）为司曹（ སྲིད་ཚབ་ ）,代理摄政职务［土丹旦达:《〈关于和平解放西藏办法的协议〉签订前后》,《西藏文史资料选辑》（第1辑）,第22—23页］。罗桑札喜和鲁康娃是当时西藏反动派的代表人物,曾组织伪人民会议,暗中支持反动派围攻中央代表张经武住地。在中央代表的建议下,十四世达赖喇嘛于1952年4月下令免云了鲁康娃和罗桑札喜的司曹职务。［拉鲁·才旺多杰:《人民解放军进驻拉萨以后》,《西藏文史资料选辑》（第1辑）,第137—138页; ཚེ་དབང་རྡོ་རྗེ། ། དབང་ཆེན་སྟོབས་ལྡན་རྣམ་རྒྱལ་སོགས་རྩོམ་སྒྲིག་བྱས་པ། བོད་ཀྱི་ལོ་རྒྱུས་གནས་ཚུལ་ཆ་བཀོད་མཁྲེགས་བསྒྲིགས (1) མི་དམངས་དཔེ་སྐྲུན་ཁང་པ། མི་རིགས་དཔེ་སྐྲུན་ཁང་པེ་ཅིན། 2009 ལོར་ཤོག་གྲངས་223—224 དུ་གསལ།）］

③ 土丹参烈,约生于1907年;图登生格,约生于1906年。中国藏学研究中心、中国第一历史档案馆等合编:《元以来西藏地方与中央政府关系档案史料汇编》（第7册）,第3022页。

噶厦上

庚辰年藏历四月初一日①

由此可知，罗桑札喜等三人是替补贡觉仲尼、阿旺桑丹和阿旺意喜三人所留的国民大会缺额的，同时又是按照西藏"堪准洛松"的人员结构，前来接替第二批西藏驻京代表的。

罗桑札喜，至少在 1925 年已经有仔准之职衔。因为 1925 年十三世达赖喇嘛任命 1924 年刚被任命为扎什伦布寺扎萨喇嘛的罗桑丹增为"扎什伦布寺札萨喇嘛堪钦之职"②（བཀྲ་ཤིས་ལྷུན་པོའི་ཛ་ས་མཁན་ཆེ་བློ་བཟང་བསྟན་འཛིན），以"代理班禅的职务，管理札什伦布寺的政教事务"③时，同时又派"仔卓尼罗桑仁青（རྩེ་མགྲོན་བློ་བཟང་རིན་ཆེན）、业基苏本德强（གཉེར་ཆེན་གསོལ་དཔོན་བདེ་ཆང）似有误，见注释——笔者注）、雪仲将巴噶桑（ཤོད་དྲུང་བྱམས་པ་སྐལ་བཟང）似有误，见注释——笔者注）、仔准罗桑札喜（རྩེ་མགྲོན་བློ་བཟང་བཀྲ་ཤིས）、仔准钦热旺觉（རྩེ་མགྲོན་མཁྱེན་རབ་དབང་ཕྱུག）等五人，前往札寺工作，受扎萨喇嘛领导，分别掌管札寺各宗政权和寺内政教事务"④。罗桑札喜也是 1934 年前后龙夏"吉确公东"（སྐྱིད་ཕྱོགས་ཀུན་བསྡུས）运动的八十多位签字僧官中的一位，

---

① 中国社会科学院历史研究所第三所、南京史料整理处选辑：《西藏历史资料汇编》（第 9 册）（1929—1948），油印本，中央民族大学图书馆。

② 《第十三世达赖喇嘛年谱》，西藏自治区政协文史资料研究委员会编《西藏文史资料选辑》（第 2 辑），第 204 页。

③ 牙含章：《班禅额尔德尼传》，第 247 页。

④ 牙含章：《达赖喇嘛传》，第 2/3 页。《第十三世达赖喇嘛年谱》（第 204 页）中对此事的记载如下："对部分政府供职人员，根据其资才升迁调遣。任命洛桑丹增为扎什伦布扎萨喇嘛堪钦之职；任命洛桑仁钦为勒冶孜准之职；任命江孜白居寺执事孜仲钦绕旺秋等人为扎萨喇嘛助理之职。"（དེ་སྐབས་གཞུང་ཞབས་ཁག་ཅིག་གི་གྱོང་སྦྱོང་རབ་དང་བཀྲ་ཤིས་ལྷུན་པོའི་ཛ་ས་མཁན་ཆེར་བློ་བཟང་བསྟན་འཛིན་དང་། རྩེ་མགྲོན་བློ་བཟང་རིན་ཆེན་གནས་ཆེའི་རྫ་ས་གསོལ་དཔོན་དང་། རྩེ་དྲུང་གཞི་ཀ་རྩེའི་ལྷའི་ཁང་དཀོན་གཉེར་མཁྱེན་རབ་དབང་ཕྱུག་བཅས་རིམ་བཞིན་བསྐོ་གཞག་བགྱིས།）（དྭ་བླའི་རྣམ་ཐར་སྨད་ཆ་གསུམ་པ་ནས་ཤོག་གྲངས་དགུ་བཅུའི་ཚོམ་པ། ཤོག་གྲངས་543—544་དུ་གསལ།）

对比《达赖喇嘛传》和《第十三世达赖喇嘛年谱》中的这些人员名单，可以看出《达赖喇嘛传》中应该是将"兼任大管家七月索本和司库的雪仲坚央噶桑"（གཉེར་ཆེན་གསོལ་དཔོན་དང་། ཤོད་དྲུང་དཀོན་གཉེར་སྐལ་བཟང་།）误为业基苏本德强（གཉེར་ཆེན་གསོལ་དཔོན་བདེ་ཆང）和雪仲将巴噶桑（ཤོད་དྲུང་བྱམས་པ་སྐལ་བཟང）两个人，并且将"坚央噶桑"误为"将巴噶"。

第三章　西藏驻京机构的历任处长及主要职员　137

但可能因为他在会议中反对对赤门噶伦的攻击并反对增加僧官噶伦等的提议，① 所以运动失败后没有被殃及。1940 年，噶厦政府召开"机要扩大会议"（ཚོགས་འདུ་རྒྱ་བསྐྱེད་རྒྱས་པ་），讨论"关于奖励赴青海寻访、迎请第十三世达赖喇嘛转世灵童（即今十四世达赖喇嘛）之有功人员格五仓活佛等人"②（དྭ་ལའི་བླ་མ་སྐུ་ཕྲེང་བཅུ་གསུམ་པའི་ཡང་སྲིད་མཚོ་སྔོན་དུ་ལའི་བླ་མ་སྐུ་ཕྲེང་བཅུ་བཞིའི་ཞི་ཞིང་ཁུལ་ནས་བཙལ་དེས་རྙེད་བོད་དུ་གདན་ཞུ་ལེགས་གྲུབ་བྱུང་བར་སྐུལ་མ་གཞན་བསྐྱོན་དེས་པར་གནང་གསོལ་ལོག་གི་ཆོས་སྐྱོང་མགོན་མཚོ་ལས་སོགས་）③ 等事项，罗桑札喜以仔准身份参与了此次会议。1940 年 4 月 5 日，罗桑札喜还曾以农务局（སོ་ནམ་ལས་ཁུངས་）副办的身份拜访过当时在拉萨的吴忠信。④ 此后不久，罗桑札喜升为四品僧官。⑤

　　第三批西藏代表由康藏线陆路赴渝。1941 年 1 月，罗桑札喜一行从拉萨启程，踏上了前往重庆的旅途。⑥ 大约 1941 年 3 月 11 日左右，罗桑札喜一行到达了昌都，⑦ 是年"四月二十四日始抵甘孜，二十九日离甘入关，五月十六日下午三时半抵康，同来者共十八骑，首由四骑士骑马横刀，以为前导，骑兵十骑护卫前后，三代表策马其中，仪容甚伟，抵城后，即驻锡安隐寺"⑧。之后"以天气炎暑，拟秋凉来渝展觐"，所以致电蒙藏委员会请示，蒙藏委员会"经电复准如所请"⑨。这

---

① 拉乌达热·土丹旦达：《我参与"龙夏事件"的经过》，《西藏文史资料选辑》（第 1 辑），第 233 页；ཞུད་དར་ཕུག་བསྟན་བདར་ངའི་བའི་བ་ཞོལ་རྒྱས་བའི་བེན་ཞུགས་པའི་གཅུམ་ཤིད་གྲོས་བོད་རང་སྐྱོང་ལྗོངས་ཀྱི་ལོ་རྒྱུས་རིག་གནས་དཔྱད་གཞིའི་རྒྱུ་ཆའི་བསྒྲིགས་དེབ་དུ་སོ་རྒྱས་རིག་གནས་དཔྱད་གཞིའི་རྒྱུ་ཆ་བདམས་བསྒྲིགས༎ (1) མི་དམངས་དཔེ་སྐྲུན་ཁང་པ། མི་རིགས་དཔེ་སྐྲུན་ཁང། སྤྱི་ལོ་ 2009 ལོར་གནང་ 516 དུ་གསལ།

② 拉乌达热·土丹旦达：《台吉穷让·顿珠杰布被贬官充军之原因》，《西藏文史资料选辑》（第 1 辑），第 610 页。

③ ཞུད་དར་ཕུག་བསྟན་བདར་དར། བའི་ཇི་ལར་རང་དགོན་གྲུབ་པ་བོད་ནས་གསན་དགུང་གིས་བཙོན་འདུག་རྒྱས་འཁྲིད་བདར་ཡིད་གྲོལ་དྲངས་སློང་ལྗོངས་སྐུ་ཞུགས་ཁང་རིག་གནས་དཔྱད་གཞིའི་རྒྱུ་ཆའི་བསྒྲིགས་པོ་སོ་རྒྱས་རིག་གནས་དཔྱད་གཞིའི་རྒྱུ་ཆ་བདམས་བསྒྲིགས། (3) མི་དམངས་དཔེ་སྐྲུན་ཁང་པ། མི་རིགས་དཔེ་སྐྲུན་ཁང། སྤྱི་ལོ་ 2009 ལོར་གནང་ 374—380 དུ་གསལ།

④ 中国第二历史档案馆、中国藏学研究中心合编：《黄慕松、吴忠信、赵守钰、戴传贤奉使办理藏事报告书》，第 295 页。

⑤ 中国第二历史档案馆、中国藏学研究中心合编：《黄慕松、吴忠信、赵守钰、戴传贤奉使办理藏事报告书》，第 295 页；拉乌达热·土丹旦达：《台吉穷让·顿珠杰布被贬官充军之原因》，《西藏文史资料选辑》（第 1 辑），第 614 页。

⑥ 郭玉琴主编：《蒙藏委员会驻藏办事处档案选编》（十二），第 202 页。

⑦ 《蒙藏月报》1941 年第 13 卷第 4 期。

⑧ 《边政公论》1941 年第 1 期。

⑨ 《申报》1941 年 5 月 28 日；《蒙藏月报》1941 年第 13 卷第 6 期。

样，他们就在康定滞留了一段时间。

1941年11月，罗桑札喜等从康定启程赴渝，西康省政府为他们代筹交通工具，并派兵一队护送。① 1941年12月6日下午三时，他们再从成都乘飞机飞抵重庆，同行的还有前去迎接他们的西藏驻京办事处代处长仑珠和藏文秘书邓春秀。② 到重庆后不久，西藏新代表一行在代理处长仑珠等人的陪同下觐见蒋介石，"报告西藏近情及藏胞拥护中央抗战之忠诚"，蒋介石"慰勉有加，垂询约半小时之久"③。

按照吴忠信的说法，罗桑札喜"原任农务局副办，现升四品僧官"，"闻为大众尼洞波亲信"。到达重庆后，罗桑札喜"以驻京堪布名义，任西藏驻京办事处长"④，以"补阿旺桑丹遗缺"⑤。但是，罗桑札喜担任处长一职的时间并不长，因为西藏地方政府加派的西藏总代表阿旺坚赞于1942年2月初就到了重庆，并兼任了西藏驻京办事处处长一职。

1942年西藏拒修"中印公路"的举动和"外交局事件"，大大伤害了业已好转的中央和西藏地方间的关系，并且对抗战也造成了一定的不利影响。时任蒙藏委员会驻藏办事处处长的孔庆宗说，西藏地方之所以这样大胆，是因为"藏当局恃有外援"。得知这一消息后蒋介石非常愤怒。"1944年2月，蒋介石在重庆接见西藏代表时，警告西藏'不应在诸如过藏物资运输、汉人入藏以及向印度购买军火等事务上寻求英国的帮助'，并补充说：'这些均是内部事务，如果西藏需要军火，他们可以从中国政府得到它们。除非他们改弦更张，否则中国政府肯定会派军入藏。'"⑥ 3月7日，蒋介石宴邀西藏代表时，在"面赠达赖、达扎机枪八挺、迫击炮四门。又赠噶伦每人步枪四支"的同时，"允西藏国防

---

① 《申报》1941年11月12日。
② 《申报》1941年12月7日。
③ 《蒙藏月报》1942年第14卷第1期。
④ 《边政公论》1941年第1期。
⑤ 中国第二历史档案馆、中国藏学研究中心合编：《黄慕松、吴忠信、赵守钰、戴传贤奉使办理藏事报告书》，第295页。
⑥ 徐百永：《试论民国时期英国对中国西藏的武器供应》，《中国边疆史地研究》2007年第3期。

上所需武器，中央均可补助"①。

正是在这种背景下，1944年国民政府送了一批军火给西藏地方政府，负责此次军火运输的西藏驻京办事处代表正是罗桑札喜。1944年6月27日，蒙藏委员会就和军政部、后方勤务部等主管机关商定的押运枪械的办法，给西藏驻京办事处发去代电：

（一）请领枪械：经商准军政部，照发八二迫击炮四门，配炮弹四百颗，马克沁重机关枪八挺，弹一万六千粒；中正式步枪十六枝，弹一千六百粒；枪炮附件均全，由该处备迳向重庆至圣宫九号军械司洽领。（二）运输工具：经商准后方勤务部，饬新桥重庆川陕线区刘车站司令派军车一辆运送成都，饬成都李车站司令租商车一辆运送康定。至康定、德格一段，另由本会电请刘主席雇用骡马运送。一面分电川、康两省政府饬属妥为保护。（三）护照及免税事项：除填发本会普通护照外，经商准关务署电总税务司，饬重庆关对所携枪炮，验凭军政部军运执照免税放行；并对所携行李予以便利各在案。②

1945年4月7日，西藏地方政府就赠送军火事向蒋介石发来了感谢电，可是在此电文中用"汉政府"指称国民政府，这种称呼也说明达札摄政试图改变热振活佛时期的执政模式，并在少数人的蛊惑下试图放弃国家统一的重要原则。

罗桑札喜驻京期间，曾被选为第二届（1940年12月23日公布）、第三届（1942年2月27日公布）和第四届（1945年4月23日公布）国民参政会参政员，是担任参政员一职次数最多的西藏代表。他和阿旺坚赞一起参与了"外交局事件""中印公路"修筑等藏事的调解。具体情况将在以后章节结合具体内容详细论述。

---

① 张羽新、张双志编纂：《民国藏事史料汇编》（第2册），学苑出版社2005年版，第197页。
② 中国藏学研究中心、中国第一历史档案馆等合编：《元以来西藏地方与中央政府关系档案史料汇编》（第7册），第2973—2974页。

五　西藏驻京办事处的第六任处长

西藏驻京办事处的第六任处长是阿旺坚赞。对于阿旺坚赞来说，这已经是他第二次到西藏驻京办事处任职了，只不过前次是副处长，这次升任为西藏总代表兼西藏驻京办事处处长。

1931年2月，西藏驻京办事处首创，担任首任处长的是贡觉仲尼，而首任副处长就是这位阿旺坚赞，他的汉文名字叫崔智空。① 在未到南京前，阿旺坚赞曾任职于西藏的财政机关（བོད་གཞུང་ལས་ཁུངས）。② 1930年，他只有34岁，③ 当时的职衔则是仔准。如在前面相关章节提到的，阿旺坚赞一行在来南京的旅途中受到了南京国民政府的种种特殊优待。

第一次驻京时，阿旺坚赞就是蒙藏委员会委员（任职时间：1933年4月8日④至1942年10月24日）。1936年新任代表到任后，阿旺坚赞虽然不再是西藏驻京办事处的副处长，但仍是蒙藏委员会委员。南京国民政府迁都重庆后，他也随之前往重庆。1938年3月8日，阿旺坚赞以蒙藏委员会委员的身份，参加了国民政府在重庆组织的九世班禅追荐会。⑤

1938年秋，阿旺坚赞等经云南、河内到达印度。⑥ 到达印度后，他

---

① 中国藏学研究中心、中国第一历史档案馆等合编：《元以来西藏地方与中央政府关系档案史料汇编》（第6册），第2502—2503页。

② 《边疆通讯》1943年第8期。

③ 1936年11月30日提交的《国民大会蒙藏代表选举事务所为转呈噶厦政府拟派国大西藏代表名单致选举总事务所公函》中，阿旺坚赞40岁，但不知道是藏历还是公历的算法。参见中国藏学研究中心、中国第一历史档案馆等合编《元以来西藏地方与中央政府关系档案史料汇编》（第7册），第2982页。

④ 行政院于此日批准贡觉仲尼辞去蒙藏委员会委员职务的同时，批准阿旺坚赞就任蒙藏委员会委员〔中国第二历史档案馆、中国藏学研究中心合编：《中国第二历史档案馆所存西藏和藏事档案汇编》（第19册），第15页〕。

⑤ 中国藏学研究中心、中国第二历史档案馆合编：《九世班禅圆寂致祭和十世班禅转世坐床档案选编》，第34页。

⑥ 1943年第8期《边疆通讯》说阿旺坚赞是经香港返回西藏的，相关情况现在还有待更多史料佐证。

在印度逗留了很长一段时间，直至1940年5月17日才启程入藏，而此时会同热振呼图克图主持十四世达赖喇嘛坐床典礼的吴忠信也已返抵印度。① 1939年吴忠信入藏时，阿旺坚赞在印度积极协助吴忠信入藏。1940年6月15日，阿旺坚赞一行顺利到达拉萨。②

为了表彰阿旺坚赞在中央和西藏地方间关系改善方面做出的贡献，1940年8月，热振呼图克图授予阿旺坚赞"扎萨"职衔。③

1941年，西藏地方政府决定加派阿旺坚赞为驻京代表。④ 同年10月3日，阿旺坚赞夫妇从拉萨启程经印度前往重庆。⑤ 1942年2月初，阿旺坚赞到达重庆，这次他的身份是西藏总代表兼西藏驻京办事处处长。阿旺坚赞能说"一口流利的国语，与人接洽公务，无须请人通译，他熟悉内地的情形"⑥，所以噶厦政府说，再次派遣阿旺坚赞是"以期熟手"⑦。

阿旺坚赞在内地还有一个与众不同的经历，那就是他后来还俗结婚了，他的夫人名叫俞若芝。俞若芝，北平人，"贤惠而婉静"，对阿旺坚赞了解内地情形助力不少。⑧ 1937年俞若芝生病时，时任摄政的热振活佛还亲自为其卜卦，说"应诵观音经十万，并于大招寺释迦佛前点金灯，化金纸，以其供佛诵经回向即愈"⑨。1940年5月阿旺坚赞返藏时俞若芝随同入藏，1942年2月阿旺坚赞到重庆任职时俞若芝也随同前来。⑩ 大约1944年8月前后，阿旺坚赞结束第二次驻京使命返藏时，俞

---

① 中国第二历史档案馆、中国藏学研究中心合编：《黄慕松、吴忠信、赵守钰、戴传贤奉使办理藏事报告书》，第307页。
② 郭玉琴主编：《蒙藏委员会驻藏办事处档案选编》（十），第86页。
③ 郭玉琴主编：《蒙藏委员会驻藏办事处档案选编》（十二），第178—179页。
④ 郭玉琴主编：《蒙藏委员会驻藏办事处档案选编》（九），第479页。
⑤ 《蒙藏月报》1941年第13卷第10期。
⑥ 《边疆通讯》1943年第8期。
⑦ 中国藏学研究中心、中国第一历史档案馆等合编：《元以来西藏地方与中央政府关系档案史料汇编》（第7册），第3109页。
⑧ 《边疆通讯》1943年第8期。
⑨ 郭玉琴主编：《蒙藏委员会驻藏办事处档案选编》（二），第33页。
⑩ 《边疆通讯》1943年第8期。

若芝又随其回到了拉萨。① 热振摄政亲自为俞若芝卜卦，并且阿旺坚赞回拉萨后被授予扎萨职衔，还第二次奉派驻京，这说明西藏地方政府负责人认可和接受阿旺坚赞的这一行为。阿旺坚赞和俞若芝共进共退，也说明他们有着很好的夫妻感情。

因为"堪准洛松"中的堪琼一职需由僧官出任，而第二次奉派驻京时阿旺坚赞已经还俗结婚，自然无法出任堪琼一职。因此阿旺坚赞第二次驻京时，虽然他是西藏驻京总代表、西藏驻京办事处处长，但这期间的堪琼一职却仍由罗桑札喜担任。

再次驻京的阿旺坚赞带来了卸任噶伦匡钦巴给蒙藏委员会委员长吴忠信的信，信中除了表示感谢"上年札萨阿旺坚赞委员回藏之便，接奉尊像、华函"外，并回赠了"护身法宝少许，装置錾纹银盒，至祈检收，常佩玉体为要"。同时希望对阿旺坚赞给予照顾。② 信中称阿旺坚赞为"札萨阿旺坚赞委员"，"札萨"是阿旺坚赞回藏后西藏地方政府授予的，而称为"委员"则是因为阿旺坚赞是蒙藏委员会委员，这表明西藏地方政府高级职员对国民政府这一任命的认可。

蒙藏委员会回电说："阿旺代表供职中枢，夙著勋绩，此番重膺使命，对中央与西藏关系必能更有裨益，自当予以优待，以副雅嘱。"③ 由此可见，蒙藏委员会对阿旺坚赞的前次履职是非常满意的，对这次任职也充满期望。

在业已派出驻京代表的情况下，西藏地方政府为何又加派阿旺坚赞，并且让他出任总代表和西藏驻京办事处处长呢？这可能和1941年西藏地方的摄政更替有关。1941年达札活佛代替热振呼图克图成为西藏地方政府的新摄政，并且达札一上台就开始对热振呼图克图时期的政策进行调整。④ 虽然人们认为罗桑札喜"不适合于在仔康列空（相当于噶

---

① 阿乐（乐于泓）：《进藏日记摘抄》（一），西藏自治区政协文史资料研究委员会编《西藏文史资料选辑》（第1辑），第505页。需要说明的是，在原文中将"乐于泓"误写为"乐子泓"。

② 中国藏学研究中心、中国第一历史档案馆等合编：《元以来西藏地方与中央政府关系档案史料汇编》（第7册），第3108页。

③ 同上书，第3109页。

④ ［美］梅·戈尔斯坦：《喇嘛王国的覆灭》，第377—386页。

厦政府的审计机构）工作，但摄政王（指热振摄政——笔者注）提名晋升他为噶厦政府驻南京办事处官员"①（ཅེ་ཧྲང་ཞོ་བཟང་དཔལ་ཤེས་ཡིག་ཚང་གི་འོས་ཁོངས་མེད་གྱུར་སྲིད་སྐྱོང་ནས་ཉིན་ཤེས་ཉིན་དོན་གཏོང་མཁན་ཆུ་ལ་མཚན་བཀོད་བསྒོ་གཞག་གནང་②）。由此可以看出，罗桑札喜属于热振呼图克图提拔和委派的官员。因此，此次加派代表可以看成新任摄政达札加强对西藏驻京办事处控制的一种人事安排。

1943 年 10 月 10 日蒋介石接替林森出任国民政府主席，10 时 50 分，阿旺坚赞、罗桑札喜、土丹参烈和图登生格等晋谒蒋介石，并面呈了达札摄政及四大噶伦的贺电。③ 1944 年 3 月 7 日上午，蒋介石在官邸宴请西藏驻京代表阿旺坚赞、罗桑札喜、土丹参烈、图登生格等。席间，蒋介石"殷殷垂询地方情形，对西藏僧俗极为关切"④。

阿旺坚赞第二次驻京后，曾任第三届（1942 年 2 月 27 日公布）、第四届（1945 年 4 月 23 日公布）国民参政会参政员，并是国民政府第四届边疆教育委员会委员之一。⑤ 同批驻京的土丹参烈、图登生格于 1945 年在重庆出席了中国国民党第六次全国代表大会、1946 年在南京出席了"制宪国大"。

阿旺坚赞第二次任职处长期间，西藏地方发生了"外交局事件"、修筑"中印公路日玛线"、九世班禅转世灵童寻访、反对英军驻扎察隅等诸多事件。详细情况将在后面章节结合具体内容进行论述。

虽然笔者目前还没有看到阿旺坚赞不再担任西藏驻京办事处处长的具体时间，但是至少在 1944 年 6 月 14 日阿旺坚赞还担任着西藏总代表一职，因为这一天西藏驻京办事处向蒙藏委员会呈交了由阿旺坚赞领衔，罗桑札喜、土丹参烈和图登生格列衔的西藏地方政府拟将三

---

① 拉乌达热·土丹旦达：《台吉穷让·顿珠杰布被贬官充军之原因》，《西藏文史资料选辑》（第 1 辑），第 614 页。
② ཤུ་ར་ད་ར་བཀྲ་བཟང་བདག་དང་། ཟབ་ཏི་ཁྱུང་ནས་དོན་རྒྱལ་པོ་ལས་ཞབས་གཏོགས་ཤེས་བཟོས་རྒྱུ་འབྱུང་དང་པོ་སྲོང་སྲིད་གྲོས་དོན་རང་སྐོང་ལུ་ཡོན་ཤུན་ཁང་ལོ་རྒྱལ་རིག་གནས་དཔྱད་གཞིའི་རྒྱུ་ཆ་བདམས་བསྒྲིགས་ཕྱོགས་བསྒྲིགས་པར་མ། དོད་ཀྱི་ལོ་རྒྱལ་རིག་གནས་དཔྱད་གཞིའི་རྒྱུ་ཆ་བདམས་བསྒྲིགས་(3) མི་དོད་དཔེ་སྐྲུན་ཚོགས་པ། དོད་མི་རིགས་དཔེ་སྐྲུན་ཁང་གིས་སྤྱི་ལོ 2009 ཤོག་གྲངས 386 དུ་གསལ།
③ 《蒙藏月报》1943 年第 15 卷第 9、10 合期。
④ 《蒙藏月报》1944 年第 16 卷第 2、3 合期。
⑤ 张羽新、张双志编纂：《民国藏事史料汇编》（第 2 册），第 109 页。

位九世班禅转世灵童候选人迎往拉萨确定正身的代电。① 1944 年 8 月 11 日,"堪准洛松"中的"尊专洛咱",即土丹参烈和图登生格致电在拉萨的蒙藏委员会驻藏办事处,请转电噶厦政府:"堪尊洛松换班新代表请速派来。"② 由此推测,在罗桑札喜离开重庆后不久,阿旺坚赞也离开了重庆。③ 1947 年"热振事件"时阿旺坚赞已返抵拉萨,因此 1947 年 4 月 23 日他被任命为"布达拉区域的卫戍司令",当时拉萨正处于"热振事件"的混乱中。④ 但是至于他为什么中途回藏还有待进一步研究。

阿旺桑丹和阿旺坚赞等驻京的时间,正值全国抗战时期,这一时期也是中国近代史最为艰难的阶段。日本侵略者的狂轰滥炸威胁着人们的生命安全,而被迫实行战时物资管制,则造成了人们衣食住行的极端艰难,就连"中央各机关人员,日日为柴米油盐所苦,不能专心致力于其职务者,实在太多"⑤。甚至出现匪兵抢劫官员的现象,蒙藏委员会一秘书家就曾被抢劫。⑥ 在这种境况下,仅仅是能够坚持驻京就已非易事,而西藏地方政府仍然坚持向国民政府的陪都派遣驻京人员,这充分说明了西藏地方对改善和延续与中央政府的关系的重视。西藏驻京办事处的"堪准洛松"坚持驻京,并积极参与其间各少数民族组织的一系列抗日救亡活动,以自己的实际行动表达了对全国抗战的支持。

六 西藏驻京办事处的第七任处长

1944 年 8 月前后,阿旺坚赞离开重庆回藏后,第三批驻藏官员尚有土丹参烈、图登生格二人在京。因为一方面阿旺坚赞和罗桑札喜已返藏;另一方面,到 1944 年 8 月时土丹参烈和图登生格担任驻京"准"

---

① 中国藏学研究中心、中国第二历史档案馆合编:《九世班禅圆寂致祭和十世班禅转世坐床档案选编》,第 262—263 页。
② 郭玉琴主编:《蒙藏委员会驻藏办事处档案选编》(十二),第 458 页。
③ 《民国藏事通鉴》中说是"免职返藏"。参见郭卿友《民国藏事通鉴》,第 622 页。
④ 柳陞祺:《拉萨旧事(1944—1949)》,中国藏学出版社 2009 年版,第 43 页。
⑤ 李学政:《回味陪都市井生活》,重庆出版社 2005 年版,第 107 页。
⑥ 同上。

和"洛"的任期也即将期满。所以，自1944年8月起，土丹参烈就数次致电孔庆宗，请其转电西藏地方政府，请速派新仁"堪准洛松"。①但是，直到1945年10月前后，西藏地方政府才选派了新一批"堪准洛松"。

按惯例，阿旺坚赞离去后土丹参烈继任了西藏驻京办事处处长一职，正因为他担任处长一职，所以1945年5月5日召开的中国国民党第六次全国代表大会上土丹参烈被选为大会主席团成员之一。1941年5月15日至1949年，土丹参烈还曾出任蒙藏委员会委员。② 此外，在蒙藏委员会与西藏噶厦政府间商洽出席1946年11月第一次"国民大会"的西藏代表时，他也出力颇多。③

1947年，土丹参烈、图登生格随同参加完"制宪国大"的西藏代表一起回藏，至此第三批驻京代表全部结束了他们的驻京使命。

七　西藏驻京办事处的第八任处长

1945年10月前后，西藏地方政府任命了新的驻京代表：土丹桑布（堪琼）（མཁན་ཆུང་ཐུབ་བསྟན་བཟང་པོ་）、图登策丹（仔准）（རྩེ་མགྲོན་ཐུབ་བསྟན་ཚེ་བརྟན་）和降巴阿旺（洛杂哇）（ལོ་ཙཱ་བྱམས་པ་ངག་དབང་）三人。

土丹桑布，拉萨人，大约生于1911年，任职西藏驻京办事处前为后藏粮台［藏语称为"朱巴"（འབྲུ་པ་）④］。

图登策丹，拉萨人，大约生于1908年，曾任甲隅宗、工布宗宗本。

降巴阿旺，拉萨人，大约生于1919年，曾任羌宗、江宗宗本。⑤

1946年1月底，土丹桑布等三人同时作为参加国民大会的成员，和其他西藏参会代表一起从拉萨出发，路过印度时顺道对英国政府进行

---

① 郭玉琴主编：《蒙藏委员会驻藏办事处档案选编》（十二），第458、459、460页。
② 刘寿林、万仁元、王玉文等编：《民国职官年表》，第619—622页。
③ 中国藏学研究中心、中国第一历史档案馆等合编：《元以来西藏地方与中央政府关系档案史料汇编》（第7册），第2998页。
④ 郭玉琴主编：《蒙藏委员会驻藏办事处档案选编》（九），第418页。
⑤ 中国藏学研究中心、中国第一历史档案馆等合编：《元以来西藏地方与中央政府关系档案史料汇编》（第7册），第3061—3062页。
江宗，可能就是"降"，藏语为：བྱང་གཞིས་治所在今曲水县江村（房建昌：《清代西藏的行政区划及历史地图》，《中国边疆史地研究》1993年第2期）。

了取得第二次世界大战胜利的"慰问"。令人费解的是,直到1946年2月18日西藏驻京办事处的土丹参烈和图登生格二人,似乎并不知道西藏代表已经在从海路来南京的路上,他们致电蒙藏委员会说:西藏代表"取道西康来渝,约三月一日左右可抵德格,届时应需乌拉等项,及沿途保护一切,拟请钧会迅予电达西康刘主席迅饬办理"①。

4月4日,土丹桑布等从印度加尔各答乘飞机飞抵昆明,4月5日到达南京,西藏驻京办事处处长土丹参烈和图登生格、蒙藏委员会的工作人员前往机场迎接。② 因为距离国民大会的召开尚有一段时间,所以西藏代表等旋即赴北平避暑,直到10月12日返抵南京。③ 1946年11月28日,新旧驻京代表和其他出席"制宪国大"的西藏代表一起,参加了蒋介石和宋美龄的宴请。④

1947年,甘肃拉卜楞寺嘉木样活佛圆寂,西藏驻京办事处的土丹桑布、降巴阿旺应噶厦政府的要求,代表十四世达赖喇嘛和西藏地方政府"于七月廿三日偕翻译随员一行,由首都乘中航飞机飞兰转夏河拉卜楞寺"致祭,"然后再去青海避暑,该代表等行前曾由蒙藏委员会呈请蒋主席,优给旅费",并要求"甘肃省、青海省当局妥为照料",10月中旬,土丹桑布等返回南京。⑤

大约1948年,土丹桑布、图登策丹和降巴阿旺等受西藏地方政府之命,再次前往青海,他们此行的目的是处理在青海的热振系统人员的内部矛盾,从热振事件前前往青海玉树一带经商的热振寺管家穷乃手中"接管"热振系统的财产。这期间,土丹桑布等曾规劝热振事件中奔赴内地求援的热振·益西楚臣（ར་སྐྱང་ཡེ་ཤེས་ཚུལ་ཁྲིམས）返回拉萨,但被后者拒

---

① 中国藏学研究中心、中国第一历史档案馆等合编:《元以来西藏地方与中央政府关系档案史料汇编》（第7册）,第3006页。
② 《西藏地方政府"派代表慰问同盟国和出席南京国民大会"内幕》,《西藏文史资料选辑》（第1辑）,第142页。
③ 中国藏学研究中心、中国第一历史档案馆等合编:《元以来西藏地方与中央政府关系档案史料汇编》（第7册）,第3016页。
④ 同上书,第3021—3023页。
⑤ 《蒙藏月报》1947年第19卷第12期。

绝。① 此外，土丹桑布任职办事处处长的最后两年，也就是1948年至1949年，他还曾担任蒙藏委员会委员一职。②

土丹桑布等驻京期间，作为西藏地方的代表参加了1946年举行的"制宪国大"和1948年举行的"行宪国大"。关于此将在后面章节结合具体内容详细论述。

土丹桑布驻京期间，发生的主要藏事有九世班禅转世灵童的认定，西藏地方派代表团参加"泛亚洲会议"、"西藏商务代表团"出访美英、热振事件等。

这一时期在达札摄政领导下，西藏地方和中央政府间的关系发生了一些反复，西藏地方政府中的一少部分人在英国人的怂恿下，偶有如"外交局事件"等试探中央对藏政策底线的举动。但是这一时期的南京国民政府忙于发动内战，根本无力西顾，从而在很大程度上为这些离心势力的滋生提供了空间。然而，因为西藏地方政府中的绝大多数人，以及以三大寺为首的僧侣阶层对中央政府的认可，使这种举动最终未能得逞。

1949年春，随着南京国民政府的覆灭，土丹桑布等西藏办事处的西藏代表也经由上海前往印度，随后回藏。③ 至此西藏驻京办事处走完了它短暂而富有历史象征意义的19年历程。

八 西藏驻京办事处的其他主要职员

在西藏驻京办事处存世的整个时期，除了"堪准洛松"由西藏地方政府选派外（很少部分主要职员由三位主要负责人的佣人担任，如前文所说的阿旺桑丹的佣人仑珠），其他主要成员大多则是从内地就近选任的。

---

① 热振·益西楚臣：《热振事件中我奔赴祖国内地求援的经过》，西藏自治区政协文史资料研究委员会编《西藏文史资料选辑》（第1辑），第600—601页。
② 刘寿林、万仁元、王玉文等编：《民国职官年表》，第622页。
③ 中国藏学研究中心、中国第一历史档案馆等合编：《元以来西藏地方与中央政府关系档案史料汇编》（第7册），第3190页。

（一）巫明远①

西藏驻京办事处的第一任翻译②是巫明远，他藏语流利，也懂藏文。巫明远是个出生在西藏的汉族人，1912年当他还很小的时候，因为"民元藏乱"，他和他的父亲一起返回了内地。③ 从现有史料来看，巫明远一直和西藏派驻内地的堪布等保持着良好的关系。1922年，他曾奉北洋政府之命，和另一位西藏代表一起前往拉萨沟通联络，④ 后因政局动荡，巫明远等人到上海后，被迫折返回京。⑤

1931年2月，巫明远被十三世达赖喇嘛任命为西藏驻平办事处副处长。同年2月16日，他和贡觉仲尼都被任命为蒙藏委员会委员。其间，他作为西藏代表参加了"国民会议""国难会议"等。1940年10月29日，他被免去蒙藏委员会委员一职。⑥ 虽然巫明远被任命为西藏驻

---

① 虽然现在因为资料缺乏，我们无法确认前文提到的巫怀清和这里的巫明远的确切关系，但就他们二人姓氏及活动轨迹来看，他们应该有着一定的亲属关系。根据巫怀清在北洋政府时期以西藏代表身份参与北洋政府的政治活动，以及关于他"原系尼泊尔资送来京（前北京）学习汉文"者［中国藏学研究中心、中国第一历史档案馆等合编：《元以来西藏地方与中央政府关系档案史料汇编》（第6册），第2515页］的记载，再结合上述图丹桑结关于巫明远生平的介绍来推测，巫怀清和巫明远很可能是有亲属关系的上下辈。据此再进一步推测，巫怀清很可能原是生活在拉萨的汉族，"民元藏乱"后被迫退至尼泊尔，然后以"尼泊尔资送来京（前北京）学习汉文"者的身份来到内地，并带来了出生在拉萨，当时年纪尚小的巫明远。如果这种推测合理，则可以比较合理地解释为什么他们二人都和西藏代表有着密切联系，为什么巫明远直到1922年才出现在历史记载中的问题。根据国民政府于1930年原拟派巫怀清赴尼泊尔调解尼藏纠纷，但最终"因病不克远行"，所以不得不改派巴文峻前往调解的记载推测［中国藏学研究中心、中国第一历史档案馆等合编：《元以来西藏地方与中央政府关系档案史料汇编》（第6册），第2517页］，很可能此后巫怀清因病不再参与各种政治活动，转而由巫明远参与。当然，这只是依据有限材料的一种推测，这种推测是否符合历史事实尚待进一步研究。另外，伍昆明先生在其《西藏近三百年政治史》第392页上提到了一个名叫巫怀远的人。但是在目前笔者所见的历史档案中并未看到有这样一个人名，此名很可能是将上述两人名字糅合在一起的结果。

② 按照1935年公布的《修正西藏驻京办事处组织法大纲》，西藏驻京办事处并没有"翻译"这一职位设置，但有"主任秘书"一职，所以推测图丹桑结在《关于第一、第二期西藏驻汉地办事人员情况的回忆》中所说的"翻译"即指"主任秘书"。为了行文方便，下文继续保持"翻译"的叫法。

③ 图丹桑结：《关于第一、第二期西藏驻汉地办事人员情况的回忆》，何宗英译。

④ 中国藏学研究中心、中国第一历史档案馆等合编：《元以来西藏地方与中央政府关系档案史料汇编》（第7册），第2502页。

⑤ 邱熠华：《论西藏近代史上的拉萨三大寺：以政治活动与影响为中心（1911—1951）》，第170页。

⑥ 刘寿林、万仁元、王玉文等编：《民国职官年表》，第619页。

平办事处副处长，但他更多地在南京的办事处工作。当然这和西藏驻京、驻平、驻康三办事处人员互相兼职，角色多有重叠有关。由此也可以看出，西藏地方政府对巫明远十分信任。巫明远对藏事也很积极，例如1932年9月6日，他曾致电军事委员会等，转达了他对解决西藏问题的看法，主张"力阻班禅暂罢青海之行"，并"选派公正大员赴藏，谋西藏问题整个之解决"①。

1934年黄慕松入藏致祭十三世达赖喇嘛，巫明远因"熟悉藏情"，所以被黄慕松"借调随令入藏，以资臂助"②。1934年3月24日，蒙藏委员会向巫明远下发训令，令其随同黄慕松入藏。③ 这样，巫明远以参议身份随同前往，为黄慕松和西藏地方政府间的沟通担任翻译。在此前后，他辞去了西藏驻京办事处的职务。

（二）意希博真

关于巫明远辞职后，是益西卓玛还是意希博真担任西藏驻京办事处的翻译，目前所见的材料上略有差异。下面就此进行一些简要分析。

关于益西卓玛接替巫明远出任翻译的记载，见于图丹桑结的《关于第一、第二期西藏驻汉地办事人员情况的回忆》。根据图丹桑结的记述，益西卓玛是联豫和他的藏族夫人所生的女儿，他们称她为"汉族大姐"④。益西卓玛"生在拉萨，所以她说的藏语完全是拉萨本地的话，无人能与之相媲美，略通藏文"⑤，她还精通汉语汉文，所以她不仅担任西藏驻京办事处总务科的科长，而且还当翻译。⑥ 因为联豫于光绪三十二年七月二十二日（即公元1906年9月10日）抵藏视事，⑦ 1912年

---

① 中国第二历史档案馆、中国藏学研究中心合编：《中国第二历史档案馆所存西藏和藏事档案汇编》（第17册），第157—161页。
② 中国第二历史档案馆、中国藏学研究中心合编：《中国第二历史档案馆所存西藏和藏事档案汇编》（第22册），中国藏学出版社2012年版，第217页。
③ 同上书，第228页。
④ 图丹桑结：《关于第一、第二期西藏驻汉地办事人员情况的回忆》，何宗英译。
⑤ 同上。
⑥ 同上。
⑦ 贺文宣：《清代驻藏大臣大事记》，中国藏学出版社1993年版，第480页；曾国庆、黄维忠：《清代藏族历史》，中国藏学出版社2012年版，第473页。

"八月初四日"（即公元1912年9月14日）离开拉萨。① 据此推断，益西卓玛出生于1907年至1913年，其于1934年到西藏驻京办事处任职时为21岁至27岁。同时，根据图丹桑结的记述，被称为"汉族大姐"的"益西卓玛"于1938年和贡觉仲尼、阿旺坚赞等离开重庆，辗转到达印度。和"益西卓玛"一起活动的尚有她的母亲和弟弟。

  以下我们根据档案材料的记载，对意希博真的人生轨迹进行简单勾勒：

  意希博真，约生于1890年前后，② 1936年前后曾任西藏驻京办事处科长，并于当年被噶厦政府选派为出席国民大会的西藏代表之一③（因全面抗战爆发，此次国民大会被迫一再推迟）。全国抗战时期前往印度。吴忠信前往拉萨路过印度时，意希博真曾前往拜访。④ 后来意希博真回到拉萨，并从1940年7月起担任蒙藏委员会驻藏办事处翻译，⑤ 这期间她的薪俸和生活补助等合计约为每月240元。⑥

  因为她能说一口流利标准的北京话，所以她在拉萨期间噶伦占东·居美嘉措（བཀའ་བློན་འཇིགས་མེད་རྒྱ་མཚོ）聘请她给自己的女儿教授汉语汉文和刺绣、编制等手工课。因为"益西伯珍和这些藏族学生之间关系十分亲切，他们亲切地称她为'甲姆阿甲啦'（即汉族大姐）"⑦。据强俄巴·多吉欧珠先生回忆，意希博真是清朝最后一位驻藏大臣联豫的后裔，此

---

  ① 《民元藏事电稿藏乱始末见闻记四种》中有"联办事出藏，为是年八月初四日"。但据上下文判断，这里所谓的出藏应该指离开拉萨（吴丰培辑：《民元藏事电稿藏乱始末见闻记四种》，第124页）。

  ② 中国藏学研究中心、中国第一历史档案馆等合编：《元以来西藏地方与中央政府关系档案史料汇编》（第7册），第2982页。

  ③ 同上。

  ④ 中国第二历史档案馆、中国藏学研究中心合编：《黄慕松、吴忠信、赵守钰、戴传贤奉使办理藏事报告书》，第324—325页。

另外，《元以来西藏地方与中央政府关系档案史料汇编》（第7册）第3054页有西藏驻京办事处科长"绛巴扎嘉"者，应该和同书第3062页的西藏驻京办事处科长"绛巴扎西"为同一人，前者可能是将"喜"误为"嘉"所致。

  ⑤ 郭玉琴主编：《蒙藏委员会驻藏办事处档案选编》（十三），第47页。

  ⑥ 同上书，第129—132页。以1941年5月为例，意希博真的薪俸、生活补助分别为每月国币100元，膳食补助为每月国币30元，房租补助每月国币10元。

  ⑦ 次央：《略论旧西藏上层妇女在传统教育中的地位及其社会作用》，《西藏大学学报》1994年第9期。

外她也有一个弟弟,他们称他为"兄弟啦"①。意希博真在拉萨时,其弟弟"兄弟啦"也在拉萨,和他姐姐意希博真生活在一起。"兄弟啦"喜弄花草,但没有正式工作,所以生活上主要仰仗意希博真的接济。②因为意希博真的母亲,即联豫的夫人是敏吉林家族（མགྲོན་སྒྱིད་གླིང་）的人,所以在拉萨期间,意希博真和"兄弟啦"得以以亲戚的身份住在敏吉林（མགྲོན་སྒྱིད་གླིང་）家里,无须付任何房租。1944 年夏,③ 意希博真和孔庆宗等一起奉调返回重庆。④ 1946 年 4 月 5 日,强俄巴·多吉欧珠先生等组成的西藏地方出席"制宪国大"的西藏代表到达南京时,意希博真曾奉派担任西藏代表们日常生活的口头翻译,⑤ 还曾同西藏代表一起与蒋介石、宋美龄合影。中华人民共和国成立后,意希博真还曾供职于达赖驻京办事处。⑥ 因为强俄巴·多吉欧珠先生的夫人是噶伦占东·居美嘉措的女儿扎西曲珍（བཀྲ་ཤིས་ཆོས་སྒྲོན）,⑦ 而意希博真和噶伦占东家有着上述特殊关系,因此强俄巴·多吉欧珠先生的回忆应该是可信的。

由以上对益西卓玛和意希博真的记述可以看出,二者出身、名字、活动轨迹和亲属关系、西藏驻京办事处职员对其的称呼等都极其相似。益西卓玛和意希博真的最大区别就是出生时间的不同,由前面的材料可以看出,前者出生于 1907 年到 1913 年,后者约出生于 1890 年。但是无论是图丹桑结还是强俄巴先生,均认为她们是联豫的后代,并都认为

---

① "兄弟啦",这显然是汉藏合璧的一种称谓,"兄弟"意指他是意希博真的弟弟,而"啦"则是藏语的"ལགས་",是表示尊称的语气词。
② 强俄巴·多吉欧珠先生访谈记（该访谈由朗杰紫丹同学代为完成,在此深表感谢! 本书中关于强俄巴·多吉欧珠先生的访谈都是由朗杰紫丹同学代为完成的,下面将不再一一标注）。
③ 王川:《孔庆宗时期蒙藏委员会驻藏办事处对在藏汉人的管辖及其意义》,《上海大学学报》（社会科学版）2010 年第 4 期。
④ 中国藏学研究中心、中国第一历史档案馆等合编:《元以来西藏地方与中央政府关系档案史料汇编》（第 7 册）,第 3126 页。
⑤ 强俄巴·多吉欧珠:《西藏地方政府"派代表团慰问同盟国和出席南京国民代表大会"内幕》,西藏自治区政协文史资料研究委员会编《西藏文史资料选辑》（第 1 辑）,第 142 页。
⑥ 强俄巴·多吉欧珠先生访谈记。
⑦ 次央:《略论旧西藏上层妇女在传统教育中的地位及其社会作用》,《西藏大学学报》1994 年第 9 期。

她们出生于拉萨，而联豫 1906 年才进藏，所以出现一个生于 1890 年前后的这样一位后代似乎并不可信。证明意希博真并非出生于 1890 年前后的另一个证据就是她的藏语能力。据强俄巴·多吉欧珠先生回忆，意希博真能讲非常标准、地道的拉萨藏语，并且谙熟旧西藏流行于西藏上层社会的敬语（ཞེ་ས）。① 强俄巴·多吉欧珠先生称："甲姆阿甲啦"说话细声慢语（གད་ཤུགས་ཆུང་དང་འཇམ་པོ），言行举止非常得体（ཡ་རབས་ཞེ་དྲག་ཡོད་རེད），说话时全是敬语，而且敬语用得非常好，显得非常有修养。② 如果意希博真出生于 1890 年前后，那么她随同联豫入藏时已经至少 22 岁，掌握连强俄巴·多吉欧珠先生等都称赞的拉萨藏语，尤其是堪称讲究的旧西藏拉萨上层社会的敬语是有很大困难的。然巴·央金卓嘎③回忆称，她于 1957 年见到在"达赖驻京办事处"担任翻译的意希博真时，意希博真大约 50 多岁的样子，并且然巴·央金卓嘎也对意希博真和其弟弟"兄弟啦"流利的藏语印象深刻。④ 如果意希博真出生于 1890 年前后，那么到 1957 年时，已经将近 70 岁，也不可能再在"达赖驻京办事处"任职。

据此推断，"益西卓玛"和"意希博真"应该就是同一个人，因为意希博真是档案材料上的名字，并且许多知情人记忆中的"甲姆阿甲啦"也叫"意希博真"（也有"益西伯珍"的译法）。据此推测，应该是图丹桑结将意希博真误记为益西卓玛。至于档案材料上的岁数，很可能是出于某种需要有意改大的。

至此，我们可以进一步补充意希博真的人生轨迹：意希博真，于 1907 年至 1913 年生于拉萨，是联豫和其藏族夫人的女儿。1934 年前后担任西藏驻京办事处翻译。1937 年 9 月，当阿旺桑丹等由北平冒险南返南京时，意希博真和其母亲、弟弟等也随同到达天津。之后，阿旺桑

---

① 强俄巴·多吉欧珠先生访谈记。
② 同上。
③ 然巴·央金卓嘎（རབ་པ་དབྱངས་ཅན་སྒྲོལ་དཀར），曾任西藏自治区拉萨市第十届人大常委会副主任、党组成员，现为西藏自治区政协常委。她是曾任中华人民共和国达赖喇嘛驻京办事处处长的然巴·台吉朗加旺秋（རབ་པ་ཐའི་ཇི་རྣམ་རྒྱལ་དབང་ཕྱུག）的女儿，民国时期然巴噶伦喇嘛的侄孙女。
④ 然巴·央金卓嘎访谈记（该访谈是由西藏大学的强俄巴·次央副校长慷慨相助，代为访谈的，在此深表感谢）。

丹、格敦恪典、图丹桑结和他们的佣人们继续南行，而意希博真、贡觉仲尼和阿旺坚赞等则暂留天津，几天后也沿着阿旺桑丹等的路线南返到达南京。1937年12月，西藏驻京办事处迁往重庆后，意希博真请假未就职，所以西藏驻京办事处便雇请别人担任翻译。1938年秋天，意希博真和贡觉仲尼、阿旺坚赞等经云南、越南河内到达印度。从图丹桑结的表述来看，意希博真、贡觉仲尼和阿旺坚赞等前往印度，一个重要的原因就是为了躲避1938年开始的"重庆大轰炸"。①

（三）曼·顿珠拉姆

意希博真之后，西藏驻京办事处在重庆聘请了曼·顿珠拉姆②担任办事处翻译。曼·顿珠拉姆是四川巴塘地区的藏族，生于1913年2月，父亲是曾任赵尔丰大炮连连长的汉族人邓克成，母亲是巴塘藏族志玛青中。顿珠拉姆曾先后就学于巴塘教会学校华西学校和南京金陵女子大学附中。因为她具有较好的藏文水平，因此在南京读书期间还曾被聘为《蒙藏月报》的藏文校对和翻译，并兼任边疆学校藏文讲师。全国抗战爆发后，顿珠拉姆辗转到达重庆，并担任了西藏驻京办事处的藏文秘书，主要从事口头翻译。顿珠拉姆勤奋好学，在重庆期间曾专门向喜饶嘉措学习藏文文法，还曾向西藏驻京办事处的图丹桑结学习过藏族著名格言诗《萨迦格言》和《水木格言》。1940年，任职于西藏驻京办事处的顿珠拉姆被噶厦政府选派为出席国民大会的西藏代表之一③（本次国民大会多次延期，直至1946年才得以召开），这说明顿珠拉姆在西藏驻京办事处的工作成绩得到了西藏地方政府的认可。抗战结束后，顿珠拉姆也回到了南京，并被时任国民政府教育部长的朱家骅正式聘任为国立政治大学的藏文副教授，从而成为我国历史上第一位藏族女副教授。虽然目前笔者尚未看到关于顿珠拉姆离开西藏驻京办事处的具体时间的相关材料，但1948年的"西藏驻京办事处概况"中已经看不到她的名字

---

① 图丹桑结：《关于第一、第二期西藏驻汉地办事人员情况的回忆》，何宗英译。
② 顿珠拉姆即前文中提到的邓春秀。本书关于顿珠拉姆的记述主要参考了杨恩洪研究员的《高原之莺——藏族第一位女教授邓珠拉姆讲的故事》（之一、之二）[《中国西藏》（中文版）2008年第6期、2009年第1期]，下面不再一一标注。
③ 中国藏学研究中心、中国第一历史档案馆等合编：《元以来西藏地方与中央政府关系档案史料汇编》（第7册），第2984页。

了，说明1948年时她已经不在西藏驻京办事处任职。①

中华人民共和国成立后，顿珠拉姆曾先后任职于西康省文教厅、雅安革命大学、四川省民族出版社（兼任四川人民广播电台藏语广播辅导员）、四川省民委参事室、甘孜藏族自治州政协等，并于1980年甘孜州恢复政协工作会议时被选举为甘孜州第五届政协常务委员。②

此外，担任过西藏驻京办事处翻译的尚有罗桑等。虽然翻译不是西藏驻京办事处的主要负责人，但是正是他们的存在，实现了西藏驻京办事处和国民政府各机关，以及与内地民众的有效沟通，因此也有着不可替代的作用。

目前能看到的曾在西藏驻京办事处任过职的人员尚有：丹巴彭错（བསྟན་པ་ཕུན་ཚོགས་）（1948年前后任西藏驻京办事处科长）、绛巴扎喜（བྱམས་པ་བཀྲ་ཤིས་）（1948年前后任西藏驻京办事处科长）、丹增唐恪（བསྟན་འཛིན་ཐབས་མཁས་）（1948年前后任西藏驻京办事处藏文秘书）等。③

通过对各个阶段西藏驻京办事处主要职员的研究，我们可以看到以下几个特点：

第一，西藏地方政府所派新旧代表交替时，除"堪准洛松"外，一般情况下其他职员的变动不大。

第二，西藏地方政府历次选派的驻京代表，除了还俗的阿旺坚赞外都是僧官，这主要是因为僧官没有家庭拖累，能够尽心工作，并坚持长期驻京。

第三，从"堪准洛松"的来源看，也具有一定特点，即三人的组成一般为从噶厦政府部门选派一名，如阿旺桑丹驻京前为草料管理部门官员，罗桑札喜驻京前为农业局副办；从布达拉宫僧官中选派一名，如阿旺坚赞第一次驻京前为仔准，图丹桑结驻京前也在布达拉宫供职；从拉萨以外基层宗县僧官中选派一名，如曲批图丹驻京前为拉孜宗宗本，格

---

① 中国藏学研究中心、中国第一历史档案馆等合编：《元以来西藏地方与中央政府关系档案史料汇编》（第7册），第3110页。

② 政协四川省甘孜藏族自治州委员会编：《甘孜州文史资料》（第9辑），甘孜报社印刷厂1990年版，第33页。

③ 中国藏学研究中心、中国第一历史档案馆等合编：《元以来西藏地方与中央政府关系档案史料汇编》（第7册），第3061—3062页。

敦恪典驻京前为平措林宗宗本。这种任命方式体现了西藏地方政府不同部门间的一种平衡，同时代表西藏地方不同级别、不同部门间协同工作、便于办事的特点。① 正因为这种相对广泛的代表性，从而使西藏驻京办事处主要职员在任职期间对国家认同的表述，成为这一时期西藏地方政府各级官吏心声的表达。

第四，以驻京办事处处长为首的绝大多数西藏驻京代表，不仅在任时致力于中央和西藏地方间关系的改善，就是卸任后他们依然赉志于此。如上至担任过处长的贡觉仲尼、阿旺坚赞等，下至担任过翻译的意希博真、曼·顿珠拉姆，为维系国民政府时期中央和西藏地方间的关系发挥了积极作用。但是也出现了以罗桑札喜为代表的一些反面人物，对此我们也要分时段地进行辩证认识，既要看到罗桑札喜等抗日战争期间坚持驻京等在中央和西藏地方间沟通方面发挥的作用，也要看到其后来的蜕变。

第五，"个人是认同的主体，民族认同和国家认同必须通过个体的思想行为表现出来"②，西藏代表们在给中央政府的呈文中一再强调国民政府的中央地位，而他们的这种认同，在很大程度上代表了当时西藏地方的国家认同。

第六，在整个民国时期，除了个别阶段外，西藏地方政府和中央政府都有改善双方关系的强烈愿望，除了互相派员外，对对方人员的厚葬也是互相示好的一个重要方面，如西藏地方政府厚葬谢国梁，追荐刘朴忱，③ 中央政府优恤阿旺桑丹、格敦恪典等。

另外，南京国民政府时期西藏驻京办事处给蒙藏委员会和行政院等"条呈"的列衔也很值得关注。这期间西藏驻京办事处给蒙藏委员会、行政院等的条陈列衔主要有以下一些："西藏驻京办事处总代表××"

---

① 拉乌达热·土丹旦达在《台吉穷让·顿珠杰布被贬官充军之原因》中叙述的西藏地方政府搜查、查封台吉穷让·顿珠杰布家的过程，有助于我们理解西藏地方政府不同部门间的这种协同工作和共同负责的办事特点：西藏地方政府决定搜查、查封穷让·顿珠杰布家时，先派遣了四位仔准（仔本和仲译钦莫，ཟེ་དཔོན་དང་དྲུང་ཡིག་ཆེན་མོ），但四位仔准为避免被人怀疑"包办"，又要求加派两位仔准（ཚེ་གསུམ），仔准即为布达拉宫僧官［西藏自治区政协文史资料研究委员会编：《西藏文史资料选辑》（第1辑），第612页］。

② 黄岩：《国家认同：民族发展政治的目标建构》，第204页。

③ 《申报》1935年2月17日。

"西藏驻京办事处处长××""西藏总代表、西藏驻京办事处处长××，西藏代表××、××""西藏总代表××，代表××、××""西藏代表××"和"西藏驻京代表××"等。总体上看，这些署名方式可以分成三类：第一类是以西藏驻京办事处处长身份列衔；第二类是以西藏代表、西藏驻京办事处处长兼列的方式列衔；第三类是以西藏代表身份列衔。第一类列衔如"西藏驻京办事处处长棍却仲尼""处长土丹参烈"和"西藏驻京办事处处长土丹桑布"，采用这种列衔方式的西藏驻京办事处处长主要集中在办事处成立的初期和晚期，但是就其列衔具体情况来看也是不一样的，初期的"棍却仲尼"，事无巨细都以"西藏驻京办事处处长"的身份列衔，体现出他对这一身份的重视。但是后期的土丹参烈和土丹桑布，只有以办事处的名义处理事务时才会采用这种列衔方式。第二类列衔如"西藏驻京办事处总代表棍却仲尼""西藏总代表、西藏驻京办事处处长贡觉仲尼，西藏代表××、××"。因为"总代表"是西藏地方政府的总代表，而不是西藏驻京办事处的总代表，因此"西藏驻京办事处总代表棍却仲尼"的这种署名方式在文字上显然不妥，但是以列衔先后来看，显然当时贡觉仲尼认为西藏驻京办事处长的身份比西藏总代表的身份更为重要，表明了贡觉仲尼对自己办事处处长身份的重视。直到后来，贡觉仲尼才将列衔改为"西藏总代表、西藏驻京办事处处长贡觉仲尼"。

总体而言，在条呈列衔时西藏驻京人员最常用的仍是"西藏总代表""西藏代表"的列衔方式。笔者认为，这主要缘于以下原因。

第一，国民政府初期，西藏地方政府和西藏驻京代表鉴于国民政府在北伐战争等军事斗争中的强势表现，所以非常愿意突出国民政府的中央属性和自己的地方代表的身份。但是随着时间的推移，国民政府在西藏问题上表现出来的软弱无能，使包括西藏代表在内的西藏地方官员的自大意识有了不同程度的抬头。

第二，通过强调代表身份，显示自己的特殊性，希望以此得到国民政府的格外重视，并为自己争取更多权益。

"一般情况下，我们对于身份和认同的情境性选择并非由两种认同之间的矛盾或冲突引起，而是受到具体情境的决定。"① 因此，西藏驻京办事处的西藏代表在特定情形下对自身"西藏属性"的强调，也并不是民族认同和国家认同的矛盾和冲突引起的，而只是对其自身"与众不同"的特殊性的强调，是个人多重认同在具体情境下进行选择性强调或突出的结果。

第二节　西藏班禅驻京办事处的历任处长及主要职员

自1929年1月20日西藏班禅驻京办公处设立到1949年结束，前后整整20年，在这20年里先后担任过西藏班禅驻京办事处处长的有罗桑坚赞（1929年1月至1937年4月；1938年2月至1941年5月）、罗友仁（1937年4月至1938年2月，1941年5月至1942年初）和计晋美（1942年初至1949年）等。

一　西藏班禅驻京办事处的第一任处长

西藏班禅驻京办公处的首任处长是罗桑坚赞。罗桑坚赞，全称苏奴·罗桑坚赞，生于1881年（清光绪七年），是九世班禅的索本堪布。1924年年初，罗桑坚赞随同九世班禅到达内地，次年7月，出任北洋政府的临时参政院议员。② 罗桑坚赞是九世班禅在内地政治方面的主要代表之一，是代表九世班禅最早和国民政府接触的九世班禅系统官员之一。关于罗桑坚赞最早到南京的时间，目前笔者还没有看到有明确记载的档案材料。但是根据前文可以看出，1928年9月最先呈请蒙藏委员会设立西藏班禅驻京办公处的是宫敦扎西、罗桑囊加和丁汪多吉等，并且直到该年11月30日，为设立西藏班禅驻京办公处积极奔走的依然是罗桑囊加等。由此推测，直到1928年11月30日，罗桑坚赞并不在南京。可能是九世班禅看到在南京的罗桑囊加等设立驻京办公处的工作进

---

① 钱雪梅：《从认同的基本特性看族群认同与国家认同的关系》，《民族研究》2006年第6期。

② 郭卿友：《民国藏事通鉴》，中国藏学出版社2008年版，第327页。

展缓慢，因此派遣了政治方面更为能干的罗桑坚赞前往南京。1928年12月4日上午，蒙藏委员会委员格桑泽仁曾召集新近由内蒙古九世班禅处来南京之"藏人"，举行茶话会，12月5日下午三时，蒙藏代表"借中央党部"举行联欢会，其中西藏代表有罗桑坚赞。① 1929年1月18日，罗桑坚赞即呈文蒙藏委员会，报告了西藏班禅驻京办公处成立日期等情况。由此推测，1928年12月4日格桑泽仁所"召集"之新来"藏人"很可能就包括罗桑坚赞，也就是说罗桑坚赞是1928年12月初才到达南京的。1929年1月20日，西藏班禅驻京办公处成立后，罗桑坚赞出任第一任处长；1932年5月，西藏班禅驻京办公处改为西藏班禅驻京办事处，罗桑坚赞接着担任该处处长；1935年4月，西陲宣化使公署驻京办事处成立，罗桑坚赞继续担任该处处长。这些事实证明，九世班禅对罗桑坚赞十分信任和赏识。

  1929年2月1日下午4时，蒙藏委员会举行成立大会，罗桑坚赞作为代表之一参加了此次大会。② 同年4月15日，罗桑坚赞被任命为蒙藏委员会藏事处处长，成为该会藏事处第一任处长。罗桑坚赞这种既是西藏班禅驻京办公处处长，又是蒙藏委员会藏事处处长的双重身份，决定了其必然成为国民政府和九世班禅间进行沟通接触的不二人选，当然也就自然而然成了九世班禅系统和西藏地方政府间矛盾冲突的排头兵。罗桑坚赞也积极致力于内地人民对西藏的认识，为此他曾于1930年3月24日在"中央广播无线电台"作了关于"蒙藏历年外交经过情形，及中央待遇蒙藏意旨"为主题的报告。③ 同时，作为九世班禅在南京的最主要代表，罗桑坚赞也为促成国民政府初期九世班禅的三次进京出力不少。1929年11月罗桑坚赞即被蒙藏委员会派为代表远赴沈阳向九世班禅"慰问近况，并达微忱"④；1931年4月，蒙藏委员会委员长马福祥一面电促九世班禅"来京"，同时派罗桑坚赞"北上迎迓"⑤；1932年2

---

① 《申报》1929年12月5日、6日。
② 《申报》1929年2月2日。
③ 《申报》1930年3月24日。
④ 《申报》1929年11月14日；中国第二历史档案馆、中国藏学研究中心合编：《中国第二历史档案馆所存西藏和藏事档案汇编》（第8册），第135、144页。
⑤ 《申报》1931年4月19日。

月，蒙藏委员会再次派遣罗桑坚赞前往内蒙古，同时带去了国民政府颁给九世班禅大师的"护国宣化广慧大师印信"①。

1932年8月5日，罗桑坚赞致电蒙藏委员会，称"前嘱不能兼职事，遵向班禅请示，兹奉复电称，班禅办事处处长已另委人接替，特此电呈，敬请查照"②。因为早在1930年6月10日，蒙藏委员会就曾向其所属部门下发了"国民政府转奉中央交办南京特别市执委会呈请严厉限制官吏兼职绝对不得兼薪"的命令，③显然出于种种原因蒙藏委员会并没有对罗桑坚赞严格要求。结合1932年前后西藏驻京办事处和西藏班禅驻京办事处间的尖锐矛盾，并因罗桑坚赞兼任蒙藏委员会藏事处处长一职而招致西藏驻京办事处对蒙藏委员会藏事处的诘难，可以推测，正是在这种背景下，蒙藏委员会向罗桑坚赞提出了不能兼职的要求。但是直到1937年4月，罗桑坚赞仍一直担任着该两处处长。

1935年4月1日，罗桑坚赞应九世班禅的命令，在南京设立了西陲宣化使公署驻京办事处，并担任处长。罗桑坚赞的此次任职，直至1937年4月才告结束。1937年1月21日，罗桑坚赞由蒙藏委员会藏事处处长改任蒙藏委员会参事，1939年8月30日，其被免去蒙藏委员会参事职务。④ 1941年至1949年，罗桑坚赞又出任了蒙藏委员会委员。⑤ 1933年1月12日，罗桑坚赞出任国民政府立法院第三届立法委员；1935年1月，出任国民政府立法院第四届立法委员；同年11月，当选为中国国民党第五届中央执行委员；1945年5月当选中国国民党第六届中央执监委员会中央执行委员。⑥ 他还曾是1931年5月"国民会议"、1931年11月国民党第四次全国代表大会、1932年4月"国难会议"、1935年11月"中国国民党第五次全国代表大会"代表。关于罗桑坚赞参加国民政府时期重要会议的情况，将在本书第五章进行详细

---

① 中国第二历史档案馆、中国藏学研究中心合编：《中国第二历史档案馆所存西藏和藏事档案汇编》（第16册），第24页。
② 中国第二历史档案馆、中国藏学研究中心合编：《中国第二历史档案馆所存西藏和藏事档案汇编》（第17册），第94页。
③ 《蒙藏委员会公报》1931年第12期，"命令"第14—16页。
④ 刘寿林、万仁元、王玉文等编：《民国职官年表》，第618页。
⑤ 同上书，第619—622页。
⑥ 刘国铭主编：《中国国民党百年人物全书》，团结出版社2005年版，第1564页。

论述。

罗桑坚赞还是这一时期最积极参与抗日救亡活动的藏族代表之一，组织发起了1931年的"康藏旅京同乡抗日救国会"，也是1938年的"蒙藏回联合慰劳抗战将士代表团"和1941年的"蒙回藏族联合慰劳抗战将士代表团"的主要发起人和组织者。关于罗桑坚赞参与抗日救亡活动的情形，将在本书第五章进行详细论述。

1937年12月九世班禅圆寂后，罗桑坚赞按照九世班禅的遗嘱，"暂代""宣化使职"。1941年4月22日，蒙藏委员会向行政院呈报了《班禅行辕善后办法》，提出"寻访灵童，责由罗桑坚赞办理"。1941年5月2日，行政院下发指令，同意由罗桑坚赞办理班禅转世灵童寻访事宜，并且发给旅费5000元，以便其赴青海任事。1941年7月初，罗桑坚赞抵达西宁，开始了九世班禅转世灵童的寻访工作。在罗桑坚赞的主持下，九世班禅转世灵童的寻访工作顺利完成。虽然在灵童最终征认、坐床等环节上罗桑坚赞等与国民政府的政策主张有些冲突，但有效避免了西藏地方政府规避国民政府，独立征认九世班禅转世灵童的企图，保证了国民政府在九世班禅转世灵童寻访及十世班禅坐床方面的权利。鉴于罗桑坚赞"倾诚中央"，历任蒙藏委员会委员、蒙藏委员会藏事处处长和国民政府立法委员，"卓著勋勚"，并在办理九世班禅行辕善后及九世班禅灵童寻访等方面能够"任劳任怨，备尝辛苦"，经蒙藏委员会呈请，1949年国民政府授予其二等景星勋章。[1]

西藏班禅驻京办公处时期，其主要职员尚有萧必达、朱福南、夏坚赞等，详细情况请见表3.1：

表3.1　　　　　　　　西藏班禅驻京办公处主要职员一览

姓名	职务	年龄
罗桑坚赞	处长	48
罗桑囊加	班禅额尔德尼参谋长、驻京全权代表	31
萧必达	中文秘书	46

---

[1] 中国藏学研究中心、中国第二历史档案馆合编：《九世班禅圆寂致祭和十世班禅转世坐床档案选编》，第368、380页。

续表

姓名	职务	年龄
夏坚赞	藏文翻译	33
朱福南	会计科科长	30
丁汪多吉	总务科科长	38
王世清	宣传科科长	35

除了上述主要职员外，这一时期任职于西藏班禅驻京办公处的尚有夏见岑曲班等股员6名，胡国栋等书记员7名，任增等宣传员4名和边霸等通译3名。① 此后不久，后来担任蒙藏委员会驻藏办事处处长的蒋致余担任了办公处秘书长。②

二 西藏班禅驻京办事处的第二任处长

1937年3月29日，九世班禅致电西陲宣化使公署驻京办事处，电文称：

> 案查该处自民国廿四年四月一日成立以来，成绩颇佳，兹以本使西行，该处长必须随行，以故处长一职，毋庸兼理，遗职即以本行辕军务处处长罗友仁接充，仰即赳日分别移交任职，并将办理情形电呈备案。③

接到电令后，罗桑坚赞即开始着手移交工作，并于"三月卅一日"将该处关防、文件移交完毕，新任处长罗友仁于4月2日"在处宣誓就职"。④

---

① 西藏班禅驻京办公处宣传科：《西藏班禅驻京办公处月刊》民国十八年（1929）创刊号，第40—42页。
② 西藏班禅驻京办公处宣传科：《西藏班禅驻京办公处月刊》民国十八年（1929）第1卷第3、4期合刊，"附录"第1页。
③ （民国）《江西省政府公报》第782期（1937年），第10页。
④ 同上。

罗友仁，云南阿墩（今德钦）人，藏文名字为墨巴·旺堆洛布（ཨང་བ་དབང་འདུས་ནོར་བུ）①。1930年时，曾任蒙藏委员会科员。②因为1931年年初罗友仁的名字并未出现在西藏班禅驻京办公处主要职员名单表中，由此推测，1931年年初罗友仁尚未到西藏班禅驻京办公处任职。但到1933年5月时，他已经是西藏班禅驻京办事处的科长之一，③说明此时他已经在九世班禅系统中具有了一定地位。1934年5月，受九世班禅的委派，罗友仁和夏堪布一起前往上海，迎接由藏返回的安钦呼图克图和王乐阶。④ 1934年，九世班禅前往杭州、上海一带传法游览时，罗友仁随同前往，并已经担任了班禅行辕军务处处长一职，⑤同时仍兼任着西藏班禅驻京办事处的科长一职。⑥ 1935年1月，罗友仁发表了题为《清乾隆时福康安将军治理西藏之办法》一文，该文逻辑清楚，表达流畅，反映罗友仁不仅具有很好的汉文功底，且受过较好的学术训练。罗友仁很得九世班禅系统最有权势的人物——罗桑坚赞的重视，并于不久接替罗桑坚赞成为西陲宣化使公署驻京办事处处长。

关于此次罗友仁不再担任处长的时间，笔者目前还看到有确切记载的档案材料。因为1938年2月罗桑坚赞再次成为西藏驻京办事处

---

① 旦增加措在《班禅行辕与刘文辉二十四军之战》一文中说，此战由"军务处长四品官墨巴·旺堆洛布担任指挥官"［旦增加措：《班禅行辕与刘文辉二十四军之战》，西藏自治区政协文史资料研究委员会编《西藏文史资料选辑》（第1辑），第329页］，而牙含章先生在《班禅额尔德尼传》中称，此战由"班禅行辕军务处处长罗友仁指挥"（牙含章：《班禅额尔德尼传》，第289页），《赵守钰为报送班禅行辕人员等遣散安置费用各项清册单据事致吴忠信函》（1942年4月24日）中所列的"班禅行辕军务处处长"也是罗友仁（中国第二历史档案馆、中国藏学研究中心合编：《九世班禅内地活动及返藏受阻档案选编》，第151页）。由此推测，罗友仁和墨巴·旺堆洛布很可能系同一个人。
② 《蒙藏委员会公报》1931年第13期，"会令"第12页。
③ 《蒙藏旬刊》第51期，1933年5月31日，第24—25页。
④ 张羽新、张双志编纂：《民国藏事史料汇编》（第9册），学苑出版社2005年版，第83页。
⑤ 《申报》1934年5月29日。
⑥ 1935年7月时，罗友仁仍是西藏班禅驻京办事处的科长。［中国第二历史档案馆、中国藏学研究中心合编：《中国第二历史档案馆所存西藏和藏事档案汇编》（第28册），中国藏学出版社2012年版，第459页］。

处长,① 并且 1938 年 5 月 29 日,当罗友仁从西康随同戴传贤前往甘孜致祭九世班禅时,② 戴传贤只称其为"班禅驻京办事处人员",并没有称其为处长。③ 据此推测,大概 1938 年 2 月,回到重庆的罗桑坚赞又接替罗友仁担任了处长。

因为罗友仁一直担任着班禅行辕军务处处长的职务,因此,1939年 12 月"甘孜事变"发生时,罗友仁当仁不让地成为班禅行辕卫队和甘孜地方武装力量的总指挥官。1941 年 5 月 23 日,罗友仁被任命为国民政府立法院立法委员。④

作为九世班禅系统的主要成员之一,罗友仁责无旁贷地参与了九世班禅转世灵童的寻访工作。1940 年 10 月,班禅行辕全体会议议决,推派罗友仁和森吉、刘家驹等一批人员赴香日德、西宁等地寻访。⑤ 1941年 11 月 25 日,罗桑坚赞在向蒙藏委员会呈报办理寻访灵童经过时称,要依据宗教成规派员携带灵童名单赴藏,"与扎什伦布札萨喇嘛复命晤商后,一并将访获灵童灵异情形一一转达达赖佛鉴核,并请诵经祈祷,然后就所开灵童名单内以藏例降神等办法证实大师正身"⑥。并称"赴藏人员抵藏后,嘱其趋晤孔处长庆宗商承一切。所有在藏方应办事项情形,当请由孔处长转呈察核"⑦。正是在这种背景下,1942 年 1 月 3 日,罗友仁奉罗桑坚赞和班禅堪厅的委派,和恩久活佛、卓尼巴等一行 40余人启程前往拉萨,准备与西藏地方政府商洽九世班禅转世灵童寻访及

---

① 1938 年 2 月 26 日蒙藏委员会委员长吴忠信给西陲宣化使公署的电文中,称罗桑坚赞为"罗桑坚赞委员",而 2 月 28 日蒙藏委员会给行政院的呈文中,称罗桑坚赞为"班禅驻京办事处长罗桑坚赞委员"。中国藏学研究中心、中国第二历史档案馆合编:《九世班禅圆寂致祭和十世班禅转世坐床档案选编》,第 30、31 页。

② 事实上罗友仁到雅安后就因生病折回成都,并没有陪同戴传贤到达甘孜。中国第二历史档案馆、中国藏学研究中心合编:《黄慕松、吴忠信、赵守钰、戴传贤奉使办理藏事报告书》,第 500 页。

③ 中国第二历史档案馆、中国藏学研究中心合编:《黄慕松、吴忠信、赵守钰、戴传贤奉使办理藏事报告书》,第 497 页。

④ 刘国铭主编:《中国国民党百年人物全书》,第 1551 页。

⑤ 中国藏学研究中心、中国第二历史档案馆合编:《九世班禅圆寂致祭和十世班禅转世坐床档案选编》,第 171 页。

⑥ 同上书,第 189 页。

⑦ 同上书,第 190 页。

坐床等事宜。① 国民政府因此为他们拨发了 5 万元入藏旅费。② 在拉萨期间，罗友仁就西藏地方政府和在藏九世班禅系统所进行的班禅灵童寻访及灵童遴选事宜，时常与蒙藏委员会驻藏办事处进行沟通。例如 1942 年 3 月 16 日，罗友仁向孔庆宗报告了恩久活佛等到"康南""康北"寻访的情况；③ 同年 6 月 29 日，罗友仁在拉萨紧急会见孔庆宗，向其报告了 6 月 28 日收到的西藏地方政府对恩久活佛等呈报的九世班禅转世灵童名册的批示情况。之后，罗友仁和王乐阶奉命留驻拉萨，继续和西藏地方政府交涉九世班禅转世灵童寻访及坐床事宜。④

三 西藏班禅驻京办事处的第三任处长

1938 年 2 月罗桑坚赞再次担任西藏班禅驻京办事处处长。此次罗桑坚赞接替罗友仁担任班禅驻京办事处处长，应该和 1937 年 12 月西陲宣化使九世班禅圆寂，九世班禅系统一下子陷入了群龙无首的混乱状况有关，罗桑坚赞此时接任处长一职，一方面有助于加强迁入重庆不久的办事处的力量，以便于更好地与国民政府联系和沟通；另一方面，从国民政府的角度讲，这样一个班禅系统的重要人员驻京，显然也有助于其加强对特殊时期九世班禅系统的沟通和管理。

四 西藏班禅驻京办事处的第四任处长

西藏班禅驻京办事处的第四任处长是罗友仁，这也是罗友仁第二次担任该办事处处长。关于罗友仁此次任职的具体时间，笔者目前还没有找到有确切记载的档案材料。因为 1940 年 8 月 29 日吴忠信给西藏班禅驻京办事处的代电中仍称罗桑坚赞为"西藏班禅驻京办事处罗处长"⑤，而 1941 年 5 月行政院给蒙藏委员会的关于班禅行辕善后办法的指令中，

---

① 中国藏学研究中心、中国第二历史档案馆合编：《九世班禅圆寂致祭和十世班禅转世坐床档案选编》，第 207 页。
② 同上书，第 166 页。
③ 同上书，第 213 页。
④ 同上书，第 218 页。
⑤ 同上书，第 103 页。

派定罗桑坚赞为九世班禅灵童寻访负责人，①并准予拨给其5000元作为"赴青主持寻访班禅灵童旅费"②。不久罗桑坚赞便赴青开始九世班禅灵童寻访工作。据此推测，在1941年5月，行政院指令罗桑坚赞负责九世班禅转世灵童寻访工作后，罗友仁便又短暂地担任了西藏班禅驻京办事处处长。同期担任该办事处副处长的是石明珠。③

五　西藏班禅驻京办事处的第五任处长

西藏班禅驻京办事处的第五任处长是计晋美。计晋美（ཅིས་འཇིགས་མེད）（1911—1978），全称詹东·计晋美（བཀས་མཆོག་ཅིས་འཇིགས་མེད），藏名晋美扎巴（འཇིགས་མེད་གྲགས་པ），日喀则谢通门县达纳地方（གཞིས་རྩེ་ཤེལ་དཀར་མཚོ་སྨོན་རྫོང་ད་ནག）人。④ 大约20世纪20年代末期，年轻的计晋美跟随叔父计玉阶到达北京，投奔在内地的九世班禅大师。⑤ 1938年戴传贤前往甘孜致祭九世班禅时，计晋美和赵旺受班禅堪布会议厅派遣到康定欢迎戴传贤一行。戴传贤到达康定后指定计晋美和赵旺二人一起担任"考试院院长行辕"藏文秘书，并分别领取100元和200元的月薪。⑥ 计晋美引起班禅系统主要负责人罗桑坚赞的重视，源于其在"甘孜事变"中的"不俗"表现：事变发生前，在计晋美、拉敏益西楚臣等的积极活动下，康区各地的土司头人武装纷纷投向班禅系统；在事变后向玉树撤退时，他又和旦增加措（བསྟན་འཛིན་རྒྱ་མཚོ）一起，较好地完成了九世班禅灵柩及行辕

---

① 中国藏学研究中心、中国第二历史档案馆合编：《九世班禅圆寂致祭和十世班禅转世坐床档案选编》，第122页。
② 同上书，第173页。
③ 同上书，第204页。
④ 孙格巴顿：《忆詹东·计晋美》，西藏自治区政协文史资料研究委员会编《西藏文史资料选辑》（第1辑），第687页 [མེད་གི་ཧཔའ་ཨུན་བཀས་མཆོག་ཅིས་འཇིགས་མེད་མཆོག་ལ་དྲན་གསོ་ཞུས་པ། བོད་རང་སྐྱོང་ལྗོངས་ཀྱི་ཆབ་སྲིད་གྲོས་ཚོགས་ཀྱི་རིག་གནས་དཔྱད་གཞིའི་རྒྱུ་ཆའི་སྡུད་སྒྲིག་ཨུ་ཡོན་ལྷན་ཁང་ནས་བསྒྲིགས་པའི་བོད་ཀྱི་རིག་གནས་ལོ་རྒྱུས་དཔྱད་གཞིའི་རྒྱུ་ཆ་བདམས་བསྒྲིགས།(5)མི་རིགས་དཔེ་སྐྲུན་ཁང་། མི་རིགས་དཔེ་སྐྲུན་ཁང་། པེ་ཅིང་། ཕྱི་ལོ་2009ལོའི་ཟླ་བ་56ཏུ་གསར་བཏབ།]。
⑤ 孙格巴顿：《忆詹东·计晋美》，西藏自治区政协文史资料研究委员会编《西藏文史资料选辑》（第1辑），第687页。
⑥ 中国第二历史档案馆、中国藏学研究中心合编：《黄慕松、吴忠信、赵守钰、戴传贤奉使办理藏事报告书》，第510页。

部分军需物资的护送任务。① 1940年4月1日，九世班禅行辕公推拉敏益西楚臣、计晋美、何巴敦等为代表，赴重庆向国民政府报告"甘孜事变"经过，请示善后。② 这说明，从这一时期起，计晋美已经获得了九世班禅系统的普遍认可，成为九世班禅系统的中坚力量。1942年，承班禅堪厅委任，计晋美开始担任西藏班禅驻京办事处处长一职。③ 此后直至1949年4月，西藏班禅驻京办事处处长一职一直由计晋美担任。计晋美担任处长期间，西藏班禅驻京办事处随同国民政府从重庆"还都"南京，又从南京"迁都"广州，再从广州迁往重庆，并在重庆最终结束了自己的历史使命。

计晋美也曾是1945年5月的国民党第五次全国代表大会、1946年11月的"制宪国大"、1948年3月的"行宪国大"的代表和"行宪"第一届立法院集会筹备处筹备委员，并于1947年3月被聘为宪政实施促进委员会常务委员。④

在罗桑坚赞担任处长期间，担任副处长的是朱福南。关于朱福南的生平事迹，李贤德在其《怀念朱福南》⑤一文中已有一些介绍。本书拟在此文的基础上依据档案材料，对朱福南作进一步的介绍，并纠正该文中的一些错误。

1918年，在喜饶嘉措大师的推荐下，朱福南和九世班禅系统建立了联系，1924年九世班禅大师奔赴内地后，朱福南受喜饶嘉措之托，随同九世班禅来到内地。⑥ 到达内地后，朱福南即作为九世班禅派往北京与北洋政府进行接触的代表森本堪布罗桑囊加、确本堪布旺堆诺布、堪布夏诺云等的随员，于1924年8月15日"下午五时由京奉路专车抵

---

① 孙格巴顿：《忆詹东·计晋美》，西藏自治区政协文史资料研究委员会编《西藏文史资料选辑》（第1辑），第687页。
② 刘家驹主编：《班禅大师全集》，第64页。
③ 孙格巴顿：《忆詹东·计晋美》，西藏自治区政协文史资料研究委员会编《西藏文史资料选辑》（第1辑），第687—688页。
④ 刘国铭主编：《中国国民党百年人物全书》，第98页。
⑤ 李贤德：《怀念朱福南》，《中国土族》2008年第3期。
⑥ 同上。

京"①。由此可见，九世班禅到达内地之初，朱福南即受到了九世班禅的信任和赏识。这应该和他"精通汉、藏、梵、蒙四种文字，通晓藏、蒙、土、汉四种语言"②，并且生于紧邻内地的青海，比较熟悉内地情形有着直接关系。

1929年1月，西藏班禅驻京办公处成立后，朱福南担任了该处会计科科长。同年2月1日，蒙藏委员会下发"会令"，"委派"朱福南为蒙藏委员会"藏事科科长"③。1929年5月28日至6月1日，国民政府在南京公祭孙中山和举行孙中山奉安大典时，作为蒙藏委员会职员的朱福南被选派为招待蒙藏代表招待组成员，④ 以工作人员的身份参加了孙中山奉安大典。1932年6月，在任命罗桑坚赞为西藏班禅驻京办事处处长的同时，九世班禅也任命朱福南为该处副处长。朱福南于"六月十八日到处视事"⑤。关于朱福南结束西藏班禅驻京办事处副处长职务的时间，笔者目前还没有看到有确切记载的材料，但直到1938年4月时朱福南仍是该处副处长。⑥ 1930年起，朱福南成为蒙藏委员会设计委员会委员之一，并曾向该委员会全体会议提出"改革西藏行政制度""整理西藏财政计划"等的提案。⑦ 这说明朱福南不仅熟悉西藏和内地情形，并对行政制度、财政制度等有一定的研究。1936年至1944年2月28日，朱福南还曾任蒙藏委员会委员。⑧

此外，1939年2月前后，在罗友仁担任处长时期担任副处长的石

---

① 中国第二历史档案馆、中国藏学研究中心合编：《中国第二历史档案馆所存西藏和藏事档案汇编》（第5册），第15页。
② 李贤德：《怀念朱福南》，《中国土族》2008年第3期。
③ 《蒙藏委员会公报》1929年第1、2合期，"会令"第2页。朱福南并没有担任过西藏班禅驻京办事处处长和蒙藏委员会藏事处处长职务，所以《怀念朱福南》一文中关于朱福南出任上述二处处长的说法是不正确的。
④ （民国）总理奉安专刊编纂委员会编：《总理奉安实录》，南京出版社2009年版，第332—333页。
⑤ 中国第二历史档案馆、中国藏学研究中心合编：《中国第二历史档案馆所存西藏和藏事档案汇编》（第16册），第387页。
⑥ 《蒙藏月报》1938年第8卷第2期。
⑦ 《蒙藏委员会公报》1931年第13期，"纪录"第6、9、13页。
⑧ 刘寿林、万仁元、王玉文等编：《民国职官年表》，第619—620页。刘国铭主编的《中国国民党百年人物全书》中称，朱福南于"1935年2月任蒙藏委员会委员、常务委员兼班禅驻京办事处处长"（《中国国民党百年人物全书》，第641页）。

明珠还曾担任过该处代理处长，① 但具体时间有待进一步研究，并且任职时间也应该不长，所以在此不再赘述。

由以上论述可以看出，在西藏班禅驻京办事处存世的 20 多年时间里，担任其处长一职的主要是罗桑坚赞、罗友仁和计晋美 3 人，尤其是罗桑坚赞曾先后两次出任处长，其担任处长的时间占据了西藏班禅驻京办事处存世的绝大部分时间。虽然曾担任西藏班禅驻京办事处处长的人数相对较少，但先后担任处长的罗桑坚赞等 3 人都是九世班禅系统中的中坚力量，这充分反映了西藏班禅驻京办事处在班禅系统中的重要性。

第三节　国民政府时期的西藏驻京代表"堪准洛松"

整个国民政府时期，除了第一批西藏驻京代表外，西藏地方政府派出的其他驻京代表都是以"堪准洛松"的人事结构驻京办事的，而他们在南京任职的部门主要就是西藏驻京办事处，这是西藏驻京办事处最具特色的一种人事特征，因为西藏驻京代表和西藏驻京办事处在国民政府时期藏事上具有非常重要的意义，因此，我们有必要对其进行一些初步的探讨。

一　"堪准洛松"及其职责

"堪准洛松"（མཁན་མགྲོན་ལོ་གསུམ）中的"堪"即堪琼（མཁན་ཆུང），系四品僧官。② 堪琼只是一个职衔，原西藏地方政府的许多部门中都有职衔为堪琼的僧官，例如在司膳堪布下有司膳堪琼（གསོལ་དཔོན་མཁན་ཆུང），孜森穹嘎（རྩེ་གཟིམས་ཆུང་འགག）的负责人大卓尼（རྩེ་མགྲོན་མགྲོན་ཆེ་བ）和雪嘎（ཤོད་འགག）的负责人南卓（རྣམ་མགྲོན）都是四品堪琼僧官，还有如负责彻德列空（འཕྲལ་

---

① 中国藏学研究中心、中国第二历史档案馆合编：《十三世达赖圆寂致祭和十四世达赖转世坐床档案选编》，第 177 页。

② 张怡荪主编：《藏汉大辞典》，第 295 页；何宗英：《从"译仓"说开去》，《西藏研究》2002 年第 3 期；བྱེ་དགོན་པ་བདུད་བསལ་བཞེད་དཔལ་བོད་ས་གནས་སྲིད་གཞུང་གི་ཡིག་ཚང་ཡིག་རྒྱུན་ལས་ཚད་བཀོལ་བའི་ཚིག་ཚོགས་བསྡུས་པ་གསལ་བའི་མེ་ལོང་ཞེས་བྱ་བ་བཞུགས་སོ། བྱས། 2010 ལོའི་ཟླ 19 ཚེས་གསལ (冷文·白马格桑编：《原西藏地方政府公文用语选编》，民族出版社 2010 年版）。

第三章　西藏驻京机构的历任处长及主要职员　169

བདེ་ལས་ཁུངས།）的两名僧官和负责拉恰列空（བླ་ཕྱག་ལས་ཁུངས།）的两名僧官都是四品堪琼。①

"准"，即准尼尔（一般译为卓尼尔），因为此处的准尼尔一般为布达拉宫的准尼尔，所以被称为"仔准"（རྩེ་མགྲོན།）。仔准的职责是：为达赖喇嘛"组织朝拜者排队，系戴护身结，起草报告，按日记录举办活动的知宾笔记（这虽是日记，但因是查询常规事项和达赖喇嘛圆寂后编撰传记的依据，所以很重要）。在一些常备库中取放东西时，作为布达拉宫代表，携带达赖喇嘛印章参与。同样，当没收查封、三大寺一些大活佛入寺记名（记入名册时向扎仓和康村等所举办的广大定规布施活动）等时，也需要代表（布达拉宫）前往"。[藏文原文：མཇལ་ཁ་ཞུ་མི་ཐ་སྙེད་བསྒྲིགས་པ་དང་། སྲུང་མདུད་གཡོགས་པ། སྙན་ཤོག་འབྲི་ཉིན་ལྟར་མཛད་སྒོའི་ཕྱུང་མགྲོན་དེབ་（འདི་ཉིན་ཐོ་འགོད་པ་ཡིན་ཞིང་། སྲོལ་ལམ་རྟེ་བྱུང་སྐད་ལྟ་ཞིབ་བྱེད་ཡུལ་དང་། ཏཱ་ལའི་བླ་མ་འདས་རྗེས་རྣམ་ཐར་བསྒྲིགས་སྐབས་གཞི་འཛིན་གནད་ཆེ་བས་གལ་ཆེ་བ་ཡིན།) ལ་འགོད་པ་དང་། བར་བང་ནས་དངོས་པོ་འདོན་འཇུག་སྐབས་ཏུ་ལའི་བླ་མའི་ཕྱག་ཐམ་ཁྱེར་ཏེ་རྩེའི་སྐུ་ཚབ་ཏུ་བསྐྱོད་དགོས་པ། དེ་བཞིན་ཁྲིམས་བཀག་གཞུང་བཞེས་སྒོ་རྒྱ་ཞིག་པ། གདན་ས་གསུམ་གྱི་བླ་སྤྲུལ་ཁག་ཅིག་ཆོས་ཞུགས་དང་མཚན་བཏགས་（དེབ་ཐ་འབེབ་པའི་སྐབས་ཁང་ཚན་ཆོས་སྒོར་ལ་གཏོང་རྒྱུ་ཆེ་གཏོང་དགོངས་པའི་བྱེད་སྒོ།）གྱི་སྐབས་བཅས་ལ་སྐུ་ཚབ་ཏུ་འགྲོ་དགོས།] ②

虽然《东噶藏学大辞典》和图丹桑结的《关于第一、第二期西藏驻汉地办事人员情况的回忆》中都没有说仔准的品级，但是通过对比藏汉文版的《原西藏地方政府组织机构》相关内容，我们还是可以看出其品级情况的。

汉文版的"孜森穹嘎"部分记述如下：

---

① 雪嘎是摄政的传达机构。夏扎·甘丹班觉、恰宗·其米杰布、色新·洛桑顿珠：《原西藏地方政府组织机构》，西藏自治区政协文史资料研究委员会编《西藏文史资料选辑》（第2辑），第283、284、285、286页；བདག་གཞུང་གི་སྲིད་འཛིན་སྒྲིག་གཞི། བྱེད་གསོལ་བོད་རང་སྐྱོང་ལྗོངས་ལོ་རྒྱུས་རིག་གནས་དཔྱད་གཞིའི་རྒྱུ་ཆའི་རྒྱབ་ཡིག་ཚོགས་ཆུང་གིས་རྩོམ་སྒྲིག་བྱས་པའི་བོད་ཀྱི་ལོ་རྒྱུས་རིག་གནས་དཔྱད་གཞིའི་རྒྱུ་ཆ་བདམས་བསྒྲིགས།（5）མི་རིགས་དཔེ་སྐྲུན་ཁང་། མི་རིགས་དཔེ་སྐྲུན་ཁང་གིས་དཔར། 2009 ལོ། ཤོག་གྲངས་205.208.209.210.215 ཚ་གསལ།

② 《东噶藏学大辞典》，第1678页。

孜森穹嘎是达赖喇嘛的传达机构，由四品僧官大卓尼负责。该机构内有五品僧官十六名，达尔罕职位的侍卫一名、六品官三名。①

藏文版的"孜森穹嘎"部分记述如下：

ཉེ་གཟིམ་ཆུང་འགག་གི་གཙོ་བོའི་འཛིན་འཛིན་མཁན་པོ་ཉེ་གཉན་མགྲོན་ཆེ་བ་ཞེས་ཉེ་སྐོར་རིམ་བཞིའི་གདན་ཐོབ་ཡོད་པའི་མཁན་ཆུང་གཅིག་དང་། དེ་འོག་གནས་ལྷ་པའི་ཉེ་མགྲོན་མི་གྲངས་བཅུ་དྲུག་གཟིམ་འགག་ཁྲི་མཁན་ཆེ་དར་ཤན་གྱི་གདན་ཐོབ་ཡོད་པ་གཅིག་དང་། གནས་དྲུག་པ་ལས་ཚན་པའི་གདན་ཐོབ་ཡོད་པ་གསུམ་བཅས་ལས་གྲུབ་པ......（译文：孜森穹嘎的主要负责人是称为大卓尼的四品僧官堪琼一名，其下是五品仔准十六名，具有堪且达尔罕职位的首席侍卫一名，六品勒参巴三人……）②

由这两份材料可以看出，仔准是五品官员。

"洛"，即洛杂哇（ལོ་ཙཱ་བ），义为译师，五品僧官。③ 但是，这里的"洛杂哇"更多的是一种官职名，事实上他们基本上不担任具体的翻译任务，例如西藏地方第一批"堪准洛松"驻京期间，担任具体翻译工作的就不是"洛杂哇"图丹桑结，而是另一个叫巫明远的人。④

"松"（gsum），即藏语"三"的意思。藏族人为了便于称呼和记忆，习惯将存在一定联系或具有一定相似性的几个名称中各取一个字连在一起，并加上表示数目的量词，从而形成简称。如把噶丹寺、哲蚌寺和色拉寺这三个格鲁派最大的寺院简称为"噶哲色松"；又如把安多、卫藏和康巴三大藏语方言区简称为"多卫康松"；又如把赤松德赞时期的三大翻译家噶瓦拜泽、焦若·鲁坚赞和祥·也协德三人合称"噶焦祥松"。同理，因为堪琼、仔准和洛杂哇成为构成西藏地方驻京代表的一

---

① 夏扎·甘丹班觉、恰宗·其米杰布、色新·洛桑顿珠：《原西藏地方政府组织机构》，西藏自治区政协文史资料研究委员会编《西藏文史资料选辑》（第2辑），第284页。

② བདག་གཉེར་དགའ་ལྡན་དཔལ་འབྱོར། རྒྱལ་ཚོགས་འཆི་མེད་རྒྱལ་པོ། གསེར་ནོར་བཟང་པོ་གྲུབ། དེ་སྔའི་བོད་ས་གནས་སྲིད་གཞུང་གི་སྲིད་འཛིན་གྱི་སྒྲིག་འཛུགས། བོད་རང་སྐྱོང་ལྗོངས་སྲིད་གྲོས་ཡིག་ཚང་ངམ་ལས་ཁུངས་ནས་གཙོ་སྐྲུན་བྱས་ཤིང་། བོད་ཀྱི་ལོ་རྒྱུས་རིག་གནས་དཔྱད་གཞིའི་རྒྱུ་ཆ་བདམས་བསྒྲིགས། (5) མི་རིགས་དཔེ་སྐྲུན་ཁང་། མི་རིགས་དཔེ་སྐྲུན་ཁང་གིས་པར་གཞི་དང་པོ་བསྐྲུན། 2009 ལོག་གངས་208་དུ་གསལ།

③ 图丹桑结：《关于第一、第二期西藏驻汉地办事人员情况的回忆》，何宗英译。

④ 同上。

种固定人事结构，遂逐渐形成"堪准洛松"的叫法。就目前所见的材料看，民国时期的"堪准洛松"已经成为一种固定的称呼，并被记录在档案中。如 1944 年 8 月 11 日，西藏驻京代表土丹参烈和图登生格就曾催请噶厦政府速派"堪尊洛松换班新代表"来京换班。①

二 "堪准洛松"的形成

关于"堪准洛松"这一固定人事结构形成的具体年代，我们目前还没有看到有明确记载的相关资料。1920 年，西藏驻京堪布罗桑巴桑给蒙藏院的呈文引述了十三世达赖喇嘛的指令，其中称："汉番历来施主，至今皆由商上拣派教习堪布及卓尼尔、翻话罗藏娃并各庙主持之色拉、布贲绷、噶勤（勒）丹三大寺格习内，拣选深通经典作为堪布，派往当差，汉番均各有案。"② 这说明，清朝时期，"堪准洛松"和"各庙主持"一样，是西藏地方派驻内地僧人的主要组成部分。在这里，十三世达赖喇嘛称"堪准洛松"和驻京堪布由商上拣派，其实这只说出了他们拣派程序中的一个环节，其完整的环节应该是：清朝皇帝通过驻藏大臣谕令达赖喇嘛或摄政选派"堪准洛松"和驻京堪布，达赖喇嘛或摄政初选人选后"直接照会驻藏办事大臣备案，另由该大臣另备详文驰驿护送。膺职各僧来京报部，带领引见就职"③。

鉴于清朝时期西藏派驻京师"各庙主持"的惯例始于乾隆时期雍和宫改建为藏传佛教寺院，据此推测，"堪准洛松"制度应该是从那时起逐渐形成的。十三世达赖喇嘛的这一指令还称："前于光绪二十四年内所派各堪布陆续病故，今只存卓尼尔罗布桑边觉尔一人左京当差。"④ 1898 年（光绪二十四年）十三世达赖喇嘛"与驻藏大臣共同任命哲蚌寺格西维色加措和洛桑遵珠、色拉寺吉扎仓的洛桑顿珠、甘丹寺强孜阿

---

① 郭玉琴主编：《蒙藏委员会驻藏办事处档案选编》（十二），第 458 页。
② 中国藏学研究中心、中国第一历史档案馆等合编：《元以来西藏地方与中央政府关系档案史料汇编》（第 7 册），第 3076 页。
③ 同上书，第 3075 页。
④ 同上书，第 3076 页。

旺格桑等人为内地有关寺庙的新任堪布，并向其嘱托工作"①。可见，"卓尼尔"罗布桑边觉尔等人就是和这批驻京堪布一起奉派驻京的，只不过因为其品级较低未载于《十三世达赖喇嘛年谱》中。

　　1921年藏历四月，十三世达赖喇嘛最后一次派出"堪准洛松"。他们分别是堪琼顿柱汪结、仔准降巴曲汪和洛杂哇楚称丹增，②其中堪琼顿柱汪结是以派往北京的"教字正老师"，仔准降巴曲汪是以"教字副老师"的名义派遣的。③关于西藏地方向北京派遣"教字老师"的记载，历辈达赖喇嘛传中也有一些，例如《十二世达赖喇嘛传》中记载：(1863年藏历四月二十五日)"同时，例行前往都城北京晋谒大皇帝的内廷堪布、噶本、裁缝和语文老师主仆一行同以前一样前来辞行致礼。"④曾为"堪准洛松"成员之一的图丹桑结称，清代"堪准洛松"的职责就是给皇宫欲学习藏语文的皇室成员和雍和宫的年轻僧人教授藏语文。⑤由此可见，清代时期的"堪准洛松"就是以"教字老师"主仆的身份奉派驻京的。据此，上文中的"教习堪布"应该就是指"教字老师"。

　　1930年十三世达赖喇嘛曾就派代表参加"西藏会议"致函陆兴祺，其中称："承示蒙藏会议将于阳历三月举行，着速派代表列席，等因。遵即特派雍和宫札萨克及驻京堪布卓尼罗藏娃，并加派商上卓尼尔阿旺坚参、纳仔营官仔仲顷批土丹二人由藏前往会同办理，该员等不日就道。"⑥由此可见，国民政府初期十三世达赖喇嘛即有派遣"堪准洛松"的计划，但最终未能派出。十三世达赖喇嘛的这一表述，再次说明"堪准洛松"是西藏地方派驻内地代表的一种惯例性的人事结构。

---

　　① 《第十三世达赖喇嘛年谱》，西藏自治区政协文史资料研究委员会编：《西藏文史资料选辑》（第2辑），第139页。
　　② 西藏自治区政协文史资料研究委员会编：《西藏文史资料选辑》（第2辑），第199页。
　　③ 教字正老师：yig slob dge rgan che ba，教字副老师：yig slob dge rgan chung ba。《十三世达赖喇嘛年谱》，西藏自治区政协文史资料研究委员会编：《西藏文史资料选辑》（藏文版）（第4辑），第529页。
　　④ 藏文为yig slob dge rgan，因此翻译成"教字老师"似乎更为确切。普布觉活佛罗桑楚臣强巴嘉措：《十二世达赖喇嘛传》，熊文彬译，中国藏学出版社2006年版，第102页。
　　⑤ 图丹桑结：《关于第一、第二期西藏驻汉地办事人员情况的回忆》，何宗英译。
　　⑥ 中国藏学研究中心、中国第一历史档案馆等合编：《元以来西藏地方与中央政府关系档案史料汇编》（第6册），第2502页。

西藏地方政府选派代表时,"堪准洛松"和驻京堪布是分别进行的。这可以从上文引述的十三世达赖喇嘛的指令看出。1935年,当西藏地方政府派出阿旺益西(也译为阿旺意喜)、根敦批结(也译为贡萨格贡柏结)、丹巴达札(也译为登巴达札)和直列加错(也译为扯勉甲错)四位堪布的同时,派出了新一批"堪准洛松",即堪琼阿旺桑丹、仔准格敦恪典和洛杂哇图丹桑结。这说明国民政府前期,西藏地方政府在选派西藏代表时,"堪准洛松"和驻京堪布也是分别进行的。虽然选派时"堪准洛松"是以"教字老师主仆"的身份前往北京的,但是"堪准洛松"中的一些人也可能会担任京城某藏传佛教寺院的负责人,例如前述罗布桑边觉尔就曾担任过永慕寺达喇嘛。[①]

对于"堪准洛松"的管理及其职衔等,清政府有着如下规定:

> 凡由藏调京当差副教习喇嘛及翻话通事喇嘛,于到京后交雍和宫拨给房间住址,授为副达喇嘛。遇有副达喇嘛缺出,三缺后补用一人。除支给本身钱粮外,其随带徒众每月每名给钱粮一两五钱,并准其一体充当一切道场差使。[②]

引文中的"副教习喇嘛"和"翻话通事喇嘛"应该就是"堪准洛松"中的"准"和"洛"。此处虽然没有提到"堪"的职衔情况,但因为"堪"是"堪准洛松"的主要负责人,因此应该有着比他们二人高一级的职衔,即"达喇嘛"职衔。图丹桑结在《关于第一、第二期西藏驻汉地办事人员情况的回忆》中也称,清中央政府将正教师堪琼称为"正达喇嘛",即正职的达喇嘛,把仔准和译师称为"副达喇嘛",即副职的达喇嘛。[③] 这和上述文献的记载是相一致的。

---

① 中国第二历史档案馆、中国藏学研究中心合编:《中国第二历史档案馆所存西藏和藏事档案汇编》(第3册),第146—163页。
② 张羽新编著:《清朝治藏典章研究》(中),中国藏学出版社2002年版,第684页。
③ 图丹桑结:《关于第一、第二期西藏驻汉地办事人员情况的回忆》,何宗英译。按照清朝《理藩院则例》的规定,"京师番僧"自高而下分为:扎萨克达喇嘛、副扎萨克喇嘛、扎萨克喇嘛、达喇嘛、副达喇嘛、闲散喇嘛、德木齐和格斯贵等。(清)会典馆编,赵云田点校:《乾隆朝内府抄本〈理藩院则例〉》,第125页。

按照清政府的规定，奉派驻京的每位达喇嘛可以随带格隆二人，班第六人，每位副达喇嘛可以随带格隆二人，班第四人。① 也就是说，每批奉派驻京的"堪准洛松"事实上是一个多达二十多人的团体。"堪准洛松"到达北京后，作为雍和宫僧人，住在雍和宫，受雍和宫扎萨克喇嘛的管理，并从雍和宫领取钱粮。②

三 国民政府时期的"堪准洛松"

如上文所述，国民政府成立后，十三世达赖喇嘛即有派出"堪准洛松"的计划，但最终未能实现。国民政府时期西藏地方派出的第一批驻京代表分别是雍和宫扎萨克堪布贡觉仲尼，"商上卓尼尔"（即仔准）阿旺坚赞和"纳仔营官仔仲"（即拉孜宗宗本）曲批图丹。③ 显然，他们并不是按照"堪准洛松"的人事结构派遣的。

第一批西藏驻京代表于1935年结束任职，从第二批西藏驻京代表起，直到第四批也就是最后一批西藏驻京代表，除了和罗桑札喜同时期的第六任西藏驻京办事处处长阿旺坚赞外，其他都是按照"堪准洛松"的人事结构派遣的。具体见表3.2。④

表3.2　　　　　　　　　国民政府时期的"堪准洛松"

任职时间	驻京代表批次	姓名及职衔
1935—1940年	第二批	堪琼阿旺桑丹、仔准格敦恪典、洛杂哇图丹桑结⑤

---

① （清）会典馆编、赵云田点校：《乾隆朝内府抄本〈理藩院则例〉》，第125页。
② 按照光绪《钦定理藩部则例》"喇嘛事例"中的"额设喇嘛钱粮"规定，清政府每日拨给每名达喇嘛及其徒众银0.373484两，米2.25斗；副达喇嘛及其徒众银0.3157216两，米1.75斗。也就是说，清政府每年拨给"堪准洛松"及其"徒众"的银、米合计分别为366.798428两和2098.75斗。此外还有数量可观的牛、马饲料。（清）会典馆编、赵云田点校：《乾隆朝内府抄本〈理藩院则例〉》，第683页。
③ 中国藏学研究中心、中国第一历史档案馆等编：《元以来西藏地方与中央政府关系档案史料汇编》（第6册），第2502页。
④ 上述各批"堪准洛松"任期的截止时间是指他们三人中的最后一人去任的时间，事实上第二、第三批"堪准洛松"因为病逝或有事提前返藏等的原因，并不是同一时间结束任期的。
⑤ 《蒙藏月报》1936年第5卷第1期。

续表

任职时间	驻京代表批次	姓名及职衔
1941—1946 年	第三批	堪琼罗桑札喜、仔准土丹参烈、洛杂哇图登生格①
1946—1949 年	第四批	堪琼土丹桑布、仔准图登策丹、洛杂哇降巴阿旺②

国民政府时期的"堪准洛松"制度虽然在人事结构上延续了清代的"堪准洛松"制度,但在拣派程序、职能等方面都有了明显变化。

(一)"堪准洛松"的拣派

1920 年 6 月,时任雍和宫扎萨克堪布的罗桑策殿向蒙藏院呈递了入京供职呈文,其中称:"近来汉番略安,其间虽有代中央办事者,权限多未画清,向与该大臣商办之事件,莫知所从……"所以变通改为由十三世达赖喇嘛拣派"堪准洛松",发给就职执照,到京后由中央主管机关按例授予职位,并给予"廉俸"和"住寓"等项。③ 虽然这反映的是北洋政府时期"堪准洛松"的拣派程序,但是因为国民政府时期民元以来的中央和西藏地方间"不正常"的关系状态并没有得到根本改变,直至 1940 年国民政府设立蒙藏委员会驻藏办事处前,国民政府在拉萨并没有真正意义上的驻藏机构,因此国民政府成立至 1940 年前,"堪准洛松"的拣派基本仍沿用了这一程序。

1940 年蒙藏委员会驻藏办事处设立,因为其行政级别过低,自然无法如清朝的驻藏大臣一样"会同"达赖喇嘛或西藏地方政府摄政拣派"堪准洛松",然而它还是在这一时期"堪准洛松"的拣派过程中留下了身影。例如自 1944 年 8 月起,第三批"堪准洛松"中的土丹参烈就数次致电孔庆宗,请其转电西藏地方政府,请速派新任"堪准洛松"④。1945

---

① 中国社会科学院历史研究所第三所、南京史料整理处选辑:《西藏历史资料汇编》(1929—1948)(第 9 册),油印版。
② 中国藏学研究中心、中国第一历史档案馆等合编:《元以来西藏地方与中央政府关系档案史料汇编》(第 7 册),第 3061—3062 页。
③ 同上书,第 3076 页。
④ 参见郭卿友主编《蒙藏委员会驻藏办事处档案选编》(十二),第 458、459、460 页。1943 年 10 月 18 日蒙藏委员会同意了孔庆宗辞去蒙藏委员会驻藏办事处处长职务,并任命沈宗濂为办事处处长,但直到 1944 年 4 月 15 日沈宗濂才开始从重庆飞往印度,同年 8 月 6 日到达拉萨。在沈宗濂到达拉萨正式开始办公前,办事处事务仍由孔庆宗处理。

年，时任蒙藏委员会驻藏办事处处长的沈宗濂转告西藏地方政府派遣代表参加"国民大会"，西藏地方政府因此派遣了第三批"堪准洛松"土丹桑布等前往南京出席会议。1946 年 4 月，土丹桑布等由印度前往南京时，沈宗濂陪同前往。①

虽然西藏地方政府是以"堪准洛松"的传统人事结构派出驻京代表的，但是对于国民政府而言，他们更关注这些人的"西藏驻京代表"这一身份。国民政府时期，西藏驻京代表"堪准洛松"履职的主要机构是西藏驻京办事处，且一般情况下由"堪准洛松"的负责人"堪琼"担任西藏驻京办事处处长。② 按照 1935 年公布的《修正西藏驻京办事处组织大纲》第三条的规定：西藏驻京办事处设处长、副处长各一人，"由达赖大师选任，呈由蒙藏委员会核转备案"③。这也就是说，由达赖喇嘛或西藏地方政府摄政拣派西藏驻京代表"堪准洛松"的做法，是得到国民政府允许，符合国民政府相关规定的。

从西藏地方政府的角度而言，其拣派的"堪准洛松"同时就是西藏驻京代表。因此，被选人员从一开始就被赋予了"西藏驻京代表"和"堪准洛松"的双重身份。正是出于这种考虑，西藏地方政府在拣派"堪准洛松"时尤为重视其政治履历和办事能力。如第一批"堪准洛松"中的堪琼阿旺桑丹奉派驻京前曾任昌都办事员、丹群廓寺僧官和拉萨饲草管理员，仔准格敦恪典曾任平措林宗宗本，洛杂哇图丹桑结曾任孜森穹嘎书写员和塔布嘎热寺的僧官；④ 第二批"堪准洛松"中的堪琼罗桑札喜 1925 年曾被派往扎什伦布寺工作，⑤ 而此时的扎什伦布寺正处于九世班禅出走内地后的混乱时期；第三批"堪准洛松"中的堪琼土丹桑布曾任"特宗宗本、后藏粮台"，仔准图登策丹曾任"甲隅、工布

---

① 强俄巴·多吉欧珠：《西藏地方政府"派代表团慰问同盟国和出席南京国民代表大会"内幕》，西藏自治区政协文史资料研究委员会编《西藏文史资料选辑》（第 1 辑），第 141—142 页。
② 三批"堪准洛松"中，除了第二批的"堪琼"罗桑札喜只短暂担任过西藏驻京办事处处长外，其他两批的"堪琼"阿旺桑丹和土丹桑布都一直担任着西藏驻京办事处处长，直至其病逝或结束任职。
③ 《蒙藏月报》1935 年第 4 卷第 3 期。
④ 图丹桑结：《关于第一、第二期西藏驻汉地办事人员情况的回忆》，何宗英译。
⑤ 牙含章：《达赖喇嘛传》，第 273 页。

各宗宗本",洛杂哇降巴阿旺曾任"羌宗、江宗各宗宗本"①。

(二) 对"堪准洛松"的管理

"堪准洛松"到达南京后(全国抗战时期为重庆)首先要到蒙藏委员会报到,经蒙藏委员会转呈国民政府准予备案后,正式成为西藏驻京代表,并兼任西藏驻京等各办事处处长职务。自此,"堪准洛松"即由蒙藏委员会进行管理。

蒙藏委员会对"堪准洛松"的日常管理主要表现在以下几个方面。

首先,按照《修正西藏驻京办事处组织大纲》第二条的规定,蒙藏委员会负有对西藏驻京、驻平等办事处"监督指导"的责任,而西藏驻京代表"堪准洛松"作为西藏驻京、驻平等办事处的主要负责人,自然要在工作上接受蒙藏委员会的"监督指导"。此外,蒙藏委员会还负责转呈西藏驻京代表"堪准洛松"给国民政府行政院等上级机关的呈文,并向他们转发这些上级机关的训令等。

其次,蒙藏委员会负责发放西藏驻京、驻平等办事处的办公经费以及"堪准洛松"的薪俸,其中西藏驻京代表"堪准洛松"的薪俸是以西藏驻京等办事处职员的名义发放的。② 同时,因为第一批"堪准洛松"阿旺桑丹等曾是北平雍和宫正式登记在册的僧人③,因此国民政府通过蒙藏委员会发给北平雍和宫僧人的"钱粮"自然也有他们的一份,"堪准洛松"的这份"钱粮"大概为每月每人"二十多个大洋"④。

蒙藏委员会不是外事机构,西藏地方政府承认蒙藏委员会对自己代表的管理,并允许其代表领受国民政府发给的薪俸,这些都说明当时的西藏地方政府对国民政府中央政府地位的认可。

(三)"堪准洛松"的任职及政治活动

国民政府时期,西藏驻京代表任职国民政府中央机关,最早的当属

---

① 中国藏学研究中心、中国第一历史档案馆等合编:《元以来西藏地方与中央政府关系档案史料汇编》(第 7 册),第 3061—3062 页。
② 关于西藏驻京办事处处长等的薪俸情况请参见本书第二章第三节之"西藏驻京机构的待遇"部分。
③ 第二批"堪准洛松"时期正值全国抗战时期,北平被日军占领,因此此批"堪准洛松"并没有前往雍和宫履行其"宗教"职能,第三批"堪准洛松"是否在雍和宫登记入寺,笔者目前还没有看到相关材料。
④ 图丹桑结:《关于第一、第二期西藏驻汉地办事人员情况的回忆》,何宗英译。

第一批驻京代表贡觉仲尼和阿旺坚赞等，贡觉仲尼和阿旺坚赞曾先后担任过蒙藏委员会委员一职，贡觉仲尼还曾担任国民政府立法委员。但如上文所述，第一批西藏驻京代表并不是按照"堪准洛松"的人事结构派出的。"堪准洛松"最早在国民政府中央机关任职的应该是第二批"堪准洛松"中的堪琼罗桑札喜，他曾是第二届（1940年12月23日公布）、第三届（1942年2月27日公布）和第四届（1945年4月23日公布）国民参政会参政员，是担任参政员一职次数最多的西藏人士。此外，第二批"堪准洛松"中的仔准土丹参烈，他曾于1941年5月15日至1949年担任蒙藏委员会委员。①

这一时期"堪准洛松"参与国民政府政治事务的另一种主要形式，是积极参与各种形式的全国性政治会议。例如第二批和第三批"堪准洛松"，都先后被西藏地方政府推派为国民政府原定于1936年5月和1940年11月召开的"国民会议"的西藏代表。② 第二批"堪准洛松"中的仔准土丹参烈和洛杂哇图登生格，第三批"堪准洛松"中的全体人员都参加了1946年11月召开的国民政府"制宪国大"，第三批"堪准洛松"中的全体人员还参加了1948年3月召开的"行宪国大"③。

此外，西藏驻京代表"堪准洛松"中还有人参加了国民党代表大会。例如土丹参烈和图登生格参加了1945年5月举行的国民党第六次全国代表大会，土丹参烈还被推选为大会主席团成员。④

"堪准洛松"任职国民政府中央机关，从而使其具有了国民政府职员的身份。从这个角度而言，这一时期"堪准洛松"的部分成员还有着西藏地方政府代表和中央政府机关职员的双重身份。而"堪准洛松"代表西藏地方参加在此期间举行的各类全国性政治会议，不仅成为西藏

---

① 刘寿林、万仁元、王玉文等编：《民国职官年表》，第619—622页。
② 中国藏学研究中心、中国第一历史档案馆等合编：《元以来西藏地方与中央政府关系档案史料汇编》（第7册），第2982—2984页。原定于1936年5月召开的"国民会议"因"华北事变"被迫推迟，原定于1940年11月召开的"国民会议"因"重庆大轰炸"中会场被毁，被迫再次延期。事实上国民政府的"国民会议"直到1946年11月才得以召开。
③ 中国藏学研究中心、中国第一历史档案馆等合编：《元以来西藏地方与中央政府关系档案史料汇编》（第7册），第2998、3053—3054页。
④ 荣孟源：《中国国民党历次代表大会及中央全会资料》（下册），光明日报出版社1985年版，第955、986页。

地方政府参与这一时期全国性政治活动的例证，同时已使这些会议真正具有了全国性的意义。更为重要的是，因为西藏驻京代表"堪准洛松"的参与，使这些会议通过的涉藏议案更具合理性、可操作性。

四 国民政府时期"堪准洛松"职能的转变及其原因

在清代，"堪准洛松"的主要职责是教授包括皇后、皇子、公主等信仰藏传佛教的皇室成员，以及雍和宫内年轻僧人们读写藏文。其中堪琼任"正教师"，仔准任副教师。为了教授标准的藏语卫藏方言发音，堪琼和仔准须能讲标准的藏语卫藏方言，并且精通藏文文法、文意等。而洛杂哇则习惯上从僧官中选取通晓汉语者，或从三大寺中来自"多堆、多麦"等地区的僧人内选择汉语较好者，特别给予五品僧官待遇派往。① 也就是说，清代的"堪准洛松"其主要职责是宗教文化方面的，并且开始时洛杂哇也确实是名副其实的译师。

北洋政府时期，虽然雍和宫的地位已经无法和清朝时相提并论，但是根据这期间西藏地方政府依然按例派出"堪准洛松"常驻雍和宫的史事推测，"堪准洛松"应该至少仍然在一定程度上发挥着教授雍和宫年轻僧人读写藏文的职能。

南京国民政府建立后，西藏地方政府依据惯例仍然向京城派遣"堪准洛松"，然而其职能已经发生了根本改变，这表现在以下两个方面：

第一，国民政府时期的"堪准洛松"是作为西藏地方政府驻京代表派驻首都的，其政治地位显然比清朝时期只负责教授藏语文的"堪准洛松"要高。自1935年西藏第二批驻京代表起，"堪准洛松"中的主要负责人成为西藏驻京办事处的负责人，"秉承达赖大师意旨，受蒙藏委员会之监督指导，办理关于西藏在京应行接洽事宜"②。根据《修正西藏驻京办事处组织大纲》规定，西藏驻京办事处分设秘书室、总务科、会计科、宣传科和交际科五个科室。由此可见，西藏驻京办事处的主要职责是处理涉藏政治事务，"堪准洛松"的工作与政治紧密相连。

第二，西藏地方政府对"堪准洛松"的主要职能定位发生了变化。

---

① 图丹桑结：《关于第一、第二期西藏驻汉地办事人员情况的回忆》，何宗英译。
② 《蒙藏月报》1935年第4卷第3期。

清代和北洋政府时期，西藏地方政府对"堪准洛松"的主要职能定位就是宗教和文化性的，而国民政府时期，西藏地方政府对"堪准洛松"的主要职能定位则是政治性的，是作为西藏驻京代表派驻的。但是这并不能说"堪准洛松"完全没有了原来的宗教文化功能，国民政府时期第一批"堪准洛松"阿旺桑丹、格敦恪典和图丹桑结在分别担任驻京、驻平和驻康办事处处长的同时，也是雍和宫登记在册的僧人，[①] 从雍和宫领取"钱粮"，并教授藏语文。[②]

如前所述，虽然国民政府时期的"堪准洛松"继承了清代"堪准洛松"的人事结构，但其主要职能已经由宗教性转变成了政治性。这种主要职能的转变，主要有以下几个方面的原因。

第一，从国民政府的角度来看，国民政府虽然也比较重视藏传佛教在解决西藏问题方面的积极作用，一些高官如考试院院长戴传贤、司法院院长居正等也是藏传佛教的信徒，但是这和清代基于"兴黄教以安众蒙古"目的而制定的尊崇藏传佛教，尤其是尊崇格鲁派的基本国策是根本不同的，这就决定了西藏驻京代表"堪准洛松"宗教文化性职能的必然弱化。

另外，国民政府时期国民政府几乎将所有精力都放在了内战和抗战上，没有太多的时间和精力去关注西藏事务，因此在边疆问题上不得不提出基于自身能力的"柔性的政策之羁縻"，认为在"国家实力不充备"情况下"欲解决边疆问题，只能讲究政策，如有适当之政策，边疆问题虽不能彻底解决亦可免其更加恶化；将来易于解决"[③]。这种政策决定了国民政府不可能从根本上改变"民元藏乱"以来"不正常"的中央和西藏地方间的关系，从而大大限制了中央政府和西藏地方政府间交流的程度和频度，成为国民政府能够接受政治地位相对较低的"堪准洛松"作为西藏驻京代表的前提，也是"堪准洛松"职能发生转变的前提条件之一。

第二，从西藏地方政府的角度来看，派遣堪琼、仔准等僧人前往北

[①] 金梁编纂，牛力耕校订：《雍和宫志略》，中国藏学出版社1994年版，第84页。
[②] 图丹桑结：《关于第一、第二期西藏驻汉地办事人员情况的回忆》，何宗英译。
[③] 林恩显：《国父民族主义与民国以来的民族政策》，台湾编译馆1994年版，第192页。

京，是一种早已有之的历史定例，① 因此让本来负责宗教性职责的驻京"堪准洛松"担任西藏驻京代表，发挥政治作用，也是顺理成章的事。就这一时期"堪准洛松"的具体派遣而言，虽然西藏地方政府在派出第一批"堪准洛松"时，对其在发挥政治性职能的同时发挥传统的宗教性职能还有所期许，但是当派出第二批"堪准洛松"时，北平已经沦陷，"堪准洛松"发挥宗教性职能的条件已经不复存在。在这种情况下，西藏地方政府依然按照定例派出"堪准洛松"，一方面表现了西藏地方政府在维持中央和西藏地方间政治联系，试图理顺和改善二者关系方面的愿望；另一方面也说明西藏地方政府已经基本放弃了"堪准洛松"的宗教性职能，转而突出其作为西藏驻京代表的政治职能。

第三，就当时的客观条件而言，国民政府时期，一度发挥重要政治职能的清代驻京呼图克图制度已经不复存在，因此基于这种制度的相对更高级别的政治互动自然无法开展。这期间中央政府无暇太多顾及西藏问题，西藏地方政府也很难单方面去推动关系的进一步发展，这可以从国民政府建立初期西藏地方政府积极与其沟通，但后来渐趋冷淡的态度转变过程看出。这样在驻京呼图克图制度失效后，作为传统西藏驻京人员构成部分的"堪准洛松"就自然成了二者借重的对象。

西藏地方政府选择"堪准洛松"作为驻京代表，也和"堪准洛松"的僧人身份有着直接关系。因为西藏地方和内地相距窎远，在当时来往极为不便，因此选派驻京人员需要能够坚持长期驻京，而"堪准洛松"作为僧官没有家庭拖累，能够尽心工作，并长期驻京。

"堪准洛松"驻京制度形成于清代，但是清代"堪准洛松"的主要职责是宗教性的。国民政府时期，虽然西藏地方政府依然按例向国民政府首都派遣"堪准洛松"，但是此时的"堪准洛松"已经是作为西藏驻

---

① 关于此在历辈达赖喇嘛传记中都多有记载，例如《七世达赖喇嘛传》第66、68、244、250、271、351等页（章嘉·若贝多杰：《七世达赖喇嘛传》，蒲文成译，中国藏学出版社2006年版），《八世达赖喇嘛传》第52、55、60、103等页（第穆·图丹晋美嘉措：《八世达赖喇嘛传》，冯智译，中国藏学出版社2006年版），《九世达赖喇嘛传》第54、73、93等页（第穆·洛桑图丹晋美嘉措：《九世达赖喇嘛传》，王维强译，中国藏学出版社2006年版）中都有以达赖喇嘛为首的西藏地方政府派遣堪布、仔准等前往中央王朝，向皇帝"献礼"的记载。

京代表派遣，其职能主要是政治性的。国民政府时期西藏地方政府坚持派遣"堪准洛松"，既表现了对清代以来形成的这一传统的继承，又表现了这一时期的西藏地方对维持和改善与中央政府间关系的愿望。从第二批起，绝大多数西藏驻京代表都由"堪准洛松"担任，这也说明这种人事制度适应当时的历史环境，具有一定的生命力。

国民政府时期的"堪准洛松"制度，很好地反映了这一时期中央政府和西藏地方间的关系：一方面，"堪准洛松"的拣派过程反映了这一时期中央和西藏地方间"不正常"的关系状态；另一方面，"堪准洛松"驻京期间接受蒙藏委员会的管理，领取国民政府发放的薪俸，充任国民政府中央政府机构职员，参加国民政府举办的各类全国性政治会议，表明了其对国民政府中央地位的认可。

国民政府时期的"堪准洛松"，作为西藏驻京代表，为沟通中央和西藏地方间关系发挥了不可替代的作用，成为这一时期国民政府和西藏地方间实现有效沟通的最主要纽带，具有重要的历史意义。"堪准洛松"结构清楚地体现了国民政府时期的西藏地方政府在政治体制上对清代政治体制的继承。同时"堪准洛松"都由僧人担任，这也体现了当时西藏地方政教合一制度的特点。因此，这一时期国民政府和西藏地方政府间的关系，不仅是中央和地方间的关系，也是古老中国走向现代过程中传统政治制度和现代政治制度的关系，同时也是作为主体的现代国家政治制度和独具特色的西藏地方政治制度之间的关系。

第四节　本章小结

无论是西藏驻京办事处还是西藏班禅驻京办事处的职员，尤其是正副处长，都是国民政府时期藏事的主要参与者，他们有的病逝任上，有的多次任职，有的虽离任但仍致力于藏事，他们都为改善中央和西藏地方间关系积极奔走，成为国民政府时期中央和西藏地方间关系发展的主要历史见证者。

作为西藏驻京代表，西藏驻京办事处的处长、副处长，他们一方面是十三世达赖喇嘛直接指派的职员，是西藏地方政府的官员；另一方面，他们由国民政府核准备案，从国民政府领取薪俸，受蒙藏委员会监督指导，又有着中央政府官员的某些特点，因此具有身份上的双重性。同样，西藏班禅驻京办事处的正副处长也有着相似的双重身份特征。另外，西藏驻京办事处主要职员绝大部分由"堪准洛松"成员担任，在一定程度上反映了西藏地方政府政教合一的政治体制特点，也是出于对其驻京代表需要长期驻京因素的考虑。与此不同，西藏班禅驻京办事处的主要职员虽然也不乏宗教人士，但是更多的则由世俗人士充任，这和九世班禅身在内地显然有着直接关系。

"政治利益分析中的利益主体最终只能指向具体个人。即是说，只有具体个人才能成为真正的、最终的政治利益主体。任何由具体个人所构成的集体，不管这些集体是按照什么自然属性和社会属性抽象出来的，也不管这些集体是按照利益要素的哪一方面抽象出来的，这些集体都需要最终归于具体个人。"①"任何由具体个人之间的利益关系所形成的集体，对于这些具体个人来说，都不过是具体个人利益关系的特定方面。"② 作为西藏地方不同政教系统的驻京官员，西藏驻京办事处和西藏班禅驻京办事处的处长、副处长在中央和西藏地方间、西藏地方不同政教系统间的利益博弈中不可避免地要维护本系统的利益，表达本系统的政治利益诉求；然而作为从中央政府领取薪水的"准"中央政府职员，他们的言行应该，且在事实上也一再显示了他们对中央政府的认可，表现出对国民政府和西藏地方政府关系的准确认识和定位，实质上反映了这两个政教系统对中央和西藏地方间关系的认识和定位。

民国时期，西藏地方派驻内地的代表，一方面是西藏地方政府按照清朝时期的惯例派驻内地的"堪准洛松"，另一方面又是按照国民政府的现代科层制要求，任职于西藏驻京、驻平和驻康各办事处的职员。这反映了国民政府时期西藏驻京代表身份的多重性，也反映了中国主体政治制度具有现代性的同时，在西藏等一些地区仍保留着清朝时期政治制度的遗留，反映了这一时期西藏地方政治制度的特殊性，这也折射出古老中国走向现代过程的长期性。

---

① 高鹏程：《政治利益分析》，社会科学文献出版社2009年版，第189页。
② 同上书，第204页。

第四章　相同的事务，不同的角色

同为西藏地方的驻京机构，西藏驻京办事处和西藏班禅驻京办事处必然要共同参与一些相同的事务，但它们毕竟是西藏地方不同政教集团的驻京机构，代表着不同的利益团体，表达不同的利益诉求，这就决定了它们在参与这些事务时必然扮演不同的有时甚至是相互对立的角色。

第一节　西藏驻京办事处和西藏班禅驻京办事处[①]的关系

1923年11月，九世班禅大师被迫离开自己的寺院扎什伦布寺前往内地，开始其长达14年的漂泊生活。九世班禅大师到达内地后，其和以十三世达赖喇嘛为首的西藏地方政府的矛盾也随之被带到内地。国民政府时期，随着西藏班禅驻京办事处和西藏驻京办事处在南京的先后设立，并同由蒙藏委员会监督指导，二者有了直接接触的机会。这样十三世达赖喇嘛系统和九世班禅系统原来一个在西藏，一个在内地"隔空喊话"的双方有了直接接触的机会，因此二者间矛盾或合作的关系都可以直接通过两个办事处得以表现。

一　两个办事处间的矛盾冲突

总体上看，西藏驻京办事处和西藏班禅驻京办事处间既有合作，也

[①] 如前文所述，在不同时期西藏地方政府驻京机构和九世班禅系统的驻京机构在名称上各有不同，但是为了行文方便，本章开始，除个别地方外本书统一采用西藏驻京办事处和西藏班禅驻京办事处的称呼。

有矛盾,但矛盾是主要的。两个办事处间的矛盾,实质上就是西藏内部矛盾在内地的延续,只要九世班禅系统和十三世达赖喇嘛系统间的矛盾没有根本解决,两个办事处间的矛盾就必然继续。但是,正如我们所知,十三世达赖系统和九世班禅系统间的矛盾又是西藏内部无法自行调和的,这就预示了两个办事处间矛盾斗争的复杂性和长期性。

西藏驻京办事处和西藏班禅驻京办事处间,从建立之初就已经开始各种形式的明争暗斗。康藏纠纷爆发后,随着对纠纷调解的参与,二者不同的利益主张便显示了出来,二者的矛盾也随之激化,并最终演变成激烈的公开冲突。

（一）第一次矛盾冲突

1931年1月7日,蒙藏委员会向西藏班禅驻京办公处下发了国民政府关于撤销班禅驻炉、驻蓉二办事处的决定:

> 案准国民政府文官处第十五号公函内开:径启者:第四次国民政府会议,关于刘文辉巧电陈称:……闻达赖因班禅在蓉、炉设办事处有所误会,此后究宜如何应付暨应否由钧府转电运赖免其误会之处,谨电布陈一案,决议交蒙藏委员会撤销班禅在蓉、炉办事处,并电达赖解释。……此令。①

国民政府的这一决议,是根据1930年12月18日[②]刘文辉给国民政府主席蒋介石的电文作出的。[③] 电文中所指的十三世达赖喇嘛的"误会",源于第三次康藏纠纷爆发后,为了了解真相、和平解决纠纷,九世班禅大师曾命其驻炉办事处处长宫敦扎西（དགེ་འདུན་བཀྲ་ཤིས་）等就近调查,并设法和平调解。作为巴安人的宫敦扎西[④]和与西藏地方政府存有

---

① 中国第二历史档案馆、中国藏学研究中心合编:《康藏纠纷档案选编》,第34页。
② 这一日期是根据蒙藏委员会1930年12月30日给行政院的呈文和文官处1931年1月5日转发给蒙藏委员会的函中的相关内容推定的。中国藏学研究中心、中国第一历史档案馆等合编:《元以来西藏地方与中央政府关系档案史料汇编》（第6册）,第2545—2547页。
③ 中国藏学研究中心、中国第一历史档案馆等合编:《元以来西藏地方与中央政府关系档案史料汇编》（第6册）,第2546—2547页。
④ 《蒙藏周报》1930年第33期。

矛盾的格桑泽仁关系密切，① 在给蒙藏委员会的报告中指责"大金寺擅开衅端，占领白利，烧毁民房，戕害人命，掳掠枪枝、财物，致白利人民日在水深火热之中。因而道途梗阻，行旅裹足，全康商务大受影响"②。宫敦扎西还应九世班禅的要求，选派洛桑邓珠（ཟུང་འདོན་འགྲུབ）为宣传员，"并由班禅汇款项下拨购绸缎、茶叶、烟草等项大批奖品，连同奖金藏洋，率带员役随营前往甘孜及康北一带，宣传国府与钧会之威德，并藉宗教情感，彻底开导，晓以利害，散其胁从，化除隔阂，免滋误会，用冀悔过息争，静候官府处理，俾靖地方而利交通"③。因为洛桑邓珠等是随同刘文辉的军队一同前往的，在宣传中难免有指责大金寺"为乱"，肯定刘文辉的川军"师出有名"的言辞，但是十三世达赖喇嘛和西藏地方政府却将此看成一种挑拨离间的行为。

1月10日，西藏班禅驻京办事处向蒙藏委员会转呈了九世班禅大师给国民政府的呈文，指出班禅驻炉、驻蓉二办事处不应该撤销，并对刘文辉"巧电"中所谓的十三世达赖喇嘛误会事进行了驳复：

> 案奉钧会藏字第一号训令内开：……自后达赖迭次来电并未涉及敝佛在内，即此次刘总指挥巧电内亦经明白声叙，对于此案始终秉承国府和平办理，自与班禅无关。其所称达赖发生误会一语，想系过去情形，已成往事。再证以达赖最近复电中有汉番设要调停，非政府特派通晓汉番情谊之员就近磋商不可，若再与刘文辉磋商，势难解决。等语。症结所在，至为明了。查刘总指挥原电所云，达赖因班禅在蓉、炉与各省设办公处，因是发生误会一节，原系刘之部属片面之词，并非出自达赖口中，假使信以为真，则不仅裁撤敝佛蓉、炉两办公处，似非将各省办公处全数撤销不足以释达赖之疑团。④

---

① 王川：《格桑泽仁传略》，《西南民族大学学报》（人文社科版）2009年第3期。
② 中国第二历史档案馆、中国藏学研究中心合编：《康藏纠纷档案选编》，第8页。
③ 同上。
④ 同上书，第34—36页。

由此可见，开始时九世班禅和其驻京办事处并不相信所谓的十三世达赖喇嘛"误会"之说，反而暗示这是刘文辉推卸康藏纠纷责任的借口，这说明此时的九世班禅及其办事处低估了其与西藏地方政府及西藏驻京办事处间矛盾的激烈程度。

同时，九世班禅大师还表示：

> 达结、白利两寺械斗一案，敝佛不独无挑拨情事，抑且吁请和平调解，力竭声嘶。今不幸道路传言，竟致敝佛驻蓉、炉两办公处有撤销之议，闻之骇然。敝佛次第成立各办公处以还，原期联络感情转达双方情愫，除驻京驻平两办公处按月由国库共支六千元经费外，余均由敝佛暨地方政府分别补助。且各办公处转达消息，宣传主义，异常出力。政府耗费微而收效广，两得其便，事实俱在，不难调查明确。今蓉、炉两办公处无故被裁，关系至巨，究于解决达结、白利之争有无裨益，尚在不可必之间。迩来达赖正在康定设立办公处，曾经政府核准，是未有者将设立，已有者反取消，厚彼薄此，似失其平，不得不迫切陈词，冀求公允。奉令前因，理合具文呈复，伏乞鉴核，迅予转呈国民政府查明真相，俯予复议，收回成命，实为公便。①

显然，班禅大师和其驻京办事处不仅对国民政府草草撤销其驻蓉、驻炉两办公处，"是未有者将设立，已有者反取消，厚彼薄此，似失其平"的做法不满；而且也表现出对自己积极加强与国民政府联系，各办公处为国民政府"转达消息，宣传主义，异常出力"的努力不被认可的不解。事实也证明，国民政府撤销九世班禅驻蓉、驻炉两办事处的决议确实太过草率，不仅对平息康藏纠纷没有实质性作用，无助于消除九世班禅系统和十三世达赖喇嘛系统间的矛盾，反而进一步激化了矛盾。

与九世班禅及其驻京办事处的态度相反，作为矛盾另一方的西藏驻京办事处，不仅对班禅的这两个办事处有"误会"，而且对其持有强烈

---

① 中国第二历史档案馆、中国藏学研究中心合编：《康藏纠纷档案选编》，第35—36页。

的反对态度。虽然这次冲突并没有导致双方间的直接攻讦，但已经为以后矛盾的升级作了铺垫。

(二) 第二次矛盾冲突

九世班禅大师和西藏班禅驻京办事处的据理呈请，很快使蒙藏委员会、行政院和国民政府认识到取消班禅两办事处的决定之轻率，1931年2月1日，行政院向蒙藏委员会下达了第九次国民政府会议决议暂缓撤销班禅二办事处的密令。①

然而随着康藏纠纷的进一步发展，西藏驻京办事处和西藏班禅驻京办事处间的矛盾也随之激化。1931年6月26日，西藏驻京办事处呈文蒙藏委员会（以下简称"6月26日西藏驻京办事处呈"），②罗列了一系列九世班禅系统的所谓"罪行"，主要包括以下内容。

第一，指责蒙藏委员会藏事处指使蒙藏委员会驻印办事处在康藏纠纷中"造谣生事，摇惑军政"，并明确指责藏事处"以西藏反动分子所组织，凭借国家行政机关之权能，以供私人政争之根据……""其目的无非欲倾覆藏局，由中央以武力护送班禅入藏，以圆彼辈乘机攫夺西藏政权之迷梦。"

第二，指责蒙藏委员会藏事处对外泄露康藏纠纷秘密。西藏驻京办事处指责称："当兹解决藏事之际，关于机要文件自应慎重严密，乃一经该藏事处承办，竟暗中告之驻印通讯处尽情泄漏于印度英人所办之藏文报纸，希图牵动西藏之外交。现在职等商论要务日益繁多，若任彼辈等长此外泄，影响之大尤为可虑。"不论西藏驻京办事处的指责是否是实情，但据此可以看出西藏地方当局并不想向英印政府公开康藏纠纷调解的具体情况，以防止英国势力借机干预康藏纠纷的调解。西藏驻京办事处的这一态度，一方面显示了西藏地方政府恢复与中央政府关系的强烈愿望；另一方面也间接说明了英印当局对西藏地方政府政治的影响和干预。

西藏驻京办事处认为，"以西藏反动分子所组织"之蒙藏委员会藏事处之所以能够"居中号令"，是因为"国人误认班禅为西藏政治首领

---

① 中国第二历史档案馆、中国藏学研究中心合编：《康藏纠纷档案选编》，第49页。
② 同上书，第145—148页。

之一",西藏驻京办事处并进一步反对授予班禅"西陲宣化使"名义。①因为当时蒙藏委员会藏事处处长由九世班禅驻京办事处处长罗桑坚赞兼任,并且九世班禅系统的多人任职于藏事处,因此这种公开指责——尤其是将罗桑坚赞等说成是西藏反动分子,辩称九世班禅并非西藏政治领袖的说法——就是向西藏班禅驻京办事处,甚至是整个班禅系统的公开宣战。

1932年5月20日,西藏驻京办事处直接呈文行政院(以下简称"5月20日西藏驻京办事处呈"),②列举了九世班禅大师以下五个方面的"谬举"和请求中央政府予以解决的问题。

第一,班禅"在藏中不过一宗教师,与一般教徒同隶于达赖喇嘛统属之下,初无若何特殊地位",不应该授予其"西陲宣化使"名义。因此请求"中央对于班禅名号、印册及新授职位即予收回成命,以防流弊"。

第二,班禅皈依佛法,现身沙门,自应以慈悲度人,并且没有领地管辖权,也无维护治安之责,因此不应该拥有大量武器。因此,"请求中央对于班禅购储军火,立予分别没收查禁,并请将班禅未回西藏以前,暂留平京"。

第三,班禅只是一个"宗教师",不应享受太多的月俸和招待费,因为其将万元月俸和"折银至每月三万元之多"的招待费用于购置军火,所以"请求中央对于班禅俸银及招待费,速予取销,以息彼辈阴谋,以遏乱萌而安边圉"。

第四,班禅"既不得干预西藏政治,更不能与闻各省亭务",无须在各地设立办公处。因此"请求中央对于班禅各地办公处,迅令裁撤,以免凭藉为恶"。

第五,班禅系统人员掌控蒙藏委员会藏事处、秘书科,使得西藏驻京办事处"呈请办理诸件,该处从中多方阻挠,以致主管机关概置不办"。因此"请求中央对于该藏事处亟为改组,以利策进藏务"。

---

① 同上。
② 中国藏学研究中心、中国第一历史档案馆等合编:《元以来西藏地方与中央政府关系档案史料汇编》(第6册),第2619—2622页。

从西藏驻京办事处的这些指责可以看出，西藏驻京办事处无论是对九世班禅个人身份的定义，还是对其宣慰活动、设立办事处、高额薪俸、属下人员等的不满，其表达的核心思路仍然是意欲防止九世班禅大师在蒙古地区和内地宗教影响的扩大，以及在国民政府中政治地位的上升，进而对以十三世达赖喇嘛为代表的西藏地方政府造成不利影响。

针对西藏驻京办事处的这一指责，1932年6月7日，西藏班禅驻京办事处也向蒙藏委员会提交了呈文（以下简称"西藏班禅驻京办事处1932年6月7日呈"），① 其内容包括四项"陈明"，其中第四项中列举了达赖喇嘛"十罪"。前三项"陈明"内容如下。

第一，班禅大师和达赖喇嘛"地位平等，无分轩轾"，"贡觉仲尼等所谓班禅无政治权力，纯属捏造曲解"。

第二，西藏为"中国版图之一部，而外人谓西藏非中国所有者，均系强词夺理"。

第三，达赖喇嘛听信外人离间，"希图脱离中国独立"，而班禅大师拥护中央政府，前来内地的目的"无非陈述藏情，请求挽救"。

第四项"陈明"中列举了十三世达赖喇嘛的"十罪"，分别是："背叛中央，妄自尊大"；"勾结外援，贻害地方"；"阴贼险恨，侵权害命"；"违背佛法，惨杀同种"；"滥施酷刑，罪及无辜"；"吞没民产，以饱私囊"；"违背世界潮流，阻碍中藏交通"；"媚外求荣，不惜断送国权"；"横征暴敛，开租税史上未有之奇闻"；"无端启衅，侵略边省"。

西藏班禅驻京办事处并要求明令讨伐十三世达赖喇嘛，取消其驻京办事处，撤职查办贡觉仲尼。②

从上述西藏班禅驻京办事处所列举的十三世达赖喇嘛的"十罪"可以看出，这些指责虽然部分属实，但也缺乏对造成这"十罪"具体原因的分析，同时也未免有夸大的嫌疑。

---

① 中国藏学研究中心、中国第一历史档案馆等合编：《元以来西藏地方与中央政府关系档案史料汇编》（第6册），第2628—2633页。

② 同上。

从双方攻讦的整个过程来看，虽然西藏驻京办事处早在1931年1月就开始对九世班禅大师及其驻京办事处进行攻讦，然而九世班禅大师及其驻京办事处刻意容忍，并没有立刻进行反驳，对西藏驻京办事处的挑衅仍然保持了理性和宽容，表明九世班禅并不想因此而与十三世达赖喇嘛形成严重对立。九世班禅的这种态度，除了因他具有宽大的胸怀，以及与十三世达赖喇嘛在宗教上的师徒情意的因素外，也和其长远的计划息息相关：因为返藏是九世班禅必然要采取的行动，但如果因此和十三世达赖喇嘛形成严重对立，不利于其返藏计划的实现；进一步讲，即使在国民政府的支持下顺利返藏，如果和以十三世达赖喇嘛为首的噶厦政府矛盾尖锐，对其在西藏长期立足也有着巨大的不利影响，对西藏的未来发展更为不利。

1932年6月15日，西藏驻京办事处再次呈文行政院（以下简称"6月15日西藏驻京办事处呈"），列举了班禅系统及蒙藏委员会的五项"谬举"：第一，班禅系统暗通英国，勾结联豫，铸成西藏之大错；第二，班禅系统购置武器，只为遂私愿，出卖西藏，并不是拥护中央；第三，班禅系统散播谣言，致使"大白事件"扩大为康藏纠纷；第四，班禅系统贿赂蒙藏委员会委员长石青阳等，从而使石青阳请求发表班禅"西陲宣化使"名义，目的只是满足班禅自己的私愿；第五，石青阳欲亲往调解康藏纠纷，班禅赴西陲宣化，都是为了满足私愿，并非为国家。①

显然，西藏驻京办事处的此"五项"，大部分是针对"西藏班禅驻京办事处1932年6月7日呈"中所谓的十三世达赖喇嘛"十罪"的回应。和西藏班禅驻京办事处的"十罪"指责一样，西藏驻京办事处的"五项"指责同样是基于一些表面现象的简单推断，同样有失理性分析。

西藏驻京办事处和西藏班禅驻京办事处的矛盾冲突进一步升级的同时，作为主管机关的蒙藏委员会也成为被攻击的对象。在此过程中，作为处长的贡觉仲尼和罗桑坚赞自然地成了各自办事处的"主攻手"，其间

---

① 中国藏学研究中心、中国第一历史档案馆等合编：《元以来西藏地方与中央政府关系档案史料汇编》（第6册），第2635—2639页。

绝大部分条陈都是由他俩来分别领衔的。① 西藏驻京办事处直接呈文行政院的做法，违反了国民政府公文呈递程序的一般做法，因此，1932年6月4日行政院训令蒙藏委员会，称："嗣后蒙藏各种办事处、各代表以及盟旗长官等向中央有所陈请，均应具呈蒙藏委员会，不得迳来本院越级呈请。合行令仰该会即便转饬遵照。"② 6月19日，蒙藏委员会即将此令转发给了西藏驻京办事处和西藏班禅驻京办事处等蒙藏政教负责人驻各地办事处。③

对于上述两个办事处的这种看似势不两立的相互攻讦，九世班禅仍然保持了冷静的态度和清醒的认识，针对西藏驻京代表贡觉仲尼等的上述指责以及罗桑坚赞"以牙还牙"的回应方式，九世班禅称："因该代表滥发宣言，要挟政府，不过系个性冲动，决非达赖佛及三大寺本意，复以京处处长不察是非，起兴反驳，实无异给彼以挑拨之机，当经函令交责矣。"④

分析这些档案可以看出，西藏驻京办事处和西藏班禅驻京办事处在进行相互攻讦，自我辩解时都以是否爱国，是否为国家统一奋斗，是否给外国侵略势力以入侵机会，是否有利于藏事之解决作为对错判断的标准和判断是否为"谬举"的依据。鉴于九世班禅系统和国民政府的关系，西藏班禅驻京办事处有这种认识是完全可以预料的，但是从档案可以看出，西藏驻京办事处也有着同样的认识。

第一，"5月20日西藏驻京办事处呈"中称："职等爱乡爱国兼以爱戴我公，故不觉言之深切。"在此所谓的"乡"，应该就是西藏地方，"国"为中国。由此可见，西藏驻京办事处以"乡""国"来定义西藏和中国的层级关系，并以是否"爱国"作为自我辩解的根据。又"6月15日西藏驻京办事处呈"中贡觉仲尼等声称，呈文"揭露"九世班禅系统和蒙藏委员会的"谬举"是"为拥护中央计，为爱惜地方计，为

---

① 中国藏学研究中心、中国第一历史档案馆等合编：《元以来西藏地方与中央政府关系档案史料汇编》（第6册），第2619—2642页。
② 中国第二历史档案馆、中国藏学研究中心合编：《中国第二历史档案馆所存西藏和藏事档案汇编》（第16册），第331—332页。
③ 同上书，第364—365页。
④ 丹珠昂奔主编：《历辈达赖喇嘛与班禅额尔德尼年谱》，第644页。

恢复中央与西藏之关系计，职责所在"。这些条呈明确表达了西藏驻京办事处对西藏地方政府和国民政府关系的认识。

第二，"6月26日西藏驻京办事处呈"中指责蒙藏委员会藏事处及蒙藏委员会驻印办事处"迹其用心，必扰乱西藏安宁之秩序，破坏中央和平之统一而后快意"。在此，西藏驻京办事处将"破坏中央和平统一"作为攻击九世班禅系统人员的根据，间接表明了西藏驻京办事处在"和平统一"方面所持的立场和观点。

第三，"6月26日西藏驻京办事处呈"中认为："当兹解决藏事之际，关于机要文件自应慎重严密，乃一经该藏事处承办，竟暗中告之驻印通讯处尽情泄漏于印度英人所办之藏文报纸，希图牵动西藏之外交"。又"5月20日西藏驻京办事处呈"中说："班禅离藏时所派联络哲布尊丹巴之教珠堪布，至今尚留库伦，任有要职，万一从中有所勾诱牵动，北方外交可危熟甚。""6月15日西藏驻京办事处呈"中也称"班禅勾引英国侵略者"才导致了英国侵略者的"兵力之压迫"。由此可见，西藏驻京办事处将是否会导致外国势力干涉，作为判断九世班禅及其办事处是否有"谬举"的根据之一。虽然这些指责不一定属实，但据此可以看出西藏驻京办事处对英印等外国势力干涉藏事的态度。

第四，"5月20日西藏驻京办事处呈"中反对国民政府授予班禅大师"西陲宣化使"时认为："上年中央以护国宣化广慧大师名号及印册、俸银等优给班禅，使其骤跻于与达赖喇嘛匹敌之地。"这也间接说明，西藏驻京办事处也认可达赖喇嘛的政治地位源于中央政府的封授，因此担心国民政府对班禅大师的封授削弱达赖喇嘛在西藏的政治地位。又，作为该呈文附件的《译录三大寺僧俗官员及民众全体大会宣言书》①中声称："自昔以来，班禅于全藏政教两方面事权从未与闻，其印章仅有郎鸠汪垫（ཆོས་བརྒྱུད་དབང་བཏན་）②一方，此外中央亦无印信

---

① 中国藏学研究中心、中国第一历史档案馆等合编：《元以来西藏地方与中央政府关系档案史料汇编》（第6册），第2624—2627页。

② 该印章印迹见"附录九"。

之给予"①。虽然这种说法和历史事实不符，但也说明在西藏地方政治中具有举足轻重地位的三大寺也认为应该以中央是否颁给印章等，作为西藏政教人物在西藏地方是否具有合法政治地位和权利的评判依据，间接说明这一时期三大寺对中央政府对藏统治的认可。

结合北洋政府时期贡觉仲尼对蒙藏待遇的关注，可以看出对以西藏驻京办事处处长贡觉仲尼为首的西藏代表而言，采用这种是非曲直的判断标准，不仅是因为其身在南京，领受国民政府的薪俸，更主要的则是对西藏地方历史上形成的政治传统的继承。

虽然以上二者的相互攻讦各有其合理、属实的部分，但更多的是言过其实、道听途说的部分，甚至有骂街式的人身攻击。尤其是西藏驻京办事处对九世班禅及其驻京机构的攻讦，绝大多数并非事实，有些显然是有意曲解，但是从心理学的角度来看，这也正好反证了西藏驻京办事处对上述判断"谬举"标准和依据的认可及重视，反映出其对中央和西藏地方间关系的认识，对自己作为西藏地方政府驻京办事处身份和地位的定位。

西藏驻京办事处与九世班禅及其驻京办事处间的矛盾冲突，其实质是西藏地方不同利益集团间的利益冲突，矛盾的焦点是围绕着是否在西藏地方拥有政治权利和地位，以及相关利益展开。"任何一个社会都是由不同的社会利益集团构成的。"② 就近代西藏地方而言，以十三世达赖喇嘛为首的利益集团和以九世班禅为首的利益集团是西藏地方最主要的两个利益集团，而两个利益集团在政治、宗教等领域存在着各自的利益诉求，这就决定了它们间矛盾的必然性。代表十三世达赖喇嘛利益集团的西藏驻京办事处和代表九世班禅系统的西藏班禅驻京办事处间的矛盾是西藏内部利益集

---

① 三大寺关于班禅除了郎鸠汪垫（བླང་བསྡད་དབང་བཙན）印章外，"中央亦无印信之给予"的说法与历史事实不符。事实上，清朝和民国中央政府在颁给达赖喇嘛金印、金册的同时，也颁给班禅额尔德尼金印、金册。如1713年康熙皇帝颁给五世班禅罗桑益西（བློ་བཟང་ཡེ་ཤེས）金印、金册，1766年乾隆皇帝颁给六世班禅白丹益喜（དཔལ་ལྡན་ཡེ་ཤེས）金印、金册，道光皇帝颁给七世班禅丹白尼玛（བསྟན་པའི་ཉི་མ）金印，1925年北洋政府颁给九世班禅曲吉尼玛（ཆོས་ཀྱི་ཉི་མ）"宣诚济世班禅额尔德尼之印"，1931年国民政府颁给九世班禅"护国宣化广慧大师班禅之印"。陈金钟：《中央政府颁授历世达赖、班禅之金册金印》，《中国藏学》1996年第1期。

② 王伟光：《利益论》，中国社会科学出版社2010年版，第165页。

团间利益冲突的表现之一,是中央政府有效调控缺位状态下不可避免的必然结果。事实上,双方潜在的、未公开的矛盾何止这些。

二 两个办事处间的合作

虽然西藏驻京办事处和西藏班禅驻京办事处之间的矛盾是尖锐的,但是这也不是说它们之间没有合作。1931年震惊中外的"九一八"事变爆发后,全国各地各族人民的反日情绪空前高涨。同年10月7日,西藏驻京办事处处长贡觉仲尼和西藏班禅驻京办事处处长罗桑坚赞,以及诺那呼图克图等在南京共同发起成立了"康藏旅京同乡抗日救国会"[1]。1938年4月,蒙、藏、回三族出席临时"全国代表大会"的代表,在武汉共同组织了"蒙、藏、回联合慰劳抗战将士代表团",其中参加该代表团的藏族代表有贡觉仲尼、罗桑坚赞、阿旺坚赞、格桑泽仁、刘家驹和黄正清等。[2] 1941年2月,西藏驻京办事处代处长仑珠和西藏班禅驻京办事处的罗桑坚赞、丁杰等,以及喜饶嘉措大师、格桑泽仁等,在重庆共同组织了"蒙回藏族联合慰劳抗战将士代表团",代表广大藏族同胞向时任军事委员会委员长的蒋介石及各战区司令长官献旗,[3] 以表达对全国抗战将士的崇敬之情。[4]

西藏驻京办事处和西藏班禅驻京办事处间的矛盾,实质上是西藏地方不同利益集团间的利益博弈,而二者合作的基础除了十三世达赖喇嘛和九世班禅同为藏传佛教格鲁派最主要活佛系统,有着共同的宗教感情外,更主要的是双方都是国民政府主权管辖下西藏地方的政治和宗教领袖,有着共同的国家利益。因此,当遇到外敌入侵,国家利益这一双方共同的利益受到威胁时,他们便会求同存异,自然而然地联合起来共同进行斗争,体现了他们所具有的国家认同观念,以及对国家利益的认可。

---

[1] 《蒙藏旬刊》第3期,1931年10月10日,第16页。
[2] 《蒙藏月报》1938年第13卷第2期。
[3] 《蒙藏月报》1941年第13卷第2期。
[4] 关于西藏驻京办事处和西藏班禅驻京办事处合作参加的这三次抗战活动详情,请见本书第五章第三节。

第二节 对康藏纠纷的调处

第三次康藏纠纷是国民政府时期，西藏地方和当时的四川军阀刘文辉间利益冲突的最高表现形式。康藏纠纷的发生在很大程度上影响了中央和西藏地方间逐渐改善的关系进程，并对整个国民政府时期中央和西藏地方间关系的发展产生了较大影响。

一 康藏纠纷发生的偶然性和必然性

从国民政府建立之初起，国民政府和西藏地方政府就改善二者关系所作的种种努力来看，二者都不希望康藏纠纷的发生。然而，康藏纠纷还是不可避免地发生了。综合分析这一时期的康藏形势，可以看出第三次康藏纠纷的爆发，是各种偶然性和必然性因素综合作用的结果。

（一）偶然性因素

1．"大白事件"

1930年6月发生的"大白事件"，是第三次康藏纠纷的直接导火索。[①]"大白事件"的经过大致如下：白利老土司（ཤེ་རི་དཔོན་）病故后，继任白利土司的女土司因故与雅拉寺（ཉ་རོག་དགོན་པ་）活佛发生矛盾，而雅拉活佛（ཉ་རོག་སྤྲུལ་སྐུ）出生于大金寺（དར་རྒྱས་དགོན་པ་）教区，因此感到势单力薄的雅拉活佛便投靠了大金寺，并将白利老土司送给雅拉寺的15户差民和雅拉寺寺产送给了大金寺。白利僧民认为差民和寺产不是活佛

---

① 德门·云中卓玛所写的《德门·朗吉平措赴多麦情由及岗托渡口战事》一文，则认为第三次康藏纠纷的起因是大金寺的施主智霍尔喜寺百户长阿波杰录（ཏྲེ་ཧོར་གཞིས་སེར་བརྒྱ་དཔོན་ཨ་པོ་རྒྱལ་ལུ་）和另一人合作铸造了一尊一人多高的千手千眼观音铜像，原拟送给大金寺，但后来却送给了白利寺，于是大金寺和白利寺因此发生矛盾。在为此交涉过程中，四川的刘文辉偏向白利寺，遂逐渐演变成第三次康藏纠纷。[德门·云中卓玛：《德门·朗吉平措赴多麦情由及岗托渡口战事》，西藏自治区政协文史资料研究委员会编《西藏文史资料选辑》（第3辑），第10—15页；བོད་ལྗོངས་སྲིད་གྲོས་ཀྱིས་བསྒྲིགས། བོད་ལྗོངས་ཞིབ་འཇུག་དཔྱད་གཞིའི་རྒྱུ་ཆའི་བདམས་བསྒྲིགས་ (6) མི་སྣ་དག་སྐལ་ཆོས་ཀྱི་ཉི་མ་སོགས་ཀྱི་ཞིབ་འཇུག་དཔྱད་གཞིའི་རྒྱུ་ཆ། 2009 ལོའི་ཤོག་ངོས་ 314—332 ལ་གཟིགས།] 但是这种说法缺乏其他材料的佐证，值得商榷。

的私产，活佛无权赠送。而大金寺自恃势力强大，拒不归还。这样白利土司和大金寺就发生了纠纷。显然这只是一起地方寺产纠纷，并且大金寺和白利土司皆在西康甘孜县辖区，理应由当地政府裁决处理。但因甘孜县知事韩又祸处理无方，遂致事端扩大。驻地川军出面支持白利土司，历史上就和西藏关系密切的大金寺，则请求藏军支持，而藏军则借口保护寺院介入冲突。这样原本简单的寺产纠纷进而升级为藏军和川军的大规模军事冲突。①

2. 初期涉事官员处事无方

"大白"冲突初期，白利土司请求甘孜县县长韩又祸出面调解，然而韩又祸不思和平斡旋调解，而是找驻扎当地的川军，欲借其势力进行弹压；当地川军旅长马骕也不计后果，竟派甘孜营长罗海宽部赴甘孜武力镇压。受到川军军事压力的大金寺则采取两面手法，一方面表示愿意接受调解，并愿向官府和白利土司缴纳赔款；另一方面秘密派遣代表前往拉萨请求藏军的支持。虽然马骕也曾派遣参议朱宪文、韩又祸、瞻化（གྱལ་རོང་）县知事张楷调解，白利土司周边的地方土司头人和高僧大德也愿意参与调解，但是马骕此举只是为川军增援争取时间，所以当增援部队到达，调解尚在进行时就贸然扣留了在康定（དར་རྩེ་མདོ）的大金寺经商代表。② 这样大金寺僧人被迫中止调解，僧兵和驻军的武力冲突开始。很快藏军介入冲突，康藏纠纷正式爆发。由此可见，纠纷初期直接涉事的西康军政官员，如甘孜县县长韩又祸、当地驻军旅长马骕等，基本上不具有政治眼光，前者对事件没有采取任何有效的处理措施，而后者则只知诉诸武力，从而使事态变得严峻。因此"大白事件"激化，进而扩大为旷日持久的康藏纠纷，"推原祸始，实由于西康将吏应付无能，酿乱偾事"③。

(二) 必然性因素

第一，"大白事件"能够很快演变成康藏纠纷，和由来已久的复杂

---

① 中国第二历史档案馆、中国藏学研究中心合编：《康藏纠纷档案选编》，第491—495页；孔庆宗：《西藏插手西康大金寺与白利村纠纷的真相》，西藏自治区政协文史资料研究委员会编《西藏文史资料选辑》（第3辑），第463—464页。
② 中国第二历史档案馆、中国藏学研究中心合编：《康藏纠纷档案选编》，第493页。
③ 同上书，第421页。

的康藏界务遗留问题有关。① 这也是第三次康藏纠纷久拖不决的一个重要原因，这可以从以后双方交涉过程中不同的界线主张看出。② 当蒙藏委员会要求占据甘瞻的藏军退回原防，以进行调解时，③ 十三世达赖喇嘛说"甘瞻原属藏境，藏军占领，责有攸归"④。十三世达赖喇嘛的这种划界主张，主要源于藏军于1866年平定"瞻对之乱"后，清同治帝鉴于十二世达赖喇嘛在平定叛乱中的贡献，谕令"所有瞻对上、中、下三处地方，即著赏给达赖喇嘛，派堪布管理，建庙焚修"⑤。当时，清朝中央政府的考虑是川藏一家，瞻对属藏还是属川均无大碍。蒙藏委员会则认为"康藏原以〈江〉达为界，西康原为边省兼辖，均有明白之记载，证据确凿，毫无异议"⑥。蒙藏委员会依据的是清末赵尔丰时期划定的康藏界线。清末赵尔丰在川边改土归流时，"经过派员与驻瞻藏官磋商，藏官巴登郎加（དཔལ་ལྡན་རྣམ་རྒྱལ）同意赍即撤离回藏"，瞻对划归川属，赵尔丰随即在瞻对设立流官。赵尔丰之所以将瞻对划归川省，设立流官，一个重要的原因就是想抵制帝国主义对川藏的渗透。⑦ 整个清代，关于巴塘、理塘等川边康区归藏、归川的争论一直不断，但究其实质，归根结底是西藏和四川二地的属地利益之争。十三世达赖喇嘛的界线主张，说明他显然对清末赵尔丰的划界并不认同。由此可见，历史遗留下的复杂的康藏界务问题以及其中隐含的矛盾，成了滋生纠纷的温床。

第二，康藏地区历史积怨的必然结果。自清代以来，川边就是一个多事之地，著名的如金川之乱、瞻对之乱等，而因为川边毗邻西藏，且民族宗教相同，所以每次川边之乱都不可避免地波及西藏。清末赵尔丰

---

① 刘国武：《南京政府对康藏纠纷的定性及解决措施》，《史学集刊》2004年第4期。
② 中国第二历史档案馆、中国藏学研究中心合编：《康藏纠纷档案选编》，第139、160页。
③ 同上书，第158页。
④ 中国藏学研究中心、中国第一历史档案馆等合编：《元以来西藏地方与中央政府关系档案史料汇编》（第6册），第2566页。
⑤ 顾祖成等编：《清实录藏族史料》，第4366页。
⑥ 中国藏学研究中心、中国第一历史档案馆等合编：《元以来西藏地方与中央政府关系档案史料汇编》（第6册），第2557页。
⑦ 陈一石：《清代瞻对事件在藏族地区的历史地位》（一）（二）（三），《西藏研究》1986年第1期、1986年第2期、1986年第3期。

改土归流，虽然从历史的眼光来看是进步的，但是因为其在具体实施过程中操之过急，措施失当，一些新政措施明显带有大民族主义的思想。如强迫改土归流地区的藏族取汉姓，① 并规定当地藏族僧俗严禁水、火、天葬，一律改行土葬等。② 而劝令佛教寺庙将年幼僧人送入学堂学习汉文、汉语等"以儒排佛"之举则势必和达赖喇嘛发生矛盾。③ 这些都为民国时期川边的多事埋下了伏笔。另外，民国初年的尹昌衡西征、第二次康藏纠纷等，都因为种种原因草草了事，没有从根本上消除导致双方矛盾的各种因素。④ 这些都进一步加深了历史积怨，而这些积怨在第三次康藏纠纷爆发前都没能很好地予以疏解。

第三，十三世达赖喇嘛有意无意地以教权干涉政权。按照清代以来的惯例，康区许多大寺院的堪布等宗教负责人由达赖喇嘛负责选派。因为僧侣阶层在藏区社会中有着崇高的地位，也往往成为民间大、小纠纷的最主要调解者。西藏政教合一的政治体制使包括达赖喇嘛在内的大多数僧侣高层对教权和政权的界限认识模糊，往往有意无意地用教权干涉政权。十三世达赖喇嘛在分析第三次康藏纠纷时就曾认为，"惟查此次达结、白茹两寺之争执，委由宗教发生问题，自有教主达赖喇嘛主持解决，既非关政治问题，更无汉官干涉之必要"⑤。在达赖喇嘛只对部分寺院有教权的甘孜地区，一些佛教僧侣在这种认识下的举动必然与当地的政府部门发生冲突，因此这种认识事实上成了一种具有顽强生命力的、难以根除的潜在矛盾根源。

第四，康藏两边当时的政治情势。双方当时在康区的政治及经济情势也是导致第三次康藏纠纷的一个重要因素。从西藏方面来说，西

---

① 四川省民族研究所编：《清末川滇边务档案史料》，中华书局1989年版，第708页。
② 同上书，第673页。
③ 徐君：《清末赵尔丰川边兴学之反思》，《中国藏学》2007年第2期；国庆：《赵尔丰及其巴塘经营》，《西藏研究》1989年第4期。
④ 黄天华：《国家建构与边疆政治：基于1917—1918年康藏纠纷的考察》，《社会科学研究》2007年第3期；塔娜、喜饶尼玛：《尹昌衡西征评述》，《西北民族大学学报》2010年第1期。十三世达赖喇嘛也认为"从前汉边失和，藏民心有宿怨"，由此可见康藏双方的历史积怨是康藏纠纷爆发的潜在原因之一（中国第二历史档案馆、中国藏学研究中心合编：《康藏纠纷档案选编》，第69页）。
⑤ 中国第二历史档案馆、中国藏学研究中心合编：《康藏纠纷档案选编》，第44页。

藏经济在英国的掠夺下，陷入极其困难的境地；同时，扩充和维持藏军所需要的巨大开支，使噶厦政府的财政支出大增，为此噶厦政府不得不加重对百姓的剥夺，从而激化了社会矛盾。尤其驻有大量军队的康区，这种矛盾更显尖锐。为了转嫁矛盾，西藏地方政府在康区的官员便产生对刘文辉的川军发动战争的冲动。① 康藏纠纷持久不决，康区的噶厦政府官员以军事邀功的企图，也是其中不可或缺的原因。从国民政府西康地方当局来看，作为地方军阀，川军也有着扩大地盘的要求。由于国民政府对刘文辉缺乏有效控制，② 地方军阀和中央政府间的利益矛盾很难被很好地统一起来，因此当中央政府对藏政策和四川军阀的利益发生冲突时，出现川军不认真贯彻中央政府政策，甚至阳奉阴违的情况便不难理解。进一步讲，如果把"康定当局初主调和"，"嗣当局变更初旨，而驻甘军队，亦思借此邀功，暗阻和议"③ 的态度看作刘文辉集团争取军事部署时间，以期获取战争利益的策略，也是符合地方军阀的一般特征的。但同时，西康接二连三出现的严重内部矛盾与冲突，尤其是刘湘、刘文辉间的矛盾冲突也大大制约了刘文辉对藏军军事行动的开展，④ 未能实现康、青两军会师昌都的计划，这对藏军来说无疑是幸运的。

  第五，当地驻军贪婪无能。"大白事件"中的大金寺，"寺僧组有大规模之商队，在西藏、玉树、西康各主要集市经商"⑤，富甲一方。相反，当地驻军却因为西康经济落后，物产不丰，特别是军饷补给不及时等原因，显得非常清苦。这样，军纪不佳的当地驻军对大金寺财产怀揣觊觎之心便是可想而知的事。但是因为大金寺和西藏地方政府关系紧密，处理不当就可能会演变成全面的康藏纠纷，何况大金寺僧人众多，

---

  ① 伍昆明主编：《西藏近三百年政治史》，第516—517页。
  ② 虽然"南京那时管不了四川省"的说法与事实不符（夏格巴：《西藏政治史》，李有义译，中国社会科学院民族研究所1978年版，第224页），但正如李铁铮的分析，西康复杂的政治形势导致南京国民政府的政令执行不畅，却是不争的事实（李铁铮：《西藏历史上的法律地位》，夏敏娟译，湖南人民出版社1986年版，第164页）。
  ③ 中国第二历史档案馆、中国藏学研究中心合编：《康藏纠纷档案选编》，第421页。
  ④ 牙含章：《达赖喇嘛传》，第286—287页；王燕：《浅析第三次康藏纠纷》，《民国档案》2003年第2期。
  ⑤ 高长柱：《青海玉树与西藏》（续），《边铎半月谈》1934年第3期，第2页。

枪炮存量可观，本身具有不可小觑的战斗力。再加上大金寺院高墙厚，易守难攻，所以当地驻军虽对大金寺有非分之想，但也不敢贸然行动。这次白利土司主动请助，对驻军来说是求之不得的机会。虽然当地驻军对大金寺的作战实力有一定的预估，但战斗开始后大金寺的实际战斗力显然出乎他们的预料，当地驻军虽然一再调兵增援，竟也无法攻下大金寺。与此同时，中央政府因十三世达赖喇嘛的请求，一再电令当地驻军停止军事行动。但是，因为未能在军事斗争中获利，并且不胜而退，关系驻军颜面，所以虽然迭奉中央政府停战命令，但当地驻军阳奉阴违，不予遵办，直至酿成大规模康藏纠纷。[①]

在这些必然性因素的作用下，康藏间发生矛盾也将是必然的，所不同的只是矛盾发生的具体时间、规模大小、持续时间长短而已。

康藏纠纷的调解之所以困难重重，还在于康藏纠纷不可避免地涉及民族、宗教方面的问题，更容易唤起康藏双方对错综复杂的历史遗留问题的记忆。并且康藏纠纷涉及的利益方面众多，关系错综复杂，仅仅参与康藏纠纷调解的团体和个人就有蒙藏委员会、西康政委会、班禅驻康办事处、西藏驻京办事处、刘文辉、藏军代表等，他们分别代表不同的利益方面，有着不同的利益诉求。

另外，英国侵略势力在民元以来的康藏纠纷中的掺和，使本来就复杂的康藏纠纷调解更显复杂，难以取得根本性改变。

二 西藏班禅驻京办事处对康藏纠纷的调处

（一）参与经过

"大白事件"发生后，九世班禅系统第一时间内作出了反应，并表现出了很高的参与调解的热情。西藏班禅驻京办公处作为九世班禅系统的驻京机构，在九世班禅系统参与康藏纠纷调解的过程中自然而然地扮演了重要角色。一方面，西藏班禅驻京办公处成了九世班禅系统内部就调节康藏纠纷进行协调的中枢。例如，"大白事件"发生后，九世班禅即通过西藏班禅驻京办事处指令其驻康办公处和驻川办公处前往调查实

[①] 《申报》1930年12月27日。

情，进行和平调解。① 又如，1930 年 9 月，西藏班禅驻康办公处的计玉阶致电罗桑坚赞，请他转电松朋呼图克图和罗桑巴登（ཨོ་བཟང་དཔལ་ལྡན）"见电即速启程，克日来康，以资调解"②。收到电文后，罗桑坚赞即于 9 月 25 日致电松朋呼图克图和罗桑巴登，称："查大吉寺与百利因细故争持，酿成械斗，如不从速调解，深恐牵动全局，糜烂地方，康藏前途不堪设想。倘荷赞同前往调解，即请命驾首途，迟则将事无济矣。"③ 此后康藏纠纷的演变，完全应验了罗桑坚赞的这一观点，这说明他有着敏锐的政治眼光。另一方面，西藏班禅驻京办事处也成了九世班禅系统与刘文辉等康藏纠纷关系方联系的重要环节。例如 1930 年 7 月 16 日，西藏班禅驻京办公处处长罗桑坚赞即奉九世班禅之命，致电第 24 军总指挥刘文辉，请他会同九世班禅驻康办公处处长宫敦扎西等，"前往该县查明实情和平调停，并电复为盼"④。8 月 2 日，刘文辉即复电西藏班禅驻京办事处，称："兹承转示活佛电转各节，适与敝部维护宗教力谋宁息之旨不谋而合。除转知该旅长、主席外，特此电复，并希转陈班禅佛座鉴。"⑤ 8 月 25 日，罗桑坚赞再次致电刘文辉，告知其九世班禅派遣西藏班禅驻康办公处处长前往甘孜，"妥为调停，以期和平了结。仍祈贵总指挥俯赐指导"⑥。

然而，九世班禅系统参与康藏纠纷调解的举动立刻招致西藏地方政府的不满，1930 年 10 月 18 日，蒙藏委员会向西藏班禅驻京办事处下发训令，称："十三世达赖喇嘛给蒙藏委员会的电文中有"班禅遣使桑布喇嘛与甘孜驻防汉官处从中怂恿"的说法，因此训令请查证是否属实。⑦ 罗桑坚赞于 10 月 21 日呈文蒙藏委员会，对此进行了否认和说明。1931 年 1 月，国民政府听信刘文辉转报关于"闻达赖因班禅在蓉、炉设办事处有所误会"，从而导致康藏纠纷扩大的说法，决议撤销班禅驻康、驻川办公处。此后经西藏班禅驻京办公处等的一再呈请，国民

---

① 中国第二历史档案馆、中国藏学研究中心合编：《康藏纠纷档案选编》，第 6—7 页。
② 同上书，第 11 页。
③ 同上。
④ 中国第二历史档案馆、中国藏学研究中心合编：《中国第二历史档案馆所存西藏和藏事档案汇编》（第 9 册），中国藏学出版社 2009 年版，第 428 页。
⑤ 同上书，第 474 页。
⑥ 中国第二历史档案馆、中国藏学研究中心合编：《康藏纠纷档案选编》，第 9 页。
⑦ 同上书，第 14 页。

政府最终撤销了此项决议。十三世达赖喇嘛的误解和国民政府草率的决定，显然深深打击了九世班禅系统调解康藏纠纷的热情，因此当九世班禅于1931年5月第一次进京时，西康民众代表马泽昭等谒见班禅，报告康藏纠纷经过，请求九世班禅调解时，九世班禅只答应他们将此"转达中央"①。事实上，西藏驻京办事处和以十三世达赖喇嘛为首的西藏地方政府的反对，不仅完全终止了九世班禅系统对康藏纠纷的调解，并为以后西藏驻京办事处和西藏班禅驻京办事处间的矛盾激化埋下了伏笔。

（二）参与原因

为什么九世班禅系统对调解康藏纠纷会有如此高的热情呢？总体来看，应该有以下一些原因。

第一，出于九世班禅的宗教地位和"慈悲为怀"的佛教宗旨。如上所述，"大白事件"的起因是寺产纠纷，并且一旦纠纷扩大，引发战争，必然"糜烂地方"，给当地人民生产、生活带来极大不便。而作为藏传佛教的大活佛，无论是出于自身的宗教地位，还是"慈悲为怀"的佛教宗旨，九世班禅都觉得自己有必要发动包括西藏班禅驻京办事处在内的一切力量，调解康藏纠纷，因此，当西藏地方政府指责"班禅遣使桑布喇嘛与甘孜驻防汉官处从中怂恿"时，九世班禅称：他之所以调解康藏纠纷，"纯系出于慈悲为旨，以免众生浩劫"②。

第二，出于九世班禅系统对自身的定位。从1929年1月24日西藏班禅驻京办公处给阎锡山的关于"班禅驻京办公处组织成立"的函及作为该函附件的《班禅驻京办公处成立宣言》可以看出，国民政府初期，九世班禅系统以"解放西藏"的"革命者"的身份自居，③因此，当康藏纠纷发生时，九世班禅系统即认为充任调解之责是不可推卸的义务，是所谓的"桑梓攸关，义难坐视"④。

第三，与九世班禅系统的人员构成有直接关系。九世班禅系统中的

---

① 《申报》1931年5月13日。
② 中国第二历史档案馆、中国藏学研究中心合编：《康藏纠纷档案选编》，第35页。
③ 中国藏学研究中心、中国第一历史档案馆等合编：《元以来西藏地方与中央政府关系档案史料汇编》（第7册），第3088—3090页。
④ 中国第二历史档案馆、中国藏学研究中心合编：《康藏纠纷档案选编》，第35页。

一些人，尤其是班禅驻康办事处中的主要职员大都来自康区——例如班禅驻康办事处处长宫敦扎西来自巴安——他们积极参与"大白纠纷"的调解，首先是出于对纠纷失控后对当地人民生产、生活带来的影响的忧虑，并且他们中的一些人可能还经历过第二次康藏纠纷等军事冲突，对战争的破坏作用有亲身体会，因此，他们积极参与康藏纠纷调解，是出于对家乡和家乡广大民众的同情和爱护。

第四，九世班禅系统积极参与康藏纠纷的调解，还和系统中的一些人在国民政府蒙藏委员会中的任职有关，例如九世班禅和罗桑囊加是蒙藏委员会委员，罗桑坚赞是蒙藏委员会藏事处处长，对于这些人来说，调解康藏纠纷也是他们履行这一岗位职责的要求。

三 西藏驻京办事处对康藏纠纷的调处

康藏纠纷发生在康藏之间，并且康藏纠纷期间国民政府在西藏并没有驻藏机构，和西藏地方政府间的沟通主要依赖西藏驻京办事处，这就决定了西藏驻京办事处在康藏纠纷调解中必然扮演不可或缺的重要角色。

（一）纠纷初期的积极调处

1. 西藏驻京办事处成立前贡觉仲尼参与调解

1930年6月，当贡觉仲尼尚在由西藏来南京的路上时，"大白事件"爆发，并且很快就演变成了藏军和川军的军事冲突。和平处理藏事是民国时期中央政府对藏政策的一个重要原则。[①] 康藏纠纷发生后国民政府一边电令川军退驻朱倭（ཇུ་རོང་）[②]，一边致电十三世达赖喇嘛，要求其约束藏军。1930年10月28日，十三世达赖喇嘛通过蒙藏委员会通知贡觉仲尼，说"南京当局已令川军悉数退驻朱窝[③]矣"[④]。结合当时十三世达赖喇嘛主动向国民政府示好的情形来看，此举的目的就是不希望康藏纠纷干扰既定的改善同中央政府关系的步调；同时，征诸以十三世

---

① 李铁铮关于国民政府力主和平解决藏事的原因的全面而中肯的分析，见李铁铮《西藏历史上的法律地位》，夏敏娟译，第163—165页。

② 今四川炉霍县境内。

③ 朱窝，即上文中提及的"朱倭"（ཇུ་རོང་）。

④ 中国第二历史档案馆、中国藏学研究中心合编：《康藏纠纷档案选编》，第16页。

达赖喇嘛为首的西藏地方政府和九世班禅大师、诺那呼图克图、格桑泽仁等的矛盾，通过蒙藏委员会向贡觉仲尼转达，也有向蒙藏委员会表明贡觉仲尼是其全权代表，以防被其他人员冒名代替的用意。

因为南京国民政府当时没有驻藏机构，在南京的十三世达赖喇嘛全权代表贡觉仲尼，自然成了蒙藏委员会调处康藏纠纷初期借重的对象。1930年10月31日，蒙藏委员会在向十三世达赖喇嘛转达"川军奉令撤退"消息的同时，也将此转达贡觉仲尼"知照"①。12月27日，蒙藏委员会再次致电贡觉仲尼，希望其及时转呈十三世达赖喇嘛的电文。②1931年1月25日，在康藏军事冲突爆发四个多月后，贡觉仲尼终于呈递了蒙藏委员会期盼已久的十三世达赖喇嘛的电文。这份电文的内容基本反映了十三世达赖喇嘛对于这次康藏纠纷的态度和看法，也充分显示了十三世达赖喇嘛和中央政府在这次康藏纠纷认识上的分歧，因此显得非常重要。③贡觉仲尼除了表示电文是遵照十三世达赖喇嘛的命令呈报蒙藏委员会的外，也希望蒙藏委员会"迅赐转呈国民政府，严电制止驻军不得再有军事行动及禁阻商人，并将没收资本发还商民，俾得和平解决"，并请求蒙藏委员会查核办理。④

---

① 中国藏学研究中心、中国第一历史档案馆等合编：《元以来西藏地方与中央政府关系档案史料汇编》（第6册），第2543页。

② 中国第二历史档案馆、中国藏学研究中心合编：《康藏纠纷档案选编》，第33页。

③ 呈文中转述了十三世达赖喇嘛对于康藏纠纷爆发原因的调查结果，调查结果认为："查西康志乌（即前文所述的'朱倭'——笔者注）所属达结、白茹两寺，近因业热喇嘛之故致生争执。又以班禅方面之人帮助白茹运动马司令，致以小故而引起衅端。兹值全国统一训政开始，中央现在促进蒙藏和好，无论汉藏两方，更无军事行动之必要。为求免去西康局部争持起见，业经将马司令派兵帮助白茹寺扰乱情形电致蒙藏委员会马委员长转呈中央发电制止，冀可和平解决。旋接复电已承照办在案。不意于废历九月初三日，西康马司令并不遵中央电令撤退，反而重开战衅，猛烈攻逼，占据各处地方，杀害本地人民。"从以后唐柯三的调查结果来看，除了对大金寺洗劫白利村的事实十三世达赖喇嘛简单带过外，十三世达赖喇嘛的说法基本上是符合事实的。但是这一时期蒙藏委员会尚没有完全掌握相关情况，这也从一个方面反映了西康刘文辉对中央政府的阳奉阴违。至于"班禅方面之人帮助白茹运动马司令"虽然与事实不符，但是从九世班禅系统对康藏纠纷调解的立场来看，他们是站在白利村一方的，这和出面为大金寺辩护的西藏地方政府不同，所以被攻击也是在所难免。佢是十三世达赖喇嘛也认为"兹值全国统一训政开始，中央现在促进蒙藏和好，无论汉藏两方，更无军事行动之必要"。显然，十三世达赖喇嘛本人和国民政府对于和平处理康藏纠纷的认识是一致的（中国第二历史档案馆、中国藏学研究中心合编：《康藏纠纷档案选编》，第44页）。

④ 中国第二历史档案馆、中国藏学研究中心合编：《康藏纠纷档案选编》，第44—45页。

尽管国民政府和十三世达赖喇嘛对于和平处理康藏纠纷的认识是一致的，但是从康藏纠纷爆发起，康藏双方指责对方不遵约停战的争论就一直没有停止过。1930年12月28日，十三世达赖喇嘛致电蒙藏委员会，认为"汉番设要调停，非得政府特派通晓汉番情谊之员就近磋商，若再与刘文辉磋商，势难解决"。在此之前，蒙藏委员会也已认识到康藏纠纷的调解必须由中央派员调查调解，并已报经行政院同意"遴员请派"①。1931年2月12日，蒙藏委员会电告十三世达赖喇嘛、刘文辉选派唐柯三为调解"大白案"专员的决定，而十三世达赖喇嘛也指令贡觉仲尼呈报蒙藏委员会，西藏地方政府将很快派员前往调解。②

2. 西藏驻京办事处积极参与调解

1931年2月9日西藏驻京办事处的设立，为蒙藏委员会和西藏地方政府进行康藏纠纷调解提供了一个有效而稳定的沟通渠道。蒙藏委员会在接到刘文辉关于西康总商会调解"大白纠纷"失败的消息后，于1931年3月6日、3月17日先后两次向西藏驻京办事处下发训令，要求其迅速转陈十三世达赖喇嘛，"大白案""现奉国民政府特派专员前往切实调查，在未曾查明以前，自应各守原防静候调解"③。3月18日，蒙藏委员会委员长马福祥以个人身份致函贡觉仲尼，在表示了对康藏军事冲突可能会导致战争范围扩大，藏事由此决裂的担忧外，进一步指出，纠纷可能使贡觉仲尼等为改善中央和西藏地方间关系所做的种种努力的成果化为乌有，希望贡觉仲尼"速达鄙忱，早日令饬前线驻军停止进攻，退驻原防，以待本会派员前往秉公调处"④。《十三世达赖喇嘛年谱》中记述称："国民政府通过西藏驻京办事处代表致电达赖喇嘛，达赖喇嘛复电，谓已下令藏军停止军事行动。"⑤（……ཅིན་གྷོང་རྒྱ་ཆབ་བརྒྱུད་གོ་མིན་ཏང་གིས་ཏཱ་ལའི་བླ་མ་མཆོག་ལ་སྦྲག་འཕྲིན་ཕུལ་འབྱོར་པའི་བླ་མ་མཆོག་ནས་བོད་དམག་ལ་དམག་དོན་བྱ་སྤྱོད་མཚམས་

---

① 中国藏学研究中心、中国第一历史档案馆等合编：《元以来西藏地方与中央政府关系档案史料汇编》（第6册），第2544页。
② 中国第二历史档案馆、中国藏学研究中心合编：《康藏纠纷档案选编》，第51、54页。
③ 同上书，第59、65—66页。
④ 同上书，第68页。
⑤ 《第十三世达赖喇嘛年谱》，西藏自治区政协文史资料研究委员会编：《西藏文史资料选辑》（第2辑），第210页。

འཛིན་དགོས་པའི་བཀའ་ཕབ་ལུགས་སྟོན་སྨོན་ལམ་བསྩལ།①）这也反映了西藏驻京办事处成立后，十三世达赖喇嘛对其在调解康藏纠纷中作用的认可。

综合康藏双方的电文，并结合当时的实际情况来看，十三世达赖喇嘛和国民政府一样有着和平解决康藏纠纷的强烈愿望，可是这仍然未能阻止康藏军事冲突的扩大和持续。究其原因，除了康藏军队都可能有"将在外君令有所不受"的嫌疑外，双方通信技术的差异也在一定程度上加深了双方的误解：按照十三世达赖喇嘛的表述，拉萨和西康前线的"命令"传达需要二十多天才能完成，② 而南京和西康的电报通信却只需一两天即可到达，这样对中央政府和四川的刘文辉来说，西藏地方政府虽然承诺和平解决康藏纠纷，但未接到西藏地方政府"命令"的西藏驻康军队仍可能在进行军事行动，这样就加深了双方的不信任。另外，早在1931年2月12日，蒙藏委员会在给十三世达赖喇嘛的电文中就提到了改派唐柯三为中央特派康藏纠纷调解专员之事，但正式训令迟至同年3月23日才下发，唐柯三4月3日启程。在这样一个敏感时期，这种"拖延"不能不让西藏地方政府产生误解，难怪4月4日十三世达赖喇嘛略带讽刺口吻地质问蒙藏委员会："藏方抱定仍前和好宗旨，前派调处员谅未起身，不知如何调解，盼复。"③ 西藏驻京办事处也认为："此案迄未解决者，为中央调处专员出发过迟，致双方均因谣言而滋生误会。"④

---

① དུ་ལའི་བླ་མ་སྐུ་ཕྲེང་བཅུ་གསུམ་པ་ཆེན་པོའི་རྣམ་ཐར་རྒྱ་མཚོའི་དབྱངས་ཆེན་ག་ཡིད་བྱོས་བོད་རང་སྐྱོང་ལྗོངས་ཀྱི་ཡིག་ཚང་ལས་ཁང་གི་རྒྱལ་རིག་གཞུང་དགོན་གཞིའི་རྒྱ་ཆེན་རྩོམ་སྒྲིག་ཡིག་རྩོམ་སྒྲིག་ཁང་། བོད་ཀྱི་རྒྱལ་རིག་གཞུང་གི་རྒྱ་བདམས་བསྡུགས།(4)མི་དམངས་དཔེ་སྐྲུན་ཚོགས་པ། མི་དམངས་མི་རིགས་དཔེ་སྐྲུན་ཁང་པེ་ཅིན། ༢༠༠༩ ཤོག་གྲངས༥༥༦ དུ་གསལ།

另外，汉文版《第十三世达赖喇嘛年谱》中的翻译略有不妥，根据藏文原文，比较准确的译文应该是：国民党通过西藏驻京代表致电达赖喇嘛，达赖喇嘛复电，称已下令藏军停止军事行动。

② 中国第二历史档案馆、中国藏学研究中心合编：《康藏纠纷档案选编》，第67—68页。

另外，据刘曼卿在《康藏轺征》中记述："出昌都城，见驿卒摇铎而至，问送行人，言彼等可分两类，一为步邮，一为骑邮。步邮站而返，骑邮则易乘，途中三数十里为一站，将至则大振其铃，使站守闻之，为备食整鬐，受之复驰去，虽最高官吏不能阻，故由昌都至拉萨五昼夜已达。步邮则须七日，手持铁标，尖端置利刃，谓遇阻可以刺之，碍行程者且得锥刺无以为罪……其神速允可惊异。"昌都到康藏纠纷的前线，又需要数日，因此这和十三世达赖喇嘛所说的二十多天，大致一致。

③ 中国第二历史档案馆、中国藏学研究中心合编：《康藏纠纷档案选编》，第101页。

④ 《申报》1931年7月6日。

在康藏纠纷初期，部署在康藏一线的藏军相对较少，① 无法发动大规模军事行动。《十三世达赖喇嘛年谱》中记述称："此年，因向甘孜及聂荣②地区派出藏军……"③（བོད་དེར་བོད་དམག་དཀར་མཛེས་དང་ཉག་རོང་ཁུལ་བཏང་……④）由此也可以看出，西藏地方政府于该年从其他地区调派军队参与康藏纠纷。大约1931年2月前后，藏军在完成部署后，开始对川军发动进攻。因此1931年3月26日、3月28日西藏驻京办事处再次接到了蒙藏委员会要求"制止军事行动"，"静候和平调解"⑤ 的训令。26日，刚刚从北平返回南京不久⑥的贡觉仲尼谒见马福祥，当面报告康藏纠纷相关事宜，并向蒋介石呈献"西藏礼品"42件。⑦ 显然，西藏驻京办事处希望国民政府能真正了解西藏地方政府和平处理康藏纠纷的意愿，以防流言蜚语对国民政府的决策造成影响。28日，马福祥宴请贡觉仲尼等，话题自然离不开康藏纠纷调解之事。⑧

在康藏纠纷久拖难决的情况下，国民政府和西藏地方政府都对中央选派的调解专员给予了厚望。1931年3月29日，西藏驻京办事处呈文蒙藏委员会，要求催令调解专员唐柯三迅速就道，"以赴事机而免枝节"。第二天，感觉意犹未尽的西藏驻京办事处再次呈文蒙藏委员会，

---

① 第三次康藏纠纷爆发前藏尼纠纷已经爆发，虽然藏尼纠纷最终以和平方式解决，但是其间藏军还是为此作了一定的部署。西藏驻京办事处于1931年1月25日呈交的十三世达赖喇嘛给蒙藏委员会的信中，十三世达赖喇嘛说："伏念中央敦望中藏和好，遐迩共仰，去岁特派雍和宫扎萨克棍却仲尼入藏慰问，以为边防汉官系与中央一致，故将西康五六处驻军调回西藏，只有少数兵力留守防地。讵意该方驻军以藏军甚少，遂恃强用武占地方，残杀人民，而西藏只得再派军队赴康防卫。"此处提到的将藏军调回西藏，很可能就是针对藏尼纠纷的军事调动。据此也可以推测，康藏纠纷发生初期，驻西康的藏军不多。中国第二历史档案馆、中国藏学研究中心合编：《康藏纠纷档案选编》，第45页。

② 聂荣即瞻对，是瞻对的藏语音译。

③ 《第十三世达赖喇嘛年谱》，西藏自治区政协文史资料研究委员会编：《西藏文史资料选辑》（第2辑），第210页。

④ དཔལ་ལྡན་བླ་མ་སྐུ་ཕྲེང་བཅུ་གསུམ་པ་ཐུབ་བསྟན་རྒྱ་མཚོའི་དགུང་ཚིགས། བྱེད་གོས་བོད་རང་སྐྱོང་ལྗོངས་ཀྱི་ཆབ་སྲིད་གྲོས་ཚོགས་དབང། གཞིའི་རྒྱུ་ཆ་ཞིབ་འཇུག་ཨུ་ཡོན་ཚོགས་ཆུང་བོད་ཀྱི་ཆབ་སྲིད་རིག་གནས་དཔང་གཞིའི་རྒྱུ་ཆ་བདམས་བསྒྲིགས། (4) མི་རིགས་དཔེ་སྐྲུན་ཁང་པ། མི་རིགས་མི་རིགས་དཔེ་སྐྲུན་ཁང་གིས། ཕྱི་ལོ་2009ལོའི་ཟླ་ 556 ཏུ་གསལ།

⑤ 中国第二历史档案馆、中国藏学研究中心合编：《康藏纠纷档案选编》，第97—99页。

⑥ 《申报》1931年3月24日。

⑦ 《申报》1931年3月27日。

⑧ 《申报》1931年3月29日。

要求"唐、刘二专员亦须亲身前往达结寺地方,庶可双方面商调解办法,以免隔阂而泯纠纷"①。收到呈文的蒙藏委员会于4月2日迅速回复西藏驻京办事处,说"已据情令知唐委员矣"②。

除了同官方进行关于康藏纠纷的沟通外,西藏驻京办事处还接受媒体采访,表达西藏地方政府对康藏纠纷的态度和看法。例如南京国民政府中央社1931年4月2日刊登了贡觉仲尼关于康藏纠纷的谈话。③ 据此可知,贡觉仲尼已经有利用媒体引导社会舆论的意识。

到1931年3月下旬,当藏军先后占据甘瞻后,各方要求藏军退回原防的函电纷至沓来,康藏纠纷调解的首要急务变成了要求藏军退防。蒙藏委员会再三要求西藏驻京办事处转电十三世达赖喇嘛,要求"退回原防,静候中央派员调处"④。而十三世达赖喇嘛的回电则一再声称已经退回原防。但事实上,藏军占据甘瞻时就没有想过退兵。面对蒙藏委员会的一再催问,十三世达赖喇嘛称"甘瞻原属藏境,藏军占领,责有攸归"⑤。由此可见,十三世达赖喇嘛至少默许了藏军的军事行动,在造成占据甘瞻的事实后,又试图寻求历史依据来证明占据的合理性。

5月3日,唐柯三抵达成都后面对藏军占据甘瞻而不退兵,藏方谈判代表又不前来的情况无计可施。于是蒙藏委员会再次指令西藏驻京办事处"转电达赖饬令前线军队退回原防,并迅派重要人员前赴达结与唐委员商办,并将派定人员姓名呈报本会,以便转电唐委员知照,仰即遵办勿延"⑥。同时,唐柯三也致电贡觉仲尼,希望他"尊重临别之语,力维大局,俾得早日和平解决"⑦,并致电十三世达赖喇嘛,希望他催令谈判代表

---

① 中国藏学研究中心、中国第一历史档案馆等合编:《元以来西藏地方与中央政府关系档案史料汇编》(第6册),第2554页。

② 中国第二历史档案馆、中国藏学研究中心合编:《康藏纠纷档案选编》,第101页。

③ 《申报》1931年4月3日。贡觉仲尼说"康藏达结白茹两寺械斗,系宗教上下争执,无关政治",显然这是对十三世达赖喇嘛前文所述的关于"大白事件"的看法的转述,这种看法体现了十三世达赖喇嘛对于教权和政权界限认识的模糊。

④ 中国藏学研究中心、中国第一历史档案馆等合编:《元以来西藏地方与中央政府关系档案史料汇编》(第6册),第2554页。

⑤ 同上书,第2566页。

⑥ 中国第二历史档案馆、中国藏学研究中心合编:《康藏纠纷档案选编》,第112页。

⑦ 同上书,第121页。

前来谈判。1931年5月25日西藏驻京办事处致函蒙藏委员会总务处,[①] 称西藏地方政府的谈判代表琼让代本已在大金寺候商,请唐柯三迅速前往。

　　总体来看,这一时期因为西藏地方政府在军事上稍居优势,所以其对中央政府的态度也略显强硬。西藏驻京办事处甫经成立,即参与康藏纠纷的调解。但是,正如我们在上文中论述的,康藏纠纷的爆发有着复杂的因素,虽然双方都竭尽全力,但调解工作仍无法推进。而康藏纠纷的调解从一开始又和以十三世达赖喇嘛为首的噶厦政府与以九世班禅大师为首的扎什伦布寺拉章间矛盾等西藏内部矛盾交织在一起,为调解增加了新的阻力。西藏驻京办事处于矛盾双方的中间,左右难为,况且西藏驻京办事处身处南京,还要受民众的诘责和各种流言蜚语的攻击,可以想象其处境之尴尬。在此敏感时期,南京国民政府又授予班禅"西陲宣化使"名义,使西藏驻京办事处和九世班禅系统的矛盾陡然升温。于是贡觉仲尼等于1931年6月26日向蒙藏委员会提出辞职,并在呈文中明确表达了对蒙藏委员会的不满。[②] 虽然因蒙藏委员会以"本会对于该代表等倚畀正殷,仍望安心供职"为由,一再挽留;同时十三世达赖喇嘛也应蒙藏委员会的函请,函饬贡觉仲尼等继续供职。[③] 这样贡觉仲尼等人最终未能辞职,但此后其在康藏纠纷调解等藏事上态度变得有些消极。尽管蒙藏委员会对西藏代表的辞职甚为不满,但是因为西藏代表在

---

　　① 中国第二历史档案馆、中国藏学研究中心合编:《康藏纠纷档案选编》,第123页。正常情况下,西藏驻京办事处关于藏事的呈文都应该先交给蒙藏委员会藏事处负责处理,然而西藏驻京办事处将此函递给了蒙藏委员会总务处。结合以后西藏驻京办事处指责时任藏事处处长的班禅系统官员罗桑坚赞私扣呈文的情况看,此举的目的就是有意绕开藏事处。另外,1931年5月25日西藏驻京办事处给蒙藏委员会总务处的函中说:"顷奉达赖佛复电开:西藏赴康人员派定代本琼让等,业已起程赴康接洽,并令优待唐委员矣。"由此可以看出,当时琼让代本尚在途中。同日,蒙藏委员会给唐柯三的电文中却说:据贡觉仲尼的说法,"达赖来电,所派系代本琼让,在达结候商,并饬对于台端特别优礼。"(中国第二历史档案馆、中国藏学研究中心合编:《康藏纠纷档案选编》,第123—124页)由此可知,琼让已在大金寺。考虑到第一条引文也是西藏驻京办事处给蒙藏委员会的,而第二条引文是蒙藏委员会依据西藏驻京办事处的报告发给唐柯三的电文,蒙藏委员会在发电时应该已经依据情况作了判断,所以在此采用第二条引文的说法。
　　② 中国第二历史档案馆、中国藏学研究中心合编:《康藏纠纷档案选编》,第145—148页;《申报》1931年7月1日。
　　③ 中国第二历史档案馆、中国藏学研究中心合编:《中国第二历史档案馆所存西藏和藏事档案汇编》(第15册),中国藏学出版社2012年版,第438—439页。

康藏纠纷调解中具有的不可替代性,并考虑到他们的辞职对中央和西藏地方间关系发展的可能影响,所以只能尽力挽留,这也从一个侧面说明了西藏驻京办事处在康藏纠纷调解中所具有的重要作用。

(二) 调处中的尴尬与无奈

1931年3月后,藏军占据甘瞻,扣押甘孜张知事等40余人,并进一步进逼炉霍（ཐག་མཁོ་）和理化（ལི་ཐང་）的举动,① 将西藏驻京办事处置于被动和尴尬的境地,这主要表现在以下两个方面。

第一,使西藏驻京办事处难免有有意隐瞒真相的嫌疑。对西藏驻京办事处而言,一方面是藏军的举动和此前西藏驻京办事处一再向蒙藏委员会转呈的西藏地方政府和平处理康藏纠纷的主张前后矛盾;另一方面是南京国民政府展现出的和平处理康藏纠纷的诚意,以及蒙藏委员会一而再再而三地要求其"迅电"十三世达赖喇嘛令藏军退回原防的指令。蒙藏委员会委员长马福祥更表示,如果藏军不退回原防,藏局前途不可维持,"本委员长主持边政,职责所在,不忍坐视和平自是破裂,惟有引咎卸责,以谢国人"②,并指责"该代表等迭次声明藏方已令停止军事行动,均与事实不符"③。正是出于对西藏驻京办事处报告失实,以及唐柯三和西藏地方政府的康藏纠纷调解负责人不能会面的不满,蒙藏委员会命令西藏驻京办事处催令"驻康办事处正副处长降巴曲旺等赴藏④,会同调解达白两寺争执悬案"⑤。而被一时胜利冲昏头脑的西藏地方政府和军队,不仅不退回原防,不释放被扣押的瞻对张知事等40余人,而且认为甘瞻原属藏境,占据是"责有攸归"。西藏地方政府和蒙藏委员会目标的不一致,使负责居间转呈双方意见的西藏驻京办事处左右为难,无所适从。

第二,给予反对者以攻讦口实。在康藏纠纷的调解中,站在西藏驻京办事处对立面的主要是西藏班禅驻京办事处和西康旅京代表。从一开始,他们对康藏纠纷进展情况的表述就明显不同。当藏军攻占甘瞻后,

---

① 中国第二历史档案馆、中国藏学研究中心合编:《康藏纠纷档案选编》,第129页。
② 同上书,第135页。
③ 同上书,第149页。
④ 原文如此,正确的应该是赴康。
⑤ 《申报》1931年6月18日。

它们之间的矛盾更为明显。一方面，西藏驻京办事处指责西藏班禅驻京办事处和西康旅京代表"颠倒是非，淆乱黑白"，要求撤销班禅驻康、驻蓉办事处；坚决认为西康旅京代表所谓的藏军进占甘瞻的消息失实，"且愿与西康代表同具虚伪受罚切结"①。尽管西藏驻京办事处对西藏班禅驻京办事处的有些消息系道听途说的指责也有一定的事实依据，② 但是藏军进占甘瞻的事实使西藏驻京办事处的辩护立刻显得苍白无力。另一方面，西藏班禅驻京办事处则指责西藏驻京办事处有意蒙骗，西康旅京代表甚至当面"严词"质问贡觉仲尼"何以蒙蔽中央"③。

西藏驻京办事处身处南京，比西藏地方政府更能亲身体会到国民政府和平处理康藏纠纷的诚意，同时也更能认识到藏军退回原防的必要性。从此前西藏驻京办事处积极参与调解的态度来看，发生这种尴尬的更为可能的原因是西藏地方政府并没有将他们的真实意图告知西藏驻京办事处。

面对这种尴尬处境，辞职是表明自己"清白"和证明自己已尽全力的最好方式。证诸之后唐柯三因和平调解康藏纠纷的工作无法推进而提出辞职；蒋致余因为时时不忘以中央代表的身份自居，又因为他熟悉藏情，急于恢复中央对西藏的各项主权，遇事力争，④ 最后引起噶厦政府的不满，最终提出辞职；孔庆宗因为"外交局事件"而和西藏地方政府关系恶化，不得不提出辞职⑤……由此可见，在中央和西藏地方间关系没有取得实质性改善的情况下，每一个设身其中的具体办事人员都显得那么无能为力。

---

① 中国第二历史档案馆、中国藏学研究中心合编：《康藏纠纷档案选编》，第123—124页。

② 如"藏方增兵二千，由英籍军官率领，向炉霍道间汉军攻击"中的英籍军官一说（中国第二历史档案馆、中国藏学研究中心合编：《康藏纠纷档案选编》，第146页）。令人费解的是，西藏驻京办事处将这一时期一切自认为"不实"消息都归责于班禅系统官员和西康民众代表的造谣，却没有去责备作为康藏冲突另一方的川军。直到1932年11月，藏军被川军逼回金沙江西岸，康藏两军隔河对峙后，才将关于藏军准备进攻等的"不实"消息归责于川军造谣。

③ 《申报》1931年4月15日、6月26日；中国第二历史档案馆、中国藏学研究中心合编：《康藏纠纷档案选编》，第123—124页。

④ 邢肃芝（洛桑珍珠）口述，张健飞、杨念群笔述：《雪域求法记：一个汉人喇嘛的口述史》，生活·读书·新知三联书店2003年版，第228页。

⑤ "外交局事件"后不久，孔庆宗即以生病为由向蒙藏委员会提出辞职，1943年10月18日蒙藏委员会同意了他的辞职。参见喜饶尼玛《近代藏事研究》，第276页。

1931年6月26日，贡觉仲尼等向蒙藏委员会提交了辞职报告，列举了班禅系统的种种"罪责"和蒙藏委员会的"偏听偏信"，并称西藏代表们有负十三世达赖喇嘛托付之热望，难逃全藏民众之责难，因此"惟有实行引咎，以谢国人"①。蒙藏委员会反驳称自己并非偏听偏信，又以"本会对于该代表等倚畀正殷，仍望安心供职，共维大局"为由对贡觉仲尼等予以慰留时，②贡觉仲尼等则称蒙藏委员会错会了他们呈文的意思，他们想要说的是"钧会藏事处为西藏反动分子所组织，多方破坏藏事之进行，及中央将畀班禅何种名义，必启西藏阋墙之争，更无解决藏事之望"③，并说"职等所负代表使命，专为商议匪藏问题，有关和平统一大局。此为一事。康案本局部之争，达赖另派代表代本琼让负责与中央专员会商调处。此又一事。二者未便混为一谈"④。由此可以看出，以贡觉仲尼为首的西藏代表将自己定位为"商议"整个"西藏问题"的代表。尽管西藏驻京办事处对自己呈文的本意进行了解释，但是从其给蒙藏委员会的那份报告的全文来看，对蒙藏委员会偏听偏信的指责还是显而易见的，这成为西藏驻京办事处和蒙藏委员会矛盾公开化的开始。另外，贡觉仲尼等通过区别"西藏问题"和"康案"，力图从康藏纠纷的旋涡中自拔。但事实上，"康案"是"西藏问题"的一部分，"康案"的最终处理离不开国民政府和西藏地方政府的参与，因此也是西藏驻京办事处理应负责办理之事，并且此后西藏驻京办事处继续参与康藏纠纷调解的事实也证明，调解康藏纠纷也是它的职责所在，其难以完全置身事外。南京炎热的天气为西藏驻京代表暂时脱离令其头疼的康藏纠纷调解提供了理由，于是贡觉仲尼等以避暑为借口，向蒙藏委员会请假，于7月27日从南京启程赴平。⑤直到一个月后的8月29日，才又由北平赴南京销假。⑥

---

① 中国第二历史档案馆、中国藏学研究中心合编：《康藏纠纷档案选编》，第145—148页。
② 同上书，第149—150页。
③ 同上书，第150页。
④ 同上。
⑤ 《申报》1931年7月28日。
⑥ 中国第二历史档案馆、中国藏学研究中心合编：《康藏纠纷档案选编》，第178页。

在西藏驻京办事处遭遇尴尬的同时，藏军占领甘瞻，藏方更改会商地点的举动，也让蒙藏委员会对十三世达赖喇嘛和平解决康藏纠纷的诚意产生了怀疑，认为"达赖进侵西康别有企图，不过藉口大白纠纷为其发动，故始则违背中央和平意旨，节节进攻，既占领甘瞻，复不遵令退兵，而于会商地点先主甘孜，忽改昌都，无非托故推延"①。

从整个康藏纠纷的发展来看，将西藏驻京办事处置于信任危机和尴尬境地的直接原因，是以十三世达赖喇嘛为首的西藏地方政府对康藏纠纷前后不同的政策：初期，在藏军不占优势的情况下，十三世达赖喇嘛也确实有和平处理大白纠纷的强烈意愿；但是，随着藏军军事行动的胜利，十三世达赖喇嘛开始改变策略，试图以军事占领甘瞻的既成事实将其划入藏境，进而谋取整个"西藏问题"的解决。更深层的原因，则是由这一时期中央和西藏地方间"不正常"的关系导致的。因为康藏纠纷本身就是这种"不正常"关系所造成的后果之一，在中央和西藏地方间关系没有得到根本改善的情况下，不仅西藏驻京办事处无力推动这次康藏纠纷的调解，作为国民政府康藏纠纷调解专员的唐柯三也是一筹莫展，最后也不得以辞职进行"躲避"。同样的事情，不同参与者相似的"躲避"方式，足以说明"辞职"实在也是一种无奈之举。

（三）康藏纠纷后期的调解

1931年"九一八"事变爆发后，为了免除后顾之忧，南京国民政府要求迅速解决康藏纠纷。鉴于这种形势，蒙藏委员会开始"采取任大为小办法，先了达白悬案，其他问题另案办理"②的策略。同时，十三世达赖喇嘛也愿意先解决"大白悬案"。并且面对日本帝国主义入侵，西藏驻京办事处也认为，"尤宜亟泯国内一切纠纷，集中全力以赴之。应请钧会迅将前案饬令妥办完结，毋再稍延，以息边争而壹民志"③。这表明蒙藏委员会和西藏地方政府都开始正视康藏纠纷调解上双方目标的不可调和性，希望先解决容易达成共识且又是矛盾焦点的"大白悬案"④。西藏驻京办事处的这一态度也表明，当面临外敌入侵时，西藏

---

① 中国第二历史档案馆、中国藏学研究中心合编：《康藏纠纷档案选编》，第162页。
② 同上书，第199、211页。
③ 同上书，第210页。
④ 同上书，第199页。

地方也和全国各地一样，会暂时搁置内部矛盾，一致对外。

在几经努力后，奉派协助唐柯三调解康藏纠纷的刘赞廷和西藏地方政府康藏纠纷调解专员琼让代本于1931年11月6日拟定了暂时停战协议八条。但是，该协议一经公布立刻引起刘文辉、西康民众的强烈反对。在种种压力和指责声中，蒙藏委员会也只能急电唐柯三不要在协议上签字。十三世达赖喇嘛对协议也不满意，认为"让步太多"，因此"达赖喇嘛处罚德格、涅绒、霍廓地区守军代本穿然巴、德门巴、凯墨等人，将其贬为普通俗官，并任命人员接替"①。(ཞི་དགེ་དང་ཤུག་ཁོག་ཁུལ་གྱི་མ་སྲུང་མདའ་དཔོན་ཁྱུང་རམ་པ་དང་། བདེ་སྨོན་པ་ཞི་སྐྱིད་རྣམས་བཅས་ལ་བཀའ་ཉེས་བྱུང་དཀྱུས་སུ་གནས་དབྱུང་གནང་སྟེ་ཚབ་བསྐོ་གཞག་གནང་།②)其实，从唐柯三接受康藏纠纷调解任务起，就陷入了进退维谷的境地：在康藏纠纷初期吃了亏的川军时思报复，因此暗中掣肘唐柯三的调解工作；而占据甘瞻的藏军又拒不退兵，因此和平调解康藏纠纷几乎是不可能实现的。何况康藏纠纷的处理，成功则将成为闻名全国的英雄，一旦失误则将被人耻笑、怒斥。唐柯三显然对此有着清醒的认识，因此当他看到康案调解无望时，便开始寻求解脱的办法，先是说家母生病需要尽孝，请求调回南京，③然后又说自己生病需要治疗。④并且从当时诺那呼图克图、格桑泽仁、唐绍皋等致电蒙藏委员会要求调回或撤换唐柯三的情况来看，也应该和唐柯三私下活动分不开，目的就是让蒙藏委员会调他回京，早日离开这个"是非"之地。

1932年元旦前后，国民政府主席和蒙藏委员会委员长易人，对此后解决康藏纠纷的具体政策产生了一定影响。1932年3月1日，行政院向蒙藏委员会下达了同意将康藏纠纷交刘文辉负责办理，唐柯三回京报告的指令。这一决定，标志着国民政府已经改变了处理康藏纠纷

---

① 《第十三世达赖喇嘛年谱》，西藏自治区政协文史资料研究委员会编《西藏文史资料选辑》（第2辑），第211页。

② དཔལ་ལྡན་བླ་མ་སྐུ་ཕྲེང་བཅུ་གསུམ་པ་ཆེན་པོའི་རྣམ་ཐར་རྒྱ་མཚོའི་དགའ་སྟོན་ཆེན་མོ། ཞིང་གཤེགས་བོད་དང་སྟོད་མངའ་རིས་སྐྱོང་གྱི་ཡོན་བདག་དགེ་ལུགས་རིང་ལུགས་འཛིན་པའི་ཆོས་སྲིད་སྤྱི་འདུས་ཡིད་ཆེས་ཐིགས་གོ་གྱི་བོ་གསུམ་སྒྲུབ་གནས་གསུམ་ལྡན་རྒྱ་ཚ་བདུན་བཙུགས།(4)མི་འགྱུར་དཔེ་སྐྲུན་ཚོགས་པ། ཞི་འཚོ་མི་རིགས་དཔེ་སྐྲུན་ཁང་། སི་ཁྲོན་2009ལོའི་གྲངས་558དུ་གསལ།

③ 中国第二历史档案馆、中国藏学研究中心合编：《康藏纠纷档案选编》，第213页。

④ 同上书，第250、252页。

的思路，暗示国民政府开始采用以川军制约藏军，以战争换取和平的策略。此决定公布后不满一个月，刘文辉的川军就对藏军展开了反攻。蒙藏委员会于3月7日向十三世达赖喇嘛电告行政院的这一决定，3月27日十三世达赖喇嘛复电表示了对这一决定的惊愕。① 从回复的速度来看，确实是前所少有的，表明这一决定完全出乎十三世达赖喇嘛的预料。1932年4月1日，西藏驻京办事处也呈文蒙藏委员会，认为将"大白纠纷"调解任务交给刘文辉办理"恐将来难有持平希望，解决川藏纠纷不无重大影响"②。并呈请蒙藏委员会"准予维持藏方呈准政府另派专员原案，另派公正专员前往办理，以免别生枝节，贻误地方，不胜迫切待命之至"③。然而，国民政府的决心已定，西藏驻京办事处的努力为时已晚。

　　1932年5月，贡觉仲尼呈文蒙藏委员会，要求国民政府彻查康藏纠纷，蒙藏委员会委员长石青阳则称："查川藏用兵，青海构衅，皆发端于藏方。政府始终力持镇静，希望和平，对川省长官谆谆饬其扼守原防，无令扩大，军事重要，胥由院议决，何来武力压迫之说。"④ 对比此电与此前蒙藏委员会给西藏驻京办事处的函电，可以清楚地看到蒙藏

---

① 中国第二历史档案馆、中国藏学研究中心合编：《康藏纠纷档案选编》，第259页。
② 同上。
③ 中国第二历史档案馆、中国藏学研究中心合编：《康藏纠纷档案选编》，第259—260页。在呈文中引述十三世达赖喇嘛的电文时将中央政府称为"中政府"。另外，黄慕松赴拉萨致祭十三世达赖喇嘛时，曾和噶厦政府进行过多次书信交涉，《黄慕松、吴忠信、赵守钰、戴传贤奉使办理藏事报告书》一书第31页至46页的"中藏问题交换意见之经过"部分共提供了五封噶厦政府给黄慕松的交涉公函，第一封公函中噶厦政府对黄的称呼很客气，称他为"中央特派致祭达赖大师黄专使"；第二、三封公函的称呼则变得相对生硬，分别称黄为"汉政府特派致祭达赖大师黄专使""中国政府特派致祭达赖大师黄专使"；第四封没有称呼。结合双方的交涉内容来看，噶厦政府对黄慕松的称呼隐含了噶厦政府对中央和西藏地方关系的定位，更是对黄慕松态度的一种表现，暗示对黄慕松的胁迫之意。谈判不能取得进展，而天气渐冷，黄慕松开始做离藏的准备，但从噶厦政府的角度看，和黄的交涉未能解决他们认为的最主要问题，因此在得知黄将离藏时，噶厦政府的态度变得友好了，在给黄的公函称谓上又变为"中央特派致祭达赖大师黄专使"，并对谈判中的"冒触之处"表示道歉（从此也可以窥见其在对黄称呼上的胁迫用意）。分析这两例子可以总结出：当西藏地方政府对中央政府的政策、措施感到满意时，他们就会称中央政府为"中央政府"，反之则会称为"中政府""汉政府""中国政府"等，也就是说"中政府""汉政府"成为当时的西藏地方政府对中央政府政策、措施表达不满的一种称谓。
④ 《蒙藏旬报》1932年第2卷第2期。

委员会态度的转变。6月，石青阳要求贡觉仲尼团结一致，共同应付外来侵略，希望"共同致力，以求政府与西藏立复情好，勿使朝夕谋我者窃笑于旁，予以侵略之机会"①。这是对贡觉仲尼在"九一八"事变后所表示的团结一致、一致抗敌态度的回应，但结合康藏纠纷调解专员唐柯三无果而返，康藏纠纷久拖不决的情况来看，其中也隐含了蒙藏委员会渐趋强硬的态度和对西藏驻京办事处的批评，为以后西藏驻京办事处和蒙藏委员会之间的矛盾埋下了伏笔。

取得康藏纠纷处理大权的刘文辉立即重新集结兵力，调整部署，开始其"复仇"之战。然而这时的藏军却于1932年3月底开辟第二战场，发动了青藏战争，使本来就不多的兵力因此分散。在青海军队和川军优势兵力打击下，藏军全线溃败。到1932年8月，川军夺回了甘孜、瞻化、大金、白利等地，藏军被逼回金沙江西岸。

军事上失利的西藏地方政府迫切需要和平解决康藏纠纷，以防止川军进一步渡过金沙江。因此1932年8月5日至9月20日，西藏驻京办事处先后多次直接向时任军事委员会委员长的蒋介石转呈十三世达赖喇嘛的电文。根据国民政府呈递公文程序的规定，西藏驻京办事处向国民政府相关部门递呈公文时，应该先递呈给蒙藏委员会，由蒙藏委员会转递给国民政府相关各部。由此看，西藏驻京办事处直接向蒋介石转呈十三世达赖喇嘛电文的做法，显然是不符规定的。这一方面是因为西藏驻京办事处和蒙藏委员会间矛盾的升级，另一方面也表现出西藏驻京办事处此时的迫切心情。1932年8月7日，蒋介石致电时在北平避暑的贡觉仲尼：

> 西藏为五族共和之一，无异一家骨肉，中央决不愿用兵以解决各项问题，但期藏兵不进犯，和平妥商，绝无助川开衅之意。惟迭接各方报告，谓西藏正倾师犯康，添购新械，达赖且将亲出指挥。所报如确，固未谅解中央对藏之好意。兵连祸结，实亦徒苦川藏之人民。请转电达赖，有何意见，尽可倾诚见告兄。属合理要求，中央无不乐于容纳，万勿轻信他人挑拨之谣言，遽走极端，徒授帝国

---

① 《申报》1932年7月1日。

主义者侵略之机会也。①

8月16日，贡觉仲尼再次向蒋介石转呈了十三世达赖喇嘛的回电：

> 西藏前因四川开衅在先，不得已而自卫，但犯康添购新械及亲自出指挥之事，纯系四川故造谣言，请即彻查以明虚实。西藏代表等将藏方意见及西藏民众宣言叠陈中央，遽［迄］置弗理，藏人大失所望，未免为和平障碍。②

十三世达赖喇嘛在此电文中所说的情况，大致符合事实。至于蒋介石得到不实之报，除了不可避免的情报失误外，也有川军造谣的嫌疑。因为在此之前，川军就曾有藏军"有英人在前线指挥供给弹药等事"③的造谣先例。9月12人，贡觉仲尼再次向蒋介石转呈了十三世达赖喇嘛的电文，"达赖佛请中央派大员莅藏详商一切，是所欣愿"，并请求蒋介石接纳西藏驻京代表的陈请。④

与此同时，刘文辉因为和刘湘的关系急剧恶化，二刘战争一触即发，因此也急于结束康藏纠纷。⑤ 于是经刘文辉和西藏地方双方代表的谈判，终于于1932年10月6日签订停战协议六条，史称"岗拖停战协议"。至此，康藏纠纷得以暂时解决。

贡觉仲尼在蒋介石和十三世达赖喇嘛就解决康藏纠纷而进行的函、电来往中的作用，也进一步说明了国民政府和十三世达赖喇嘛对西藏驻京办事处在解决康藏纠纷上的借重。

（四）康藏纠纷的善后

作为康藏纠纷肇事方的大金寺僧人，因为寺院被毁，流浪西藏、西

---

① 王正华：《蒋中正总统档案：事略稿本》（16），台北"国史馆"2004年版，第42—43页。
② 中国第二历史档案馆、中国藏学研究中心合编：《康藏纠纷档案选编》，第259页。
③ 同上书，第495页。
④ 同上书，第292页。
⑤ 刘湘和刘文辉间争夺四川统治权的战争正式开始于1932年10月上旬。关于二刘战争详请请见冷寅东《刘湘、刘文辉争霸四川的几次战争》，《文史资料选辑》（第10辑），文史资料出版社1963年版，第52—64页。

康各地,因此康、藏两方都很难进行有效管理,他们"时常骚扰村庄,攫掠商旅",甚至假托藏军名义袭击川军。早在1931年7月,西藏驻京办事处就曾声称"西康军民,迭电告急者,为达结寺之单独行动,与藏军无关,藏军自始至终,仅在原防自卫",① 但显然这种说法当时并没有引起蒙藏委员会的重视。"岗拖停战协议"签订后,康藏间暂时停止军事冲突,但是激化矛盾的各种可能性因素依然存在,大金寺僧的因素尤其明显。值得庆幸的是,蒙藏委员会、刘文辉和西藏驻京办事处对此问题很快形成了一致的处理意见。

西藏驻京办事处在安置大金寺僧办法的协商过程中,表现相对积极,不仅按照蒙藏委员会要求及时调查大金寺的"现状",同时对大金寺僧对康藏和平的影响给予了客观而公正的分析。1933年11月17日,西藏驻京办事处向蒙藏委员会递交呈文,主要内容就是受蒙藏委员会之命调查的大金寺"现状"②。1933年12月4日、12月9日西藏驻京办事处两次呈文蒙藏委员会,指出大金寺流亡僧人对康藏和平的直接威胁,希望拟订解决这一问题的根本办法,以防局势进一步恶化。蒙藏委员会于1933年12月16日召开例会讨论康藏问题时,也认为大金寺"僧众流离失所,四处骚动"是"康藏和平暗礁"之一,并决定采取首允大金寺"失所僧众复能归庙,俾免四处窜扰,牵动大局,以为治标之策,当即电令康边防军就近导办"的对策。③

这一阶段西藏驻京办事处的一个显著特点就是在政治上显得更加成熟,而不似康藏纠纷前期那样敏感和意气用事,如针对刘文辉指责"藏兵时思挑衅"时说:"惟该地自达结寺被毁后,寺僧四处逃亡,近来或有未曾入藏流离失所之僧徒,图归故地而不得,致有激烈宣传,则未可知。代表等始终以拥护中藏和平为职志,无论其虚实如何,自当转陈达赖佛座令饬藏军力避冲突。至川军方面,既有此种传播,难免对藏发生军事行动,应请中央迅予严令随时制止,以维和平而安边局。"④ 又如

---

① 《申报》1931年7月6日。
② 中国第二历史档案馆、中国藏学研究中心合编:《康藏纠纷档案选编》,第324页。
③ 《申报》1933年12月17日。
④ 中国第二历史档案馆、中国藏学研究中心合编:《康藏纠纷档案选编》,第327—328页。

贡觉仲尼在分析康藏两军爆发冲突的传言时说，"康藏两军防地，只一河之隔，接触极易，报载又起冲突说，余虽未接电告，但为可能之事。"① 不仅如此，针对复杂的康藏形势，以贡觉仲尼为代表的西藏驻京办事处仍然坚持了对康藏纠纷性质的正确认知，例如当西藏地方政府中有人主张召开中、英、藏三方会议来解决康藏纠纷时，贡觉仲尼称："本人意见，康藏均为中国领土，无须外人参加讨论，惟望中央能有善法耳。"② 贡觉仲尼等对康藏纠纷的正确判断和定性，再次表明西藏代表具有国家认同的观念。

1934 年 4 月 2 日，西藏驻京办事处收到了蒙藏委员会下发的，已经行政院会议通过的恢复大金寺办法的密令，同时康、藏双方以及大金寺，也开始就恢复大金寺的具体办法进行商谈。但是在商谈过程中，又发生了西藏地方代表和大金寺代表潜逃的事件，西藏驻京办事处调查后声称，此系康方违约所致。③ 此后，由于诺那事件、红军长征过康区等的影响，关于恢复大金寺的商谈一度停滞。

1938 年 11 月，经康方代表二十四军八一五团团长兼"调解甘案专员"章镇中与藏方代表索康汪钦（ཟུར་ཁང་དབང་ཆེན）的反复协商，最终形成了《川康边防总部与西藏协定安置良善大金僧规约》《安置良善大金僧规约详细办法》。1939 年 5 月 13 日，行政院向蒙藏委员会发布指令，同意对西康政府所送恢复大金寺办法予以备案。④ 至此，关于恢复大金寺的谈判才得以最终完成。

总体上看，西藏驻京办事处在康藏纠纷调解的整个过程中都显得缺乏主动，但是征诸当时中央政府和西藏地方政府间的"不正常"关系，康藏纠纷本身牵涉的利益纠葛之复杂，西藏驻京办事处刚刚成立，缺乏必要的政治经验，西藏驻京办事处自身政治地位不高等因素，应该说西藏驻京办事处在康藏纠纷调解中已经尽了最大努力。

---

① 《申报》1933 年 12 月 6 日。
② 同上。
③ 中国第二历史档案馆、中国藏学研究中心合编：《康藏纠纷档案选编》，第 377 页。
④ 中国藏学研究中心、中国第一历史档案馆等合编：《元以来西藏地方与中央政府关系档案史料汇编》（第 6 册），第 2603—2604 页。

第三节　对九世班禅返藏事宜的协助与交涉

在中央政府的支持下，维持自身在藏利益不受损害，体面地返回西藏是九世班禅系统自到达内地起就有的想法。南京国民政府成立后，一个相对强势的中央政府终于出现，这让已经在内地漂泊长达四年的九世班禅及其系统人员看到了返藏的希望。同时，作为中央政府，南京国民政府如果连护送拥护中央政府的九世班禅体面返藏都做不到，就更别谈从根本上解决西藏问题了。因此，南京国民政府也将九世班禅返藏看成解决西藏问题的一个重要方面。就西藏地方政府中的既得利益集团而言，一个像九世班禅这样拥有重要影响的活佛游离在自己的掌控之外，并且得到中央政府的尊崇，无疑对其是一个潜在的威胁，因此他们也有条件地希望九世班禅返藏，以达到对九世班禅的控制和利用；而对于西藏广大宗教人士，尤其是格鲁派僧众而言，如九世班禅这样一位大活佛被迫长期在外漂泊，无论对格鲁派还是对藏传佛教的声誉，无疑都有着十分不利的影响；对于西藏尤其是班禅教区的广大佛教信众而言，更是迫切希望九世班禅大师能够回藏，以得到信仰上的满足。因此，九世班禅返藏得到了相关各方的一致认同，不同的只是九世班禅大师以什么身份、什么方式返藏。

一　西藏班禅驻京办事处在九世班禅返藏事宜中的作用

对九世班禅系统而言，九世班禅返藏是该系统最为重要的大事之一，而欲要九世班禅返藏计划成功实施，就必须得到国民政府的大力支持。西藏班禅驻京办事处是九世班禅系统的驻京机构，积极参与九世班禅返藏是其职责所在。同时，因为西藏班禅驻京办事处处长罗桑坚赞是九世班禅最主要的政治代表之一，并且罗桑坚赞担任着蒙藏委员会藏事处处长等职务，有着处理相关事务的很多便利条件。以上因素决定了西藏班禅驻京办事处必然在班禅返藏事宜上扮演较为重要的角色，发挥积极作用，而不仅仅是一个九世班禅系统和国民政府间信息的传递者。

（一）返藏意愿的初步提出

南京国民政府成立后，九世班禅系统的一些人士和同情九世班禅的人士纷纷提出了护送九世班禅返藏的要求。例如1929年5月，青海蒙古各盟盟长雅琴轩等致电国民政府，"敬请速筹相当办法，俾班得早回后藏，以安蒙藏民众内向之诚"①。显然，在这些蒙藏人士看来，南京国民政府能否顺利护送九世班禅返藏，将直接影响其他蒙藏民众对国民政府的态度。从这个意义上说，九世班禅返藏不仅是一个牵涉藏局的事情，而且对整个蒙藏地方都有一定影响。1929年6月，西藏班禅驻青海办公处也呈文蒙藏委员会，要求"速派劲旅，拥护班禅归藏"②。就西藏地方政府而言，虽然早在1929年9月贡觉仲尼等第一次晋京时，贡觉仲尼即表示十三世达赖喇嘛"愿迎班禅回藏"。但是，当国民政府派遣贡觉仲尼入藏，向十三世达赖喇嘛提到九世班禅返藏的问题时，十三世达赖喇嘛却实际上拒绝了九世班禅返藏。这样九世班禅系统就不得不等待一个有利时机的出现。1930年1月，尼泊尔在英印政府的压力下起兵侵藏，致使全藏乃至全国震动。时在东北的九世班禅立即派遣大堪布王乐阶、九世班禅驻川代表阿旺敬巴、九世班禅驻印代表康福安三人，偕随员七人，在西藏班禅驻京办事处处长罗桑坚赞的陪同下，由沈阳绕海道于3月31日到达南京，意欲寻求入藏契机。③ 1930年4月17日，罗桑坚赞等呈文蒙藏委员会，转达了九世班禅"迅予发给饷械，组织卫队，克日回藏"，"应援"西藏的请求，并希望"简派大员一员偕同前往"④。从呈文的语气看，该呈文应该是由罗桑坚赞等按照九世班禅的意愿撰写并呈交的。⑤ 这也是九世班禅系统第一次正式向国民政府明确提出返藏的请求。

显然，九世班禅系统认为这是一个返藏的良好时机，因此在等待国民政府的答复期间，九世班禅系统就已经开始着手返藏准备。1930年4月，班禅驻晋办公处从阎锡山处领到步枪一千挺，迫击炮若干后，立刻

---

① 《申报》1929年5月18日。
② 《申报》1929年6月30日。
③ 《申报》1930年4月1日。
④ 中国第二历史档案馆、中国藏学研究中心合编：《九世班禅内地活动及返藏受阻档案选编》，第15页。
⑤ 因为根据1930年1月公布的《蒙藏公文程式》第八条规定"各院部会与达赖班禅一律互用公函"，但是该文却用了"呈"。

派人押运青海香日德。① 但是，尼藏纠纷不久即得以和平解决，九世班禅系统的这一返藏计划不得不中辍。

（二）协助组设西陲宣化使公署

护送九世班禅体面返藏，是国民政府对九世班禅系统的一项基本政策，也是对藏的一项基本政策。为了达成九世班禅顺利入藏的目的，国民政府也采取了一系列措施，其中最为重要的当属册封九世班禅为西陲宣化使。虽然国民政府于1931年7月第二次国民政府会议时就议决给予九世班禅西陲宣化使名义，但是直到1932年3月都没有明令公布。② 鉴于此，1932年3月19日，九世班禅直接致电行政院，请求颁给西陲宣化使名义文件，以资信守。与此同时，罗桑坚赞也以西藏班禅驻京办事处处长的名义呈文蒙藏委员会，请求蒙藏委员会转呈行政院和国民政府，尽快明令公布九世班禅的西陲宣化使名义，并允驻青海香日德。③

这一时期，九世班禅系统之所以急切请求国民政府明令公布九世班禅西陲宣化使名义，并允许驻锡香日德，笔者认为有如下两个方面的原因。

第一，是九世班禅系统西移的一个必要步骤。国民政府授予九世班禅西陲宣化使名义，目的就是便于九世班禅系统向西北地区转移，为返藏做准备。而对九世班禅系统而言，有国民政府授予的此项名义，便可以名正言顺地组织机关，向接近西藏的西北方向转移，为返藏做各种前期准备。同时，有这样一个中央政府授予的名义，显然对九世班禅赢得西北军政界和藏传佛教界的进一步尊崇和重视，在西北地区长期驻锡和开展活动也是非常有必要的。

第二，出于国内局势发展的考虑。此时"九一八"事变已经爆发，九世班禅来内地后长期活动的内蒙古地区已经不太适合长期居住传教，因此找到新的相对稳定的驻锡地对九世班禅系统来说至关重要。而自六世班禅起，青海香日德就成了班禅系统的教化地，并且香日德处于内蒙古和西藏之间，因此以西陲宣化使的名义驻锡香日德，无论对返藏还是

---

① 《申报》1930年4月7日、4月18日。
② 中国第二历史档案馆、中国藏学研究中心合编：《九世班禅内地活动及返藏受阻档案选编》，第39页。
③ 同上书，第38—39页。

在西北一带从事宗教活动都是有利的。

1932年4月，国民政府明令公布九世班禅的西陲宣化使名义，并同意其驻锡青海香日德办公的请求。① 明令公布后，九世班禅系统即着手组织西陲宣化使署。10月19日，西藏班禅驻京办事处向蒙藏委员会呈送了遵令拟就的西陲宣化使署组织大纲，以鉴核转呈。② 1932年12月24日，九世班禅正式宣誓就任西陲宣化使。③ 1933年5月，国民政府下发训令，明令公布西陲宣化使公署组织条例。④ 之后，西藏班禅驻京办事处应蒙藏委员会的要求，拟定了西陲宣化使公署办事细则草案，并于1934年12月17日呈交蒙藏委员会。⑤ 1935年1月25日，行政院下发指令，对蒙藏委员会转呈的该草案略加修改后准予备案。这样，西陲宣化使公署就有了组织条例和办事细则，正式设立公署的各项准备工作基本完毕。

虽然国民政府明令九世班禅系统驻锡青海香日德办公，但因为香日德系青海马步芳势力范围，而国民政府对马步芳缺乏强有力的管控，因此征得马步芳的同意，显然对九世班禅系统长期驻锡具有重要影响。鉴于此，西藏班禅驻京办事处处长罗桑坚赞和副处长朱福南，于1933年9月专程拜访了到南京的马步芳，马步芳表示"极端"欢迎。⑥ 这样，经西藏班禅驻京办事处的积极工作，九世班禅系统前往青海的各种可能性障碍被一一清除。

与此同时，九世班禅带领属下人员逐步向青海方向行进，开始正式踏上其返藏之旅。1935年2月8日，西陲宣化使公署在阿拉善旗正式成立，并于是日启用关防。1935年4月1日，西陲宣化使公署驻京办事处成立，由罗桑坚赞担任处长。西陲宣化使公署及其驻京办事处的成立，为九世班禅系统返藏做好了组织准备，成为九世班禅返藏计划中的重要

---

① 中国第二历史档案馆、中国藏学研究中心合编：《九世班禅内地活动及返藏受阻档案选编》，第42页。
② 同上书，第47页。
③ 同上书，第49页。
④ 同上书，第61—62页。
⑤ 同上书，第97页。
⑥ 《申报》1934年1月23日。

一环。

（三）负责办理班禅回藏经费

西藏班禅驻京办事处对九世班禅返藏经费事宜的办理，主要包括两个部分，一是对1933年和1934年受九世班禅派遣赴藏商洽班禅返藏事宜的九世班禅代表安钦呼图克图等入藏旅费的办理，二是对九世班禅及其随员返藏经费的办理。

1933年年初，安钦呼图克图、王乐阶、康福安等受九世班禅派遣，准备前往拉萨和西藏地方政府商洽班禅返藏事宜。1933年1月31日，西藏班禅驻京办事处呈文蒙藏委员会，请求拨给安钦呼图克图等赴藏旅费及护照。① 2月，国民政府行政院召开会议，决议"由财政部筹拨二万元，除录案转呈国府鉴核，并函达主计处查照及令饬财政部先行垫发及令行外交部核发护照"②。国民政府的财政部积极响应会议决议，很快垫拨了此笔经费。3月1日，西藏班禅驻京办事处再次呈文蒙藏委员会，请求发给安钦呼图克图等护照，并请"转呈行政院训令铁道部令饬京沪路局援例记账，预备三十吨铁门车一辆，头等客位六个，三等客位十四个"③。3月3日，蒙藏委员会即转发了由外交部发给的安钦呼图克图等的回藏护照。④ 同时，经蒙藏委员会转呈行政院，行政院也很快令饬铁道部"照办"安钦呼图克图等"赴沪备车"事宜。⑤ 3月12日，安钦呼图克图等自南京赴上海，同日到达上海；14日自上海启程赴藏。西藏班禅驻京办事处副处长朱福南专程前往上海送行，并"代照料一切旅途手续"⑥。同年5月底，安钦呼图克图等到达拉萨。1934年4月23日，安钦呼图克图等结束西藏行程，返抵上海，西藏驻京办事处派出罗友仁前往上海迎接。24日，安钦呼图克图、王乐阶等在罗友仁等的陪同下返抵南京。是为安钦呼图克图等的第一次入藏。

---

① 中国第二历史档案馆、中国藏学研究中心合编：《中国第二历史档案馆所存西藏和藏事档案汇编》（第18册），中国藏学出版社2012年版，第145—146页。
② 同上书，第278页。
③ 同上书，第288页。
④ 同上书，第300页。
⑤ 同上书，第333、337页。
⑥ 《申报》1933年3月10、12、14日。

十三世达赖喇嘛圆寂后，西藏各界对九世班禅返藏的愿望变得空前迫切。在这种情况下，1934年七八月，九世班禅决定第二次派遣安钦呼图克图等入藏，以再次与西藏地方政府商洽九世班禅返藏事宜。8月16日，西藏班禅驻京办事处呈文蒙藏委员会，请求蒙藏委员会按照安钦呼图克图等第一次入藏的成例，"援照往例，酌给路费"[1]。8月20日，蒙藏委员会即将此转呈行政院。8月21日，行政院向蒙藏委员会下发指令，同意"发给安钦等再度入藏旅费两万元"，并"先行动支"，同时要求蒙藏委员转饬班禅驻京办事处"补编概算，呈侯核转"[2]。9月19日，西藏班禅驻京办事处呈文蒙藏委员会，遵令报送"安钦等再度入藏旅费概算书事"[3]。与此同时，安钦呼图克图和王乐阶等也开始动身入藏。1934年9月13日晨，安钦呼图克图、王乐阶等由北平到达南京火车站，西藏班禅驻京办事处处长罗桑坚赞等到站迎接。同日下午6时，西藏班禅驻京办事处还专门为安钦呼图克图一行的到来举行了欢宴。[4] 10月9日，安钦呼图克图等离沪海路入藏。1935年，安钦呼图克图等返回内地。是为安钦呼图克图的第二次入藏。

由蒙藏委员会和行政院对安钦呼图克图入藏旅费请求的快速反应可以看出，国民政府对安钦呼图克图等入藏商洽九世班禅返藏事宜表现出了高度认同。笔者认为，这主要有以下几个方面的原因：

首先，安钦呼图克图是九世班禅系统中举足轻重的成员，有着很高的威望，适宜于代表九世班禅系统；并且，安钦呼图克图是扎什伦布寺声望卓著的密宗大师，由其作为谈判代表，对深受宗教影响的西藏地方政府来说也是易于接受的，从而可以有效避免谈判代表无法入藏情况的发生。

其次，一方面这一时期的九世班禅一再表达了返藏的急切心情，并且九世班禅已经就任西陲宣化使，其返藏事宜已经进入了具体操作阶

---

[1] 中国第二历史档案馆、中国藏学研究中心合编：《中国第二历史档案馆所存西藏和藏事档案汇编》（第23册），中国藏学出版社2012年版，第421页。

[2] 同上书，第436、443页。

[3] 中国第二历史档案馆、中国藏学研究中心合编：《中国第二历史档案馆所存西藏和藏事档案汇编》（第24册），中国藏学出版社2012年版，第194页。

[4] 《申报》1934年9月14日。

段，然而九世班禅能否顺利入藏，西藏地方政府的态度至关重要；另一方面，此时中央政府和西藏地方政府间的关系尚处于"不正常"状态，在这种情况下首先由九世班禅系统出面与西藏地方政府商洽班禅返藏事宜，显然比国民政府亲自出面更为适宜，也有利于国民政府依据双方商洽的结果进一步采取应对措施：谈判顺利，国民政府则可以顺水推舟；谈判遇挫，国民政府则可以以中央政府的身份出面斡旋。

安钦呼图克图等的这两次入藏，是九世班禅返藏的一个重要组成部分。由以上论述可以看出，西藏班禅驻京办事处为安钦呼图克图等的入藏给予了大力协助，成为其入藏之行顺利进行的一个重要保障。

西陲宣化使公署成立后，九世班禅系统开始了入藏前最后的系列准备工作，其中最急要的当属班禅返藏经费问题，因为事关与国民政府沟通，因此西藏班禅驻京办事处再次当仁不让地成为该事的主要参与者。1935年3月26日，西藏班禅驻京办事处处长罗桑坚赞呈文行政院，请求查核该办事处提交的回藏旅费概算书。4月4日，行政院即将此转交给蒙藏委员会核复。[①] 4月18日，蒙藏委员会向行政院呈送了包括回藏方式、护卫人员、回藏经费、回藏路线、启程程序及注意事项等六方面内容的《班禅回藏办法草案》，其中回藏经费的概算总额为149.244万元。[②] 但时任行政院院长的汪兆铭和考试院院长的戴传贤"指示方针"，改定返藏经费为80万元，另预备费20万元。5月17日，蒙藏委员会致密函给西藏班禅驻京办事处，称：经转呈行政院鉴核，"前奉准班禅大师回藏旅费八十万元，另预备费二十万元，卫队数目约四五百人，请按照上开各节，令行改编概算，迅即送会，以便呈核为荷"[③]。两个月后，也就是6月18日，行政院密令蒙藏委员会，告知其行政院关于班禅回

---

① 中国第二历史档案馆、中国藏学研究中心合编：《九世班禅内地活动及返藏受阻档案选编》，第113页。虽然从该档案中看不出西藏班禅办事处呈交的班禅回藏经费的总额，但是此后蒙藏委员会在给行政院、蒋介石的呈文中多次提到西藏班禅驻京办事处所请求的班禅回藏经费为160万元，蒙藏委员会所谓的班禅驻京办事处的预算数推测就是该办事处3月26日的呈文提交的。

② 中国第二历史档案馆、中国藏学研究中心合编：《九世班禅内地活动及返藏受阻档案选编》，第118—133页。

③ 中国第二历史档案馆、中国藏学研究中心合编：《中国第二历史档案馆所存西藏和藏事档案汇编》（第27册）中国藏学出版社2012年版，第309页。

藏经费的会议决议：最终核复回藏经费 80 万元，另预备费 20 万元，并要求蒙藏委员会饬令西藏班禅驻京办事处改编概算。①

行政院会议通过班禅返藏经费案后，迭经蒙藏委员会函催，国民政府财政部于 1935 年 7 月才先"允发十万元"，蒙藏委员会当即转知西藏班禅驻京办事处的"罗科长友仁前往具领"②。此时的九世班禅系统正返藏心切，需款孔殷，这样西藏班禅驻京办事处职员自然又担任起了催请国民政府拨款的职责，例如 1935 年 10 月，该办事处副处长朱福南受九世班禅派遣，自青海来到南京，先后进见行政院院长汪兆铭、财政部部长孔祥熙和蒙藏委员会委员长黄慕松等，"催发入藏经费，并促护送专使早日赴青"③。

因为噶厦政府坚持反对国民政府组织的护送班禅返藏卫队入藏，英印政府也居中干涉，这迫使国民政府不得不反复同西藏地方政府交涉班禅返藏卫队事宜，并商讨应付英国干涉九世班禅回藏的办法，而时间就在这种没完没了的电文交涉中流逝了。1937 年 7 月，抗日战争全面爆发，迫使国民政府不得不考虑英国的态度。同时，一方面西藏地方政府因为全国抗战爆发而对护送班禅卫队入藏的反对态度更趋坚决；另一方面，为了避免强行护送九世班禅返藏可能引发的同西藏地方政府的冲突，国民政府也不得不考虑西藏地方政府的态度。这样，国民政府不得不牺牲九世班禅系统的利益，中止准备了两年多的护送九世班禅返藏的计划，九世班禅返藏计划再次夭折。

总体而言，西藏班禅驻京办事处在九世班禅回藏事宜中扮演了比较重要的角色，这是因为九世班禅返藏本身需要国民政府的核准和支持，而作为九世班禅系统的驻京机构，在国民政府和九世班禅系统间居间沟通本身就是其应尽的职责。如前文所述，西藏班禅驻京办事处本身在九世班禅系统中有着重要地位，处长罗桑坚赞出色的政治才能也注定西藏班禅驻京办事处不会在班禅返藏事宜上只起一个传话筒的作用。从前文

---

① 中国第二历史档案馆、中国藏学研究中心合编：《九世班禅内地活动及返藏受阻档案选编》，第 264 页。
② 中国第二历史档案馆、中国藏学研究中心合编：《中国第二历史档案馆所存西藏和藏事档案汇编》（第 28 册），第 459 页。
③ 《申报》1935 年 10 月 5 日、21 日、24 日。

可以看出，从九世班禅返藏计划的提出，到组设西陲宣化使公署及其驻京办事处、编制班禅返藏经费预算等，西藏班禅驻京办事处都发挥了重要作用。另外，朱福南等一些西藏班禅驻京办事处的职员本身就是九世班禅返藏队伍中的一员，在返藏途中为九世班禅提供各种协助，例如1935年4月九世班禅一行准备前往青海时，朱福南就曾因九世班禅电召乘飞机赴兰州，陪同九世班禅入青，① 并且此后朱福南多次往来于青海和南京之间，为九世班禅返藏跑前忙后。显然，罗桑坚赞和朱福南只是西藏驻京办事处职员的代表，因为这一时期班禅返藏是九世班禅系统的头等大事，因此可以推测，西藏班禅驻京办事处的几乎每一位职员都以这样或那样的方式参与了九世班禅返藏的工作。

二　西藏驻京办事处在九世班禅返藏事宜中的作用

（一）初期交涉

1. 代表西藏地方政府表达对班禅返藏问题的态度

西藏地方政府关于班禅返藏问题的态度，是九世班禅能否返藏的一个前提条件。西藏驻京办事处参与九世班禅返藏问题的交涉，最早就是从代表西藏地方政府向国民政府表达对九世班禅返藏问题的态度开始的。

1929年，贡觉仲尼初到南京和国民政府接触时，即代表十三世达赖喇嘛表示九世班禅出走，"并非达赖所逼"，并"愿班禅归藏"②，九世班禅返藏似乎前景光明。然而，贡觉仲尼西藏之行后带来的噶厦政府对"蒋介石八款"的答复却显示，十三世达赖喇嘛和噶厦政府对九世班禅及其属下人员还是"满腔怨恨"，并说九世班禅除扎什伦布庙宇教务外，素无其他政务可管，对藏事没有发言权，"班禅左右人等，时常挑拨，现在未声明逃奔理由之前，西藏碍难欢迎"③。这一态度，事实上就是拒绝九世班禅返藏。

这两次表态既有它们的相似之处，又有着明显的不同：相似之处

---

① 刘家驹主编：《班禅大师全集》，第57页；《申报》1935年4月25日。
② 中国藏学研究中心、中国第一历史档案馆等合编：《元以来西藏地方与中央政府关系档案史料汇编》（第6册），第2474、2475页。
③ 牙含章：《达赖喇嘛传》，第279页。

是，都强调九世班禅前往内地并不是因为十三世达赖喇嘛"所逼"，意在减少国民政府对漂泊内地的九世班禅及其属下人员的同情，更是为了向国民政府展示十三世达赖喇嘛不"亲英"不"排华"的态度；不同之处则在于前者没有为九世班禅返藏设置条件，而后者则相反。

结合两次表态的具体背景，可以看出前一次表态多少掺杂了一些贡觉仲尼个人的意见和看法，反映了贡觉仲尼对内地政治形势变化的认识：新成立的国民政府显然比北洋政府更为强势，因此有必要对当时的十三世达赖喇嘛"亲英"的"谣言"进行澄清，并说明九世班禅出走并不是因十三世达赖喇嘛"亲英"所致，① 以争取国民政府对以十三世达赖喇嘛为首的西藏地方政府的理解。当然，贡觉仲尼本人作为藏传佛教的僧侣，也希望漂泊在外的九世班禅大师早日"回家"；并且，贡觉仲尼身在南京，更能体会到内地对九世班禅的重视和尊崇，而这对处在九世班禅系统对立面的西藏地方政府来说显然是不利的。贡觉仲尼的这一表态同时也间接说明，熟悉内地情形的西藏驻京代表与西藏地方政府必然在一些具体藏事的处理上存在一定的意见分歧。

1932 年，藏军在康藏战场和青藏战场上的一再失利，迫使十三世达赖喇嘛改变了对九世班禅返藏所持的强硬态度，并于 1932 年年底致函九世班禅，希望他返回西藏。② 十三世达赖喇嘛显然也将这一态度告知了西藏驻京办事处处长贡觉仲尼，因此贡觉仲尼说："达赖、班禅两大领袖，相别十年，并无不解之仇，达赖亦甚欢迎班禅回藏，共维边防。"③ 在这种情况下，九世班禅派出由安钦活佛丹增鸠昧旺秋（སྐྱ་

---

① 《谢国梁关于解决及研究藏事几点意见致阎锡山呈》[中国藏学研究中心、中国第一历史档案馆合编：《元以来西藏地方与中央政府关系档案史料汇编》（第 6 册），第 2479 页] 中提到了当时的谣言，他说："班禅方面宣传达赖亲英叛华，希望政府用武力解决藏事，庶得攫取全藏政权，故反对和平，忌达赖与中央接近。日来于报纸上极力诋毁，谓国梁勾结达赖亲英叛国，作种种宣传。"另外，贡觉仲尼等晋见蒋介石时要求撤换诺那呼图克图和格桑泽仁蒙藏委员会委员职务，原因是"北平发现诋毁达赖标语及报章发表达赖亲英叛中之消息，查系此二人捏造"[中国藏学研究中心、中国第一历史档案馆合编：《元以来西藏地方与中央政府关系档案史料汇编》（第 6 册），第 2476 页]。虽然其中可能有对九世班禅及格桑泽仁、诺那呼图克图的攻击，但出现了谣言应该是毫无疑问的。

② [美] 梅·戈尔斯坦：《喇嘛王国的覆灭》，杜永彬译，第 259—260 页；Melvyn C. Goldstein, *A History of Modern Tibet, 1913 – 1951: The Demise of The Lamaist State*, pp. 255 – 256.

③ 《申报》1933 年 2 月 3 日。

ཆེན་ཏུ་བླ་མ་བསྟན་འཛིན་འཇིགས་མེད་དབང་ཕྱུག）（即安钦呼图克图）、当青巴·罗桑坚赞（མདངས་ཆེན་པ་བློ་བཟང་རྒྱལ་མཚན）和列赞洛仲杰（ལས་ཆེན་བློ་དྲུང་རྒྱལ）组成的代表团前往拉萨。代表团于1933年5月底抵达拉萨，开始和十三世达赖喇嘛商洽九世班禅返藏事宜。《西藏政教史略》中说，九世班禅代表"晋谒达赖上师，报告愿率属回藏，要求赐还后藏一切固有权利。达赖优礼延见，大悟过去全系两方属僚猜忌而起，切望早日回藏，共谋众生安宁"①。由此可见，双方取得了一些共识。九世班禅返藏好像出现了一丝曙光。

正当九世班禅的代表和西藏地方政府就九世班禅返藏问题积极交涉时，十三世达赖喇嘛于1933年12月17日在布达拉宫圆寂。十三世达赖喇嘛的圆寂，对九世班禅返藏而言产生了两种截然不同的影响。一方面，广大民众出于宗教信仰的需要，希望九世班禅大师尽快返回西藏，以弥补十三世达赖喇嘛圆寂后西藏出现的宗教领袖的缺位。1934年青海、四川和前、后藏普遍掀起了一场僧俗民众欢迎九世班禅返藏的高潮，②尤其是拉萨的三大寺一反1932年所持的强烈反对态度，③也于1934年派出代表欢迎九世班禅返藏。④另一方面，噶厦政府中的一些既得利益者，出于对九世班禅返藏后可能对自身利益威胁的考虑，为九世班禅返藏设置了各种苛刻条件。由此来看，虽然九世班禅返藏还存有很多变数，但是接受九世班禅返藏已经是西藏地方政府的一个基本态度。

总体来看，在九世班禅返藏问题上，因为西藏驻京办事处身处国民政府首府，能更深刻地认识到国民政府对九世班禅返藏的政策，能更全面地认识到九世班禅返藏的必然性，因此在具体态度上也表现得比西藏

---

① 刘家驹：《西藏政教史略》，中国边疆学会，1932年，第22页。
② 四川甘孜的孔萨土司等于1934年2月12日致电蒙藏委员会，表示欢迎班禅早日回藏；同样，青海各呼图克图等也于1934年2月24日致电蒙藏委员会，要求中央敦促班禅早日返藏；扎什伦布寺更是派出丁杰活佛等，以欢迎班禅返藏（中国第二历史档案馆、中国藏学研究中心合编：《九世班禅内地活动及返藏受阻档案选编》，第74、75、77页）。
③ 中国藏学研究中心、中国第一历史档案馆合编：《元以来西藏地方与中央政府关系档案史料汇编》（第6册），第2623页。
④ 中国第二历史档案馆、中国藏学研究中心合编：《九世班禅内地活动及返藏受阻档案选编》，第82页。

地方政府更为积极。

2. 关于班禅返藏路线的交涉

关于九世班禅返藏问题的早期交涉，一个重要的问题就是九世班禅返藏路线问题。早在1930年，九世班禅就请求回藏弭止尼藏战争而给蒙藏委员会的电文中，不仅第一次明确提出了返藏的请求，而且还给出了具体返藏路线："回藏路线，或由内蒙经阿那善旗以达青海，或溯长江通过四川以达西康"①，然后由青海或西康返藏。由此可见，九世班禅主张由陆路返藏。1932年4月14日国民政府明令公布九世班禅为"西陲宣化使"，并准予在青海香日德驻锡办公。② 这一举动说明国民政府也主张九世班禅由陆路返藏。1935年2月，西陲宣化使公署在阿拉善成立，为九世班禅陆路返藏做好了组织上的准备。③

然而西藏地方政府从一开始就坚持九世班禅必须由海路返回，尤其是西藏地方政府在给九世班禅代表安钦呼图克图的回复中，更明确且态度坚决地坚持了这一主张。④

针对九世班禅和国民政府对陆路返藏的坚持及采取的实际行动，1934年7月26日，西藏驻京办事处向蒙藏委员会转呈了噶厦政府的电文，表示：九世班禅如由青海入藏，"则随带卫队，恐启人民惊疑，致生误会，绝对不能赞成"⑤。噶厦政府的这一电文，表达了如下含义：噶厦政府是因"随带卫队"而反对九世班禅由陆路返藏的。这也是西藏地方政府第一次明确反对九世班禅随带卫队入藏，为以后与国民政府就仪仗

---

① 中国第二历史档案馆、中国藏学研究中心合编：《九世班禅内地活动及返藏受阻档案选编》，第15页。
② 同上书，第42页。
③ 这一时期，蒙藏委员会加强对九世班禅返藏的支持，大概有以下原因：1.1931年日本发动了"九一八"事变，日本势力开始渗入内蒙古，而内蒙古是九世班禅大师在内地的主要活动地；2.九世班禅来内地已八年之久，有了迫切的回藏愿望；3.西藏地方政府拒绝九世班禅返藏的一个根本出发点就是否认班禅在西藏的应有权益，这是班禅集团不可能接受的，同时也是蒙藏委员会和国民政府不可能接受的；4.1932年1月石青阳出任蒙藏委员会委员长，石青阳主张对藏强硬，坚决支持中央政府护送九世班禅返藏，甚至准备武力护送。
④ [美]梅·戈尔斯坦：《喇嘛王国的覆灭》，杜永彬译，第263页；Melvyn C. Goldstein, *A History of Modern Tibet, 1913–1951：The Demise of The Lamaist State*, p.259.
⑤ 中国第二历史档案馆、中国藏学研究中心合编：《九世班禅内地活动及返藏受阻档案选编》，第86页。

队入藏交涉埋下了伏笔。显然，噶厦政府坚持九世班禅由海路返回，是有意为九世班禅返藏设置障碍。因为此时的九世班禅六师已经在启程前往青海的路上，并且在此前九世班禅就已经表示不会由海路返藏。①

1935年5月10日，西藏驻京办事处再次致电蒙藏委员会，转达了噶厦政府对九世班禅返藏路线的态度："班禅由北路回藏，无论取道何地，请勿随带汉蒙人，其所携随身保护之枪支，愈少愈善，并望以后勿再运带枪械返藏，庶现在将来可保完全。"② 在此，虽然噶厦政府不再坚持要求九世班禅由海路返藏，但是明确反对九世班禅"随带汉蒙人"返藏。但仅仅五天后，也就是5月15日，噶厦政府直接致电蒙藏委员会，转而坚持九世班禅需由海路返回，并说其中详情将由西藏驻京代表转呈。蒙藏委员会很快就对此表示了反对。③

国民政府、西藏地方政府和九世班禅系统在九世班禅返藏路线上的分歧，在实质上反映了各自对九世班禅返藏后相关利益分配的分歧。西藏地方政府坚持九世班禅由海路返藏，目的就是借助英印当局之手，不仅可以将九世班禅及其徒属所携带的大量武器拒之门外，同时可以拒绝国民政府护送卫队随同入藏，这对于西藏地方政府控制返藏后的九世班禅及其徒属显然是至关重要的。国民政府和九世班禅坚持认为九世班禅返藏后应该恢复历世班禅的固有权益，而陆路返藏是保证实现上述目标的一个基本条件。此外，对于国民政府而言，能否陆路护送九世班禅返藏，不仅涉及中央政府的权威和颜面，更主要的是国民政府将陆路护送九世班禅返藏，看成加强对藏控制的一个不可多得的机会。

虽然班禅返藏路线选择所涉及的九世班禅系统和西藏地方政府间的

---

① ［美］梅·戈尔斯坦：《喇嘛王国的覆灭》，杜永彬译，第265页；Melvyn C. Goldstein, *A History of Modern Tibet, 1913 – 1951: The Demise of The Lamaist State*, p 261.

另外，此处的汉译文有明显错误，英文为："The Kashag appears to have sent the same telegram to its representatives in Nanking…"，应译为：显然噶厦政府也给它在南京的代表发送了同样的电报。原译文误译为："噶厦显然也向班禅喇嘛派驻南京的私人代表发去了同样的电报……"

② 中国藏学研究中心、中国第一历史档案馆等合编：《元以来西藏地方与中央政府关系档案史料汇编》（第6册），第2707页。

③ 蒙藏委员会委员长黄慕松1935年5月18日致电在拉萨的蒋致余，请他转告噶厦政府班禅回藏路线难以变更。中国藏学研究中心、中国第一历史档案馆等合编：《元以来西藏地方与中央政府关系档案史料汇编》（第6册），第2708页。

利益博弈,远远超越了西藏驻京办事处的职权范围,但是从西藏驻京办事处参与班禅返藏路线交涉的整个过程来看,它却成功地扮演了国民政府和西藏地方政府间进行有效沟通的不可或缺的重要角色。

(二) 关于返藏卫队的交涉

如前文所述,西藏地方政府从一开始就反对九世班禅随带卫队入藏。1935年5月27日,西藏驻京办事处再次呈文蒙藏委员会,不仅要求蒙藏委员会撤回黄慕松返藏时留在拉萨的"致祭专使留藏人员"蒋致余,并请求蒙藏委员会转饬九世班禅由海路返藏,"万一难行,则班禅回藏时所需员役,均由扎什伦布派往。除班禅本人及其亲随外,幸勿以随从或护送等名义,任令汉蒙人等同其返藏。班禅所带枪械子弹,只宜限于随身自卫之用,其数愈少愈善"①。6月5日蒙藏委员会复电西藏驻京办事处,称:"班禅大师回藏时随带人民(员)、枪械问题,当在维持大师尊严与确保拉萨安定两大原则下妥慎办理。"②

1935年9月5日,西藏驻京办事处致电蒙藏委员会,报告"已遵电转达藏政府","班禅回藏,中央决定选派宪兵三百余人③充仪仗队之用,并派护送专使一人随同护卫"④。9月27日,噶厦政府通过西藏驻京办事处致电蒙藏委员会,对上述决定以"现在中藏问题尚未解决,若遽派汉蒙员兵随同返藏,实有未便接受之处。藏人抱定此见,万难变

---

① 中国第二历史档案馆、中国藏学研究中心合编:《九世班禅内地活动及返藏受阻档案选编》,第154—155页。呈文说这是"西藏噶厦藏二月十日(即国历四月十三日)"的来函,但不知道为什么西藏驻京办事处将此搁置了一个多月后,于5月27日才转呈给蒙藏委员会。

② 中国藏学研究中心、中国第二历史档案馆合编:《九世班禅内地活动及返藏受阻档案选编》,第158—159页。1935年6月17日,行政院秘书处给蒙藏委员会抄送了一份西藏代表转呈的,噶厦政府请求限制班禅回藏所带护卫、枪械的电文,该电文中称:"窃奉西藏噶厦电开:兹接黄专使来电,班禅决定由西藏北路回藏,其余问题概未提及……"因为蒙藏委员会6月6日已经对该电提到的各问题都作了明确回复,由此可见噶厦政府的这份电文是在收到6月6日蒙藏委员会电文前发的,应该是西藏驻京办事处出于某种原因,再次延迟转呈这份电文(中国第二历史档案馆、中国藏学研究中心合编:《九世班禅内地活动及返藏受阻档案选编》,第162—163页)。

③ 国民政府行政院先是同意了派遣500余人的护送队伍(中国第二历史档案馆、中国藏学研究中心合编:《九世班禅内地活动及返藏受阻档案选编》,第164页),后来才改为300余人。

④ 中国第二历史档案馆、中国藏学研究中心合编:《九世班禅内地活动及返藏受阻档案选编》,第191页。

更"为由，断然拒绝。①

噶厦政府为什么如此坚决地拒绝仪仗队入藏？这固然是出于对国民政府通过入藏的仪仗队加强对藏管理，从而使西藏地方政府中的一些既得利益者的利益受到损失的担心；更为重要的则是西藏地方政府惧怕仪仗队护送下返藏的九世班禅及其属下，返藏后"倾覆藏局"，实现其"乘机攫夺西藏政权之迷梦"②，从根本上损害西藏地方政府中既得利益者的利益。西藏地方拒绝中央仪仗队入藏的根本原因还是在于西藏地方的内部矛盾，即噶厦政府和九世班禅系统的矛盾。

在接到噶厦政府拒绝电文当日，即9月27日，蒙藏委员会委员长黄慕松约见西藏驻京代表，当面进行了解释，并于10月7日再次请西藏驻京办事处代电噶厦政府，就九世班禅返藏的仪仗队问题又一次明确表达了势在必行的态度："如果贵噶厦不想班禅回藏则已，否则，不由中央负责予以保障，必由其本人自找保障。总之，九世班禅回藏之必须保障，乃为必需之事实，今中央于审筹熟虑后，遂本其爱护藏民之心，决定依照旧例，派遣专使及仪仗队护送，此实为万全之策也。"③ 如此这般的强硬态度，在整个蒙藏委员会和西藏地方政府的交涉中并不多见，可见国民政府和蒙藏委员会对护送九世班禅返藏的决心之坚定。

国民政府之所以如此坚定地支持护送九世班禅返藏，一个重要的原因就是这一时期的九世班禅系统也在寻求英国的帮助。④ 因此，国民政府不愿也不能使九世班禅觉得国民政府不能为他返藏提供有效支持，转而去寻求英国的帮助。

面对国民政府这一强硬态度的决定，"西藏民众大会"和噶厦政府一方面先后致电西藏驻京办事处，指令其代为转达他们对此决定的反对；另一方面，开始试图利用英印政府向国民政府施加压力。1936年10月24日，英驻华大使许阁森（H. Knatehbull-Hugessen）向国民政府

---

① 中国第二历史档案馆、中国藏学研究中心合编：《九世班禅内地活动及返藏受阻档案选编》，第207—208页。
② 中国第二历史档案馆、中国藏学研究中心合编：《康藏纠纷档案选编》，第146页。
③ 中国第二历史档案馆、中国藏学研究中心合编：《九世班禅内地活动及返藏受阻档案选编》，第211—212页。
④ 陈谦平：《英国阻挠九世班禅返回西藏的动因初探》，《民国档案》1998年第4期。

外交部转递了噶厦政府关于反对中央派仪仗队护送九世班禅返藏的公文。但是国民政府外交部以"中央政府与西藏当局时常乐于直接通讯，何必多此转折"为由拒绝收转，根本用意是阻止英印政府通过拖入国民政府的外交部门的方式异化"西藏问题"和班禅返藏问题性质的企图。在外交部碰壁的许阁森表示将亲自或派人直接送交蒙藏委员会委员长。然而，直到11月25日，英国驻京领事兼英驻华大使馆一等秘书裨德本才将该文件面送蒙藏委员会秘书周昆田。① 该电文最后的日期为藏历五月二十九日，因为藏历一般和农历日期差不多，甚至比农历更晚，据此可以推知，这份文件至少在7月17日②前就已经拟定了，但英驻华使馆在三个月后才将该文件交外交部；从外交部拒绝接受该文件到英国驻华大使馆再将该文件转递给蒙藏委员会，又经过了一个多月。这种拖延可能是因为本来就"完全不相信西藏政府"，且在九世班禅卫队问题上与英印政府存在较大意见分歧，反对英国出面干涉九世班禅卫队问题的许阁森想静观其变。③ 此外，一个需要注意的重要细节是，英国驻华大使馆送递该项文件的是其一等秘书，并且送达文件后没有索取收条。④ 英国驻华大使馆"没有索取收条"的做法并不符合公文递送的一般程序，这可能是因为英使馆怕被再次拒收，也可能是因为英国大使馆希望起码在形式上要扮演不干涉中国内政的角色，不"索取收条"旨在表明他们只是该项文件的中间传递者。

　　正当此时，日本加快了侵略中国的步伐，中日关系日趋紧张，从而将国民政府置于了一个尴尬的境地：一方面，中英关系必须保持友善，但英国又明确拒绝国民政府仪仗队入藏，⑤ 西藏噶厦政府甚至有不惜诉诸武力拒绝仪仗队入藏的坚决态度；另一方面，面对九世班禅长达十数年为国宣化效劳，南京国民政府也不能使九世班禅感到寒心。至此，国

---

　　① 中国第二历史档案馆、中国藏学研究中心合编：《九世班禅内地活动及返藏受阻档案选编》，第357—358页。
　　② 1936年农历五月二十九日对应公历7月17日。
　　③ 陈谦平：《英国阻挠九世班禅返回西藏的动因初探》，《民国档案》1998年第4期。
　　④ 中国藏学研究中心、中国第一历史档案馆等合编：《元以来西藏地方与中央政府关系档案史料汇编》（第6册），第2727—2728页。
　　⑤ 中国藏学研究中心、中国第一历史档案馆等合编：《元以来西藏地方与中央政府关系档案史料汇编》（第7册），第2738页。

民政府在九世班禅回藏问题上左右为难。

1936年12月15日和1937年2月17日,新任西藏驻京代表阿旺桑丹、格敦恪典、图丹桑结三人先后两次致电行政院,再次代噶厦政府表达了对护送九世班禅仪仗队入藏的强烈反对。① 噶厦政府的这种固执多少让蒙藏委员会觉得难以理解,因为在蒙藏委员会看来,像九世班禅这样一个享有崇高宗教地位的大活佛,没有一定规模仪仗队的护送显然有失观瞻,并且区区三百人的仪仗队根本不可能对西藏地方构成威胁。因此,蒙藏委员会委员长吴忠信不得不于1937年3月9日召见西藏驻京办事处的西藏代表,再次解释并郑重告知:仪仗队返藏之事不可变;请噶厦政府速派噶伦来京商洽一切问题。② 但是此后不久,西藏地方政府就以民众大会抽签决定的方式不仅决定武力抗拒仪仗队入藏,而且也取消了派遣噶伦晋京之事。③ 从整个过程来看,不管西藏地方政府采用什么样的说法,其拒绝中央仪仗队入藏的态度都是一贯的。

1937年七七事变的爆发,使中日矛盾变成了国内压倒一切的首要矛盾,国民政府不得不将绝大部分的精力集中于抗战,从而避免了因班禅返藏而再度趋于紧张的国民政府和西藏地方政府关系的进一步恶化。1937年8月26日国民政府电令九世班禅暂缓返藏。至此,九世班禅返藏计划不得不中途搁置。

总而言之,无论是前期关于返藏路线的分歧,还是后期在仪仗队入藏方面的矛盾,西藏地方政府对九世班禅返藏设置的种种障碍,在实质上都是为了迫使九世班禅放弃其在藏的大部分权益。九世班禅能否体面返回西藏,恢复其固有权益,不仅涉及九世班禅系统的切身利益,同时也关系到国民政府中央权威的展现,因此国民政府在护送九世班禅返藏问题上表现出了少有的强硬态度。

从班禅返藏交涉的整个过程来看,作为中央政府,国民政府自然而

---

① 中国第二历史档案馆、中国藏学研究中心合编:《九世班禅内地活动及返藏受阻档案选编》,第361—362、378—379页。
② 中国藏学研究中心、中国第一历史档案馆等合编:《元以来西藏地方与中央政府关系档案史料汇编》(第7册),第2734页。
③ 中国第二历史档案馆、中国藏学研究中心合编:《九世班禅内地活动及返藏受阻档案选编》,第410页。

然地被看成西藏地方政府和九世班禅系统间矛盾的最终调解者，双方间关于九世班禅返藏的交涉，大部分都是通过国民政府实现的。而在国民政府和西藏地方政府间的交涉中，西藏驻京办事处又自然而然地成了最重要的沟通渠道，二者通过西藏驻京办事处实现了意见和观点交换。然而，遗憾的是直到九世班禅因全国抗战爆发而暂缓返藏，关于班禅返藏的交涉也没有取得实质性的进展，但是正因为西藏驻京办事处的存在，使国民政府和西藏地方政府间顺利而便捷地实现了沟通，这不仅是避免双方发生误解的必要条件，并且对有效遏制英印当局借口九世班禅返藏问题而加强对西藏的控制具有一定作用。但同时也应该看到，一方面西藏驻京办事处身处内地，对国民政府对九世班禅的政策有着比较全面的认识，因此对国民政府护送班禅返藏的决心有着更为深刻的理解；另一方面，因为"堪准洛松"都是西藏地方政府派出的，自然和西藏地方政府有着更大的利益一致性，因此在噶厦政府和班禅系统的矛盾斗争中，必然站在噶厦政府一面：这些都决定了西藏驻京办事处在调解班禅返藏问题上左右为难，难有大的作为。

第四节　本章小结

随着1923年九世班禅的内地之行，西藏内部两大活佛系统间的矛盾也随之被带到了内地，而协调二者的矛盾也成为整个民国时期最为棘手的藏事之一。班禅系统和达赖喇嘛系统间的矛盾关系，形成了一个跷跷板效应：从国民政府的角度来看，无论是对哪一方的"倾斜"，其目的都是解决西藏问题，但是作为跷跷板两头的班禅系统和达赖喇嘛系统，国民政府对任何一方的"倾斜"，都势必会引起另一方的反弹。西藏驻京办事处和西藏班禅驻京办事处同处南京，抬头不见低头见，两个办事处自然成了"达班矛盾"的排头兵。从二者矛盾激化的时间节点来看，国民政府对其中一方"倾斜"时就是双方矛盾的激化时；从矛盾涉及的内容来看，二者的矛盾既包括对参加全国性会议名额的争执，也包括对对方获得的"政治职权"的反对。

"一切社会思想的、政治的冲突和斗争都可以最终归结为物质经济利益的冲突，都可以最终从经济根源上找出终极原因。经济领域内的利益冲突是一切社会领域内利益冲突的基础。一定的经济利益冲突必然导致思想、政治利益的冲突，而思想、政治利益的冲突又反作用于经济利益的冲突。"① 以达赖喇嘛为首的西藏地方政府和九世班禅系统间的矛盾，实质是双方在藏有着不同的利益诉求。代表西藏地方政府的西藏驻京办事处和代表九世班禅系统的西藏班禅驻京办事处的矛盾，其本质也可以归结为对西藏内部政治经济利益的竞争。对国民政府"倾斜"的敏感，说明了双方矛盾斗争中，作为中央政府的国民政府的态度和支持，对斗争最终结果的重要影响。

康藏纠纷实质上是西藏地方和西康地方政府间围绕地方治权的一场利益之争，不幸的是作为中央政府的国民政府对纠纷双方都缺乏应有的有效控制力，虽然西藏和西康都希望中央政府调停纠纷，但是又都不愿因调解而损害自己的既得利益，所以当中央政府的调解对自己有利时就积极配合，反之就暗设障碍，甚至明确反对，而这正是康藏纠纷久拖不决的主要原因之一。

因为西藏驻京办事处是中央政府没有驻藏机构前，国民政府和西藏地方间进行沟通的最主要，且稳定、有效的官方机构，如果没有西藏驻京办事处，蒙藏委员会则需要通过驻印度的华侨，青海、西康、云南商人等获取关于西藏地方政府的间接材料，所以很难想象如果没有西藏驻京办事处，国民政府将怎样介入康藏纠纷的调解。虽然限于当时中央政府和西藏地方间"不正常"的关系状态，以及西藏驻京办事处本身的政治地位，西藏驻京办事处未能在康藏纠纷调解中发挥太多的主动性，但是在康藏的调解过程中，它还是能够以比较积极的态度参与其中，一个重要的表现就是能够及时将中央和西藏地方间的相关电文转达对方，有时也会根据情况提出自己的意见和建议，这对国民政府和西藏地方政府来说都是重要而必需的。比较蒙藏委员会驻藏办事处代处长蒋致余、处长孔庆宗因急欲树立中央政府的权威而和西藏地方政府关系恶化，②政治上欠缺能力和经验但善于处理和噶厦政府关系的张威白却能得到噶

---

① 王伟光：《利益论》，第167页。
② 邢肃芝（洛桑珍珠）口述，张健飞、杨念群笔述：《雪域求法记：一个汉人喇嘛的口述史》，第228、232页。

厦政府的欢迎,① 再证诸蒋介石指示接替孔庆宗而出任蒙藏委员会驻藏办事处处长的沈宗濂以"无事为大事,无功为大功"为处理藏事的原则,② 可以看出国民政府因内战、抗战等原因无力西顾的情况下,作为西藏地方政府的驻京机构或中央政府的驻藏机构,能够保持中央和西藏地方间沟通渠道的畅通,消除双方一些不必要的误解,防止二者关系的恶化就已经是不容易的事了。

因为诸多历史和现实矛盾的相互交织以及各种利益的相互交错,使康藏纠纷的调解异常困难。虽然中央和西藏地方都主张和平解决,但是任何一个亲身参与过调解的人都深刻认识到,"空言和好无济于事"③。事实上,面对这样的情势,不但西藏驻京办事处显得左右为难,就是对蒙藏委员会这样的中央主管机关而言,因为西藏地方政府和四川的刘文辉都对其多表面应付,少实际行动,因此也深感无能为力。

因为西藏驻京办事处将自己视为西藏地方政府的正式代表,将九世班禅系统视为西藏地方政府利益的损害者,因此对九世班禅系统参与康藏纠纷调解极不信任,这是九世班禅系统和西藏驻京办事处间在康藏纠纷调解上产生矛盾的一个重要原因。同时,西藏驻京办事处也对刘文辉的二十四军和蒙藏委员会,始终表现出一种"阴谋忧患",认为蒙藏委员会处理前藏和后藏矛盾时偏袒九世班禅系统,并将这种心理推而广之至蒙藏委员会处理的一切藏事上,因此对蒙藏委员会调解康藏纠纷的举措同样抱有这种"阴谋忧患",从而使他们轻信谣言,陷入一系列有失理性的反应。西藏驻京办事处的西藏代表产生这种"阴谋忧患",缘于西藏地方政府的一部分既得利益者,为了维护自己的既得利益,企图维持现状,设法阻挠中央政府所采取的加强对藏控制的一切举措。于是,这些既得利益者潜在的"抗拒意识"以及康藏纠纷时期公开的军事对抗,便成为产生"阴谋忧患"的温床。

---

① 邢肃芝(洛桑珍珠)口述、张健飞、杨念群笔述:《雪域求法记:一个汉人喇嘛的口述史》,第228页;中国藏学研究中心、中国第一历史档案馆等合编:《元以来西藏地方与中央政府关系档案史料汇编》(第6册),第3119页。
② 陈锡章:《西藏从政纪略》,《西藏文史资料选辑》(第2辑),第285页。
③ 中国藏学研究中心、中国第一历史档案馆等合编:《元以来西藏地方与中央政府关系档案史料汇编》(第6册),第2573页。

另外，作为藏传佛教格鲁派的两大活佛，尽管两个系统间矛盾尖锐，但十三世达赖喇嘛和九世班禅都在一定程度上保持了冷静，所以当双方论及"达班矛盾"时，一般都会指责是对方属下人员的过错，并极力维护另一方。同时，作为藏传佛教格鲁派的教徒，出于宗教感情，双方阵营中的绝大多人都对十三世达赖喇嘛和九世班禅保持了应有的尊崇，[1] 而这正是西藏驻京办事处积极地参与九世班禅返藏交涉的原因之一。

总体而言，虽然西藏驻京办事处和西藏班禅驻京办事处都参与了本章所论述的这些藏事，但因为它们分别代表着不同的利益群体，而这些藏事又是它们所代表的两个利益群体发生利益冲突的节点，因此在所追求的最终目标上表现出了明显的差异。从根本上说，这种差异是西藏地方政府和九世班禅系统间不同利益诉求所导致的必然结果。

---

[1] 图丹桑结也有这样的观点。图丹桑结：《关于第一、第二期西藏驻汉地办事人员情况的回忆》，何宗英译。

第五章　相同的事务，共同的目标

第一节　参政议政：在国家政治活动中的作用

西藏驻京办事处和西藏班禅驻京办事处存在的一个重要意义和作用，就是代表西藏地方政府和九世班禅系统，具体负责了这期间举行的历次全国性会议西藏代表的选举，两个办事处的处长又往往分别担任历次全国性重要会议前、后藏代表选举工作的主要负责人，为西藏代表的选举以及会议的顺利召开发挥了积极作用。两个办事处的主要职员也作为西藏地方的代表，参加了这期间举行的一系列全国性政治会议，成为民国时期西藏地方参与国家政治的一个特别标志。

一　参加国民会议

1931年5月召开的国民会议，是国民政府初期最重要的会议之一。对于参加国民会议的人数及范围，1931年1月1日公布实施的《国民代表会议选举法》做了详细规定。按照该项规定，分配给西藏的代表名额为10名，代表的选举以蒙藏委员会委员长为总监督。①

蒙藏代表的选举具体由1931年3月组织的国民会议代表蒙藏选举事务所负责，该事务所分总务、审查和指导三组，其中西藏班禅驻京办公处处长罗桑坚赞担任指导组组长。② 同时，身为西藏驻京办事处处长的贡觉仲尼自然也成了选举西藏代表的负责人之一，因此他于1931年

---

① 谢振民编著，张知本校译：《中华民国立法史》（上册），第248页。
② 《申报》1931年3月8日。

3月23日由北平赴南京，与蒙藏委员会商洽西藏选举国民会议代表事宜。① 经蒙藏委员会和贡觉仲尼及罗桑坚赞等的商洽，并共同组织选举，最终选举贡觉仲尼、曲批图丹、巫明远、楚称丹增、阿旺坚赞、降巴旺曲（བྱམས་པ་དབང་ཕྱུག）六人为前藏地区代表，罗桑楚臣（བློ་བཟང་ཚུལ་ཁྲིམས）、罗桑坚赞、罗桑囊加（བློ་བཟང་དབང་རྒྱལ）、王乐阶（ནོར་བཟང་པད་བློ་ལྡན）四人为后藏地区代表。另外，前藏地区的楚臣尼嘛（ཚུལ་ཁྲིམས་ཉི་མ）、罗藏桑结（བློ་བཟང་སངས་རྒྱས）、降巴年扎（བྱམས་པ་སྙན་གྲགས）和后藏地区的邵章、金孝本、白瑞鳞、海涛、樊泽培列席了会议。② 九世班禅大师也应邀参加了该会议。

此次会议于1931年5月6日至17日在南京举行，会议的主要任务有三个：决定统一与建设的详细实施计划、制定训政时期约法和废除不平等条约。③ 会议最终通过了五项议案，其中最为重要的便是《中华民国训政时期约法》。该约法于1931年6月1日公布实施，其中关于西藏的条文有两条，第一条："中华民国领土为各省及蒙古、西藏。"第八十条："蒙古、西藏之地方制度，得就地方情形，另以法律定之。"

贡觉仲尼、罗桑坚赞二人不仅是此次国民会议西藏代表选举的负责人，也是此次会议最主要的西藏代表，和其他代表一起代表西藏地方政府和九世班禅系统参加会议，并参与制定《中华民国训政时期约法》，表明西藏驻京办事处、西藏班禅驻京办事处和它们所代表的西藏地方政府、九世班禅系统等西藏政教各界不仅承认和接受该约法，而且参与了该国家大法的制定。

二 参加国民大会

（一）第一次国民大会（1946年11月）

1935年11月召开的中国国民党第五届全国代表大会决议于1936年

---

① 《申报》1931年3月24日。
② 牙含章：《达赖喇嘛传》，第291—292页。
③ 徐立刚：《一九三一年的南京国民会议》，《钟山风雨》2002年第1期。

11月12日召集国民大会①。1936年5月10日,国民政府公布了《国民大会代表选举法》,按照该选举法规定,蒙古、西藏地方的国民大会代表选举以蒙藏委员会委员长为总监督。②西藏应出之国民大会代表名额为"由在西藏地方有选举权人选出者十人""由在其他省区内有选举权之西藏人民选出者六名"③。这里所谓的"其他省区有选举权之西藏人民"主要就是指在内地的九世班禅系统。作出这样的区分,显然和此前西藏地方政府和九世班禅系统间关于代表正统性、代表名额等的争论有关。为了选举"西藏地方"代表,蒙藏委员会委员长黄慕松致电噶厦政府,要求选举国民大会代表。1936年8月24日,噶厦政府致电蒙藏委员会,通报关于国民大会西藏代表的选举情况,称"已转饬西藏驻京新旧代表会同办理"④。因为西藏驻京办事处处长一般为西藏驻京代表"堪准洛松"中的主要负责人"堪琼",因此,噶厦对西藏驻京新旧代表的此项授权,事实就是授予西藏驻京办事处在国民大会前藏代表的选举过程中发挥主要作用的权力。此后,噶厦政府以"西藏问题诸待解决,藏地又复窎远,与各省情形不同,依法办理选举具有困难"⑤,因此指派阿旺桑丹、格敦恪典、图丹桑结、贡觉仲尼、阿旺坚赞、丹巴达札、阿旺益西、直列加错、根敦批结、意希博真十人为代表,其中阿旺

---

① 国民大会的召集,可谓一波三折:1932年12月召开的中国国民党第四届三中全会决定于1935年3月召开国民大会,后因"九一八"事变和"一·二八"事变爆发,决定延期至1936年11月12日召开;至1935年,在日本特务机关的幕后策划下,发生"华北五省(河北、山东、山西、察哈尔、绥远)自治"闹剧,华北五省代表选举困难,因此被迫第二次延期至1937年11月12日召开;1937年七七事变爆发,很快南京沦陷,国民大会被迫第三次延期;1939年11月召开的中国国民党五届六中全会,决定于1940年11月12日召开国民大会,但后因日军进行的"重庆大轰炸"(由1938年2月18日起至1943年8月23日)中会场被毁,被迫第四次延期;1943年11月召开的中国国民党五届十一中全会决定,在抗战结束后的一年内召开国民大会,后决定于1945年11月12日召开,后因内战爆发,国民大会第五次被延期至1946年5月5日;之后又第六次延迟至1946年11月12日。直到1946年11月15日,第一次国民大会才得以召开(关炎章:《难产的国民大会》,《新风周刊》1946年第6期,第6、7页)。

② 《国民大会代表选举法》(1936年5月10日公布),《立法院公报》1936年第81期,第29页。

③ 同上书,第26页。

④ 中国藏学研究中心、中国第一历史档案馆等合编:《元以来西藏地方与中央政府关系档案史料汇编》(第6册),第2981页。

⑤ 同上。

第五章　相同的事务，共同的目标　245

桑丹、格敦恪典、图丹桑结、意希博真四人此时正任职于西藏驻京办事处，而贡觉仲尼、阿旺坚赞是前西藏驻京办事处正副处长。这种指派代表的做法显然与国民大会代表选举规定不符，但又有必须变通的实际情形，因此国民大会蒙藏代表选举事务所致函选举总事务所，认为：

> 查西藏情形特殊，依法办理选举具有困难，自系实在情形。二十年开国民会议时，西藏方面亦系推派代表六人出席，此次请以阿旺桑丹等十人为代表，与法定手续虽有未合，按之实际情形，似有变通办理之必要。①

与西藏地方国民大会代表选举变通为指派不同，"其他省区内有选举权之西藏人民"的国民大会代表的选举则是按照《国民大会代表选举法》的相关规定进行的。1937年7月20日至22日，选举投票在南京和北平同时进行。投票结束后北平的票箱被运抵南京，并于8月1日由蒙藏选举事务所在蒙藏委员会大礼堂举行开票，蒙藏国大代表选举南京监督赵丕廉亲临监视，最终选出正式代表六人，分别是罗友仁（47票）、永增（36票）、刘曼卿（34票）、石明珠（21票）、齐丹曾（18票）和宝罗西（13票）；候选代表三人，分别是朱福南（5票）、罗桑楚臣（3票）和胡子珍（1票）。② 其中罗友仁时任西藏班禅驻京办事处处长，朱福南为副处长。

然而，这次国民大会因"华北事变"③而被迫推迟。

1939年11月召开的中国国民党五届六中全会再次决议于1940年11月12日召开国民大会。关于出席国民大会的西藏代表，蒙藏委员会、蒙藏委员会驻藏办事处和噶厦政府经过多次磋商后，噶厦政府于

---

① 中国藏学研究中心、中国第一历史档案馆等合编：《元以来西藏地方与中央政府关系档案史料汇编》（第7册），第2982页。
② 《蒙藏月报》1937年第7卷第5期。
③ 华北事变，是指继"九一八"事变东北沦陷之后，1935年日本侵略军蚕食侵犯华北地区的一系列事件的统称，其内容包括"河北事件"及《何梅协定》、"张北事件"及《秦土协定》、"华北五省自治运动"及"冀察政务委员会"，这些事件基本上都发生在华北地区，故称"华北事变"。

1940 年 7 月 16 日致函孔庆宗，请他转呈西藏代表人选，他们是孜谆格顿曲登（即仔准格敦恪典）、堪布嘉绒拉丁（རྒྱལ་རོང་རབ་བརྟན་）、翻译顿珠拉姆（西康人）、伦珠尊追（以上四人当时在重庆）和堪穹洛桑札西（即堪琼罗桑札喜）、孜谆土登村勒（即仔准土丹参烈）、罗扎瓦土登生格（即洛杂哇图登生格）、扎西彭错（བཀྲ་ཤིས་ཕུན་ཚོགས་）、洛桑旺堆（བློ་བཟང་དབང་འདུས་）、钦绕丹曾（མཁྱེན་རབ་བསྟན་འཛིན་）（以上六人当时"已令其赴渝"）。① 这十位代表中可以确认是西藏驻京办事处职员的有六人，即格敦恪典、伦珠尊追、罗桑札喜、孜谆土丹参烈、土登生格和顿珠拉姆；其他四人是否为西藏驻京办事处职员，还有待进一步确认。

这次国民大会因"重庆大轰炸"会场被毁，被迫再次延期。

1943 年 11 月，中国国民党五届十一中全会决定，在抗战结束后的一年内召开国民大会，后又因各种原因一再推迟，最后于 1946 年 11 月 15 日最终得以召开。

从 1945 年 8 月起，时任蒙藏委员会驻藏办事处处长的沈宗濂和噶厦政府、蒙藏委员会就西藏国大代表选举问题进行了多次沟通。1945 年 12 月 29 日，西藏驻京办事处处长土丹参烈致函蒙藏代表选举事务所，呈报了噶厦政府制定的出席国民大会的西藏代表名单，他们是：团长古嘉扎萨图丹桑批（ཛ་སག་བླ་མ་རོང་དཔལ་ལྡན་ཐུབ་བསྟན་བསམ་འཕེལ་）、副团长扎萨凯墨·索朗旺堆（བེ་སྨད་མཁོད་ནམས་དབང་འདུས་），以及成员堪琼土丹桑布（མཁན་ཆུང་ཐུབ་བསྟན་བཟང་པོ་）、策汪顿珠（ཚེ་དབང་དོན་འགྲུབ་）、土丹参烈、土丹策丹、图登生格、降巴阿旺、益西达结和多吉欧珠（བྱང་ངོས་པ་རྡོ་རྗེ་དངོས་གྲུབ་），② 其中土丹参烈、图登生格为原西藏驻京代表，堪琼土丹桑布、仔准土丹策丹、洛杂哇降巴阿旺为新任西藏驻京代表，土丹桑布是西藏驻京办事处处长。

除了上述十位西藏代表外，班禅堪布会议厅选出计晋美、拉敏益西楚臣、蔡仁顿柱、宋之枢、何巴顿和滇增坚赞六人为代表，其中计晋美

---

① 中国藏学研究中心、中国第一历史档案馆等合编：《元以来西藏地方与中央政府关系档案史料汇编》（第 7 册），第 2984 页。

② 同上书，第 2998 页。

时任西藏班禅驻京办事处处长。但是，当以图丹桑批为首的西藏代表就此向蒙藏代表选举事务所提出异议，称"国大西藏代表应由西藏政府选派"，计晋美等六人"并非由西藏政府所派，未便承认"时，① 蒙藏代表选举事务所回复称：计晋美等六人是根据1937年4月30日国民政府立法院修正通过的国民大会代表选举法第二十九条第二项，即"由其他省区内有选举权之藏族人民选出者六名"的规定选出，系由省区选出，"并非西藏地方代表，名称、意义迥不相同"②。但事实上1937年6月4日公布的《修正国民大会代表选举法实施细则》第三十四条明确规定："选举法第二十九条第二款所称之'西藏人民'，指暂时寄居各地之西藏人民而言。"③ 如上所述，前藏代表对于计晋美等国民大会代表资格的质疑，主要在于想表明其西藏代表身份的正统性。显然，蒙藏代表选举事务所的这一回复有玩文字游戏和偷换概念的嫌疑，其主要目的则是避免前、后藏间的矛盾冲突，但同时表明九世班禅圆寂后班禅系统留内地人员身份之尴尬。这种做法表面上似乎有助于平息前、后藏代表间的纷争，但事实上因为将班禅系统人员界定在西藏代表之外，这必然要遭到班禅系统人员的不满，为1948年"行宪国大"代表名额之争埋下了伏笔。

在国民大会召开期间，西藏各代表还被选为"宪法草案"各审查委员会委员，具体情况如下：

第一审查委员会名单（审查关于前言、总纲、人民之权利义务及选举）：土丹参烈、土丹策丹、计晋美、拉敏益西楚臣；

第六审查委员会名单（审查关于省县制度）：降巴阿旺、多吉欧珠、图登生格；

第七审查委员会名单（审查关于基本国策）：土丹桑布、策汪顿珠、蔡仁顿柱、宋之枢；

第八审查委员会名单（审查关于蒙藏地方制度）：土丹桑布、策汪顿珠、土丹参烈、土丹策丹、图登生格、降巴阿旺、益西达结、多吉欧

---

① 中国藏学研究中心、中国第一历史档案馆等合编：《元以来西藏地方与中央政府关系档案史料汇编》（第7册），第3019页。
② 同上书，第3020页。
③ 蔡鸿源主编：《民国法规集成》（第33册），黄山书社1999年版，第180页。

珠、计晋美、何巴顿、滇增坚赞。①

由以上名单可以看出，参加"宪法草案"各审查委员会的西藏代表仍以西藏驻京办事处和西藏班禅驻京办事处职员为主。

1946年11月召开的此次国民大会，因其主要任务是"制宪"，所以又称为"制宪国大"，国民大会西藏代表参与此次"制宪国大"并参加各审查委员会，也标志着西藏地方对此次大会所通过的"宪法"涉藏条款的认可。

(二) 第二次国民大会（1948年3月）

1948年3月29日，国民政府"行宪国大"在南京召开。为了"行宪国大"顺利召开，1947年11月，国民政府成立了以孙科为主任的"国民大会筹备委员会"，在国民党内成立了"选举指导委员会"，具体负责大会代表的选举和筹备事宜。就西藏代表的选举而言，在总体上仍由蒙藏选举事务所负责，由时任蒙藏委员会委员长的许世英任监督，具体选举分西藏人民和暂时旅居内地西藏人民两部分进行，其中西藏噶厦政府被派为西藏地方选举监督，班禅堪布会议厅被派为旅居内地西藏人民选举监督。

早在1947年1月，西藏班禅驻京办事处处长计晋美等后藏国大代表六人就曾呈文国民政府，请求前后藏均分国大代表名额。国民政府转交蒙藏委员会办理，蒙藏委员会以"国大代表及立监委名额，西藏方面业已规定公布，无法变更"②为由，拒绝了计晋美等人的请求。1947年12月4日，由班禅堪布会议厅负责选举的国民大会暂时旅居内地西藏人民代表当选人及候选人名单公布，当选人共11人，分别是滇增坚赞、拉敏益西楚臣、计晋美、宋之枢、洛桑喜饶（བློ་བཟང་ཤེས་རབ）、罗图丹、高洛桑、罗桑、明慈仁、丹巴和计罗秀英，其中计晋美时任西藏班禅驻京办事处处长。③

西藏地方代表的选举并不顺利，一开始西藏地方政府对此次代表

---

① 中国藏学研究中心、中国第一历史档案馆等合编：《元以来西藏地方与中央政府关系档案史料汇编》（第7册），第3021页。
② 同上书，第3031页。
③ 同上书，第3040—3043页。

选举有抵触情绪,拒绝充任西藏地方代表选举监督。但是经蒙藏委员会和蒙藏委员会驻藏办事处的不懈努力,西藏地方政府最终派出了此次国民大会代表。西藏驻京办事处于1948年3月23日呈报了国民大会西藏代表名单,依次是堪琼土丹桑布、仔准土丹策丹、洛杂哇降巴阿旺、丹巴彭错(བསྟན་པ་ཕུན་ཚོགས་)、丹增唐恪(བསྟན་འཛིན་ཐབས་མཁས་)、绛巴扎喜(བྱམས་པ་བཀྲ་ཤིས་)、来希嘉错(ལེགས་བཤད་རྒྱ་མཚོ་)、琐朗汪堆(བསོད་ནམས་དབང་འདུས་)、班觉陈列(དཔལ་འབྱོར་འཕྲིན་ལས་)、贡布策林(མགོན་པོ་ཚེ་རིང་)、恪登班巴(དགེ་འདུན་དཔལ་དབར་)、凯卓坦丹(མཁའ་འགྲོ་ཕྱུག་བསྟན་)、生格达结(སེང་གེ་དར་རྒྱས་),共十三人。其中前六人当时在南京,且全部任职于西藏驻京办事处。此六人中除"堪准洛松"外,丹巴彭错和绛巴扎喜为西藏驻京办事处科长、丹增唐恪为西藏驻京办事处藏文秘书。① 而后七人当时并不在南京,且最终未参加"行宪国大"。在此次会议上,西藏驻京办事处处长土丹桑布还被选为大会主席团成员。② 土丹桑布能够被推选为这次竞争异常激烈的大会主席团成员,③ 充分表明了国民政府对这个西藏地方政府驻京机构的重视。而西藏地方政府对此次推选代表的抵触,则和这一时期摄政达札领导下西藏地方个别人野心的滋生有着直接关系。

三 参加中国国民党代表大会

1931年11月12日至23日,中国国民党在南京中央大学大礼堂召开第四次全国代表大会,④ 西藏驻京办事处的贡觉仲尼、阿旺坚赞和西藏班禅驻京办事处的罗桑坚赞及其他二位藏族代表(罗桑囊加、刘曼

---

① 中国藏学研究中心、中国第一历史档案馆等合编:《元以来西藏地方与中央政府关系档案史料汇编》(第7册),第3052页。
② 喜饶尼玛:《近代藏事研究》,第147页。
③ 据《东方杂志》(1948年第5期)之《国民大会开幕》和亲自参加"制宪国大"的陈存仁的《国民大会出席日期》(《中医情报》1948年第11—12期)描述,"制宪国大"大会主席团人选的竞争异常激烈,代表名额原定25人,后增加到85人,先后历时4天才得以选出。
④ 1931年11月至12月间,蒋介石在南京、胡汉民在广州、汪精卫在上海分别召开了三个中国国民党第四次全国代表大会。

卿）代表西藏地方参加了会议。① 在此次会议上，贡觉仲尼被推选为提案审查委员会政务组审查委员，罗桑坚赞被推选为建设组审查委员。② 会议决定设立对日问题专门委员会，通过了《组织国难会议案》《对日寇侵略暴行之决议案》等议案。

1935 年 11 月 12 日至 23 日，中国国民党第五次全国代表大会在南京"中央党部大礼堂"召开。这次国民党全国代表大会是在红军长征到达陕北，以及该年 5 月第一次"华北事变"到 11 月第二次"华北事变"之后，日本帝国主义侵略日益猖獗，抗战要求日益增长的背景下召开的。

出席本次大会的西藏代表有罗桑坚赞、阿旺坚赞③、格桑泽仁、刘家驹、朱福南等。其中阿旺坚赞为西藏驻京办事处副处长，罗桑坚赞是西藏班禅驻京办事处处长，且是和刘家驹专程从青海前来参加会议的。④ 大会一致通过中央执行委员 20 人，其中藏族有 2 人，为贡觉仲尼、罗桑坚赞；中央候补执行委员 10 人，其中藏族 1 人，为诺那呼图克图；中央监察委员 10 人，其中藏族 2 人，为安钦呼图克图和司伦朗顿·贡噶旺秋。

1935 年 12 月 2 日至 7 日，国民党第五届第一次中央全会在南京召开，会议的重大决议是决定于 1936 年 5 月 5 日公布"宪法"草案和 11 月 12 日召开国民会议。出席此次会议的西藏代表有贡觉仲尼和罗桑坚赞。⑤

1936 年 7 月 10 日至 14 日，国民党第五届第二次中央全会在南京举行。本次会议主要通过了"国防会议组织条例"，决定成立国防会议。西藏班禅驻京办事处处长罗桑坚赞作为中央执行委员参加了本次会议。

---

① 荣孟源：《中国国民党历次代表大会及中央全会资料》（下册），第 67 页。
② 同上书，第 54、55 页。
③ 原选举的代表巫明远因"旧病复发，不克来京出席"，所以大会第二次预备会议决定由阿旺坚赞递补。荣孟源：《中国国民党历次代表大会及中央全会资料》（下册），第 343 页。该书将阿旺坚赞误写为"阿旺坚"（第 343 页）。
④ 《申报》1935 年 10 月 30 日。
⑤ 荣孟源：《中国国民党历次代表大会及中央全会资料》（下册），第 392 页。该书提供的"出席五届一中全会委员名单"中的代表名"罗桑贡觉"，应该是将罗桑坚赞和贡觉仲尼二人的名字合写在了一起（第 394 页）。

1937年2月15日至22日，国民党在南京举行五届三中全会。此次会议是在"西安事变"后召开的。西藏驻京办事处处长贡觉仲尼和西藏班禅驻京办事处处长罗桑坚赞作为中央执行委员参加了会议。① 会议经过激烈争论，最终接受了宋庆龄、何香凝、冯玉祥等14人提出的"恢复孙中山三大政策，联共抗日的主张，否定了汪精卫提出的坚持'剿共'的政治决议案草案"②。

1945年5月5日至21日，中国国民党第六次全国代表大会在重庆复兴关中央干部学校大礼堂召开。"此次会议实质上是为了准备抗日战争胜利后，全力对付中国共产党和抢夺抗战胜利果实，妄图控制全中国。"③ 在此次会议上，经蒋介石提名，大会通过包括西藏驻京办事处的土丹参烈，国民党元老戴传贤、于右任等36人组成的大会主席团。④ 6日上午九时，大会主席团第二次会议在中央党部大礼堂举行，经会议议决，土丹参烈和戴传贤、陈诚等被分在主席团第二组。⑤ 参加此次会议的西藏代表除了土丹参烈外，尚有西藏驻京办事处的图登生格和西藏班禅驻京办事处的计晋美等4人。⑥ 土丹参烈被蒋介石提名为36名主席团成员之一，一方面说明了国民政府对西藏驻京代表的重视，另一方面也可以看成蒋介石对抗战后西藏地方政治的一种预先考虑，是其抗战后对藏政策的一种预先部署。

此外，1932年12月第二次晋京的九世班禅，也于12月21日上午列席了12月15日至22日在南京召开的国民党第四届第三次中央全会末次会，并在会间休息时为参会的国民党中央委员会各委员题字50余幅。⑦ 1934年1月25日九时，第三次晋京的九世班禅列席了1934年1月20日至25日召开的国民党第四届第四次中央全会，九世班禅大师进入会场时各与会代表"以大师宣慰边疆，远道来京，均起立欢迎"⑧。

---

① 荣孟源：《中国国民党历次代表大会及中央全会资料》（下册），第451页。
② 同上书，第425页。
③ 同上书，第899页。
④ 同上书，第955页。
⑤ 同上书，第997页。
⑥ 同上书，第986页。
⑦ 《申报》1932年12月23日。
⑧ 《申报》1934年1月26日。

以上西藏驻京机构及其他西藏代表参加中国国民党代表大会，甚至被选为大会主席团成员、中央执行委员会委员、中央监察委员会委员等，说明他们都以某种形式加入了国民党，是中国国民党党员。

关于国民政府时期藏族人士加入中国国民党的情况，以下材料可供参考。1930年7月，国民党中央委员会就已照准蒙藏委员会提出的蒙藏人民特许入党办法。1931年11月28日，蒙藏委员会致函国民党"中央党部组织部"称：西藏班禅驻京办公处处长罗桑坚赞呈称，办公处成立以来"对于党务极为努力"，"惟职处重要职员未经入党，对于党义之宣传，以缺乏指导之故，诸多困难。即就党的本身而言，藏族中现尚无一党员①，亦有特许入党之必要"②。蒙藏委员会认为罗桑坚赞等符合特许入党的要求。鉴于此，蒙藏委员会拟请国民党"中央党部组织部""援例适用特许入党办法，一律入党"，并称"本会正进行藏事，对于西藏优秀份子似应准其适用特许入党办法加入本党，以期于党政两面得收推进尽善之效"③。虽然笔者目前尚未看到国民党"中央党部组织部"对于此函的回复，但是因为"中央党务委员会第七次谈话讨论"后认为，1931年召开的蒙古会议的"蒙古代表"适用"特许入党办法"，因此可以推测罗桑坚赞等的这一请求很可能也被采纳。另外，1938年12月西藏20名献旗代表经"个别之宣誓方式"后加入国民党，这也说明当时的藏族人士中这种特许入党的存在。④ 并且，西藏驻京办事处和西藏班禅驻京办事处职员在短时间内如此集中地成为中国国民党党员，也只有这种"特许入党"的入党方式才能实现。

---

① 这一说法不确切，至少格桑泽仁在1928年时已经加入了国民党。
② 《蒙藏委员会公报》1931年第14期，"公牍"第83—84页。
③ 《蒙藏委员会公报》1931年第14期，"公牍"第84页。此次申请特许入党的藏族人士包括：罗桑坚赞（后藏人，时任蒙藏委员会藏事处处长兼西藏班禅驻京办公处处长）、罗桑囊加（后藏人，时任蒙藏委员会委员兼九世班禅堪布）、朱福南（青海人，时任蒙藏委员会藏事处第一科科长兼九世班禅卓尼尔）、萧必达（前藏人，时任蒙藏委员会藏文秘书兼九世班禅中文翻译）和夏坚赞（后藏人，时任蒙藏委员会藏事处第二科科员兼九世班禅藏文翻译）。
④ 《申报》1938年12月17日。

四 参加国民参政会

1938年3月31日，中国国民党临时代表大会通过了"组织非常时期国民参政会以统一国民意志增加抗战力量案"，决议组织国民参政会。国民参政会是我国在抗日战争时期各党派参政议政的国家机关，是全国抗战开始后国民政府成立的一个咨询性质的机关。虽然按照《国民参政会组织条例》的规定，国民参政会只有"提出建议案于政府""有听取政府施政报告暨向政府提出咨询案之权"，所通过的决议案对国民政府并无强制执行的权力，但是前期的国民参政会还是对团结全国人民，发扬抗日民主，推动全国抗战起到了积极作用。

按照《国民参政会组织条例》的规定，西藏的国民参政会名额为二名，由蒙藏委员会"按照应出参政员名额，加倍提出候选人，送请国防最高委员会汇提中国国民党中央执行委员会选定之"，"国民参政会参政员之任期为一年，国民政府认为有必要时，得延长之"。①

1940年10月25日，吴忠信向蒋介石呈报了第二届国民参政会西藏参政员候选人名单，共四名，分别是罗桑札喜、丁杰、图丹桑结和李春先。② 1940年12月23日，国民政府正式公布"第二届国民参政会参政员名单"，罗桑札喜、丁杰二人最终当选为西藏参政员。③

1942年7月27日国民政府公布了"第三届国民参政会参政员名单"，罗桑札喜、丁杰和喜饶嘉措当选为西藏参政员。此外，这一阶段的西藏总代表、西藏驻京办事处处长阿旺坚赞，也以《国民参政会组织条例》（1942年3月16日国民政府修正公布）第三条"丁"款被选为参政员，并被选为第三届国民参政会第一次会议和第二次会议"休会期

---

① 孟广涵主编：《国民参政会纪实》（下），重庆出版社1985年版，第768—771页。
② 中国藏学研究中心、中国第一历史档案馆等合编：《元以来西藏地方与中央政府关系档案史料汇编》（第7册），第2969页。
③ 孟广涵主编：《国民参政会纪实》（下），第784页。此外，喜饶嘉措大师也被选为本届参政会参政员，并被选为第二届国民参政会第一次会议"休会期间驻会委员会委员"，但喜饶嘉措大师是以《国民参政会组织条例》第三条"丁"款（即"由曾在各重要文化团体或经济团体服务三年以上，著有信望，或努力国事，信望久著之人员中，遴选一百十八名"）当选参政员的。孟广涵主编：《国民参政会纪实》（下），第768、785、864页。

间驻会委员会委员"①。

1945年4月23日国民政府公布的"第四届国民参政会参政员名单"中,西藏的参政员有罗桑札喜、阿旺坚赞和拉敏益西楚臣(ཅེ་མགོན་ལུ་སློན་ཡེ་ཤེས་ཚུལ་ཁྲིམས)三人。②

国民参政会是全国抗战时期国共合作的产物,目的是在抗战期间"集思广益,团结全国力量"③一致抗日。以西藏驻京办事处主要负责人为首的西藏代表被选为参政员,说明了国民政府对西藏驻京机构和这些西藏代表的重视。获选的西藏代表都尽可能地参加会议,确实不能参加时一般也会以电函说明情况,通过秘书处请假,表现了对参政会的重视。④ 同时,这些西藏代表的参加,表达了西藏地方政府和西藏人民与全国各族人民一起团结抗战的态度和决心。

五 参加其他全国性重要会议

(一)"国难会议"(1932年4月)

"九一八"事变后在各方压力下,国民政府被迫于1932年4月7日至14日在洛阳召开"国难会议"。参加此次"国难会议"的西藏代表主要有九世班禅大师、贡觉仲尼、巫明远、阿旺扎巴(དག་དབང་གྲགས་པ)、刘家驹和刘曼卿等,⑤ 其中贡觉仲尼和巫明远分别是西藏驻京办事处处长和西藏驻平办事处副处长,阿旺扎巴是西藏驻康办事处处长。

(二)"立法院会议"和"监察院会议"

担任立法委员和监察委员,并出席相应会议是这一时期西藏驻京

---

① 《国民参政会组织条例》(1942年3月16日国民政府修正公布)第三条"丁"款:"由曾在各重要文化团体或经济团体服务三年以上,著有信望,或努力国事信望久著之人员中,遴选六十名。"孟广涵主编:《国民参政会纪实》(下),第1050、1060、1118、1224页。

② 孟广涵主编:《国民参政会纪实》(下),第1422、1425页。另外喜饶嘉措再次以《国民参政会组织条例》(1944年9月16日国民政府修正公布)第三条"丁"款(即"由曾在各重要文化团体或经济团体服务三年以上,著有信望,或努力国事,信望久著之人员中,遴选七十五名")当选为参政员。孟广涵主编:《国民参政会纪实》(下),第1416、1426页。

③ 孟广涵主编:《国民参政会纪实》(上),第46页。

④ 孙宏年:《国民参政会中的藏族参政员与国民政府治藏政策》,《西藏研究》2001年第4期。

⑤ 《中华周报》1932年第22期,第19—20页。

代表和九世班禅系统代表参政议政，参与国家政治活动的一个重要方式，而立法委员和监察委员主要也是由西藏驻京办事处和西藏班禅驻京办事处这两个办事处的处长担任的。例如贡觉仲尼和罗桑坚赞都曾是国民政府第三届立法委员会（1933年1月12日—1935年2月）委员，也曾担任过一段时间的第四届立法委员会（1935年2月—1948年7月）委员。第四届立法委员会中属于上述两个驻京办事处的委员还有罗友仁（1941年5月23日任，1947年7月4日免）、计晋美（1947年5月8日任）。①

按照1947年1月1日公布的《宪法实施之准备程序》，宪法公布后，国民政府应依照宪法之规定，于三个月内制定并公布关于国民大会之组织，国民大会代表之选举、罢免之法律。又规定，依照该宪法产生之国民大会代表、首届立法委员与监察委员之选举，应于各有关选举法公布后六个月内完成之，是为"行宪"第一届立法委员。

就西藏地方的立法委员和监察委员的选举而言，在蒙藏委员会的一再催办下，1948年7月6日西藏驻京办事处呈报了"西藏在京立法及监察委员各三名"，分别是土丹桑布、降巴阿旺、丹增唐恪（以上三人是立法委员）、土丹策丹、丹巴彭错和绛巴扎喜（以上三人是监察委员）。而班禅方面出任该届立法委员的是罗桑坚赞和计晋美；② 出任监察委员的是拉敏益西楚臣和计玉阶。③ 这些西藏立法委员和监察委员与其他立法委员、监察委员一起，成为南京国民政府首届"立法委员会"和"监察委员会"成员，并于1948年"行宪国大"结束后，参加了立法院和监察院召集的相关立法会议和监察会议。④

六　对西藏代表参加全国性重要会议的认识

首先，西藏代表参加全国性会议，参与一些关于涉藏法律条文的审

---

① 贡觉仲尼和罗桑坚赞都于1938年12月24日被免。刘寿林、万仁元、王玉文等编：《民国职官年表》，第407—408页。
② 刘寿林、万仁元、王玉文等编：《民国职官年表》，第409页。
③ 同上书，第430页。
④ 中国藏学研究中心、中国第一历史档案馆等合编：《元以来西藏地方与中央政府关系档案史料汇编》（第7册），第3061—3064页。

议,是这一时期西藏地方参与国家事务的一种主要方式,也是西藏地方政府和九世班禅系统国家认同的一种表现;对国民政府而言,西藏地方代表的参会,体现了其对西藏地方的主权管辖,同时也体现了国民政府时期法律意义上的"各民族一律平等","赋予少数民族平等的政治权利"①的要求,使各种重要会议真正具有了全国性的意义。

其次,1931年国民会议开始前,前、后藏代表就代表的名额发生了争执,贡觉仲尼等认为噶厦政府是西藏地方的"唯一合法政府",西藏代表应该全部由西藏地方政府及其代表机构西藏驻京办事处负责选举;而罗桑坚赞等九世班禅系统人员则认为应该遵照历史定例,前后藏均分。②1946年"制宪国大"开幕前,图丹桑批又谓后藏代表计晋美、拉敏益西楚臣等"并非由西藏政府所派,未便承认",要求蒙藏代表选举所"收回成命"③。1948年"行宪国大"开始前,计晋美等要求前后藏均分会议代表名额和立法、监察各委员会西藏代表的名额。如此等等,民国时期,前后藏间关于会议代表的争执,几乎每次召开重要大会都有发生。从行为动机的角度来看,这种争执主要缘于以下两点:第一,主要用以表明各自所代表的利益方在藏权益的合法性,进而表明自己"西藏代表"身份的合法性;第二,代表们将是否参与此类全国性会议作为其合法性的界定标准之一,证明他们对会议"全国性"的性质和权威的认同,进而表现了对国家的认同。例如1932年1月2日贡觉仲尼就"国民救国会议"西藏代表选举问题致函蒙藏委员会时称:

> 国民救国会议及以后关于民选代表机关法定西藏选出者,应在西藏地方由人民依法选举,业经电陈府、院在案。仰该代表等就近呈请核准并复为要。等因。奉此,查法定人民代表应由各地方人民依法产生,此为现代选举之通则,亦民主制度之大经,本无待于请求。惟国家对于西藏地方选举,向于法律之外附加富有弹性之条

---

① 赵学先等编著:《中国国民党民族理论与政策研究》,中央民族大学出版社2010年版,第227页。
② 牙含章:《达赖喇嘛传》,第306—307页。
③ 中国藏学研究中心、中国第一历史档案馆等合编:《元以来西藏地方与中央政府关系档案史料汇编》(第7册),第3019、3033页。

文，以资迁就，几成一种立法例。即如民元国会议员及二十年国民会议代表等，凡法定应由西藏地方选出者，皆加订容许条文，曾由前蒙藏院或蒙藏委员会在中央政府所在地集合西藏旅京少数人就近举办。此种特别权宜办法，超出地方之范围，由旅京之少数人所支配，非惟不足代表地方全体之公意，亦与民选之原则不符。国家与地方向均不无缺憾之感。民元容或基于不得已之情形，现在西藏既已拥护中央，以完成国家之统一，当此国难期中，本属一中全会决定，立即召集国民救国会议，其目的在集中全国人民之意见，使成一整个的表现，载诸宣言，内外共喻。值此机会，自当使西藏人民真正爱国意见得以直接尽量表现，以集中于全国意见之林，而完成一整个的目的，庶符中央召集该项会议之本旨。

兹奉西藏达赖喇嘛电令前因，实鉴于以前关于西藏选举之未协民意，复根据人民正当之要求而来，既经迳电陈明国民政府行政院、钧院、钧会在案。应请钧院、钧会鉴情嘉纳，准于制定国民救国会议办法及嗣后凡关于民意机关组织之分子，应由各地方人民公选者，由当地人民自由选举，毋再有特别权宜之规定，俾本地真正民意得以自动表现。此为西藏人民之权利，亦其对于国家之义务，无庸旅京少数人民一再代庖也。①

虽然贡觉仲尼此函的初衷是与九世班禅系统人员争夺全国性会议代表的名额，并且就当时西藏地方的实际情形而言，所谓的西藏地方代表由西藏"当地人民自由选举"的主张也难以真正实现，但若仅就西藏地方代表选举的主张来看，则并无不妥。这说明贡觉仲尼等西藏代表不仅对类似的全国性会议的政治意义有着准确的认识，而且对会议代表的选举，以及全国性会议中"西藏人民之权利"和"国家之义务"的辩证关系也有着深刻的认识。

再次，以西藏驻京办事处处长为首的西藏驻京代表和以西藏班禅驻京办事处处长为首的班禅系统驻京代表参与国民党代表大会，一些人还

---

① 中国藏学研究中心、中国第一历史档案馆等合编：《元以来西藏地方与中央政府关系档案史料汇编》（第 7 册），第 2961—2962 页。

被推选为"中执委"、大会主席团成员,说明他们都加入了国民党,是国民党党员。西藏驻京人员加入国民党,主要出于以下原因:一是因为他们身处国民党的统治中心,而在国民政府时期国民党是执政党,并且国民党以孙中山先生三民主义的正统继承者自居,主张五族共和,声称代表全民利益,是一个多阶级的政党,因此对他们具有一定的吸引力;二是就国民党入党情况来看,因为国民党存在着集体入党、特许入党,甚至强迫入党的情况,① 而从西藏驻京代表和九世班禅系统驻京人员短时间内多人集体成为国民党党员的情况来看,应该就是特许入党或集体入党的。"集体入党的弊端,在于不加甄选,不论优劣,不计信仰。"② 由此推测,西藏驻京代表和九世班禅驻京代表加入国民党,对其中的大多数人来说只是一种组织形式上的入党,而其在思想上是否完全接受国民党的政治主张则是值得商榷的。

最后,1945年前,虽然西藏地方和中央政府的关系一直处于"不正常"状态,但是西藏地方对参加全国性会议没有异议。然而1945年后,摄政达札先是不准三大寺堪布参加"国民大会"③,1946年出席"制宪国大"的图丹桑批更是向国民政府提交了富有"自立倾向"的"九条"④,而噶厦政府也致电出席"制宪国大"的西藏代表"必要时退出会议"⑤;对于1946年12月25日国民大会通过并于1947年1月1日公布的《中华民国宪法》,以国家根本法形式明确了西藏是中国不可分割的领土,西藏地方政府表示"坚决反对国民大会所通过宪法中有关西藏之部分,并图联合西康藏族要求归还旧土,在亚洲会议中图联合我国

---

① 王奇生:《党员、党权与党争:1924—1949年中国国民党的组织形态》(修订本),华文出版社2010年版,第47—48页。

② 同上书,第48页。

③ 中国藏学研究中心、中国第一历史档案馆等合编:《元以来西藏地方与中央政府关系档案史料汇编》(第7册),第2995页。

④ [美]梅·戈尔斯坦:《喇嘛王国的覆灭》,杜永彬译,第557—561页;Melvyn C. Goldstein, *A history of Modern Tibet, 1913 – 1951: The Demise of The Lamaist State*, pp. 539 – 542;中国藏学研究中心、中国第一历史档案馆等合编:《元以来西藏地方与中央政府关系档案史料汇编》(第7册),第3056—3057页。

⑤ 中国藏学研究中心、中国第一历史档案馆等合编:《元以来西藏地方与中央政府关系档案史料汇编》(第7册),第3024页。

民政府向印要求归还所占藏地"①。1947 年 9 月噶厦政府拒绝被派为"选举监督"②，1948 年噶厦政府更是提出"西藏乃佛法圣地自治自主之国"的谬论。③

西藏噶厦政府之所以有这样的转变，一是因摄政达札在西藏亲英势力包围下，逐渐转变热振呼图克图摄政时期亲中央的政策，亲英自立倾向日益明显；二是和英国对藏政策的转变有着直接关系：这一时期英国对藏政策变得更具侵略性，对西藏亲英势力支持的力度也大为增强，④甚至直接对西藏"国大"代表前往南京进行劝诱和"恫吓"⑤；三是战后的国民政府，很快投入到内战中，并没有采取什么实质性的治藏政策和措施。因此，这一时期英国对藏侵略政策的转变以及国民政府乏善可陈的治藏政策和措施，是造成这种转变的根本原因。

第二节　参与孙中山奉安大典与中山陵谒陵

国民政府时期的孙中山奉安大典和中山陵谒陵，既是纪念孙中山先生的仪式活动，同时因为这些活动从一开始就被赋予了浓重的政治色彩，因此它又成为这一时期非常重要且具有特殊象征意义的政治活动。

下面就西藏驻京代表参与孙中山奉安大典和谒陵相关情况及其意义作一些简单论述。

---

① 中国藏学研究中心、中国第一历史档案馆等合编：《元以来西藏地方与中央政府关系档案史料汇编》（第 7 册），第 3027 页。
② 同上书，第 3034 页。
③ 同上书，第 3056—3058 页。
④ ［美］梅·戈尔斯坦：《喇嘛王国的覆灭》，杜永彬译，第 562—568 页；Melvyn C. Goldstein, *A History of Modern Tibet, 1913-1951: The Demise of the Lamaist State*, pp. 544-545.
⑤ 中国藏学研究中心、中国第一历史档案馆等合编：《元以来西藏地方与中央政府关系档案史料汇编》（第 7 册），第 2987、2988、2994、3010 页；强俄巴·多言欧珠：《西藏地方政府"派代表团慰问同盟国和出席南京国民代表大会"内幕》，西藏自治区政协文史资料研究委员会编《西藏文史资料选辑》（第 1 辑），第 141 页。

一 参与孙中山奉安大典[①]

（一）贡觉仲尼的参与意愿

1925年3月12日，孙中山逝世。3月19日，孙中山灵柩从协和医院移往中央公园社稷坛公祭，移灵时送葬者逾12万人，"3月24日至4月1日，各界吊唁来宾签名者达746823人，前往公祭的机关、团体1254个"[②]。当时北京处于北洋军阀的控制之下，并不是国民党的势力范围，但在这种情况下，仍有如此多的各界人士及机关、团体参加孙中山公祭活动，足以说明孙中山在各界民众心目中的崇高威望。

1929年南京的中山陵建成后，国民政府在将孙中山遗体由北平移往南京举行奉安大典前，又分别在北京、南京举行了隆重的公祭活动：5月23日至5月25日在北平公祭三天，5月26日南下，5月28日抵达南京，5月29日至31日在南京公祭三天，6月1日正式奉安。尤其是5月26日二时三十分灵榇由北平碧云寺启行，至下午三时十五分到达前门东车站期间，北平万人空巷，"灵榇所经，不禁观礼，路旁观众达三十万人，虽拥挤而秩序不乱"[③]。这充分说明孙中山奉安大典在当时北平各界人士中的影响。

此时身在北平并密切关注内地政治动向的贡觉仲尼，对孙中山在各界民众心目中的威望和地位，以及国民政府对孙中山奉安大典的重视、奉安大典所蕴含的政治含义无疑有着较深的认识。正是鉴于这一认识，贡觉仲尼对谢国梁表示"极愿代表达赖南下参加奉安大典，藉表敬意，并联络中藏感情"，同时表示"惟切须严守秘密，不宜登载报纸，恐惹英人质问"。蒙藏委员会对此十分重视，一方面复函谢国梁，要求他"即偕同棍代表来京参加典礼"；另一方面秘密呈文国民政府，请示招

[①] 本部分的主要内容已以《孙中山奉安大典中的藏族人士》为题，发表于《民族研究》2013年第5期。

[②] 《北京各界祭吊孙公之统计》，《广州民国日报》1925年4月16日，转引自李恭忠《"党葬"孙中山：现代中国的仪式与政治》，《清华大学学报》2006年第3期。

[③] 总理奉安专刊编纂委员会编：《总理奉安实录》，第117页。

待办法。国民政府谕令蒙藏委员会,"派参军处筹商招待"[1]。

按照《国民政府参军处条例》规定,参军处下设典礼和总务二局,其中典礼局负责以下事项:"(一)关于国庆日及其他纪念日之典礼事项、(二)关于接见外使接待外宾事项、(三)关于大典及其他礼节事项、(四)关于阅兵出巡事项、(五)关于国际典礼事项。"[2] 而1929年5月由总理奉安委员会公布的《参加奉安大典代表招待总纲》则规定:"参加奉安大典代表,由中央各党政机关分任招待。党部及海外华侨代表,由中央党部招待。行政机关代表,由行政院招待。农民代表,由农矿部招待。工商代表,由工商部招待。学校及学生团体代表,由教育部招待。军界代表,由参谋部招待。其他民众团体代表,由内政部招待。蒙藏代表,由蒙藏委员会招待。外宾,由外交部招待。总理亲故,由本会办公处招待。"[3] 蒙藏委员会因此组织了以张天枢为主任干事的招待组,[4] 专门负责招待蒙藏代表。

由此可以看出,就参加奉安活动而言,贡觉仲尼作为西藏地方代表,理应由蒙藏委员会负责招待。但是因为国民政府认为贡觉仲尼代表十三世达赖喇嘛,同时肩负着"承商解决藏事"[5]的任务,非一般西藏代表所能比,因此专门指令参军处出面与蒙藏委员会"筹商",制定专门的招待办法。这也充分说明国民政府眼中西藏问题的重要性和特殊性。

虽然贡觉仲尼最终"因病稽延,未能赶到"[6],没能参加此次奉安大典,但是他的这一意愿表达意义重大。从贡觉仲尼此后不久即作为十三世达赖喇嘛的代表与国民政府进行沟通的情况来看,贡觉仲尼所谓的"代表达赖喇嘛"参加奉安大典的说法显然是可靠的,因此他的这一意愿表达也可以看成十三世达赖喇嘛意愿的表达,表现了十三世达赖喇嘛

---

[1] 中国藏学研究中心、中国第一历史档案馆等合编:《元以来西藏地方与中央政府关系档案史料汇编》(第6册),第2471、2473页。
[2] 《军事杂志》1929年第6期,"法令"第9页。
[3] 总理奉安专刊编纂委员会编:《总理奉安实录》,第82—83页。
[4] 同上书,第332—333页。
[5] 中国藏学研究中心、中国第一历史档案馆等合编:《元以来西藏地方与中央政府关系档案史料汇编》(第6册),第2471页。
[6] 同上书,第2473页。

与新建立的国民政府建立联系的愿望。

对于刚刚建立的国民政府而言，贡觉仲尼的这一意愿表达正是其所迫切希望的，贡觉仲尼的此举事实上也已经得到了蒙藏委员会的认可，大大拉近了他和蒙藏委员会间的感情距离，所以之后蒙藏委员会为谢国梁陪同贡觉仲尼等来南京事宜致函国民政府文官处时，就特意强调称"查达赖代表棍却仲尼等前于总理奉安时即拟来京参加典礼……"①从这个角度讲，贡觉仲尼的这一意愿表达，一定程度上实现了其与国民政府建立联系，参与国家政治活动的目的。

（二）九世班禅系统的参与

南京国民政府举行孙中山公祭及奉安大典时，九世班禅大师正在内蒙古锡林郭勒盟一带讲经说法，②自然无法亲身参加，因此他派遣冯德明为代表前往参加。关于冯德明其人，笔者目前所看到的材料不多，只知道他曾于1929年呈文国民政府，呈报"西藏达赖驱逐汉官商民请迅予制定治藏方略案"③。国民政府将此交给行政院办理，而行政院再将此交给蒙藏委员会处理。蒙藏委员会在1929年5月6日上午十时举行的第十一次常会上议决："存案俟呈报治藏方略时合并声叙"④。由此推测，冯德明不但关心藏事，而且和班禅系统关系密切。

1929年5月26日下午五时，运送孙中山灵榇的灵车自北平前门东车站启程南下，"恭随灵车赴京"的代表中即有九世班禅大师的代表冯德明。⑤据此推测，1929年5月23日、24日和25日在北平举行孙中山公祭时，冯德明也应该是参与了公祭。5月31日，九世班禅大师代表冯德明参加了国民政府在南京中山陵正式举行的总理奉安大典。⑥

---

① 中国藏学研究中心、中国第一历史档案馆等合编：《元以来西藏地方与中央政府关系档案史料汇编》（第6册），第2473页。
② 牙含章：《班禅额尔德尼传》，第254页。
③ 《蒙藏委员会公报》1929年第5、6期合刊，"纪录"第4页。
④ 《蒙藏委员会公报》1929年第5、6期合刊，"纪录"第4页；《申报》1929年5月7日。
⑤ 总理奉安专刊编纂委员会编：《总理奉安实录》，第119页。
⑥ 总理奉安专刊编纂委员会编：《总理奉安实录》，第301页。按照《总理奉安实录》的记载，冯德明参与南京公祭时的身份是西藏班禅驻京办事处代表。事实上，1929年1月20日，西藏班禅驻京办公处正式成立，而西藏班禅驻京办事处则是于1932年6月18日由西藏班禅驻京办公处更名而来的。由此可见，此处关于冯德明的身份的记载是不准确的。

第五章　相同的事务,共同的目标　263

　　1929年1月20日新设立的西藏班禅驻京办公处也积极参与了在南京举行的公祭活动。西藏班禅驻京办公处捐资在当时的中山门外搭建"乙种牌楼"一座,以示纪念。按照总理奉安委员第八次处务会议决议,牌楼由奉安委员会布置组代为搭建,各欲搭建的地方政府、机构、团体需于1929年4月20日以前汇款至南京,牌楼具体价值为每座五百元,特种牌楼一千元。① 由此可见,早在4月20日前,刚刚设立不久的西藏班禅驻京办公处即开始参与奉安大典的相关活动。此外,西藏班禅驻京办公处也派出丁汪夺吉和罗桑慈仁为代表参加了奉安大典。②

　　除了上述直接参与的方式参加奉安大典外,当时身在内蒙古的九世班禅大师还专门撰写藏文祭文,其汉译文如下:

　　　　维中华民国十八年六月一日,班禅额尔德尼叩祭我总理在天之灵。先生首创革命,得救众生,恩同父母。先生前生种道德之宏因,今生得其济众之硕果。我西藏同胞遵仰先生领导之下,共循正轨。先生手造共和,奠国基于磐石之安,解放民众倒悬,俾登极乐世界,人民歌功颂德,有史以来,今古世界第一人也。昊天不吊,折我木铎,先生如在地之岳,在天之日,鞠诚哀告,伏惟尚飨。③

　　按照"总理奉安委员会"制定的《总理奉安赠赙及纪念办法》的规定,挽谏、祭文等"于五月一日前,送至奉安委员会办公处以便登记汇刊"④。据此推测,九世班禅大师的这篇祭文也很可能是于1929年5月1日前就已经寄给奉安委员会了。因为祭文原文是藏文的,所以时任总理奉安专刊编辑,并任总理奉安专刊办事处秘书兼专任干事的沈卓吾于1929年12月4日致函蒙藏委员会,请求代译为汉文。⑤ 12月11日,

---

① 总理奉安专刊编纂委员会编:《总理奉安实录》,第56页。
② 同上书,第301页。
③ 中国第二历史档案馆、中国藏学研究中心等合编:《九世班禅内地活动及返藏受阻档案选编》,第14页。
④ (民国)《江苏省政府公报》第89期,第3页;徐友春、吴志明编:《孙中山奉安大典》,《江苏文史资料》(第26辑),华文出版社1989年版,第204页。
⑤ 中国第二历史档案馆、中国藏学研究中心等合编:《九世班禅内地活动及返藏受阻档案选编》,第13页。

蒙藏委员会复函沈卓吾，交付译稿，即上引祭文。①

从祭文的内容来看，不仅表达了九世班禅大师对孙中山的哀悼之情，而且从其中对孙中山革命活动的高度评价，也可以看出九世班禅大师对孙中山革命活动的意义有着较为深刻的认识。"我西藏同胞遵仰先生领导之下，共循正轨"，表现了九世班禅大师对孙中山领导的革命活动对西藏影响的认识。祭文中"先生前生种道德之宏因，今生得其济众之硕果"的表述，是典型的佛教因果论思想，这也符合九世班禅大师藏传佛教高僧的身份。

九世班禅大师的这篇祭文，和孙中山奉安大典期间的各种公私祭文一起，成为孙中山奉安大典的重要组成部分。因为国民政府操演的这次奉安大典，从一开始就被赋予了丰富的政治色彩，是国民政府向全国宣示其合法性的一个重要窗口，而参与其中的每一个重要政治人物也都有着借此表达其政治意愿的意图。对于九世班禅大师而言，以撰写祭文的方式参与孙中山奉安大典，除了表达对孙中山的哀悼之情外，还表现了其积极向国民政府"靠拢"的意愿，表达了其参与国民政府政治活动的意图。

此外，班禅系统的一些人员还以公职人员的身份参与了孙中山奉安大典，例如蒙藏委员会藏事处处长、西藏班禅驻京办公处处长罗桑坚赞。1929年5月3日，蒙藏委员会致函总理奉安委员会办公处，报送了蒙藏委员会参加奉安大典的职员，共计49人，其中包括蒙藏委员会藏事处处长、西藏班禅驻京办公处处长罗桑坚赞。②

1929年5月29日上午十时，罗桑坚赞等蒙藏委员会代表"一律用白色制服（即学生装），白纽扣，白色散腿裤，平顶草帽，黑色帽带，黑皮鞋，黑线袜"③，在行政院院长、各部部长的带领下，和建设委员会、禁烟委员会、赈灾委员会、财政委员会各委员及职员60余人一起

---

① 中国第二历史档案馆、中国藏学研究中心等合编：《九世班禅内地活动及返藏受阻档案选编》，第14页。
② 《蒙藏委员会公报》第3、4期合刊，"函"第47—48页。
③ 《蒙藏委员会公报》第3、4期合刊，"电"第56页。原文没有标点，标点系笔者所加。

参加公祭，主祭者谭延闿，与祭者张之江、王伯群和王正廷。①

6月1日，罗桑坚赞等蒙藏委员会代表和蒙藏代表、海外华侨等一起组成的第五行列在"鼓楼下"恭候送殡。之后又和其他代表一起到达紫金山孙中山陵园，参加了奉安典礼，并一起"分班入内瞻仰"②遗容。

时任蒙藏委员会藏事处第一科科长、西藏班禅驻京办公处副处长的朱福南③则以蒙藏委员会派出的招待蒙藏代表招待组成员的身份，在主任干事张天枢的带领下，和陈栋梁、秦允文、巴文峻、陈赓杨、武昭煦一起，负责招待参加奉安大典的蒙藏代表。另外，曾陪同十三世达赖喇嘛代表罗桑巴桑前来南京，并受到蒋介石欣赏而任职文官处的刘曼卿，④则以总理奉安委员会职员的身份参与了此次大典，任总理奉安委员会文书组保管股干事。⑤

为什么贡觉仲尼、九世班禅系统人员对参与孙中山奉安大典表现得如此积极呢？总体来看，大致有以下一些原因：

第一，孙中山是广受人们尊崇的革命领袖，尤其是他在国内率先提出各民族一律平等的民族观，得到了全国各族人民，尤其是长期受歧视和压迫的藏族等各少数民族的尊崇。这是藏族人士积极参与孙中山奉安大典的情感基础。

第二，国民政府操演这场旷世奉安典礼，旨在借此向全国宣示其政治统治的合法性和权威性，政治用意十分明显。对于参与奉安大典的绝大多数藏族人士来说，固然是出于对孙中山的尊崇与悼念，但更主要的则是出于对国民政府对奉安大典所赋予的政治用意的回应。因为参与奉安大典的藏族人士，无论是九世班禅系统人士，还是西康旅京藏族代表，都对当时南京国民政府有着一定的政治诉求，因此他们将参与奉安

---

① 总理奉安专刊编纂委员会编：《总理奉安实录》，第126页。
② 同上书，第140页。
③ 关于朱福南的生平请见李贤德《怀念朱福南》，《中国土族》2008年第3期。该文中关于朱福南曾担任蒙藏委员会藏事处处长说法是不正确的，事实上他只担任过蒙藏委员会藏事处第一科科长。
④ 关于刘曼卿的生平等请见喜饶尼玛《近代藏事研究》，第340—352页。
⑤ 总理奉安专刊编纂委员会编：《总理奉安实录》，第326页。

大典，看成向新兴的国民政府示好，建立与国民政府政治联系，表达其政治态度的一次绝佳机会。

第三，十三世达赖喇嘛系统与九世班禅系统之间存在着矛盾，这种矛盾源于各自团体间的利益冲突，而无论是十三世达赖喇嘛系统，还是九世班禅系统都将中央政府看成调解彼此矛盾的权威仲裁者。在这种情况下，二者都必然希望通过积极参与新兴的中央政府操演的政治活动，建立并强化与中央政府的关系，使中央政府能够更好地了解并接受自己的利益主张，从而在相互的利益竞争中得到中央政府的特别支持，实现自己在西藏的利益追求。

同时，对于国民政府而言，藏族人士参与奉安大典，不仅是体现自己"五族共和"政治理念的要求，更有利于展示其对藏族地区的政治影响，因此也对藏族人士参与奉安大典表现出了积极的欢迎态度。

二 参与中山陵谒陵

和奉安大典一样，国民政府时期的谒陵不仅表示对孙中山的尊崇，同时因为它是中国国民党全国代表大会、国民大会等重大政治活动的重要组成部分，因此也具有鲜明的政治内涵。此外，日常集会、文官考试、学生集训，以及在南京举行的党政机关、社会团体会议等，国民党及社会各界都要举行谒陵仪式，"中山陵遂成为民国时期最具有象征意义的政治空间"[1]。

"谒陵仪式是民国时期最具影响力的政治仪式，它的神圣化、政治化与常态化，使孙中山及中山陵成为近代中国最具影响力的政治象征符号之一。特别值得强调的是，孙中山符号影响近代中国的最本质内核是民族主义，因此，谒陵仪式的核心功能是凝聚中华民族、激发民族主义。"[2]

正因为谒陵具有这种特殊的政治含义，所以蒙藏委员会非常重视西藏代表的谒陵行为，希望通过谒陵来强化西藏地方政府对孙中山的认

---

[1] 李恭忠：《"党葬"孙中山：现代中国的仪式与政治》，《清华大学学报》（哲学社会科学版）2006年第3期。

[2] 陈蕴茜：《谒陵仪式与民国政治文化》，《开放时代》2008年第6期。

同，进而达到对孙中山三民主义的认同和对宣称是孙中山"三民主义"继承者的国民党及其组建的国民政府的认同。例如，1934年1月8日发布的《达赖、班禅代表来京展觐办法》第三条"展觐程序"规定：对达赖喇嘛及班禅大师派遣来京展觐的代表，"十二月二十四日，由蒙藏委员会委员长、副委员长引导谒总理陵"。显然，国民政府企图以法规的形式，将谒陵纳入达赖喇嘛及班禅大师代表来京展觐期间的重要活动内容。虽然整个民国时期，都没有出现如《达赖、班禅代表来京展觐办法》规定的达赖喇嘛、班禅额尔德尼"每年轮派代表一人来京展觐"的情形，但是由此可以清楚地看出国民政府对西藏代表谒陵以及谒陵所蕴含的政治含义的重视。

虽然达赖喇嘛和班禅大师"每年轮派代表一人来京展觐"时由蒙藏委员会引导谒陵的情形并未出现，但国民政府时期以西藏驻京办事处正副处长为首的西藏驻京代表和以西藏班禅驻京办事处正副处长为首的九世班禅系统驻京代表，则积极参与了谒陵，表达了对国民政府对谒陵所赋予的政治含义的认同。总体而言，他们的谒陵主要有以下几种形式。

第一，作为国民政府重大政治活动的参与者，参与国民政府组织的统一谒陵行为。

南京国民政府时期，西藏驻京代表作为西藏地方政府代表，参与了这期间举行的所有重要会议。而按照国民政府的惯例，所有重要会议正式开幕前，与会代表都会专程前往中山陵谒陵。例如1931年5月6日至17日召开国民会议时，"六日晨八时，全体代表恭谒中山陵……参加人物计为国府主席蒋中正、及中委、国委戴传贤、于右任、张学良……邵力子，及全体代表五百余人。谒陵秩序如次：（一）奏乐，（二）全体肃立，（三）唱党歌，（四）主席恭读遗嘱，（五）静默三分钟，（六）国民会议代表举右手宣誓，（七）全体向遗像行最敬礼，（八）奏乐礼成，（九）摄影。……各代表并于誓词上签名盖章"[1]，而出席及列席此次会议的"中央国府委员戴传贤、何应钦、蒋中正、张学良、陈果夫……张道藩等三十九人，出席代表四百六十二人"[2]，共501人。这

---

[1] 《国民会议记》，《国闻周报》第8卷第19期，第8页。
[2] 同上书，第8—9页。

里虽然没有藏族代表参加谒陵的明确记载,但是比较谒陵人数和出席会议的人数可以看出,出席、列席会议的19位藏族代表也应该参与了此次谒陵。

第二,新任代表履职等重要时期,西藏代表会专程谒陵。

虽然国民政府希望达赖喇嘛和班禅大师每年派遣代表来京展觐,并于届时谒陵的想法,不过是他们的一厢情愿。但是不定期更换前来的西藏地方政府新驻京代表和班禅系统新到京人员却顺应国民政府的意愿,参与了谒陵。例如1936年3月10日下午五时,第二批西藏驻京代表阿旺桑丹、格敦恪典、图丹桑结,以及新派任的四位堪布到达南京。3月15日上午九时,阿旺桑丹等即赴中山陵谒陵,谒陵后阿旺桑丹等"谒蒋院长报告一切,四堪布俟谒蒋后,分赴平晋,接收雍和宫及五台山两处寺务"①。由此可见,西藏驻京代表将谒陵放在其他事务之前,足以说明他们对谒陵的重视。

此外,国民政府时期三次晋京的九世班禅每次晋京都亲往谒陵。例如1931年5月4日,九世班禅第一次到达南京,九世班禅等于1931年5月7日"午后二时谒陵,献花圈"②,"并献银质大神鹏一对,以资纪念"③;1932年12月,九世班禅第二次晋京,九世班禅一行于12月17日下午二时抵达南京,之后"迳赴总理陵园谒陵","班禅循例举行三鞠躬最敬礼后献白色哈达一个,置于总理坐像之前,并献花圈,礼毕,由贺耀祖领导入寝门,瞻仰遗容"④;1934年1月24日,九世班禅到达南京,是为九世班禅第三次晋京,25日早晨七时,九世班禅偕同刘家驹,"由褚民谊陪同谒陵"⑤,"返城后、即赴中央党部,参加四中全会,各中委均鼓掌欢迎"⑥。

由以上九世班禅亲自参加的谒陵时间节点可以看出,除了第一次谒陵外,第二次、第三次都是将谒陵放在了其他活动的前面。显然,这是

---

① 《申报》1936年3月16日。
② 《申报》1931年5月8日。
③ 刘家驹主编:《班禅大师全集》,第44页。
④ 《蒙藏旬刊》第36期,1932年12月31日,第5—6页。
⑤ 《申报》1934年1月26日。
⑥ 《蒙藏旬刊》第77期,1934年2月20日,第36页。

参考了国民政府谒陵的程序,因为国民政府在召开重要会议,举办重要活动时,都将谒陵放在了诸事之前,将谒陵作为会议或活动的第一项程序。就九世班禅参与谒陵而言,首先固然是为了顺应国民政府对谒陵所赋予的政治意愿,但是从九世班禅的言论可以看出,他本人对孙中山充满着敬仰之情,因此,九世班禅谒陵,也可以说是为了表达对孙中山的尊崇,而并不是仅仅将此看作一项仪式活动。

总之,国民政府时期这些西藏代表的谒陵行为,是国民政府和西藏驻京代表、国民政府和班禅系统间政治诉求共同作用的结果,在客观上表现为西藏代表对国民政府重要政治活动的参与,和对国民政府赋予的谒陵政治含义的认可。从西藏代表自身的角度来看,谒陵不仅表现了对孙中山的尊崇,对中山陵所蕴含的政治含义的认可,同时通过谒陵这种被国民政府重视和倡导的政治行为,以及被各界民众普遍接受的仪式活动,拉近同国民政府及国民政府官员、广大民众的情感距离,从而获得国民政府和各界民众的认可和接纳。

第三节 参与抗日救亡活动

国民政府时期,尽管西藏地方政府和中央政府间的关系还没有完全理顺,以十三世达赖喇嘛和九世班禅大师为代表的西藏两大集团间也存在着尖锐的矛盾。但是当日本侵略者的铁蹄踏入中国时,无论是中央政府和西藏地方政府,还是西藏内部两大集团,都能暂时搁置矛盾,一致对外,出现了全国各民族团结一致,共同抗日的局面。

九世班禅身在内地,对日本侵略者的暴行耳闻目睹,对内地人民高涨的抗日情绪感同身受。身处国民政府首府南京的西藏驻京办事处,同样对内地民众的抗日救国热情有着直接的感性认识和切身体会。因此无论是九世班禅系统的西藏班禅驻京办事处,还是西藏地方政府的西藏驻京办事处,他们都能及时响应内地民众的抗日救国要求,积极参与各种抗日救国活动,成为藏族民众参与抗日救国活动的主要组成部分。下面就两个办事处参与抗日救亡活动的情况、动因等作一些评述。

一　组织成立"康藏旅京同乡抗日救国会"

　　1931 年，震惊中外的"九一八"事变爆发后，全国各地各族人民的反日情绪空前高涨，纷纷组织了各种抗日救国团体，其中以"抗日救国会"最为典型。同年 10 月 7 日，在南京的西藏驻京办事处处长贡觉仲尼和西藏班禅驻京办事处处长罗桑坚赞，以及诺那呼图克图、松朋呼图克图、格桑泽仁、格桑群觉（སྐལ་བཟང་ཆོས་འགྲུབ་即刘家驹）等齐聚一堂，共同商讨藏族抗日救亡事宜，共同发起组织了"康藏旅京同乡抗日救国会"，内分文书、宣传、会计、交际 4 股，各股推选干事 2 人至 6 人负责日常工作，"经费除由各办公处在经费项下捐助百分之二外，又由各人自由捐助"[①]。大会还作出了关于抗日的六项决议：

　　　　壹、通电全国各族同胞，一致抗日；
　　　　贰、电中央及国府早定对日方针；
　　　　叁、电粤息争，共同抗日；
　　　　肆、发布本会宣言；
　　　　伍、为国难告康藏同胞书；
　　　　陆、电十三世达赖喇嘛早日解决康藏纷争，一致对日。[②]

　　以上"决议"清楚显示，贡觉仲尼、罗桑坚赞等不仅对康藏纠纷和抗日战争的不同性质有着正确的认识，并且在大敌当前形势下对国民党内部的矛盾斗争也深感遗憾。

　　会议还决定于 10 月 30 日在南京举行旅京康藏同胞抗日大游行。"诺那、罗桑坚赞、贡觉仲尼等高僧在此国难当头之际，求大同，存小异，不仅积极参与组织抗日救国会，还与在京藏族僧俗一起发起康藏同胞抗日大游行，宣传誓死抗日救国，以激励民众抗日热情。"[③] 在成立大会上发表的《告全国同胞书》中明确表达了成立抗日救国会的动机，

[①]《蒙藏旬刊》第 3 期，1931 年 10 月 10 日，第 16 页。
[②]《蒙藏旬刊》第 4 期，1931 年 10 月 20 日，第 12 页。
[③] 喜饶尼玛：《论战时藏传佛教僧人的抗日活动》，《抗日战争研究》2003 年第 2 期。

以及誓死抗日的决心：

> ……
>
> 同人等，籍隶康藏，万里来京，大义所在，不敢后死，爰成立抗日救国会，以与我全国同胞，同立一条战线，赴汤蹈火，在所不辞，除另电我六百万康藏父老兄弟姐妹，共膺斯义，为政府后盾外，特此电达，尚祈全国同胞以必死之心，救危亡之国，洗五分钟热度之讥，免一盘散沙之诮。①

在"九一八"事变爆发，全国抗战热情高涨的情况下，康藏纠纷的调解却难有进展，从而与全国团结一致、共同抗日的呼声背道而驰。鉴于此，1931年10月17日，西藏驻京办事处呈文蒙藏委员会：

> 窃自达结、白茹两寺械斗案件发生，达赖喇嘛即呈请中央派员查办。旋蒙派员前往调处，迄今已逾半载，尚未解决，殊深焦灼。达赖喇嘛早经派定代表到康静候中央专员接洽。现当日本侵占辽吉情形紧急，我国人精诚团结一致御外之时，爱国热情谁不如我，尤宜亟泯国内一切纠纷，集中全力以赴之。应请钧会迅将前案饬令妥办完结，毋再稍延，以息边争而壹民志。理合呈请钧会迅赐施行，无任屏营之至。②

由此可见，任职于西藏驻京办事处的西藏驻京代表们不仅有着国家认同的观念，而且明确表达了"爱国热情谁不如我"的强烈爱国热情，以及对"息边争而壹民志"的迫切愿望。"所谓国家认同是指一国公民对于自己所属国家的认同，是一种将国家视为'己者'而非'他者'的感受，而'爱国主义'则往往是指一个公民对其所认同的自己的国家的热爱和忠诚，在某种意义上，爱国往往是国家认同的升华，而国家认同则是爱国的前提。"③ 同时，此呈文也清楚地表达了西藏驻京办事处对康藏纠纷系内部纠纷，内部一切纠纷、矛盾应该让位于抵抗外敌

---

① 《蒙藏旬刊》第4期，1931年10月20日，第12页。
② 中国第二历史档案馆、中国藏学研究中心合编：《康藏纠纷档案选编》，第210页。
③ 黄岩：《国家认同：民族发展政治的目标建构》，第44—45页。

入侵这一主要矛盾的认识。

另外，因为西藏驻京办事处的这一呈文，是在唐柯三和刘文辉等一再指责"藏方"没有和平处理"康案"的诚意，使西藏驻京办事处背负巨大压力的背景下递呈的，因此此呈文也在一定程度上表现了西藏驻京办事处通过顺应"九一八"事变后全国人民"停止内战，一致对外"的呼声，以为自己减压的意图。

1931年10月19日，蒙藏委员会给西藏驻京办事处下发指令："……所称现当外交紧急，正我国人精神团结一致御侮之时，请将达白悬案饬令妥速完结。等情。具见爱国热忱，殊深嘉尚……"① 对其表现出的爱国热诚表示了赞许。

西藏驻京办事处积极参与抗日救国活动的举动，对推动十三世达赖喇嘛停止康藏纠纷，参与抗日救亡也发挥了一定作用，因此针对康藏纠纷，十三世达赖喇嘛也明确表示"青藏问题已和平解决，至西康方面，现值国难期间，如四川对藏无军事行动，藏方绝不得有何进行，已将此意令饬藏军遵照"②。

二　组织并参与"蒙藏回族联合慰劳抗战将士代表团"

"卢沟桥事变"发生后，中国进入全国抗战。1938年3月29日至4月1日，中国国民党在武汉举行临时全国代表大会，会议通过了《抗战建国纲领》，确定了抗战救国的总方针。

受会议抗战精神的鼓舞，蒙、藏、回三族出席中国国民党临时全国代表大会的代表，于1938年4月共同组织了"蒙藏回联合慰劳抗战将士代表团"，其中参加该代表团的藏族代表有贡觉仲尼、罗桑坚赞、阿旺坚赞、格桑泽仁、刘家驹和黄正清等。4月7日下午四时在武汉中山路"一江春"大厅约请各战区司令长官、副司令长官驻武汉代表，"举行献旗典礼"，同时招待武汉各报社记者，报告该团工作计划。该代表团负责人在接受记者采访时说："本团代表，除出发前线慰劳，表示蒙藏回族对我抗战将士之崇敬外，并可间接向国际间说明敌方一向分化我

---

① 中国第二历史档案馆、中国藏学研究中心合编：《康藏纠纷档案选编》，第212页。
② 《申报》1933年5月25日。

国各民族奸计之失败。"① 在成立大会上，贡觉仲尼用藏语发言称："他（应该是"我"——笔者注）是代表拉萨政府的，拉萨是佛教圣地，自从抗战发生以后，有20万以上的喇嘛念经，在历史上是最伟大的表现。""宗教是本于公理正义的，日本人从前有不少的到拉萨来学密宗，现在他们根本违背了教义。就宗教方面来说也应该制裁。"在演讲中他还引用西藏民间寓言说道："中国各民族是五个兄弟，汉族是大哥，有人打大哥小弟是应该帮助大哥。""中国比如一个人，中原是头，其他是手脚，头有了病，手足也是不健康的。"② 在这次会上，"代表团"还发表了《蒙藏回族联合慰劳抗战将士团告全国同胞书》，内称："我蒙藏回诸族皆中华民国国民，与全国同胞责任平等，休戚相关，更钦佩孙总理民族主义之遗教，期国内各民族亲爱精诚，共同担负救国之神圣责任。"③

在《蒙藏回族慰劳抗战将士团敬告全国抗战将士书》中，代表们首先表达了对全国抗战将士的真诚敬意，接着分析了日本帝国主义的侵略政策，并表示全国各族人民应该紧密团结，共同抵御日本帝国主义的侵略。为了更全面、直观地表现这一时期蒙藏回各族代表对抗战及国民政府的认识，兹录全文如下：

  我前方忠勇的抗战将士们：
  你们现在正荷戈浴血，和我们的民族敌人日本帝国主义者做殊死战。你们以血肉之躯筑成了坚强的长城，以百折不挠的意志摧毁了敌人的鲸吞迷梦，你们的精神是何等伟大，你们的气魄是何等恢宏，你们的功勋将与日月河山而共垂不朽！代表等谨代表蒙藏回各族同胞，向你们致最真诚的敬意！
  日本帝国主义者素抱"欲征服世界，必先征服亚洲，欲征服亚洲，必先征服中国"的幻想，其处心积虑，便以灭亡我国家，灭亡我民族为其传统政策。看他这次在占领区域内的穷凶极恶，对我经

---

① 《申报》1938年4月7日。
② 《申报》1938年4月13日。
③ 《蒙藏月报》1938年第8卷第2期。

济文化及各项建设的肆意摧残，对我壮丁青年的大量屠杀，企图以最毒辣的手段，绝灭我复兴的种子，可谓他们这种残暴政策的说明。所以我们为保障整个国家民族生存与自由，为维护世界的正义与和平，必须与日寇拼命到底！上年卢沟桥事变发生之初，蒋委员长即以时至最后关头，应全国一致抗战到底，召示国人，数月以来，我全国同胞一心一德在蒋委员长领导之下作英勇的抗战。现虽有少数地方沦陷敌手，但以我土地之大，人民之众，及历史文化的悠久，终必使敌人的暴力粉碎于我民族复兴之前。日昨中国国民党全国临时代表大会，在此全国炮火声中举行，发布抗战纲领，并将外交内政的各项方针明白宣示，规划周详，更在最后胜利上确立了无限的把握。此后我们应益发努力，拥护领袖，遵循迈进，以求此目的之达到！

满汉蒙回藏各民族，同为组成中华民族的份子，以历史地理种种原因存亡与共相依为命，实有不可分离之关系，总理曾说："吾人必修团结汉满蒙回藏四万万人民为一大国族，建设三民主义之国家，始足以生存于今日之世界"，遗训昭然。在此抗战的过程里面，我们尤应以我们的共同力量，来消灭敌人所给予我们的共同痛苦。

日本帝国主义者挟其优越的武力，原期速战速决，一举便可使我屈服，降为日本的附庸。殊不知我国军民抗战的意志愈挫折而愈坚强，抗战的情绪愈长久而愈热烈。现在我鲁南大胜了，东西各线，捷报频传，而帝国军事政治及经济上的危机，则日益加深，可见敌人崩溃的程途已不在远！

忠勇的将士们，最后的胜利属于我们的，我们的鲜血将培育出民族的自由平等之花。

努力吧！歼灭日寇以竟全功。

蒙藏回族联合慰劳抗战将士代表团
蒙古代表：……
藏康代表：贡觉仲尼、罗桑坚赞、阿旺坚赞、格桑泽仁、刘家驹、冯云仙、黄正清

新疆回族代表：……①

4月19日上午，该代表团向蒋介石"敬献锦旗"，由蒋介石亲自接受；下午又向空军全体将士献旗致敬，由时任国民政府航空委员会主任的钱大钧代表接受；之后代表们又前往国民党副总裁汪精卫官邸谒见致敬。②

尽管作为前藏代表的贡觉仲尼等与作为后藏代表的罗桑坚赞、康区代表的格桑泽仁等人有过尖锐的矛盾，但是当面临外敌入侵时，他们便能搁置内争，一致对外，正如时人评价的那样，贡觉仲尼等的此举"充分表现了全国民族团结御辱之伟大精神，意义重要，影响神圣抗战建国前途，至深且钜"③。

1941年，喜饶嘉措、格桑泽仁、丁杰、策觉林呼图克图、刘曼卿和西藏班禅驻京办事处处长罗桑坚赞、西藏驻京办事处代处长仑珠等藏族代表与蒙古族代表、"新疆回族"代表共78人④共同组成的"蒙回藏族联合慰劳抗战将士代表团"，于2月2日晨九时在陪都重庆"向蒋委员长献旗"，蒋介石亲自接受献旗，而代表们则先后用蒙回藏三种语言宣读了颂词。⑤ 2月3日，代表团又向"何参谋总长应钦、白副参谋、总长及各战区司令长官"⑥献旗，"由各战区司令长官公署驻渝代表受转"。代表团原拟转赴各战区慰劳抗战将士，"嗣因交通关系，故分别致送各司令长官代表受转"⑦。代表团还发表了《蒙回藏族联合慰劳抗战将士代表团慰劳信》《蒙回藏族联合慰劳抗战将士代表团告国内外同胞书》《蒙回藏族联合慰劳抗战将士代表团告全世界各友邦人士书》等。⑧

除了上述几位外，此次名列"蒙回藏族联合慰劳抗战将士代表团"

---

① 《蒙藏月报》1938年第8卷第2期。
② 《申报》1938年4月20日。
③ 《蒙藏月报》1938年第8卷第2期。
④ "蒙回藏族联合慰劳抗战将士代表团"名单见《蒙藏月报》1941年第13卷第2期。
⑤ 《蒙藏月报》1941年第13卷第2期。
⑥ 同上。
⑦ 同上。
⑧ 同上。

的藏族人士尚有前西藏驻京办事处处长贡觉仲尼和前副处长阿旺坚赞。① 事实上,他们二人当时都不在重庆,自然无法亲自参加。

1941年1月22日格桑泽仁请孔庆宗转电贡觉仲尼和阿旺坚赞,称:

> 同仁现在渝照汉口办法,继续第二次蒙藏回族慰劳代表团,拟请二兄亦列名参加,诸请赞助。②

虽然现在笔者尚未看到贡觉仲尼和阿旺坚赞对于此电答复的材料,但是依据上述材料可以看出:第一,格桑泽仁等事前致电邀请贡觉仲尼和阿旺坚赞二人列名,而当时的代表团署名中也确有他们的名字,因此格桑泽仁等擅作主张加列他们名字的可能性较小,更应该是得到他们的同意,说明他们虽身在拉萨,但心中仍然惦记着抗日救亡活动;第二,这次慰劳活动是1938年慰劳活动的继续,表现了包括藏族在内的各少数民族对抗战的一贯支持态度。

显然,因为贡觉仲尼和阿旺坚赞之前参与抗日救亡活动的积极态度在人们心目中留有印象,因此第二次组织"蒙回藏族联合慰劳抗战将士代表团"时,二人虽不在重庆,但仍能够被组织者想起。贡觉仲尼和阿旺坚赞的名字最终出现在"蒙回藏族联合慰劳抗战将士代表团"中,说明他们仍然对抗日救亡活动有热情。如果说以前二人在内地时,作为领取政府薪俸的准中央政府部门职员,参与抗日救亡活动多少有些为环境所迫的话,此时他们身在拉萨,自然没有了这种环境压力,但他们仍然愿意列名其中,证明之前他们对抗日救亡活动的积极参与完全是一种自愿行为。这事实上也是这一时期参与抗日救亡活动的很多藏族人心理的真实写照。

从西藏代表的角度而言,和1931年的《告全国同胞书》一样,1938年的《蒙藏回族联合慰劳抗战将士团告全国同胞书》《蒙藏回族慰劳抗战将士团敬告全国抗战将士书》,以及1941年的《蒙回藏族慰劳抗战将士团敬告全国抗战将士书》《蒙回藏联合慰劳抗战将士代表团慰

---

① 《蒙藏月报》1941年第13卷第2期。
② 郭玉琴主编:《蒙藏委员会驻藏办事处档案选编》(十二),第439页。

劳信》《蒙回藏族联合慰劳抗战将士代表团告国内外同胞书》《蒙回藏族联合慰劳抗战将士代表团告全世界各友邦人士书》，也体现了他们强烈的国家认同和爱国主义思想，以及对全国各族人民团结一致抗战必要性的深刻认识，充分表达了他们与全国各族人民一起荣辱与共，休戚相关的抗战心理。

1937年，当日本帝国主义占领平津时，西藏驻京代表阿旺桑丹等刚好在北平避暑，但是他们拒绝敌人威逼利诱，毅然决然地返回南京，之后又随国民政府迁往陪都重庆。1939年9月26日，西藏驻京办事处代噶厦政府致电吴忠信，表示：

> 现值东邻构衅，屠毒生灵，劫运当前，人天悲悯，吾国于兹艰厄，奋斗图存，全国民族应具同心。藏方竭诚拥护中央，实无其他意见。兹为增加中藏感情计，此间现正以宗教仪式大观模祝祷三宝，持诵消灾之经，相信不日定有胜利之报。我中央政府从此否去泰来，国运隆昌，四境义安，是所盼祝。①

这是西藏地方政府对抗日救亡的态度，更是广大藏族人民对抗日救亡的认识。正是基于这一认识，西藏驻京办事处和西藏班禅驻京办事处对这一时期国民政府针对抗战的各种举措都给予了积极回应。例如两个办事处都积极参与了节约建国储蓄运动，两位处长还担任了蒙藏委员会节约团的分团长。② 正是基于这一认识，西藏代表们才能历经艰辛，和陪都人民一起经受了日本帝国主义发动的"重庆大轰炸"，并和陪都人民一起经受了战时重庆衣食住行诸方面的种种艰难。这期间西藏驻京办事处的两任处长先后病逝任上，大部分成员都经历了种种危及生命的考验……所有这些也是西藏驻京办事处和西藏班禅驻京办事处与全国各族人民一起，支持和参与抗战救国的重要见证。

从行为动机的角度来看，以西藏驻京办事处和西藏班禅驻京办事处

---

① 中国藏学研究中心、中国第一历史档案馆等合编：《元以来西藏地方与中央政府关系档案史料汇编》（第7册），第3120页。
② 《蒙藏月报》1940年第12卷第4、5合期。

职员为代表的藏族人士积极参与抗日救国活动,主要有以下几个方面的原因:

第一,如上所述,国家认同观念下对外敌侵略的同仇敌忾,是就职于西藏驻京办事处和西藏班禅驻京办事处的驻京代表们能在大敌当前时摒弃前嫌,团结御辱的根本原因。更进一步讲,西藏班禅驻京办事处之所以有如此强烈的抗日情绪,是和九世班禅系统一贯所具有的国家认同、爱国主义的坚定观念分不开的。同样,西藏驻京办事处之所以能积极主动地发表强烈体现国家认同的言辞,从一个方面也表现了十三世达赖喇嘛和热振摄政的政治态度和取向,因为西藏驻京办事处作为西藏地方政府的派驻机构,势必体现十三世达赖喇嘛或热振摄政的意志,而这种表态,如果得不到十三世达赖喇嘛或热振摄政的许可是根本不可能的。

第二,佛教主张大慈大悲与和平,但是日本帝国主义对中国的侵略以及在中国的倒行逆施,与佛教主张处处相悖。西藏驻京办事处代表的西藏地方政府是一个政教合一的地方政体,佛教思想对其影响深远;而西藏班禅驻京办事处所代表的九世班禅,作为藏传佛教格鲁派两大活佛之一,佛教思想更是其安命之基;广大藏族人士,包括西藏驻京代表"堪准洛松"和西藏班禅驻京办事处大部分职员也深受佛教思想影响。因此从行为动机的角度来看,西藏驻京办事处和西藏班禅驻京办事处积极参与抗战救国,也是符合他们思想要求的。

另外,从西藏驻京办事处和西藏班禅驻京办事处间的矛盾和竞争,以及二者在康藏纠纷期间相互攻讦的过程来看,[①] 西藏驻京办事处和西藏班禅驻京办事处的矛盾也是促使两个办事处积极参与抗日救亡活动的一个重要潜在原因。我们知道,九世班禅大师及其驻京办事处在抗日救亡方面态度积极、坚决,作为竞争对手的西藏驻京办事处自然不愿在这种全国瞩目的大是大非问题上落后,授人以柄。

---

① 关于西藏驻京办事处和西藏班禅驻京办事处间矛盾斗争的情况,请见本书第四章第一节。

第四节　本章小结

参与国家重要政治活动，是地方政府和地方政教集团承认和接受中央政府政治权威的一个重要方面。就国民政府时期的西藏地方而言，以西藏驻京办事处职员和西藏班禅驻京办事处职员为主的西藏代表，参加了国民政府时期大部分的重要会议，部分人还被选为大会主席团成员，这也充分说明了这一时期西藏地方政府和九世班禅系统对作为中央政府的国民政府统治权威的认可和接受。同时，对国民政府而言，西藏地方代表参与会议，使得全国性会议和活动得以名副其实；对西藏地方政府和九世班禅系统而言，得以参与中央政府组织的全国性会议，有助于更好地向国民政府表达自己的利益诉求，争取国民政府的支持。

"孙中山逝世后，国民党逐步将孙中山神化，建构为象征符号，并首先从仪式入手展开孙中山符号的全面建构工程"[1]，而孙中山"奉安大典"和中山陵谒陵是国民政府"神化"孙中山的最重要形式。国民党以孙中山先生的正统继承人自居，而由国民党一手建立起来的国民政府实行的又是"党治"体制，因此国民政府希望通过谒陵来强化西藏地方对孙中山先生的崇拜和对"党治"体制的认可，进而强化西藏地方对国民政府的认可。正是鉴于这种考虑，国民政府非常重视西藏地方政府驻京代表和九世班禅系统参与孙中山奉安大典和中山陵谒陵，甚至以法规的形式对中山陵谒陵进行规范。对于参与谒陵的这些西藏代表而言，谒陵不仅表达了对孙中山的尊崇，同时因为谒陵是当时作为中央政府的国民政府所极力倡导和推广的政治活动，因此西藏驻京代表和包括九世班禅在内的班禅系统人士，力图通过谒陵来回应国民政府对谒陵所赋予的政治含义，以此来表达对中央政府政治权威的认可和接受。

虽然西藏地方政府和国民政府间的关系"不正常"，西藏地方的十三世达赖喇嘛系统和九世班禅系统间也存在着的矛盾，但是当面对

---

[1]　陈蕴茜：《谒陵仪式与民国政治文化》，《开放时代》2008年第6期。

日本侵略者这样全民族共同的敌人时，它们都能暂时搁置彼此矛盾，共同团结御辱，体现了对不同矛盾性质的正确认识。西藏驻京办事处和西藏班禅驻京办事处在抗日战争时期积极参与的抗日救亡运动，不仅成为广大藏族人民参与抗日救亡运动的重要组成部分，也是这一时期其所代表的西藏地方政府和九世班禅系统具有国家认同意识和爱国主义思想的最主要体现形式。

第六章　西藏驻京办事处独立参与的一些事务

国民政府时期，无论九世班禅系统对其利益有什么样的诉求，留在扎什伦布寺的原班禅系统人员有什么样的想法，也无论国民政府对前后藏的利益分配有什么样的考虑，西藏地方政府对包括后藏在内的全藏实施着较为有效管理却是毋庸置疑的事实。因此，这一时期的藏事，更多的还是和西藏地方政府相关，这就决定了西藏驻京办事处也必将独立参与更多的藏事，发挥更大的作用。

第一节　参与十三世达赖喇嘛圆寂致祭及转世灵童寻访

对于整个西藏地方政府来说，十三世达赖喇嘛圆寂致祭和灵童寻访，是十三世达赖喇嘛圆寂后至灵童坐床前西藏地方政府工作的重中之重，牵涉西藏地方政府的上上下下。同时，对于中央政府而言，十三世达赖喇嘛的圆寂致祭和灵童寻访也是其对藏政策的一个重要方面。作为西藏地方政府的驻京机构，西藏驻京办事处必然要参与到十三世达赖喇嘛圆寂致祭和灵童寻访工作中来。

一　参与十三世达赖喇嘛圆寂致祭

西藏驻京办事处主要通过以下两种方式参与了十三世达赖喇嘛的圆寂致祭：第一种方式是为国民政府特派致祭专使黄慕松入藏提供各种协助（关于此本章第二节将进行详细论述）；第二种方式是作为重要组织者和参与者，组织、参与了国民政府在南京举办的一系列十三世达赖喇嘛致祭活动。具体而言，西藏驻京办事处主要从以下三个方面参与了南京的十三世达赖喇嘛致祭活动。

（一）及时通报西藏相关动态

1933年12月，西藏驻京办事处收到了西藏地方政府拍发的，要求其向国民政府呈报十三世达赖喇嘛圆寂消息的电文：

> 西藏驻京办事处鉴：达赖佛座于藏历亥月三十日（原注：国历十二月十七日）下午七时半圆寂，藏中事务暂由司伦及噶厦负责处理，希安供职，并呈报中央，详情容后另电知照，西藏司伦噶厦印。①

12月20日，西藏驻京办事处的贡觉仲尼等，怀着悲痛的心情向蒙藏委员会转呈了这一电文。②

对于这个突如其来的噩耗，国民政府上下齐表"震悼"。次日，国民政府行政院院长汪兆铭、蒙藏委员会委员长石青阳等纷纷发唁电致哀，汪兆铭并将所拟电文交给贡觉仲尼，请译成藏文，并转致司伦朗顿·贡噶旺秋和噶厦政府。③

因为十三世达赖喇嘛的突然圆寂，导致了人们对其死因的种种猜测，此时南京、上海等地的一些报纸也登载了十三世达赖喇嘛系"中毒"而亡的消息。④为了平息谣言，贡觉仲尼等不得不呈文蒙藏委员会，指出：

> 达赖佛座治藏，恩周退周，全藏上下，爱戴如父母，拥护若神，安有所谓仇人，更难萌此逆谋，此种骇人听闻之流言，确系出于破坏藏局，恳请钧鉴通知京沪各报，分别更正，并咨内政部，严

---

① 西藏社会科学院、中国社会科学院民族研究所、中央民族学院等编：《西藏地方是中国不可分割的一部分（史料选辑）》，第503页。
② 中国藏学研究中心、中国第一历史档案馆等合编：《元以来西藏地方与中央政府关系档案史料汇编》（第6册），第2651页。
③ 《申报》1933年12月22日。
④ 同上。

行查禁。①

1934年1月25日，西藏地方政府电告西藏驻京办事处热振呼图克图出任摄政之事，并要求"即转中央为要"②。第二天，贡觉仲尼等即将此电转呈行政院。③ 行政院于1月30日即呈请国民政府"以热振呼图克图代摄达赖佛职权"④。

贡觉仲尼还对"西藏发生变化情事"进行澄清，表示"所有政教措施，一律秉承达赖遗志，拥护政府"⑤。虽然十三世达赖喇嘛圆寂后，西藏各种政治势力正在进行重组，并且在这一重组程中先后发生了"仲扎"代本团（གྲོང་དྲག་བཀག་སྒར་）被解散，十三世达赖喇嘛的"坚色"土登贡培（སྐུ་གཟིམས་ཐུབ་བསྟན་ཀུན་འཕེལ་）被捕入狱等事件，并一直持续到1934年5月龙厦（ལུང་ཤར་རྡོ་རྗེ་ཚེ་རྒྱལ་）被捕。但是应该说在十三世达赖喇嘛圆寂后几天内，这场政治斗争并没有马上显现出来。因此，贡觉仲尼的"辟谣"之举还是可信的。

对于需要西藏地方政府直接、权威消息来源的国民政府而言，西藏驻京办事处的这种及时通报，有助于国民政府比较准确地研判西藏地方政府的政治态势，从而为制定下一步的对藏政策起到有效参考作用。

（二）参与在南京的十三世达赖喇嘛致祭活动

作为西藏地方政府驻京机构，十三世达赖喇嘛圆寂致祭是其在这一阶段的主要工作内容之一。总的来看，西藏驻京办事处主要以下两种

---

① 《申报》1933年12月24日。
② 中国藏学研究中心、中国第一历史档案馆等合编：《元以来西藏地方与中央政府关系档案史料汇编》（第6册），第2696页。这份档案记载："案据西藏代表贡觉仲尼等宥代电呈：代表等昨晚接奉西藏司伦、噶厦政府、益仓及僧俗官民全体大会电开……"其中没有说明月份，但是按照《喇嘛王国的覆灭》（第191页）中所说，热振呼图克图是1934年1月24日被确定为摄政的（因为《喇嘛王国的覆灭》所引用的英国外交部档案有着明确的公元纪年，所以这一时间应该比较可靠），宥日即26日，那么可以推定西藏驻京办事处收到此电的时间是1月25日晚。1月26日，西藏驻京办事处即将此电转呈行政院，行政院又于1月30日转呈国民政府。
③ 中国藏学研究中心、中国第一历史档案馆等合编：《元以来西藏地方与中央政府关系档案史料汇编》（第6册），第2695页。
④ 同上书，第2696页。
⑤ 《申报》1933年12月26日。

方式参与了南京各界致祭十三世达赖喇嘛的活动。

1. 担任陪祭

在国民政府举行十三世达赖喇嘛圆寂致祭典礼之前，蒙藏委员会于1933年12月21日下午四时先行在西藏驻京办事处进行致祭，蒙藏委员会各科长及以上人员均前往参加，由贡觉仲尼陪祭。① 蒙藏委员会先行在西藏驻京办事处举行致祭活动，显然是因为西藏驻京办事处是西藏地方政府的代表机构，而蒙藏委员会是藏事主管机关，对西藏驻京办事处有"监督指导"之责，是西藏驻京办事处的主管机关，理应提前有所行动。

此外，按照行政院呈给国民政府的《达赖大师圆寂褒崇典礼》（由蒙藏委员会主稿）的规定，在1934年2月14日举行的致祭典礼中，最后一个程序为"大师代表还礼"②，这一角色就是由以西藏驻京办事处处长为首的西藏代表来担任的。

2. 参与国民政府的十三世达赖喇嘛致祭典礼的筹备

十三世喇嘛圆寂后，为了在南京举行十三世达赖喇嘛的致祭典礼，蒙藏委员会于1934年2月5日下午召集相关部门专门组织了"追荐达赖大师筹备会"，西藏驻京办事处应邀参加该筹备会。③ 在筹备会上，与会人员讨论成立了"达赖大师追悼会筹备处"，并讨论通过了《达赖大师追悼会筹备处简章》④。2月9日，该筹备会召开第二次会议，议决由西藏驻京办事处担任"编印达赖事略"工作。⑤

---

① 《申报》1933年12月22日。

② 中国藏学研究中心、中国第一历史档案馆等合编：《元以来西藏地方与中央政府关系档案史料汇编》（第6册），第2661页。

③ 《申报》1933年2月8日。1934年2月3日的《蒙藏委员会为请派负责人员出席达赖追悼会第一次筹备会议事致五院秘书处等各机关便函》末尾罗列了邀请参加筹备会的各机关名称，其中也包括西藏驻京办事处。又1934年2月6日的《蒙藏委员会为报达赖追悼会展缓至十四日并呈送筹备处简章等事致行政院呈》中说，达赖追悼会展缓到2月14日，一方面是因为与会各机关认为时间太急，另一方面是因为西藏驻京办事处各代表提议2月14日是藏历正月初一。由此可见，西藏驻京办事处也参加了此次筹备会。中国第二历史档案馆、中国藏学研究中心合编：《中国第二历史档案馆所存西藏和藏事档案汇编》（第21册），第169—174、218—223页。

④ 《申报》1933年2月10日；中国第二历史档案馆、中国藏学研究中心合编：《中国第二历史档案馆所存西藏和藏事档案汇编》（第21册），第225—227页。

⑤ 《申报》1934年2月10日。

在南京十三世达赖喇嘛致祭典礼的筹备过程中，西藏驻京办事处就典礼的一些细节提供了一些建议和意见，并被最终采用。例如，关于十三世达赖喇嘛圆寂致祭唪经的天数，十三世达赖喇嘛致祭筹备会开会讨论时，戴季陶主张显、密两坛各唪经三日，但是西藏驻京办事处及出席筹备会的各机关代表都主张显坛唪经二十一日，借示中央褒崇之意。① 从《行政院为请鉴核褒崇典礼事致国民政府呈》（1934年2月1日）② 中可以看出，行政院接受了唪经二十一天的建议，③ 并商定"汉经应请道行高尚之法师主坛，藏经应请班禅大师主坛"④。但是因为"班禅大师自到京之后，身体时感不适，未便过于辛劳，所定二十一天，实难办到"。所以最终"拟请班禅大师在考试院宁远楼唪经三天，请宝华山法师在鸡鸣寺唪经三天。共计六天"⑤。

另外，蒙藏委员会原拟于1934年2月10日举行致祭典礼，但是参加筹备会的与会代表都认为时间太短，准备恐难充分，最后西藏驻京办事处代表建议："本月十四日为藏历正月一日，西藏僧民均希望择定是日为追悼达赖大师日期，必能预兆吉祥。"⑥ 蒙藏委员会派员和班禅大师商议，并经班禅大师同意后将这一日期上报行政院。从最后举行典礼的时间来看，国民政府最终采纳了西藏驻京办事处的这一建议。1934年2月14日，十三世达赖喇嘛致祭典礼在南京举行，汪兆铭担任主祭，叶楚伧担任陪祭。致祭典礼从早上八点开始，到下午四点结束。这期间，"每次祭毕，均由前达赖驻京代表贡觉仲尼、阿旺坚赞、曲比图丹、降巴泽仁⑦，分别答礼"⑧。

1934年3月23日，西藏驻京办事处就国民政府各机关团体举行十

---

① 中国藏学研究中心、中国第二历史档案馆合编：《十三世达赖圆寂致祭和十四世达赖转世坐床档案选编》，第26页。
② 该呈由蒙藏委员会主笔。
③ 中国藏学研究中心、中国第一历史档案馆等合编：《元以来西藏地方与中央政府关系档案史料汇编》（第6册），第2656页。
④ 中国藏学研究中心、中国第二历史档案馆合编：《十三世达赖圆寂致祭和十四世达赖转世坐床档案选编》，第42页。
⑤ 同上。
⑥ 同上书，第28页。
⑦ 应该是降巴曲汪（བྱམས་པ་ཆོས་དབང་）。
⑧ 《蒙藏旬刊》第78、79期，1934年3月20日，第8—9页。

三世达赖喇嘛追悼会致函申谢：

> 敬肃者，达赖先佛示现涅槃，藏众业深，遽失怙恃。仰荷各机关、团体盛会追悼，净坛斋荐，并蒙宠赐祭唁，赠赉有加。珍品庄严，留千秋之纪念；鸿文赞叹，极一世之荣哀。稽首拜嘉，弥殷悲感。肃笺申谢，敬叩钧安。①

显然，南京的十三世达赖喇嘛追悼会，对于改善因康藏、青藏纠纷而受到影响的中央和西藏地方间的关系发挥了积极作用，起到了很好的"收拾人心"的效果。

（三）撰写《达赖事略》②

1934年，西藏驻京办事处的贡觉仲尼、阿旺坚赞、曲批图丹和阿旺扎巴共同撰写了《达赖事略》。该文在简要叙述十三世达赖喇嘛出生、学经、抗英、两次出走等经历的同时，重点论述了其以下三个方面的事迹。

一是，"维护国权"。该部分重点论述了辛亥革命后至南京国民政府建立前的时间段内，针对"外人""甘言利诱，欲遂其私"的目的，十三世达赖喇嘛"善用智慧，应付有方，苦心孤诣，未堕术中"，从而保持了"全藏之领土主权"的"完整无缺"，"而复与今日得以与中央相见"的事迹。

二是，"怀念中央"。该部分论述了南京国民政府建立后，十三世达赖喇嘛"耳闻"国民政府"以五族共和为建国之基"，认为"藏人当亦不敢自外"。虽然因为北洋政府时期内地战乱不断，"中央当未遑兼顾"，但十三世达赖喇嘛仍"未尝一日忘情于中央，恒思乘机回复旧有关系，以符五族共和建国之真谛"的爱国思想。

三是，"派遣代表入都"。此部分重点论述了南京国民政府建立后，贡觉仲尼受国民政府之命赴藏慰问，后又受十三世达赖喇嘛之命前往国民政府首都南京，设立西藏驻京办事处，建立并加强与中央政府间的联系，使中央和西藏地方间虽因"川藏稍生隔阂，然无碍大体。从此，中

---

① 中国藏学研究中心、中国第二历史档案馆合编：《十三世达赖圆寂致祭和十四世达赖转世坐床档案选编》，第52页。
② 该部分的引文都出自贡觉仲尼、阿旺坚赞、曲批图丹等《达赖事略》，张伯桢《达赖喇嘛传》，中国藏学出版社1995年版，第60—61页。

央与西藏遂渐日臻亲切"的事迹。

总体上看，贡觉仲尼等所说的以上三个方面的事迹，事实上是其对十三世达赖喇嘛以往态度和立场的重申。贡觉仲尼等作为西藏地方代表、西藏驻京办事处负责人，撰写《达赖事略》，一方面固然是出于对十三世达赖喇嘛的尊崇和纪念，另一方面也是为了向全国人民全面展示十三世达赖喇嘛的生平事迹，使全国人民更全面、真实地了解十三世达赖喇嘛。

二 参与十三世达赖喇嘛转世灵童寻访

西藏驻京办事处主要通过以下方式，参与了十三世达赖喇嘛转世灵童的寻访工作。

（一）及时"辟谣"

早在十三世达赖喇嘛圆寂不久的1934年1月，南京就有十三世达赖喇嘛已经降生的传闻，西藏驻京办事处不得不专门就此"辟谣"，说"该处迭接藏方来电，并未述及此事，恐是某方空气作用"[1]。

但事实上这种说法并非空穴来风，1934年1月末2月初，噶厦政府在给西藏驻京办事处的电文中就曾明确说：

> 至上怙主达赖喇嘛之灵童业已认定，但在其未坐床执掌西藏政教前……由热振呼图克图出任摄政，司伦、噶厦等文武诸事照旧。[2]

---

[1] 《申报》1934年1月10日。

[2] 中国藏学研究中心、中国第一历史档案馆等合编：《元以来西藏地方与中央政府关系档案史料汇编》（第6册），第2695页。编者考订这份电文的时间为藏历1933年12月，因为热振呼图克图是1934年1月24日才被选定为摄政。藏历水鸡年基本对应公元1933年，但也包括1934年年初。根据热振呼图克图是藏历木狗年元月十日，即公元1934年2月23日正式出任摄政，以及1934年2月14日，即藏历正月初一在南京举行十三世达赖喇嘛致祭典礼的历史记载，1934年2月14日前的1934年也属于藏历水鸡年，据此推算1934年1月24日至2月14日应该包括在藏历水鸡年十二月，这份电文发于热振被选为摄政后，所以这一电文对应的公历应该是1934年1月末2月初。［参考文献：拉乌达热·土丹旦达：《西藏地方政府要政见闻》，西藏自治区政协文史资料研究委员会编《西藏文史资料选辑》（第2辑），第213—218页；[美]梅·戈尔斯坦：《喇嘛王国的覆灭》，杜永彬译，第191页；*A History of Modern Tibet, 1913－1951: The Demise of The Lamaist State*, p. 189；李苏·晋美旺秋：《十三世达赖喇嘛圆寂后的西藏政局》，西藏自治区政协文史资料研究委员会编《西藏文史资料选辑》（第1辑），第215—220页］。

因为十三世达赖喇嘛是 1933 年 12 月 17 日（藏历水鸡年十月三十日）圆寂的，完全不可能这么快就能认定其转世灵童。根据《西藏地方政府要政见闻》等的记载，十三世达赖喇嘛圆寂后给西藏驻京办事处的电文是由司伦朗顿·贡噶旺秋发出的，① 再根据十三世达赖喇嘛转世灵童寻访过程中，司伦朗顿·贡噶旺秋曾宣称自己的亲戚尧西颇本（ཡབ་གཞིས་ཕོགས་དཔོན་）之子可能是十三世达赖喇嘛"强有力的灵童候选人"② 的说法，由此推测，早在十三世达赖喇嘛圆寂不久，司伦朗顿·贡噶旺秋就已经为十三世达赖喇嘛转世灵童问题做了舆论准备。可能是觉得有悖于达赖喇嘛转世灵童转世、寻访、认定的一般程序，因此直到 1935 年西藏地方政府正式开始十三世达赖喇嘛转世灵童的寻访工作前，司伦朗顿·贡噶旺秋再也没有明确提起此事。

根据 1934 年 1 月 26 日西藏驻京办事处给行政院的呈文中没有提及十三世达赖喇嘛转世灵童已经选定，并且该电文对热振呼图克图被选为摄政过程的描述也远比上述噶厦政府给西藏驻京办事处的电文详细，③ 再结合上述贡觉仲尼的"辟谣"之举等情形来看，很可能是西藏驻京办事处针对司伦朗顿·贡噶旺秋电文的说法进行了求证，西藏地方政府给予了否认，所以在给行政院的呈文中没有提及上述十三世达赖喇嘛灵童已经选定的说法。

（二）交涉电报免检、免费事宜

1935 年 6 月 13 日，十三世达赖喇嘛灵塔开光典礼结束后，时任摄政的热振活佛在赤门噶伦等西藏地方政府高官的陪同下，前往圣湖拉姆拉措（ལྷ་མོའི་བླ་མཚོ་）观湖，这标志着达赖喇嘛灵童寻访工作的正式展开。

---

① 拉乌达热·土丹旦达:《西藏地方政府要政见闻》，西藏自治区政协文史资料研究委员会编《西藏文史资料选辑》（第 2 辑），第 214 页；色新·洛桑顿珠:《国民党中央政府代表黄慕松来藏致祭十三世达赖喇嘛片段》，西藏自治区政协文史资料研究委员会编《西藏文史资料选辑》（第 1 辑），第 160 页。

② ［美］梅·戈尔斯坦:《喇嘛王国的覆灭》，杜永彬译，第 319—320 页；Melvyn C. Goldstein, *A History of Modern Tibet, 1913–1951: The Demise of The Lamaist State*, p. 315.

③ 中国藏学研究中心、中国第一历史档案馆等合编:《元以来西藏地方与中央政府关系档案史料汇编》（第 6 册），第 2695—2696 页。

第六章 西藏驻京办事处独立参与的一些事务

次年夏天，热振呼图克图召集"民众大会"成员开会，在说明他观湖的"神示"后，讨论并批准派人寻访十三世达赖喇嘛的转世灵童，灵童寻访工作进入了正式的操作阶段。这次大会后派出了三个寻访队：安多寻访队以色拉寺杰扎仓的格乌昌活佛（མཆོད་ཁང་ཀེ་ཅོང་སྤྲུལ་སྐུ）、俗官凯墨·索朗旺堆（ཁོལ་གཞིས་མཁའ་སྲུང་བསམ་བསོད་དབང་འདུས）和那曲堪布仔准罗桑丹增（ནག་ཆུ་མཁན་པོ་རྩེ་དྲུང་བློ་བཟང་བསྟན་འཛིན）等为首，康区寻访队由色拉寺杰扎仓的堪色活佛（མཁན་སེར་སྤྲུལ་སྐུ）、仔准次成钦培（རྩེ་དྲུང་ཚུལ་ཚོན་ཆུལ་ཁྲིམས་ཆོས་འཕེལ）和俗官止月哇（བོད་དྲུང་ལས་ཚོན་འབྲི་ཡུལ་བ）等率领，东南寻访队以普布觉活佛（ཕུར་ཀོག་རིན་པོ་ཆེ）等为首。

为了在甘、青地区顺利开展寻访工作，1937年4月6日，西藏驻京办事处代电蒙藏委员会，请求转呈中央速电青海马步芳等，转饬寻访小组经过地方妥为保护、迎送及予以一切便利，并请中央颁给寻访人员等通行各地的证件，交由西藏驻京办事处转发。同年4月17日，蒙藏委员会向西藏驻京办事处转发了经行政院核发的证件。1937年7月，格乌昌活佛一行到达西宁，礼节性地拜访了马步芳。之后，寻访工作全面展开。开始时寻访小组并没有打算将寻访进展向蒙藏委员会进行汇报，但是随着全国抗战的爆发，国民政府对电报的检查日趋严格，青海省电报局据此要求寻访小组的电报需先接受检查才可发报，寻访小组和拉萨间的电报联系因此受到了限制。为此寻访小组亲自致电蒙藏委员会委员长吴忠信，"敬乞钧座转请委座颁发发电执照，并电青省府勿再检查，以利消息为盼"[1]。同时也致电西藏驻京办事处，要求他们交涉寻访小组电报免检事宜。西藏驻京办事处的贡觉仲尼、阿旺坚赞等致电马步芳，"申明该代表寻访达赖转生时期，对于拉萨政府往来电报，实有应行遵守严密之必要，决无借用密电传达其他有关秘密之情事，仲尼等可负全责。以后经该代表盖用印章之电报，拟请饬属免予检查，俾资严密"；同时也致电蒋介石"请予电饬青省府免予检查"，并致函孔庆宗，[2] 请

---

[1] 中国藏学研究中心、中国第二历史档案馆合编：《十三世达赖圆寂致祭和十四世达赖转世坐床档案选编》，第131页。

[2] 孔庆宗此时担任蒙藏委员会藏事处处长。

他"转陈委座赐予维持"①。1938年3月18日，蒙藏委员会致电格乌昌活佛称：青海省马步芳主席已经答应对青海寻访小组发电"在可能范围内予以便利"②。至此，青海寻访小组电报免检之事得以顺利解决。

然而，一波未平一波又起，电报免检之事解决后，青海省电报局又要求寻访小组缴纳电报费才可拍发电报。西藏驻京办事处新任处长阿旺桑丹和格敦恪典、图丹桑结等三人致电青海省马步芳，请予免费拍发，但是马步芳以"格仓佛请免收电报费一案，事关交通部事权范围，本府未便办理"为由，要求西藏驻京办事处"径向交通部接洽为荷"③。因此，1938年6月14日，阿旺桑丹等不得不再次致电吴忠信，请求蒙藏委员会出面同交通部协商：

> 查该代表格仓佛所请免收报费，既准青省马主席电复前由，惟有电请钧座顾念该代表访请达赖转生责任至巨，且在青并非长期，可否予以转行交通部，准予令饬青海电报局免收报费，以资便利之处，伏祈鉴核，迅予施行。谨陈。④

在蒙藏委员会的协助下，交通部以"本部为表示中央柔远起见"，同意西藏寻访小组和拉萨间电报免费的请求。⑤

从原来免检、免费到后来的检查、收费，青海电报局的此举似乎是有意为寻访小组和拉萨间的电报通讯制造困难，征诸以后马步芳在灵童候选人入藏事上，尤其是在国民政府一再电令其放行灵童候选人一行入藏后对国民政府的阳奉阴违，并勒索西藏地方政府的情形来看，马步芳此举很可能是企图通过这种方式掌握灵童寻访的进展情况，以使自己能在灵童寻访事宜上有利可图。

---

① 中国藏学研究中心、中国第二历史档案馆合编：《十三世达赖圆寂致祭和十四世达赖转世坐床档案选编》，第132—133页。
② 同上书，第133页。
③ 同上。
④ 同上书，第138页。
⑤ 同上书，第139页。

（三）调处灵童入藏事宜

1938年9月23日，西藏驻京办事处呈文蒙藏委员会，大意是青海境内选定的灵童候选人，需要前往拉萨和另外两名灵童候选人一起，参加金瓶掣签仪式，"请中央政府俯允该主持人员迅将寻选幼童送至西藏，参加典礼，并恳发给执照，以利行程"[①]。这是西藏驻京办事处呈交给蒙藏委员会的第一份关于灵童入藏事宜的呈文，从此呈文可以看出，西藏地方政府和西藏驻京办事处已经意识到灵童入藏将要面临的困难。

此时的蒙藏委员会，正致力于如何有效应对业已出现的，西藏地方政府有意规避中央政府参与灵童征认的倾向。为此，吴忠信致电马步芳说："西宁选得之幼童，吾兄设法挽留，苾筹至佩。何时可令赴藏，应俟院令遵行。"[②] 蒙藏委员会此举的目的，是希望在和西藏地方政府就中央政府派员入藏主持十三世达赖喇嘛转世灵童认定、坐床的交涉中取得主动。然而这正是马步芳求之不得的，他可以因此堂而皇之地阻止灵童候选人入藏，并借此达到敲诈中央政府和西藏地方政府的目的。

在西藏地方政府表示欢迎中央派员入藏主持灵童坐床典礼后，蒙藏委员会致电马步芳，请他放行青海灵童候选人入藏。然而，因为借灵童候选人入藏之事从中央政府和西藏地方政府获取利益的目的尚未达到，马步芳便阳奉阴违，以各种借口阻止灵童候选人入藏。看到仅靠致电无法促使马步芳放行灵童候选人，西藏地方政府和西藏驻京办事处便开始请求中央政府派员前往青海主持灵童候选人入藏之事。从1938年12月18日，西藏驻京办事处向蒙藏委员会转呈西藏地方政府提议"中央特派二位和蔼而洞悉边地情形之官员，与西藏驻内地三代表中指定一人，同赴西宁主持其事，俾使灵儿早日到达藏中"[③]，至1939年6月23日的"西藏代表为申谢灵童行期确定事致蒙藏委员会代电"，西藏驻京办事处的阿旺桑丹和格敦格典、图丹桑结三人先后至少四次呈文蒙藏委员

[①] 中国藏学研究中心、中国第一历史档案馆等合编：《元以来西藏地方与中央政府关系档案史料汇编》（第6册），第2757页。

[②] 中国藏学研究中心、中国第二历史档案馆合编：《十三世达赖圆寂致祭和十四世达赖转世坐床档案选编》，第151页。

[③] 同上书，第160页。

会，请求派员赴青海主持灵童候选人入藏事宜。①

为马步芳阻止灵童候选人入藏行为深感愤懑和无奈的尚有国民政府和蒙藏委员会，1939年6月5日，身为国民政府军事委员会委员长的蒋介石给蒙藏委员会的代电反映了这一情绪：

> 国民政府军事委员会快邮代电　侍秘渝字第6173号
> 蒙藏委员会吴委员长勋鉴：
> 渝水字1170号世代电悉。查青海灵儿之赴藏最为重要，必须设法办到，护送前往。马主席一再迁延，迄未决定启行日期，或系因道途艰难，种种准备需用不赀所致。不如另与马主席商洽，请其将灵儿送来中央，即由中央发给护送费数万元，亦无不可，届时再由中央派员将灵儿护送入藏。希即依此方针迅速接洽办理具报为盼。
> 中正。微。侍秘。渝②

此后不久，虽然马步芳口头上答应护送灵童候选人入藏，但仍迟迟不予放行，直到收到国民政府为其拨付的10万元护送费，③并向西藏地方政府勒索得到40多万元"灵童寻访、护送费"后，灵童候选人才最终于1939年7月15日得以首途入藏。④

（四）协调中央大员入藏

居间协调、协助中央大员入藏会同热振呼图克图主持十三世达赖喇

---

① 中国藏学研究中心、中国第二历史档案馆合编：《十三世达赖圆寂致祭和十四世达赖转世坐床档案选编》，第160、171—172、185、195页。图丹桑结说，当候选灵童还在西宁时，他就收到了西藏地方政府的电报，大意是青海候选灵童就是真正的达赖喇嘛转世灵童，但是对外只能说是候选灵童（图丹桑结：《关于第一、第二期西藏驻汉地办事人员情况的回忆》，何宗英译）。从达赖喇嘛灵童寻访过程中热振呼图克图获得的各种宗教"征兆"，以及从后来灵童认定的整个过程来看，图丹桑结所说也是有可能的。

② 中国藏学研究中心、中国第二历史档案馆合编：《十三世达赖圆寂致祭和十四世达赖转世坐床档案选编》，第196页。

③ 中国第二历史档案馆、中国藏学研究中心合编：《黄慕松、吴忠信、赵守钰、戴传贤奉使办理藏事报告书》，第212页。

④ 中国藏学研究中心、中国第一历史档案馆等合编：《元以来西藏地方与中央政府关系档案史料汇编》（第7册），第2787页。

嘛转世灵童认定及坐床事宜,是这一时期西藏驻京办事处参与十三世达赖喇嘛转世灵童寻访、坐床事宜上的一个重要方面。关于此,本书将在后面结合相关内容进行详细论述。

由于国民政府对青海马步芳缺乏有效控制,而马步芳又是一个更关注地方利益,轻视国家政治大局的典型的封建地方军阀,这使得十三世达赖喇嘛灵童寻访、灵童候选人入藏等过程中,发生了一系列本不该发生的波折。西藏驻京办事处身处内地,便不可避免地被牵涉到这些波折中。总体来看,西藏驻京办事处在灵童寻访及入藏事宜上的作用,突出表现在以下两个方面。

其一,因为其身处重庆,能更好地认识国民政府在灵童候选人入藏事宜上的态度,从而为西藏地方政府正确认识国民政府的态度提供了条件;同时也为国民政府和西藏地方政府就十三世达赖喇嘛转世灵童寻访、征认事宜方面的沟通,提供了便利。

其二,在西藏驻京办事处的积极沟通下,有效避免了西藏地方将马步芳个人行为误解为国民政府行为的情况发生,从而维护了中央和西藏地方间的关系,为十三世达赖喇嘛灵童认定、国民政府大员入藏会同热振呼图克图主持十三世达赖喇嘛转世灵童坐床典礼等后续工作的开展创造了良好的条件。

第二节　积极促成中央大员入藏

在国民政府时期,国民政府利用十三世达赖喇嘛圆寂致祭和十三世达赖喇嘛转世灵童认定之际,先后两次成功派遣中央大员,即黄慕松和吴忠信入藏,大大改善了中央和西藏地方间的关系。尽管西藏驻京办事处不是促成黄慕松和吴忠信成功入藏的决定性因素,但是从整个过程来看,该办事处对最终促成他们顺利入藏还是发挥了积极作用。

一　协助黄慕松入藏

(一)入藏前的沟通

1933年12月17日(藏历十月三十日),十三世达赖喇嘛在布达拉宫圆寂。12月20日，西藏驻京办事处向蒙藏委员会转呈了司伦朗顿·贡噶旺秋和噶厦政府报告十三世达赖喇嘛圆寂的电文。蒙藏委员会委员长石青阳于第二天（即12月21日）即致电司伦朗顿·贡噶旺秋和噶厦政府，表示对十三世达赖喇嘛圆寂"震悼殊深"，"特电致唁"，国民政府也于12月22日命令追赠十三世达赖喇嘛"护国弘化普慈圆觉大师"封号。同月27日九世班禅大师致电蒙藏委员会，请求转电国民政府，"请予从优追封达赖大师，并通令各省隆典祭悼，以彰殊勋"①。与此同时，国民政府通过西藏驻京办事处，积极和西藏地方政府协商派大员入藏致祭十三世达赖喇嘛事宜。

　　因为国民政府此举旨在褒恤十三世达赖喇嘛，从道义上难以拒绝；并且早在1932年9月，针对久拖不决的康藏纠纷，十三世达赖喇嘛就曾表示"应请中央派公正大员莅藏详商，一切藉可明了西藏实在情形，并免各方破坏"②；同时，此时刚刚签订的康藏间《岗托停战条件》第一条即为"汉藏历年悬案，听候中央及达赖佛解决"。因此，此时的西藏地方政府也有与国民政府代表直接商谈，以减轻康区军事压力的迫切愿望。③ 鉴于以上原因，噶厦政府积极响应国民政府派员入藏的建议，西藏驻京办事处于12月24日即接到西藏地方政府复电，表示"对中央大员入藏一节，甚表欢迎"④；26日，司伦朗顿·贡噶旺秋复电贡觉仲尼，也表示"对中央派员入藏，甚为欢迎"⑤。西藏驻京办事处一面向行政院、蒙藏委员会和参谋部等"转译密陈"上述电文，同时认为"京藏间道阻且长，大员出发及藏中欢迎，彼此一切筹备，均需时日，更以从速为宜"，因此呈文建议蒙藏委员会在西藏地方政府发表欢迎中央大员入藏的"明令"前，"转请速派大员入藏，早日出发，以慰远人

---

① 中国藏学研究中心、中国第一历史档案馆等合编：《元以来西藏地方与中央政府关系档案史料汇编》（第6册），第2651—2652页。
② 中国第二历史档案馆、中国藏学研究中心合编：《中国第二历史档案馆所存西藏和藏事档案汇编》（第17册），第185页。
③ 孔庆宗：《黄慕松入藏纪实》，西藏自治区政协文史资料研究委员会编《西藏文史资料选辑》（第1辑），第418—419页。
④ 《申报》1933年12月25日。
⑤ 《申报》1933年12月26日。

第六章　西藏驻京办事处独立参与的一些事务　295

而利边局"①。由此可见，西藏驻京办事处在居间转呈、转发西藏司伦朗顿·贡噶旺秋、噶厦政府以及南京国民政府电文的同时，也会根据实际情况提出一些自己的建议。

与康藏纠纷调解中西藏地方政府的复电久盼不至的情形相比，西藏地方政府在中央大员入藏致祭事宜中的反应之快确实出乎预料，反映了其对中央大员入藏的热切期望。西藏地方政府积极欢迎中央大员入藏，主要出于以下四个方面的考虑。

第一，中央大员致祭符合历史定制。国民政府确定"达赖大师圆寂褒崇典礼"时，其中的"特派大员赴藏致祭"依据的就是"清例"，按"清例"，"凡蒙古汗、亲王、郡王等，应派散秩大臣一员致祭。乾隆年间第六辈班禅在北京圆寂，即派亲王致祭"②。此外，自七世达赖喇嘛起，达赖喇嘛圆寂后由驻藏大臣等中央大员，代表中央参与达赖喇嘛遗体处理等善后事宜已经成为一种历史定制。例如，七世达赖喇嘛圆寂后，时为驻藏大臣的伍弥泰、萨拉善即代表清政府参与了处理达赖喇嘛遗体，建造金塔等相关善后事宜。③

第二，中央大员入藏致祭表现了国民政府对十三世达赖喇嘛地位的尊崇和认可，这对于稳定十三世达赖喇嘛圆寂后"顿失所依"的西藏地方政局，并借此改善与国民政府的关系显然是十分必要的。

第三，当时藏军在康藏、青藏纠纷的军事对抗中均告失利，西藏地方政府非常担心青康军联手进攻西藏。因此，此时的西藏地方政府也有着通过欢迎中央大员入藏，来减轻来自青、康军事压力的迫切愿望。

第四，因为蒙藏委员会在给噶厦政府的商洽派中央大员入藏的电文中，曾提及"派大员入藏吊唁，借谋中央与西藏一切问题之解决"④，

---

① 中国藏学研究中心、中国第一历史档案馆等合编：《元以来西藏地方与中央政府关系档案史料汇编》（第6册），第2653页。这一呈文还可以印证《申报》1933年12月25日、26日记载的关于欢迎中央大员入藏的两份电文的真实性，这两份电文应该就是该呈文中所说的"旋奉西藏司伦、噶厦、伊仓两次复电，并已先后转译密陈各在案"中的两次复电。
② 中国藏学研究中心、中国第一历史档案馆等合编：《元以来西藏地方与中央政府关系档案史料汇编》（第6册），第2655页。
③ 季永海、关精明：《七世达赖喇嘛圆寂前后》，《中国藏学》1993年第4期。
④ 中国藏学研究中心、中国第一历史档案馆等合编：《元以来西藏地方与中央政府关系档案史料汇编》（第6册），第2653页。

从黄慕松在拉萨时和噶伦们的商谈情况来看，西藏地方政府非常看重这一点，意欲借此彻底解决西藏和中央政府的"一切问题"。因此，西藏地方政府欢迎黄慕松入藏，除了因为他有致祭专使的身份外，还在于寄希望和他"借谋"国民政府和西藏地方间"一切问题之解决"。

（二）入藏途中

1934年1月12日，国民政府正式发布"特派黄慕松为致祭护国弘化普慈圆觉大师达赖喇嘛专使"令。接奉此令后，蒙藏委员会于当月17日电告司伦朗顿·贡噶旺秋、噶厦政府和译仓（ཡིག་ཚང་），[①] 同时也向西藏驻京办事处下发训令，"令仰知照"[②]。之后，西藏驻京办事处还应蒙藏委员会的要求，为蒙藏委员会给"藏方现执政教权之热振呼图克图、司伦、噶厦政府等以及各大寺庙"购置礼品提供建议。[③] 从事后西藏地方政府对黄慕松拉萨之行的积极评价来看，黄慕松至少在礼节上没有引起注重等级、礼节的西藏统治集团的反感，这应该和西藏驻京办事处在黄慕松入藏准备阶段的协助不无关系。

为了"尊重中央使节"，协助噶厦政府做好对黄慕松的迎接工作，西藏驻京办事处派遣西藏驻京办事处职员之一的阿旺扎巴（也译阿汪札巴，དབང་དྲངས་གྲགས་པ།）[④] 随同黄慕松的先遣人员参议蒋致余、秘书王良坤一起，"携带达赖治丧等费及各种礼品"，于3月18日从南京出发，先行入藏。[⑤] 4月11日，阿旺扎巴一行抵达印度首都新德里，然后乘"挚姆拉"火车前往印度与中国西藏交界之地。[⑥] 5月23日，阿旺扎巴等抵达拉萨。[⑦]

[①] 中国藏学研究中心、中国第一历史档案馆等合编：《元以来西藏地方与中央政府关系档案史料汇编》（第6册），第2653页。

[②] 中国藏学研究中心、中国第二历史档案馆合编：《十三世达赖圆寂致祭和十四世达赖转世坐床档案选编》，第16—17页。

[③] 同上书，第39页。

[④] 阿旺扎巴是1932年3月21日奉十三世达赖喇嘛之命，出任西藏驻康办事处处长的（见本书第三章第一节）。由此推测，随黄慕松先遣人员一起入藏时，他仍可能任此职。

[⑤] 《申报》1934年2月22日；中国藏学研究中心、中国第二历史档案馆合编：《十三世达赖圆寂致祭和十四世达赖转世坐床档案选编》，第51页。

[⑥] 《申报》1934年4月14日。

[⑦] 中国第二历史档案馆、中国藏学研究中心合编：《中国第二历史档案馆所存西藏和藏事档案汇编》（第23册），第29页。

第六章　西藏驻京办事处独立参与的一些事务　297

1934年8月24日，代表孜噶（ཚེ་འགག）①的仔准（ཚེ་མགྲོན་ 布达拉知宾）勒丁·阿旺扎巴（སློབ་སྦྱིང་དབང་གྲགས་པ）、代表雪噶（ཤོད་འགག）②的卓尼哲阿·洛桑顿珠（མགྲོན་གཉེར་འབྲས་ཁམས་བློ་བཟང་དོན་གྲུབ）和代表噶厦政府的色新·洛桑顿珠（ཤེལ་གསར་བློ་བཟང་དོན་གྲུབ）等，受噶厦政府指派，从拉萨出发前往墨竹工卡（མལ་གྲོ་གུང་དཀར）迎接黄慕松一行。③8月26日十二时许，"身着僧官服饰，内着马蹄袖短褂、腰系红色缎带、挂笔套、脚穿紫红色朝靴"的勒丁·阿旺扎巴和哲阿·洛桑顿珠，以及"身着噶厦七品官礼服，头戴碗口大小的黄色呢帽，身穿枣红色长外套、系腰带、挂笔套，脚着枣红色朝靴"的色新·洛桑顿珠等和黄慕松一行在墨竹工卡前两公里的地方相见，阿旺扎巴等向黄慕松敬献了阿西哈达。之后，他们按照要求，提前返回拉萨向噶厦政府进行汇报。④

阿旺扎巴提前入藏，亲自向西藏摄政、噶厦政府汇报黄慕松入藏的相关情况，应该说对噶厦政府认识黄慕松入藏的意义，为黄慕松在藏顺利完成工作发挥了一定作用。同时，阿旺扎巴熟悉内地情形，因此甫到拉萨即被噶厦政府派为迎接黄慕松的职员之一，这也反映出西藏地方政府在处理有关中央政府的事务时对西藏驻京办事处职员的

---

① 孜噶，即孜森穹噶，是专为达赖喇嘛办事的机构，由四品僧官大卓尼负责。其主要职责是传达达赖喇嘛的各项政教指令和对各级僧俗官员的任免令，任免的摄政、各大活佛、噶伦、公爵、各级僧俗官员等，因事外出，均需经该机构向达赖喇嘛禀报或辞行。外国人参拜达赖喇嘛等政教活动也由该机构负责记录有关情况，以备撰写达赖喇嘛传记所用。夏扎·甘丹班觉、恰宗·其米杰布、色新·洛桑顿珠：《原西藏地方政府组织机构》，西藏自治区政协文史资料研究委员会编《西藏文史资料选辑》（第2辑），第284页。

② 雪噶，专为西藏摄政办事的机构，于藏历第十三饶迥火牛年（1757年）七世达赖喇嘛圆寂后，由第穆德勒嘉措活佛任摄政王时创建，由四品僧官南卓负责。机构内设五品俗官八名、侍卫两名、联络员（一般僧官）一名。夏扎·甘丹班觉、恰宗·其米杰布、色新·洛桑顿珠：《原西藏地方政府组织机构》，西藏自治区政协文史资料研究委员会编《西藏文史资料选辑》（第2辑），第285页。

③ 色新·洛桑顿珠：《国民党中央政府代表黄慕松来藏致祭十三世达赖喇嘛片段》，西藏自治区政协文史资料研究委员会编《西藏文史资料选辑》（第1辑），第160页；ཤེལ་གསར་བློ་བཟང་དོན་གྲུབ་ཀྱིས་བོད་ལ་འབྱོར་སྐོར་སྙིང་བསྡུས་བའི་གཞུང་བའི་དཀར་གྲོལ་རྫོངས་མཚོ་སྙིང་བློ་འབུམ་དུ་བོད་ན་གནས་ཚུལ་ཞིག བྱུང་གློ་བོད་རང་སྐྱོང་ལྗོངས་ཀྱི་ཡིག་སྣ་སྙིང་བསྡུས་བའི་གཞུང་བའི་བོད་ཀྱི་རྒྱལ་ཁབ་ཀྱི་སློབ་གཉེར་ཁང་བསྐྱངས་བའི་ཚད་བསྡུས་(1)མི་རིགས་དཔེ་སྐྲུན་ཁང་། མི་རིགས་དཔེ་སྐྲུན་ཁང་། ལོ 2009 ཤོག་གྲངས 348 ད་གསལ།

④ 色新·洛桑顿珠：《国民党中央政府代表黄慕松来藏致祭十三世达赖喇嘛片段》，西藏自治区政协文史资料研究委员会编《西藏文史资料选辑》（第1辑），第161页。

借重。

（三）反馈西藏地方政府信息

在阿旺扎巴入藏协助招待黄慕松的同时，留在南京的贡觉仲尼等也以及时向国民政府反馈西藏地方政府的动态的方式参与了黄慕松入藏事宜。

1934年10月5日，西藏驻京办事处向行政院转呈了西藏噶伦来电，电文表达了"藏民感谢中央册封致祭达赖大师盛意"[①]。同日，贡觉仲尼、阿旺坚赞和曲批图丹等向国民政府主席林森转报了西藏地方政府对中央政府派遣专使入藏册封、致祭十三世达赖喇嘛，以及同时"厚赉"摄政热振、司伦朗顿、众噶伦等高级官员的感谢。[②]

1934年11月9日和11月26日，《申报》两次报道了黄慕松在拉萨的活动情况，尤其在11月26日的报道中，该报明确说明消息的来源是西藏驻京办事处。由此可见，西藏驻京办事处还通过接受新闻媒体采访的方式，在一定程度上满足了人们对黄慕松在藏活动情况，西藏地方政府迎接专使的情形，以及十三世达赖喇嘛圆寂后西藏地方政情变化等的知情欲望。

对于国民政府而言，虽然他们能通过黄慕松得知使团在拉萨活动的相关情况，但是，通过西藏驻京办事处得到的西藏地方政府摄政、司伦和噶伦等的电文，直接反映了西藏地方上述重要政治人物对黄慕松入藏的态度，这要比黄慕松观察和听闻所得更有说服力。

从整个国民政府时期中央政府和西藏地方政府间的关系发展来看，黄慕松入藏发生在康藏、青藏战争之后，中央和西藏地方间的关系再次出现恶化迹象时期，因此黄慕松入藏可以说是一次富有历史意义的破冰之旅。在此过程中，西藏驻京办事处积极努力，为黄慕松等的顺利入藏和在藏开展工作发挥了自己应有的作用。

---

① 西藏社会科学院、中国社会科学院民族研究所、中央民族学院等编：《西藏地方是中国不可分割的一部分（史料选辑）》，第506页；《申报》1934年10月7日。
② 中国第二历史档案馆、中国藏学研究中心合编：《十三世达赖圆寂致祭和十四世达赖转世坐床档案选编》，第79—80页。

二 协助吴忠信入藏

（一）入藏前的沟通

1938年3月31日，时任国民政府军事委员会委员长西安行营主任的蒋鼎文，向蒙藏委员会转送了一份十三世达赖喇嘛转世灵童候选人已寻获，西藏寻访小组将秘密迎请灵童候选人返藏的情报。① 接报后的蒙藏委员会，一方面立即呈报行政院，请求行政院命令青海省府严防灵童候选人秘密返藏；另一方面，要求拉萨的张威白特别注意灵童寻访事宜，并要他暗示西藏地方政府援向例报告中央政府办理十三世达赖喇嘛转世事宜。② 在这种情况下，大约9月23日，西藏驻京办事处致电蒙藏委员会，汇报了转世灵童寻访工作的进展情况，并请求国民政府电令马步芳为寻获的当采灵童候选人放行。③

按照向例办理达赖喇嘛转世事宜，从而体现出中央对藏主权是国民政府在十三世达赖喇嘛转世事宜上的一个重要原则。为了顺利实现中央派员参加十三世达赖喇嘛转世灵童掣签征认典礼，1938年10月吴忠信接见了西藏驻京办事处处长、西藏驻京代表阿旺桑丹等人，就中央拟定的解决达赖喇嘛转世掣签办法征求了他们的意见。1938年12月3日吴忠信致电热振呼图克图，请他催促噶厦政府"早日商定"的同时，面告西藏驻京办事处处长阿旺桑丹中央派员的具体办法，④ 目的是由他来转呈西藏噶厦政府，起到多管齐下的作用。12月12日，热振摄政就中

---

① 中国第二历史档案馆、中国藏学研究中心合编：《十三世达赖喇嘛圆寂致祭和十四世达赖喇嘛转世坐床档案选编》，第134页。

② 1938年8月17日吴忠信给张威白的电报。郭玉琴主编：《蒙藏委员会驻藏办事处档案选编》（三），第24页。

③ 这一日期是根据1938年10月1日吴忠信给张威白的电报中的引文推算的。该电报见郭玉琴主编《蒙藏委员会驻藏办事处档案选编》（三），第24页。

④ 中国第二历史档案馆、中国藏学研究中心合编：《十三世达赖喇嘛圆寂致祭和十四世达赖喇嘛转世坐床档案选编》，第122页。具体办法包括三项：（一）国民政府特派大员前往拉萨会同热振呼图克图主持第十四辈达赖喇嘛掣签事宜；（二）国民政府特派大员会同热振呼图克图主持第十四辈达赖喇嘛掣签事宜，并得由该员指派代表就近办理之；（三）国民政府特派蒙藏委员会委员长会同热振呼图克图主持第十四辈达赖喇嘛掣签事宜，并得由该委员长指派代表就近办理之。中国藏学研究中心、中国第一历史档案馆等合编：《元以来西藏地方与中央政府关系档案史料汇编》（第7册），第2760页。

央派员参加掣签典礼事宜复电吴忠信：

> ……
>
> 所有中央派员参加办法一则，业经与司伦、噶厦商议，三灵儿迎到后举行掣签典礼之际，为昭大信、悦远迩计，中央应当派员参加。但目前中央驻藏长官现有张咨议在此，可以参加，抑或另行派员入藏，二者孰适，可于届时当再行呈报相商。至于各佛法卦内所示，今年内若不将三灵儿齐迎入藏，于达赖本身实有不祥之兆。因此事关系重大，仔肩难当，恳请先将在青之灵儿，饬令青海省府催促纪仓佛随同即速启程进藏为感。特电奉复，敬候示遵。
>
> 西藏摄政热振呼图克图叩。文。印①

由此可见，西藏地方政府和南京国民政府就中央派员主持、参加典礼事宜的基本立场取得了一致。西藏地方政府当时急于得到中央政府在灵童候选人入藏事宜上的支持，因此很快同意国民政府派员入藏，但是在具体办法上含糊其词，为双方以后在派员问题上的分歧埋下了伏笔。

1938年12月18日，西藏驻京办事处向蒙藏委员会转呈了噶厦政府接受中央派员主持十三世达赖喇嘛转世灵童掣签征认典礼的复电。② 12月27日，蒙藏委员就特派吴忠信赴藏事宜向西藏驻京办事处下达了训令，内称：

> 蒙藏委员会训令　藏字第3424号
> 令西藏驻京办事处
> 案查关于第十四辈达赖喇嘛转世一事，前据该处巧代电转呈噶

---

① 中国藏学研究中心、中国第一历史档案馆等合编：《元以来西藏地方与中央政府关系档案史料汇编》（第7册），第2761页。

② 虽然笔者目前还没有看到该电文的具体内容，但从1938年12月27日蒙藏委员向西藏驻京办事处下达的"藏字第3424号"训令可以看出，噶厦政府也是同意中央派员的。中国第二历史档案馆、中国藏学研究中心合编：《十三世达赖喇嘛圆寂致祭和十四世达赖喇嘛转世坐床档案选编》，第165页。

厦政府复电到会，当经呈请核示在案。兹奉行政院二十七年十二月二十四日渝字第10664号指令内开：呈悉。案经提出本院第三九四次会议，决议：（一）呈请国民政府特派蒙藏委员会委员长吴忠信会同热振呼图克图主持第十四辈达赖喇嘛转世事宜。（二）电青海省政府派员护送纪仓佛及西宁灵儿至西藏边境，并特给旅费五千元。除呈请国民政府明令特派，并电令青海省政府及财政部遵照外，仰即知照。再，掣签征认典礼该委员长得派代表在拉萨就近参加，并仰知照。此令。等因。奉此，除再由会电促青海省政府转饬纪仓佛等克日首途，并派员护送外，合行令仰该处转旦噶厦知照。此令。

中华民国（二十七）年（十二）月（二十七）日①

第二日，即12月28日，国民政府明令发布"特派蒙藏委员会委员长吴忠信会同热振呼图克图主持第十四辈达赖喇嘛转世事宜"②。蒙藏委员会就此一面电知热振呼图克图，一面召集西藏驻京办事处处长、西藏驻京代表阿旺桑丹等当面告知，并同时命令藏事处备函送达西藏驻京办事处，以便由其转电西藏地方当局。③ 1939年3月28日，吴忠信特约西藏代表午餐，并再次面告将"亲往拉萨会同热振主持典礼，即托转知西藏政府"④。4月21日，阿旺桑丹向蒙藏委员会报告称：

> 吴委员长重视达赖转世，拟亲到拉萨，西藏甚表欢迎。委员长未动身前，即请电令青海纪仓佛偕灵儿先行启程。希望吴委员长由海道赴藏较为便捷。⑤

---

① 中国第二历史档案馆、中国藏学研究中心合编：《十三世达赖喇嘛圆寂致祭和十四世达赖喇嘛转世坐床档案选编》，第165页。
② 同上书，第166页。
③ 中国藏学研究中心、中国第一历史档案馆等合编：《元以来西藏地方与中央政府关系档案史料汇编》（第7册），第2764页。
④ 中国第二历史档案馆、中国藏学研究中心合编：《黄慕松、吴忠信、赵守钰、戴传贤奉使办理藏事报告书》，第209页。
⑤ 同上书，第210页。

1939年4月23日,西藏驻京办事处正式给蒙藏委员会转呈了噶厦政府来电:

> 蒙藏委员会吴委员长钧鉴:
> 顷奉藏政府来电开:主持十四辈达赖掣签事宜,前由代表等转来中央所提三项办法,由藏方选择其一,藏中曾决定选择三项中之第三项办法,由蒙藏委员会吴委员长指派张咨议威白代表就近办理,电令代表等转呈中央在案。现吴委员长既拟亲莅拉萨,藏方因中藏情感日益融洽起见,极表欢迎。祈速转请吴委员长由海道入藏。但在未动身以前,务恳中央电知西宁纪仓佛等速送灵儿起程入藏,并请吴委员长决定首途日期,先为电告。等情。
> 据此,肃电奉陈,仰祈鉴核示遵。
> 西藏代表阿旺桑丹、格敦恪典、图丹桑结。梗。叩

从1939年年初由西藏驻京办事处将三项办法转呈西藏地方政府,到1939年4月噶厦对吴忠信入藏"极表欢迎",这期间西藏地方政府和蒙藏委员会、青海省政府间已经进行了长达四个多月的关于青海灵童候选人入藏事宜的交涉,由其过程和结果可以看出,西藏地方政府欢迎吴忠信入藏固然是为了"中藏感情日益融洽起见",但是西藏地方政府把马步芳阻留灵童候选人入藏看成国民政府迫使其接受派员入藏的一种措施,所以企图以欢迎吴忠信入藏来换取马步芳放行灵童候选人入藏。据前文论述可以看出,开始时蒙藏委员会确实曾致电马步芳阻止灵童候选人入藏,以取得西藏地方政府对中央派员入藏主持灵童征认及坐床典礼政策的支持,但后期马步芳却将阻止灵童候选人入藏当成敲诈国民政府和西藏地方政府的手段,对国民政府促其放行灵童候选人的命令阳奉阴违。

从以上引文也可以看出,热振摄政和西藏地方政府更倾向于第三项办法,即"(三)国民政府特派蒙藏委员会委员长会同热振呼图克图主持第十四辈达赖喇嘛掣签事宜,并得由该委员长指派代表就近办理之"。对作为西藏地方既得利益者,同时意欲操控十三世达赖喇嘛转世事宜的

热振系统来说,①一个低级别的中央政府官员参与典礼,显然有利于其操控掣签征认和坐床事宜,以维护和巩固其既得利益,而这正是热振系统倾向于第三项办法的主要原因。

1939年7月2日,蒙藏委员会通知西藏驻京办事处吴忠信假道印度入藏,以及孔庆宗等十人先行入藏事。②7月23日,再次通知西藏驻京办事处吴忠信将于"九月自渝首途,十一月经过印度入藏"③。

确定了专使入藏的道路和首途时间后,蒙藏委员会相关部门和西藏驻京办事处就入藏的具体事宜进行了协商:8月1日和8月8日,西藏驻京办事处和藏事处,就吴忠信入藏随员的人数及礼物免税事宜等进行了交涉;④9月16日,西藏驻京办事告知吴忠信,"昌都总管饬令岗拖藏军准备迎送"由陆路进藏的孔庆宗等;⑤9月30日,西藏驻京办事处呈请蒙藏委员会,就奉令随吴忠信入藏的图丹桑结及随员米双仁、色朗⑥三人的护照,"应先为办妥,俾利行程",并附呈了办理护照用的相片九张,履历表三份。⑦

10月5日,吴忠信终于拿到了经印度入藏的护照。10月8日晚六时,西藏驻京办事处即为吴忠信饯行。⑧此后,吴忠信又为采办礼品等

---

① 从整个十三世达赖喇嘛转世灵童寻访、征认和坐床过程来看,热振系统意欲操控达赖喇嘛转世事宜的倾向是非常明显的,例如他因此而迫使司伦朗顿·贡噶朗秋辞职,并在青海灵童候选人尚未到拉萨时就提前认定青海灵童候选人为十三世达赖喇嘛转世灵童等。热振系统这些行为的主要目的,在于在西藏内部的政治竞争中处于优势,以维护和巩固其在藏的既得利益。参考资料:[美]梅·戈尔斯坦《喇嘛王国的覆灭》,杜永彬译,第337页(*A History of Modern Tibet*, *1913-1951*: *The Demise of The Lamaist State*, p. 333.);中国第二历史档案馆、中国藏学研究中心合编:《十三世达赖喇嘛圆寂致祭和十四世达赖喇嘛转世坐床档案选编》,第237页。
② 郭玉琴主编:《蒙藏委员会驻藏办事处档案选编》(二),第137—138、133页。
③ 中国第二历史档案馆、中国藏学研究中心合编:《十三世达赖喇嘛圆寂致祭和十四世达赖喇嘛转世坐床档案选编》,第216页。
④ 同上书,第218—219、229—230页。
⑤ 同上书,第242页。
⑥ 色朗,即索南(བསོད་ནམས），是1935年同图丹桑结等同来南京的图丹桑结的佣人,在图丹桑结的《关于第一、第二期西藏汉地办事人员情况的回忆》一书中多次出现。
⑦ 中国第二历史档案馆、中国藏学研究中心合编:《十三世达赖喇嘛圆寂致祭和十四世达赖喇嘛转世坐床档案选编》,第249页。
⑧ 中国第二历史档案馆、中国藏学研究中心合编:《黄慕松、吴忠信、赵守钰、戴传贤奉使办理藏事报告书》,第220页。

事耽误了一个多月，直至 11 月 22 日才最终成行。

（二）赴藏途中和在藏时的协助

1939 年 11 月 12 日，张国书（顾问）、单问枢（医生）、图丹桑结和摄影师四人及随员等，由香港乘"奚埃拉"轮先期出发，赴加尔各答。① 11 月 22 日，吴忠信由重庆乘坐"波丹离拉号"飞机飞达缅甸仰光。11 月 24 日，图丹桑结等和吴忠信等在仰光相见；26 日图丹桑结等仍乘"奚埃拉"轮启行，11 月 29 日到达加尔各答，再次与吴忠信等相见。②

在加尔各答，吴忠信等为入藏做了最后的准备。因为入藏需要骑马，而吴忠信一行中的各位均系文官，不惯于骑马，并且所携带的行李、礼品数量很多，因此运输问题颇让吴忠信为难。为此，11 月 30 日吴忠信专门召集图丹桑结和专程到印度迎接的张威白研究，并最终得以妥善解决。③ 同日，正在返藏途中，暂时旅居印度的西藏驻京办事处前副处长阿旺坚赞由噶伦堡赶至加尔各答进见吴忠信，吴忠信派遣张国书和图丹桑结前往车站迎接，并为他在"爱文义"旅馆订妥房间。④

吴忠信等在加尔各答逗留了六七天，在做入藏准备的同时应酬各界人士。1939 年 12 月 6 日，吴忠信"夜车"前往大吉岭的同时，阿旺坚赞也于同晚"遄返噶林堡，部署行辕房屋及筹备欢迎等事"⑤。第二天上午十时二十分，吴忠信一行抵达大吉岭，下榻"太极峰旅社"。8 日午后四时半，阿旺坚赞陪同"邦达昌（སྤོམ་མདའ་ཚང་）经理由噶伦堡来见，报告运输及汇款诸事，旋即返回"⑥。12 月 11 日十时，吴忠信的另一路人马周昆田等到达噶伦堡，阿旺坚赞和张威白到车站迎接，并安排他们在邦达饶干（སྤོམ་མདའ་རབ་དགའ་）寓所居住。⑦ 12 月 14 日，在驻加尔各答

---

① 中国第二历史档案馆、中国藏学研究中心合编：《黄慕松、吴忠信、赵守钰、戴传贤奉使办理藏事报告书》，第 224 页。
② 同上书，第 224—228 页。
③ 同上书，第 228 页。
④ 同上书，第 323 页。
⑤ 同上书，第 323 页。
⑥ 同上书，第 230 页。
⑦ 同上书，第 324 页。

总领事黄朝琴和阿旺坚赞的陪同下,吴忠信前往寺庙礼佛、布施。① 12月15日,西藏驻京办事处原科长意希博真进见吴忠信,并报告最近藏情。② 12月19日,在阿旺坚赞和图丹桑结等的陪同下,吴忠信一行前往锡金首府岗多。③ 第二天开始正式踏上中国西藏的土地。

由以上事实可以看出,从11月28日吴忠信等到达加尔各答,到12月19日前往锡金首府岗多的二十多天里,阿旺坚赞和图丹桑结为吴忠信一行入藏积极奔走,提供了诸多帮助,为吴忠信等顺利入藏发挥了重要作用。

从12月20日入藏境到1940年1月15日到达拉萨的二十多天里,图丹桑结又陪同吴忠信走完了这段艰难的旅程。这期间,图丹桑结需要每晚"验收从亚东经每个宗送过来的物品、计算脚钱,制作从江孜分批发往浪卡子（སྣ་དཀར་རྩེ）的物品清单"④,到达曲水（ཆུ་ཤུར）后出面向擦绒借宿,并在沿途担任翻译,为吴忠信一行在行程中和各地迎接人群的接触、交流,以及解决吃、住、行等提供了诸多帮助。例如,当吴忠信一行将至拉萨时,奉噶厦政府之命前往迎接的夏扎·甘丹班觉（བཤད་སྒྲ་དགའ་ལྡན་དཔལ་འབྱོར）等和吴忠信相见时,就是由图丹桑结为大家作介绍,当翻译的。⑤

（三）在拉萨时的协助

1940年1月15日,经过两个多月长途跋涉的吴忠信等终于到达了拉萨,下榻于粉刷一新的色兴家（ཟམ་ཞིམ་ཁག）大院。第二天下午,西藏驻京办事处前处长贡觉仲尼前来拜访,他乡遇旧友,吴和贡"接谈颇久",吴忠信还盛赞贡觉仲尼"是藏人中最接近中央者"⑥。

吴忠信在拉萨期间,贡觉仲尼和图丹桑结成为其和西藏地方政府间

---

① 中国第二历史档案馆、中国藏学研究中心合编：《黄慕松、吴忠信、赵守钰、戴传贤奉使办理藏事报告书》,第233页。
② 同上书,第324—325页。
③ 同上书,第234页。
④ 图丹桑结：《关于第一、第二期西藏驻汉地办事人员情况的回忆》,何宗英译。
⑤ 夏扎·甘丹班觉：《忆吴忠信来藏主持十四世达赖喇嘛坐床典礼片段》,西藏自治区政协文史资料研究委员会编《西藏文史资料选辑》（第1辑）,第163页。
⑥ 中国第二历史档案馆、中国藏学研究中心合编：《黄慕松、吴忠信、赵守钰、戴传贤奉使办理藏事报告书》,第243页。

进行沟通、协商的主要中间人，通过他们吴忠信会见灵童问题、坐床典礼时的坐垫问题等都得以顺利解决。吴忠信甚至就坐垫问题"比托贡此后全权与噶厦接洽"，并认为"委托贡觉仲尼与噶厦交涉极为适宜，以他人对噶厦均无说话能力也"[1]。由此可以看出，吴忠信对贡觉仲尼的信任和欣赏。

此外，贡觉仲尼和图丹桑结为吴忠信在拉萨进行礼佛、布施等宗教活动出力也颇多。例如吴忠信1月22日赴色拉寺礼佛[2]、1月30日赴色拉寺布施僧众、2月13日大昭寺"拈香"、2月22日布施传召大会僧众时，都能看到贡觉仲尼和图丹桑结忙碌的身影。[3] 从整体来看，吴忠信参与这些宗教活动达到了其"树立信用"，拉近和西藏地方政府情感距离的预期目的，而贡觉仲尼和图丹桑结对此也居功不小。同时，贡觉仲尼还时常陪同西藏地方官员晋见吴忠信，由此可以看出，双方都将其看成了进行沟通的主要"桥梁"[4]。

作为西藏驻京办事处，协助中央大员入藏是其应尽的职责之一。从黄慕松入藏到吴忠信入藏过程中西藏驻京办事处的作用来看，西藏驻京办事处尽到了自己的这一职责，为中央大员的顺利入藏，以及在藏顺利开展活动提供了大力帮助。从贡觉仲尼被任命为扎萨克，"并指定凡遇会议事项，嘱其出席发言"[5]，图丹桑结于1940年6月前后被提拔为四品的"堪琼"（མཁན་ཆུང་），派赴昌都办事的情况来看，[6] 西藏地方政府对他们的工作成绩也是认可的。

---

[1] 中国第二历史档案馆、中国藏学研究中心合编：《黄慕松、吴忠信、赵守钰、戴传贤奉使办理藏事报告书》，第265、266页。

[2] 吴忠信此次是因贡觉仲尼之邀前往色拉寺的，此日贡觉仲尼在色拉寺举行供养典礼。朱少逸：《拉萨见闻记》，张羽新、张双智编纂《民国藏事史料汇编》（第20册），学苑出版社2005年版，第194页。

[3] 中国第二历史档案馆、中国藏学研究中心合编：《黄慕松、吴忠信、赵守钰、戴传贤奉使办理藏事报告书》，第246、250、261、330页。

[4] 例如贡觉仲尼曾于1940年2月26日陪同多德代本、4月5日陪同前喇嘛噶伦来拜访吴忠信。中国第二历史档案馆、中国藏学研究中心合编：《黄慕松、吴忠信、赵守钰、戴传贤奉使办理藏事报告书》，第270、295页。

[5] 郭玉琴主编：《蒙藏委员会驻藏办事处档案选编》（二），第281页。

[6] 《边政公论》1941年第1期；郭玉琴主编：《蒙藏委员会驻藏办事处档案选编》（十），第281页。

第三节　在热振事件中的作用

1934年1月至1941年1月，在热振呼图克图（ར་སྒྲེང་ཧུ་བཏུན་འཇམ་དཔལ་ཡེ་ཤེས）担任摄政的整个时期，西藏驻京办事处主要经历了两批西藏驻京代表：第一批是由十三世达赖喇嘛派出的，以贡觉仲尼为首；第二批是由热振呼图克图自己选派的，以阿旺桑丹为首。因为是摄政，这一时期的以西藏驻京办事处处长为首的诸位西藏代表自然对热振呼图克图唯命是从。但是随着1941年热振呼图克图的辞职，以及之言热振呼图克图和达札（སྟག་བྲག་དགའ་ལྡན་མཆོག་སྤྲུལ）摄政矛盾的激化，作为西藏地方政府派驻机构，无论是否自愿，都不可避免地和达札摄政掌控的西藏地方政府站在一起，参与了反对热振呼图克图的一些活动。

一　热振呼图克图摄政时期和西藏驻京办事处的关系

1933年12月，十三世达赖喇嘛圆寂后，西藏地方政治在动荡中寻找新的平衡，最终代表传统的势力占据主导，并推举热振呼图克图按惯例担任了摄政。与此同时，时任司伦的朗顿·贡噶旺秋致电西藏驻京办事处，要求他们"循例"向中央政府呈报热振呼图克图出任摄政事宜。[1] 1934年1月31日，行政院致电匨藏驻京办事处，向其表明行政院核准热振呼图克图代替达赖喇嘛总摄西藏政教大权，并要求其将行政院的此项决定转电噶厦政府和司伦朗顿·贡噶旺秋。[2]

在热振呼图克图摄政时期，西藏驻京办事处和热振系统间的"私交"，集中体现在热振系统的几次商业活动方面。1936年春，格西隆图嘉错（དགེ་བཤེས་ཀླུང་སྟོབས་རྒྱ་མཚོ）受摄政热振呼图克图派遣，从西藏来南京答礼，以表示对中央册封、赠礼的感谢。当然，格西隆图嘉错丕有别的使

---

[1] 中国藏学研究中心、中国第一历史档案馆等合编：《元以来西藏地方与中央政府关系档案史料汇编》（第6册），第2695页。

[2] 同上书，第2696页。

命：一是为热振寺修葺募捐；二是顺便替热振系统采购。① 1937年夏，热振呼图克图又派遣业巴鲁珠丹达（གཞིས་པ་གྲུབ་བསྟན་དར）"来京购置庙用物品，并觐见主席及各院部会长官"②。因为"招待及指导""西藏派京公务员、留学生或传教过京之西藏喇嘛临时事项"③ 是西藏驻京办事处的职责之一，格西隆图嘉错和业巴鲁珠丹达作为热振摄政的代表，虽然不属于上述三类人物，但仍然受到了西藏驻京办事处的招待和帮助。1936年3月8日，热振呼图克图致电蒙藏委员会，请求译转格西隆图嘉错，电文除了感谢蒋介石等国民政府官员对热振寺的捐助外，热振呼图克图指示格西隆图嘉错"所有捐款，盼照另电所开各货品量如数暂先购办"，并指示其"如有不明之处，可与札萨贡觉仁青④、卓尼阿旺坚赞商议办理"⑤。

蒙藏委员会委员长吴忠信说"热振贪财之名传遍全藏，复又好色"⑥，蒙藏委员会驻藏办事处处长沈宗濂认为热振呼图克图"为人贪而无谋"⑦，九世班禅大师派驻拉萨的代表昂谦活佛在1936年10月对热振呼图克图也有类似的评价。⑧ 除了这些评价外，一些事实也证实热

---

① 《蒙藏月报》1936年第4卷第5期。
② 《蒙藏月报》1938年第8卷第1期。
③ 《蒙藏月报》1936年第4卷第3期。
④ 应该是贡觉仲尼。西藏摄政弄错了西藏驻京办事处处长、西藏总代表的名字，也算是一件令人难以置信的事情。
⑤ 中国藏学研究中心、中国第一历史档案馆等合编：《元以来西藏地方与中央政府关系档案史料汇编》（第6册），第2698页。
⑥ 中国第二历史档案馆、中国藏学研究中心合编：《黄慕松、吴忠信、赵守钰、戴传贤奉使办理藏事报告书》，第298—299页。
⑦ 《沈宗濂呈西藏政情及对策》（1946年8月23日），《藏王达札与热振交恶》（1），台湾"国史馆"藏国民政府档案，0592/4410.01-01，转引自陈谦平《抗战前后之中英西藏交涉（1935—1947）》，生活·读书·新知三联书店2003年版，第377页。
⑧ ［美］梅·戈尔斯坦：《喇嘛王国的覆灭》，杜永彬译，第336页；Melvyn C. Goldstein. *A History of Modern Tibet, 1913–1951: The Demise of the Lamaist State*, p. 331. 另外，《喇嘛王国覆灭》第336页上翻译黎吉生对热振呼图克图的评价时可能有误，英文原文为：In my opinion… the Regent is governed by self-interest. He has no fixed policy and his actions are dictated by momentary considerations. (*A History of Modern Tibet, 1913–1951: The Demise of the Lamaist State*, p. 331.) 应译为：在我看来……热振是凭自己的兴趣来进行统治的。他没有固定的政策，他的行为被一时的想法所左右。原译文为："在我看来，……热振是凭自己的兴趣来进行统治的。他没有固定的政策，他的行为是由金钱支配的。"（《喇嘛王国覆灭》，第336页）

振活佛确有"贪财"的本性。1937年至1938年,西藏驻京办事处的阿旺坚赞多次收到热振呼图克图以"藏王"名义发给他的电报,要求其对在内地的热振呼图克图代表提供商务上的协助,甚至直接要求阿旺坚赞代为购物。① 从这些电报的内容来看,热振呼图克图十分在乎个人商业方面的蝇头小利,与其摄政的身份极不相配,反映了热振呼图克图"贪财"的一面。

从西藏驻京办事处的角度来看,虽然热振呼图克图是摄政,格西隆图嘉错的商业行为显然是热振系统的"私事",格西隆图嘉错也不能算"西藏派京公务员",但是西藏驻京办事处还是尽最大努力提供了帮助,这一方面是西藏驻京办事处履行自己的"职责",但另一方面应该说热振呼图克图摄政的地位和身份也是其愿意为这种"私事"积极提供帮助的重要因素之一。

二 热振事件中的西藏驻京办事处

热振呼图克图虽然有贪利的缺点,但他也以爱国而著称,所以被趋向于亲英自立的达札集团所仇视。尤其是1944年热振呼图克图拉萨之行后,热振系统和达札集团的矛盾也随之升级。热振退位之初,国民政府中的一些人对热振确实有"将来时机成熟,中央仍支持其主持藏政"②的想法。同时在谋划复摄政位的过程中,热振呼图克图也将希望

---

① 1937年至1938年,热振呼图克图以"藏王"名义先后三次致电蒙藏委员会,请求译转给在南京的西藏驻京代表阿旺坚赞和热振呼图克图代表格西隆图嘉错:1. 1937年藏历十一月二十五日电:"……此次厦堆谷玛到藏所带之北平货物,今均出售,得价很好,汝等于重庆能获得黑狐皮褂子、白狐狸毛褂子,价廉者购买同带来藏,否则托阿旺坚赞寻购……"2. 1937年藏历十一月二十八日电:"……此次厦堆谷玛所带来价值一千元之貂皮大褂二件,现如出售,可赚七百元。若将此大褂卖去,汝等能否再照样代购?现此大褂卖与不卖,速望电告。"3. 1937年藏历十一月三十日电:"……电称货已抵港一节,由旅行社发的抑或是汝等发的?现香港有何人?望将货即发印度,将船名勿用汉语用英文名称报来,以便查询,速收货箱。否则延时太久,货仓费很大。特知。"郭玉琴主编:《蒙藏委员会驻藏办事处档案选编》(二),第32、34、36、46页。

② 中国藏学研究中心、中国第二历史档案馆合编:《九世班禅圆寂致祭和十世班禅转世坐床档案选编》,第234页。

寄托于国民政府的扶助，并积极寻求国民政府的支持，① 这决定了西藏驻京办事处将不可避免地被卷入这场纷争。虽然热振呼图克图对国民政府寄予厚望，但国民政府中的一些人对他并不看好，因此对是否扶助热振呼图克图复位存在着不同的声音，如蒙藏委员会驻藏办事处处长沈宗濂、掌管军令部的徐永昌、蒙藏委员会委员长罗良鉴等都不赞同支持热振呼图克图复位。②

从 1945 年开始，热振呼图克图就和国民政府在拉萨的特工人员、驻拉萨的国民党代表建立了联系，但显然他们的接触极其保密，所以既没有被拉萨的西藏地方政府侦知，也没有被南京的西藏驻京办事处察觉。

1946 年，国民政府邀请热振呼图克图参加在南京召开的"国民大会"，热振呼图克图不能亲自参加，于是他便委托热振寺传统施主，来自甘孜地区的康巴人顿珠朗杰（དོན་འགྲུབ་རྣམ་རྒྱལ）和土多朗杰（ཐུབ་བསྟན་རྣམ་རྒྱལ）③，前往南京寻求国民政府的支持。热振呼图克图显然对西藏驻京办事处存在着戒心，生怕被西藏驻京办事处探知，进而报告给噶厦政府，因此顿珠朗杰和土多朗杰被说成是前往南京出席国民大会④，并且热振呼图克图还"重嘱噶堡图稻朗吉及甲本布⑤希予注意"⑥。

---

① ［美］梅·戈尔斯坦：《喇嘛王国的覆灭》，杜永彬译，第 485—488 页；Melvyn C. Goldstein，*A History of Modern Tibet, 1913 - 1951：The Demise of the Lamaist State*，pp. 471 - 473；陈谦平：《抗战前后之中英西藏交涉（1935—1947）》，第 371—377 页。《喇嘛王国的覆灭》中主要提供了热振呼图克图一方寻求国民政府支持的一些资料，而《抗战前后之中英西藏交涉（1935—1947）》则提供了更多的当时在拉萨的军统局驻拉萨情报人员和热振呼图克图接触的一些情况。综合这些材料可以看出，1946 年以后热振呼图克图确实为复摄政位而积极寻求国民政府的支持。

② 陈谦平：《抗战前后之中英西藏交涉（1935—1947）》，第 383—385 页。

③ 热振事件发生后，顿珠朗杰因见国民政府并未采取实质性行动，所以返回了甘孜；而土多朗杰因热振呼图克图被害，忧愤而死。热振·益西楚臣：《热振事件中我奔赴祖国内地求援的经过》，西藏自治区政协文史资料研究委员会编《西藏文史资料选辑》（第 1 辑），第 597 页。

④ 热振·益西楚臣说顿珠朗杰和土多朗杰是前往南京出席国民大会的（热振·益西楚臣：《热振事件中我奔赴祖国内地求援的经过》，第 599 页），但事实上此二人的名字并不在出席此次大会的代表名录上，显然这是热振呼图克图用以掩人耳目的一种手段。

⑤ 图稻朗吉即土多朗杰，甲本布即顿珠朗杰。

⑥ 中国藏学研究中心、中国第一历史档案馆等合编：《元以来西藏地方与中央政府关系档案史料汇编》（第 7 册），第 2892 页。

第六章 西藏驻京办事处独立参与的一些事务

英国驻拉萨的商务代表黎吉生向达札摄政"密告"了热振呼图克图派代表参加国民大会之事，①因此引起了达札摄政的警觉。达札摄政立即命令噶厦政府严加注意，并指令西藏驻京办事处"在南京参加'国民大会'的西藏代表中除噶厦委派的两名扎萨外，还有何人参加，对西藏方面有何紧急情况？速查复"②。得到指令的西藏驻京办事处处长土丹桑布等立即着手"调查"，他们利用土丹贡培和热振系统的矛盾，③以及土丹贡培希望回藏，急于向噶厦政府邀功的心思，探听到了热振呼图克图的两位代表向国民政府求助的详情。1947年2月23日，噶厦政府收到了西藏驻京办事处发来的一封加急电报，电报要求"只准噶伦以上人阅"，电文的大意是："热振代表顿郎（霍加本之子）和拉卡尔·土多两人已向国民党政府要求派部队和飞机支援热振，蒋介石答应五天

---

① 关于黎吉生"密告"的内容，同为当时噶伦的拉鲁和噶雪巴（即噶雪·曲吉尼玛——笔者注）有不同的说法，拉鲁的记述中说：黎吉生向达札报告"热振已派遣团朗（霍甲本之子）和拉嘎尔·土多（团朗即顿珠朗杰，拉嘎尔·土多即土多朗杰——笔者注）去内地参加国民大会，可能要同国民党密谋什么。并说，国民党政府很器重他们，闭会后两人都没有回西藏"［拉鲁·次旺多吉：《热达矛盾起因及我等受命于达札摄政王"迎请"热振活佛的经过》，西藏自治区政协文史资料研究委员会编《西藏文史资料选辑》（第1辑），第388页］。噶雪巴的记述中则说：黎吉生向达札报告"热振派遣植霍尔·普顿朗和拉嘎尔·普土多二人前去南京参加了国民党大会受到优礼接待，胜过噶厦派去的两名扎萨。尤其值得注意的是，热振派去的这二人参加'国大'后留在南京。他俩承认西藏是属于中国领土而非独立，要求国民党派兵入藏，并给予武器和经济援助。国民党也准备派大军入藏，支持热振活佛重任摄政，还决定派飞机轰炸拉萨！"［噶雪·曲吉尼玛：《回忆热振事件》，西藏自治区政协文史资料研究委员会编《西藏文史资料选辑》（第1辑），第461—462页］比较此二人的记述，并结合梅·戈尔斯坦的研究（《喇嘛王国的覆灭》，第489—490页），笔者认为噶雪巴的记述将黎吉生"密告"的内容和西藏驻京办事处受命调查的报告内容混在了一起。

② 噶雪·曲吉尼玛：《回忆热振事件》，西藏自治区政协文史资料研究委员会编《西藏文史资料选辑》（第1辑），第462页。

③ 土登贡培和热振系统的关系经历了"先合后分"的过程：土登贡培从工布逃亡到印度后，先在噶伦堡热振拉章的一个商号供职，后因他自作主张的投资失败而离职（或被热振拉章"解职"）。1946年土登贡培前往南京前，"拟提款九万盾归己，热振寺人不允许"。因此二者的关系恶化。土登贡培初到南京即联系西藏驻京办事处，但西藏驻京办事处拒绝向他提供帮助。土登贡培在南京度过了一段艰难时期。最后西藏班禅驻京办事处不仅为其提供了生活上的资助，还为他谋得了一份工作。为了防止土登贡培被班禅系统"利用"，西藏驻京办事处经噶厦政府同意，承诺为其提供帮助。土登贡培通过顿珠朗杰获得了热振求助于国民政府的详情，然后他又把这一详情告诉了桑颇。参考资料：1.［美］梅·戈尔斯坦：《喇嘛王国的覆灭》，杜永彬译，第490页；2.中国藏学研究中心、中国第一历史档案馆等合编：《元以来西藏地方与中央政府关系档案史料汇编》（第7册），第2870页；3.拉宗卓嘎：《关于坚赛·土丹贡培》，西藏自治区政协文史资料研究委员会编《西藏文史资料选辑》（第1辑），第257页。

答复，请你们当机立断。"①

热振呼图克图的两位代表是否向国民政府提出了这样的请求已不可考，即便真有这样的请求，国民政府是否答应也尚不能确定，但西藏驻京办事处的这封信直接导致了热振呼图克图及热振系统的主要人物被捕，热振寺被洗劫，热振拉章被封，并爆发了噶厦政府和色拉寺间的强力对抗。虽然这一时期国民政府正面临着九世班禅转世灵童寻访这一更为重要的藏事，然而热振事件发生后，国民政府还是于第一时间给予了高度关注。4月23日、24日蒋介石连续致电达札和噶厦政府，要求其保护色拉寺，优待热振呼图克图。② 然而国民政府的这一要求，并没有对热振呼图克图被捕和色拉寺被攻产生任何积极作用。

因为热振呼图克图和国民政府保持着良好的关系，还是国民党中央执行委员，并且在事件处理中国民政府一再要求噶厦政府"保护色拉寺，优待摄政"，所以违令行事的达札摄政和噶厦政府非常担心国民政府会采取必要的反制措施。于是4月28日，也就是在镇压色拉寺反抗后的第二天，达札摄政第一次致电蒋介石，解释噶厦政府逮捕热振呼图克图的原因。同时，指令西藏驻京办事处向国民政府解释。西藏驻京办事因此呈文蒙藏委员会，"称有要事急需晋见主席"，请求迅速安排日期。按照蒋介石的指令，6月24日国民政府文官长吴鼎昌代行接见西藏驻京代表。时任西藏驻京办事处处长的土丹桑布"解释了'热振事件'的经过后，表示已经遵照中央指示，对事件有关人员从轻发落，没有影响汉、回及藏族人民的生活，目前拉萨已恢复安宁、平和。文官长吴鼎昌告之'西藏为佛法圣地，中央素来加意维护。此次事变既已了结，甚好。今后地方事务应以和谐安定为第一要义等语。边疆正值多事之秋，安定实乃首要，前事既结，不必多提'"③。显然，国民政府此举的目的在于安抚达札摄政，防止事态的进一步恶化。

---

① 拉鲁·次旺多吉：《热达矛盾起因及我等受命于达札摄政王"迎请"热振活佛的经过》，西藏自治区政协文史资料研究委员会编《西藏文史资料选辑》（第1辑），第389页。顿郎即顿珠朗杰，拉卡尔·土多即土多朗杰。
② 中国藏学研究中心、中国第一历史档案馆等合编：《元以来西藏地方与中央政府关系档案史料汇编》（第7册），第2873—2874页。
③ 喜饶尼玛、苏发祥编著：《蒙藏委员会档案中的西藏事务》，第315页。

热振事件爆发后，侥幸逃脱的热振系统人员热振·益西楚臣等奔赴内地，意欲寻求国民政府的支持。显然，达札摄政生怕热振·益西楚臣等向国民政府的申诉，导致国民政府对藏采取强硬措施，并且热振事件导致的西藏地方政府政治秩序的紊乱也亟须恢复，因此对这部分逃亡内地的热振系统人员也给予了一定的重视。大约1948年，西藏驻京办事处处长土丹桑布等因噶厦政府的指令，借调解在内地的热振系统内部经济纠纷之便，对热振事件中流亡青海的热振系统成员进行"劝回"，但没有达到目的。①

就冲突的类型来看，热振事件是典型的对抗性冲突，是西藏近代史上继九世班禅和西藏地方政府的矛盾冲突后西藏内部发生的又一次重大矛盾斗争，是一次旨在争夺西藏政治利益的政治斗争，其核心和本质是权力资源的占有。"权力是政治斗争争夺的焦点。在某种意义上来说，政治斗争就是权力斗争。斗争的最高状态是暴力斗争，暴力斗争集中到一个焦点上就是争夺政权的武装斗争。争夺政权的斗争说到底是利益之争的最高形式。"② 热振事件是热振呼图克图和达札争夺摄政之位斗争激化到一定程度后的必然结果。在热振事件发生的整个过程中，热振系统都将国民政府视为其赖以依靠的后盾，而达札集团为了对抗热振系统，获得这次斗争的最终胜利，则不时地倾向于寻求英国的帮助。因此，热振事件也表现为西藏内部爱国势力和亲英集团间的一次交锋。通过此次冲突，达札集团基本上达到了排斥、否定、夺取热振系统利益的目的，获得了最终胜利。而这一时期的国民政府正忙于内战，无暇顾及西藏地方，未能给热振系统提供实质性的帮助，导致了热振系统的最终失败。

因为达札是经热振呼图克图的举荐而出任摄政的，并且出任摄政后及时呈报国民政府核准备案，所以就达札和热振呼图克图的权力交接而言是合情合理的，并不存在所谓的达札"自为摄政"③的情形。从这个

---

① 热振·益西楚臣：《热振事件中我奔赴祖国内地求援的经过》，西藏自治区政协文史资料研究委员会编《西藏文史资料选辑》（第1辑），第600页。
② 王伟光：《利益论》，第228页。
③ 中国藏学研究中心、中国第一历史档案馆等合编：《元以来西藏地方与中央政府关系档案史料汇编》（第7册），第2882页。

角度讲，作为西藏地方政府驻京机构的西藏驻京办事处为达札摄政领导下的西藏地方政府负责是理所当然的，但因为热振事件的矛盾斗争中，达札集团为了在与亲中央政府的热振系统间的斗争中取得胜利，采取了拒绝执行国民政府决定，甚至不惜依靠英印政府的举措，表现出了亲英自立的倾向，这样西藏驻京办事处被夹在了二者中间，处于动辄得咎的尴尬境地。那份直接导致热振呼图克图被捕的电文很好地诠释了西藏驻京办事处的这一处境：虽然这份向西藏地方政府报告调查热振呼图克图代表在南京活动情况的电文，是按照西藏地方政府的命令进行的，电文中也没有掺杂西藏驻京办事处的意见和建议，但在实质上却发挥了"为虎作伥"的作用。

总体而言，无论是西藏驻京办事处对热振呼图克图担任摄政时的尊崇和服从，还是在热振事件中的"为虎作伥"，在实质上都是下级对上级命令的具体执行，作为西藏地方政府的派出机构，是无法选择，身不由己的。

第四节　参与调解青藏纠纷

一　青藏战争发生的原因分析[①]

1932年3月，在康藏纠纷调解陷入僵局难以推进的关键时期，藏军又在玉树一带发动了青藏战争，使局势更趋复杂。对藏军而言，在康藏军事冲突尚未结束的情况下贸然发动青藏战争，应该说是犯了兵家之大忌，这一军事行动也加速了其在康区战场上的失败。

从一定意义上说，青藏战争是康藏纠纷久拖不决的必然结果。总体来看，导致青藏战争的原因有以下几条。

第一，苏尔莽两寺之争。

和康藏纠纷一样，青藏战争的肇因之一也是寺庙间的财产纠纷。青海玉树囊谦地区的苏尔莽族（བར་ཆེན་ཁུལ་ཟུར་མང་）辖区内有噶丹寺（དགའ་ལྡན་དགོན）和郎杰拉孜寺（རྣམ་རྒྱལ་ལྷ་རྩེ་དགོན），其中前者属于格鲁派，按惯例

[①] 关于青藏战争原因的分析，可参考曲青山《关于青藏战争的起因问题》，《青海师范大学学报》（社会科学版）1991年第2期。

由达赖喇嘛选派堪布，后者属于噶举派。噶丹寺周围的大片农田属于郎杰拉孜寺，但是每年秋收时节噶丹寺都会抢收。郎杰拉孜寺因此告到玉树玉防司令部和玉树理事署。马步芳在玉树的玉防司令马彪要求噶丹寺僧人不能抢收。但是噶丹寺认为农田在自己周围，本不属于郎杰拉孜寺，对马彪的判决不服，所以派人前往拉萨申诉，请求支持。十三世达赖喇嘛命令昌都噶伦阿沛（བཀའ་བློན་དབང་པོ་）[①]查办此事。玉防司令部认为二寺皆在玉树境内，理应由玉树来管理。并表示，如果噶尔丹寺能够服从管理，安分守己，就会公平处理二寺纠纷，但如果仍然坚持强硬，就准备用武力来制裁。噶丹寺因此请求昌都噶伦给予武力支持，而在康藏军事冲突中处于优势的阿沛噶伦，被暂时的胜利冲昏头脑，竟然同意分兵玉树。[②]

第二，马步芳的故意诱使。

青藏战争的直接导火索是1932年2月发生的噶丹寺商务纠纷。1932年2月，噶丹寺僧人和青海商人因为货物价格发生了纠纷，青海商人向玉树玉防司令马彪呼吁，请求保护。马彪致电马步芳请示处置办法，马步芳命令当时担任青海南部边区警备司令部秘书的姚钧拟稿，电报南京，并令正闻社青海分社发布消息。正闻社青海分社的社长陈秉渊认为青藏商人纠纷司空见惯，不足以引起重视，因此以马彪名义发表了"国难当头，藏兵犯青"的电文，顿使政治空气紧张起来。马步芳看到此举有助于其迫使蒋介石的嫡系胡宗南部撤出青海，因此指示马彪"转饬玉树商人坚决争执，不予让步，迫使尕旦寺（即噶丹寺——笔者注）僧侣请昌都藏军司令砍郡（即'堪琼'——笔者注）达哇予以支援。马步芳并指示玉防司令马彪派秘书王家楣率领玉树千户百户等，由结古

[①] 这个阿沛并不是阿沛·阿旺晋美，而是阿沛·阿旺晋美的养父。阿沛噶伦是1931年奉十三世喇嘛之命接替任期届满的门堆巴（སྨོན་གྲུབ་པ་）而出任昌都总管（མདོ་སྤྱི་）的。阿沛出任昌都总管仅两年，即1933年即病逝任上。同年，十三世达赖喇嘛任命代理噶伦吉东·居美嘉措（བཀའ་ཚབ་བཀག་མཆོག་པ་འཇུག་མེད་ནག་མཚོ་）为新任昌都噶伦。ད་ལའི་བླ་མ་སྐུ་ཕྲེང་བཅུ་གསུམ་པའི་རྒྱ་ནག་བཅར་བསྐྱོད་ཀྱི་དཔྱད་རིག་གསར་བཤད་ཅེས་བྱ་བ། བོད་ལྗོངས་སྤྱི་ཚོགས་ཚན་རིག་ཁང་གི་སློབ་གཉེར་ཞིབ་འཇུག་རིགས་གནས་དཔྱད་རིག་ཅེས་བཀོད་པ།(4) མི་རྩོད་དཔལ་སྐྱིད་ཚོགས་པ། མི་ཚོགས་དཔེ་རྙིང་དཔེ་མཛོད། སྤྱི་ལོ་2009 ཧོང་གྲངས་556,559 དུ་གསལ།

[②] 伍昆明主编：《西藏近三百年政治史》，第408—409页。

前往昌都挑衅"①。战争开始后，玉树的马家军故意放弃防地，引诱藏军深入，于是藏军以为玉树马家军胆怯，不敢出击，轻敌深入，包围了结古。②而国民政府看到青藏战争爆发，胡宗南对此呼应不灵，因此不得不转而支持青海马家军对付藏军。

第三，出于康藏军事冲突的军事部署要求。

自从藏军进占甘孜、瞻对后，由青海马家军负责驻防的玉树就已经位于藏军侧后方。而1930年12月，"青海省即呈准国民政府，在玉树设立边防委员会，建立了海南警备司令部，并以马步芳为司令，扩大了军备"③。对于康区的藏军而言，青海的这一举措无疑严重影响着其侧背安全，不得不高度关注。从青海马家军在苏尔莽两寺之争中的强硬态度也可以看出，玉树设立边防委员会后对藏军侧后方威胁的增加。因为二寺之争由来已久，但以前都以调解的方式和平解决，但玉防司令部成立后，青海当局的态度空前强硬。在这种形势下，即使从军事角度讲，在昌都的阿沛噶伦也不得不分兵防御，防止玉树马家军的突然袭击。但是藏军的这一步显然迈得过大，将分兵驻防变成了进攻。

第四，昌都噶伦的轻敌心理。

在西康战场上，藏军凭借着先进的英式武器装备，取得了暂时的优势，并进占了甘孜、瞻对等地，这使得十三世达赖喇嘛和昌都噶伦产生轻敌心理，不惜犯兵家大忌，贸然分兵青海，开辟第二战场。而正如前文所述，青藏战争初期，青海马家军有意示弱，从而进一步加重了藏军的轻敌心理。1932年1月，昌都噶伦阿沛命令驻川边一带的藏军向昌都一线集结。3月24日④，藏军进入玉树境内，并很快攻占了苏尔莽等

---

① 陈秉渊：《马步芳家族统治青海四十年》（修订版），青海人民出版社1990年版，第92页。
② 同上书，第92—93页。
③ 杨效平：《马步芳家族的兴衰》，青海人民出版社2007版，第118页。
④ 关于青藏战争的开始时间，以往学术界略有争议［关于青藏战争开始时间的争议，请见曲青山《关于青藏战争的时间问题》，《青海师范大学学报》（社会科学版）1990年第3期］，但是依据1932年5月3日军事委员会为藏兵攻占大小苏尔莽、襄谦等地事宜而致蒙藏委员会的电文（该电文请见中国第二历史档案馆、中国藏学研究中心合编《康藏纠纷档案选编》，第263页）可以看出，将这一时间确定为1932年3月24日应该比较合理。

地。4月3日，藏军以一部分兵力占领囊谦、拉秀等地，4月15日后，藏军包围结古（སྐྱེ་དགུ་མདོ）的青海马家军。① 马步芳命令马彪死守待援。在得到国民政府的武器装备和军费支持后，② 马步芳开始部署对藏军的反攻。青海马家军的作战实力明显强于西康刘文辉的川军，所以从6月18日在结古集结开始到8月20日，前后只用了两个多月，不仅解了结古之围，并俘虏藏军一百多人。藏军被迫退守青科寺（ཆོས་འཁོར་དགོན），后进一步退至昌都（ཆབ་མདོ）。

第五，对国民政府治藏政策的"报复"。

为了表彰九世班禅大师"志行精诚，翊赞和平统一"③，1931年6月24日国民政府册封九世班禅为"护国宣化广慧大师"，不久又派九世班禅为西陲宣化使，④ 前往青海一带宣化。国民政府尊崇九世班禅，尤其是授予九世班禅西陲宣化使的做法立即遭到了十三世达赖喇嘛和西藏地方政府的强烈反对，贡觉仲尼等西藏驻京代表更以辞职相威胁来表达对这一任命的强烈不满。⑤ 另外，1932年3月7日，南京国民政府正式下令刘文辉负责处理康藏纠纷，这一决定也大大出乎十三世达赖喇嘛和噶厦政府的预料。早在1930年12月28日，十三世达赖喇嘛就致电蒙藏委员会，明确表示："汉番设要调停，非得政府特派通晓汉番情谊之员就近磋商，若再与刘文辉磋商，势难解决。"⑥ 显然，十三世达赖喇嘛从一开始就明确表达了不愿和刘文辉磋商的意愿。在这期间的整个调

---

① 中国人民政治协商会议青海省委员会文史资料研究委员会编：《青海文史资料选辑》（第14辑）（内部发行），第130页。

② 为此，国民政府通过杨虎城拨给马步芳快枪2000支，子弹20万发，临时军费40万元，无线电台5架。杨效平：《马步芳家族的兴衰》，第119页。

③ 中国第二历史档案馆、中国藏学研究中心合编：《九世班禅内地活动及返藏受阻档案选编》，第28页。

④ 虽然国民政府于1932年4月14日正式发布了特派班禅为"西陲宣化使"，组织西陲宣化使公署，并驻锡青海香尔德办公的指令，但是根据九世班禅于1932年3月19日致行政院，要求颁发西陲宣化使名义文件，以资信守的电文来看，早在1931年国民政府就已经授予班禅"西陲宣化使"名义了。

⑤ 中国第二历史档案馆、中国藏学研究中心合编：《康藏纠纷档案选编》，第145—148页。

⑥ 中国藏学研究中心、中国第一历史档案馆等合编：《元以来西藏地方与中央政府关系档案史料汇编》（第6册），第2544页。

解过程中，十三世达赖喇嘛也一再表现出了对以刘文辉为代表的川军的不信任。并且，将纠纷的处理权交给纠纷的关系一方，本来就是一个值得商榷的做法。国民政府将康藏纠纷的处理权交给刘文辉，显然不再考虑十三世达赖喇嘛的态度，对于十三世达赖喇嘛这样一位有着孤傲性格的人来说，这是绝对难以接受的。因此，当1932年5月6日蒙藏委员会致电十三世达赖喇嘛，"希严令制止"藏兵进入青海时，十三世达赖喇嘛则称："藏兵进占苏（苏莽）囊（囊谦）两地，能可（即可能之意）调停，命刘子泉（自乾）办案，藏方刭（前）殁（有）恶戚（感）之仇，恐中藏和好间必起衅端。"① 将调停青藏战争和反对将康藏纠纷的处理权交给刘文辉相提并论，其用意显而易见。

二 西藏驻京办事处参与调解

（一）蒙藏委员会的调停命令

1932年1月，正当藏军按照昌都阿沛噶伦的命令，向昌都一带集结时，"津沪各报登载""藏兵侵及青海南部，已占土司都市，所用各种武器，俱系英国出品。现在青海南部甚形恐惶"② 等。结合前文对青藏战争原因的分析可以推测，这很可能就是马步芳为将蒋介石嫡系胡宗南部挤出青海而有意进行的舆论渲染，目的就是制造紧张的政治气氛。

西藏驻京办事处"当即据报载各节电询西藏地方政府，兹奉复电内开，关于前开各节，并未接到边员报告。现值国难期中，西藏寺庙各集数千僧人，排日修法，回向祈祷国宇安宁，表示维护之不暇，焉有贸然侵青之理"③。因为怀疑是"西藏政府之反动分子潜在边省地方散布谣诼，挑拨感情，以图中藏大局之破坏"，因此西藏驻京办事处建议蒙藏委员会"嗣后如有类此之风谣，仍恳随时迅派大员就近彻查，以免隔阂，贻误事机，尤为铭感"④。西藏驻京办事处依据报纸报道，主动向西藏地方政府进行求证，并建议蒙藏委员会对"电讯是否属实"派员彻查，说明西藏驻京办事处对改善和维护中央和西藏地方间关系的重

---

① 中国第二历史档案馆、中国藏学研究中心合编：《康藏纠纷档案选编》，第266页。
② 同上书，第256页。
③ 同上。
④ 同上。

视，表现出其在藏事上的主动性。同时也说明西藏内部的矛盾不仅影响了西藏内部的团结和西藏的发展，并且一直如影随形般地影响着中央政府和西藏地方政府间关系的恢复和改善，西藏地方政府对中央政府的不信任，在很大程度就是由西藏内部矛盾引起的。

1932年3月24日，藏军正式发动青藏战争。但是直至1932年的4月18日，对于西藏驻京办事处希望"彻查"的建议，蒙藏委员会仍称："至各报载，既系传闻失实，自无派员彻查之必要。"[1] 这说明，虽然这一阶段西藏驻京办事处和蒙藏委员会间的矛盾已趋尖锐，[2] 但蒙藏委员会还是采信了西藏驻京办事处的说法。这一方面固然是出于蒙藏委员会对西藏驻京办事处的信任；另一方面则是因为蒙藏委员会的顾虑：如果怀疑西藏驻京办事处报告真实性则可能导致西藏驻京办事处对蒙藏委员会的进一步误解，进而进一步激化蒙藏委员会与西藏驻京办事处的矛盾。

1932年5月3日，军事委员会致电蒙藏委员会，要求它出面劝马步芳不要轻启战端，藏军不要继续"侵犯"青海。[3] 5月6日蒙藏委员会致电十三世达赖喇嘛，对于"藏兵攻占大小苏莽、囊谦等情……希严令制止"[4]；5月7日，又致电西藏驻京办事处，"合行令仰该处迅电达赖大师，令饬藏兵即日撤退，免使边民涂炭"[5]。显然，直到5月3日蒙藏委员会才真正认识到青藏战争局势的严重性。因此在5月7日的电文中，蒙藏委员会略带恼怒地质问道："查该处迭次代表达赖大师竭诚拥护中央，倾心内向，何至轻启衅端占据内地。"[6]

1932年6月30日，蒙藏委员会委员长石青阳致函西藏驻京办事处，在表达中央政府力主和平解决康藏、青藏纠纷的同时，表示"代表诸

---

[1] 中国第二历史档案馆、中国藏学研究中心合编：《康藏纠纷档案选编》，第262页。
[2] 关于西藏驻京办事处和蒙藏委员会间的矛盾情况，本书将在第八章第二节进行专门论述。
[3] 中国第二历史档案馆、中国藏学研究中心合编：《康藏纠纷档案选编》，第263页。
[4] 同上书，第264页。
[5] 同上书，第265页。
[6] 同上。

君，同在京市，无话不可面说，无事不可情商"①，要求他们及时沟通青藏、康藏纠纷进展，以免事态进一步扩大。

(二) 西藏地方政府的调解命令

1932年6月至8月，在青海马家军的打击下藏军被迫撤出玉树，并进一步退守昌都、内乌齐一线。在青、康两线均遭失利的情况下，十三世达赖喇嘛命令在南京的西藏驻京办事处出面调解，1932年7月24日，贡觉仲尼向蒙藏委员会转呈了7月8日收到的十三世达赖喇嘛说明康藏、青藏战争起因及经过情形的"来谕"，其中称："汉方虽屡使其欺罔手段，而藏方并不先启衅端，尤绝对不能违背中藏和好之旨趣。"② 9月5日，贡觉仲尼再次奉十三世达赖喇嘛之命，转呈了其"在藏事未妥洽以前，若承中央制止川青方面不启衅端，藏方决无军事行动"③的电文。由此可见，在青、康两线军事行动均告失利情况下，西藏驻京办事处成了十三世达赖喇嘛表达其和平处理青藏纠纷、康藏纠纷意旨的最主要渠道，这也表明对于西藏地方政府而言，在中央和西藏地方间关系"不正常"状态下西藏驻京办事处有着不可替代的重要作用。

与此同时，唯恐青、康军队进一步深入，十三世达赖喇嘛进而请英国出面向南京国民政府施压，然而国民政府以青藏、康藏纠纷系中国内政，外国无须插手为由拒绝了英国的"调停"请求。④ 事实上，当时青海马家军在攻克青科寺后确实已经和川军取得了联系，并"拟协商克期会攻昌都"⑤。正当此时刘湘和刘文辉间争夺四川的战争爆发，刘文辉无力西顾，昌都会攻自行取消。

经青海和西藏地方代表的共同努力，"青海和议全权代表海南玉树

---

① 四川省档案馆、西川民族研究所合编：《近代康区档案资料选编》，四川大学出版社1990年版，第448页。
② 中国第二历史档案馆、中国藏学研究中心合编：《康藏纠纷档案选编》，第278页。
③ 同上书，第288页。
④ 中国藏学研究中心、中国第一历史档案馆等合编：《元以来西藏地方与中央政府关系档案史料汇编》(第6册)，第2580—2582页。
⑤ 同上书，第2579页。

宣慰使马驯""西藏和议全权代表北路总管仲伊青布涂旦公吉（དུང་ཡིག་ཆེན་པོ་ཐུབ་བསྟན་ཀུན་མཆོག）①、索康汪金次旦（ཟུར་ཁང་དབང་ཆེན་ཚེ་བརྟན）、仔仲昂汪老追（ཅེ་དྲུང་དབག་དབང་བློ་རྟོགས）"于1933年4月10日②签订了停战和议八条，史称"青藏和议"③。1933年7月1日，贡觉仲尼面见石青阳，报告青藏和议已经签订，并于当日下午拜访了青海省府驻京办事员王廷瑞。④

青藏停战协议虽已签订，但是西藏和青海地方间仍时有矛盾，西藏驻京办事处自然又成了调解这些矛盾的主要参与者。例如1933年11月29日，马步芳致电蒙藏委员会，通报了青海玉树驻军旅长马彪关于藏军毁约，在双方约定的缓冲地带驻军的报告。12月7日，蒙藏委员会即向西藏驻京办事处下发训令，要求其"迅速转电达赖严行制止，以维和严而安边局。并将办理情形，随时具报为要"⑤。12月15日，西藏驻京办事处向蒙藏委员会报告了十三世达赖喇嘛的来电，表示"藏方对青藏和约并无毁弃之意，现仍照约保持和平"，西藏驻京办事处并请蒙藏委员会转电青海马步芳，以免发生误会。⑥

---

① 涂旦公吉，又译为土登贡钦，于1932年奉十三世达赖喇嘛之命，担任"玉树以北地区守军之长官"［《十三世达赖喇嘛年谱》，西藏自治区政协文史资料研究委员会编《西藏文史资料选辑》（第2辑），第201页］。སྐུ་ཞབས་ཕྱོགས་ཁང་ཆུ་བཞག་དང་སྤུན་དག་གསོགས་ཀྱི་འདོན་མ་མགར་དུ་དོན་གཞི་བགྲོ་གླེང་ཀུན་མཐུན་ལ་གཞིགས་ནས་ཕྱི་ལོའི་བགྲོ་གླེང་དང་། དུ་ལའི་ཟླ་ལྔ་པའི་ཚེས་ཉེར་པའི་ཉིན་མཚོ་ཆེད་དགུང་ཆོས། ཤིང་སྟོད་བོད་རང་སྐྱོང་ལྗོངས་ལོ་རྒྱུས་ཀྱང་རྒྱལ་རིག་གསོགས་དཔང་ངའི་ཅ་ཆས་བདག་སྤྱོད་ཡིག་ཆོས་བྱས། རོ་ལོ་སྐྱར་བརྡལ་རིག་གསོགས་བདང་གཞིའི་ཅ་ཆས་བསྒྲིགས།(4) སེ་ཕྲེན་དཔེ་སྐྲུན་ཚོགས་པ། མི་རིགས་དཔེ་སྐྲུན་ཁང་། སྤྱིའི་ལོ་2009 ཤོག་གྲངས་557 དུ་གསལ།

② 关于青藏战争结束，《青藏和议》签订的时间问题，以往学术界有1933年4月10日和1933年6月15日的争议。关于此时间的争议，请参见曲青山《关于青藏战争的时间问题》，《青海师范大学学报》（社会科学版）1990年第3期。但是根据1933年10月7日青海省为报送《青藏和议》照片而致蒙藏委员会的咨文中的《青藏和议》，可以确定该时间为4月10日（中国第二历史档案馆、中国藏学研究中心合编：《康藏纠纷档案选编》，第321页）。

③ 《青藏和议》共八条，原文请见中国第二历史档案馆、中国藏学研究中心合编《康藏纠纷档案选编》，第319—321页。

④ 《申报》1933年7月2日。

⑤ 中国第二历史档案馆、中国藏学研究中心合编：《康藏纠纷档案选编》，第329—330页。

⑥ 中国第二历史档案馆、中国藏学研究中心合编：《康藏纠纷档案选编》，第335页。十三世达赖喇嘛于1933年12月17日圆寂，按照《达赖喇嘛年谱》的记载，达赖喇嘛圆寂前几天病情已经非常严重，所以可能并不是十三世达赖喇嘛本人的意见。

虽然青藏战争发生不久，藏军就在战斗力较强的青海马家军的打击下退回西藏，各方并没有太多地参与青藏战争的调解。但是，从西藏驻京办事处参与其中仅有的几次电文可以看出，西藏驻京办事处几乎成了这一时期蒙藏委员会获取西藏地方政府相关信息的唯一渠道，所以当西藏驻京办事处没有呈报相关情报时，在长达一个月的时间里，青藏战争居然也未能引起蒙藏委员会的足够重视，这也间接说明了西藏驻京办事处在当时沟通西藏地方和中央政府间关系方面所具有的不可替代的重要作用。

第五节 "中印运输线"交涉及"外交局事件"中的作用

国民政府和西藏地方政府关于"中印运输线"的分歧及"外交局事件"的发生，标志着国民政府以来日益改善的中央和西藏地方间关系转向恶化。究其原因，主要是因为这期间西藏地方摄政发生更替，新任摄政达札在"亲英自立"派的影响下，逐渐改变了原摄政热振呼图克图亲中央的政策。同时，也因为这一时期的抗日战争使国民政府无暇西顾，从而助长了西藏地方统治集团中个别人的"自大"意识。

一 在"中印运输线"交涉中的作用

在整个抗日战争期间，经过西藏的中印运输线主要涉及两个，一是滇缅公路封锁后拟修建的"中印公路日玛线"，另一个就是曾发挥过积极作用的途经拉萨的中印"驮运补给线"。

(一) 历史背景

1940年7月15日，在日本政府的一再施压下，对日实行绥靖政策的英国决定自7月18日起封锁滇缅公路。因为滇缅公路是这一时期中国获得抗战援华物资的重要国际通道，因此英国的这一举动对中国抗日造成了巨大影响。此后虽然国民政府多次要求恢复滇缅公路，但都没有得到英国政府的同意。① 直到 1940 年 10 月 17 日, 由于中国的坚决反对和美国政府的公开干预, 英国政府才被迫再度开放滇缅公路。② 然而这条公路却时常面临着被日军轰炸的威胁, 货物运输困难重重。在这种情况下, 国民政府被迫寻求新的不易被敌人截断的货运路线, 因此"中印公路日玛线"勘测修筑被提上了议事日程。因为"日玛线"经过西藏境内, 而印度又是英国的势力范围, 因此得到英国政府和西藏地方政府的同意至为重要。在国民政府的多次交涉下, 中印公路勘测初期, 英印政府和西藏地方政府都表示同意, ③ 因此以袁梦鸿为队长的勘测队自 1941 年 5 月从西昌出发, 开始勘测。④ 为此, 蒙藏委员会驻藏办事处处长孔庆宗和蒙藏委员会委员长吴忠信, 分别于 1941 年 7 月 14 日和 7 月 24 日致函、致电西藏地方政府, 希望令饬沿途"藏官""头人"等对勘测队予以保护。⑤ 然而, 好景不长, 西藏地方政府很快反悔, 因此当勘测队到达西藏的帕彬、门工、掘罗瓦、察隅等地时, "被藏官拆桥毁路, 并调兵遮梗"⑥, 致使勘测工作无法继续进行。西藏驻京办事处和蒙藏委员会驻藏办事处因此受命开始漫长的调解交涉工作, 蒋介石也亲自接见西藏驻京代表, 要求对勘测中印公路勿加阻拦。但是因为英国害怕中国政府趁修筑中印公路之机, 加强对西藏的控制, 妨碍其将西藏作为中印之间"缓冲国"的企图, 因此也转而

---

① 蒋介石于 1940 年 7 月 28 日亲自致电英国首相丘吉尔, 指出中国和英国在第二次世界大战中有着共同利益, "惟有中国战胜并保持独立, 英国在远东的利益方能保存", 要求英国政府从速开放滇缅公路。9 月 13 日, 中国驻英国大使郭泰祺再次访问贾德干, 要求尽快开放滇缅公路, 但贾德干以英国和德国正在交战, 英国受到严重威胁为由, 表示待战况缓解后才可重开滇缅公路。张永攀、杨珺:《抗战期间中英政府交涉中印公路运输线考释(上)》,《长安大学学报》(社会科学版) 2003 年第 2 期。

② 美郎宗贞:《近代西藏巨商"邦达昌"之帮达·多吉的政治生涯与商业历程》, 西藏人民出版社 2008 年版, 第 68 页。

③ 陈谦平:《抗战前后之中英西藏交涉 (1935—1947)》, 第 144 页; 张永攀、杨珺:《抗战期间中英政府交涉中印公路运输线考释(上)》,《长安大学学报》(社会科学版) 2003 年第 2 期。

④ 袁梦鸿:《抗战时期中印公路测勘报告》,《档案与史学》1996 年第 2 期。

⑤ 中国藏学研究中心、中国第一历史档案馆等合编:《元以来西藏地方与中央政府关系档案史料汇编》(第 7 册), 第 2838—2839 页。

⑥ 同上书, 第 2839 页。

反对勘测。① 因为该条公路的修筑在事实上还存在着巨大的技术困难，对抗战物资运输的实用价值也很有限，② 因此 1942 年 2 月国民政府最终放弃了此条公路的修筑。

相比于"中印公路日玛线"修筑等略显长期的计划而言，能够更快发挥物资补给作用的"驮运补给线"对中国的抗战更显迫切。1940 年 7 月 15 日至 18 日，国民政府曾召开全国性驿运会议，以加强驿运在抗战物资运输中的作用。③ 就经藏驿运而言，虽然英印政府阻挠"中印公路日玛线"的修筑，但出于维护第二次世界大战同盟国共同利益的需要，尤其是 1942 年以来缅甸局势的急剧恶化，迫使"英印政府主动提出美国援华货物从印度经西藏运往中国问题"④，并就此曾向西藏地方政府施压，希望他们同意援华物资的驿运事宜。西藏地方政府开始也同意非军事物资经藏驿运事宜。英国惧怕中国因此扩大在西藏地方的影响，因此又暗中唆使西藏地方政府于 1943 年 4 月阻断了这条驿运线路。⑤ 然而，对于国民政府来说，这条驿运线是抗战物资运输的生命线之一，必须维持。这样西藏地方政府和国民政府间围绕着这条物资运输线再次产生矛盾。

（二）西藏驻京办事处参与调解

1941 年 9 月 25 日，西藏地方政府召集"民众大会"，正式做出了拒修中印公路的决议，决定"探路测量人员，绝对不能使入藏境"⑥，国民政府派出的公路勘测队因此无法正常开展工作。"国民政府遂迅速

---

① 张永攀、杨珺：《抗战期间中英政府交涉中印公路运输线考释（上）》，《长安大学学报》（社会科学版）2003 年第 2 期。
② 此条线路"所越岭道隘口海拔最低也在 4475 米（白芒山丫口）和 4850 米（怒山山脉的朱拉），盛夏还有残雪，冬季大雪封山，公路通车时期有限"（严德一：《中印公路测勘的回忆》，《中国科技史料》1980 年第 3 期）。相对于当时抗日物资运输的要求，显然这条公路即使得以修通，受气候环境的影响，物资运输量也是有限的，因此其实用价值有限。
③ （民国）《交通月刊》1941 年第 1 期，第 121 页。
④ 陈谦平：《抗战前后之中英西藏交涉（1935—1947）》，第 150—151 页。
⑤ 张永攀、杨珺：《抗战期间中英政府交涉中印公路运输线考释（下）》，《长安大学学报》（社会科学版）2003 年第 3 期。
⑥ 北京大学历史系等编著：《西藏地方历史资料选辑》，生活·读书·新知三联书店 1963 年版，第 348 页。

召开会议,并召集西藏驻京办事处代处长斋珠①到会。"② 会议认为此事系英国从中作梗,但目前情况下又不便和英国直接交涉,因此作出以下决议:予西藏以若干利益;在甘孜、巴安等处略做军事部署;英国方面由外交部相机解决。10月9日晚,吴忠信召见西藏驻京办事处代处长仑珠,并告知以下各点:

(一)中印路之修筑,关系对日抗战、意义极为重大。事先且已商得西藏政府复电允许,始入境测勘。(二)前次本委员长致电西藏政府征询意见,系奉蒋委员长面谕。嗣得西藏复电允许。蒋委员长极为欢慰。(三)测勘队所有人员,多系工程技师,所带物品多系测量仪器及行李帐篷等件,共有百驮左右,亦不算多,当不致惊扰地方。(四)中印路自中甸以西即分为南北两线测勘。南线经缅甸以达印度,北线经藏境以达印度。现南线已测至缅甸之坎底,英国极表欢迎,而西藏对北线之测勘乃表示反对,殊属不解。(五)中央与西藏之关系近年以来极为良好,而中印路之修筑,又系对西藏有百利而无一害。且既已答应于先,忽又拒绝于后,殊属不妥,希望转电西藏政府维持诺言,以增进两方之情感,共谋将来之福利为要。③

然而,西藏地方政府仍然坚持拒绝国民政府公路勘测队入藏勘测,于是1941年12月26日,蒋介石亲自召见到达重庆尚不足一月的西藏代表罗桑札喜,要求其转电西藏地方政府要"深明大义,不再阻止公路勘测"④。1942年1月,蒙藏委员会再次指令罗桑札喜,要他转电西藏地方政府,"中印公路势在必修"⑤。然而噶厦政府仍然坚持己见,更于

---

① 应该是仑珠——笔者注。
② 张永攀、杨珺:《抗战期间中英政府交涉中印公路运输线考释(上)》,《长安大学学报》(社会科学版)2003年第2期。
③ 中国第二历史档案馆藏蒙藏委员会档案[一四一.2716(1)],转引自蒋耘《西藏地方政府阻挠修筑康印公路与抗战期间的中英关系》,《中国藏学》2006年第1期。
④ 同上。
⑤ 中国藏学研究中心、中国第一历史档案馆等合编:《元以来西藏地方与中央政府关系档案史料汇编》(第7册),第2841页。

1942年1月12日正式通知蒙藏委员会驻藏办事处拒修中印公路的决定。

因为西藏地方政府的阻挠，同时"中印公路日玛线"不仅修筑难度大，运输受气候影响较大，再加上1942年2月蒋介石访印时和英国商定修筑中印公路南线，因此在事实上已经放弃了"日玛线"的修筑计划。但是因为国民政府修筑中印公路日玛线的目的，除了因其距滇缅公路较远，不易受日军破坏外，还在于"北线所经地区多系我国领土，在将来经边固围之作用上，价值极大"[①]，"可附带解决西藏问题"[②]；同时，如果国民政府因为西藏地方政府的反对而放弃修筑公路，势必对国民政府的权威造成不良影响。鉴于以上原因，在此后的很长一段时间里，国民政府就"日玛线"的修筑仍同西藏地方政府进行了多次交涉。

1943年5月12日，蒋介石召见西藏驻京办事处处长、西藏驻渝总代表阿旺坚赞，提出五件事，要求西藏驻京办事处饬电西藏地方政府遵办，其中关于中印公路和驿运的两条分别为："（一）协助修筑中印公路；（二）协助办理驿运"。

就"修筑中印公路"和"办理驿运"，蒋介石还进一步指示：

> 如西藏能对此五事遵照办到，并愿对修路驿运负保护之责，中央军队当不前往。否则，中央只有自派军队完成之。其中并有中央绝对尊重西藏宗教，信任西藏政府，爱护西藏同胞。但西藏必须服从中央命令，如发现西藏有勾结日本情事，当视同日本，立派机飞藏轰炸。中央现对打扎、噶厦等来电暂不作复，须俟其对上列五事能切实办到时再复等语。[③]

虽然蒋介石的这一表述更多是出于威慑的目的，但即便如此，在整

[①] 中国第二历史档案馆藏蒙藏委员会档案［一四一．2715（5）］，转引自蒋耘《西藏地方政府阻挠修筑康印公路与抗战期间的中英关系》，《中国藏学》2006年第1期。

[②] 转引自蒋耘《西藏地方政府阻挠修筑康印公路与抗战期间的中英关系》，《中国藏学》2006年第1期。

[③] 北京大学历史系等编著：《西藏地方历史资料选辑》，第351页。

个国民政府阶段，对藏如此强硬的表态也还是少有的，显示出国民政府在中印公路修筑和保持驿运路线畅通方面的坚定决心。

1943年6月14日，西藏驻京办事处转达了西藏地方政府对上述五项的复电：

> 来电所陈委座面谕五项，均已详悉，自应速即遵复，上纾廑虑，惟以西藏向例，关于重要事项，必须藏中僧俗官民同意，拟俟询商后，再行奉答。仰该代表等先行转陈。①

但是，由同一天，即1943年6月14日蒙藏委员会驻藏办事处的孔庆宗给蒙藏委员会的电文可以看出，至迟于6月8日，西藏地方政府已经召集过"民众大会"，并就上述五条形成了决议。② 由比推测，西藏驻京办事处的此份电文应该是更早时候收到的，当然也不非除西藏地方政府有意延后告知西藏驻京办事处。

西藏地方政府于1943年11月25日第二次给西藏驻京办事处拍发了应对上述蒋介石所提五条的电文，作为西藏驻京办事处和国民政府相关部门交涉的基本思路，其中关于驿运的答复如下：

> 第一条，汉商货物由印度途经西藏时，雇用驮畜，向无阻碍，今后藏政府亦一如既往，随时给以帮助。
> 第二条，藏政府保证上述货物途经西藏时，不受盗匪抢掠。
> …………③

---

① 北京大学历史系等编著：《西藏地方历史资料选辑》，第351页。

② 《西藏地方历史资料选辑》，第352页。这份电文提到的西藏民众大会对蒋介石所提五项的答复如下："（一）现仅向中央声辩，外交局非新创机关，但中央如仍吞绝接洽，拟让步，另设机关与驻藏办事处往还；（二）中印公路仍以神意反对测修；（三）假道运输原系英方接洽，与中国无关，如经玉树运物，则道路破坏者，由西藏自修；（四）西藏勾结日本情事，应向中央严重声辩；（五）西藏应与中央保持戚情，不应与中央西藏办事处断绝关系。"中国藏学研究中心、中国第一历史档案馆等合编：《元以来西藏地方与中央政府关系档案史料汇编》（第7册），第2851页。

③ 中国藏学研究中心、中国第一历史档案馆等合编：《元以来西藏地方与中央政府关系档案史料汇编》（第7册），第2851—2852页。

虽然现在还没看到西藏地方政府关于蒋介石所提五条第一次答复的内容，但是因为这段时间孔庆宗身在拉萨，比较容易获得相关信息，因此噶厦政府第一次答复的内容应该和孔庆宗所说的基本一致。因为国民政府相关部门采取了蒋介石所说的"中央现对打扎、噶厦政府等来电暂不作复，须俟其对上列五事能切实办到时再复"的策略，所以对噶厦政府的第一次答复没有复电。显然，国民政府的这种态度以及相应的军事调动，① 给西藏地方政府造成了一定的心理威慑。同时，因为英国人惧怕西藏地方政府阻断驿运等的行为可能招致国民政府用兵拉萨，加强对西藏的控制，从而造成对其在藏利益的损害，所以也迫使西藏地方政府对此做出让步。② 在这种形势下，西藏地方政府第二次回复的内容相比前次已经做出了很多"让步"，并要求西藏驻京办事处"将会商情况及时报来"。

由这一电文可以看出，西藏地方政府已在中印驿运上采取妥协，同时也清楚地表明，西藏驻京办事处确实负有协调中央和西藏地方间关系的作用，如果仅仅将它定性为"联络、应酬和传达机关"③，显然与历史事实不符。

1943年英国一度要求所有途经西藏运往中国内地的货物，都需要事先向英印政府申请出口许可证，从而使中印驿运在一定程度上受阻。但是，直到抗战结束，这条驿运线也没有关闭过。

虽然对西藏地方政府关闭中印驿运之事坚决反对，但事实上国民政府对这条驿运线对抗战物资运输的实际作用并不抱太大希望，1942年7月22日行政院召开"西藏成立外交组织及由印经藏内运物资案审查会议"，会议认为"增辟国际运输路线，固可适合目前需要，惟此线全程一千四百余英里，所经之处又复地形险峻，人烟稀少，往返约需半年，每年只能内运两次，驿运之运输量每年约在二千吨左右，沿途保护亦难

---

① 关于这一时期国民政府为此进行的对藏军事调动情况请见陈谦平《抗战前后之中英西藏交涉（1935—1947）》，第156页。
② 郭永虎、李晔：《抗战期间中英围绕中印交通问题之西藏交涉》，《西藏民族学院学报》（哲学社会科学版）2007年第1期。
③ 沈重宇遗稿，沈元加整理：《回忆蒋介石重庆行营对西藏问题的研究片段》，《西藏文史资料选辑》（第2辑），第560页。

期周密",因此决定对这条驿运线上的运输事宜采取商业方式进行,并且"运输物品尽先运输油类、药品、棉织品、通讯器材等"① 非军事物资。

总体考察西藏驻京办事处在"中印运输线"交涉中的作用,可以看出以下几点。

首先,国民政府、西藏地方政府和英印当局在"中印运输线"交涉中的巨大分歧,使他们难以取得一致,而正是这种难以形成一致的胶着状态,为西藏驻京办事处发挥作用提供了条件。从调解的整个过程及效果来看,虽然西藏地方政府在"中印运输线"上的最终态度,取决于国民政府之态度坚决与否,然而其间国民政府对此运输线的具体政策则主要是通过西藏驻京办事处传达给西藏地方政府的,而西藏地方政府也基本上是通过西藏驻京办事处来完成向国民政府上达其对国民政府政策的回应的。

其次,因为英印当局在"中印运输线"交涉中是以间接、隐蔽的方式向西藏地方政府施加影响的,从而使国民政府无法用正常的外交途径表示抗议;而西藏驻京办事处的存在,使国民政府便利而成功地向西藏地方政府传达了自己的观点,从而在一定程度上遏制了藏中亲英势力的发展。从这个意义上讲,西藏驻京办事处在一定程度上发挥了遏制英印势力向西藏地方渗透的作用。

最后,在西藏驻京办事处的居间调解下,中印经藏驿运线得以存在。这为往来于这条驿运线上的各族人民,尤其是广大藏族人民参与抗战提供了机会和条件,他们驱赶着8000头骡子与20000头牦牛参与驿运,② 以这种特殊的方式积极投身到抗战当中。

二 在"外交局事件"中的作用

尽管对于国民政府时期西藏地方政府"外交局"设立的时间,学术

---

① 中国藏学研究中心、中国第一历史档案馆合编:《元以来西藏地方与中央政府关系档案史料汇编》(第7册),第2846页。
② Ronal H. Spector, *Eagle Against The Sun*, *The American War with Japan*, London 1985, p. 327, 转引自张永攀《中印日玛线、印藏托运线与英国的干涉活动》,《西藏民族学院学报》(哲学社会学科版) 2002年第3期。

界有着不同的说法，① 然而 1942 年 7 月 6 日后，西藏地方政府要求蒙藏委员会驻藏办事处直接和"外交局"接洽的做法，把中央政府视同"外国"，造成了非常恶劣的影响，直接导致了蒙藏委员会驻藏办事处和西藏地方政府关系的恶化，也为中央和西藏地方间关系改善产生了消极影响。

（一）"外交局事件"的形成

1942 年 7 月，西藏地方政府告知蒙藏委员会驻藏办事处，要求以后双方间事无巨细，都必须与"外交局"洽办，不能再直接与西藏地方政府发生关系。② 蒙藏委员会驻藏办事处处长孔庆宗立即向国民政府汇报，称："西藏地方告职须向该局洽办一切事件，是视中央为外国，示西藏为独立国。"③ 他觉察到了西藏地方政府此举的真实目的，并且认为如果承认该机构就是对西姆拉条约的默许和认可，是对于中央对藏主权事实的否认，因此主张国民政府揭示该机构的实质，并及时表明严正立场。

---

① 邓锐龄等著的《元以来西藏地方与中央政府关系研究》（第 1201 页），以及祝启源等著的《中华民国时期西藏地方与中央政府关系研究》（中国藏学出版社 2009 年版，第 267 页）中均说噶厦政府"成立"外交局。显然这是采信了时任蒙藏委员会驻藏办事处处长孔庆宗的说法，如正文所述，孔庆宗在向蒙藏委员会汇报"外交局事件"时采用了"成立"的说法。而孔庆宗的这一说法又源于 1942 年 7 月 7 日噶厦政府给他的函，其中称"西藏公共会议以理由呈请摄政新设藏政府对中国及他国办理外务人员之机关"（北京大学历史系等编著：《西藏地方历史资料选辑》，第 350 页）。但是夏扎·甘丹班觉、恰宗·其米杰布、色新·洛桑顿珠所著的《原西藏地方政府组织机构》却认为"外事局始建于藏历铁鸡年（1921 年），由札萨巴康·坚赞平措及札萨凯墨·仁钦旺杰任主管。……上述二位僧俗扎萨去世后，一般情况下，该局无主管官员。藏历第十六饶迥水马年（1942 年）始任命雍和宫扎萨贡觉仲尼和扎萨索苏·旺钦次旦二人为主管"。[西藏自治区政协文史资料研究委员会编：《西藏文史资料选辑》（第 2 辑），第 297 页；བོད་གཞུང་དགའ་ལྡན་ཕོ་བྲང་ཆབ་སྲིད་མཛོད་ཆེན་གྱི་སྲིད་སྐྱོང་དོན་གཉེར་གསར་བུའི་ཡིག་ཚང་སྟེ་སྒྲིག་གནས་ཡིན་ཞིང༌། བོད་སྐྱིད་གནས་དོན་རང་བྱུང་ལུ་ལོན་སྲུང་བ་གནས་ངེས་གཏན་དུ་གནས་རིགས་གནས་ཚེ་རྒྱུ་ཚོགས་སྤྱིའི་ཚོགས་སྒྲིག་བོད་ཀྱི་རིག་གནས་དཔྱད་གཞིའི་རྒྱུ་ཆ་བདམས་བསྒྲིགས།（5）ཤེས་བྱ་དཔེ་སྐྲུན་ཁང་བ། བོད་ཆེ་རིགས་དཔེ་སྐྲུན་ཁང་གིས་2009 ལོར་སྤར་250 ་དུ་གསལ།]

分析以上两种说法，笔者认为比较合理的解释是，十三世达赖喇嘛推行其一系列新政时设立了此外事机构（1921 年），但是设立之初将其功能定位为接洽外事。到 1942 年，达札摄政不仅重新任命了该局负责官员，并且赋予其"外交"功能，使其性质发生了根本变化，从而引起了国民政府的强烈反对。

② 中国藏学研究中心、中国第一历史档案馆合编：《元以来西藏地方与中央政府关系档案史料汇编》（第 7 册），第 2841 页。

③ 同上。

"外交局事件"之后接着发生的西藏地方政府对孔庆宗"敲门事件"①的报复行动,使蒙藏委员会驻藏办事处和西藏地方政府的矛盾急剧恶化,并且双方都不愿让步,这样蒙藏委员会驻藏办事处事实上已经不能和西藏地方政府进行有效沟通。然而这一时期,国民政府相关部门和西藏地方政府间正纠结于中印公路修筑和中印驿运维持等方面的磋商,亟须沟通。在这种情况下,西藏驻京办事处便成了双方不二的选择。

(二) 西藏驻京办事处参与"外交局事件"的调解

"外交局事件"发生在抗日战争的关键阶段,西藏作为抗战大后方的战略地位更加突出,同时全力进行抗战的国民政府也不希望在大后方发生战事,造成腹背受敌的局面,因此搞好和西藏地方政府的关系成为国民政府这一时期对藏政策的一个重要出发点。正是基于这种考虑,所以虽然"外交局事件"暴露出了西藏噶厦政府中亲英势力"视中央为外国,示西藏为独立国"②的图谋,但是国民政府行政院依然于1942年7月30日决定采取"温和"的调解政策:一方面责令西藏地方政府设置处理地方涉外事务的机构必须遵守"甲、有关国家利益问题必须秉承中央意旨处理;乙、中央与西藏一切往还接洽方式,仍立照旧,不得迳由上述外务机构办理";另一方面采取应急办法:"如藏方须经由上述外务机构承办,即令蒙藏委员会驻藏办事处暂停对藏一切接洽,该处孔处长仍留藏办理情报事务,所有中央与西藏间一切接洽,改由蒙藏委

---

① "敲门事件"发生在1942年10月6日傍晚,大致经过如下:这天,一个汉藏混血儿因打架遭到西藏警察的追捕,他逃到了蒙藏委员会驻藏办事处,声称自己属办事处管辖,请求避难;而西藏警察贸然闯入办事处抓人,这种冒失行为引起了孔庆宗的愤怒,下令捉拿了警察;西藏其他一些警察听到办事处抓了同伴,于是聚到办事处门口,要求释放警察;孔庆宗不顾当时天色已晚,前往罗布林卡找摄政,然而这时大门已关,于是孔庆宗就敲门求见;孔庆宗敲门求见的行为,导致了西藏人的普遍不满,因为在西藏人看来这是对达赖喇嘛和摄政的不尊。于是噶厦政府采取了报复性措施,决定停止向办事处提供燃料和服务人员,并要求国民政府撤回孔庆宗。[美] 梅·戈尔斯坦:《喇嘛王国的覆灭》,杜永彬译,第393—394页;Melvyn C. Goldstein, *A History of Modern Tibet, 1913 - 1951: The Demise of The Lamaist State*, pp. 383 - 384.

② 中国藏学研究中心、中国第一历史档案馆:《元以来西藏地方与中央政府关系档案史料汇编》(第7册),第2841页。

员会与噶厦政府及西藏驻渝代表办理。"① 由此可以看出，在这种特殊时候，西藏驻京办事处再次成为国民政府与西藏地方政府间实现有效沟通的最佳途径，充分体现了其存在的价值。

1942年8月5日，蒙藏委员会致电噶厦政府，向其转达了上述行政院训令，②但是噶厦政府拒绝执行。③同年10月，西藏驻京办事处处长、西藏驻京总代表阿旺坚赞携带西藏"民众大会"的电报面见吴忠信，"恳请"撤销蒙藏委员会驻藏办事处，并将在藏"汉人"管辖权移交西藏地方政府。④

10月27日，蒋介石亲自召见阿旺坚赞，对其加以训导：

> 今日之西藏政府与藏族同胞必须认识，西藏乃是中国领土之一部，西藏同胞亦为中国同胞之手足。过去虽以地处边远，不免形同瓯脱。然余对于西藏政府向主宽大，绝未歧视，而对于藏族同胞，因其远处边境，山川悠阻，毋宁关切爱护逾于内地同胞。但观察现在西藏政府种种举措，愈演愈陷于谬误，即如此次拉萨地方巡警成队冲入中央政府驻藏办事处，擅自滋扰。此种举动，对于代表国家之中央政府，对于整个国家民族，实为一种侮辱，而对于西藏本身，亦是一种莫大之侮辱……故此次事件极为严重。西藏政府究竟如何处置，必须明白答复，不能随便看过。尤其据报，噶厦竟派其外事局向中央驻藏办事处交涉，此即视本国为外国，视祖国为异国。殊不知西藏苟脱离本国之保障，失去祖国之庇护，则任何外国皆可入侵西藏，西藏即将沦为外国之奴隶。据报现在西藏境内已有日本第五纵队假装喇嘛，阴谋捣乱，煽惑西藏民众，排斥其他中国同胞，西藏政府如不洞烛奸谋，严格防止，而要假借外力，以图自重，则一旦落入日本陷井，即朝鲜第二。此点西藏政府与藏族同胞

---

① 西藏社会科学院、中国社会科学院民族研究所、中央民族学院等编：《西藏地方是中国不可分割的一部分（史料选辑）》，第531页。
② 中国藏学研究中心，中国第一历史档案馆：《元以来西藏地方与中央政府关系档案史料汇编》（第7册），第2847页。
③ 同上书，第2847—2848页。
④ 陈谦平：《抗战前后之中英西藏交涉（1935—1947）》，第148页。

西藏政府与藏族同胞更须认识，现在我们中国已非一二十年前之中国，现在中央政府，更非从前之北京政府。无论英、美、苏联，现在都要尊重我国，而不敢轻视我国、欺负我国。……国民政府对于西藏一面宽大为怀，对于过去之一切，概不计较。但西藏主权必须恢复完整，现存种种不合正轨之情况，必须自动改进。否则即为违反时代潮流，而为我国抗战建国前途之所不容。须知现在全国汉、满、蒙、回各族同胞，皆已一致拥护中央政府，服从命令，协力抗战。即是久与中央隔离之新疆，现在亦已倾服中央政府，遵从中央命令，以求获得祖国之保护。如西藏政府尚昧于大势，不识大体，则将何以对国家？何以对同胞？更将何以自处？但据闻现在西藏当局竟欲召集军队，抗拒中央，如此不啻破坏本国，破坏抗战，实为无益而有大害之事。此在从前北京政府要以武力解决之时犹可说也，现在国民政府一本三民主义原则建设国家，对于国内边远民族，一律平等看待，务使获得自由。西藏政府即不必出此辱国自扰之举，凡事只须服从中央政府命令，遵守中央所定国策，力求统一进步，则中央政府爱护扶持之不遑，即任何国家亦不敢侵略西藏主权，欺压我藏族同胞。否则西藏前途，尚复何望？故汝必将本委员长此番恳切意旨，详细电告藏王与噶厦，对于此次藏警侮辱国体事件，必须郑重秉公办理，并须详电呈复为要。①

虽然这次召见主要是针对西藏地方警察冲击蒙藏委员会驻藏办事处事件②而进行的，而该事件本身就是"外交局事件"的衍生事件，蒋介石亲自召见，本身就说明了国民政府对西藏地方警察冲击蒙藏委员会驻藏办事处和"外交局事件"的高度重视。通过这次召见，蒋介石明确地向西藏驻京办事处表达了国民政府对这两个事件的定性。

---

① 抄"委员长对阿旺坚赞训话记录"（1942年10月27日），载"西藏内情"，台湾"国史馆"藏外交部西藏档，172－1/0016/019/4，转引自陈谦平《抗战前后之中英西藏交涉（1935—1947）》，第148—150页。
② 西藏警察冲击蒙藏委员会驻藏办事处事件的相关情况，请见前文关于孔庆宗"敲门事件"的注释。

然而噶厦政府仍然我行我素，并不理会蒋介石的训令。尤其是因为西藏地方政府禁止西藏商人直接和国民政府在印度噶伦堡的官员签订货物运输合同的做法，有碍抗战进行。在这种情况下，蒋介石开始考虑更加严厉的对藏政策。1942年冬，蒋介石给刘文辉和马步芳下发密令，部署对藏用兵，打算"以驻防西康的第二十四军为主力，由西康省政府主席兼第二十四军军长刘文辉担任指挥，另由青海省主席马步芳派骑兵三千人协同作战。第一步夺取昌都，第二步向拉萨推进"①。马步芳和刘文辉遵令进行了布防。1943年3月噶厦政府阻断印藏驿运线的行为进一步激怒了蒋介石，4月蒋介石命令马步芳、龙云和刘文辉分别把军队开到与西藏交界地带。虽然刘文辉向"康北甘孜及康南巴安两处，只各派不满员的一个旅的兵力"②，以应付蒋介石的命令；但是青海的马步芳在得到国民政府的军事援助后，采取积极措施：将"原驻西宁的青海南部边区警备司令部移驻玉树，由陆军骑兵独立旅旅长马步銮任司令，随带所属一个旅及独立骑兵团马英部前往玉树，负责处理防务"③。马步銮到达玉树后除了命令部队立即进入前沿阵地外，并采取了积极组织民团，加强后备力量，招抚难民，安抚地方等的措施，从而给西藏地方政府造成了巨大的军事压力。

面对国民政府的军事施压，西藏地方政府电令在重庆的西藏驻京办事处处长阿旺坚赞，请求国民政府制止对藏军事行动。阿旺坚赞于5月12日趁蒋介石召见之便提出了上述请求，但遭到了断然拒绝。蒋介石还向西藏地方政府提出了五项要求，其中第三条就是"驻藏办事处向藏洽办事件，必与噶厦政府径洽，不经外交局"。阿旺坚赞向西藏地方政府报告蒋介石训令后，西藏地方政府召集"民众大会"，"商讨呈复问题"，就"外交局"问题最后决议："现仅向中央声辩，外交局非新创

---

① 伍培英：《蒋介石假征藏以图康的经过》，《文史资料选辑》（第33辑），文史资料出版社1963年版，第140页。

② 吴均：《回忆青藏纠纷和招抚玉树拉秀等部落的经过》，中国人民政治协商会议青海省委员会文史资料研究委员会编《青海文史资料选辑》（第7辑），青海人民出版社1980年版，第1页。

③ 李庆芬：《青海南部边区警备司令部移驻玉树的原委及其措施》，中国人民政治协商会议青海省委员会文史资料研究委员会编《青海文史资料选辑》（第7辑），第51页。

机关，但中央如仍拒绝接洽，拟让步，另设机关与驻藏办事处往还。"[1] 由此可见，西藏地方政府在作出让步的同时，仍以"新设机关"的方式拒绝蒙藏委员会驻藏办事处直接和噶厦政府接洽。

1943年11月25日，西藏地方政府致电西藏驻京办事处，就西藏驻京办事处和国民政府相关部门洽商"汉藏关系"给出了基本思路，其中就"外交局"提出如下意见：

> 关于承认外事局一事，汉政府认为不妥的话，应本着不损害汉藏供施关系的前提下互相体谅。汉藏双方其他事宜，另行洽商。[2]

在与中央政府进行沟通的同时，西藏地方政府也在军事方面进行了一些准备，1943年11月，西藏地方政府从英印购得500万发步枪子弹，1000发山炮炮弹，并积极进行扩军计划。[3] 西藏地方政府的这些行为令国民政府非常愤怒，1944年2月，蒋介石在重庆再次接见西藏代表，警告西藏地方政府："'不应在诸如过藏物资运输、汉人入藏以及向印度购买军火等事务上寻求英国的帮助'，并补充说：'这些均是内部事务，如果西藏需要军火，他们可以从中国政府得到它们。除非他们改弦更张，否则中国政府肯定会派军入藏。'"[4] 为了防止西藏地方政府和英印政府的进一步勾结，国民政府还于同年6月，向西藏地方政府赠送了大批军火，由西藏驻京办事处主要职员之一的罗桑札喜负责运往西藏。

在国民政府和西藏爱国僧俗民众的压力下，经过西藏驻京办事处等的居间调解，西藏地方政府对中央政府的态度趋于友善。在这种情况下，国民政府于1944年派出新的蒙藏委员会驻藏办事处处长沈宗濂，

---

[1] 中国藏学研究中心、中国第一历史档案馆：《元以来西藏地方与中央政府关系档案史料汇编》（第7册），第2851页。

[2] 同上书，第2852页。

[3] [美]梅·戈尔斯坦：《喇嘛王国的覆灭》，杜永彬译，第412—414页；Melvyn C. Goldstein, *A History of Modern Tibet, 1913–1951: The Demise of The Lamaist State*, pp. 402–404.

[4] 徐百永：《试论民国时期英国对中国西藏的武器供应》，《中国边疆史地研究》2007年第3期。

以"树立信用,收拾人心",改善中央和西藏地方间因"外交局事件"而恶化的关系。

从国民政府相关部门和西藏地方政府就"外交局事件"交涉的整个过程来看,这期间蒙藏委员会驻藏办事处因为和西藏地方政府的关系恶化而基本无法发挥居间交涉、调解的作用,因此西藏驻京办事处成了国民政府和西藏地方政府向对方传达各自观点的最主要渠道。正是西藏驻京办事处的存在,使国民政府和西藏地方政府在"外交局事件"这种特殊时期,有了沟通的渠道,从而为事件的和平解决,双方关系逐步改善提供了重要前提条件。

在中央和西藏地方间关系波折不断的这一阶段,正是西藏第三批代表赴京履职的时期,虽然限于西藏驻京办事处的地位,它不可能在理顺中央和西藏地方间关系方面起到太大作用,但正是这种双方关系恶化阶段,是最能体现其存在价值和意义的时刻,如果没有西藏驻京办事处的存在,双方的沟通势必更为费力,消解双方矛盾也必将需要更多的时间和精力。

纵观这一阶段中央和西藏地方间的关系,无论是关于中印公路修筑、驿运维持等方面的矛盾,还是"外交局事件"上的博弈,都清楚地显示西藏地方政府中亲英自立势力的抬头,这与这一时期的摄政更替有着直接的关系,代替热振呼图克图担任摄政职务的达札活佛并不像国民政府军统局推测的那样,"当与热振呼图克图在职时对中央之态度无所变更"[①],而是快速滑向"亲英自立"的一面,在抗战的关键阶段制造了本不该有的矛盾和摩擦。

第六节　西藏驻京办事处的一些其他作用

除了以上各章、节中论述到的作用外,西藏驻京办事处还有接待西藏地方来人、参与经济交往活动等其他一些作用。资料缺乏等原因,目

---

① 《何应钦致蒋介石呈》(1941年3月5日),"西藏政情,台湾"国史馆"藏国民政府档案,052/1044.02-01,转引自陈谦平《抗战前后之中英西藏交涉(1935—1947)》,第143页。

前还无法对此进行深入论述，下面以目前所掌握的材料为基础，进行一些简要论述。

一　接待西藏地方来人

1935年公布的《修正西藏驻京办事处组织大纲》①规定：西藏驻京办事处负责"西藏派京公务员、留学生或传教过京之西藏喇嘛临时招待及指导事项"。这一规定不仅规定了西藏驻京办事处的职责，同时也限定了西藏驻京办事处的接待范围。

（一）接待新派西藏驻京代表

民国时期"西藏派京公务员"②主要有三类：一是新任西藏驻京代表；二是奉派来京参加会议的西藏代表；三是1948年到达南京的"西藏商务代表团"。

由西藏驻京办事处招待前来接替驻京的新一批西藏驻京代表，是民国时期西藏驻京办事处"招待及指导"的最主要"西藏派京公务员"群体。就招待的内容来看，除了吃、住、行外最主要的就是陪同觐见国民政府主席、各部长官，陪同谒陵及游览内地名胜古迹等，以使新派驻京代表能够尽快熟悉内地政情及社会环境。

1936年，当西藏新任驻京代表阿旺桑丹、仔准格敦恰典、洛杂哇图丹桑结等人正在来南京的途中时，西藏驻京办事处即开始着手准备他们在上海和南京的招待事宜。③1936年3月堪琼阿旺桑丹、仔准格敦恰典、洛杂哇图丹桑结三人和前往北平、五台山等接任教职的新派四堪布一起到达南京。3月12日的《申报》报道说"蒙藏委员会等各机关，均派员欢迎"，其中就包括了西藏驻京办事处人员。3月23日上午十时左右，阿旺桑丹等驻京代表和四堪布在贡觉仲尼的陪同下，由黄慕松率领晋谒国民政府主席林森。④1941年11月前后，第三批奉派驻京的西藏代表罗桑札喜、土丹参烈和图登生格三人到达成都，时任西藏驻京办

---

①　见"附录四"。
②　同上。
③　中国第二历史档案馆、中国藏学研究中心合编：《中国第二历史档案馆所存西藏和藏事档案汇编》（第33册），第410、413页。
④　《申报》1936年3月24日。

事处代处长的仑珠和西藏驻京办事处藏文秘书邓春秀前往迎接，并于12月6日陪同罗桑札喜等由成都到达重庆。①之后，代处长仑珠还陪同罗桑札喜等觐见了蒋介石。②

因为第四批西藏驻京代表堪琼土丹桑布、仔准图登策丹和洛杂哇降巴阿旺三人自身就是"制宪国大"代表，并且自始至终基本和其他西藏"制宪国大"代表一起活动，故下面将西藏驻京办事处招待二者的情形合并论述，并统称为"制宪国大"西藏代表团（简称"西藏代表团"）。

奉派来京参加会议的西藏代表是西藏驻京办事处"招待及指导"的另一类重要的"西藏派京公务员"群体。

1931年5月17日国民会议在南京结束，当日西藏驻京办事处联合蒙古各盟旗联合驻京办事处，"假中央饭店，欢宴蒙藏出席与列席国民会议代表，到六十余人"③。以此人数推算，参加此次"欢宴"的应该不仅有前藏代表，也有后藏代表。

1946年的"制宪国大"西藏代表团包括以下人员：团长图丹桑批（ཐུབ་བསྟན་བསམ་འཕེལ）、副团长扎萨凯墨·索朗旺堆（ཞེ་སྨད་བཀོད་བསམ་དབང་འདུས），以及成员凯墨·次旺顿珠（ཞེ་སྨད་ཚེ་དབང་དོན་འགྲུབ）、益西达结（ཡེ་ཤེས་དར་རྒྱས）、强俄巴·多吉欧珠（བྱང་ངོས་པ་རྡོ་རྗེ་དངོས་གྲུབ）、土丹参烈、图登生格、土丹桑布、图登策丹和降巴阿旺十人。1946年1月31日和1946年2月18日，西藏驻京办事处先后两次就西藏"制宪国大"代表赴京事宜致电蒙藏委员会，为蒙藏委员会"招待"及"沿途保护"西藏代表等出谋划策。④1946年4月5日，"制宪国大"西藏代表团的其他八人在沈宗濂的陪同下由昆明乘飞机抵达南京。西藏驻京办事处处长土丹参烈、图登生格和蒙藏委员会的工作人员前往机场欢迎。⑤一个月后，代表团一行

---

① 《申报》1941年12月7日。
② 《蒙藏月报》1942年第14卷第1期。
③ 《申报》1931年5月18日。
④ 中国藏学研究中心、中国第一历史档案馆等合编：《元以来西藏地方与中央政府关系档案史料汇编》（第7册），第3004、3006页。
⑤ 《西藏地方政府"派代表慰问同盟国和出席南京国民大会"内幕》，《西藏文史资料选辑》（第1辑），第141页。

十人在总统府礼堂正式举行了向国民政府表示慰问和祝贺抗战胜利的庆贺仪式。国民政府主席蒋介石在蒙藏委员会委员长罗良鉴的陪同下来到会场，代表中央政府接受了祝贺。当日中午，蒋介石夫妇还邀代表团等在励志社共进午餐。① 因为种种原因，"制宪国大"直至1946年11月才得以召开。这期间，无事可做的代表团在土丹参烈、图登生格的陪同下，一起前往北平避暑，并到上海等地游览。②

（二）招待"传教过京之西藏喇嘛"③

就"传教过京之西藏喇嘛"的招待而言，主要指招待西藏地方政府派遣的担任北平、五台山等地藏传佛教寺院教职的西藏堪布等。1936年3月10日，丹巴达札（哲蚌寺果莽扎仓格西）、阿旺益西（色拉寺吉巴扎仓格西）、直列加错和根敦批结四位堪布随同阿旺桑丹等一起到达南京。1936年3月23日，在贡觉仲尼的陪同下，四堪布和西藏新任驻京代表一起晋谒了国民政府主席林森，④ 之后还逐一拜访了国民政府的一些其他要员。3月27日下午四时，在贡觉仲尼的陪同下，四堪布由南京乘车出发赴平，3月28日夜十一时始抵北平。30日四堪布向北平喇嘛寺庙整理委员会报到。⑤ 之后，按照北平喇嘛寺庙整理委员会的安排，丹巴达札担任雍和宫扎萨克喇嘛、直列加错担任雍和宫堪布、根敦批结担任五台山普寿寺堪布、阿旺益西任教职于五台山菩萨顶。⑥ 此次，贡觉仲尼陪同四堪布前往北平，一方面是为了交接由贡觉仲尼兼任的雍和宫扎萨克喇嘛一职，同时也是为了"招待一切"⑦。1936年年底，国民政府"核准蒙藏委员会援例发给西藏派往北平雍和宫等处供职之堪布丹巴达札等四人旅费各一千元"⑧，此项经费也是由西藏驻京办事处

---

① 强俄巴·多吉欧珠：《西藏地方政府"派代表团慰问同盟国和出席南京国民代表大会"内幕》，西藏自治区政协文史资料研究委员会编《西藏文史资料选辑》（第1辑），第142页。
② 同上书，第144—145页。
③ 见"附录四"。
④ 《申报》1936年3月24日。
⑤ 《申报》1936年3月28日、30日。
⑥ 中国藏学研究中心、中国第一历史档案馆等合编：《元以来西藏地方与中央政府关系档案史料汇编》（第7册），第2982页。
⑦ 《申报》1936年3月28日；《蒙藏旬刊》第114期，1936年4月16日 第20页。
⑧ 《审计部公报》1936年第70期，第32—33页。

呈请蒙藏委员会后发给的。①

受时局的影响，整个国民政府时期，除了1946年随沈宗濂前来南京的嘉洛顿珠外，事实上噶厦政府派遣来内地求学的学生极少，招待当然也就无从谈起。

此外，西藏驻京办事处也招待过一些非"公务员"的西藏地方人士，如1936年3月奉派"来京答礼"的热振呼图克图代表格西隆图嘉错，② 1941年1月初由拉萨来渝"晋谒中枢当局，并参观各项建设事业"的热振代表，③ 以及1946年到达南京的土丹贡培等。

二 参与经济交往活动

西藏驻京办事处在内地和西藏地方间经济交往中的参与，主要表现为为当时西藏地方政府摄政、噶伦、寺院等在内地的商业代表提供必要的帮助，例如1937年热振摄政的代表格西隆图嘉错在内地时，当时的西藏驻京办事处副处长阿旺坚赞为其进行商业活动提供了大力帮助。④ 又如，1937年已经卸任的贡觉仲尼本人曾亲自为西藏色拉寺"购办庙用绸缎四百余匹，共装木箱三双"，并请求"财政部发给护照，沿途即可免税放行"，后财政部准予照发，"以示优待"⑤。又如，1947年9月，西藏驻京办事处为索康噶伦的"三千包（每包四百个）麻袋"运沪事宜请求蒙藏委员会提供帮助，经蒙藏委员会呈请，行政院"特准缴税进口，不另结汇"⑥。这份材料虽然没有明说麻袋中所装的是何物，但以"三千包"的数量来判断，应该就是商业物资。

三 保护内地藏传佛教寺庙建筑

整个北洋政府时期，军阀战争此起彼伏，社会满目疮痍，北洋政府

---

① 《蒙藏月报》1936年第6卷第2期。
② 中国藏学研究中心、中国第一历史档案馆等合编：《元以来西藏地方与中央政府关系档案史料汇编》（第7册），第2697—2698页。
③ 《申报》1941年1月20日。
④ 郭玉琴主编：《蒙藏委员会驻藏办事处档案选编》（二），第32、34、35、36、46页。
⑤ 《蒙藏月报》1937年第7卷第3期。
⑥ 中国藏学研究中心、中国第二历史档案馆合编：《民国时期西藏及藏区经济开发建设档案选编》，第384页。

为自身生存自顾不暇。清时盛极一时的北平达赖喇嘛庙等各藏传佛教寺院，因年久失修，到南京国民政府时已经破烂不堪。保护和维修这些藏传佛教寺庙，不仅是保护历史文化古迹，更重要的是它象征了中央政府对藏族文化的重视，是展示中央政府对藏政策的重要窗口。

1936年11月11日，西藏驻京办事处呈文蒙藏委员会，请求修复北平达赖喇嘛庙，呈文如下：

> 伏维黄教为西藏命脉，达佛实阐教正宗。欲安西藏，必先尊黄教，欲尊黄教，必优崇达佛。前清盛时，有见于此，故于平热等处，广修喇嘛寺庙。更先后为达赖佛特建两大宝刹：一为热河之普陀宗乘，一为北平之汇宗梵宇，均为参仿西藏布达拉宫法式。今俗所称达赖喇嘛庙，即汇宗梵宇是，广殿重台，穿亭翼庑。刻楠丹楹，悉为枏梓。金轮宝铎，备极庄严。盖所以隆声教而来远人，意至善也。洎乎清末，忽视黄教，调御乖方。达赖名寺，一任顷圮，民国成立，时局多艰，亦莫暇顾，驯致梵宫鞠为茂草，胜境委诸樵苏，然其旧制恢弘，材料坚良，即以正楼九九八十一间而言，塌余枏木，尚不在少数。假令及时修缮，犹可冀复旧观。乃年复一年，无人计及，风雨于是剥蚀，盗窃因而生心。前数年坚赞在平，曾与西藏同人，谒求北平当局，设法保护，卒无效果，惟有私相叹喟而已！
>
> 夫达赖庙在内地之关系，非寻常寺庙可比。西藏人民，恒视其庙兴与废，以窥中央对藏之政施。犹忆民国十二年，顷达赖先佛以书迳达北京府院，谓达赖庙宇已坏，请为修葺，而北政府漠视其意，终置弗理，醴酒不设，楚王意衰，一庙虽微，所关实大，现在中央与西藏日臻亲密，将来达赖大师转世坐床，自必入京展觐，如果以北方气候较适，移锡平垣，目睹其寺破台荒，未知作何感想？或且疑中央之尊崇黄教，有若叶公好龙，重视西陲，弗如君子之爱屋，似于汉藏情感增进不无影响。兹值中央建设多方，百废具举，应请眷顾西陲，振兴黄教，对于北平达赖喇嘛庙宇，俯予拨款重修，以资边疆观感，以系卫藏人心。闻该庙现存固有材料，颇可宝贵，如能利用于筑，似属事半功倍，万一原基不堪再用，旧观难以

骤复，亦请另行规划，重建招提。总冀达赖宗风长流东土，中央德意永沛西方。桑丹、坚赞等汉藏萦怀，难安缄默，谨以管见所及，合词冒恳，伏乞钧会鉴核施行，实为幸甚。①

这是一篇南京国民政府时期并不多见的请求保护和维护内地藏传佛教寺庙的呈文，虽然其目的简单，但是因为呈文充分表达了西藏驻京办事处对于达赖喇嘛庙在改善和维持中央与西藏地方间关系方面，以及对达赖喇嘛庙在争取达赖喇嘛内向等方面作用的认识和看法，所以具有非常重要的意义。由这一呈文可以看出以下内容。

第一，西藏驻京代表对在内地的藏传佛教寺庙，尤其是达赖喇嘛庙所具有的特殊作用有着清楚、准确的认识。呈文中"伏维黄教为西藏命脉，达佛实阐教正宗。欲安西藏，必先尊黄教，欲尊黄教，必优崇达佛"，这显示了西藏驻京办事处对于清以来中央政府对藏政策基本特点的准确把握。呈文还通过"前清盛时，有见于此，故于平热等处，广修喇嘛寺庙……"以及"洎乎清末，忽视黄教，调御乖方。达赖名寺，一任顷圮……"之达赖喇嘛庙的兴废变迁，与清中央和西藏地方间关系变化的对比，展示达赖喇嘛庙兴废对中央和西藏地方间关系发展的影响，充分显示了达赖喇嘛庙的特殊地位和重要性。这一方面表明以西藏驻京代表为首的在内地的藏族人士对达赖喇嘛庙兴废重要性的认识，另一方面也表明这些旅居内地的藏族人士在认识中央对藏政策时时常所选择的角度和出发点，对国民政府制定对藏政策具有一定的参考价值。

第二，西藏驻京代表对国民政府的心理有着准确的把握，他们所罗列的维修和保护达赖喇嘛庙的种种理由，如他们对达赖喇嘛庙相对于内地其他藏传佛教寺庙所具有的重要地位，以及在争取达赖喇嘛内向等方面所具有的重要作用的阐释等，对于正在致力于尽一切可能争取十三世达赖喇嘛内向的国民政府而言显然具有很强的说服力，这也表明西藏驻京代表对国民政府对藏政策有着比较充分的认识。

第三，"将来达赖大师转世坐床，自必入京展觐"，这表明西藏驻

---

① 《蒙藏月报》1937年第6卷第4期。

京代表认为达赖喇嘛到中央政府展觐,是新一世达赖喇嘛转世坐床后的必有活动。

第四,沟通中央和西藏地方间关系,解决一切西藏地方政府在京事务是西藏驻京办事处的职责。因为中央政府对达赖喇嘛庙为代表的在内地的藏传佛教建筑的政策是透视中央政府对藏政策的一个窗口;同时,雍和宫、达赖喇嘛庙等数量众多的藏传佛教建筑,是久居内地的广大藏族人士的重要情感归宿和进行文化认同的基础。从这个角度讲,藏传佛教建筑在改善中央和西藏地方间关系方面有着特殊作用,因此请求维修和保护达赖喇嘛庙也是西藏驻京办事处的应尽职责之一。

蒙藏委员会对此非常重视。经提交蒙藏委员会第276次常会"详加讨论","佥以该处呈请修复达赖喇嘛庙藉崇黄教,促进中藏情感,意义至为重大,自应规划进行,惟北平安定门外旧庙年久失修,大部倒塌。现存材料可用者虽多,但重加修理则牵动极大,自非筹拨巨款不可,以现时情势而论,殊难办到,至在首都新建新刹一节,规模狭小,殊不足以壮观瞻,工程浩大,则又恐巨款难筹"①。

鉴于此,蒙藏委员会于1936年12月21日呈文行政院,提出如下办法:

> 呈请行政院令河北省政府,饬北平市政府,对北平达赖喇嘛庙妥为保护;一面由会令北平办事处及北平喇嘛寺后整理委员会前往视察,以资周到。
>
> 呈请行政院转饬南京政府,预拨相当基地,以为将来建立达赖庙之用。俟至相当时期,再行专案呈请拨款兴筑。②

国民政府行政院同意了蒙藏委员会的上述办法,并于1936年12月29日发布第7637号训令,指令"南京市政府遵照,及冀察政务委员会知照"和北平市"合行令仰知照"③。而北平市又于1937年1月11日

---

① 《蒙藏月报》1937年第6卷第4期。
② 同上。
③ 《北平市市政公报》1937年总第388期。

向北平市公安局、社会局发布训令,"令仰该局遵照,对于北平达赖喇嘛庙务须妥为保护,以免破坏,并将遵办情形随时具报"①。

结合国民政府时期地方政府和军队动辄以各种理由抢占庙产,而国民政府对佛教"总的态度就是限制其发展"②的情况来看,蒙藏委员会、行政院对西藏驻京代表此项请求的受理并快速处理,足以说明国民政府对此项请求中西藏代表所称达赖喇嘛庙所蕴含特殊意义的认可,也足以证明国民政府对藏传佛教特殊作用的高度重视。从呈文内容可以看出,该呈文是由当时在任西藏驻京办事处处长阿旺桑丹和卸任驻京办事处副处长阿旺坚赞共同呈交的,对该呈文的重视,在一定程度上也反映了国民政府对西藏驻京办事处的重视。

可惜的是笔者目前还没有看到关于此事后续进展的材料。联想到1937年7月7日"卢沟桥事变"后全国抗战爆发,国民政府将几乎所有的精力都放在了抗战上,并且北平很快沦陷,不久南京也被日军占领。因此,此事的结果很可能就是不了了之。

四 协调九世班禅转世灵童遴选、坐床事宜

虽然九世班禅灵童寻访事宜早在1941年5月国民政府指令罗桑坚赞赴青主持班禅灵童寻访事宜起,就已经正式开始了。但是西藏驻京办事处直到1944年灵童遴选时才开始参与其中。由九世班禅灵童寻访和遴选的整个过程可以看出,西藏驻京办事处之所以这一阶段才参与进来,主要是因为西藏地方政府从一开始就企图在灵童寻访事宜上规避中央政府,对中央政府提出的灵童遴选办法不予回复。然而1943年12月28日(农历十二月初三),罗桑坚赞等在塔尔寺自行完成了九世班禅转世灵童征认仪式,从而倒逼西藏地方政府不得不就灵童遴选事宜同蒙藏委员会加强联系。

1944年1月,蒙藏委员会委员长吴忠信面告西藏班禅驻京办事处处长计晋美和西藏驻京代表阿旺坚赞,请分别电告罗桑坚赞和西藏地方

---

① 《北平市市政公报》1937年总第388期。
② 陈金龙:《南京国民政府时期的政教关系:以佛教为中心的考察》,中国社会科学出版社2011年版,第19、21页。

政府务必遵照国民政府确定方案遴选灵童。① 但是罗桑坚赞等仍自行于1944年2月8日（正月十五）在塔尔寺举行了征认灵童正身庆典，并很快完成了受戒入教等仪式。然而西藏地方政府和在藏班禅系统人员并不认可罗桑坚赞的这些行为。1944年6月14日，西藏驻京办事处代电蒙藏委员会，转达了西藏地方政府拟将三名灵童候选人迎往拉萨，以掣签确定正身的电文。由此可见，虽然罗桑坚赞自行采取的这些举动和国民政府的既定方案不符，但在客观上起到了迫使西藏地方政府妥协的作用。因为如果要按照国民政府的灵童遴选方案办理，噶厦政府的态度至关重要，但是一直以来噶厦政府却对国民政府的灵童遴选方案不予表态，所以当蒙藏委员会收到这份等待已久的电文时自然很是欣慰。7月10日，蒙藏委员会呈文行政院，称："查班禅转世案，藏方延宕两年，未有表示。此次来电所陈，与钧院三十一年第五五五次会议核定办法大体相符，仅签字手续略有出入耳。除俟沈处长宗濂到藏后，再为详细接洽，期能完全依照中央既定办法办理。"② 10月17日，蒙藏委员会复代电给西藏驻京办事处，称：班禅灵童遴选事宜"将来自应依照旧例举行抽签决定正身，以昭大信。除一切手续已请打扎佛饬由噶厦与沈处长及恩久佛等先行商洽外，特电仰即转陈噶厦为要"③。

然而西藏地方政府在九世班禅转世灵童事宜上执意规避中央政府的本意并没有改变，其和国民政府在九世班禅转世灵童事宜上的联系，目的就是由国民政府出面，达成青海灵童候选人入藏的目的，因此蒙藏委员会和西藏地方政府间关于九世班禅转世灵童遴选的事便陷入了僵局。此后不久，蒙藏委员会委员长频繁易人④，并且蒙藏委员会也更乐于直接和西藏地方政府联系。同时，1944年后西藏驻京办事处处长也发生了变化，阿旺坚赞不再担任处长，新任处长们的表现也不似阿旺坚赞那样活跃。这样，从1945年起，在班禅转世问题上就鲜有西藏驻京办事

---

① 中国藏学研究中心、中国第二历史档案馆合编：《九世班禅圆寂致祭和十世班禅转世坐床档案选编》，第248页。
② 同上书，第265页。
③ 同上书，第269页。
④ 在1944年12月到1949年8月间先后由罗良鉴、许世英、白云梯和关吉玉四人出任委员长。

处的身影了。

事实上，作为西藏地方的驻京机构，西藏驻京办事处责无旁贷地参与了这一时期中央和西藏地方间官方的大部分事务，所不同的只是对各种事务参与的程度不同而已，除了前文所述诸多事件中的参与外，在例如"尼藏纠纷"调解等藏事上都留下了他们的身影。并且 1937 年 4 月 8 日至 10 日，在重庆和成都同时举办九世班禅"追荐及啤经"典礼时，[①] 西藏驻京办事处的"堪准洛松"等前往参加了在重庆的致祭活动，并向班禅大师遗像供献了哈达等。[②]

此外，因为西藏总代表总是兼任西藏驻京办事处处长，而其他办事处的处长又往往是"堪准洛松"（མཁན་མགྲོན་ལོ་གསུམ）中的"准"或"洛"，如第一批"堪准洛松"中的仔准格敦恪典兼任驻平办事处处长，洛杂哇图丹桑结兼任驻康办事处处长，因此仅从这一人事安排就可以看出，西藏驻京办事处对西藏驻内地的其他办事处有着监督指导的职责。

第七节　本章小结

十三世达赖喇嘛圆寂致祭及转世灵童寻访、认定和坐床是十三世达赖喇嘛圆寂后西藏地方政府最为重要的事务之一。国民政府对十三世达赖喇嘛的圆寂致祭，表现了中央政府对其功绩的认可，而对十三世达赖喇嘛转世灵童征认程序的主持，既是对历史定例的坚持，也是中央政府对藏主权所必须坚持的权力之一。从整体上来看，西藏驻京办事处的存在，为国民政府举行十三世达赖喇嘛圆寂致祭及参与十三世达赖喇嘛转世灵童寻访提供了便利。同时，在西藏驻京办事处的积极协助下，国民政府顺利达到了派大员入藏参加十三世达赖喇嘛圆寂致祭和会同热振呼图克图主持十三世达赖喇嘛转世灵童遴选、认定的目的，并借此成功实现了在拉萨派驻中央驻藏机构的目标，极大地改善了和西藏地方间的关系，在一定程度上加强了对藏治理。从这个意义上说，西藏驻京办事处对改善中央和西藏地方间的关系，加强对藏治理发挥了积极作用，而这

[①]《蒙藏月报》1938 年第 8 卷第 3 期；《申报》1938 年 3 月 9 日。
[②] 图丹桑结：《关于第一、第二期西藏驻汉地办事人员情况的回忆》，何宗英译。

也正是西藏驻京办事处存在的价值所在。

国民政府从国家层面操演十三世达赖喇嘛的圆寂致祭和转世灵童坐床典礼，首先是出于对历史上中央对西藏地方主权管理的继承；其次，因为"任何一种统治都试图唤醒和培养人们对其合法性的信念，一切权力都要求为自身辩护"[①]，"国家仪式"是"政治合法性建构策略和措施之一"[②]，因此国民政府此举也在于强化西藏地方政府对国民政府合法性的认同。

热振事件是西藏统治集团内部利益分化的必然结果，而青藏战争是西藏和青海间利益冲突的结果。虽然对于西藏地方政府而言，前者属于内部矛盾，后者属于外部矛盾，但是对于国民政府而言，这两个矛盾都是内部矛盾，只不过是矛盾的层级不同而已。在热振事件中，作为矛盾一方的热振系统将中央政府作为维护和争取其自身利益的归宿。然而作为另一方的达札集团，为了在与热振系统的矛盾斗争中获胜，则有意无意地规避国民政府。正是这一背后深层原因，导致了西藏驻京办事处在热振事件上起了一些消极作用。青藏纠纷中藏军在战争中的失利，致使西藏地方政府希望国民政府出面迅速结束纠纷，这为西藏驻京办事处参与青藏纠纷调解提供了条件。虽然青藏战争经历时间较短，但是从整个调解的过程来看，西藏驻京办事处在此次纠纷调解中仍然发挥了不可替代的作用。

与热振事件和青藏纠纷相比，"中印运输线"及"外交局事件"涉及国家利益，因此在这两项事情上，国民政府对西藏地方政府表现出了少有的强硬。一方面是态度强硬的国民政府，另一方面是骑虎难下的西藏地方政府，在这种情况下，西藏驻京办事处的存在，使双方实现有效沟通成为可能，尤其是因"外交局事件"而导致蒙藏委员会驻藏办事处无法正常履职时，在"中印运输线"交涉中国民政府无法用正常的外交途径回击英印政府的隐蔽干涉时，西藏驻京办事处的作用就显得更为重要。

[①] ［德］尤尔根·哈贝马斯：《合法性危机》，刘北成、曹卫东译，上海人民出版社2000年版，第127页。

[②] 郭辉：《民国前期国家仪式研究：1912—1931》，社会科学文献出版社2013年版，第267页。

总体来看，限于西藏驻京办事处自身的地位，我们不能期望其能为中央和西藏地方间关系正常化做出多么重要的贡献。但是，作为西藏地方政府的官方代表，他们在方便中央和西藏地方间沟通，推进国民政府涉藏工作的顺利进行等方面做出了应有的贡献。因此，可以说在中央和西藏地方间关系"不正常"的国民政府时期，西藏驻京办事处一经设立，其重要的历史象征意义就足以载入史册。

第七章　西藏班禅驻京办事处独立参与的一些藏事

第一节　协助九世班禅晋京

国民政府时期,一方面九世班禅系统将国民政府视为维护和争取其自身利益的可靠后盾;另一方面,国民政府也对九世班禅系统在治藏方面的作用给予了厚望。正是在这种背景下,国民政府和九世班禅系统都对九世班禅晋京给予了高度重视。整个国民政府时期,九世班禅曾先后三次晋京,虽然目的各有不同,但都在客观上进一步密切了国民政府和九世班禅系统间的关系。西藏班禅驻京办事处作为九世班禅系统的驻京机构,协助九世班禅晋京是其应尽的职责之一。下面就西藏班禅驻京办事处在九世班禅三次晋京过程中的作用,作一些初步探讨。

一　第一次晋京

1928年9月2日九世班禅致函时任国民政府主席的谭延闿,除了表达希望国民政府扶持藏族的愿望外,并称:"僧早拟恭趋政府当道处庆贺革命成功,奈僧随从过多,恐扰道途,有种种之困苦,是以未能遂其志愿,□俟有机会瞻睇崇辕相晤,再当详报隐衷矣。"[①] 这应该是九世班禅第一次明确表达其晋京之意愿。对于成立不久的国民政府而言,九世班禅晋京既有助于其进一步了解藏事,进而制定切实可行的治藏政策;同时又因为九世班禅在藏蒙人民中都有着广泛的影响,他晋京显然

[①] 中国第二历史档案馆、中国藏学研究中心合编:《九世班禅内地活动及返藏受阻档案选编》,第6页。

有利于广大蒙藏人民对国民政府中央政府地位的认可。因此，国民政府十分重视九世班禅的晋京。

1929年1月，西藏班禅驻京办公处成立，从而大大方便了九世班禅第一次晋京的各种预先准备工作。此时，九世班禅正在内蒙古一带传法，深信藏传佛教的内蒙古各王公相继邀请，从而使班禅晋京之事不得不一再推后。为了加强与九世班禅的联系，催促其早日来京，蒙藏委员会多次派员"慰问"班禅。例如，1929年11月，九世班禅由洮南赴辽，11月8日到达沈阳，得报后的蒙藏委员会即于11月13日派遣罗桑坚赞和格桑泽仁赴沈阳，"慰问班禅，并询起程来京日期"①。1930年11月，蒙藏委员会再次派遣罗桑坚赞前往沈阳，晋谒九世班禅，并商洽定期召开西藏会议的办法。② 蒙藏委员会两次派遣罗桑坚赞前往，一方面是因为他是蒙藏委员会藏事处处长，可以作为蒙藏委员会的代表；另一方面是因为他是西藏班禅驻京办事处处长，有利于九世班禅进一步了解国民政府的政情，了解国民政府的对藏政策以及对九世班禅的政策。

1931年，国民政府拟召开国民会议。显然，如果九世班禅能够参加国民会议，对九世班禅和国民会议都将有着不同寻常的意义。鉴于此，国民政府专门邀请远在东北的九世班禅到南京参会，而九世班禅也欣然接受。1931年3月，九世班禅一行从内蒙古启程，开始踏上晋京之路。与此同时，在南京的西藏班禅驻京办事处则呈文蒙藏委员会，称："班禅行将来京，请早日筹备招待"③。蒙藏委员会随即召开会议，议决招待办法，该办法包括五条：一是，会同国民政府参军处及班禅驻京办公处，各派三人，组织招待处；二是，咨请铁部转饬平浦、平辽铁路局，届时开专车，以备乘用；三是，呈请国民政府，选派大员，前往欢迎；四是，请指定合适地点，作班禅行辕；五是，呈请国民政府拟发招待处设备费二万元，每月经费五千元。④ 1931年3月31日，国民政府参军处召集蒙藏委员会和西藏班禅驻京办事处，商讨招待班禅事宜，

---

① 《申报》1929年11月14日。
② 《申报》1930年11月27日。
③ 《蒙藏委员会公报》1931年第17期，"纪录"第2页。
④ 《申报》1931年3月15日。

国民政府招待九世班禅晋京事宜开始正式运作。①

此时，九世班禅一行正在由乌珠盟旗前往沈阳。为了沈阳欢迎班禅事宜的有序进行，班禅招待事务处事前即印发了专门证券，分送班禅到沈阳时到车站欢迎的各机关。1931 年 4 月 11 日上午十二时十分，九世班禅一行的专车抵达沈阳，受到了张学良副官处处长杨正洞、国民政府"迎班"专员吴铁城代表张靖西、蒙藏委员会驻沈阳代表白建民、蒙藏委员会委员罗桑囊加等人的欢迎。

因为离 5 月 5 日国民会议的召开日益迫近，颇为着急的蒙藏委员会委员长马福祥一面电促九世班禅一行及早晋京，一面于 4 月 19 日再次派遣西藏班禅驻京办事处处长罗桑坚赞北上迎接。②

5 月 1 日下午，九世班禅一行 150 余人从沈阳起程前往南京，沿途经过天津、济南时受到了当地政府的热烈欢迎及招待，因此迟至 5 月 4 日才到达南京。5 月 4 日九世班禅一行到达南京时，受到了蒋介石代表贺耀祖，蒙藏委员会委员长马福祥，国民政府各部、院、会代表等数万人的热烈欢迎。③ 此时，国民政府参军处和西藏班禅驻京办事处等，已将三元巷招待处布置完毕，作为班禅行辕驻地，并腾出泥马巷蒙古招待处的一部分房屋，作为班禅卫队驻地。④

九世班禅此次晋京，一是为了参加国民会议，更主要的目的则是亲自向国民政府表达九世班禅系统的在藏利益诉求，陈述其返藏的意愿。显然，国民政府对九世班禅晋京给予了高度的肯定，不仅授予其"护国宣化广慧大师"的封号，而且为此举行了非常隆重的册授典礼。

九世班禅一行于 5 月 4 日到达南京，7 月 8 日离开南京，前后历时两个多月。在南京期间，九世班禅参加国民大会，与国民政府高层频繁互动，前往中山陵谒陵，参加国民政府的册授仪式，游览名胜古迹等。并且"时各方膜拜问经求法题字者"，每日人数众多，应接不暇。⑤ 因为随同九世班禅晋京人员为数众多，且其中很大一部分人有着语言障

---

① 《申报》1931 年 4 月 1 日。
② 《申报》1931 年 4 月 20 日。
③ 刘家驹主编：《班禅大师全集》，第 44 页。
④ 《申报》1931 年 5 月 3 日。
⑤ 刘家驹主编：《班禅大师全集》，第 45 页。

碍，由此可以想象招待工作之烦冗。虽然国民政府为九世班禅晋京组织了由西藏班禅驻京办事处派员参加的班禅招待处，但是作为九世班禅系统的驻京机构，毋庸置疑，西藏班禅驻京办事处必然为这些活动的顺利开展，为九世班禅及其随员在南京的吃、穿、住、行等日常生活做了大量幕后工作。

二 第二次晋京

1931年7月，国民政府第二次会议议决给予九世班禅"西陲宣化使"名义，1932年4月，国民政府明令公布九世班禅的"西陲宣化使"名义，并同意其在青海香日德驻锡办公。为示郑重，国民政府拟在南京专门举行"西陲宣化使"就职典礼。为了迎接九世班禅晋京，蒙藏委员会派遣李培天和罗桑坚赞北上迎接，同时，按照九世班禅第一次晋京的成例，在"总理陵园"设立招待处。[①]

1932年11月9日，九世班禅首先派朱福南和刘家驹前往洛阳，晋谒国民政府主席林森，"报告入京事宜"[②]。12月12日，九世班禅偕随员60余人离平赴京，罗桑坚赞等蒙藏委员会派出的"迎班"代表随同南下。[③] 12月17日下午二时，九世班禅一行抵达南京，石青阳、贺耀祖、赵丕廉、白云梯、克兴额、章嘉呼图克图等人士和西北文化研究所、中国佛教会等团体约千人到车站迎接。[④]

从12月17日到达南京，到1933年2月7日离开南京北上，九世班禅第二次晋京前后历时1个月20多天。其间九世班禅曾于12月17日下午三时谒中山陵，12月19日在华侨招待所招待报界，12月21日早晨列席国民党第三届二中全会末次会议，24日上午九点在中央大学大礼堂参加南京各界欢迎班禅、章嘉盛会，24日十一时在国民政府大礼堂参加"西陲宣化使"就职典礼并宣读誓词及致答词，[⑤] 1933年1月

---

① 《申报》1932年11月27日、12月4日。
② 刘家驹主编：《班禅大师全集》，第48页。
③ 《申报》1932年12月13日、14日。
④ 《申报》1932年12月18日。
⑤ 《申报》1932年12月18日、20日、23—25日；1933年1月1日，2月5日、7日。

21 日在蒙藏委员会总理纪念周上发表《西藏历史与五族联合》的演讲,[①] 此期间还曾收戴季陶、居正、黄复生等皈依者为徒,往访林森、蒋介石、戴季陶、居正、石青阳等国民政府官员,应戴季陶夫妇、王一亭、贺耀祖和黄慕松等人的邀请在南极光宝华山护国隆昌寺玉佛殿修建"护国弘法利生药师七佛法会",应居士谢健、邓梦先等之请在华侨招待所讲古儒古鲁经[②]……这些只是这期间九世班禅参加的主要活动,诸如摩顶朝拜信徒等琐碎之事更是多不胜数,而九世班禅如此紧凑的日常安排后面,自然离不开西藏班禅驻京办事处夜以继日的辛勤劳动。为了表示对西藏班禅驻京办事处全体职员辛勤劳动的认可和赞许,12 月 23 日,九世班禅在"总理陵园"招待所召集办事处全体职员训话,并赠各人哈达一条。[③]

1933 年 2 月 7 日,九世班禅及其随员 50 多人离南京北上,结束了其第二次晋京之行,蒙藏委员会派遣吴鹤龄作为送行专员,一直陪送九世班禅一行到达北平。

九世班禅第二次晋京最主要的任务就是参加"西陲宣化使"就职典礼,国民政府专门为九世班禅组织"西陲宣化使"就职典礼,表现了国民政府对九世班禅就任"西陲宣化使"一职的重视。联想到 1934 年九世班禅即以"西陲宣化使"的名义西行,并组织"西陲宣化使公署",由此推测,国民政府此举的目的也在于向全国宣示九世班禅的"西陲宣化使"这一特任职位的权威,帮助九世班禅树立更高威望,以利于九世班禅在西北地区各种"宣化"活动、入藏准备工作的顺利开展。

三 第三次晋京

1933 年,内蒙古德王(即德穆楚克栋鲁普亲王,1902—1966)领导的内蒙古高度"自治运动"兴起,7 月,德王集合西蒙各旗王公召开了第一次"自治"会议,向南京国民政府通电请求"自治"。8 月,再

---

① 中国第二历史档案馆、中国藏学研究中心合编:《九世班禅内地活动及返藏受阻档案选编》,第 53—57 页。《班禅大师全集》中记载的此日期为 1 月 25 日,但从该书此处按时间先后表述的情况来看,1 月 25 日似是笔误(参见刘家驹主编《班禅大师全集》,第 49 页)。

② 刘家驹主编:《班禅大师全集》,第 49 页。

③ 《申报》1932 年 12 月 24 日。

次致电南京国民政府，宣布西蒙准备成立"自治政府"。1933年的内蒙古"自治运动"使内蒙古形势岌岌可危。鉴于1932年3月伪满洲国已在日本帝国主义的支持下成立，因此当内蒙古地区出现这种"自立"倾向明显的"自治运动"时，国民政府上层的紧张之情可想而知。因为此时九世班禅正在内蒙古一带宣化，并曾向国民政府报告他本人参与向内蒙古人民揭露日本帝国主义侵略野心，激发内蒙古人民团结御辱的宣化活动的情况。① 因此，急于了解内蒙古"自治运动"内情的国民政府便自然而然地想到了九世班禅。

在这种情况下，国民政府一面对九世班禅进行明令嘉奖，② 一面邀请九世班禅进京。经过一系列准备后，九世班禅一行拟于1934年年初晋京，顺便列席于1934年1月召开的国民党中央委员会第四届四中全会。③ 正当此时，十三世达赖喇嘛于1933年12月17日在布达拉宫突然圆寂，时任行政院院长汪兆铭再次电召九世班禅来京，"计商西藏善后问题"④。同时，国民政府决定在南京举行隆重的十三世达赖喇嘛圆寂致祭典礼，拟建内外两坛，其中内坛拟邀请九世班禅主持。这样此次晋京的九世班禅就负有了四种不同职责：一是为国民政府说明内蒙古高度"自治运动"的内情；二是出席国民党四届四中全会；三是主持南京的十三世达赖喇嘛致祭活动的内坛诵经事宜；四是和国民政府商讨十三世达赖喇嘛圆寂后西藏善后问题。

1934年1月16日，九世班禅偕随员60余人从百灵庙起程晋京。在此之前，班禅行辕已致电西藏班禅驻京办事处，商讨了九世班禅到京时的各种欢迎仪式，西藏班禅驻京办事处还派出了副处长朱福南前往迎接。1934年1月24日下午一时，九世班禅一行到达南京，戴传贤、黄慕松、石青阳、林森代表吕超，蒋介石代表贺耀祖，汪兆铭代表褚民谊及蒙藏委员会和西藏班禅驻京办事处全体职员等2000余人到站欢迎。⑤

---

① 中国第二历史档案馆、中国藏学研究中心合编：《九世班禅内地活动及返藏受阻档案选编》，第66—67页。
② 同上书，第71页。
③ 《申报》1933年12月17日。
④ 《申报》1933年12月24日。
⑤ 《申报》1934年1月25日。

第七章　西藏班禅驻京办事处独立参与的一些藏事　355

在1934年1月24日至4月26日第三次晋京的4个多月时间里，九世班禅曾于1月25日早晨拜谒中山陵，谒中山陵后于同日九时列席国民党四届四中全会，2月14日至16日为致祭十三世达赖喇嘛在考试院宁远楼诵经，①2月18日晨十时参加由康藏旅京同乡在中央饭店举行的欢迎九世班禅茶会并致辞，②2月20日上午十时在国民政府礼堂参加国民政府委员就职典礼并致答词，③3月19日应中央大学校长罗家伦的邀请参加该校总理纪念周活动并用藏语演讲《中藏历史关系与五明之学》，3月26日访晤英国驻华特命全权公使贾德干。④此外，在此期间九世班禅还曾抽空传法，例如为太虚法师、超一法师等传授大威德金刚不共灌顶⑤……九世班禅这些活动的顺利开展，无疑离不开西藏班禅驻京办事处的大力协助。4月26日至6月28日，九世班禅曾在杭州举办时轮金刚法会，并在杭州、上海一带游览，与杭州、上海各界人士来往互动，发起组织蒙藏学校和菩提学会，而此整个过程都由西藏班禅驻京办事处副处长朱福南等全程随同协助。1934年6月29日，九世班禅一行结束杭州、上海之行返回南京。7月6日晚，九世班禅在中央饭店宴请安钦呼图克图、西藏班禅驻京办事处全体职员等60余人，以表示对协助九世班禅一行此次顺利晋京过程中所做工作的肯定。⑥1934年7月14日，班禅一行由南京乘飞机前往北平，西藏班禅驻京办事处副处长朱福南再次陪同前往。⑦

九世班禅晋京对国民政府来说是一件值得格外重视的大事，因此，每次九世班禅晋京，国民政府都会设立专门机构——班禅招待处负责九世班禅一行晋京期间的招待事宜，而西藏班禅驻京办事处职员正是班禅招待处工作人员的主要组成部分。显然，正因为这些西藏班禅驻京办事

---

① 《申报》1934年1月26日，2月15日、19日。
② 《申报》1934年2月19日；中国第二历史档案馆，中国藏学研究中心合编：《九世班禅内地活动及返藏受阻档案选编》，第73—74页。
③ 《申报》1934年2月21日；中国第二历史档案馆，中国藏学研究中心合编：《九世班禅内地活动及返藏受阻档案选编》，第74页。
④ 《申报》1934年3月19日、27日。
⑤ 丹珠昂奔主编：《历辈达赖喇嘛与班禅额尔德尼年谱》，第651页。
⑥ 《申报》1934年7月7日。
⑦ 《申报》1934年7月15日。

处职员的存在，保证了国民政府班禅招待处代表国民政府招待九世班禅这样一个重要宗教领袖时，既能很好地协助九世班禅完成一系列宗教、政治方面的活动，又有效地杜绝了发生触犯宗教禁忌行为的可能性。事实上，作为九世班禅系统的驻京机构，协助九世班禅晋京本来就是其每一位职员应尽的职责，因此，除了上述参与班禅招待处工作的职员外，西藏班禅驻京办事处的其他职员，也都以各种方式为九世班禅晋京的顺利进行付出了辛勤劳动。总体而言，西藏班禅驻京办事处在九世班禅晋京过程中更多地发挥的是协助作用，从事的是幕后服务工作。正是鉴于这两点，在九世班禅三次晋京的整个过程中，尽管我们很少看到专门对班禅驻京机构如何发挥作用的论述，但又能时时处处感觉到它的存在。

第二节　九世班禅圆寂致祭与善后事宜

1937年12月1日，九世班禅在青海玉树圆寂，噩耗传出，全国震惊。虽然当时全国抗战已经开始，国民政府刚刚迁都重庆，全国上下一片混乱，但是鉴于九世班禅的特殊身份和卓越功绩，国民政府相关部门立即开始讨论致祭九世班禅事宜。同时，九世班禅的圆寂使九世班禅系统顿时陷入了群龙无首的境地，而九世班禅系统人员众多，成员构成复杂，并且拥有大量的武器，这也迫使国民政府不得不尽快着手商讨九世班禅善后事宜。

一　协助国民政府在重庆举行九世班禅致祭活动

作为班禅系统的驻京机构，西藏班禅驻京办事处理所当然地参与了国民政府在重庆举行的九世班禅圆寂致祭活动，但因为一方面蒙藏委员会已经有了十三世达赖喇嘛追荐会的先例，很多仪式可以循例进行；另一方面，在蒙藏委员会准备此次活动的很长一段时间里，西藏班禅驻京办事处的主要负责人都不在重庆，该处处长罗桑坚赞也是在1938年2月20日前几天才到达重庆的，[①] 这就决定了西藏班禅驻京办事处在此次

[①] 中国藏学研究中心、中国第二历史档案馆合编：《九世班禅圆寂致祭和十世班禅转世坐床档案选编》，第28页。

第七章 西藏班禅驻京办事处独立参与的一些藏事 357

九世班禅致祭活动中更多地扮演的是协助的角色。

关于在重庆举行九世班禅致祭活动，国民政府和班禅系统有着相似的想法。1937年12月11日，甘肃省政府代主席贺耀祖在转报九世班禅圆寂噩耗的同时，请求国民政府为九世班禅"特颁隆典"①。12月13日，西藏班禅驻京办事处副处长朱福南译转了班禅行辕给戴传贤和吴忠信的恳请从优料理班禅后事的电文，其中也提到"大师为国忧勤，始终如一，饰终典礼，望从优议叙"②。12月15日，吴忠信即向行政院呈报了"褒恤班禅大师办法"，该办法主要包括以下五项内容：一、国民政府明令褒扬；二、追赠封号；三、给治丧费四万元；四、派员致祭；五、开会追荐。③ 12月22日，行政院即议复了吴忠信的"褒恤班禅大师办法"，"决议发给治丧费一万元，馀通过"。④ 12月24日，国民政府文官处转达了行政院会议决议的褒恤班禅大师办法五项，其中第五项"在重庆择期追荐"指令由蒙藏委员会负责办理。⑤ 由此可见，从最初提出"特颁隆典"到国民政府最后指令实施，整个过程顺利，说明应"隆典"致祭九世班禅是国民政府上下的一致共识。

接到命令后，蒙藏委员会即开始着手准备在重庆追荐九世班禅的相关事宜。1938年2月10日，蒙藏委员会拟就"班禅大师追荐会筹备处简章"，并呈行政院鉴核。⑥ 2月14日，蒙藏委员会邀请各有关机关举行筹备会议，商定追荐九世班禅办法，决定3月3日在重庆市商会召开追荐大会，并定3月8日至10日唪经三天，其中藏经由章嘉呼图克图在成都主坛唪经，汉经由太虚法师在重庆主坛唪经。⑦ 2月19日，蒙藏委员会向全国发布了关于在重庆举行班禅大师追荐会相关

---

① 中国藏学研究中心、中国第二历史档案馆合编：《九世班禅圆寂致祭和十世班禅转世坐床档案选编》，第6页。
② 同上书，第7页。
③ 同上书，第8页。
④ 同上书，第14页。
⑤ 同上书，第16页。
⑥ 同上书，第24—25页。
⑦ 《申报》1938年12月15日；中国藏学研究中心、中国第二历史档案馆合编：《九世班禅圆寂致祭和十世班禅转世坐床档案选编》，第29页。

事宜的通电。① 2 月 25 日，蒙藏委员会训令西藏班禅驻京办事处和西藏驻京办事处，称：班禅大师追荐会"事关西藏宗教领袖之追荐，有须该处协助办理之处甚多，合行令仰该处一同派员参加筹备，共策进行"②。由此可知，重庆九世班禅追荐会上有关藏传佛教仪式、仪轨方面的筹备应该主要是由西藏班禅驻京办事处和西藏驻京办事处完成的。

3 月 8 日，九世班禅追荐会按期在重庆商会举行，国民党中央派戴传贤担任主祭，"各委员及本部科长以上人员陪祭"③，各界依次致祭者不下 2 万人。同时，成都各界同日在文殊院举办致祭活动，由章嘉呼图克图担任主祭。④

二 交涉班禅灵榇返藏事宜

因为西藏班禅驻京办事处处长罗桑坚赞在班禅系统中拥有重要的地位，尤其九世班禅圆寂后，其权位进一步提高，这就决定了在班禅灵榇回藏的交涉过程中，西藏班禅驻京办事处将扮演重要角色。从九世班禅系统和国民政府相关部门间关于班禅灵榇回藏交涉的情况来看，国民政府的班禅灵榇回藏方案在很大程度上就是听取了罗桑坚赞意见和建议的结果。

班禅灵榇返藏事实上就是九世班禅返藏的继续，1937 年 12 月 13 日班禅行辕在给戴传贤和吴忠信的电文中即提出，"国难期间，不敢有所奢求，最低限度，望中央严饬噶厦接受明春派赵专使及少数职员、仪队，率同行辕、堪布等护灵入藏，监修金塔，以示旌贤"⑤。由此可见，和九世班禅返藏一样，班禅系统人员认为由中央护送体面返藏是班禅灵榇返藏的起码要求。12 月 16 日，蒙藏委员会复电称"刻正筹拟善后办

---

① 中国藏学研究中心、中国第二历史档案馆合编：《九世班禅圆寂致祭和十世班禅转世坐床档案选编》，第 29—30 页。
② 同上书，第 30 页。
③ 同上书，第 33 页。
④ 《申报》1938 年 3 月 9 日。
⑤ 中国藏学研究中心、中国第二历史档案馆合编：《九世班禅圆寂致祭和十世班禅转世坐床档案选编》，第 7 页。

第七章　西藏班禅驻京办事处独立参与的一些藏事　359

法呈核遵行"①。事实上，这一方面是因为班禅圆寂后班禅系统人员顿失所依，人心不稳，且当时"正值藏军有异动消息"②，因此国民政府生怕一着不慎，致生事变，因此采取先定班禅灵榇移康再讨论善后事宜的策略；另一方面，从以后蒙藏委员会对班禅灵榇返藏事宜的处理来看，这一时期的蒙藏委员会还没有将班禅灵榇返藏问题提上议事日程。

无论从宗教角度还是一般的民俗角度而言，班禅灵榇都应该尽快护送返藏，以便进行建造灵塔等的后续工作。虽然班禅灵榇1938年1月18日即已遵照国民政府的指令到达甘孜，但直至2月13日班禅系统人员再也没有收到国民政府关于护送班禅灵榇回藏的进一步指示。1938年2月13日，赵守钰致电蒙藏委员会，转达了班禅堪布会议厅提出的护送灵榇回藏的三种方案：一是中央派兵早日武力护送回藏；二是如因抗战关系暂难顾到，则请中央授权康定刘委员长③与专使妥筹回藏办法；三是如二者均难办到，则请中央授权各堪布自行交涉回藏。这一方案充分反映了九世班禅系统护送班禅灵榇返藏的急切心情，但同时也表达了他们对国民政府在班禅灵榇返藏事宜上最终决定权的尊重。

因为蒙藏委员会对班禅灵榇到康后如何办理没有定案，因此收到班禅行辕的电文后只能暂不作回复。正在此时，西藏班禅驻京办事处处长罗桑坚赞到达重庆，为蒙藏委员会拟定下一步方案助力不少，因此2月26日蒙藏委员会在给西陲宣化使公署的电文中称："罗桑坚赞委员莅渝，业经迭次晤洽，至为圆满。"④

2月28日吴忠信呈文行政院，在分析了班禅堪布会议厅所提出的护送班禅灵榇回藏方案后，认为采取第三种办法，即由堪布自行设法护送回藏的方案较为妥当。3月8日，行政院向蒙藏委员会下发指令，对班禅灵榇回藏办法"准如所拟办理"⑤。4月5日，蒙藏委员会将此令内容

---

① 中国藏学研究中心、中国第二历史档案馆合编：《九世班禅圆寂致祭和十世班禅转世坐床档案选编》，第9页。
② 同上书，第17页。
③ 即刘文辉。
④ 中国藏学研究中心、中国第二历史档案馆合编：《九世班禅圆寂致祭和十世班禅转世坐床档案选编》，第30页。
⑤ 同上书，第35页。

电知班禅行辕。① 这里虽然没有提到蒙藏委员会形成这一意见过程中罗桑坚赞的作用，但是因为蒙藏委员会曾就班禅善后事宜与罗桑坚赞"迭次晤洽"，并"至为圆满"，而班禅灵榇返藏就是班禅善后事宜之一部分。况且，为了避免班禅灵榇回藏过程中节外生枝，这一方案本身需要对班禅堪布会议厅的各种情况、各堪布的真实想法等有较为准确地把握，而罗桑坚赞不仅对以上事宜有着准确把握，并且在班禅系统中有着很高的权威，因此在这种情况下，蒙藏委员会听取了罗桑坚赞的意见和建议应该是可以肯定的。另外，从班禅系统与噶厦政府交涉的整个过程来看，班禅系统的代表也是由罗桑坚赞来担任的，例如，1939 年 10 月 8 日国民政府军事委员会向蒙藏委员会转达了蒋致余的报告，报告中谈到了罗桑坚赞和噶厦政府商洽班禅灵榇回藏事宜的情况，其中罗桑坚赞就是以班禅系统代表的身份出现的。② 虽然西藏班禅驻京办事处很快对这份报告的内容进行了澄清，但结合当时情况来看，罗桑坚赞在同噶厦的交涉中充当班禅系统代表的身份应该是符合实际的。这表明在与噶厦政府的交涉中，西藏班禅驻京办事处也发挥了重要作用。

然而班禅行辕和噶厦关于班禅灵榇回藏的交涉并不顺利，这主要是因为班禅行辕在同噶厦交涉班禅灵榇回藏的同时，也要求"实现佛座在时所允各保障条件"③，而这正是噶厦政府所不希望的。因为交涉久久不能取得进展，社会上难免产生一些误传，因此西藏班禅驻京办事处于 1939 年 10 月 29 日以快邮代电的方式向蒙藏委员报告了"班禅大师行辕奉灵回藏交涉步骤"④。

虽然国民政府因班禅系统在班禅行辕武器点验、移交问题上的不配合而对班禅行辕有颇多不满，但在"甘孜事变"发生前，国民政府还是给予了班禅行辕足够的重视，在班禅灵榇回藏问题上也给予了其很大的主动权。然而 1939 年 12 月的"甘孜事变"使国民政府改变了对班禅行辕的态度，班禅行辕逐渐丧失了在班禅灵榇回藏问题上的话语权。例

---

① 中国藏学研究中心、中国第二历史档案馆合编：《九世班禅圆寂致祭和十世班禅转世坐床档案选编》，第 88 页。
② 同上书，第 89 页。
③ 同上书，第 88 页。
④ 同上书，第 89—91 页。

如1940年5月25日，西藏班禅驻京办事处处长罗桑坚赞再次向蒙藏委员会呈送了"大师灵榇回藏奉安暨行辕善后办法"，蒙藏委员会于6月1日即将此转呈给了行政院，① 然而行政院并未对此给予回复。于是，6月29日西藏班禅驻京办事处不得不再次致电给蒙藏委员会，请其催促国民政府早日核示，② 但仍如石沉大海，未等到任何回音。

与此相应，事实上早在1940年4月初吴忠信在拉萨时已经同噶厦政府就班禅灵榇回藏问题达成一致：中央护送至青藏边界，然后由西藏地方政府迎接并护送至扎什伦布寺。这一方案的形成，说明国民政府为了达到速送班禅灵榇回藏的目的，基本上采纳了噶厦政府的意见，放弃了最初的设想，也不再顾及班禅系统人员的感受，这就决定了班禅灵榇返藏的草草了结。1940年4月，国民政府任命赵守钰为护送班禅大师灵榇回藏专使，标志着国民政府开始实施其与噶厦政府商定的护送班禅灵榇返藏的方案。

三 交涉班禅随员安置问题

关于班禅随员的安置问题，以"甘孜事变"为分界线，可以分成两个阶段。

（一）"甘孜事变"前的交涉

九世班禅大师随员众多，因此九世班禅圆寂后这些随员的安置问题成了班禅善后事宜中一个非常棘手的问题。从九世班禅圆寂之初开始，九世班禅行辕和蒙藏委员会间就关于班禅随员的安置问题出现了分歧。总体来看，班禅行辕主张按照班禅大师的意愿，西陲宣化使由罗桑坚赞代理，维持现状，"以免千余堪布职员、夫役流离失所"③。然而蒙藏委员会却采取了先移班禅灵榇至康定，再进行班禅善后事宜讨论的方案，原因是玉树过于接近西藏，随时可能发生意外，移灵康定可以防止节外生枝。

九世班禅圆寂之初，班禅行辕致电戴传贤和吴忠信，请求按照班禅

---

① 中国藏学研究中心、中国第二历史档案馆合编：《九世班禅圆寂致祭和十世班禅转世坐床档案选编》，第96—98页。
② 同上书，第99页。
③ 同上书，第7页。

大师的意愿，西陲宣化使由罗桑坚赞代理，维持西陲宣化使公署现状。① 1937 年 12 月 18 日，赵守钰致电吴忠信，亦主张对于班禅随员"原则上似应维持团体，以免拥护中央者有所失望"②。赵守钰的主张，说明其身为护送班禅回藏专使，每天和班禅行辕人员打交道，对班禅随员的思想动态有比较全面的了解，当然也不能排除被班禅行辕人员"公关"的可能，所以总体上来看这一阶段赵守钰主张更多地体现了对班禅行辕利益的维护。同年 12 月 27 日，西藏班禅驻京办事处呈文蒙藏委员会，请求安置追随班禅大师多年的各堪布，在治丧期中所有大师遗缺请暂保留。12 月 30 日蒙藏委员会回复称："班禅大师善后事宜，尚待详慎商讨。所有追随大师各堪布，自当并案呈请政府设法妥为安置。"③事实上，班禅灵榇移康事宜尚未完成，因此国民政府并未把安置九世班禅随员之事提上议事日程。

从 1938 年 3 月起，蒙藏委员会才真正开始考虑"西陲宣化使"存撤和九世班禅随员的安置等班禅善后问题，西藏班禅驻京办事处处长罗桑坚赞则作为九世班禅系统的代表参与了商洽。④ 出于对九世班禅随员切身利益的考虑，罗桑坚赞极力主张"对善后组织希望保存护国宣化广慧圆觉大师名义，经费即照原额，稍打折扣亦无不可"⑤。1938 年 4 月 12 日，蒙藏委员会正式向行政院提交了"班禅大师圆寂筹拟善后办法"，提出"拟将西陲宣化使公署限期裁撤，保留护国宣化广慧大师班禅行辕之组织，以调整其机关，安置其随从，并办理班禅圆寂一切善后事宜"⑥，"其经费拟请仍以其实领之原有办公费一万九千六百元充之"⑦。蒙藏委员会的这一办法，基本上和罗桑坚赞的主张相似，显然，这和罗桑坚赞的积极争取是分不开的。1938 年 4 月 22 日，行政院召集内政部、军政部、财政部、教育部、交通部和蒙藏委员会等关系机关，

---

① 中国藏学研究中心、中国第二历史档案馆合编：《九世班禅圆寂致祭和十世班禅转世坐床档案选编》，第 7 页。
② 同上书，第 11 页。
③ 同上书，第 20 页。
④ 同上书，第 39—40 页。
⑤ 同上书，第 41 页。
⑥ 同上书，第 46 页。
⑦ 同上书，第 47 页。

审查蒙藏委员会所提出的班禅圆寂善后办法,并形成"西陲宣化使公署应予撤销","班禅行辕暂予保留,办公费照发"等意见。①

总体上来看,由于罗桑坚赞等的积极争取,更主要的是念及九世班禅大师的特殊功绩,同时出于对九世班禅系统中绝大多数具有爱国思想成员的安抚,国民政府对这一时期的九世班禅随员给予了极为丰厚的优待。

(二)"甘孜事变"后的交涉

"甘孜事变"后,国民政府对班禅行辕的态度急转直下。针对班禅灵榇入藏和班辕安置,国民政府采取了先办理班禅灵榇入藏事宜,再讨论班辕安置问题的策略。同时,对班禅随员安置采取了"能回藏者护灵回藏,因政治关系有留内地必要者,由中央量予位置"②的基本策略。也就是说,国民政府基本的原则是鼓励九世班禅随员随班禅灵榇入藏。因为班禅灵榇入藏和"能回藏"班禅随员的安置是同步的,而所谓的"班辕"安置就成了对班禅随员中"因政治关系有留内地必要者"的安置。因此,国民政府上述先护送班禅灵榇入藏后安置班禅行辕的处理方案事实上也是对班禅随员的分流,目的就是通过这种分流尽可能地减少不稳定因素。正是鉴于这一策略,这期间罗桑坚赞曾于1940年5月25日呈送班禅灵榇回藏奉安暨行辕善后办法,并于6月29日数次催请"迅示",但都没有得到国民政府的回应。

1940年10月24日,蒙藏委员会呈文行政院,请求拨发班禅灵榇回藏及随员遣送等经费,具体为:班禅灵榇回藏及班辕人员回藏旅费50万元,策觉林呼图克图和丁杰呼图克图3万元,恩久活佛3千元。③ 行政院于11月8日就此向蒙藏委员会下发指令,除了班禅灵榇回藏及班辕人员回藏旅费减为30万元④外,其余都按照蒙藏委员会的方案通过。⑤

---

① 中国藏学研究中心、中国第二历史档案馆合编:《九世班禅圆寂致祭和十世班禅转世坐床档案选编》,第50页。
② 同上书,第108页。
③ 同上书,第111—112页。
④ 后来留内地的班禅随员的安置费用也是从这30万元内支出的,所以称为班灵回藏及班辕人员回藏旅费并不十分准确。中国藏学研究中心、中国第二历史档案馆合编:《九世班禅圆寂致祭和十世班禅转世坐床档案选编》,第122页。
⑤ 中国藏学研究中心、中国第二历史档案馆合编:《九世班禅圆寂致祭和十世班禅转世坐床档案选编》,第113页。

1940年11月9日九世班禅灵榇自玉树启运护送回藏；11月20日班禅灵榇被护送至嘉桑卡（即类乌齐）移交给西藏噶厦政府代表。与此同时，500余名班禅随员也随同入藏。对国民政府而言，班禅灵榇回藏及随班禅灵榇返藏的500名班禅随员的安置问题至此完成。

班禅灵榇入藏完成后，班辕善后及留内地班禅随员的安置问题自然被提上了议事日程。1941年2月14日，蒙藏委员会指令赵守钰酌拟班辕及甘瞻善后办法。3月26日，赵守钰将拟具的班辕善后办法呈供蒙藏委员会参考。① 5月5日，行政院向蒙藏委员会下发指令，抄发了修正通过的班辕善后办法。按照该办法，班辕被撤销，班辕所有人员予以遣散或设法安置。② 之后，西藏班禅驻京办事处曾呈文蒙藏委员请求收回裁撤班禅行辕的成命，但事实上自从"甘孜事变"后班辕裁撤已成必然，况且班辕善后办法已经国民政府通过，所以西藏班禅驻京办事处的这次请求自然不会被采用。

班辕善后办法通过后，赵守钰负责具体实施班辕留内地人员的安置事宜，经与罗桑坚赞等的反复商议，于1941年9月才最终完成了对所有留内地的班禅随员的安置。③ 因为除了极个别任职于国民政府中央部门的人员外，这些留内地的人数众多的班禅随员绝大多数没有了经费来源，再加上当时是全面抗战的特殊时期，因此他们在生活上的艰苦是可想而知的，由此而造成的心理创伤也是可想而知。从这个角度讲，国民政府处理班禅随员尤其是留内地人员的安置方案虽有许多不得已之处，但也有失认真考量。之后，经蒙藏委员会呈请，1942年1月7日，国民政府行政院指令设立班禅诵经堂，并拨给经费，事实上班禅诵经堂就是为了安置留内地班禅随员而设的，也可以说是国民政府对其之前安置班禅留内地随员政策的一种补救措施。

总体上来看，九世班禅圆寂到"甘孜事变"前，西藏班禅驻京办事处在协助致祭九世班禅，交涉班禅灵榇入藏、班禅随员安置等方面，都受到了国民政府的重视，所提意见和建议也屡被国民政府所采纳。"甘

---

① 中国藏学研究中心、中国第二历史档案馆合编：《九世班禅圆寂致祭和十世班禅转世坐床档案选编》，第117、119页。
② 同上书，第122页。
③ 同上书，第134页。

孜事变"后，国民政府对班辕的态度急转直下，对其的不信任陡增，态度也日趋强硬。例如吴忠信曾密令赵守钰，称："班辕内部颇为复杂，望兄商同子香兄①，于必要时以断然手段处理之，弟当为兄后盾也。"②在这种情况下，蒙藏委员会等在处理班禅灵榇入藏及班禅随员安置问题上已经不太愿意倾听班禅系统的声音，因此西藏班禅驻京办事处的作用自然也大为降低。

第三节　九世班禅转世灵童寻访、认定与坐床

九世班禅转世灵童寻访，是九世班禅圆寂后班禅系统所面临的主要大事之一，也是蒙藏委员会所面临的又一个"班禅问题"。然而由于班禅灵榇移康、返藏，班禅随员安置等问题的牵扯，致使班禅系统和蒙藏委员会一时都无暇顾及。1940年下半年，随着班禅灵榇入藏和班禅随员安置等问题解决方案的确定并逐步实施，班禅转世灵童的寻访工作也被提上了班禅系统和蒙藏委员会的议事日程。作为班禅系统的驻京机构，西藏班禅驻京办事处不可避免地参与了九世班禅转世灵童的寻访工作。

一　灵童寻访期间的作用

在1941年5月罗桑坚赞前往青海主持九世班禅灵童寻访事宜前，罗桑坚赞仍担任着西藏班禅驻京办事处处长一职，并且身在重庆，这就决定了西藏班禅驻京办事处将在灵童寻访的开始阶段发挥比较重要的作用。

1940年10月16日，西藏班禅驻京办事处处长罗桑坚赞第一次转呈了班禅行辕关于灵童寻访的电文，称："达赖、热振及卫藏大德均指班禅灵童已在藏东青康境内转生，故推森吉、家驹、友仁及后藏新来代表卓尼绛巴纳等一批员役赴香日德、西宁寻访，并待善后，敬恳转呈中枢

---

① 即马步芳。
② 中国藏学研究中心、中国第二历史档案馆合编：《九世班禅圆寂致祭和十世班禅转世坐床档案选编》，第107页。

核示祗遵。"① 收到电文后，蒙藏委员会一面致电在拉萨的孔庆宗，请其向噶厦当局探求对班禅转世事宜的意见，一面呈文行政院，指定罗桑坚赞负责灵童寻访事宜，并发给赴青主持寻访灵童旅费5000元。② 行政院很快下发指令，同意蒙藏委员会的上述办法。

为什么蒙藏委员会选派罗桑坚赞赴青主持九世班禅灵童寻访事宜呢？笔者认为这主要基于以下几个方面的考虑。

第一，因为罗桑坚赞是九世班禅圆寂后班禅系统最有权势的人物，因此由其主持灵童寻访工作，能够较好地化解来自班禅系统内部不同派系间的纷争，也就是说只有罗桑坚赞主持灵童寻访工作，才能不负众望，才能调动班辖留内地的绝大部分人员。

第二，可以避免班禅灵童寻访工作被噶厦政府主导，从而失去在灵童寻访工作中的主动。灵童寻访首先是一项宗教行为，因此灵童寻访符合宗教要求才能被藏传佛教界接受。相比于蒙藏委员会，采用政教合一政治制度的西藏地方政府更容易以宗教的名义展开工作。因此防止西藏地方政府借口宗教而达到操控九世班禅转世灵童寻访事宜的目的，是蒙藏委员会不得不预为考虑的方面，而罗桑坚赞曾是九世班禅大师的苏本堪布，熟悉灵童寻访的各种宗教仪轨，并且罗桑坚赞是九世班禅在政治上最得力的助手，是原蒙藏委员会藏事处处长、时任蒙藏委员会委员，因此由其主持灵童寻访工作，无论从宗教的角度来看还是从政治的角度来看都是最为合适的。从此后灵童寻访、遴选的整个过程来看，罗桑坚赞确实没有辜负蒙藏委员会对其的信任。

罗桑坚赞前往青海主持九世班禅灵童寻访工作后，罗友仁接任了西藏班禅驻京办事处处长一职。1941年8月26日，罗友仁呈文蒙藏委员会，报告了罗桑坚赞寻访灵童的有关情形。从呈文可以看出，在罗桑坚赞的主持下，灵童寻访工作在以青海为主，包括甘肃、西康等地的广大藏区全面展开。之后，西藏班禅驻京办事处数次呈文蒙藏委员会，报告罗桑坚赞灵童寻访工作的进展情况。1941年12月9日，

---

① 中国藏学研究中心、中国第二历史档案馆合编：《九世班禅圆寂致祭和十世班禅转世坐床档案选编》，第171页。

② 同上书，第171、119、173页。

西藏班禅驻京办事处应蒙藏委员会的要求，详细报告了各地寻获的转世灵童候选人的详细情况。① 虽然此次报告中没有将丁杰呼图克图在西康所寻获的灵童候选人纳入其中，但这仍不失为九世班禅灵童寻访工作正式开始后蒙藏委员会所得到的最为详细的关于各灵童候选人情况的报告。

因为一方面罗桑坚赞等所中意的班禅转世灵童候选人隆热嘉错夭亡，另一方面人们对罗桑坚赞未在西康进行认真寻访有异议。在这种情况下，罗桑坚赞呈文蒙藏委员会，拟决定再次派遣策觉林呼图克图前往金沙江两岸寻访，同时拟在青海一带进行再度寻访。经蒙藏委员会转呈，行政院同意了罗桑坚赞再度寻访的请求。11 月 25 日，蒙藏委员会向西藏班禅驻京办事处转达了行政院的指令，并令其转告罗桑坚赞。②

从总体来看，这一阶段，虽然因为处长更易，西藏班禅驻京办事处在班禅系统中的重要性有所下降，但因为 1942 年 1 月国民政府批准设立班禅诵经堂前，该办事处是国民政府批准设立的班禅系统在内地的唯一代表机构，因此其在班禅系统中的重要性自然毋庸赘言。从九世班禅转世灵童寻访前期阶段的情况来看，蒙藏委员会主要是通过该办事处来掌握灵童寻访相关信息的。

二 灵童遴选期间的作用

随着灵童寻访工作的逐渐结束，灵童认定过程中最重要的一环，即灵童遴选随之开始。1942 年 2 月 28 日，蒙藏委员会向行政院呈报了由其拟定的班禅转世办法，该办法主张九世班禅灵童遴选应遵照旧例，即从寻获的众多灵童候选人中选出三名，"造列名册，派员携往拉萨，请西藏宗教最高首领卜定三名为身、口、意化身（即呼毕勒罕候选人），以昭公允，而资各方信服"；三名灵童候选人确定后，由中央派员在大昭寺金瓶掣签决定。③ 同年 3 月，行政院通过，并提交国防最高委员会

---

① 中国藏学研究中心、中国第二历史档案馆合编：《九世班禅圆寂致祭和十世班禅转世坐床档案选编》，第 204—206 页。
② 同上书，第 219 页。
③ 同上书，第 211 页。

通过该项办法。① 这标志着国民政府班禅转世灵童遴选办法的正式形成。

灵童遴选工作开始后，蒙藏委员会、西藏噶厦政府和以罗桑坚赞为代表的班禅系统人员三方间便形成了各持己见，难以达成一致的局面。一是，西藏噶厦政府采取各种手段意图规避中央政府对灵童遴选事宜的参与；二是，罗桑坚赞等不顾蒙藏委员会、噶厦政府以及在藏班禅系统人员的反对，执意在塔尔寺进行灵童遴选，并最终选出循化的官保慈丹为班禅转世灵童；三是，蒙藏委员会则坚持已公布的方案。这样，灵童遴选工作陷入了空前的僵局。

为什么一向服从国民政府命令的罗桑坚赞会如此坚持己见，一意孤行呢？撇开宗教方面的因素，笔者分析主要有以下几个方面的原因。

首先，对西藏地方政府的不信任。虽然一开始，罗桑坚赞也主张沿用传统的在大昭寺释迦牟尼佛像前掣签确定九世班禅转世灵童的方案，但是在与西藏地方政府的交涉中，罗桑坚赞很快就意识到了西藏地方政府意欲规避中央政府，排挤九世班禅徒众，力图控制九世班禅灵童遴选事宜的意图。罗桑坚赞等意识到，虽然国民政府公布的方案符合历史定例，但如果灵童候选人一旦入藏，西藏地方政府很可能就会在规避中央政府参与方面越走越远，曾长期追随九世班禅的徒众也将失去参与灵童遴选事宜的机会。而且，一旦西藏地方政府遂愿，不仅对国民政府来说具有不堪设想的后果，对包括其在内的与西藏地方政府有着尖锐矛盾的留内地九世班禅随员而言，将来也将面临身份认可的问题。

其次，国民政府对绝大多数九世班禅留内地随员的安置措施给这些九世班禅随员造成了巨大的心理创伤，而罗桑坚赞作为九世班禅留内地随员的代表人物，并且长期和九世班禅留内地的其他随员一起活动，当然能够感同身受。如前文所述，虽然国民政府对九世班禅随员的安置方案有许多不得已之处，但九世班禅圆寂前后对班禅随员这种待遇上的巨大差别，使罗桑坚赞等深切体会到拥有班禅的重要性。

1944 年 1 月，蒙藏委员会委员长吴忠信面告西藏班禅驻京办事处处长计晋美和西藏驻京代表阿旺坚赞，请他们分别电告罗桑坚赞和西藏地

---

① 中国藏学研究中心、中国第二历史档案馆合编：《九世班禅圆寂致祭和十世班禅转世坐床档案选编》，第 213—214 页。

方政府务必遵照国民政府确定方案遴选灵童。① 然而，此时罗桑坚赞等已于1943年12月28日（农历腊月初三）在青海塔尔寺完成了征认官保慈丹为班禅转世灵童的掣签手续，罗桑坚赞以藏历水羊年为"黑年"不宜进行灵童坐床为由，不断致电催促蒙藏委员会派员前往塔尔寺"举行决定班禅正身庆典"。同时他也致电西藏班禅驻京办事处，令其将催请中央代表的电文转呈行政院和蒙藏委员会。② 因为国民政府坚持要求按照既定方案办理灵童遴选事宜，自然不能派代表参加。这种情况下，罗桑坚赞再次自作主张，于1944年2月8日（农历正月十五日）在青海塔尔寺完成了决定灵童正身的庆典，认定官保慈丹为班禅转世灵童。③ 3月19日和3月23日，西藏班禅驻京办事处处长计晋美分别向国民政府军事委员会和蒙藏委员会转呈了这一消息。④ 至此，蒙藏委员会处在了一个非常尴尬的局面：一方面，罗桑坚赞等的行为虽然明显和既定方案不符，但蒙藏委员会也难以对罗桑坚赞等采取断然措施；另一方面，面对对蒙藏委员会的方案不置可否的西藏地方政府，蒙藏委员会也无计可施。在这种情况下，蒙藏委员会再次面告计晋美，在噶厦政府未对中央政府确定的灵童遴选方案表示意见前，"中央碍难承认西宁灵童"⑤。然而罗桑坚赞仍坚持己见，因此8月1日西藏班禅驻京办事处再次呈文蒙藏委员会，转呈了罗桑坚赞请中央指定官保慈丹为班禅转世正身的电文。⑥

因为一方面罗桑坚赞等坚持认为官保慈丹为九世班禅转世正身，另一方面西藏噶厦政府卜算结果中官保慈丹也名列最前。针对这种情形，蒙藏委员会开始寻求新的解决途径。1944年9月4日，蒙藏委员致电蒙藏委员会驻藏办事处新处长沈宗濂，指示与藏交涉班禅灵童遴选办法的新机宜："惟前后藏双方如能和衷商洽，共认官保慈丹为寻访各童中特殊灵异者，由藏当局正式电请援照达赖成例，特准指定为班禅转世正身，本

---

① 中国藏学研究中心、中国第二历史档案馆合编：《九世班禅圆寂致祭和十世班禅转世坐床档案选编》，第248页。
② 同上书，第249、250—251页。
③ 同上书，第254—255页。
④ 同上书，第256—257页。
⑤ 同上书，第257—258页。
⑥ 同上书，第265—266页。

会亦可加以考虑派员赴清视察灵童后,转请核示"①。与此同时,蒙藏委员会密示西藏班禅驻京办事处也向罗桑坚赞转达此意,以便打破僵局。②

1946年4月28日(农历三月二十七日),王乐阶率领的迎接班禅灵童候选人入藏队伍抵达塔尔寺。开始阶段罗桑坚赞和王乐阶等经过不断商洽后,在承认官保慈丹为九世班禅的转世灵童方面取得了一致意见。但是随着时间的推移,罗桑坚赞和王乐阶间也产生了分歧,从而使班禅转世灵童的遴选问题更趋复杂。这期间,西藏班禅驻京办事处处长计晋美遵照罗桑坚赞的意思,多次致电或面呈蒙藏委员会,请其转呈国民政府,从速明令宣布官保慈丹为九世班禅转世灵童,例如1946年6月10日、7月1日和7月14日,西藏班禅驻京办事处都曾向蒙藏委员会分别转达了以上述内容为主的电文。③

因为一方面收到了西藏地方政府将迎请并认定生于八宿的灵童候选人拉玛为班禅转世正身的情报,并且西藏政府执意规避中央派员主持灵童征认典礼;另一方面,罗桑坚赞、青海各高僧大德、青海省政府等迭次要求国民政府明令宣布官保慈丹为九世班禅转世正身。在这种情况下,蒙藏委员会认为不能"优容""西藏政府此种违法违理、藐视中央之举动","且班禅在蒙藏佛教上地位崇高,历辈转世事宜均由中枢主持,档册斑斑可考。现在西藏政府既将八宿灵童拉玛迎藏,并拟即擅自坐床,若中央对西宁灵童官保慈丹仍不予以征定,不仅在蒙藏政教运用上棋失先着,且无以维系历年倾忱中央之班禅堪布会议厅及蒙藏各大活佛"④。这样,经蒙藏委员会呈请,国民政府于1949年6月3日准予明令公布官保慈丹为第十世班禅正身。⑤ 1949年7月,国民政府明令公布关吉玉、马步芳为主持十世班禅坐床典礼正副使。1949年8月10日,十世班禅坐床典礼在塔尔寺举行,关吉玉与马步芳代表马继融会同主持了典礼。时任西藏班禅驻京办事处处长的计晋美和罗桑坚赞、拉敏益西

---

① 中国藏学研究中心、中国第二历史档案馆合编:《九世班禅圆寂致祭和十世班禅转世坐床档案选编》,第267页。
② 同上书,第273页。
③ 同上书,第282—287页。
④ 同上书,第351页。
⑤ 同上书,第351、355—356、358页。

楚臣等班禅堪厅全体人员一起参加了典礼。① 至此九世班禅转世灵童寻访、遴选和坐床典礼全部完成。

从认定九世班禅转世灵童事宜的整个过程来看，虽然西藏地方政府拒绝公开承认官保慈丹为十世班禅正身，但是从西藏地方政府公布的灵童候选人的情况来看，官保慈丹也是其最有倾向的候选人，这说明罗桑坚赞在灵童寻访阶段，尤其是在宗教方面所做的工作是比较扎实的。虽然罗桑坚赞在灵童遴选过程中有自行组织灵童遴选、征认的情节，但此举在客观上起到了迫使西藏地方政府加强与国民政府沟通联系的作用。更为重要的是，由于罗桑坚赞的坚持，使西藏地方政府执意规避中央政府的企图最终未能得逞，而国民政府也得以顺利完成了对十世班禅坐床典礼的主持，维护了中央政府在班禅转世事宜上的固有权益。

就西藏班禅驻京办事处的作用而言，从灵童寻访到灵童遴选，西藏班禅驻京办事处都和罗桑坚赞等保持着高度一致。究其原因，一方面是因为罗桑坚赞是国民政府指定的九世班禅寻访事宜的负责人，具有合法性；另一方面，无论是前期的罗友仁还是后期的计晋美，他们能够出任该办事处处长，都离不开罗桑坚赞的大力举荐。正是因为计晋美等在灵童遴选事宜上和罗桑坚赞等保持高度一致，使西藏地方政府操纵灵童遴选事宜的意图未能实现，因此西藏地方政府的一些人对其怀恨在心，1948年西藏地方政府"勒令后藏全体僧俗官员及民众出名向中央请愿"，其中之一就是"班禅驻京办事处处长计晋美父子二人为犯法之徒，请予以撤职"②。换个角度来看，这也间接说明这一时期的西藏班禅驻京办事处在九世班禅转世灵童认定等方面，对达札摄政等西藏地方政府一些人的"自立"倾向起到了一定的遏制作用。

第四节　西藏班禅驻京办事处的一些其他作用

鉴于九世班禅在藏传佛教界的崇高地位，在广大藏区的极大影响，

---

① 西藏自治区政协文史资料研究委员会编：《西藏文史资料选辑》（第2辑），第20页。
② 中国藏学研究中心、中国第二历史档案馆合编：《九世班禅圆寂致祭和十世班禅转世坐床档案选编》，第311页。

并且和国民政府间建立了良好关系，这就决定其驻京办事处必然也要参与一些非九世班禅系统的事务，主要的如为其他藏区政教人士提供协助，为西藏、青海、四川等藏区青年来内地求学提供帮助等。

一 协助青海、四川等藏区政教人士

南京国民政府成立后，甘青藏区政教上层即表现出了与其建立联系的强烈愿望。因为一方面九世班禅是藏传佛教格鲁派中与达赖喇嘛一样拥有崇高地位的大活佛，理所当然要受到甘青等藏区教政教上层的尊崇；并且，1923年至1924年九世班禅一行由西藏前往北京，路过甘青藏区时即与甘青藏区政教上层建立了联系。另一方面，南京国民政府甫经成立，九世班禅系统即与其建立了联系，并且九世班禅得到了国民政府的格外尊崇。所以，九世班禅系统和其驻京办事处自然成了甘青藏区政教上层建立并强化与南京国民政府联系过程中寻求协助的主要对象之一。下面我们以兴萨班智达等青海省"西藏会议"代表，西康的格桑泽仁、刘家驹等为例，来简要论述西藏班禅驻京办事处对青海、四川等藏区政教人士在与国民政府建立联系过程中所给予的协助。

南京国民政府建立初期，其对于治理包括西藏在内的广大藏区雄心勃勃，因此一方面派代表入藏疏通与西藏地方政府的关系，另一方面积极筹划召开"西藏会议"，以期制定出一个改善、开发广大藏区的根本办法。而各大藏区对此也给予了积极回应，相继派出代表前往南京参加此次会议。青海省因此派出了兴萨班智达、札木苏等近20名代表。[①] 1931年兴萨班智达与李金钟、扎木苏等人到达北平。但由于种种原因，这次"西藏会议"最终流产，兴萨班智达等行至北平后只能半路折回。

---

① 青海地区这次选出的西藏会议的代表有如下一些：呼图克图4人［噶勒丹锡哷图呼图克图、阿嘉呼图克图（由兴萨班智达代表）、敏珠尔呼图克图（由先灵佛代表）、土观呼图克图（由陈更登代表）］、班智达1人（兴萨班智达）、诺们罕1人［察汉诺们罕（由噶勒丹锡哷图呼图克图代表）］、寺院代表2人（隆武寺的马英甲、瞿昙寺的洛桑香趣）、各藏族部落代表10人（汪什代克族1人，华齐；刚察族1人，智化；玉树二十五族3人，石殿峰、吴世瑾、马玉堂；海南六族1人，罗布藏经巴；果罗六族1人，饿巷却智；巴燕十族昂锁1人，官保才仁；黄河南藏族2人，李金钟、扎木苏）、青海省政府代表2人（龚瑾、陈显荣），见中国第二历史档案馆、中国藏学研究中心合编《中国第二历史档案馆所存西藏和藏事档案汇编》（第12册），第291—296页。

约 1932 年 4 月，兴萨班智达等致函西藏班禅驻京办事处，称他们定于"本月十八日相偕同秘书、翻译随从等三十余人，携带箱只、皮包、行李等物一百五十余件由平乘平绥路车至包头，经宁夏、阿拉善、甘肃等省返回青海原籍，希转请发给护照并饬平绥路局准予免费附挂头等车一辆、三等车一辆、铁闷车一辆"①。西藏班禅驻京办事处于 4 月 12 日即将此函转呈蒙藏委员会，代请蒙藏委员会鉴核，并"发给护照共一纸，咨请铁道部转饬平绥路局记账备车，并电沿途各省妥为保护"②。4 月 20 日，蒙藏委员会就此向西藏班禅驻京办事处下发训令，称：

> 该处呈请转咨铁道部为青海代表兴萨班智达等免费挂车，以便回籍等情。当经咨请铁道部南京办事处查照办理在案。前准复函内开，准贵处藏字第五号公函，以有青海出席西藏会议代表云云至，除电饬平绥路局暂记贵委员会账，接洽备运外，相应函复查照。③

其实在此之前的 4 月 3 日，西藏班禅驻京办事处已经向蒙藏委员会转呈了札木苏、罗布藏经巴等另一批青海"西藏会议"代表 10 人的类似内容的电文，蒙藏委员会给予了积极回应，并于 4 月 14 日训令西藏班禅驻京办事处，告知其铁道部南京办事处同意"记账备车"，并"电饬平绥铁路管理局遵照备运"。④

青海省"西藏会议"代表为返回原籍事宜寻求西藏班禅驻京办事处的帮助，说明他们将其看成可资托付的对象，而西藏班禅驻京办事处积极给予帮助，不仅解决了这些青海"西藏会议"代表的燃眉之急，对在青海藏族政教人士中树立蒙藏委员会的良好形象也起到了一定作用。

在与国民政府建立联系过程中，寻求九世班禅系统协助的另一个较为重要的甘青藏区政教上层人士就是青海华隆藏区的青海唐古忒世袭指

---

① 中国第二历史档案馆、中国藏学研究中心合编：《中国第二历史档案馆所存西藏和藏事档案汇编》（第 16 册），第 130 页。
② 同上。
③ 同上书，第 156 页。
④ 同上书，第 86、141 页。

挥使昂鼐官宝才仁。① 1931年3月，官宝才仁到达南京，经西藏班禅驻京办事处呈请，蒙藏委员"准予招待"；同时，官宝才仁"带京送礼各物"亦经西藏班禅驻京办事处呈请，由蒙藏委员会咨请铁道部后给予了免费放行。② 在此之前，官宝才仁还通过九世班禅驻青海办事处致函西藏班禅驻京办事处，由西藏班禅驻京办事处呈文蒙藏委员会，呈文称：

……

　　以青海唐古忒世袭指挥使官保才仁拥护中央，维持地方，年来救济灾荒，耗去私人财产甚巨，迄今青海民众口碑载道，争相颂扬，边防赖以安堵，厥功甚伟，请转呈钧会呈简任命，以资维系等由。准此，查青海唐古忒本属藏族，辖地颇广，居民也众，所请简派一节维护边心，自属切要之图，理合具文呈请鉴核，伏乞转呈国民政府明令简任，至世袭二字能否沿用，尚祈裁夺祗遵。③

　　蒙藏委员会第八十六次常会讨论后认为，"青海唐古忒族分住各县，番汉杂处，非有热心国事，声望卓著，谙习边情者，不足以调和情感，该处长所请各节，极有见地，当经决议，呈请钧院准予将官宝才仁荐任为青海巴燕唐古忒十族昂鼐"④，并呈请行政院转呈国民政府"将官宝才仁荐任为青海巴燕唐古忒十族昂鼐，以资鼓励"⑤。同年6月3日，蒙藏委员会向官宝才仁转发了国民政府任命状，任命官宝才仁为"青海巴颜唐古忒族十姓昂鼐"⑥。6月4日，蒙藏委员会致函国民政府文官处，请

---

　　① 官宝才仁在给蒙藏委员会的呈文中使用了"青海唐古忒世袭指挥使"的职衔。参见中国第二历史档案馆、中国藏学研究中心合编《中国第二历史档案馆所存西藏和藏事档案汇编》（第12册），第11页。因为华隆藏族被称为"巴燕吧""哇燕吧"，且自明代起就有中央政府封授的昂鼐，负责管理华隆地区藏族部落（陈庆英主编：《中国藏族部落》，中国藏学出版社2003年版，第382—387页）。再根据国民政府封授官宝才仁为"青海巴颜唐古忒族十姓昂鼐"的情况来看，官宝才仁应该就是华隆藏族头领。
　　② 《蒙藏委员会公报》1931年第17期，"命令"第51、79页。
　　③ 中国第二历史档案馆、中国藏学研究中心合编：《中国第二历史档案馆所存西藏和藏事档案汇编》（第12册），第68—69页。
　　④ 同上书，第140页。
　　⑤ 同上书，第141页。
　　⑥ 同上书，第397页。

第七章　西藏班禅驻京办事处独立参与的一些藏事　375

其转令印铸局铸造"青海巴颜唐古忒十族昂鞠"铜印。① 9 月 7 日，国民政府通过文官处向蒙藏委员会转发了该铜印，并饬令蒙藏委员会转饬官宝才仁将启用日期呈报备查。② 该印按照国民政府印信条例所颁荐任机关大印尺度铸造，③ 印文为"青海巴颜唐古忒十族昂鞠印"，④ 该印文没有藏文译文，仅为汉文。⑤

官宝才仁绕道西藏、印度，历经千辛万苦前往国民政府首都南京，表现了其与国民政府建立联系的迫切愿望，而其能够顺利得到国民政府的封号、印信，西藏班禅驻京办事处的协助显然功不可没。

国民政府时期的广大藏区，随着内地政治制度的变革，社会结构也在悄然发生变化，这种变化在与内地接壤的西康等地藏区表现得尤为明显，而一些原来名不见经传的人士参与政治活动，成为这一时期这些地区政治人物的代表，如格桑泽仁、刘家驹等，为原来由高僧大德、土司等上层社会构成的政治生态圈注入新的活力。因为不似高僧大德、土司等传统政治人物有政治基础，这些原来名不见经传的一般人士要想获得国民政府的认可，就必须依靠已经获得政治地位、名望，或者已经与国民政府建立联系的人士或团体的举荐，而西藏班禅驻京办事处正是利用自身优势，为刘家驹等西康一般藏族人士与国民政府建立联系给予了积极协助。

刘家驹，藏名格桑群觉，四川省巴塘人。至于刘家驹到京的原因，1929 年 8 月 19 日的《申报》报道称：刘家驹、洛松吉村、何世麟等"于十七日午后二时，分向中央党部国民政府请愿，期以主持一切，以固边圉，而安康众，代表中数人，系代表该地国民协进会新近到京

---

① 中国第二历史档案馆、中国藏学研究中心合编：《中国第二历史档案馆所存西藏和藏事档案汇编》（第 12 册），第 404 页。
② 中国第二历史档案馆、中国藏学研究中心合编：《中国第二历史档案馆所存西藏和藏事档案汇编》（第 14 册），第 242—243 页。
③ 中国第二历史档案馆、中国藏学研究中心合编：《中国第二历史档案馆所存西藏和藏事档案汇编》（第 12 册），第 452 页。
④ 中国第二历史档案馆、中国藏学研究中心合编：《中国第二历史档案馆所存西藏和藏事档案汇编》（第 14 册），第 242 页。
⑤ 同上书，第 22—23 页。

者……"① 8月21日的《申报》又报道称："西藏国民协（进）会，派代表刘家驹来京，请愿早日成立西康省政府。"② 由此可见，刘家驹等是为请求国民政府早日成立西康省政府而来南京的。

因为刘家驹具有非常扎实的藏汉文功底，比较有才干，因此他到南京后得到了西藏班禅驻京办事处处长罗桑坚赞的赏识，他也因此得以在九世班禅系统中任职，并逐渐取得了九世班禅系统的重视，例如他曾先后担任过西藏班禅驻京办事处藏文秘书，③ 西陲宣化使公署秘书长等职。1932年4月7日至14日国民政府在洛阳召开"国难会议"，刘家驹和九世班禅一起参加了此次会议，④ 这说明此时刘家驹在九世班禅系统中已经有了比较重要的地位。正是因为他得到了九世班禅系统的认可，并得到九世班禅系统的大力推荐，他也很快得到了国民政府的重视。1930年8月7日，刘家驹被委任为蒙藏委员会藏事处第二科科员。⑤ 1934年，经九世班禅的举荐，国民政府同意任命刘家驹为西康建省委员会委员。⑥

从以上论述可以看出，以刘家驹为代表的西康藏区一般藏族人士，他们之所以能和国民政府建立联系，显然和九世班禅系统的推荐密不可分。当然，和国民政府建立联系后，他们能够得到国民政府的重视，发挥其政治作用，则主要取决于他们自身的条件，诸如具有良好的藏汉文功底，热心藏事等。

二 为甘青藏区青年来内地求学提供帮助

国民政府初期，国民政府在蒙藏边疆教育方面也采取了一些积极措施，不仅在一些重要大学设立了专门的蒙藏班，而且还在南京、北平、康定等地设立了专门的蒙藏学校。作为对国民政府蒙藏教育政策的回

---

① 《申报》1929年8月19日。
② 《申报》1929年8月21日。
③ 史风：《西康历史人物刘家驹（1900—1977）及其边疆史地研究》，硕士学位论文，四川师范大学，2012年，第18页。
④ 《中华周报》1932年第22期，第19—20页。
⑤ 《蒙藏委员会公报》1931年第13期，"会令"第12页。
⑥ 中国第二历史档案馆、中国藏学研究中心合编：《中国第二历史档案馆所存西藏和藏事档案汇编》（第25册），中国藏学出版社2012年版，第153—154、197页。

应，更主要的是为了培养掌握现代知识的藏族精英，以为藏区建设以及沟通汉藏文化服务，九世班禅系统也对藏区教育表现出了极大热情。为此，他们在西藏班禅驻京办公处时期即组织设立了"西藏班禅驻京办公处附设补习学校"（按照"组织大纲"，该校学生以西藏学生为限）。同时，西藏班禅驻京办事处也以推荐学生等的方式，积极参与了甘青、康区等地藏族青年来内地求学事宜。

为了鼓励蒙藏学生前来内地就学，1929年蒙藏委员会公布了《奖励蒙藏学生求学办法》，其中关于蒙藏学生生源有如下规定：第一，蒙藏委员会或其驻平办事处备文报送者；第二，蒙古盟旗官署或西藏地方机关备文报送者；第三，蒙藏共同团体备文报送者；第四，其他确实证明为蒙藏学生而自行要求入学者。规定凡属于以上四类蒙藏学生者，"除年龄过于悬殊或有重大疾病者外"，"全国各种各级学校除有特别规定者"，"均免予入学试验，随时收为旁听生，编入相当班次旁听"[1]。为了防止"冒籍"，确保前来求学学生的"蒙藏籍"，蒙藏委员会又于1931年公布了《蒙藏学生保送办法》，规定："一、本会及驻平办事处保送蒙藏学生，除特别规定外以本办法行之；二、对于左列各项学生得保送之：（甲）蒙藏各盟旗官署报送者，（乙）西藏各地方官署报送者，（丙）蒙藏各级学校报送者，（丁）与蒙藏相连之沿边各省、县政府保送者，（戊）因特别情形持有毕业证书或修业证书及具有相当学力之学生自请保送，经蒙藏之团体及机关证明确系蒙藏人及证书并无假冒情事者……四、请保送之学生须以现居住蒙藏本地者为限；五、请保送之学生经本会及驻平办事处查明合格或测验及格者予以保送……"[2] 因为一方面西藏驻京办事处于1931年2月才告正式成立，另一方面整个国民政府时期中央政府和西藏地方政府间"不正常"的关系状态始终未能得到根本改善，西藏驻京办事处对这两个办法反应冷淡，所以保送藏籍学生自然就成了西藏班禅驻京办事处的任务，而该办事处对此也给予了积极回应，表现出对培养"藏籍"学生的极大热情。例如，1930年西藏班禅驻京办事处就曾向蒙藏委员会"呈送青海学生林锦落证书、相

---

[1] 《蒙藏委员会公报》1929年第3、4期合刊，"法规"第21页。
[2] 《蒙藏委员会公报》1931年第10期，"法规"第4—5页。

片，请咨教育部转饬交通大学免费收录，并酌给津贴"①。据不完全统计，仅1930—1931年，由西藏班禅驻京办事处呈送，经蒙藏委员会审查合格保送给中央政治学校的青海、西康藏籍学生就多达39名，② 还有一些被保送到中央陆军军官学校，南京、北平蒙藏学校等。其中主要的见表7.1。

表7.1　　　　1930—1931年西藏班禅驻京办事处呈送青海、西康学生（部分）③

呈送年份	学生姓名	籍贯	申请事项	蒙藏委员会批示
1930年	林锦藩	青海	请咨教育部转饬交通大学免费收录并酌给津贴	已据情咨请教育部查照办理
1930年	韩宝善	青海	转咨教育部审查	已据情转咨教育部
1930年	解永昭	青海	转咨教育部保送入中央大学蒙藏班	已据情转咨教育部
1930年	杨立业、李尔田	青海	呈请招待	已据情训令招待所照例招待
1930年	余锡禄等三人	西康	呈请保送中央大学蒙藏班肄业	已据情咨请教育部另中央大学收录
1931年	刘福祥等四人	青海	呈请招待	准予招待半月
1931年	万腾蛟	西康	呈请招待	准予招待半月
1931年	吴文范、郭煜、解洪业、刘福祥、仲永彦	青海	呈请保送中央陆军军官学校	经本会派员前往中央陆军军官学校接洽并呈请陆海空军司令部转饬准收录在案，兹奉总司令部九六号指令内开：……已转令中央军校于第二届招生时准予收录
1931年	谭国政、崇法毅	青海	呈请保送入军事相当学校并请予招待	函请中央陆军军官学校宪警高级班一体收录，并令知招待所招待二十日

---

①《蒙藏委员会公报》1931年第13期，"命令"第59页。
②《蒙藏委员会公报》1931年第15期，"命令"第37页。需要说明的是，虽然这些学生经蒙藏委员会审查合格保送给各高校，但部分学生因种种原因最终并未能入学。
③《蒙藏委员会公报》1931年第13期，"命令"第59、73、101页；《蒙藏委员会公报》1931年第14期，"命令"第112页；《蒙藏委员会公报》1931年第15期，"命令"第101页。

从以上名单可以看出,这些学生大多数为青海籍,西康籍学生较少,这主要是因为大部分的西康籍学生是通过诺那呼图克图驻京办事处完成保送程序的。

西藏班禅驻京办事处积极参与保送"藏籍"学生的做法,不仅解决了初到内地、人地两疏的这些"藏籍"学生的实际困难,同时为培养藏区人才,为国民政府推行其蒙藏教育政策发挥了积极作用。

第五节 本章小结

作为九世班禅系统的驻京机构,西藏班禅驻京办事处代表九世班禅系统的利益,因此势必要参与一些如九世班禅晋京等西藏驻京办事处无法参与的班禅系统的特殊事务。九世班禅三次晋京,是国民政府前期九世班禅系统和国民政府间加强联系的一个重要方面,对二者都有重要意义。九世班禅三次晋京,为国民政府和九世班禅间建立互信发挥了积极作用,是这一时期国民政府对九世班禅系统和对藏政策的一个重要组成部分,而九世班禅晋京的顺利显然也有着西藏班禅驻京办事处的一份功劳,从这个意义上说,西藏班禅驻京办事处为九世班禅和国民政府间建立互信,为国民政府对藏政策的顺利实施发挥了积极作用。

对国民政府而言,无论是对十三世达赖喇嘛还是对九世班禅的国家层面的致祭,无疑既有缅怀他们功绩的价值属性的一面;同时也具有借此表达国民政府对西藏的主权管理,引导生者的价值观念的工具属性的一面。[①] 就西藏班禅驻京办事处而言,九世班禅圆寂后,西陲宣化使公署和班禅行辕先后被撤,九世班禅系统的组织形式先后发生了重大变化,这期间(班禅诵经堂成立前)得以保留的唯有西藏班禅驻京办事处。这一方面是为了便于国民政府和九世班禅留内地人员的沟通,另一方面也是出于对九世班禅留内地人员的安抚。因此,九世班禅圆寂后,作为九世班禅系统在内地的唯一机构,西藏班禅驻京办事处的存在具有

---

① 廖小东认为国家祭祀具有价值和工具两种属性(廖小东:《政治仪式与权力秩序——古代中国"国家祭祀"的政治分析》,中国社会科学出版社2014年版,第122页)。显然,国民政府从国家层面举行十三世达赖喇嘛和九世班禅的致祭,也有着以上两种属性。

着重要的历史意义。西藏班禅驻京办事处始终在九世班禅系统中具有重要地位，正因为此，注定了其必然在班禅圆寂致祭（尤其是在重庆举行的班禅致祭活动），以及对班禅善后事宜，如班禅灵榇返藏、班禅随员安置等方面充当更为重要的角色，发挥更为重要的作用。

对九世班禅系统而言，九世班禅圆寂后其转世灵童的寻访、认定和坐床是所有事务的重中之重。在九世班禅转世灵童认定的整个过程中，西藏班禅驻京办事处和罗桑坚赞始终保持一致，虽然在此过程中因为罗桑坚赞的一些有违于国民政府政策的做法，使具体执行国民政府班禅转世事宜政策的蒙藏委员会陷入了被动和尴尬，但从最终结果来看，罗桑坚赞和西藏班禅驻京办事处的这些做法有效杜绝了西藏地方政府在班禅转世事宜上规避中央政府的企图，客观上为国民政府维护在班禅转世事宜上的固有权益发挥了重要作用。

此外，西藏班禅驻京办事处利用自身便利，为其他藏区藏族政教人士和国民政府建立并强化联系提供了协助，从而加强了这些政教人士所代表的藏区和国民政府的联系，有利于增强这些藏区民众对国民政府中央政府地位的认同。同时，西藏班禅驻京办事处积极参与保送青海、西康等藏区学生到内地求学，为他们顺利进入各类院校提供便利，这对培养藏区人才，加强汉藏文化交流，培养这些"藏籍"学生的国家意识方面无疑具有重要意义。

当然，西藏班禅驻京办事处作用还远不止这些，其他职责如向国民政府呈报十三世达赖喇嘛转世灵童寻访的相关信息，并就十三世达赖喇嘛转世事宜提出意见和建议，向国民政府有关部门和关心九世班禅动态的人士及时通报九世班禅行踪，为国民政府一些涉藏政策的制定提供咨询服务等，而这种在藏事上的广泛参与，和九世班禅系统所具有的民族意识、国家意识是息息相关的。

第八章　对西藏驻京办事处的认识

如前文所述，国民政府时期的西藏驻京机构包括西藏驻京办事处和西藏班禅驻京办事处。就西藏班禅驻京办事处的历史作用而言，可以概括为三个方面，一是加强了九世班禅系统和国民政府间的联系，二是间接地促进了西藏地方政府和国民政府间关系的发展，三是促进了汉藏文化交流。鉴于整个国民政府时期九世班禅系统和国民政府间都保持着中央政府和地方政教团体间的正常关系，而我们所谓的国民政府时期中央和西藏地方间的"不正常"的关系，主要表现在国民政府和西藏地方政府间。因此，作为西藏地方政府的驻京机构，西藏驻京办事处无论在与国民政府和蒙藏委员会的关系方面还是它的历史作用方面，与西藏班禅驻京办事处相比都有着显著的区别。鉴于此，在此有必要对其进行进一步论述。

第一节　西藏驻京办事处与国民政府的关系及其历史作用

关于西藏驻京办事处的地位和性质，曾担任国民政府"军事委员会委员长重庆行营""上校秘书兼调查科长，又兼任重庆行营川康甘青边政设计委员会常务委员"的沈重宇有如下评价：西藏驻京办事处成立后，"蒙藏委员会后来搞了一个《西藏驻京办事处组织大纲修正案》，规定西藏驻京办事处要受蒙藏委员会的监督指导。不过，西藏办事处是联络、应酬和传达机关，对它'监督指导'并无多大意义"[1]。其中将

---

[1] 沈重宇遗稿，沈元加整理：《回忆蒋介石重庆行营对西藏问题的研究片段》，西藏自治区政协文史资料研究委员会编《西藏文史资料选辑》（第2辑），第560—561页。

西藏驻京办事处定性为"联络、应酬和传达机关",显然这种评价深受作者"军方"身份的局限,缺乏对西藏驻京办事处历史作用和政治意义的整体考量,也脱离了当时国民政府和西藏地方间关系的实际,是值得商榷的。那么,如何正确看待西藏驻京办事处的历史作用和政治意义呢?结合本书前面的相关研究和分析,下面对此进行进一步的分析和总结。

一 国民政府眼中的西藏驻京办事处

从总体上来看,国民政府对西藏驻京办事处给予了足够的重视,对其作用给予了较高的认可。例如1949年,拉萨发生"七八"事件后,时任国民政府行政院院长的阎锡山发表声明,称:"查中央历年对藏施政,总以扶植地方,调协民族为主旨。冀使西藏之对于中央,素亦融洽无间,西藏向派有驻京办事代表,民国二十年制定约法之国民会议,三十五年制宪,三十七年行宪之国民大会,西藏均有代表出席,历届之立监两院,西藏亦有委员参加。"[①] 由此可见,国民政府将西藏选派驻京代表视为西藏地方和中央政府间保持正常关系的重要标志之一。显然这一认识要比沈重宇的认识站得高,看得远。因为西藏驻京办事处是西藏驻京代表最重要的履职机关,因此关于西藏代表的这一认识和评价也可以看成对西藏驻京办事处作用的认识和评价。

作为具有典型特征的民族地区和边疆地区的驻京机构,国民政府对西藏驻京办事处的看法,和这一时期国民政府的民族政策、边疆政策息息相关。就民族政策而言,国民政府标榜继承孙中山的"三民主义"思想,并以法律的形式规定了境内各民族一律平等;就边疆政策而言,国民政府也以法律的形式规定了民族地区、边疆地区是国家不可分割的一部分。基于这种法理逻辑,国民政府首先将西藏驻京办事处看成一个"方言习俗与它省不同,在国家行政上稍呈特殊之形式"[②] 的地方政府的驻京机构。

---

① 西藏社会科学院、中国社会科学院民族研究所、中央民族学院等编:《西藏地方是中国不可分割的一部分(史料选辑)》,第538—539页。
② 荣孟源:《中国国民党历次代表大会及中央全会资料》(上册),光明日报出版社1985年版,第646页。

然而就实际治藏政策而言，国民政府又有着基于自身实力和整体政策的治藏思路。关于这一思路，1934年3月7日，蒋介石在南昌演讲时的演讲词具有代表性，蒋介石称：

> 边疆问题实到处牵涉外交问题，盖谈东北与内外蒙古，不离对日俄之外交，谈新疆西藏不离对英俄之外交，谈滇桂不离对英法之外交，故中国之边疆各方面皆有问题……各国解决边疆问题之方法，就其侧重之点观察，不外两种：一即刚性的实力之运用，一即柔性的政策之羁縻。如果国家实力充备，有暇顾及边陲，当然可以采用第一种手段，一切皆不成问题；但吾人今当革命时期，实力不够，欲解决边疆问题，只能讲究政策，如有适当之政策，边疆问题虽不能彻底解决亦可免其更加恶化；将来易于解决。①

虽然这一讲话是1934年发表的，并且其视野也不仅局限于西藏地方。但就整个国民政府时期的对藏政策而言，鉴于国民政府成立之初即忙于应付新军阀间争权夺利的内战，接着是抗日战争，再接着是国共内战，同时"剿共"作战几乎贯穿整个国民政府时期，因此国民政府自然实力不充备，无暇顾及边陲，所以也只能采取第二种手段，即"柔性的政策之羁縻"，"只能讲究政策"，以达到"边疆问题虽不能彻底解决亦可免其更加恶化"的目的。所谓的"讲究政策"，就是在西藏地方不触碰"独立"这一最基本的政治红线的前提下，尽可能多地在政策上给予西藏地方政府照顾，保持其原有的政治体制和利益格局，并且尽量避免采用各种可能激化矛盾的政策。

蒋介石的这一思路，限制了国民政府中央治藏的积极性，从而导致作为中央政府的国民政府奉行"无事为大事，无功为大功"的消极政策，这无疑也在一定程度上限制了级别仅相当于蒙藏委员会藏事处或驻藏办事处的西藏驻京办事处在改善西藏地方政府和国民政府间关系方面的作用。同时，正是基于这一思路，国民政府十分重视对西藏驻京办事处在政策上的优待，方方面面都给予了特殊的照顾。而且，国民政府上

---

① 林恩显：《国父民族主义与民国以来的民族政策》，第192页。

下各级部门、军政各方都形成了尊重和重视西藏代表的风气。例如，1937年，当西藏代表自北平南返南京路过青岛时，因当地驻军怀疑是日本间谍，他们被带到驻军驻地查问，但是当确认他们是西藏代表时，则"敬礼""致歉"，还尽量指导他们出行的方法；① 第二天，图丹桑结一行见到了青岛市秘书长，秘书长除了表示慰问外，还为西藏代表们南行准备了一节头等火车车厢。1939年12月，在由南京向汉口撤离时，开始时蒙藏委员会安排西藏代表乘坐轮船，但是因为急欲上船的人太多，拥挤不堪，无法登船，因此西藏代表自行决定乘坐火车前往，于是图丹桑结和意希博真乘汽车到铁路局接洽，铁路局的一位处长接待了他们。尽管这一时期火车都被征调运送军队和军用物资，不再运送一般旅客，但是这位处长还是为西藏代表们提供了"特别的帮助"，专门为他们安排了一节运兵车厢作为他们到汉口的免费专车。1939年七八月②，西藏代表一行六人去四川峨眉山朝佛，返回途中恰好遇到国民政府主席林森在那里避暑，西藏代表给警卫递上名片后得以顺利晋见。林森不仅热情招待了他们，临行时还把水果分成几份，亲手送给他们，对西藏代表"像一家人那样亲切，显出非常高兴的表情"③。

　　以上事例都发生在抗日战争时期，在这中华民族面临空前危机，人们的生命安全受到严重威胁的特殊时期，国民政府上至中央政府，下至地方各部门，仍能对西藏代表给予特别关照，这也充分说明了国民政府眼中西藏驻京办事处和西藏驻京代表的重要地位，体现出对他们的高度重视。

　　从行为动机的角度来看，国民政府给予西藏驻京办事处如此之多的特殊待遇，就是希望通过西藏驻京办事处实现与西藏地方政府的沟通，通过它传导国民政府对藏"柔性的政策"，进一步巩固和改善与西藏地方的关系。从这个角度来看，国民政府对西藏驻京办事处的这种政策措

---

① 图丹桑结：《关于第一、第二期西藏驻汉地办事人员情况的回忆》，何宗英译。
② 1939年6月24日至9月10日，国民政府主席林森曾在峨眉山洪椿坪普贤殿旁住了80多天（林友华：《林森评传》，华文出版社2011年版，第479—480页），并在此间担任施主，举行了"超度抗战阵亡将士及死难同胞法会"，西藏代表一行和林森就是在这段时间相见的。
③ 图丹桑结：《关于第一、第二期西藏驻汉地办事人员情况的回忆》，何宗英译。

施，应该说实现了其应有的效用。

同时，从国民政府对西藏驻京办事处的财务、薪俸、抚恤等方面的管理来看，国民政府显然将西藏驻京办事处看成了一个"准"中央政府部门，因此对其的管理，套用国民政府对自身中央部门的一整套管理办法，从而保证了对西藏驻京办事处的管理在具有特殊性的同时，也做到了规范性。

二 西藏驻京办事处眼中的国民政府

如前文论述中屡次论及的那样，西藏驻京办事处对国民政府中央地位的认可，不仅表现在和蒙藏委员会发生矛盾时呈请行政院进行解决；抗日战争发生时要求迅速解决康藏纠纷，以团结一致，通力合作一致抗日；贡觉仲尼在康藏纠纷调解中更以"本人意见，康藏均为中国领土，无须外人参加讨论，惟望中央能有善法而已"[1] 为由，反对英国介入。而且在给蒙藏委员会、行政院、国民政府的呈文中，西藏驻京代表也一再以非常明确的言辞指称国民政府为中央政府。例如，1934年10月5日，西藏驻京代表就噶厦政府感谢黄慕松入藏册封、致祭十三世达赖喇嘛代电国民政府主席林森时，称："达赖佛座圆寂后，中央特派黄专使册封、致祭……"[2]；1932年，西藏驻京办事处和西藏班禅驻京办事处相互进行攻讦时，西藏驻京办事处也多次以中央政府指称国民政府，例如同年6月，西藏驻京办事处就班禅及蒙藏委员会"谬举"呈文行政院时，称："代表等奔走和平二年于兹，目击边事日非，危机愈急，为拥护中央计，为爱惜地方计，为恢复中央与西藏之关系计……"[3]

另外，在《关于第一、第二期西藏驻汉地办事人员情况的回忆》中，图丹桑结称："汉地国民党民国政府给予藏政府办事代表的待遇与外国的大使不同，采取的政策是，在内部西藏是自由独立的，对外则西藏是属于汉地的领土，所以对于藏政府办事处的认识也不同于对外国大

---

[1] 《申报》1933年12月7日。

[2] 中国第二历史档案馆、中国藏学研究中心合编：《中国第二历史档案馆所存西藏和藏事档案汇编》（第24册），第352页。

[3] 中国藏学研究中心、中国第一历史档案馆等合编：《元以来西藏地方与中央政府关系档案史料汇编》（第6册），第2639页。

使馆的认识。为什么呢？因为我们藏政府办事处各方面日常工作所要联系的汉政府的机关也不是汉地的外交机关，而是要与称为'蒙藏治理会'（蒙藏委员会——笔者注）的机关进行联系。该机关是汉地行政总管机关（行政院——译者注）下属的外交、内政、经济、国防、财政等名目繁多机关（部）中，既非内政，又非外交，但又与这些机关相同的一个特别的高级机关。"[1] 文中以"汉地国民党民国政府"指称国民政府，以"汉地"指称内地，以"藏政府"指称西藏地方政府，将蒙藏委员会说成"非内政"机关。因为《关于第一、第二期西藏驻汉地办事人员情况的回忆》是20世纪80年代在国外出版的，作者观点难免受到周边政治环境的影响，上述说法显然就是作者所处政治环境影响的结果，是将"现在的认识"强加给了过去。此外，图丹桑结将当时西藏地方政府中的个别人"孜孜追求"的"在内部西藏是自由独立的，对外则西藏是属于汉地的领土"的目标，说成当时国民政府对中央和西藏地方间关系的界定，显然是有意或无意地误解了国民政府所谓"柔性的政策"的实质。但是即便如此，图丹桑结仍然无法否认西藏驻京办事处由蒙藏委员会管辖、西藏事务的内政属性的事实。因为整个国民政府时期，国民政府都疲于应付内战和抵御外敌入侵，基本无暇认真对待西藏事务，并且这一时期西藏地方和中央政府间的关系处于"不正常"状态，国民政府对西藏地方缺乏有效管控却是实情。

由此还可以看出，无论是其所称"对外则西藏是属于汉地的领土"，还是对西藏驻京办事处的主管机关是蒙藏委员会，而不是外交机关的原因分析，以及西藏驻京代表对这种领导体制的认可和接受，都说明了当时西藏代表对西藏地方是中国不可分割的一部分的认同，代表了西藏地方政府对这一时期国民政府和西藏地方间关系的看法和认识。

三 对西藏驻京办事处历史作用的总体评价

对西藏驻京办事处，无论是基于历史眼光的积极评价，还是在一些具体事务上的消极评价，都不得不承认西藏驻京办事处的设立是国民政府时期中央和西藏地方间关系改善的一个重要标志。

---

[1] 图丹桑结：《关于第一、第二期西藏驻汉地办事人员情况的回忆》，何宗英译。

以历史的眼光来看，因为西藏驻京办事处的地位不高，所任命的官员在西藏地方政府中也并没有非常显赫的政治地位，并且受制于这一时期中央政府和西藏地方间"不正常"的关系实际和国民政府中央政府推行的消极治藏政策，它也不可能从根本上改善中央和西藏地方间的关系。就是国民政府本身，对西藏驻京办事处的地位和作用也是不太满意的，所以在该办事处业已成立的情况下，还要求西藏地方政府派更高级别的"专员"驻京，如"国民政府特派护送班禅大师回藏专使入藏训条"第十一条："西藏得派专员在京设立办事处，并可由中央政府酌给办公费。"① 吴忠信入藏时"行政院为抄送入藏谈话要旨十一项事给吴忠信训令"的第四条也谓："西藏得在国民政府所在地设立办事处，负联络之责。西藏人员经中央依法遴选者，得在各院、部、会及所属机关任职。"② 但是，从前文的论述中我们可以看出，正因为西藏驻京办事处的存在，使国民政府和西藏地方政府间实现了沟通，从而有效地降低了双方发生大的误解的可能性，并在一定程度上改善了双方关系。正因为西藏驻京办事处的存在，使与中央政府相距"窎远"，且交通极为不便的西藏地方得以就近派遣代表参与国民政府的一系列全国性重要政治活动，从而成为这一时期西藏地方认可并接受国民政府中央政府地位的最主要历史证据之一，有着非常重要的象征意义。

总体上来看，虽然西藏驻京办事处所发挥的实际效用有限，但是对于国民政府时期中央和西藏地方间关系来说，却具有至关重要的意义，它的存在，以及由它代表西藏地方政府对当时国民政府中央政府地位的认可，成为这一时期中央和西藏地方间关系发展的最主要标志，因此也具有非常重要的历史意义。

第二节　西藏驻京办事处与蒙藏委员会的关系

按照《修正西藏驻京办事处组织大纲》的规定，蒙藏委员会对西藏

---

① 中国第二历史档案馆、中国藏学研究中心合编：《九世班禅内地活动及返藏受阻档案选编》，第209—210页。

② 中国藏学研究中心、中国第一历史档案馆等合编：《元以来西藏地方与中央政府关系档案史料汇编》（第7册），第2777页。

驻京办事处负有监督、指导之责,并且西藏驻京办事处必须经蒙藏委员会向国民政府领取经费,向国民政府相关部门递交呈文。因此,虽然西藏驻京办事处不是蒙藏委员会直接隶属的下级部门,但是上下级关系十分明确。然而,正如我们在前文中提到的那样,因为西藏驻京办事处具有身份上的双重性,从而使它和蒙藏委员会间的关系有了新的特点。

一 初期磨合阶段

从时间段来看,西藏驻京办事处成立到1931年6月发生西藏驻京办事处处长辞职风波前,是西藏驻京办事处和蒙藏委员会间关系的发展阶段。在此阶段,蒙藏委员会和西藏驻京代表不仅共同努力创设了西藏驻京办事处,而且双方在处理康藏纠纷时也有很好地合作。当时,西藏驻京办事处处长贡觉仲尼还主动提议设立无线电台,以便于与西藏地方政府的及时沟通;贡觉仲尼不仅出任蒙藏委员会委员,而且还于1931年数次参加了蒙藏委员会常务会议。[①] 究其原因,大致有以下两点。

第一,这一阶段是西藏驻京办事处创设初期,蒙藏委员会自身也设立不久,都有着改善中央和西藏地方间关系的迫切愿望,也采取了一系列实际行动,双方刚开始接触,没有任何"历史积怨"。

第二,这一阶段,双方在康藏纠纷处理上的主要分歧还未显现出来,双方都对和平处理康藏纠纷充满希望,所以面对康藏纠纷的矛盾时,都能够开诚相对,也容易将彼此的分歧看成是处理矛盾过程中的必然现象。

二 矛盾激化阶段

在经历了短暂的密切合作后,西藏驻京办事处和蒙藏委员会间的关系开始恶化。1931年6月25日,即国民政府发布授予九世班禅大师"护国宣化广慧大师"名号的第二天,[②] 西藏驻京代表呈文蒙藏委员会,

---

[①] 《蒙藏委员会公报》1931年第18,19,20期,"纪录"第1、3、5、1、6、1页。
[②] 中国藏学研究中心、中国第一历史档案馆等合编:《元以来西藏地方与中央政府关系档案史料汇编》(第6册),第2608页。

"以中央将界班禅以西陲政治地位为词",贡觉仲尼和巫明远"具呈辞本会委员职,同时又与其余各代表具呈表称,已呈请大师辞各办事处长职"①。蒙藏委员会鉴于西藏驻京办事处的设立是中央和西藏地方间关系改善来之不易的成果之一,又因为此时正值康藏纠纷调解的关键阶段,"对于该代表等倚界正殷",因此,虽然蒙藏委员会明确表示"该代表等迭次声明藏方已令停止军事行动,均与事实不符"②,表达了对西藏驻京办事处在处理康藏纠纷上的不满,但"仍望安心供职,共维大局,藏事前途庶其有豸"③。

西藏驻京办事处于1931年6月30日呈文称,辞职是因为蒙藏委员会藏事处"为西藏反动分子所组织,多方破坏藏事之进行,及中央将界班禅何种名义,必启西藏阅墙之争,更无解决藏事之望"④。因此,明确表示"中央于西藏反动分子不即屏除及班禅案件不予停办,职等知难而退,以明责任,实与康案无关"⑤。显然,这段时间西藏驻京办事处和蒙藏委员会的矛盾,还主要表现为西藏驻京办事处和蒙藏委员会藏事处的矛盾,因为藏事处处长罗桑坚赞是班禅系统的人,所以说这一矛盾根本上说还是西藏地方政府和九世班禅系统的矛盾。

1932年1月,蒙藏委员会委员长易人,新出任委员长的石青阳在藏事上表现得相对强硬。1932年2月29日,行政院正式决定刘文辉负责康藏纠纷调解,⑥刘文辉随后很快发动了对藏军的"复仇"之战,并于1932年8月,相继攻占甘孜、瞻化等地,将藏军逼回到了金沙江西岸。⑦在这种情况下,西藏驻京办事处和蒙藏委员会的矛盾也进一步激化。1932年6月15日,西藏驻京办事处呈文行政院,公开指责石青阳,说他"于国难方殷之中,不思所以团结五族一致御侮之道,竟不顾

---

① 中国藏学研究中心、中国第一历史档案馆等合编:《元以来西藏地方与中央政府关系档案史料汇编》(第6册),第2616页。
② 中国第二历史档案馆、中国藏学研究中心合编:《康藏纠纷档案选编》,第149页。
③ 同上。
④ 同上书,第150页。
⑤ 同上。
⑥ 同上书,第255页。
⑦ 同上书,第283页。

中央与地方之利害得失"①,"呈请中央发表"九世班禅大师"西陲宣化使"名义,是"直仅为班禅个人报私愿计,甘置完整国家边防之西藏于不顾"②,并为"盘踞巴塘一带"的格桑泽仁处处辩护。③ 因此要求国民政府彻查。

虽然西藏驻京办事处不是蒙藏委员会的直接下属机构,但它毕竟还是属于蒙藏委员会监督指导,双方有着清楚的上下级关系。因此如此激烈地抨击上级机关的主管官员,一方面表明西藏驻京办事处和蒙藏委员会间矛盾的尖锐程度,另一方面显然也和西藏驻京办事处的双重身份不无关系。同时,尽管西藏驻京办事处对蒙藏委员会表现出了极大的不满,但它仍呈文行政院,希望主持"公道",说明西藏驻京代表认为行政院和国民政府具有调解二者矛盾的权力,也表明西藏驻京办事处对国民政府权威的认可。同时对石青阳"甘置完整国家边防之西藏于不顾"的指责,也明确表达了其对西藏地方是"完整国家"之一部分的认可。

石青阳针对西藏驻京办事处的指责,针锋相对。1932 年 7 月,蒙藏委员会呈文行政院,在辩解西藏驻京办事处对蒙藏委员会的指责外,也对西藏驻京办事处提出了严厉的批评,批评办事处"微闻时时密传内地不利消息,同于间谍之作用",而"该贡觉仲尼等言语不通,未悉内地情形,最易受人愚弄,近颇知有人挑拨其间。以此揣测,彼必设词蒙蔽达赖,欺骗社会,助长彼番反噬之谋"④,并主张对藏适当强硬。1932 年 8 月 2 日,西藏驻京办事处呈文行政院,再次指责石青阳,说他"以边政最高机关长官,办理西藏事务,不循正轨,不持平衡,惟班禅私人之意是从,惟班禅部属之谋是听。今且显然根据班禅方面破坏和平之谰言,代为宣传,保护班禅方面破坏和平之武器,力予扶植,将见川康藏之纠纷益趋扩大,甘青藏之祸恶从此滋长,边事前途,何

---

① 中国藏学研究中心、中国第一历史档案馆等合编:《元以来西藏地方与中央政府关系档案史料汇编》(第 6 册),第 2638 页。
② 同上。
③ 同上书,第 2639 页。
④ 同上书,第 2643—2645 页。

堪设想"①。

西藏驻京办事处和蒙藏委员会间关系恶化的另一个表现，就是西藏驻京办事处开始绕开蒙藏委员会直接向行政院呈文。而早在1930年3月31日，蒙藏委员会就发布"会令"，公布了经行政院批准的蒙藏人民团体及各呼图克图等呈请事项必须遵守的程序："蒙藏人民团体及各呼图克图等，如遇陈请事项，悉由本会转呈，其有直接呈请者应予驳回，以明系统而免隔阂。"② 由此可知，西藏驻京办事处直接呈文行政院的做法显然是不合规定的，然而事实上行政院并没有"驳回"。这也反映了西藏驻京办事处并没有认为自己和蒙藏委员会是单纯的上下级关系；而行政院也显然将西藏驻京办事处与一般的蒙藏地方驻京机构进行了区别对待。

与此同时，蒙藏委员会也开始绕开西藏驻京办事处，直接和十三世达赖喇嘛联系，或直接向三大寺回复电文。

总体上来看，这一时期的西藏驻京办事处和蒙藏委员会间的关系具有以下一些特点。

第一，尽管这一时期西藏驻京办事处和蒙藏委员会的矛盾非常尖锐，但是在实质上二者矛盾仍然是西藏内部十三世达赖喇嘛系统和九世班禅系统之间矛盾的演化；

第二，西藏驻京办事处在指责蒙藏委员会和石青阳时，其判断标准为是否有害于改善中央和西藏地方之间的关系，是否有利于五族共和，在整个过程中都体现了国家认同这一基本观念。

从根本上来说，西藏驻京办事处对蒙藏委员会的指责仍集中在国家认同前提下的诸如康藏纠纷、国民政府对九世班禅的政策等内部矛盾方面，事实上表现为一种对"特殊的群体利益"的追求。因为"从利益表达的层面来看，在各族人民根本利益一致的前提下，各民族作为具有特定历史文化和生活方式的群体，通常也各有特殊的群体利益需求"③。

---

① 中国藏学研究中心、中国第一历史档案馆等合编：《元以来西藏地方与中央政府关系档案史料汇编》（第6册），第2647页。
② 《蒙藏委员会公报》1930年第11期，"命令"第78页。
③ 黄岩：《国家认同：民族发展政治的目标建构》，第205页。

三 关系渐趋改善阶段

对于西藏地方政府而言，因为在康藏战争和青藏战争中的接连失利，使其感到了空前的军事压力，西藏上下普遍认为"中藏旧有关系不能恢复，而康藏纠纷势必扩大，若然则藏内无可战之兵，外无可靠友邦援助，西藏人民又将重加负担"[①]，从而使一度强硬的西藏地方政府顿时失去了强硬的基础。1933年12月十三世达赖喇嘛的圆寂，将西藏驻京办事处和蒙藏委员会的注意力都转移到了十三世达赖喇嘛的圆寂致祭事宜上，双方为中央派员入藏致祭和在南京举行十三世达赖喇嘛圆寂致祭进行频繁沟通，这样导致矛盾的焦点就不再是双方首要的关注点，这对矛盾的缓和创造了契机。

1935年3月，谙熟藏事的黄慕松接替石青阳出任蒙藏委员会委员长一职，这为西藏驻京办事处和蒙藏委员会关系的进一步改善提供了条件。同时，热振呼图克图担任摄政后，因为其倾心中央，这也为西藏驻京办事处和蒙藏委员会间的关系改善提供了大环境上的便利。但是，这一时期因为班禅系统的罗桑坚赞仍然担任着蒙藏委员会藏事处处长，并且黄慕松也积极支持九世班禅返藏；九世班禅已经到达青海，并积极准备在国民政府仪仗队的护送下陆路返藏；而这些又成为西藏驻京办事处和蒙藏委员会间无法回避的矛盾根源。

因此，此段时间，虽然蒙藏委员会和西藏驻京办事处间的关系在逐步改善，但因为导致双方矛盾的根源仍然存在，所以虽然没有再发生直接的正面冲突，但二者矛盾依然不断。

四 关系正常化阶段

因为十三世达赖喇嘛转世灵童的寻访，尤其是在青海的寻访工作必须得到蒙藏委员会的大力协助才能顺利推进，从而迫使西藏驻京办事处主动和蒙藏委员会进行沟通，主动改善同蒙藏委员会的关系。而蒙藏委员会为灵童寻访工作所进行的种种努力，又有助于消除西藏驻京办事处

---

① 中国第二历史档案馆、中国藏学研究中心合编：《黄慕松、吴忠信、赵守钰、戴传贤奉使办理藏事报告书》，第112页。

对其的成见。这些因素的综合作用，大大改善了二者之间的关系。

同时，吴忠信出任蒙藏委员会委员长后，也主动着手改善同西藏驻京办事处的关系，其中一个重要的举措就是换掉了曾一再引起西藏驻京办事处误解的蒙藏委员会藏事处处长罗桑坚赞，改由孔庆宗担任。吴忠信认为"西藏政教、语文及风俗习惯，与内地不同，故应付之法，亦应因其性习而施之。大抵初在勿触其忌，勿启其疑，施之以恩，示之以信，晓之以利害，而后在维护其政教之原则下，徐导其协作，进而使其服从"①。吴忠信更换蒙藏委员会藏事处处长的举措正是贯彻其"勿触其忌，勿启其疑"筹藏思路的具体举措之一。

另外，全面抗战爆发后，九世班禅遵照国民政府的命令，暂停入藏；之后，九世班禅大师积忧成疾，并很快圆寂。九世班禅大师的圆寂，消除了西藏驻京办事处和蒙藏委员会间的又一矛盾根源，为二者关系的进一步改善创造了条件。

七七事变发生后，正在北平避暑的西藏驻京办事处职员，顶住日本侵略者的威逼利诱，辗转返抵南京的爱国举动，无疑对改善二者关系具有重要影响。按照图丹桑结的说法：返回南京后的第二天，"我们给蒙藏委员会藏事秘书长（应该为蒙藏委员会藏事处处长）打电话，告诉他，我们从北平出发，昨晚平安到达这里。他听后显得很吃惊的样子，对我们赞扬一番，并表示慰问。……从此以后，汉方认为藏政府的办事代表勇敢、坚定，更加重视我们了"②。虽然其中用"汉方"指称国民政府，以"藏政府"指称西藏地方政府，显然是受到作者所处环境的影响，甚为不妥，但是其所说的国民政府"更加重视"西藏代表则应该是符合历史事实的。由此可见，日本侵华，在给中国造成史无前例的巨大损失的同时，也促成了中国境内各民族的空前团结：九世班禅暂停返藏是这种团结的表现，西藏驻京代表毅然返抵南京，同样是这种团结的表现。

吴忠信入藏会同热振呼图克图主持十四世达赖喇嘛坐床典礼期间，

---

① 中国藏学研究中心、中国第一历史档案馆等合编：《元以来西藏地方与中央政府关系档案史料汇编》（第6册），第2647页。

② 图丹桑结：《关于第一、第二期西藏驻汉地办事人员情况的回忆》，何宗英译。

本着"树立信用，收拾人心"的目的，在拉萨进行的一系列活动，如在各大寺院发放布施，代表国民政府分封热振摄政、司伦朗顿·贡噶旺秋和四大噶伦等，对改善蒙藏委员会和西藏驻京办事处关系，以及中央和西藏地方间的关系都产生了积极作用。

这一阶段西藏驻京办事处和蒙藏委员会关系的逐渐正常化，是双方共同努力下导致矛盾的各种因素弱化的结果，也是因为出现九世班禅圆寂这一客观条件，以及发生抗日战争这一尖锐的外部矛盾情况下内部矛盾对外部矛盾让位的结果。

总体来看，西藏驻京办事处和蒙藏委员会之间是较为融洽和合作的上下级关系，这也是西藏驻京办事处顺利开展工作，甚至是其保持存在的前提条件之一，更是由它"准"中央政府部门的属性决定的。但是，因为它作为和中央政府关系"不正常"的西藏地方政府的驻京机构，势必要表达西藏地方政府的利益诉求，这也注定了必然和蒙藏委员会在一些具体事务上产生矛盾。二者矛盾的激化和缓和，除了受制于不同时间段中央和西藏地方政府间关系的发展演变外，同时和具体藏事的棘手程度、二者主要负责人的阅历、性格等也息息相关。

第三节　西藏驻京办事处与西藏地方政府的关系

一　维护和争取西藏地方利益

1935年公布的《修正西藏驻京办事处组织大纲》第二条规定："本处秉承达赖大师意旨，受蒙藏委员会之监督指导，办理关于西藏在京应行接洽事宜。"[1] 这是对西藏驻京办事处工作职责的界定。但因为西藏驻京办事处处长都由西藏驻京代表的主要负责人担任，这种双重身份特征使西藏驻京办事处的工作范围超越了办理"西藏在京应行接洽事宜"的范围，事实上成为代表西藏地方政府"接洽"绝大部分西藏地方政府在内地事务的代表机构。

从利益诉求的角度来讲，因为西藏驻京办事处是西藏地方政府的驻京机构，应当为以十三世达赖喇嘛（或摄政）代表的西藏地方政府负

---

[1]《蒙藏月报》1935年第4卷第3期。

责，遵从西藏地方政府的基本政策和要求，代表西藏地方政府的利益诉求。从西藏驻京办事处处理藏事的整个历史来看，无论是和九世班禅系统的竞争，还是和蒙藏委员会的矛盾，根本上来说都是因为西藏驻京办事处维护和争取西藏地方利益，甚至是追求非理性地方利益的结果。至于其代表西藏地方政府所表达的非理性地方利益诉求，更应该理解为其作为下级机构对上级机构——西藏地方政府命令的遵从。此外，"任何集体都应当被视为特定范围内具体个人之间利益关系的总和，而不应当被视为某种特定属性、特点或形式等转化形成的抽象范畴'①。作为西藏地方政府的驻京人员，西藏驻京办事处的主要职员出于维护和争取个人利益的考虑，也必然要维护西藏地方政府的利益。

在西藏驻京办事处维护西藏地方政府利益的同时，西藏地方政府对西藏驻京办事处的作用也是认可的，平措汪杰先生的经历是说明这一问题的最好实例之一：平措汪杰因为抗议国民党当局实行民族压迫和民族歧视政策而被学校开除，1941年前后，当他离开重庆时造访了西藏驻京办事处，并得到了一封"致昌都总督的介绍信"②，"结果这封信派上了用场"③，最终得到了昌都基巧宇妥·扎西顿珠（ཆབ་མདོ་སྤྱི་ཁྱབ་གཡུ་ཐོག་བཀྲ་ཤིས་དོན་གྲུབ）的热情接待，宇妥并为他们在拉萨拜访索康噶伦提供了方便。④再如，贡觉仲尼和阿旺坚赞任职期满，返回西藏时被任命为扎萨克，图丹桑结返回拉萨不久也被任命为四品官，这些也说明西藏地方政府总体上认可他们的工作，因为西藏地方政府有"凡出外办事的人员，有功者回来受奖"的规矩。⑤

二　在西藏地方政府中的地位

尽管在和中央政府的交往中，西藏驻京办事处为西藏地方政府发挥

---

① 高鹏程：《政治利益分析》，第194页。
② [美] 梅·戈尔斯坦等：《一位藏族革命家——巴塘人平措汪杰的时代和政治生涯》，黄潇潇译，香港大学出版社2011年版，第55页。
③ 同上书，第56页。
④ 同上书，第62—76页。
⑤ 土丹旦达：《〈关于和平解放西藏办法的协议〉签订前后》，西藏自治区政协文史资料研究委员会编《西藏文史资料选辑》（第1辑），第26页。

了重要作用，然而西藏地方政府对其作用和重要性的认识却因为西藏地方政府领导人的更替而有所变化。因为西藏驻京办事处是十三世达赖喇嘛响应中央政府的建议而创设的，又因为十三世达赖喇嘛对其在改善中央和西藏地方间关系方面的作用寄予厚望，也给予了足够的重视，不仅将西藏地方政府的"涉外大事"告诉他们，"他给蒋介石或汪精卫打电报，或者收到他们打来的电报"，也会抄送一份给西藏驻京办事处，以便于他们及时了解情况。①

当热振呼图克图担任摄政并逐渐掌握西藏地方的实权后，虽然西藏地方政府在处理涉及中央政府的事务时，西藏驻京办事处还是其借重的主要对象。但是，热振呼图克图领导下的西藏地方政府有时候会撇开西藏驻京办事处直接和国民政府联系，并且"忘记把信稿抄件"寄送给西藏驻京办事处，②热振呼图克图甚至派遣自己的私人代表前往南京或重庆，以答谢和经商的名义直接与国民政府相关部门接触。

达札接替热振呼图克图担任摄政后，西藏驻京办事处再次受到了西藏地方政府的重视。这主要是因为达札担任摄政后，日渐在"亲英""自立"的道路上渐行渐远，十三世达赖喇嘛和热振呼图克图时期日渐改善的中央和西藏地方间的关系有所退化。在这种情况下，一方面达札摄政不可能如热振呼图克图一样派遣自己的私人代表前往国民政府的首都，并且从处理实际事务的角度来讲，具有中央政府机关和西藏地方政府机关双重身份特点的西藏驻京办事处也更便于发挥作用，因此也自然会受到达札摄政的重视。

由此可见，西藏驻京办事处在西藏地方政府中的地位，经历了一个重视、淡化和再重视的过程，而西藏地方政府主要领导人的更替则是这种变化的最主要原因。

三　与西藏地方政府的分歧

"任何集体都应当被视为特定范围内具体个人之间利益关系的总和……随着集体中不同具体个人之间利益关系的不断发展和变动，集体

---

① ［英］查尔斯·贝尔：《十三世达赖喇嘛》，冯其友、何盛秋等译，第140页。
② 同上。

也处在不断变化的过程中。"① 因为西藏驻京办事处职员的薪俸由国民政府发给，从而使西藏驻京代表的个人利益和国民政府发生了直接联系，进而使西藏驻京办事处和国民政府间形成了一种特殊的利益关系，在一定程度上和国民政府的利益有了一致性。西藏驻京办事处和国民政府的这种利益一致性，使西藏驻京办事处的西藏代表们无论是出于作为地方政府代表的道义方面的考虑，还是出于维护个人利益方面的考虑，都有了巩固和改善中央和西藏地方间关系的动力。

西藏驻京办事处身处国民政府的首都（或陪都），和国民政府高官有着一定交往，能够更深刻认识国民政府的对藏政策。并且他们的一些亲身经历，也使他们亲身体会到国民政府上下对西藏代表的特殊照顾，而这种亲身体会自然比远在西藏的官员对国民政府的"五族一家"有着更深刻的认识。

与此相反，此时西藏地方统治集团中的既得利益者，出于维护自身利益的需要，生怕国民政府对西藏实际控制力的增强危害其既得利益，因此不仅对国民政府的一些治藏政策产生抵触情绪，而且在诸如"外交局事件"等藏事上，表现出了一种明显的"自立"倾向，产生了非常消极的影响。正是鉴于这种情况，西藏驻京办事处对西藏地方政府不切实际的政策也有不同意见，凸显出他们之间的分歧。例如，图丹桑结等对西藏地方政府一方面要求西藏驻京办事处争取和维护西藏地方政府的利益，甚至诉求非理性的地方利益，另一方面又不愿为西藏驻京办事处提供薪水的做法就感到无奈和不满。②

---

① 高鹏程：《政治利益分析》，第 194 页。
② 图丹桑结：《关于第一、第二期西藏驻汉地办事人员情况的回忆》，何宗英译。

附 录

附录一 西藏驻京办事处历任处长简表

任届	姓名	任期
第一任	贡觉仲尼	1931.2—1936.4
第二任	阿旺桑丹	1936.4—1939.11
第三任（代）	格敦恪典	1939.11—1940.9
第四任（代）	仑珠	1940.9—1941.12
第五任	罗桑札喜	1941.12—1942.2
第六任	阿旺坚赞	1942.2—1944.8
第七任	土丹参烈	1944.8—1946.4
第八任	土丹桑布	1946.4—1949.春

附录二 西藏班禅驻京办事处历任处长简表

任届	姓名	任期
第一任	罗桑坚赞	1929.1—1937.4
第二任	罗友仁	1937.4—1938.2
第三任	罗桑坚赞	1938.2—1941.5①
第四任	罗友仁	1941.5—1942年年初
第五任	计晋美	1942年年初—1949年

① 这期间石明珠曾担任过代理处长，但具体时间有待进一步研究。

附录三 西藏驻京办事处组织大纲

第一条 西藏驻京办事处,由国民政府核准设于首都。

第二条 本处秉承达赖佛意旨及国民政府命令,蒙藏委员会之指导,办理关于西藏一切接洽事宜。

第三条 本处置处长、副处长各一人,由达赖佛选任,呈由蒙藏委员会转呈备案。

第四条 处长综理本处全体事务,并指挥监督所属职员;副处长辅助处长执行职务。处长有事故时,副处长代理之。

第五条 本处遇必要时,得由处长召集副处长、秘书、科长开处务会议,会议规则另定之。

第六条 本处设左列各室科:

一、秘书室;

二、总务科;

三、会计科;

四、宣传科;

五、交际科。

第七条 秘书室职掌如左:

一、撰拟机要文电;

二、翻译汉藏文件;

三、审核各科稿件;

四、处务会议记录及整理议案事项;

五、处长交办事件。

第八条 总务科职掌如左:

一、典守印信;

二、收发及配达文件;

三、本处职员进退事项;

四、本处庶务事项;

五、各项统计登记及保管公有物事项;

六、其他不属于各室科事项。

第九条　会计科职掌如左：

一、本处预算决算事项；

二、出纳公款及支配本处经费事项；

三、关于会计之簿记表册；

四、稽核并整理一切收支单据。

第十条　宣传科职掌如左：

一、撰著一切宣传文字或图画；

二、编辑汉藏文字刊物，其办法另定之；

三、翻译有关藏事之书报，以资参考；

四、关于刊物或宣传品印刷及发行事项。

第十一条　交际科职掌如左：

一、本处对外接洽或联络事项；

二、接待来宾及新闻记者；

三、西藏旅京公务员或留学生临时招待及指导事项；

四、调查及报告事项；

五、其他一切关于交际事项。

第十二条　本处置汉藏文秘书各二人，秉承处长掌理秘书室事务，并由处长指定一人为主任，以专责成。

第十三条　秘书室置办事员若干人，受秘书之指挥，助理秘书室事务。

第十四条　本处各科置科长一人，科员若干人，秉承处长分掌各科事务。

第十五条　本处因缮写文件及保管案卷等事得雇用书记。

第十六条　前三条所定科员、办事员、书记，其名额以各室科事务之繁简定之。

第十七条　本处遇必要时得酌聘参议、咨议，以资襄理。

第十八条　本处办事细则另定之。

第十九条　本大纲如有未尽事宜，及应行修改之处，由处务会议修正，呈报蒙藏委员会转呈备案。

第十八条　本大纲自呈报核准之日施行。①

附录四　修正西藏驻京办事处组织大纲

（二十四年十一月二十七日呈奉行政院备案）

第一条　西藏驻京办事处，由国民政府核准设于首都。

第二条　本处秉承达赖大师意旨，受蒙藏委员会之监督指导，办理关于西藏在京应行接洽事宜。

第三条　本处置处长、副处长各一人，由达赖大师选任，呈由蒙藏委员会核转备案。

第四条　处长综理本处全体事务，并指挥监督所属职员；副处长辅助处长执行职务。处长有事故时，副处长代理之。

第五条　本处遇必要时，得由处长或副处长召集秘书、科长开处务会议。

第六条　本处设左列各室科：

一、秘书室；

二、总务科；

三、会计科；

四、宣传科；

五、交际科。

第七条　秘书室职掌如左：

一、撰拟机要文电；

二、翻译汉藏文件；

三、审核各科稿件；

四、处务会议记录及整理议案事项；

五、处长交办事件。

第八条　总务科职掌如左：

一、典守印信；

---

① 中国第二历史档案馆、中国藏学研究中心合编：《中国第二历史档案馆所存西藏和藏事档案汇编》（第12册），第75—79页。原文无标点，标点系笔者所加。

二、收发及配达文件；

三、本处职员进退事项；

四、本处庶务事项；

五、各项统计登记及保管公有物事项；

六、其他不属于各室科事项。

第九条　会计科职掌如左：

一、本处预算决算事项；

二、出纳公款及支配本处经费事项；

三、关于会计之簿记表册；

四、稽核并整理一切收支单据。

第十条　宣传科职掌如左：

一、撰著一切宣传文字或图画；

二、编辑汉藏文字刊物；

三、翻译有关藏事之书报；

四、关于刊物或宣传品印刷及发行事项。

第十一条　交际科职掌如左：

一、本处对外接洽或联络事项；

二、接待来宾及新闻记者；

三、西藏派京公务员、留学生或传教过京之西藏喇嘛临时招待及指导事项；

四、调查及报告事项；

五、其他关于一切交际事项。

第十二条　本处置主任秘书一人、汉文秘书一人、藏文秘书二人，秉承处长掌理秘书室事务。

第十三条　本处各科置科长一人，秉承处长分掌各科事务。

第十四条　本处置科员六人，秉承长官分任各科事务，其人数分配，按各科事务繁简定之。

第十五条　本处因缮写文件、保管案卷等事，雇用书记六人。

第十六条　本处办事细则另定之。

第十七条　本大纲如有未尽事宜，及应行修改之处，由处务会议修正，呈报蒙藏委员会核转备案。

第十八条 本大纲自呈报核准之日施行。①

附录五 西藏班禅驻京办事处组织大纲②

第一条 本处为西藏班禅大师驻京办事机关,定名为西藏班禅驻京办事处。

第二条 本处直属于班禅大师,受蒙藏委员会之监督指导。

第三条 本处设处长、副处长各一人,由班禅大师直接委派,呈报蒙藏委员会备案。

第四条 处长综理全处事务,以副处长襄助之。

第五条 本处设汉、藏文秘书各一人,承处长、副处长之命办理机要事务暨总核各科文稿。

第六条 本处设左列各科:

一、总务科;

二、政务科;

三、教务科;

第七条 总务科分文书、会计、庶务三股,其职掌如左:

一、关于选拟例行文稿及收发、缮写并保管印信事项;

二、关于经费出纳及编制预计算事项;

三、关于公用物品购置、保管及交际事项;

四、关于不属其他各科事项;

第八条 政务科分设计、调查、统计三股,其职掌如左:

一、关于政治兴革建设之建议事项;

二、关于编制各种调查表册及实地调查事项;

三、关于搜集统计材料及绘制统计图表事项;

---

① 中国藏学研究中心、中国第一历史档案馆合编:《元以来西藏地方与中央政府关系档案史料汇编》(第七册),第3105—3107页。

② 此"西藏班禅驻京办事处组织大纲",是根据蒙藏委员会和行政院对1932年6月西藏班禅驻京办事处呈递的"西藏班禅驻京办事处组织条例"[中国藏学研究中心、中国第一历史档案馆等合编:《元以来西藏地方与中央政府关系档案史料汇编》(第7册),第3099—3101页]的核复意见修改的。蒙藏委员会和行政院的审核意见见中国第二历史档案馆、中国藏学研究中心合编《中国第二历史档案馆所存西藏和藏事档案汇编》(第16册),第439、480页。

四、其他有关政务事项；

第九条　教务科分指导、编译、宣传三股，其职掌如左：

一、关于改善宗教及一切指导事项；

二、关于翻译汉藏文及编辑刊物事项；

三、关于宣传党义教义及撰拟宣传品事项；

四、其他有关宣传事项；

第十条　本处设科长三人，主任、股员各九人，书记五人，秉承长官命令，分别办理各科股事务。

第十一条　本处遇必要时得聘用顾问咨询。

第十二条　本处办事细则另定之。

第十三条　本条例如有未尽事宜，得随时呈请修正之。

第十四条　本条例自呈报核准之日施行。①

附录六　"西藏驻京办事处印"印文②

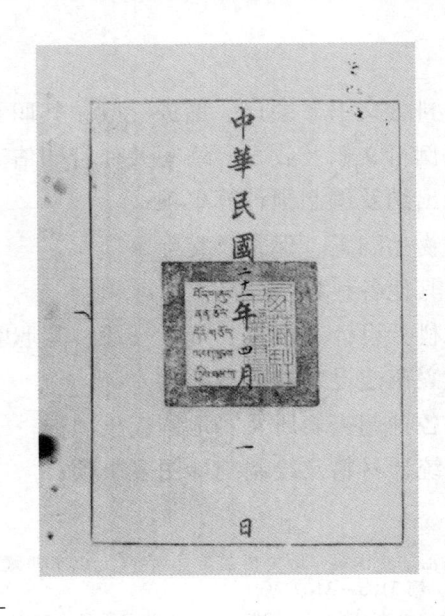

---

① 中国第二历史档案馆、中国藏学研究中心合编：《中国第二历史档案馆所存西藏和藏事档案汇编》（第17册），第297—299页。原文无标点，标点系笔者所加。

② 中国第二历史档案馆、中国藏学研究中心合编：《康藏纠纷档案选编》，"卷首插图"第9页。

附录七 "西藏班禅驻京办事处印"印文①

---

① 中国第二历史档案馆、中国藏学研究中心合编:《中国第二历史档案馆所存西藏和藏事档案汇编》(第41册),中国藏学出版社2014年版,第478页。

附录八 "西陲宣化使印"印文①

---

① 中国第二历史档案馆、中国藏学研究中心合编:《中国第二历史档案馆所存西藏和藏事档案汇编》(第34册),第383页。

附录九 班禅"郎鸠汪垫"(ནང་བཅུ་དབང་ལྡན་) 印印文[1]

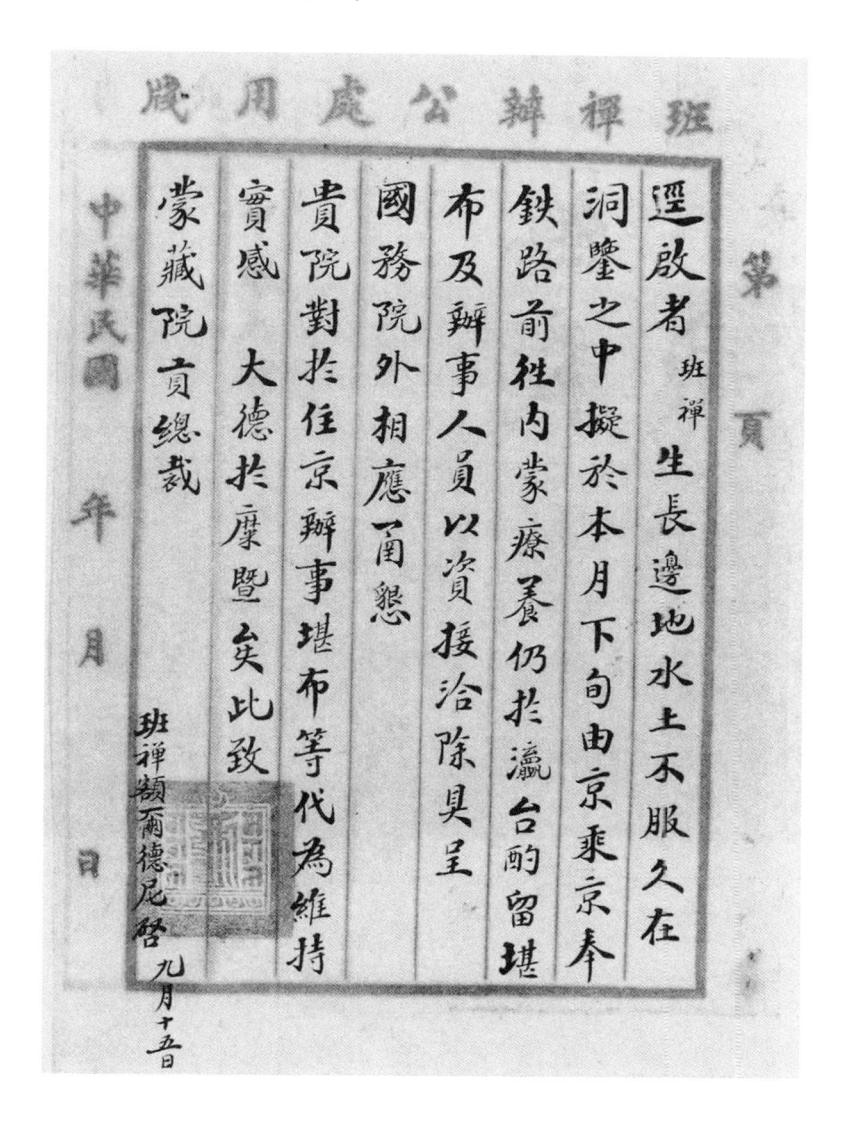

> 班禅办公处用笺
>
> 第　页
>
> 逕启者 班禅生长边地水土不服久在
> 洞鉴之中拟于本月下旬由京乘京奉
> 铁路前往内蒙疗养仍于瀛台酌留堪
> 布及办事人员以资接洽陈具呈
> 国务院外相应函恳
> 贵院对于住京办事堪布等代为维持
> 实感 大德拄摩暨矣此致
> 蒙藏院贵总裁
>
> 班禅额尔德尼启 九月十五日
>
> 中华民国 年 月 日

---

[1] 中国第二历史档案馆、中国藏学研究中心合编：《中国第二历史档案馆所存西藏和藏事档案汇编》（第5册），中国藏学出版社2009年版，第487页。

附录十 "西藏班禅驻京办公处成立大会纪念摄影"[①]

---

① 西藏班禅驻京办公处宣传科编:《西藏班禅驻京办公处月刊》1929 年第 1 期。

附录十一 西藏驻京办事处处长土丹桑布的"国民大会"代表证[①]

ཐུབ་བསྟན་བཟང་པོ་ལ་བསྩལ་པའི་གོ་མིང་ཚོགས་ཆེན་གྱི་འཐུས་མིའི་ལག་ཁྱེར།
向土丹桑布颁发的国民大会代表证书
National Assembly Delegate Credentials Issued to Thubtan Zangpo

37×31

附录十二 西藏驻京机构大事年表

1744年，雍正潜邸雍和宫被改为格鲁派寺庙。
1923年11月15日，九世班禅大师离开扎什伦布寺前往内地。

---

① 西藏自治区档案馆编：《西藏历史档案荟萃》，文物出版社1995年版，第93页。

1924 年 1 月 13 日，贡觉仲尼到达北京，任雍和宫扎萨克。

1925 年 2 月 24 日，九世班禅从太原出发，2 月 25 日抵达北京。

1925 年 5 月，九世班禅一行前往五台山避暑。

1925 年 8 月 1 日，段祺瑞政府颁令封班禅大师"宣诚济世"封号，12 月 1 日上午 10 时班禅大师在瀛台受封。

1926 年 2 月，九世班禅应浙督孙传芳邀请，前往杭州一带传法。

1928 年 3 月，南京国民政府成立。

1928 年 3 月，九世班禅驻青办事处成立。

1928 年 6 月 20 日，格桑泽仁、罗桑囊加被简任为蒙藏委员会委员。

1928 年 7 月 11 日，蒙藏委员会在南京正式成立。

1928 年冬，罗桑巴桑受十三世达赖喇嘛非正式派遣前往南京谒见蒋介石。1929 年 2 月 26 日，罗桑巴桑到达南京。

1928 年 12 月 18 日，九世班禅大师被任命为蒙藏委员会委员。

1929 年 1 月 20 日，西藏班禅驻京办公处正式成立，位于南京奇望街十三号。

1929 年 2 月 1 日，蒙藏委员会举行成立大会；同日朱福南被任命为蒙藏委员会藏事处科长。

1929 年 4 月 15 日，罗桑坚赞被任命为蒙藏委员会藏事处处长。

1929 年 8 月，西藏班禅驻晋办公处开始办公。

1929 年 9 月 2 日，贡觉仲尼、楚称丹增、巫怀清三人到达南京。

1929 年 11 月 7 日，贡觉仲尼奉派由北平出发赴藏。

1930 年 2 月 16 日，贡觉仲尼到达拉萨。

1930 年 2 月，刘曼卿抵达拉萨。

1930 年 3 月 28 日，十三世达赖喇嘛接见刘曼卿。

1930 年 4 月 17 日，九世班禅致电蒙藏委员会要求返藏抗击尼泊尔入侵。这是九世班禅首次明确提出返藏请求。

1930 年 5 月，西藏班禅驻康办公处设立，九世班禅派宫敦扎西为处长。

1930 年 6 月 18 日，大金寺洗劫白利村，第三次康藏纠纷正式爆发。

1930 年 8 月，刘曼卿返抵南京。

1930 年 8 月 30 日，贡觉仲尼返抵南京。

1931年2月9日，西藏驻京办事处正式成立。

1931年5月4日，九世班禅抵达南京，7月8日离开南京北上。是为九世班禅第一次晋京。

1931年5月5日至5月17日，国民会议召开，贡觉仲尼、罗桑楚臣、罗桑坚赞等作为西藏代表参加了会议。

1931年6月24日，国民政府授予班禅额尔德尼"护国宣化广慧大师"名号。

1931年7月1日，南京国民政府举行册封班禅"西陲宣化广慧大师"典礼。

1931年11月6日，琼让和刘赞廷拟定了暂时停战协议八条。

1932年1月2日，石青阳正式出任蒙藏委员会委员长。

1932年2月29日，南京国民政府正式下令刘文辉负责康藏纠纷调解。

1932年3月24日，"青藏战争"爆发。

1932年4月14日，国民政府颁布明令特派班禅为"西陲宣化使"。

1932年6月18日，西藏班禅驻京办公处更名为西藏班禅驻京办事处。

1932年8月，康军相继攻占甘孜、瞻化、大金、白利等地。

1932年10月8日，签订"岗拖停战协定"。

1932年12月17日，九世班禅到达南京；1933年2月7日，九世班禅由南京赴北平。是为九世班禅第二次晋京。

1932年12月24日，九世班禅宣誓就任"西陲宣化使"。

1933年3月12日，安钦呼图克图、王乐阶、康福安等自南京启程入藏，同日到达上海；3月14日自上海启程赴藏；1933年5月底，安钦呼图克图等到达拉萨，1934年4月23日，安钦呼图克图、王乐阶等返抵上海，24日抵达南京。是为安钦呼图克图第一次入藏。

1933年4月10日，《青藏和约》签订。

1933年12月17日（藏历十月三十日），十三世达赖喇嘛圆寂。

1933年12月20日，西藏驻京办事处呈报南京国民政府十三世达赖喇嘛圆寂的消息。

1933年12月22日，南京国民政府下令封赐十三世达赖喇嘛为

"护国弘化普慈圆觉大师"。

1934年1月24日，热振被推选为西藏地方政府摄政，2月23日（藏历元月十日），热振呼图克图正式出任摄政。

1934年1月24日，九世班禅到达南京，驻锡于申家巷5号杨公馆；4月24日赴汤山沐浴，26日由汤山赴杭州；5月22日前往上海，6月29日由上海返南京，7月14日乘坐飞机前往北平。是为九世班禅第三次晋京。

1934年1月，土登贡培被捕。

1934年2月10日，蒙藏委员会公布了《蒙藏委员会派驻蒙藏各地办事处组织规则》。

1934年2月14日（藏历正月初一），南京十三世达赖喇嘛追悼会举行。

1934年2月20日，举行九世班禅大师就任国民政府委员典礼。

1934年4月26日，黄慕松离开南京，5月7日离开成都，8月28日抵达拉萨，11月28日离开拉萨。

1934年8月11日，班禅大师离开北平赴绥远，开始正式踏上返藏之路。

1934年9月13日，安钦呼图克图、王乐阶等由北平到达南京。10月3日，到达上海；10月9日离沪海路入藏；1935年返回内地。是为安钦呼图克图第二次入藏。

1934年10月1日，在布达拉宫举行致祭十三世达赖大师典礼仪式。

1934年，入藏致祭十三世达赖喇嘛的专使黄慕松离藏时留下"专使行署留藏人员"。

1935年1月6日，刘朴忱在拉萨骑马时中风身亡。

1935年2月8日，西陲宣化使公署在阿拉善旗宣告成立。

1935年年初，达成安置良善大金僧规约八条。

1935年2月16日，黄慕松返抵南京。

1935年3月15日，黄慕松出任蒙藏委员会委员长。

1935年4月1日，西陲宣化使公署驻京办事处成立。

1935年，九世班禅到达塔尔寺。

1935年6月13日，拉萨隆重举行十三世达赖喇嘛遗体安塔庆典。

1935年9月5日，国民政府任命诚允为护送西陲宣化使、护国宣化广慧大师班禅额尔德尼回藏专使。

1936年8月，赵守钰奉派为"护送班禅返藏专使"。

1937年1月21日，罗桑坚赞被免去蒙藏委员会藏事处处长一职。同日，孔庆宗接任藏事处处长一职。

1937年2月，青海寻访队的格乌仓一行到达玉树，拜访九世班禅；7月，到达西宁，礼节性地拜访了马步芳。

1937年4月，九世班禅任命索本堪布罗桑坚赞为扎萨克。

1937年8月26日，国民政府电令班禅暂缓入藏。

1937年12月1日，九世班禅大师在玉树圆寂。

1937年12月23日，国民政府追授九世班禅"护国宣化广慧圆觉大师"封号。

1938年1月，西陲宣化使公署、公署人员和班禅灵榇等行抵甘孜。

1938年3月8日，班禅大师追荐会在重庆和成都同时举行，并定3月8日至10日唪经三天，其中藏经由章嘉呼图克图在成都主坛，汉经由太虚法师在重庆主坛。

1938年4月初，行政院通过班禅圆寂善后办法，西陲宣化使公署被裁撤。

1938年12月28日，国民政府决定派遣吴忠信入藏会同热振呼图克图主持十四世达赖喇嘛坐床事宜。

1938年12月，康藏双方达成《安置良善大金僧规约》详细办法。

1939年5月13日，行政院核准《安置良善大金僧规约》。

1939年7月15日，十三世达赖喇嘛转世灵童自青海起程入藏。

1939年8月8日，戴传贤在甘孜致祭九世班禅，地点在甘孜寺大殿。

1939年11月15日，阿旺桑丹在成都协和医院病逝。

1939年11月22日，吴忠信由重庆起程入藏。

1939年12月7日拂晓，"甘孜事变"爆发。

1940年1月15日，吴忠信抵达拉萨。

1940年2月22日，第十四世达赖喇嘛正式坐床。

1940年4月1日，蒙藏委员会驻藏办事处开始办公，孔庆宗任处长，张威白任副处长。

1940年4月14日，吴忠信率行辕人员离开拉萨。

1940年4月，国民政府特派赵守钰为护送班禅大师灵榇回藏专使。

1940年5月13日，蒙藏委员会制定颁布了《蒙藏委员会驻藏办事处组织规程》。

1940年5月，第三次"康藏纠纷"全案了结。

1940年6月11日，吴忠信返抵重庆。

1940年7月15日，国民政府召开驿运大会。

1940年7月15日，英国正式决议从7月18日起正式封锁滇缅公路。

1940年7月31日，蒙藏委员会委员长行辕正式结束。

1940年9月17日，代理西藏驻京办事处处长的格敦恪典病逝。

1940年10月17日，英国再度开放滇缅公路。

1940年11月9日，九世班禅灵榇自玉树启运护送回藏；11月20日护送至嘉桑卡（即类乌齐），将班灵移交给西藏噶厦政府代表；12月26日到达那曲，1941年1月2日西藏地方政府致祭，1月3日蒙藏委员会驻藏办事处致祭。2月4日，九世班禅灵柩运到后藏，在扎什伦布寺建宝塔供养。

1941年1月16日，热振呼图克图向国民政府蒋介石呈报辞职。

1941年5月，国民政府指令蒙藏委员会，同意罗桑坚赞赴青海主持寻访九世班禅转世灵童。

1941年5月，国民政府行政院会议决议撤销班禅行辕及其驻外各办事处（驻京办事处除外）；1942年4月，完成撤销工作。

1941年9月25日，西藏噶厦政府正式作出了阻挠中央政府筑路的决议。

1941年12月6日，西藏第三届驻京代表罗桑札喜等抵达陪都重庆。

1942年1月7日，国民政府行政院指令设立班禅诵经堂。

1942年2月，阿旺坚赞任西藏总代表，兼任西藏驻京办事处处长。

1942年7月6日，噶厦政府非法成立了"外交局"。

1943年4月，噶厦政府阻断中印驿运。

1943年12月28日，罗桑坚赞等在塔尔寺完成了九世班禅转世灵童征认仪式。1944年2月8日（正月十五），罗桑坚赞等在塔尔寺完成了庆典仪式。

1944年6月，国民政府向西藏当局赠送机关枪及迫击炮，由罗桑札喜运送回藏，于1945年4月抵达拉萨。

1944年8月8日，沈宗濂抵达拉萨。

1945年10月26日（农历九月二十一），王乐阶率领的迎接班禅灵童入藏队伍从拉萨出发；1946年4月28日（农历三月二十七），王乐阶一行抵达塔尔寺。

1946年4月5日，参加第一次国民大会的西藏代表到达南京。

1947年2月1日，拉敏益西楚臣等呈文国民政府，请求将班禅诵经堂改为班禅堪布会议厅；1947年4月，国民政府同意了此项请求。

1947年6月1日，新任蒙藏委员会委员长许世英视事。

1947年10月，噶厦政府组建了以夏格巴为首的"西藏商务代表团"；1948年1月31日，"西藏商务代表团"到达南京；1949年3月，"西藏商务代表团"回到拉萨。

1949年7月8日，"七八"事件发生。

1949年7月，国民政府明令公布关吉玉、马步芳为主持十世班禅坐床典礼正副使。

1949年8月10日，十世班禅在塔尔寺坐床。

1949年8月10日，关吉玉代表国民政府授予罗桑坚赞二等景星勋章。

参考文献

一 文献类

(一) 基本典籍

《元史》。

《大明英宗睿皇帝实录》。

(清) 会典馆编,赵云田点校:《乾隆朝内府抄本〈理藩院则例〉》,中国藏学出版社 2006 年版。

(二) 资料集

北京大学历史系等编著:《西藏地方历史资料选辑》,生活·读书·新知三联书店 1993 年版。

蔡鸿源主编:《民国法规集成》(第 33 册),黄山书社 1999 年版。

陈荷夫编:《中国宪法类编》(下编),中国社会科学出版社 1980 年版。

顾祖成等编:《清实录藏族史料》,西藏人民出版社 1982 版。

郭玉琴主编:《蒙藏委员会驻藏办事处档案选编》(1—14),健琪印刷有限公司 2005 年版。

孟广涵主编:《国民参政会纪实》(上、下),重庆出版社 1985 年版。

全国政协文史和学习委员会编:《文史资料选辑》(第 10、33 辑)。

荣孟源主编:《中国国民党历次代表大会及中央全会资料》(上、下册),光明日报出版社 1985 年版。

四川省档案馆、四川民族研究所合编:《近代康区档案资料选编》,四川大学出版社 1990 年版。

四川省民族研究所编:《清末川滇边务档案史料》,中华书局 1989 年版。

西藏社会科学院、中国社会科学院民族研究所、中央民族学院等编:

《西藏地方是中国不可分割的一部分（史料选辑）》，西藏人民出版社1986年版。

西藏自治区档案馆编：《西藏历史档案荟萃》，文物出版社1995年版、文史资料出版社1963年版。

西藏自治区政协文史资料研究委员会编：《西藏文史资料选辑》（第1、2、3辑），民族出版社2007年版。

张羽新、张双志编纂：《民国藏事史料汇编》（第1、2、9、20册），学苑出版社2005年版。

中国藏学研究中心、中国第二历史档案馆合编：《十三世达赖圆寂致祭和十四世达赖转世坐床档案选编》，中国藏学出版社1991年版。

中国藏学研究中心、中国第一历史档案馆等合编：《元以来西藏地方与中央政府关系档案史料汇编》（第2、6、7册），中国藏学出版社1994年版。

中国第二历史档案馆、中国藏学研究中心合编：《黄慕松、吴忠信、赵守钰、戴传贤奉使办理藏事报告书》，中国藏学出版社1993年版。

中国第二历史档案馆、中国藏学研究中心合编：《九世班禅内地活动及返藏受阻档案选编》，中国藏学出版社1992年版。

中国第二历史档案馆、中国藏学研究中心合编：《九世班禅圆寂致祭和十世班禅转世坐床档案选编》，中国藏学出版社1991年版。

中国第二历史档案馆、中国藏学研究中心合编：《康藏纠纷档案选编》，中国藏学出版社2000年版。

中国第二历史档案馆、中国藏学研究中心合编：《十三世达赖喇嘛圆寂致祭和十四世达赖喇嘛转世坐床档案选编》，中国藏学出版社1991年版。

中国第二历史档案馆、中国藏学研究中心合编：《中国第二历史档案馆所存西藏和藏事档案汇编》（1—10），中国藏学出版社2009年版。

中国第二历史档案馆、中国藏学研究中心合编：《中国第二历史档案馆所存西藏和藏事档案汇编》（11—30），中国藏学出版社2012年版。

中国第二历史档案馆、中国藏学研究中心合编：《中国第二历史档案馆所存西藏和藏事档案汇编》（31—50），中国藏学出版社2014年版。

中国人民政治协商会议青海省委员会文史资料研究委员会编：《青海文

史资料选辑》（第 14 辑）（内部发行）。

中国人民政治协商会议青海省委员会文史资料研究委员会编：《青海文史资料选辑》（第 7 辑），青海人民出版社 1980 年版。

中国社会科学院历史研究所第三所、南京史料整理处选辑：《西藏历史资料汇编》（第 9 册）（1929—1948），油印版，中央民族大学图书馆。

周伟洲主编：《英国印度事务部档案馆有关西藏档案题解及选译》，中国藏学研究中心历史所 2005 年版。

（三）民国政府部门公报

《北平市市政公报》1937 年第 388 期。

《国民政府公报》1933 年 3 月 11 日。

《河北省政府公报》1930 年第 573 期。

《监察院公报》1933 年第 20 期、1935 年第 60 期、1936 年第 91 期、1937 年第 123 期。

《建设委员会公报》1930 年第 4 期。

《立法院公报》1936 年第 81 期。

《蒙藏委员会公报》1929—1931 年第 1—18 期。

《审计部公报》1935 年第 50、60、63、64 期，1936 年第 70 期。

《行政院公报》1930 年第 180、183 期。

《政府公报》1913 年 6 月 17 日第 400 号。

（四）其他民国报纸、杂志

《安徽教育行政周刊》第 2 卷第 16 期。

《边疆通讯》1943 年第 8 期。

《边政公论》1941 年第 1 期。

《东方杂志》1948 年第 5 期。

《法令周刊》1933 年总第 181 期。

《法制周报》1933 年第 40 期。

《国闻周报》第 8 卷第 19 期。

《交通月刊》1941 年第 1 期。

《军事杂志》第 6 期。

《蒙藏旬刊》1931 年第 3、4 期，1932 年第 36 期，1933 年第 51 期，

1934 年第 77、78、79 期，1936 年第 114 期。
《蒙藏月报》第 1 卷第 1 期至第 20 卷第 21 期。
《蒙藏周报》第 33、47 期。
《申报》1928 年至 1949 年。
西藏班禅驻京办公处宣传科：《西藏班禅驻京办公处月刊》。
《中华周报》1932 年第 22 期。
《中医情报》1948 年，第 11—12 期。

（五）词典类

《东噶藏学大辞典》，中国藏学出版社 2002 年版。
张怡荪主编：《藏汉大辞典》，民族出版社 1985 年版。

二 专著、编著类

（一）汉文类

藏族简史编写组：《藏族简史》，西藏人民出版社 1985 年版。
陈秉渊：《马步芳家族统治青海四十年》（修订版），青海人民出版社 1990 年版。
陈崇凯：《西藏地方经济史》，甘肃人民出版社 2008 年版。
陈金龙：《南京国民政府时期的政教关系：以佛教为中心的考察》，中国社会科学出版社 2011 年版。
陈谦平：《抗战前后之中英西藏交涉（1935—1947）》，生活·读书·新知三联书店 2003 年版。
达仓宗巴·班觉桑布：《汉藏史集》，陈庆英译，西藏人民出版社 1986 年版。
第穆·洛桑图丹晋美嘉措：《八世达赖喇嘛传》，冯智译，中国藏学出版社 2005 年版。
多杰才旦主编，邓锐龄等著：《元以来西藏地方与中央政府关系研究》，中国藏学出版社 2005 年版。
高鹏程：《政治利益分析》，社会科学文献出版社 2009 年版。
郭辉：《民国前期国家仪式研究：1912—1931》，社会科学文献出版社 2013 年版。
郭卿友主编：《中华民国时期军政职官志》（上），甘肃人民出版社 1990

年版。

韩信夫、姜克夫主编：《中华民国大事记》（第1册），中国文史出版社2001年版。

何家伟：《国民政府公务员俸给福利制度研究：1928—1949》，福建人民出版社2010年版。

贺文宣：《清代驻藏大臣大事记》，中国藏学出版社1993年版。

黄岩：《国家认同：民族发展政治的目标建构》，民族出版社2011年版。

金梁编纂，牛力耕校订：《雍和宫志略》，中国藏学出版社1994年版。

冷文·白马格桑编：《原西藏地方政府公文用语选编》，民族出版社2010年版。

李德成：《藏传佛教与北京》，华文出版社2009年版。

李金荣、杨筱：《烽火岁月：重庆大轰炸》，重庆出版社2005年版。

李铁铮：《西藏历史上的法律地位》，夏敏娟译，湖南人民出版社1986年版。

李学政：《回味陪都市井生活》，重庆出版社2005年版。

李振宏、刘克辉：《历史学的理论与方法》，河南大学出版社2008年版。

廖小东：《政治仪式与权力秩序——古代中国"国家祭祀"的政治分析》，中国社会科学出版社2014年版。

林恩显：《国父民族主义与民国以来的民族政策》，台湾编译馆1994年版。

林友华：《林森评传》，华文出版社2011年版。

刘家驹：《班禅大师全集》，班禅堪布会议厅1943年。

刘家驹：《西藏政教史略》，中国边疆学会1932年。

刘曼卿：《国民政府女密使赴藏纪实：康藏轺征》，民族出版社1998年版。

刘寿林、万仁元、王玉文等编：《民国职官年表》，中华书局1995年版。

柳陞祺：《拉萨旧事（1944—1949）》，中国藏学出版社2009年版。

马兰、李立祥：《雍和宫》，华文出版社2004年版。

美郎宗贞:《近代西藏巨商"邦达昌"之帮达·多吉的政治生涯与商业历程》,西藏人民出版社2008年版。

(民国)总理奉安专刊编纂委员会编:《总理奉安实录》,南京出版社2009年版。

普觉·图旦强巴慈成丹增:《第十三世达赖喇嘛传》,中国藏学出版社2010年版。

沈宗濂、柳陞祺:《西藏与西藏人》,柳晓青译,中国藏学出版社2006年版。

孙镇平、王立艳:《民国时期西藏法制研究》,知识产权出版社2009年版。

图丹桑结:《关于第一、第二期西藏驻汉地办事人员情况的回忆》,何宗英译。

王桧林、郭大钧、鲁振祥:《中国通史第十二卷,近代后编(1919—1949)》(上册),上海人民出版社1999年版。

王奇生:《党员、党权与党争:1924—1949年中国国民党的组织形态》(修订本),华文出版社2010年版。

王伟光:《利益论》,中国社会科学出版社2010年版。

王正华:《蒋中正总统档案:事略稿本》(16),台湾"国史馆"2004年版。

魏开肇:《雍和宫漫录》,河南人民出版社1985年版。

吴丰培辑:《民元藏事电稿藏乱始末见闻记四种》,西藏人民出版社1983年版。

伍昆明主编:《西藏近三百年政治史》,鹭江出版社2006年版。

喜饶尼玛:《近代藏事研究》,上海书店出版社、西藏人民出版社2000年版。

喜饶尼玛、苏发祥编著:《蒙藏委员会档案中的西藏事务》,中央民族大学出版社2006年版。

夏格巴:《西藏政治史》,李有义译,中国社会科学院民族研究所1978年版。

谢振民编著,张知本校订:《中华民国立法史》,中国政法大学出版社2000年版。

邢肃芝［洛桑珍珠］口述，张健飞、杨念群笔述：《雪域求法记：一个汉人喇嘛的口述史》，生活·读书·新知三联书店2003年版。

徐望之：《公牍通论》，日本京都市株式会社中文出版社1979年版。

牙含章：《班禅额尔德尼传》，华文出版社1999年版。

牙含章：《达赖喇嘛传》，人民出版社1984年版。

杨效平：《马步芳家族的兴衰》，青海人民出版社2007年版。

曾国庆、黄维忠：《清代藏族历史》，中国藏学出版社2012年版。

张羽新编著：《清朝治藏典章研究》（上、中），中国藏学出版社2002年版。

张云：《元朝中央政府治藏制度研究》，黑龙江教育出版社2003年版。

章嘉·若白多吉：《七世达赖喇嘛传》，蒲文成译，西藏人民出版社1990年版。

赵学先等编著：《中国国民党民族理论与政策研究》，中央民族大学出版社2010年版。

政协四川省甘孜藏族自治州委员会编：《甘孜州文史资料》（第9辑），甘孜报社印刷厂1990年版。

中国藏学研究中心、中国第二历史档案馆合编：《民国治藏行政法规》，五洲传播出版社1999年版。

周伟洲主编：《英国、俄国与中国西藏》，中国藏学出版社1997年版。

朱少毅：《拉萨见闻记》，张羽新、张双志编纂《民国藏事史料汇编》第2册，学苑出版社2005年版。

祝启源著，赵秀英整理：《中华民国时期西藏地方与中央政府关系研究》，中国藏学出版社2009年版。

［德］尤尔根·哈贝马斯：《合法性危机》，刘北成、曹卫东译，上海人民出版社2000年版。

［美］梅·戈尔斯坦等：《一位藏族革命家——巴塘人平措汪杰的时代和政治生涯》，黄潇潇译，香港大学出版社2011年版。

［美］梅·戈尔斯坦：《喇嘛王国的覆灭》，杜永彬译，时事出版社1994年版。

［英］查尔斯·贝尔：《十三世达赖喇嘛》，冯其友、何盛秋等译，西藏社会科学院西藏学汉文文献编辑室1985年版。

（二）藏文类

བྱིང་དབོན་པདྨ་རྒྱལ་བཟང་། དེ་སྔའི་བོད་ས་གནས་སྲིད་གཞུང་གི་གཞུང་ཡིག་ཕྱོགས་གི་ཐ་སྙད་སྟོང་སྦྱོར་དང་འབྲེལ་ཡོད་ཕྱོགས་བསྡུས་གསལ་འགྲེལ། མི་རིགས་དཔེ་སྐྲུན་ཁང་། སྦྱི་ལོ་2010.

རྒྱང་རྒྱལ་རོལ་པའི་རྡོ་རྗེས་བརྩམས། དཔག་བསམ་རིན་པོ་ཆེའི་སྣེ་མ། ལྷ་ས། བོད་ལྗོངས་མི་དམངས་དཔེ་སྐྲུན་ཁང་ནས། སྦྱི་ལོ་1990.

ཆབ་སྤེལ་ཚེ་བརྟན་ཕུན་ཚོགས་དང་ནོར་བྲང་ཨོ་རྒྱན། བོད་ཀྱི་ལོ་རྒྱུས་རགས་རིམ་གཡུ་ཡི་ཕྲེང་བ། ལྷ་ས། བོད་ལྗོངས་བོད་ཡིག་དཔེ་རྙིང་དཔེ་སྐྲུན་ཁང་ནས། སྦྱི་ལོ་2006.

ཕུབ་བསྟན་སངས་རྒྱས། རྒྱ་ནག་ཏུ་བོད་ཀྱི་སྐུ་ཚབ་དོན་གཅོད་སྐབས་དང་གཞིས་ཆགས་སྤངས་སྐོར་གྱི་ལོ་རྒྱུས་ཐབས་ཐབ་ཟུར་ལམ་ཞེས་བྱ་བ་དགོ།

དེ་མོ་ཧོ་ཐོག་ཐུ་བློ་བཟང་ཐུབ་བསྟན་འཇིགས་མེད་རྒྱ་མཚོས་བརྩམས། རྒྱལ་དབང་སྐུ་ཕྲེང་བཅུད་པའི་རྣམ་ཐར་འཛམ་གླིང་ཐ་གྲུ་ཡངས་པའི་ཞིབ་བྱ་བཞུགས་སོ། གུང་གོའི་བོད་རིག་པའི་དཔེ་སྐྲུན་ཁང་ནས། སྦྱི་ལོ་2012.12

ཕུར་ལྕོག་ཐུབ་བསྟན་བྱམས་པ་ཚུལ་ཁྲིམས་བསྟན་འཛིན། རྒྱལ་དབང་སྐུ་ཕྲེང་རིམ་བྱོན་གྱི་མཛད་རྣམ། སྐུ་ཕྲེང་བཅུ་གསུམ་པ་ཐུབ་བསྟན་བྱམས་པ་ཚུལ་ཁྲིམས་བསྟན་འཛིན་མཚོ་རྣམ་ཐར་པེ་ཅིན། གུང་གོའི་བོད་རིག་པའི་དཔེ་སྐྲུན་ཁང་གིས། སྦྱི་ལོ་2010.

སྲིད་གྲོས་བོད་རང་སྐྱོང་ལྗོངས་ལུ་ཡོན་ལྷན་ཁང་ལོ་རྒྱུས་རིག་གནས་དཔྱད་གཞིའི་རྒྱུ་ཆ་ཚོགས་སྒྲིག་ཨུ་ཡིས་ཚོགས་སྒྲིག་བྱས། བོད་ཀྱི་ལོ་རྒྱུས་རིག་གནས་དཔྱད་གཞིའི་རྒྱུ་ཆ་བདམས་བསྒྲིགས། (1—10) ཤེས་བྱོན་དཔེ་སྐྲུན་ཚོགས་པའི་བྱོན་མི་རིགས་དཔེ་སྐྲུན་ཁང་གིས། སྦྱི་ལོ་2009.

（三）英文类

Melvyn C. Goldstein, *A History of Modern Tibet, 1913 – 1951: The Demise of The Lamaist State*, Munshiram Manoharial Publishers Pvt Ltd, 1989.

Melvyn C. Goldstein, Dawei Sherap, and William R. Siebenschuh, *A Tibetan Revolutionary: The Political Life and Times of Bapa Phüntso Wangye*, University of California Press, 2004.

三　论文类

（一）一般论文

曹菁轶：《试论南京国民政府对西藏的宗教政策》，《西北民族大学学报》（哲学社会科学版）2006 年第 1 期。

曹学恩：《民国时期中央与地方关系探析》，《西安外国语学院学报》2000年第6期。

陈得芝：《元代乌斯藏宣慰司的建立年代》，《元史及北方民族史研究集刊》第8辑，南京大学历史系元史室1984年版。

陈广恩、陈伟庆：《试论西夏藏传佛教对元代藏传佛教之影响》，《宁夏社会科学》2008年第9期。

陈金钟：《中央政府颁授历世达赖、班禅之金册金印》，《中国藏学》1996年第1期。

陈楠：《论明代留京藏僧的社会功能》，《中央民族大学学报》（哲学社会科学版）2008年第5期。

陈谦平：《"热振事件"与战后国民政府的西藏政策》，《民国档案》2006年第1期。

陈谦平：《英国阻挠九世班禅返回西藏的动因初探》，《民国档案》1998年第4期。

陈谦平：《战后国民政府的西藏政策》，《南京大学学报》（哲学·人文科学·社会科学版）2002年第3期。

陈庆英：《解读西藏驻京堪布贡觉仲尼到京任职的几份档案》，《西藏大学学报》（社会科学版）2007年第3期。

陈庆英、仁庆扎西：《元朝帝师制度述略》，《西藏民族学院学报》（哲学社会科学版）1984年第1期。

陈晓敏：《清代北京藏传佛教寺院》，《才智》2008年第22期。

陈晓敏：《清代驻京喇嘛制度的形成与沿革》，《满族研究》2007年第4期。

陈一石：《清代瞻对事件在藏族地区的历史地位》（一）、（二）、（三），《西藏研究》1986年第1期、1986年第2期、1986年第3期。

陈一石：《政治喇嘛诺那早期轶事》，《文史杂志》1987年第1期。

陈蕴茜：《谒陵仪式与民国政治文化》，《开放时代》2008年第6期。

成圣树、金祖钧：《从民国时期的三次币制改革看当时的通货膨胀》，《江西财经大学学报》2011年第4期。

次央：《略论旧西藏上层妇女在传统教育中的地位及其社会作用》，《西藏大学学报》（社会科学版）1994年第9期。

董志勇：《关于"印茶入藏"问题》，《中国藏学》1993年第3期。

房建昌：《清代西藏的行政区划及历史地图》，《中国边疆史地研究》1993年第2期。

房建昌：《英国秘密档案中记载的民国初年护理西藏办事长官陆兴祺》，《西北民族学院学报》（哲学社会科学版）2002年第4期。

高长柱：《青海玉树与西藏》（续），《边铎半月谈》1934年第3期。

关炎章：《难产的国民大会》，《新风周刊》1946年第6期。

国庆：《赵尔丰及其巴塘经营》，《西藏研究》1989年第4期。

何宗英：《从"译仓"说开去》，《西藏研究》2002年第3期。

黄天华：《国家建构与边疆政治：基于1917—1918年康藏纠纷的考察》，《社会科学研究》2007年第3期。

季永海、关精明：《七世达赖喇嘛圆寂前后》，《中国藏学》1993年第4期。

贾熟村：《冯玉祥与蒋介石的恩怨》，《浙江学刊》2012年第5期。

蒋耘：《西藏地方政府阻挠修筑康印公路与抗战期间的中英关系》，《中国藏学》2006年第1期。

金雷：《九世班禅与十三世达赖失和原因探析》，《西藏民族学院学报》（哲学社会科学版）2006年第3期。

《抗战时期中印公路测勘报告》，《档案与史学》1996年第2期。

郎维伟：《国民政府在第三次康藏纠纷中的治藏之策》，《民族研究》2005年第4期。

李德成：《清代驻京八呼图克图述略》，《中国藏学》2011年第S2期。

李恭忠：《"党葬"孙中山：现代中国的仪式与政治》，《清华大学学报》（哲学社会科学版）2006年第3期。

李光正：《蒋介石三次下野与新桂系势力的消长》，《河池师专学报》（文科版）1996年第2期。

李丽、秦永章：《20世纪前半期雍和宫藏族高僧秘访日本始末》，《北方论丛》2004年第2期。

李鹏年：《浅析九世班禅返藏受阻及其原因》，《中国藏学》1992年第1期。

李养第：《清代中央政府对藏政策述略》，《青海民族研究》（社会科学版）2001 年第 2 期。

刘国武：《1927—1937 年国民政府的对藏政策及接管措施》，《史学月刊》2004 年第 3 期。

刘国武：《南京政府对康藏纠纷的定性及解决措施》，《史学集刊》2004 年第 4 期。

刘庆宇：《皇太极佛教政策探研》，《社会科学辑刊》2008 年第 1 期。

刘秋阳：《南京国民政府"五院制度"述评——兼论"五院制度"与孙中山"五权宪法"思想之关系》，《武汉化工学院学报》2006 年第 5 期。

柳陞祺：《热振事件见闻记》，《中国藏学》1996 年第 4 期。

罗布：《试析十三世达赖喇嘛新政改革的措施及其成效》，《西藏大学学报》（社会科学版）2006 年第 6 期。

明栋：《记庐山诺那活佛塔》，《佛教文化》1994 年第 6 期。

钱雪梅：《从认同的基本特性看族群认同与国家认同的关系》，《民族研究》2006 年第 6 期。

秦永章：《抗日时期日本染指我国西藏秘史》，《中国藏学》2005 年第 1 期。

邱熠华：《民国政府任命的西藏办事长官——以陆兴祺研究为中心》，《中国藏学》2011 年第 3 期。

曲青山：《关于青藏战争的起因问题》，《青海师范大学学报》（社会科学版）1991 年第 2 期。

曲青山：《关于青藏战争的时间问题》，《青海师范大学学报》（社会科学版）1990 年第 3 期。

史金波：《西夏的藏传佛教》，《中国藏学》2002 年第 1 期。

孙昌盛：《试论在西夏的藏传佛教僧人及其地位、作用》，《西藏研究》2006 年第 1 期。

孙宏年：《国民参政会中的藏族参政员与国民政府治藏政策》，《西藏研究》2001 年第 4 期。

塔娜、喜饶尼玛：《尹昌衡西征评述》，《西北民族大学学报》（哲学社会科学版）2010 年第 1 期。

王川：《格桑泽仁传略》，《西南民族大学学报》（人文社科版）2009 年第 3 期。

王川：《孔庆宗时期蒙藏委员会驻藏办事处对在藏汉人的管辖及其意义》，《上海大学学报》（社会科学版）2010 年第 4 期。

王川：《诺那活佛在内地的活动及对康藏关系的影响》，《中国藏学》2008 年第 3 期。

王佩环：《皇太极与长宁寺——兼谈"怀柔蒙古"的政策》，《北方文物》1986 年第 2 期。

王启龙：《藏传佛教对元代经济的影响》，《中国藏学》2002 年第 1 期。

王燕：《浅析第三次康藏纠纷》，《民国档案》2003 年第 2 期。

王祖远：《蒋介石与刘文辉的西康之争》，《湖北档案》2009 年第 6 期。

喜饶尼玛：《论战时藏传佛教僧人的抗日活动》，《抗日战争研究》2003 年第 2 期。

喜饶尼玛：《民国时期出席全国性政治会议的西藏地方代表》，《中国藏学》1989 年第 2 期。

筱洲：《九世班禅转世灵童寻访认定纪略》，《中国藏学》1995 年第 3 期。

新三：《蒙藏回族慰劳抗战将士团劳军献旗之意义》，《蒙藏月报》1938 年第 8 卷第 2 期。

熊伯履：《国民政府组织法之变迁》，《河南大学学报》1934 年第 3 期。

徐百永：《试论民国时期英国对中国西藏的武器供应》，《中国边疆史地研究》2007 年第 3 期。

徐君：《清末赵尔丰川边兴学之反思》，《中国藏学》2007 年第 2 期。

徐立刚：《一九三一年的南京国民会议》，《钟山风雨》2002 年第 1 期。

徐少凡：《西藏昌都诺那呼图克图传略》，《海潮音》1933 年 14 卷第 7 期。

徐中林、刘立敏：《试论南京国民政府初期十年的西藏政策》，《烟台大学学报》（哲学社会科学版）2008 年第 2 期。

严德一：《中印公路测勘的回忆》，《中国科技史料》1980 年第 3 期。

扎洛：《第十三世达赖喇嘛灵童候选人拉木登珠 1938—1339 年间滞留西宁问题探析》，《西藏民族学院学报》（哲学社会科学版）2004 年第 2 期。

张春燕、张丽:《国民政府成立初期中央政府与西藏地方政府关系刍议——"蒋介石致十三世达赖喇嘛书"撰写时间探析》,《中国藏学》2011年第1期。

张永攀、杨珺:《抗战期间中英政府交涉中印公路运输线考释(上、下)》,《长安大学学报》(社会科学版)2003年第2、3期。

张永攀:《中印日玛线、印藏托运线与英国的干涉活动》,《西藏民族学院学报》(哲学社会学科版)2002年第3期。

张羽新:《皇太极时期后金(清)政权的喇嘛教政策》,《西藏民族学院学报》(哲学社会科学版)1982年第3期。

章红:《国民参政会述论》,《抗日战争研究》1996年第3期。

赵云田:《清代理藩院初探》,《中央民族学院学报》1982年第1期。

朱丽霞:《利益视角下的地方政府非理性行为分析》,《行政论坛》2009年第2期。

(二) 学位论文

顾书卫:《蒋介石个人权力的发展演变(1927.4.18—1949.12)》,硕士学位论文,河北师范大学,2005年。

李果:《诺那呼图克图研究》,硕士学位论文,中央民族大学,2008年。

邱熠华:《论西藏近代史上的拉萨三大寺:以政治活动与影响为中心(1911—1951)》,博士学位论文,中央民族大学,2012年。

史风:《西康历史人物刘家驹(1900—1977)及其边疆史地研究》,硕士学位论文,四川师范大学,2012年。

王海燕:《1927年—1937年国民政府的治藏政策》,硕士学位论文,中央民族大学,2004年。

王立燕:《民国西藏法制研究》,博士学位论文,中国政法大学,2002年。

张召庸:《清末民初拉萨动乱初析》,硕士学位论文,中央民族大学,2010年。

朱丽双:《在真实与想象之间:民国政府的西藏特使们(1912—1949)》,博士学位论文,香港中文大学,2006年。

后　　记

这是我的第一个国家社科基金项目的成果，也是我的第一本专著。因此，对我而言，虽然它不完美，但却在我心目中占据着非常重要的地位。因为是第一本专著，没有经验可循，完成过程自然就比较曲折。但和人生中的绝大部分事情一样，真因为曲折，才显得有意义，也才能体会到无穷的妙趣。

在项目研究和书稿撰写过程中，我最要感谢的是我的导师喜饶尼玛教授，他不仅在学术上给予了我无私的帮助，也在精神上给予了极大的鼓励。在此，我也要感谢中央民族大学的扎巴军乃教授、西藏大学的强俄巴·次央教授，以及所有在项目研究和书稿撰写过程中，给予过我帮助的各位老师、朋友。特别要感谢的是，为本书出版付出辛勤劳动的中国社会科学出版社的刘芳老师，以及出版社的其他各位老师。

其次，我要感谢我的家人，他们的无私奉献和默默支持，使我有足够多的时间和精力去完成书稿。

虽然我尽了最大的努力，但限于我的能力和水平，我知道其中必有不少缺憾，希望各位专家学者能不吝赐教，给予我进步的机会。

张子新
2018 年 1 月于北京